L'art du **voyage électrique**

30 itinéraires
pour découvrir la France en silence

DS AUTOMOBILES
MICHELIN

Préface
Plaidoyer pour un voyage éclairé

Mathieu Flonneau est historien, enseignant-chercheur à l'Université Paris I Panthéon-Sorbonne, spécialiste des mobilités et de la civilisation de la route et l'automobilisme. Il a notamment publié "Les cultures du volant. Essai sur les mondes de l'automobilisme" (Éd. Autrement 2008) et "En tous sens. Circuler, partager, sécuriser. Une histoire des équipements de la route" (Éd. Loubatières, 2022). Il a été commissaire invité de l'exposition culturelle du Mondial de l'Auto, "Routes mythiques", parcourue par 500 000 visiteurs en 2018.

Inventer un autre voyage automobile pour continuer à avancer, telle est l'équation compliquée qu'imposent les conséquences du changement climatique à la route contemporaine. Et à cette fin, sans doute faut-il voyager autrement, de façon plus empathique et conviviale. Le voyage repensé devient une succession de proximités, il est fait d'escales choisies, et l'option pour des étapes qualitatives, où l'improvisation est possible, mais encadrée, se trouve opportunément ouverte. Cet autre voyage s'effectue de façon plus responsable. En cela, la mobilité électrique, dont l'arrivée à maturité ouvre un nouveau chapitre de l'histoire de l'automobilisme, ressource l'histoire routière.

Ainsi, vivons-nous ce moment au cours duquel l'engagement des constructeurs, à l'image de DS Automobiles, ne tient plus du pari mais plutôt de la promesse avec quelques atouts indiscutables à faire valoir en termes de respect de l'environnement, de silence et de sécurité.

À distance, le parallèle avec le début du 20e s., qui a vu l'acceptation massive et la naturalisation de l'automobilisme thermique, mérite d'être esquissé.

En menant toutes chez les hommes, comme le dit le Petit Prince de Saint-Exupéry, les routes servent à créer des familiarités, des proximités, et des rencontres ! Et certaines devaient nécessairement avoir lieu. Entre la firme manufacturière Michelin et la culture de la locomotion terrestre, une forme de nécessité était à l'œuvre et, en plusieurs étapes, les routes équipées par les bornes Michelin devinrent un élément de l'identité culturelle du paysage français au début du 20e s. Certaines subsistent d'ailleurs encore et des collectionneurs tentent même de les faire revivre.

L'offre gracieuse aux chauffeurs du premier « guide rouge » en 1900 cherchait à répondre à cette question simple : « Comment permettre à notre client, l'automobiliste, le cycliste, de se diriger dans le dédale des routes de France, non seulement sans se perdre, mais même sans aucune hésitation, au moindre carrefour ? ». Grâce à cet évergétisme généreux, cette société de cartographie et de guidage, sur des itinéraires touristiques fiabilisés par les premiers recueils rigoureux de données, s'imposa comme un innovateur majeur pour la domestication et la sécurisation des déplacements.

En se reposant les mêmes questions, en renouant avec l'essence même du voyage, et en l'éclairant, L'art du voyage électrique relégitime, de façon sereine, tout un écosystème de mobilité dont l'avenir paraît, dès lors, réassuré.

Mathieu Flonneau

Quand deux experts de la route se rencontrent...

À la fin du 19e siècle, Michelin participe à l'invention d'une nouvelle forme de mobilité : la voiture automobile. En fournissant des pneumatiques, des itinéraires puis des cartes, en développant la signalisation routière, mais aussi en indiquant à des clients férus d'innovation dans quelles pharmacies trouver de l'essence, où se restaurer et dormir.

Au 21e s., en s'engageant dans la mobilité tout-électrique, DS Automobiles ouvre la route à sa façon, technologiquement avancée et esthétiquement raffinée.

Avec quel compagnon de voyage pour l'automobiliste ? Michelin, évidemment, qui partage les mêmes exigences de sécurité, d'innovation permanente, de durabilité, mais aussi de plaisir de la route, avec ses étapes gastronomiques et culturelles. Dans ses deux domaines d'excellence, Michelin relie le conducteur à son environnement : des pneus spécifiquement adaptés aux véhicules électriques pour rouler en toute sérénité, et des contenus éditoriaux pensés pour ce voyageur nouveau.

Autrement dit, un goût affirmé pour l'art de vivre à la française, cultivé conjointement dans ce livre de bord par deux marques emblématiques de l'Hexagone.

Dans le silence feutré d'un périple en DS électrique, il devient urgent de prendre son temps, de baisser les vitres et d'écouter la nature en roulant, de quitter les autoroutes pour enchaîner les courbes des chemins de traverse.

DS AUTOMOBILES & MICHELIN

Greg Jongerlynk/DS Automobiles

Voyager « électrique »

Greg Jongerlynk/DS Automobiles

Dès les premiers kilomètres, c'est une évidence : conduire électrique, c'est voyager autrement. Une philosophie nouvelle du déplacement s'invente, induite par une technologie qui révolutionne les usages. Encore promise à de belles évolutions, la mobilité électrique tient déjà ses promesses de décarbonation et de confort accru. Au niveau individuel, tous les sens bénéficient de cette transition, mais sur le plan collectif, c'est bien la raison qui sort grandie de l'expérience.

TABLEAU DE BORD

UNE AUTRE PHILOSOPHIE

Oublions tous nos souvenirs de déplacements en voiture pour redécouvrir le plaisir de voyager. C'est-à-dire prendre son temps, apprécier le paysage, glisser à la surface de la Terre. Au fil des kilomètres, une sensation nouvelle s'impose : d'un coup de baguette magique, la fée Électricité a fait disparaître le bruit et les vibrations du moteur.

Sans stress, la route défile sous les roues, toute la technologie se mettant au service du conducteur et de ses passagers pour un voyage serein – soit les conditions idéales pour faire du trajet lui-même un moment positif, ponctué d'étapes culturelles, naturelles ou gourmandes. Le but n'est plus d'atteindre tel ou tel lieu, mais d'apprécier chaque aspect du chemin, sans chercher à le parcourir le plus rapidement possible : c'est dans ce sens que chaque itinéraire de ce guide a été pensé.

Plus de silence

Si les automobiles thermiques modernes ont fait de grands progrès en matière de bruit, amélioration que l'on apprécie lorsqu'on est à l'intérieur de l'habitacle, toutes fenêtres fermées, il suffit de vouloir profiter de la brise extérieure pour prendre conscience du volume sonore que produisent encore les moteurs. Ne dit-on pas qu'ils sont à « explosion » ?

La propulsion électrique a supprimé les jeux de pistons, de vilebrequins et les ventilateurs, pour le plus grand bonheur des passagers et des piétons alentour.

Plus de convivialité

Moteur poussé au maximum, musique peinant à en couvrir les trépidations, enfants essayant de se faire entendre : qui n'a pas connu ces « joies » du voyage ? Supprimez le bruit principal, baissez de moitié le volume de l'autoradio, et tout l'habitacle retrouve le plaisir de chanter ensemble, de jouer ou de papoter.

Plus de souplesse

Encore plus linéairement qu'un véhicule à boîte de vitesses automatique, la voiture électrique fait varier sa vitesse sans provoquer d'à-coups ou de tressautements. Et l'absence du vroum-vroum influe très directement sur la conduite ! L'effet est d'autant plus remarquable qu'il permet aussi une meilleure gestion de l'énergie : moins d'accélérations brusques se traduit par un gain d'autonomie non négligeable. Et comme l'ordinateur de bord affiche en temps réel le niveau de charge, les vertus de l'éco-conduite sont directement perceptibles.

Plus de respect

En ville comme au sein d'une nature préservée, avancer sans bruit et sans émissions polluantes est la meilleure façon de respecter son environnement. Le milieu urbain apprécie qu'on ne rajoute pas des particules fines à son air déjà chargé, et, hors agglomérations, le conducteur est remercié par la simple beauté des animaux sauvages, plus curieux qu'effrayés à l'approche de sa voiture.

Une expérience sensorielle

Moins d'odeurs désagréables, de bruit et de vibrations : de l'ouïe à la sensation physique du mouvement, presque tous les sens découvrent une perception nouvelle lors d'un voyage « électrique ». Et chacun concourt à donner davantage que des impressions fugitives : plutôt des sentiments durables, comme la sérénité et la sécurité. Est-il meilleur moyen de vivre le voyage en voiture ?

Greg Jongerlynk/DS Automobiles

Greg Jongerlynk/DS Automobiles

TABLEAU DE BORD

UNE AUTRE TECHNOLOGIE

La première voiture électrique date de... 1834 ! Longtemps supplantée par les aspects pratiques du moteur thermique, elle bénéficie depuis plusieurs dizaines d'années de recherches approfondies, qui s'inscrivent désormais dans la nécessité de décarboner les transports. Les progrès, notamment en matière d'autonomie et de temps de recharge, ont fait décoller le marché des voitures propres et silencieuses, et les investissements sur ces technologies promettent des gains d'efficacité importants. Désormais, les innovations les plus attendues sont commerciales, avec une standardisation des batteries, des systèmes de recharge et leur libre accès via un paiement par carte bancaire.

La recharge en itinérance

Recharger sa voiture à la maison ou au travail via une prise domestique ou une box rapide est enfantin. Même si la charge est lente, ce temps est quasiment « insensible » dans nos activités quotidiennes. En déplacement, les enjeux sont différents, et trouver un moyen de recharge rapide peut s'avérer primordial. Trois critères sont à prendre en compte : le type de prise, la puissance délivrée (kW), et le système de paiement.

En ce qui concerne les prises, le standard européen est désormais le Type 2, compatible avec le dispositif combiné CCS *(Combined Charging System)*, qui permet des puissances supérieures, et donc des recharges plus rapides.

Optimiser la recharge

Dans le dédale actuel des réseaux, des modèles de bornes et des abonnements, ce qu'il faut surtout retenir, c'est de veiller à recharger la voiture à une borne de puissance supérieure ou égale au chargeur embarqué. La meilleure méthode pour recharger plus rapidement.

Choisir son opérateur… ou pas

Dans l'état actuel du parc de bornes, de nombreux réseaux partagent l'exploitation de leurs propres installations. Et chacun tente de se différencier par ses prix, son mode de tarification ou ses services associés. Autant dire que le choix d'un réseau dépend de critères très personnels : région, type d'usage de la voiture, avantages liés à un distributeur d'énergie, commodités de paiement, abonnement ou paiement à l'acte, etc.
La plupart des opérateurs fidélisent leurs clients via une application sur smartphone ou une carte RFID (sans contact), qui prend parfois la forme d'un badge à accrocher au porte-clés.

Pour voyager hors de son périmètre quotidien, il vaut mieux alors sélectionner un « agrégateur » qui ouvre l'accès à plusieurs réseaux avec une seule inscription (appli + badge), ou encore une carte prépayée qui sera débitée au fil des utilisations.

La recharge gratuite

Le coût modéré d'un « plein » électrique pousse les grandes surfaces et centres commerciaux à offrir des bornes gratuites à leurs clients. Dans la même démarche d'attractivité, hôtels et restaurants, mais aussi collectivités locales, sont de plus en plus nombreux à proposer ce service gracieusement.

LES TYPES DE BORNES DE RECHARGE

Plus une borne délivre une forte puissance, plus la recharge sera brève… si le véhicule est conçu pour accepter ce débit ! En voyage, les différents dispositifs répertoriés par les applications sont :

- **Borne de recharge lente (2-5 kW)**
  Le meilleur moyen de préserver les capacités de la batterie, souvent proposé par des hébergements ; à utiliser donc la nuit pendant l'étape.
- **Borne de recharge semi-accélérée (5-22 kW)**
  Généralement situées sur des parkings de grandes surfaces, ces bornes sont désormais de type 2, standard en Europe.
- **Borne de recharge accélérée (22-30 kW)**
  Gérées par des opérateurs spécialisés, ces bornes offrent un bon compromis entre la vitesse, le coût et la durée de vie des batteries.
- **Borne de recharge rapide (30-350 kW)**
  Les grands opérateurs de recharge et les constructeurs automobiles coopèrent pour raccourcir les temps de charge. Cette tendance pousse à considérer une borne comme « rapide » à partir d'une puissance de 43 kW.

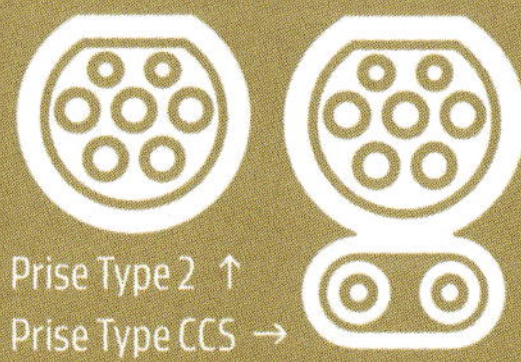

LES RÉSEAUX DE RECHARGE

Dans le labyrinthe des solutions de recharge, des acteurs émergent avec des formules innovantes :

- **Free2move eSolutions**
  Partenaire de DS Automobiles, un réseau présent en Europe, qui propose différentes offres avec ou sans abonnement.
- **ChargeMap**
  En complément de l'application bien connue de recherche de bornes, une carte de recharge multi-opérateurs dont le service s'étend rapidement.
- **Electroverse**
  Un réseau qui agrège les bornes d'une dizaine d'opérateurs majeurs, avec une tarification simplifiée.
- **Mais aussi :** PlugShare, Izivia (EDF), Allego…

La bonne conduite

Quand la bonne conduite est synonyme de vertu écologique, chacun voit des avantages à adopter des comportements routiers nouveaux. Certains concernent la meilleure façon de dépenser moins d'énergie, d'autres les moyens d'optimiser les temps de recharge ou la durée de vie des batteries. Le résultat global sera de toute façon une empreinte moindre sur notre environnement, sans empiéter sur le plaisir de voyager, bien au contraire !

TABLEAU DE BORD

LE « BIEN ROULER »

Tout d'abord, adopter une conduite adaptée à un véhicule électrique n'a rien de sorcier ! Les préceptes de l'éco-conduite prônée depuis des années pour les voitures thermiques ne sont pas si différents en ce qui concerne l'économie d'énergie, qu'elle soit fossile ou décarbonée. Les astuces se trouvent dans la façon de préparer son voyage et de gérer les haltes de recharge.

Privilégier les charges lentes

Pour prolonger la durée de vie d'une batterie, rien de tel qu'une charge lente. Il faut donc réserver les bornes rapides aux haltes courtes, par exemple sur une station d'autoroute, pour finir un trajet sans trop attendre. Et brancher la voiture toute la nuit à l'étape, ou pendant une visite longue.

La règle des 20 / 80

Toujours pour prendre soin des accumulateurs, le conducteur veillera à garder un niveau de charge dans la fourchette de 20 à 80 %. Dépasser occasionnellement ces valeurs n'a pas de conséquences fâcheuses immédiates sur la vie des batteries, mais finit par jouer sur leur capacité. Remplir une batterie à plus de 80 % n'est pas un bon calcul, puisque la vitesse de charge au-delà de cette proportion est considérablement plus lente, quelle que soit la borne.

Utiliser un planificateur de trajet

En prenant en compte de nombreuses variables, comme le modèle de voiture, son chargement en passagers et bagages, le type de trajet, le niveau de charge au départ et les possibilités de charge en route, des applications optimisent les haltes à prévoir. Avant de prendre le volant, le conducteur sait déjà où et combien de temps il lui faudra s'arrêter. Et comme les meilleurs planificateurs assurent aussi la navigation et font office d'agrégateur de réseaux de recharge

Greg Jongerlynk/DS Automobiles

(on parle alors d'opérateurs de mobilité), toutes les préoccupations du pilote sont prises en charge !

Adopter l'écoconduite

Accélérer sans à-coups, sans pousser la puissance au maximum, éviter les freinages brusques et anticiper les reliefs, tels sont les principes de la conduite économique et écologique. Avec des pneus bien gonflés et un chargement raisonnable (sans coffre de toit !), l'autonomie s'en trouve grandement augmentée.

Question de vitesse

Contrairement à un moteur thermique, la consommation d'une voiture électrique augmente linéairement avec la vitesse. A priori, les autoroutes ne sont donc pas leur terrain de jeu favori, puisque les freinages, qui réalimentent la batterie, s'y font rares. Autant opter pour les routes secondaires… et d'en profiter pour découvrir de nouveaux paysages !

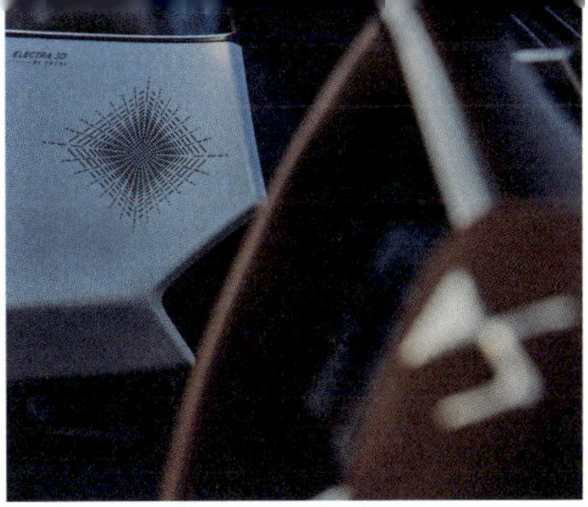

Ni chaud ni froid

Les accumulateurs n'aiment pas les températures extrêmes, qui peuvent affecter leur capacité. Trouver une place à l'ombre en plein été ou un point de recharge abrité du froid lors des gelées est donc un exercice auquel le conducteur électro-mobile est vite rompu, pour préserver l'autonomie de son véhicule. D'ailleurs, le bon sens ne commande-t-il pas les mêmes conditions pour son propre confort ? À savoir, toutefois : certains modèles électriques proposent un préconditionnement cabine et batterie pour plus de confort, d'autonomie, de temps de charge et de durabilité de la batterie.

Greg Jongerlynk/DS Automobiles

ET SI ON BOUQUINAIT EN ATTENDANT QUE ÇA RECHARGE ?

- **Dans le Sud -** Tout Marcel Pagnol !
- **En Bretagne -** Pierre-Jakez Hélias, *le Cheval d'orgueil* ; Yann Queffelec, *Les Noces de la mer*
- **Sur la Côte d'Azur -** Dominique Marny, *Un ciel prometteur*
- **En Provence -** Pierre Magnan, *Le Sang des Atrides*, *La Maison assassinée*
- **À Lyon -** René Belletto, *L'Enfer*
- **À Toulouse -** Anne Icart, *Ce que je peux te dire d'elles*
- **En Camargue -** Serge Rubio, *Sang reial*
- **Dans les Alpes -** Roger Frison-Roche, *Premier de cordée* ; Isabelle Scheibli, *Le Roman de Gaspard de la Meije*
- **Partout -** François Arago, *biographie d'Alexandre Volta* (inventeur de la pile électrique !) ; toute la collection des *Contes des Sages* (Seuil)

DANS LA BOÎTE À GANTS...

• 1 badge de recharge... ou 2

Lors d'un voyage au long cours, un badge de recharge donnant accès à un ou plusieurs opérateurs est indispensable. Selon la destination, un second badge peut vous faciliter la vie, ou bien votre carte bancaire.

• Livre ou liseuse ?

Le nez dans une histoire passionnante, les quelques dizaines de minutes de la recharge passent en un éclair. Rien de tel pour faire le plein de ses propres batteries : voyez notre sélection ci-contre, subjective et ouverte à toutes les inspirations.

• Musique !

Plus connectées que la plupart des véhicules, les voitures électriques donnent accès aux principaux services de musique en ligne, aux radios numériques DAB+, et bien sûr à tous les appareils Bluetooth®. Calme ou dynamique, la pause-recharge sera musicale !

N8tureGrl/Getty Images Plus

... ET DANS LE COFFRE ?

• Un jeu de câbles de recharge

Priorité des priorités : les câbles de recharge. Si de plus en plus de bornes devraient disposer de leurs propres connecteurs à l'avenir, la prudence élémentaire exige d'avoir au moins un câble pour prise domestique et un câble Type 2. Facilement accessibles, bien sûr, par exemple dans une trappe latérale, et pas sous les bagages...

• Une housse de protection pour la recharge en hiver

Les grands froids ne favorisant pas la conduction électrique, emmitoufler la prise pendant la recharge fait gagner du temps. Les câbles peuvent donc être complétés par une housse de protection hivernale.

PASSER LE TEMPS EN JOUANT

• À l'intérieur s'il pleut...

Pour passer le temps en voiture et retarder au maximum les « Quand est-ce qu'on arriiiive ? » intempestifs, Minus Éditions a créé le jeu *En route*, à laisser dans l'habitacle. Ce jeu contient 33 cartes « sujets de discussion » pour occuper tous les passagers et 33 cartes « gages » ludiques à faire bien au chaud.

• ... ou dehors s'il fait beau !

Un frisbee ou un jeu de pétanque, un molky ou un tapis de yoga : chacun trouvera le meilleur moyen d'occuper agréablement le temps de la recharge. Dernière option, la couverture à carreaux, pour une sieste à l'ancienne.

miniseries/Getty Images Plus

Des itinéraires sur mesure

B. Rieger/hemis.fr

Première destination touristique mondiale, la France ne manque pas d'atouts pour qui veut la découvrir au fil des petites routes. Mais comment choisir parmi ces pépites naturelles, architecturales, culturelles, historiques ou gourmandes ? Rien de plus simple, il suffit de suivre les parcours concoctés par nos auteurs. Pour les pionniers du « voyage électrique », ils ont pensé à tout, des temps de trajet aux bornes de recharge, tout au long de haltes touristiques choisies, testées... et approuvées.

TABLEAU DE BORD

UNE SÉLECTION DES PLUS BEAUX SITES DE FRANCE

Trente itinéraires pour sillonner la France, de ses joyaux les plus connus à ses trésors secrets: voici le contenu de ces pages. Distingués par des étoiles (1, 2 ou 3 ★) les points d'intérêt peuvent être des localités, des édifices cultuels ou des châteaux, des sites naturels ou de divertissement, retenus pour leur qualité et leurs attraits. Ils sont ouverts la majeure partie de l'année, ce qui rend possibles les escapades en toutes saisons.

Pour chaque itinéraire, un focus en couleurs signale une portion du circuit particulièrement plaisante à faire au volant d'une voiture électrique!
Et pour que les batteries fassent le plein pendant les visites et activités, les bornes de recharge les plus proches des sites sont signalées.

♥ Des expériences... intenses !

Si les beaux paysages et les étapes culturelles font les voyages agréables, rien de tel qu'un peu de piment pour les rendre tout à fait inoubliables. Aussi, les itinéraires proposés sont-ils augmentés d'activités originales, d'idées audacieuses et de frissons garantis. Sportives, esthétiques, humaines, artistiques, écologiques ou historiques, ces expériences « Coup de cœur » seront à coup sûr le moment d'émotion du voyage, ce point d'orgue que tout le monde n'a pas l'occasion de vivre, ne serait-ce que parce qu'il faut prendre le temps.

Des cartes pratiques

Situant toutes les étapes, les curiosités, les bornes, ainsi que des conseils pratiques relatifs à l'utilisation d'une voiture électrique, la carte qui ouvre chaque itinéraire est une mine d'informations. Comme

pour tout Guide Michelin, les étoiles de sites sont reportées, auxquelles ont été ajoutées les expériences insolites citées plus haut, ainsi que les haltes gourmandes.
D'un coup d'œil, tout le parcours se révèle, découpé en journées variées et équilibrées, faciles à organiser en choisissant vos activités.

CARNET DE ROUTE

Que serait un voyage sans de belles tables et des étapes de charme ? Héritiers respectueux d'une identité régionale ou rompant délibérément avec les traditions locales, les restaurateurs et hôteliers proposent un choix si vaste que suivre les recommandations des inspecteurs Michelin est l'assurance de découvertes à la hauteur de vos attentes, tant en gastronomie qu'en hébergement.

Hébergement et restauration

Chaque itinéraire est jalonné d'adresses sélectionnées, dont certaines issues de la dernière édition du Guide Michelin, accompagnées de leur distinction pour les restaurants : ce sont les étoiles ✿, ✿✿, ✿✿✿, qui repèrent les meilleures tables - d'une grande finesse à la table unique qui vaut à elle seule le voyage -, mais aussi le Bib gourmand ☺, qui distingue les rapports qualité-prix remarquables. Le choix des hôtels répond à la même exigence, détaillée dans le texte qui accompagne chaque « maison ».

Ici et pas ailleurs

La richesse des régions françaises ne s'incarne pas seulement dans les paysages et les pierres d'antan, mais aussi dans le savoir-faire et le dynamisme des artisans et créateurs d'aujourd'hui.

Spécialités locales, enseignes historiques, artisanat de bouche, producteurs aux idées insolites, entrepreneurs inventifs... Quelques-uns des plus emblématiques, des plus insolites ou bien des plus cachés sont réunis ici, car ce qu'ils proposent n'est généralement pas disponible ailleurs. L'occasion de faire durer le plaisir du voyage avec des gourmandises ou des objets originaux.

artisteer/Getty Images Plus

Martina Birnbaum/Getty Images Plus

Andrew_Mayovskyy/Getty Images Plus

ITINÉRAIRES

JayKay57/Getty Images Plus/©CEVM Eiffage/Foster + Partners

Gregory_DUBUS/Getty Images Plus

LES GRANDES ÉTAPES

LILLE
CHARLEVILLE-
MÉZIÈRES
VERDUN
STRASBOURG
TROYES
MULHOUSE
AUXERRE
BELFORT
DIJON
THONON-
LES-BAINS
MÂCON
GENÈVE
ROANNE
LYON
CLERMONT-
FERRAND
ST-JEAN-
DE-MAURIENNE
GRENOBLE
LE PUY-
EN-VELAY
VALENCE
MONTÉLIMAR
RODEZ
MILLAU
MENTON
NICE
MONTPELLIER
AIX-EN-
PROVENCE
GOLFE JUAN
BÉZIERS
NARBONNE
TOULON
PERPIGNAN
CADAQUÈS

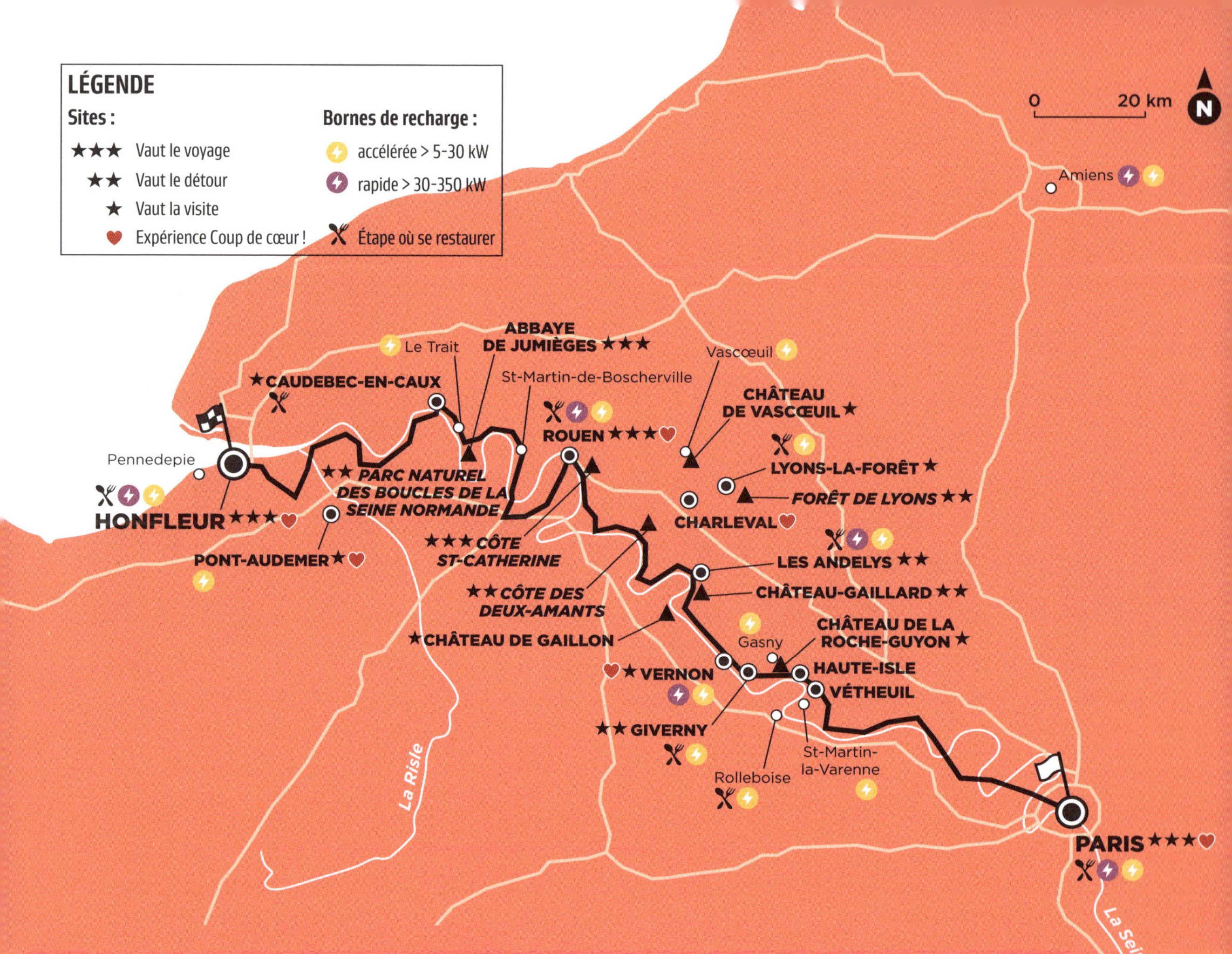

PRINCIPALES BORNES DE RECHARGE :

Mantes-la-Jolie :
Station Total - 4 r. de Chantereine (à la sortie de l'A 13, sortie 11 - 300 kW)

Giverny :
43 Le Clos Morin (parking Verger)

Les Andelys :
44 av. de la République (50 kW)

Rouen :
Quai de Paris, niveau r. des Arpents (214 kW)
Parking souterrain Hôtel-de-Ville (pl. du Gén. de-Gaulle), près de l'abbatiale St-Ouen

Pont-Audemer :
6 r. Augustin-Hébert

Honfleur :
Parking Cours des Fossés

L'ESSENTIEL ÉLECTRIQUE

Faîtes une recharge avant de quitter Paris. Vous trouverez également une borne de recharge très rapide en sortant de l'autoroute à Mantes-la-Jolie. Ensuite, des bornes se situent aux différentes étapes de l'itinéraire, parfois sur les parkings des principales curiosités (Giverny, Gaillon, Lyons-la-Forêt, Rouen évidemment, l'abbaye St-Georges de Boscherville, Honfleur).

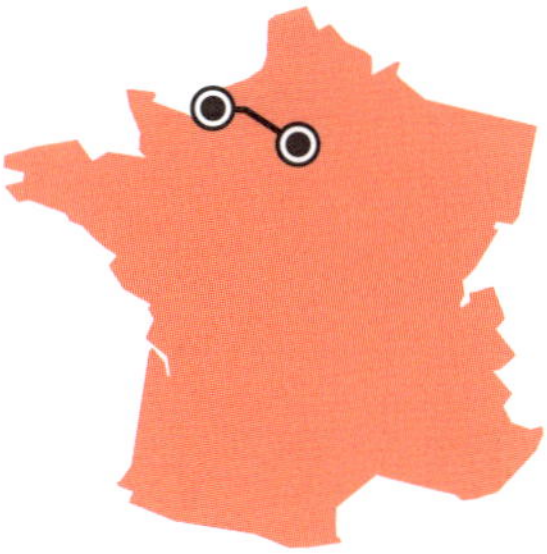

DISTANCE : 270 km
DURÉE : 3 jours
DÉPART : Paris
ARRIVÉE : Honfleur

PRINCIPALES ÉTAPES :
Giverny
Les Andelys
Rouen
Jumièges
Pont-Audemer

PARIS HONFLEUR

Les boucles de la Seine

Longue de 774 km, la Seine prend le temps de s'alanguir dans son dernier parcours, entre Paris et son estuaire, à Honfleur. Localement baptisée Basse Seine et Seine maritime, elle s'enroule en méandres majestueux que bordent des paysages très variés, tantôt sauvages et forestiers, mouvementés de côtes offrant autant de belvédères, tantôt urbanisés, autour de l'agglomération de Rouen particulièrement. Pour votre bonheur, les routes suivent ces courbes au plus près, et font défiler les villages, les châteaux et les abbayes normands, en autant de promesses d'étapes.

Côté saveurs...

Entre campagne et mer, mais avec l'omniprésence du fleuve, voici une Normandie qui ne renie pas son terroir : fromages et produits laitiers, viande bovine, pomme sous toutes ses formes, fruits de mer à Honfleur. On se régale, et les grands chefs s'amusent.

Oliver Hlavaty/Getty Images Plus

Les Andelys.

PARIS ★★★

Point de départ de cet itinéraire essentiellement normand, la capitale mérite évidemment que vous vous y attardiez, si vous en avez le temps.

Alors pourquoi pas quelques visites thématiques, en guise d'introduction à votre parcours à travers la Normandie des Impressionnistes.

Les Nymphéas, musée de l'Orangerie.
Jon Arnold Images/hemis.fr

Musée d'Orsay ★★★

1 r. de la Légion-d'Honneur - 01 40 49 48 14 - www.musee-orsay.fr. 35 r. du Bac (30 kW).

Fleuron des musées parisiens, Orsay est magnifiquement installé dans une ancienne gare ferroviaire 1900. Une institution particulièrement renommée pour sa collection d'impressionnistes, la plus importante au monde: Monet, Degas, Sisley, Manet, Morisot, Pissarro, ils sont tous là, vous offrant une première vision – la leur – de la Normandie. Variations sur la *Cathédrale de Rouen*, vues du bassin de Honfleur, bocage, couchers de soleil... vous en aurez plein les yeux avant même d'avoir pris la route.

« L'Écho des Nymphéas » au musée de l'Orangerie ♥

Jardin des Tuileries (côté Seine) - 01 44 50 43 00 - www.musee-orangerie.fr. Parking Vendôme, 28 pl. Vendôme (900 m).

Depuis 1927, ce musée expose la fameuse série des *Nymphéas* de Claude Monet. Huit compositions magistrales, 200 m² de peinture, soit l'une des plus vastes réalisations monumentales de la peinture du 20ᵉ s., superbement mise en valeur par un éclairage naturel voulu par l'artiste. Dans le cadre de ses animations, le musée propose chaque mois « L'Écho des Nymphéas », des rencontres entre la littérature, la musique et les *Nymphéas*: lecture de textes inédits d'écrivains contemporains, poèmes minutes, siestes acoustiques sont autant de moments uniques, pour vivre autrement le chef-d'œuvre de Monet.

RÉSERVE NATURELLE DES COTEAUX DE LA SEINE

Après avoir quitté Paris par l'autoroute (A 13 ou A 14), Mantes-la-Jolie vous offre une porte de sortie directement sur la Seine. Vous voici sur une magnifique boucle, dont la rive droite est classée en réserve naturelle nationale. Là, les villages de charme et les sites patrimoniaux spectaculaires se succèdent.

À découvrir en autonomie, ou dans le cadre des visites insolites ou thématiques programmées par le pays d'art et d'histoire du Vexin français: l'église de Vétheuil à la lampe torche, La Roche-Guyon par le prisme des artistes qui l'ont aimé, etc.

www.pnr-vexin-francais.fr

Association La Mora – Guillaume Le Conquérant

Le chantier naval de la Mora.

Les compagnons de La Mora : des archéologues expérimentaux

Ouvert en 2024 sur une jetée du port de Honfleur, le chantier naval expérimental de La Mora entreprend une nouvelle aventure collective, qui fait écho à celle de Guillaume le Conquérant il y a 1000 ans.

Un rêve qui prend forme

Officiellement constituée en 2018, l'association La Mora - Guillaume le Conquérant s'est fixé trois missions : construire une réplique de *La Mora*, navire amiral de la flotte de Guillaume le Conquérant, sur un chantier naval ouvert au public ; créer un parcours scénographique à vocation touristique ; être un « levier pour l'emploi local, l'insertion et la formation ». La renaissance de *L'Hermione*, à laquelle certains membres de l'association ont déjà participé, les a convaincus qu'un rêve pouvait devenir réalité. Un peu moins d'un millénaire après la conquête de l'Angleterre, la renaissance de *La Mora*, navire sur lequel le duc de Normandie traversa la Manche en septembre 1066 pour conquérir l'Angleterre, est en marche.

Un chantier d'archéologie expérimentale

« C'est un bateau de guerre de type Viking au profil très effilé et donc rapide. Nous sommes partis sur un navire en chêne de 34 m de long et 5 m de large capable de transporter 70 hommes d'équipage dont 60 rameurs. Il aura un gréement à voile carrée de 150 m² », précise l'architecte naval Marc Ronet qui a réalisé les plans. Des plans réalisés grâce à la seule représentation visuelle de *La Mora* dont on dispose, celle que l'on peut observer sur la fameuse tapisserie de Bayeux qui raconte l'épopée de Guillaume. Réalisés aussi grâce aux connaissances empiriques du musée de Roskilde, au Danemark, qui après la découverte d'épaves du 11e s. a construit plusieurs répliques.

Un chantier participatif

Accessible au public, le chantier naval permet de rencontrer les compagnons charpentiers ou forgerons à l'œuvre. Certains sont des apprentis en charpenterie de marine en formation, d'autres des bénévoles de l'association qui soulignent avec enthousiasme : « Nous croyons en la puissance de la collaboration et de la solidarité pour réaliser de grandes choses. » Traversée inaugurale vers les côtes anglaises prévue pour 2027, lorsque le navire sera achevé et l'équipage formé.

p. 31.

Chantier naval de La Mora - 2 quai de la Jetée-de-l'Est - 14600 HONFLEUR - 02 79 49 15 66 - www.la-mora.org - à 164 m.

Vétheuil

À St-Martin-la-Garenne (18 chem. de la Désirée, pl. de l'église - 4,7 km).

Cet ancien village de vignerons, situé au début de la section escarpée du méandre de La Roche-Guyon, offre un ensemble caractéristique de maisons rurales du Vexin français. Les impressionnistes ont apporté à Vétheuil la notoriété, surtout Monet, qui y séjourna trois ans; plus récemment, la peintre américaine Joan Mitchell (1925-1992) y travailla de la fin des années 1960 à sa mort. L'église (12e-16e s.) occupe une position élevée qui rend l'édifice très original.

Haute-Isle

RD 913. À Gasny et St-Martin-la-Garenne (env. 4 km)

Voilà assurément l'un des plus originaux villages des boucles de la Seine. Dans cette bourgade troglodytique se répartissaient cinq étages de cavernes, ou boves en langage vernaculaire, creusées dans la falaise. Les quelques « vraies » maisons de l'unique rue ne sont apparues qu'au 18e s. Derrière un petit cimetière en terrasse, l'église, creusée en 1670, représente le premier étage d'excavations pratiquées dans la falaise. Son minuscule clocher émerge du roc. Un décor insolite.

Château de La Roche-Guyon ★

1 r. de l'Audience - 01 34 79 74 42 - www.chateaudelarocheguyon.fr. À Gasny, 26 r. William-Dian (60 kW), à 3,8 km.

Enchâssés entre la Seine et le plateau du Vexin, le bourg et son château forment un tableau remarquable, dominé par le donjon médiéval. Bienvenue en plein siècle des Lumières, chez le duc de La Rochefoucauld et sa fille la duchesse d'Enville! Vous découvrirez successivement le circuit médiéval, les enfilades de salons, les espaces troglodytiques, le jardin anglais, et bien sûr le somptueux et immense potager-verger (3,8 ha) établi en bordure de la Seine. Entièrement restitué dans son dessin d'origine à la française en 2004, il est aujourd'hui cultivé en agriculture biologique, dans le cadre d'un chantier d'insertion: un beau projet dont la dimension expérimentale et sociale fait écho au temps du duc et de la duchesse. Au fil de la visite, ce site pourrait vous paraître familier: en amateur éclairé, vous aurez reconnu le cadre du 6e opus des aventures de Blake et Mortimer, *Le Piège diabolique*.

LE VEXIN NORMAND

Séparée du Vexin français par le cours de l'Epte, depuis le fameux traité de St-Clair-sur-Epte, cette région naturelle et historique pleine de richesses s'étend sur un plateau que borde la Seine. Où l'on retrouve Monet, Richard Cœur de Lion et quelques autres personnalités.

Giverny ★★

Maison et jardins de Claude Monet - 84 r. Claude-Monet - 02 32 51 28 21 - www.fondation-monet.com. 43 Le Clos Morin (parking Verger).

Aujourd'hui considéré comme un temple de l'impressionnisme, le petit village de Giverny voit son destin basculer lorsque Claude Monet s'y installe en 1883, pour y rester jusqu'à la fin de sa vie en 1926, attirant dans son sillage une foule de visiteurs bien connus: Clemenceau, Renoir, Zola, Degas, Guitry, entre autres. Au musée des Impressionnismes vous en découvrirez l'histoire, dans le détail. Mais le véritable but du pèlerinage, c'est évidemment la maison de Monet, son atelier, sa collection d'estampes japonaises, et ses jardins plus encore, motif récurrent de ses tableaux: le Clos normand et le célébrissime jardin

Giverny, la maison et le jardin de Claude Monet. ➔

FGM/Getty Images Plus

Les Andelys : Château-Gaillard dominant la Seine.

d'eau animé de nénuphars devenus des stars absolues de l'histoire de la peinture. Une visite unique, si l'on évite les week-ends.

Le Cercle bateau-atelier de Vernon ♥

Association Le Cercle bateau-atelier de Vernon - ✆ 02 32 51 88 14 - bateauatelier.fr. Pl. Adolphe-Barette, 4 bd Isambard (magasin Carrefour - 150 kW).

Tout le monde connaît l'image emblématique de Vernon, son vieux moulin à pans de bois installé sur la Seine. La petite ville, étape agréable, mérite que l'on s'y attarde un peu plus, pour sa collégiale, ses maisons anciennes, et le tout proche château de Bizy qui fut la propriété du duc de Penthièvre. Et, pourquoi pas, une « balade apprenante » sur un bateau-atelier : à bord du *Ladybird*, un bateau tout en bois de 1969, partez dans une promenade fluviale pour découvrir l'histoire de la ville, ou les règles de bases de la navigation sur la Seine, ou encore pour imaginer la vie sur ses rives en 1900, à l'époque où Monet lui-même voguait sur son bateau-atelier.

Château de Gaillon ★

Allée de l'Ermitage - ✆ 02 32 53 86 40 - chateaudegaillon.fr. Pl. Paul-Doumer.

Gaillon est connu pour les beaux vestiges de son château. Il faut bien reconnaître que s'il ne reste qu'une partie de la demeure voulue par le cardinal Georges d'Amboise à son retour d'Italie, il s'agit là d'un jalon essentiel dans l'histoire de l'architecture : c'est le premier château Renaissance, qualifié de « plus beau et plus superbe lieu qu'il y ait dans toute la France » par un ambassadeur italien en 1508. En grande partie démantelé à la Révolution, Gaillon conserve pourtant son pavillon d'entrée richement orné, et ses décors inspirés de l'Italie dans la cour d'honneur.

Les Andelys et Château-Gaillard ★★

Chemin de Château-Gaillard - ✆ 02 32 21 31 29 - www.nouvelle-normandie-tourisme.com. 44 av. de la République (50 kW), à 1,5 km à pied.

Les Andelys, c'est d'abord deux bourgs nichés au pied d'une haute falaise. Ensuite seulement, on lève les yeux vers les ruines de Château-Gaillard qui dominent le fleuve du haut d'un éperon rocheux. Et l'on entame l'ascension, à pied, ou en voiture jusqu'au parking supérieur... La récompense mérite vraiment l'effort car le panorama sur la vallée de la Seine est tout simplement à couper le souffle ! Quant à cette mythique forteresse, voulue par Richard Cœur de Lion en 1196 pour protéger la frontière le séparant de son « voisin » le roi de France, elle est encore magnifique, même si elle fut prise par les Français huit ans après sa construction.

LYONS-LA-FORÊT ET SES ENVIRONS ★

Le charme de certains villages reste à jamais gravé dans la mémoire. C'est le cas de Lyons, qui s'étire sur une éminence de la vallée de la Lieure, un peu à l'écart des boucles de la Seine. Quelques kilomètres de jolies routes ombragées vous y mènent agréablement.

La forêt environnante, verdoyante et humide, ramène des parfums d'humus et d'herbe jusqu'au centre du petit bourg, intimement lié au personnage d'Emma Bovary. Maisons à colombages, poutres colorées, vieille halle en bois résument une certaine image de la Normandie éternelle !

Office de tourisme : pl. Isaac-Benserade - ✆ 02 32 49 31 65 - www.lyons-andelle-tourisme.com. 🚗 1 r. du Four-à-Chaux.

Château de Vascœuil, centre d'art et d'histoire ★

8 r. Jules-Michelet - ✆ 02 35 23 62 35 - www.chateauvascoeuil.com. 🚗 32 r. de la Gare à Vascœuil.

Racheté et sauvé de la ruine par ses propriétaires en 1964, le château est devenu un centre culturel dès 1970. Ce lieu de mémoire, où séjourna et travailla Jules Michelet (un petit musée lui est consacré), accueille à chaque saison des expositions d'art contemporain, et présente dans son parc et dans les jardins à la française une collection exceptionnelle de plus de 50 sculptures originales signées Carzou, Dalí, Léger, Vasarely, Braque ou encore Cocteau.

Forêt de Lyons ★★

Avec ses 10 700 ha, elle est la plus grande hêtraie de France, remarquable par ses hauts fûts mesurant jusqu'à 40 m. Une forêt cathédrale, à sillonner en marche

Ⓥ Lyons-la-Forêt.

Ch. Boisvieux/hemis.fr

nordique, randonnée, à vélo ou à cheval. En son cœur, un arboretum formant comme une clairière offre la diversité de ses essences d'arbres venus des 5 continents, et un terrain de jeu propice aux animations proposées par l'office de tourisme : séances de Qi gong, méditation, jeux de piste...

Pause fraîcheur à la Guinguette Insulaire ♥

La Remise Paviot - Charleval - ✆ 06 27 53 55 25 - brasserie-insulaire.com. La Corne de Cerf à Charleval (320 kW), à 2,8 km.

De mai à septembre, quand les beaux jours sont installés, la Guinguette Insulaire vous reçoit pour une pause déjeuner, une bière (L'Insulaire, c'est aussi une microbrasserie artisanale, installée sur cette île de l'Andelle) ou un soda local, une soirée musicale et dansante, un moment de farniente sur la petite plage au bord de la rivière, une séance de fléchettes entre amis. Tapas et burgers normands, mousse ultra-locale et musiques d'ailleurs, le dépaysement est garanti.

ROUEN ★★★

De la corniche qui la domine à l'est, depuis la côte Ste-Catherine, la métropole rouennaise se livre, dévoilant l'altière silhouette de la « ville aux cent clochers ». Savourez cette vue et ce moment, puis lancez-vous à la découverte de ses rues animées, de ses riches musées et de ses somptueux ou insolites édifices, comme l'abbatiale St-Ouen, l'aître St-Maclou, l'ancien parlement de Normandie ou l'église Ste-Jeanne-d'Arc.

Cathédrale Notre-Dame ★★★

Pl. de la Cathédrale - ✆ 02 35 71 85 65 - www.cathedrale-rouen.net. 48 pl. de la Haute-Vieille-Tour.

C'est l'un des sommets de l'art gothique français, et c'est aussi la plus haute flèche du pays, avec ses 151 m de haut. Modèle pour la célèbre série de peintures de Monet, elle prête aujourd'hui sa façade à des créations de lumière, lorsque tombe la nuit. Sculptures des portails, hardiesse de la tour-lanterne, légèreté du chœur et beauté des verrières, tout vous enchantera.

Musées métropolitains ★★

musees-rouen-normandie.fr. Quai de Paris (214 kW).

Réunis aujourd'hui sous cette appellation générique, les musées de la ville de Rouen ont tous leur spécificité et leur renommée mondiale. L'un pour ses céramiques, l'autre pour son rarissime ensemble d'objets en ferronnerie (Le Secq des Tournelles) présentés dans une ancienne église, un troisième pour ses collections de peinture du 19e s (musée des Beaux-Arts). Sans compter les autres...

Les boucles de la Seine en montgolfière ♥

www.sport-decouverte.com - ✆ 0892 230 363.

C'est à l'aube, ou en fin de journée, que les conditions météorologiques sont optimales pour un vol de qualité. Un vol d'une heure environ, mais il vous faut prévoir une demi-journée en comptant le briefing de sécurité, le gonflage (un moment toujours magique, quand le ballon prend forme sous vos yeux), le vol lui-même, puis la descente, l'atterrissage, le toast traditionnel et la remise de votre diplôme (baptême oblige) et enfin le retour au point de départ. Au programme du vol, soumis aux aléas du temps cependant, les majestueuses boucles de la Seine, la ville de Rouen hérissée de clochers, quelques châteaux normands ici et là, des forêts et l'étang des Deux-Amants.

Moemrik/Getty Images Plus

↑ Les ruines de l'abbaye de Jumièges.

Les Halles Agrivins ♥

Docks 76 - 1 bd Ferdinand-de-Lesseps - 02 78 77 99 94 - biltoki.com/halles/hallesagrivin. 23 r. Amédée-Dormoy (50 kW).

En pleine mutation, le quartier portuaire de Rouen est *the place to be*. Et ces halles Agrivin, construites vers 1910 par les ateliers Gustave Eiffel, l'endroit où se retrouvent les gourmets. Le lieu, entièrement réhabilité en 2022, accueille 25 commerces, artisans de bouche et chefs locaux. Une ambiance conviviale, une programmation événementielle continue, qui fait alterner soirées tapas géantes, marchés nocturnes, bingos festifs, concerts, conférences, tout est là pour vous satisfaire.

PARC NATUREL DES BOUCLES DE LA SEINE NORMANDE ★★

En suivant le fleuve vers son embouchure, après Rouen, vous traversez le Parc naturel régional des Boucles de la Seine normande. Amples méandres, zones humides, forêts, villages pittoresques et abbayes s'y succèdent au long d'une route qui parfois, selon l'humeur de votre navigateur GPS, peut vous faire emprunter un bac traversant la Seine.

La Route des Abbayes

www.abbayes-normandes.com - 02 35 12 41 60. À St-Martin-de-Boscherville (pl. de l'Abbaye, parking de la Mairie).

On les appelle les « châteaux de Dieu » : ces puissants monastères ponctuent la vallée de la Seine depuis le 6e s., et montrent aujourd'hui encore d'exceptionnels ensembles. Peu après Rouen, voici St-Georges de Boscherville et son beau jardin monastique ; puis plus loin les vestiges majestueux de Jumièges, assurément parmi les plus belles ruines de France, dressant leurs murs millénaires dans un paysage enchanteur. Puissant centre monastique au Moyen Âge, le monument est aujourd'hui

Moment intense

La côte des Deux-Amants ★★, la corniche de la côte Sainte-Catherine ★★★

À Amfreville-sous-les-Monts, la D 19 est prise entre le fleuve, à gauche, et une colline fort escarpée, à droite. C'est la côte des Deux-Amants (ainsi nommée en souvenir d'une triste légende) dont le sommet accessible par la route des Deux-Amants culmine à une centaine de mètres au-dessus du fleuve. Suffisant pour offrir une vue très dégagée et portant loin sur la courbe majestueuse de la Seine et le cours de l'Eure enlaçant six plans d'eau.

Moins sauvage est notre 2e belvédère: sur les hauteurs de Rouen, à l'est de l'agglomération, la départementale 95 s'appelle aussi route de la Corniche. Nom prometteur..., et promesse tenue, lorsque vous déboucherez devant le panorama de la côte Ste-Catherine: un parking, des tables d'interprétation et de nombreux photographes en quête de la photo premium. La vue sur la ville, le fleuve, les clochers des églises et les installations portuaires est somptueuse.

tourné vers l'art et la création contemporaine; et plus avant encore St-Wandrille de Fontenelle, toujours occupée par des moines bénédictins. Trois grands témoins de la vivacité intellectuelle, religieuse et économique du Moyen Âge en Normandie.

Caudebec-en-Caux ★

Pas de borne sur place. À Le Trait, 11 r. de Godshorn (120 kW), à 8 km.

Campée sur la rive droite du fleuve, Caudebec constitue une étape agréable pour son église Notre-Dame, l'une des plus belles de Haute-Normandie, qui domine des quartiers pour la plupart reconstruits après 1944. L'architecture de béton de cette petite cité fluviale, bien connue pour son pont à haubans (pont de Brotonne), rappelle celle du Havre voisin, en miniature.

PONT-AUDEMER ★

La « Venise normande », dont les canaux reflètent les façades de ses vieilles demeures du 17e s., recèle impasses couvertes, ruelles sinueuses, petits ponts de pierre et chemins de traverse. À parcourir à pied, ou en canoë.

12 r. Stanislas-Delaquaize ou r. Augustin-Hébert (parking).

Parmi les éléments remarquables, l'église St-Ouen entièrement restaurée de 2015 à 2019. Commencée au 11e s., agrandie au 16e s. mais restée inachevée, elle est ornée d'un décor flamboyant d'une richesse rare.

En canoë sur la Risle ♥

06 33 50 82 64 - lescastorsrislois.fr.

Envie de voir l'envers du décor de Pont-Audemer? Alors rien de mieux qu'une visite en bateau! Lancez-vous dans l'aventure, tout est prévu: location du canoë monoplace, parcours à suivre, consignes de sécurité. Il vous faudra pagayer pour vous frayer un chemin sur les canaux et les bras de la Risle. Plutôt que les façades à pans de bois, c'est le dos des maisons que vous verrez, et les vestiges des tanneries d'autrefois. Une balade au calme, loin des voitures, plus envoûtante encore en mode nocturne.

HONFLEUR ★★★

Honfleur est à la mode, et cela dure depuis deux siècles, depuis l'arrivée des premiers peintres, envoûtés par l'atmosphère, la lumière et la beauté du site, presque inchangé.

Les quais envahis de terrasses, l'étonnante église Ste-Catherine en bois, les ruelles pavées, les maisons à colombages et, bien sûr, le Vieux Bassin et sa Lieutenance, qui capte si bien la lumière, semblent tout droit sortis de l'imagination d'un artiste. Sans compter les nombreux musées – du Vieux-Honfleur, Eugène-Boudin, Maisons Satie, etc. – qui sauront vous retenir encore un peu.

Parking cours des Fossés (près de l'office de tourisme).

Chantier naval de La Mora ★

2 quai de la Jetée-de-l'Est - 02 79 49 15 66 - www.la-mora.org. Pas de borne sur le parking.

p. 23. Inauguré en 2024, ce chantier-spectacle propose de replonger dans l'histoire de l'invasion de l'Angleterre par Guillaume le Conquérant, et d'assister à la construction d'une réplique grandeur nature de *La Mora*, le navire amiral de la flotte normande. Découvrez un spectacle immersif en 4 séquences animées de vidéos, sons et dispositifs tactiles, puis rencontrez les charpentiers et forgerons au travail, sur le chantier proprement dit : vous y verrez naître sous vos yeux un navire de guerre de type Viking, dont le voyage inaugural est prévu en 2027.

Baptême de trot attelé en sulky-tandem ♥

Sulky Expérience - Écurie du Petit Paris - chem. de la Forêt - Pennedepie - 06 88 07 37 35 - www.sulky-experience.com. À Cricqueboeuf (11 RD513).

Sur la plage de Deauville ou sur la piste de trot des écuries de Pennedepie, prenez les rênes, et lancez-vous (en tandem quand même, avec un moniteur). Préparation des chevaux, consignes de sécurité, prise en main de votre véhicule attelé, puis échauffement et exercices de maniabilité... vous voici devenu un véritable lad driver, comme on dit dans le jargon.

Le vieux port de Honfleur.

Jon Arnold Images/hemis.fr

SE RÉGALER

ROLLEBOISE

LE PANORAMIQUE - DOMAINE DE LA CORNICHE
Cet établissement de charme perché sur une falaise de craie, entre Mantes-la-Jolie et La Roche-Guyon, a été construit en 1908 par le roi belge Léopold II. Ici, place aux produits de proximité, dans une démarche locavore aboutie : St-Jacques de la baie de Seine, agneau fermier des fermes des environs, petits fruits et légumes de producteurs locaux. Il en résulte une cuisine pleine de fraîcheur, où les recettes débordent de goût et de saveurs marquées. Aux beaux jours, on dîne en terrasse, face aux méandres de la Seine.
5 rte de la Corniche - 01 30 93 20 00 - www.domainedelacorniche.com - sur place.

GIVERNY

LA MUSARDIÈRE
Située au cœur de bourg de Giverny, proche de la maison de Monet et du musée des Impressionnistes, cette table sert une cuisine actuelle de bon aloi dans un cadre de bistrot contemporain et convivial, complété d'une plaisante terrasse. Quelques chambres pour prolonger le séjour.
123 r. Claude-Monet - 02 32 21 03 18 - www.lamusardiere.fr - à 450 m.

LYONS-LA-FORÊT

LA LICORNE ROYALE
Au sein de cette maison à colombages, le chef se révèle un artisan méritant. Bon technicien (notamment sur les sauces et les émulsions), il est aussi à son aise quand il s'agit de mélanger produits de la mer, ingrédients locaux et saveurs du Sud. On en profite dans un cadre chic et empreint de classicisme, avec de nombreux clins d'œil aux batailles napoléoniennes.
27 pl. Isaac-Benserade - 02 32 48 24 24 - www.hotel-licorne.com - sur place.

ROUEN

L'ODAS
Idéalement situé en plein cœur de la vieille ville, à deux pas de la cathédrale, ce restaurant est la création d'Olivier Da Silva. Il régale en toute décontraction : sa cuisine, bien de saison, est tout en justesse et en équilibre, avec des notes d'agrumes ici et là pour apporter du peps et de la vivacité. À travers un menu mystère, le végétal et les poissons sont à l'honneur. On pourra même observer le travail en cuisine depuis la salle, un spectacle toujours réjouissant. N'oublions pas enfin la terrasse agréable, à l'abri des regards, et le service aussi détendu que professionnel. De bout en bout, une expérience très plaisante.
4 passage Maurice-Lenfant - 02 35 73 83 24 - lodas.fr - à 250 m.

PAUL-ARTHUR
Un ancien Top-Chef, natif du Sud, a posé ses valises dans cette maison à colombages de la place de la Pucelle. Dans ce bistrot contemporain, le chef balance un pressé de jarret de veau et foie gras, pistou à la pistache ; un merlu confit au beurre demi-sel, patate douce et hollandaise fumée. On l'a compris, la patte est moderne juste ce qu'il faut, les produits de saison et la partition du dîner plus ambitieuse que celle du déjeuner.
23-25 pl. de la Pucelle - 02 35 71 19 54 - www.paul-arthurrestaurant.fr - à 10 m.

CAUDEBEC-EN-CAUX

G.A. AU MANOIR DE RÉTIVAL
Dans ce manoir perché au-dessus de la Seine, officie David Goerne, un chef allemand fou de gastronomie française. Adepte de la simplicité, il reçoit à sa « table d'hôte » dans sa cuisine vintage. Aux beaux jours, on pourra aussi s'attabler dehors sur la terrasse panoramique, surplombant la Seine. Le chef aime improviser devant ses convives : subtil et créatif, notamment dans l'usage des herbes, des poivres et autres assaisonnements, il va droit à l'essentiel. Rehaussée par une brassée d'herbes et de fleurs et d'une émulsion au citron, sa divine poêlée de légumes du jardin sur un jaune d'œuf mariné à la sauce soja fleure bon le miracle printanier. S'il est fou de végétal, David Goerne n'est pas moins à l'aise avec le homard, le foie gras ou encore le pigeonneau.
2 r. St-Clair - 06 50 23 43 63 - restaurant-ga.fr - à 220 m.

HONFLEUR

SAQUANA SAISON 3
Alexandre Bourdas (formé chez Bras et passé par le Japon) a fait de son SaQuaNa un lieu de vie ouvert du matin au soir, avec l'idée de rendre la bonne cuisine accessible au plus grand nombre. La carte est variée, aux influences d'ici et d'ailleurs, et affiche certains incontournables comme sa lotte bouillon coco et huile de combawa ou l'emblématique pascade : une partition talentueuse.
22 pl. Hamelin - 02 31 89 40 80 - alexandre-bourdas.com - à 120 m.

SE LOGER

LES ANDELYS

HÔTEL LA CHAÎNE D'OR
Ce relais de poste du 18e s. faisait aussi office d'octroi : une chaîne barrait alors la Seine. Chambres douillettes décorées dans des styles variés, certaines avec vue sur le fleuve. Élégante salle à manger et cuisine au goût du jour.
25 r. Grande - 02 32 54 00 31 - www.hotel-lachainedor.com - à 500 m.

LYONS-LA-FORÊT

HÔTEL LA LICORNE

Contraste garanti entre l'adorable auberge qui date de 1610 et les chambres à la déco contemporaine. Celles-ci ont vue sur la halle ou sur le charmant jardin intérieur. Cuisine gastronomique au goût du jour fraîche et savoureuse dans le restaurant étoilé. Spa avec piscine intérieure, sauna et hammam.

27 pl. Benserade - ✆ 02 32 48 24 24 - www.hotel-licorne.com - 🚗 sur place.

ROUEN

HÔTEL DE BOURGTHEROULDE

Tourelle gothique, meneaux, galerie Renaissance: ce monument historique (16e s.) est un joyau... Ses chambres et son spa superbes, son bar, son brunch du dimanche: tout contribue à un séjour d'exception.

15 pl. de la Pucelle - ✆ 02 35 14 50 50 - www.hotelsparouen.com. - 🚗 sur place.

HONFLEUR

LA FERME SAINT-SIMÉON

Haut-lieu de l'histoire de la peinture, l'auberge que fréquentaient les impressionnistes est devenue un hôtel magnifique. Le parc domine l'estuaire – et ses lumières changeantes –, les chambres, au calme, réinventent le style rustique, version franchement luxe. Excellente table, Les Impressionnistes.

R. Adolphe Marais - ✆ 02 31 81 78 00 - www.fermesaintsimeon.fr. - 🚗 à 200 m.

LA CHAUMIÈRE

L'architecture patrimoniale de ce boutique-hôtel familial de dix chambres situé face à l'estuaire a été mise à jour avec un design intérieur contemporain subtil et raffiné. Il y a un petit espace bien-être tranquille ainsi que des vélos, des kayaks et même une voiture électrique disponible pour visiter la région, et la plage de Vasouy est à quelques pas. Excellent restaurant.

Vasouy - rte du Littoral (D 513) - ✆ 02 31 81 63 20 - www.hotel-chaumiere.fr - 🚗 à 250 m.

La Musardière

Restaurant La Musardière, à Giverny.

ICI ET PAS AILLEURS

ROUEN

LES CONFISEURS

Cet atelier (7 km du centre-ville) est le dernier à produire la confiserie emblématique locale, le sucre de pomme mis au point au 16e s. Aromatisé et vendu en bâtons. À découvrir.

12 r. de l'Abbaye - Notre-Dame-de-Bondeville - ✆ 02 32 91 60 75 - www.lesconfiseurs.com - 🚗 à 358 m.

CAUDEBEC-EN-CAUX

AUGY CÉRAM'

Après 20 ans de formation au sein du dernier atelier de fabrication artisanale de faïence à Rouen, Julien Augy remet au goût du jour les techniques du 17e s. et propose des créations originales, comme des corps de guitares électriques en céramique.

8 r. de la Boucherie - ✆ 06 12 62 58 54 - augy-ceram.fr - 🚗 à 53 m.

BOUTIQUE DE L'ABBAYE SAINT-WANDRILLE

Depuis 2016, les moines bénédictins de St-Wandrille se sont lancés dans l'élaboration d'une bière d'abbaye. Vous la trouverez à la boutique, où est vendue également la fameuse cire de St-Wandrille, pour l'entretien de la maison et du cuir.

2 r. St-Jacques - ✆ 02 35 95 98 44 - www.boutique-saintwandrille.com

HONFLEUR

CALVADOS MANOIR D'APREVAL

Le domaine, dont les vergers en culture bio sont situés en bord de mer, est une histoire de famille. À la boutique, vous trouverez toute la gamme maison: cidres, calvados, pommeaux, jus, épicerie (confitures, vinaigre, etc.). Les visites guidées vous invitent à découvrir l'histoire du domaine et les techniques de production.

Pennedepie - Honfleur - ✆ 02 31 14 88 24 - www.apreval.com - 🚗 à 270 m.

PRINCIPALES BORNES DE RECHARGE :

Caen :
Quai de la Londe (bassin St-Pierre)
7 r. Gemare
R. du Vaugueux sur le côté du château

Courseulles-sur-Mer :
3 rte de Reviers, parking Lidl (150 kW)

Bayeux :
Carrefour, centre commercial
bd Eindhoven (150 kW)

Carentan :
ZI de Blactot, D 974 (150 kW)

Saint-Vaast-la-Hougue :
Av. Amiral-Alphonse-Vaultier (parking du port)

Cherbourg :
Allée du Pdt-Menut, avant-port
Centre commercial Les Eleis - 27 quai de l'Entrepôt (100 kW)

L'ESSENTIEL ÉLECTRIQUE

Sur tout l'itinéraire, aux étapes principales, vous trouverez des bornes de recharge rapides ou très rapides. Soyez prévoyant cependant dans la campagne de la presqu'île du Cotentin, où les bornes sont moins nombreuses, voire absentes (à la pointe de Barfleur notamment).

DISTANCE : 220 km
DURÉE : 3 jours
DÉPART : Caen
ARRIVÉE : Cherbourg-en-Cotentin

PRINCIPALES ÉTAPES :
Ouistreham
Arromanches
Bayeux
Port-en-Bessin
Ste-Mère-Église
St-Vaast-la-Hougue
Barfleur

CAEN
CHERBOURG-EN-COTENTIN

Les plages du Débarquement

Plus de 150 km de route purement littorale, et des dizaines de sites historiques majeurs pour comprendre le Débarquement et le dénouement de la Seconde Guerre mondiale. Voilà le programme de cet itinéraire exclusivement normand, composé de paysages maritimes superbes et de campagnes verdoyantes et préservées. De la route buissonnière, que viennent compléter quelques excursions en mer et quelques activités insolites, comme un envol à la force des battements d'ailes !

Côté saveurs...
Itinéraire littoral oblige, poissons et crustacés sont sur toutes les tables. Vous apprécierez les huîtres de St-Vaast-la-Hougue, le bar de Barfleur (faute de moules sauvages), le saumon d'élevage de Cherbourg, mais aussi les délicieux légumes du val de Saire, le cidre du Bessin et les spécialités, comme les tripes à la mode de Caen.

ezypix/Getty Images Plus

↑ Ostréiculture sur une plage de Normandie.

(↑) L'Abbaye-aux-Dames.
R. Mattes/hemis.fr

CAEN ★★★

Moderne et intensément culturelle, Caen assume pleinement son statut de capitale régionale : technologique, administrative et touristique. Elle est tout cela, sans oublier sa prestigieuse histoire, celle d'une cité choisie comme résidence par Guillaume le Conquérant. Éprouvée par les bombardements de l'été 1944, Caen a su renaître pour offrir aujourd'hui ce visage rayonnant.

Quartiers anciens aux maisons à pans de bois, églises gothiques et Renaissance, urbanisme et architecture de la Reconstruction, cimetières dormants et Jardin des plantes, architecture contemporaine dans la presqu'île, histoire et émotion au Mémorial, il faut voir tout cela.

Château ★★

R. du Vaugueux - ✆ 02 31 30 47 60 - musee-de-normandie.caen.fr/le-chateau-decaen. 🚗 R. du Vaugueux (face au n° 68).

Cette magnifique forteresse – l'une des plus vastes d'Europe – fut créée par Guillaume le Conquérant en 1060. Très endommagé au cours des opérations de 1944, le château présente aujourd'hui des remparts immenses et très bien mis en valeur, qui servent d'écrin à deux grands musées. L'intra-muros, entièrement réhabilité en parc urbain en 2023-2025, redevient le centre névralgique de la ville. La visite s'impose donc pour les musées (Beaux-Arts et musée de Normandie) autant que pour les vues depuis les remparts, pour le patrimoine militaire et pour l'excellent restaurant installé au centre de l'esplanade.

Les deux abbayes ★★

Abbaye-aux-Hommes : esplanade Jean-Marie-Louvel - ✆ 02 31 30 42 81 - www.caen (🚗 pl. Guillouard) ; Abbaye-aux-Dames : pl. de la Reine-Mathilde - ✆ 02 31 06 98 98 - www.normandie.fr (🚗 quai de la Londe).

Difficile de faire un choix, d'autant que l'Abbaye-aux-Hommes et l'Abbaye-aux-Dames sont intimement liées et complémentaires. Immensité et pureté des églises abbatiales romanes, rigueur classique des cloîtres édifiés sur le même modèle, majesté des escaliers d'honneur, intérêt des espaces muséaux… tout concourt à un (double) moment d'exception.

Caen en bateau électrique ♥

Au Fil de l'Orne - 10 quai Amiral-Hamelin - ✆ 07 49 25 22 62 - aufildelorne.fr. 🚗 Parking Les Rives de l'Orne, r. Rosa-Parks.

On ne le sait pas toujours, mais Caen est largement construite sur l'eau. Si plusieurs bras de rivière ont été recouverts, il reste tout de même à voir l'arrivée du canal, les bassins du port, et bien sûr l'Orne qui arrose toute la ville. Une balade en bateau électrique s'impose donc : en version purement urbaine pour longer les quais et la prairie, l'immense espace vert de Caen, ou en version plus longue, jusque dans la campagne environnante, selon le temps que vous voudrez y consacrer.

(↓) Le château de Caen : la porte des Champs et son pont-levis.

B. Rieger/hemis.fr

Franck Charel/Château de Carneville

Le château de Carneville.

Guillaume Garbe, châtelain des temps modernes

Propriétaire du château de Carneville à l'âge de 21 ans, par un achat réfléchi autant que coup de cœur, Guillaume Garbe a conçu une aventure collective et sociale pour restaurer et faire vivre le château.

Comment se sont passées les premières années de cette aventure ?

Lorsque j'ai découvert le château à l'âge de 14 ans, j'ai voulu être utile pour ce lieu. En l'achetant en 2012, j'avais un projet, un budget. En 2014, nous avons créé l'association des Amis du château de Carneville. Cela a permis de réunir de nombreuses personnes autour du projet, une chose essentielle pour moi.

La restauration s'est avérée compliquée…

En 2017, un examen sanitaire a conclu qu'un champignon lignivore [la mérule] s'étendait sur 1000 m², autant dire que les réparations étaient très au-delà de nos moyens ! On a donc lancé une campagne de financement participatif. Et nous avons une bonne étoile… En 2018, nous avons été lauréats du Loto du Patrimoine. Cela nous a permis de toucher une somme de 490000 €, […] et nous a également apporté une fabuleuse mise en lumière.

Et quel est aujourd'hui votre projet ?

Aujourd'hui, l'association regroupe plus de 300 personnes, dont une trentaine de membres actifs réguliers. Les bénévoles répondent présents dès qu'il faut entretenir les jardins, créer des animations, organiser des repas ou des soirées. Le domaine est animé par un projet à plusieurs voix, dont la feuille de route est notre Projet scientifique et culturel. Il tient en trois grands axes : préservation du patrimoine bâti, du patrimoine naturel, du lien social.

Cette notion de lien social vous tient très à cœur ?

Notre fierté, c'est que la cour du château est devenue la « place du village » ! Et en quelques années, le domaine s'est fait lieu de vie, un lieu dont dépendent de nombreux projets : nous avons trois maraîchers qui cultivent les terres, un apiculteur, une cidricultrice, un boulanger qui cuit son pain dans notre four de 1725. J'aimerais que les efforts de tous ceux qui s'investissent à mes côtés soient récompensés et offrent à ce lieu la possibilité de s'installer durablement dans le 21e s. et les suivants… Le projet du château est l'addition de ces succès. C'est cela que nous voulons montrer au public, en plus du beau château et du magnifique domaine de 7 ha aux écosystèmes riches, gérés de manière écologique. Notamment au travers de nos « découvertes gourmandes », avec visite, buffet de produits du domaine et dégustations.

Château de Carneville - 50101 CARNEVILLE - 02 33 43 16 28 - www.chateaudecarneville.com - p. 42.

Florent MARTIN/Getty Images Plus

↑ Le pont de Pegasus, sur le canal de Caen à la mer.

Le canal de Caen à la mer par la voie verte ♥

Départ quai de la Londe. Location de vélos à assistance électrique chez Normandy Bike (www.normandybike.fr).
Quai de la Londe.

Parfaitement plate et sécurisée, puisqu'elle suit le canal sur l'ancien chemin de halage, cette voie verte relie Caen à Ouistreham (34 km aller-retour, mais l'assistance électrique est d'une grande efficacité !). Au programme de ces 17 km au bord de l'eau, les installations portuaires de Caen, la chapelle du Petit Lourdes, Bénouville pour son château, Pegasus Bridge et le café Gondrée, hauts lieux du Débarquement, puis le port de Ouistreham et enfin la plage.

LA CÔTE DE NACRE ★★

Imaginez une longue plage de sable ininterrompue du port de Ouistreham à l'embouchure de la Seulles (à Courseulles-sur-Mer), ponctuée d'un chapelet de stations familiales qui furent à la Belle Époque des plus prisées par les Parisiens et les Caennais.

Sortie pêche en mer sur le Poséidon ♥

Avant-port de Ouistreham - 06 10 25 37 73 - poseidonpecheenmer.fr.
5-6 pl. du Gén.-de-Gaulle.

Embarquement pour une partie de pêche sur le *Poséidon*, pour quelques heures ou une journée, avec 8 personnes au maximum à bord. Pêche au maquereau, sortie bar aux leurres, ou sortie hauturière (9 à 12h), l'aventure est assurée, que vous soyez débutant ou aguerri, grâce à la convivialité et aux conseils de David Aubert, votre skipper. Et si vous n'avez pas la patience du pêcheur, il propose aussi de simples sorties jusqu'à la baie d'Arromanches, en balade commentée.

Les villas Belle Époque au fil d'une balade sonore ♥

Lion-sur-Mer - Bureau d'informations touristiques : 32 r. Edmond-Bellin - ✆ 02 61 53 60 02 - www.caenlamer-tourisme.fr. Parking r. du Gén.-Gallieni (angle r. Edmond-Bellin).

Pour découvrir l'histoire balnéaire d'Hermanville et de Lion-sur-Mer, ouvrez votre ombrelle connectée et géolocalisée, et déambulez sur le front de mer. *La Délicate*, balade sonore immersive, vous plonge en 1900, tout en douceur.

LE BESSIN

En première ligne, la côte, avec ses plages, ses falaises et ses ports : celui, historique et pêcheur, de Port-en-Bessin, celui, artificiel et militaire, d'Arromanches. À l'arrière, Bayeux, qui évoque tout autant l'épopée de Guillaume le Conquérant que celle du Débarquement.

Il faudrait idéalement, pour bien comprendre les événements, suivre les stations les unes après les autres ; ne pas manquer notamment le mémorial britannique de Ver-sur-Mer (secteur de Gold Beach), pas plus que le site des batteries allemandes de Longues-sur-Mer (village qui vaut aussi pour sa belle abbaye).

Arromanches-les-Bains ★

Bureau d'informations touristiques : 2 r. Maréchal-Joffre - ✆ 02 31 22 36 45 - bayeux-bessin-tourisme.com. 2 r. d'Instow.

Il faut arriver d'Asnelles, par l'est, afin d'appréhender la beauté du site et son caractère historique. Du haut des falaises, la baie et la ville d'Arromanches apparaissent, en même temps que se dévoilent les vestiges du port artificiel, massifs et fantomatiques flotteurs en béton posés là depuis juin 1944. Ensuite seulement vous descendrez pour voir le port depuis la digue, et pour visiter le musée qui fut le premier créé afin de commémorer le Débarquement (il a été entièrement reconstruit et repensé en 2023).

Détour par Bayeux ★★

Pl. aux Pommes. Borne de recharge rapide en périphérie (parking Carrefour, centre commercial bd Eindhoven).

La capitale du Bessin, qui n'est qu'à quelques kilomètres de la côte, se signale de très loin avec la flèche de son « insigne cathédrale ». Le superbe monument gothique est un point fort de la découverte de cette ville, de même que la célébrissime tapisserie de Bayeux (une broderie en réalité) qui raconte dans le détail la conquête de l'Angleterre par Guillaume le Conquérant. Laissez-vous envoûter par le charme de cette petite ville médiévale, épargnée par les bombardements.

Visite du port de pêche de Port-en-Bessin-Huppain ♥

Bureau d'informations touristiques : quai Baron-Gérard - ☎ 02 31 22 45 80 - bayeux-bessin-tourisme.com. Parking Super U, 3 av. du Gén.-de-Gaulle (150 kW).

Ici, la pêche est une affaire sérieuse : coquille St-Jacques en saison et pêche en haute mer sur les côtes sud-ouest de l'Angleterre notamment. Dans tous les cas, c'est sur ces quais que débarquent les bateaux, et à la criée que se négocient quelque 10 000 t de poissons annuelles. Laissez-vous guider dans les arcanes du premier port de pêche artisanale de Normandie, à la découverte de ses métiers, dans l'agitation pittoresque du « retour de pêche ».

PLAGES DU DÉBARQUEMENT - LE SECTEUR AMÉRICAIN ★★

Dites Omaha ou Utah Beach, on vous comprendra mieux. D'Arromanches à St-Martin-de-Varreville, la côte est escarpée, bordée de falaises dont on sait le caractère meurtrier lors du Débarquement, et plus loin ourlée de plages. Vous êtes au cœur du secteur américain.

↑ Normandy American Cemetery & Memorial.

Normandy American Cemetery ★★★

Colleville-sur-Mer - ☎ 02 31 51 62 00 - www.abmc.gov/normandy. Parking du Cavey (plage de Colleville-sur-Mer).

Concession perpétuelle faite par la France aux États-Unis, les 70 ha de ce cimetière imposent le respect et l'admiration. Sur des pelouses entretenues à la perfection, les 9 385 stèles blanches en marbre de Carrare parfaitement alignées composent un tableau aussi beau qu'émouvant, sublimé par la majesté du site dominant la mer. Bouleversant.

Randonnée en kayak à la pointe du Hoc ♥

École de voile intercommunale CAP 21 - quai Crampon - Grandcamp-Maisy - ☎ 02 31 22 14 35 - isigny-omaha-tourisme.fr. 3 pl. de la République.

Après une visite du site de la pointe du Hoc, constellé de fortifications allemandes et de trous d'obus évocateurs, enfilez votre combinaison (fournie, comme tout le matériel) et partez en randonnée kayak sur la mer ; vous comprendrez alors mieux ce que les Rangers du colonel Rudder ont vu en débarquant ici le 6 juin 1944 : des falaises en à-pic de 30 m de haut, qu'il fallait conquérir. Une randonnée nautique émouvante, animée par un moniteur-médiateur passionné, qui vous fera revivre par la narration ce terrible matin du Débarquement.

D-Day Experience ♥

2 village de l'Amont - St-Côme-du-Mont - ☎ 02 33 23 61 95 - www.dday-experience.com.

Envie de tenter l'expérience de la traversée de la Manche à bord d'un C-47 par gros temps ? Alors rendez-vous à D-Day Experience, un espace historique, muséal et immersif, installé au fameux carrefour de l'Homme mort (Dead's Man Corner). Cinéma 3D, collections d'objets et costumes authentiques ayant appartenu aux parachutistes et, clou de la visite, expérience immersive dans un simulateur de vol plus vrai que nature : durant 10 minutes, dans la carlingue de cet authentique C-47 ayant participé au largage du 6 juin 1944 (il a aussi servi d'accessoire grandeur nature dans un film de Steven Spielberg), revivez les impressions de la traversée de la Manche, avec secousses et vacarme inclus.

Sainte-Mère-Église ★

Parking r. de la Liberté.

Ce paisible village est une des localités françaises les plus célèbres outre-Atlantique. Rien ne semblait devoir troubler la sérénité de Ste-Mère-Église, jusqu'à cette nuit du 5 au 6 juin 1944, lorsque les premiers parachutistes américains furent largués au-dessus de la commune afin d'aider les troupes appelées à débarquer sur la plage d'Utah Beach. Le village fut libéré après des combats acharnés. Aujourd'hui, on découvre un village à l'ambiance particulière, toujours animé, où l'on parle autant américain que français, avec un mannequin parachutiste suspendu au clocher de l'église, et l'Airborne Museum, un passionnant musée consacré aux divisions aéroportées US.

Vol solitaire en aéroplume ♥

La Bazirerie - Écausseville - 06 41 98 32 97 - aeroplume.fr. À Montebourg (6 km).

Aéroplume ! Quésaco ? Un curieux ballon dirigeable gonflé à l'hélium, individuel et minimaliste, qui permet de s'envoler en battant des ailes ! Voilà pour la machine. Côté décor, pas de panique, vous ne vous envolerez pas dans les hautes sphères. Votre vol est limité aux dimensions d'un authentique hangar à dirigeables de la Première Guerre mondiale (31 m de haut et 150 m de long, quand même). Une expérience très amusante, pour apprendre à voler et se sentir plus léger que l'air.

Klaus Brauner/Getty Images Plus

Sainte-Mère-Église : le clocher et son fameux parachutiste.

Moment intense

La pointe de Barfleur ★★

Ce bout de terre, à la pointe nord-est de la presqu'île du Cotentin, est accessible à pied, par le sentier du littoral, mais aussi en voiture. Il faut alors passer par Gatteville-le-Phare, bourgade dont la grande place est bordée par une belle église et par une chapelle. Après Gatteville, la route (RD 10) s'enfonce dans un paysage sauvage où la côte basse rocheuse subit le harcèlement ininterrompu des vagues. De part et d'autre, le terrain est plat, les haies sont basses, le vent s'engouffre dans l'habitacle, et les embruns ne sont pas loin. Puis surgit la silhouette du phare de Gatteville, que l'on atteint après avoir passé le minuscule port de Roubary. Arrivé au bout, il faut gravir les 365 marches de ce phare, l'un des plus hauts de France. Le panorama est magnifique, sur la mer, mais aussi sur cette terre du bout du monde.

25C rte du Phare - ✆ 02 33 23 17 97 - phare-de-gatteville.fr

LE VAL DE SAIRE ET LE NORD COTENTIN ★

Bordées de plages ou découpées de falaises, les côtes orientale et septentrionale du Cotentin réservent des étapes de qualité, des paysages sauvages et des panoramas sublimes.

Voilà une portion de route où il faut savoir s'arrêter souvent, regarder la mer, reprendre la voiture pour s'enfoncer dans la campagne en quête de manoirs et d'églises, comme celle de Montfarville, la « Sixtine du Cotentin », passer de pointes en caps, et d'îles en baies.

Une nuit à Tatihou ♥

Tatihou - St-Vaast-la-Hougue - ✆ 02 33 69 26 30 - lesmaisonsdetatihou.fr. Sur le port de St-Vaast, av. Amiral-Alphonse-Vaultier.

Tatihou... Derrière ce nom presque exotique, se trouve une île de 28 ha trônant dans la baie de St-Vaast-la-Hougue. On y accoste grâce à un amusant bateau amphibie, le *Tatihou III*, qui roule sur la grève à marée basse, ou vogue sur les eaux à marée haute. L'île, ouverte aux visiteurs du jour, comporte un musée maritime, une tour Vauban répertoriée par l'Unesco, un jardin maritime, un atelier de charpente navale... et un hôtel. Quel bonheur, alors que les derniers touristes reprennent la dernière navette, que de prendre possession de sa chambre aménagée dans les anciens bâtiments historiques. Dîner au restaurant, pour une bonne cuisine normande, puis un tour de l'île, en guise de digestif.

Barfleur ★

Pas de borne sur place (À Réville, 7 km).

Ce petit port de pêche aux maisons de granit et aux quais chargés de casiers à homards est classé parmi les plus beaux villages de France. Dans cette station balnéaire très accueillante, les heures de plage rivalisent avec les promenades littorales, en attendant le plateau de fruits de mer du soir.

Découvertes gourmandes au château de Carneville ♥

5 Le Château - Carneville - ✆ 02 33 43 16 28 - www.chateaudecarneville.com. À St-Pierre-Église (pl. du Marché, 6 km).

p. 37. Sauvé de l'oubli et de la mérule, le château de 1755 renaît, au milieu de son parc et de son domaine agricole. Vous êtes reçu par Guillaume Garbe, qui vous expliquera son projet scientifique et culturel (faire revivre le patrimoine, préserver l'environnement et remettre le château au cœur de la vie du village), puis vous présentera les différents acteurs qui font du château de Carneville un domaine vivant et gourmand : un couple d'apiculteurs, un boulanger qui utilise le four historique, des maraîchers et une cidricultrice. Comme au 18e s., Carneville vit en synergie avec la nature.

CHERBOURG-EN-COTENTIN ★

Avant tout ville maritime, Cherbourg est dotée de la plus grande rade artificielle du monde et compte plusieurs ports: militaire, de plaisance, de commerce et de pêche.

La cité conserve un riche patrimoine monumental, dominé par l'ensemble remarquable de la grande digue. Découvrez-le à travers ses musées (Thomas-Henry et le musée de la Libération au fort du Roule), ses églises, le quartier du bassin du Commerce en plein renouvellement, mais aussi ses jardins, hérités d'une tradition botanique précoce (parc Emmanuel-Liais, parc des Ravalet).

Cité de la Mer ★★

Gare maritime transatlantique - 02 33 20 26 69 - www.citedelamer.com. 1 allée du Président-Menu.

L'ancienne gare transatlantique (1933) où arrivaient par le train les voyageurs de Paris en partance sur les paquebots s'est trouvé une nouvelle vie. Galerie des engins et des hommes, visite du sous-marin nucléaire *Le Redoutable*, espace de l'Océan du futur composé de 17 aquariums géants, exposition sur l'opération Overlord, Espace *Titanic*... autant de lieux et d'ambiances qui vous feront voyager dans le temps et l'espace océanique.

Balade dans la rade ♥

Hague à part - pont Tournant - 06 61 14 03 32 - hagueapart.com. 1 allée du Président-Menu.

Difficile de saisir toute l'ampleur de la grande rade artificielle de Cherbourg (la plus vaste d'Europe), depuis les quais du port. C'est donc en bateau qu'il faut la découvrir, le temps d'une promenade portuaire commentée. Devant les ouvrages colossaux, vous imaginerez ce que fut ce chantier titanesque commencé en 1783 et terminé en 1858. Et verrez par la même occasion l'insolite ferme aquacole du Saumon de Cherbourg, en pleine rade.

Cherbourg, le musée de la Cité de la Mer.

SE RÉGALER

CAEN

IVAN VAUTIER ✿
Ivan Vautier, normand pur beurre, est installé dans cette maison excentrée du cœur de ville, devenue un lieu sobrement contemporain. Fier de son terroir, le cuisinier cherche à mettre en valeur les produits normands à travers chacune de ses recettes : saumon de Cherbourg ; asperges normandes ; cochon normand aux céréales... Chambres modernes et très confortables.
3 av. Henry-Chéron - ☏ 02 31 73 32 71 - www.ivanvautier.com - à 120 m.

L'AROMATE
Dans un décor moderne aux tonalités sombres et douces, vous apprécierez la cuisine bistronomique d'Inès et Axel, dans laquelle s'invitent des épices et aromates justement dosés, et des saveurs venues d'ailleurs.
9 r. Gemare - ☏ 02 31 85 30 30 - laromate-caen.fr - à 30 m.

OUISTREHAM

LA TABLE D'HÔTES
À deux pas de la station balnéaire, ce restaurant familial est le repaire d'un couple passé par de belles maisons. Joli symbole, Yoann Lavalley a racheté le fourneau sur lequel il a accompli son apprentissage... Il y conçoit une cuisine de saison gourmande et savoureuse. Son épouse vante les vertus d'une jolie carte des vins à l'excellent rapport qualité/prix. Poisson du jour, viande locale, fromages normands...
10 av. Gén.-Leclerc - ☏ 02 31 97 18 44 - latabledhotes-caen.com - à 550 m.

BAYEUX

L'ALCÔVE
Juste derrière la cathédrale, cette adresse propose une cuisine du marché fraîche et bien tournée, aussi savoureuse que sérieuse, qui tient ses promesses. Araignée de mer, légumes croquants, sorbet vinaigre ; risotto de blé aux asperges, artichaut confit, émulsion ail des ours. Le succès est toujours au rendez-vous, et les tarifs sont doux.
31 r. Larcher - ☏ 02 31 92 30 08 - www.lalcove-bayeux.fr - à 110 m.

LA PERNELLE

LE PANORAMIQUE
À côté de l'église du village, sur une colline surplombant le val de Saire, la mer et l'île de Tatihou, un restaurant tenu par la même famille depuis 1966. C'est aujourd'hui un agréable restaurant gastronomique, où la cuisine met joliment en avant le terroir normand, au rythme des saisons ! Dans une salle à manger vitrée à la vue vraiment imprenable.
1 village de l'Église - ☏ 02 33 54 13 79 - www.le-panoramique.fr

CHERBOURG-EN-COTENTIN

LE PILY ✿
Pierre et Lydie Marion règnent désormais sur le pont tournant, dans une élégante bâtisse contemporaine tout en verre dotée d'une vue imprenable sur le port. Quel plus bel endroit pour célébrer les poissons de petit bateau, homards et crustacés du Cotentin que le chef affectionne ? Pas de viande ici mais des produits de la mer travaillés avec finesse et précision, non sans quelques touches créatives, et des influences japonaises ou exotiques revendiquées.
1 r. du Pont-Tournant - ☏ 02 33 10 19 29 - www.restaurant-le-pily.com - à 210 m.

SE LOGER

CAEN

CHEZ LAURENCE DU TILLY
Cette maison d'hôtes de trois appartements s'est choisi pour cadre un superbe hôtel particulier du centre-ville. Des logements uniques qui affichent chacun leur personnalité : le classique, un intérieur très haussmannien, frais et urbain ; le contemporain, aussi sophistiqué qu'un Parisien ; et l'atypique, au ton rétro pop. Une maisonnette de campagne à 10 min de Caen complète l'expérience. Derrière ces créations on retrouve Laurence du Tilly. Styliste Art de vivre, l'ancienne Parisienne a l'œil bien acéré. Ici, elle joue les maîtresses de maison, multipliant les attentions : pain frais livré le matin, cours de yoga ou encore road-book avec ses meilleures adresses.
9 bis r. Pemagnie - ☏ 07 86 23 28 28 - www.laurencedutilly.fr - à 350 m.

BAYEUX

CHÂTEAU DE SULLY
Dans la campagne entre Bayeux et les plages du Débarquement, ce château du 18e s. est entouré d'un parc impeccablement entretenu. Ses chambres et suites sont décorées dans un style fidèle à l'époque, mais le confort contemporain n'a pas été négligé. Une piscine intérieure réservée aux adultes est rattachée au complexe thermal, qui comprend des jacuzzis, un sauna et des soins de beauté. Très bonne table.
Rte de Port-en-Bessin - ☏ 02 31 22 29 48 - www.chateau-de-sully.com - à 900 m.

LION-SUR-MER

HÔTEL DE LA PLAGE
Entièrement refait en 2022, cet hôtel a réduit sa voilure, pour ne proposer plus que 5 belles chambres, dont 4 ont une vue magnifique sur la mer. De grandes salles de douche modernes, une décoration raffinée mais simple, des couleurs

reposantes et élégantes, rien ne manque pour passer un week-end de rêve. Vous pourrez vous restaurer toute la journée au restaurant et bar de plage qui se trouve au rez-de-chaussée.

2 bd du Calvados - ✆ 07 68 48 90 87 - www.hoteldelaplagelionsurmer.com - à 60 m.

ARROMANCHES

LA MAISON DU 6

En centre-ville et à 30 m de la plage, cette maison avec restaurant propose 5 chambres très confortables, modernes et spacieuses, certaines avec une superbe vue sur le port artificiel.

1 cale Neptune - ✆ 02 31 10 46 45 - www.hotel-arromancheslesbains.fr - à 200 m.

Photo Marie-Josée JARRY/Chez Laurence du Tilly

Chez Laurence du Tilly (Caen).

LA HAGUE

LE LANDEMER

Sur la côte nord de la Hague, à 14 km de Cherbourg, ce petit hôtel de 9 chambres en surplomb de la mer et de la plage, jouit d'une vue superbe depuis toutes les chambres, magnifiquement rénovées. Celles de la longère, modernes, disposent de terrasses. Excellente table inventive et raffinée dans une salle à manger panoramique. L'adresse qu'on voudrait ne pas partager !

2 r. des Douanes - Urville-Nacqueville - ✆ 02 33 04 05 10 - www.le-landemer.com

ICI ET PAS AILLEURS

CAEN (COLOMBELLES)

BISCUITERIE JEANNETTE

Née en 1850, la plus ancienne biscuiterie de Normandie propose ses fameuses madeleines depuis 1930. Dans le vaste magasin d'usine, situé dans la zone d'activité Lazzaro à Colombelles, vous trouverez toute la gamme de biscuits (madeleines, financiers, cakes, dans une grande variété de goûts), et même des promotions sur certains produits. L'entreprise propose des visites des ateliers, en immersion.

23 av. du Pays-de-Caen - Colombelles - ✆ 02 31 70 81 00 - www.jeannette1850.com - à 25 m.

ROTS

LA FERME DE BILLY

Cette ferme cidricole située entre Caen et Bayeux compte 22 ha de vergers. Avant la dégustation, et le difficile choix des emplettes à la boutique (jus de pomme, cidres, calvados, pommeau, Esprit de Billy, une création exclusive), prenez le temps de flâner librement sur le domaine, autour de la chapelle du 13e s. et dans les vergers. Pour le déjeuner, grand buffet élaboré maison, et brunch le week-end.

29 bis r. de l'Église - ✆ 02 31 26 28 53 - www.ferme-de-billy.com

ISIGNY-SUR-MER

LES HALLES D'ISIGNY

À côté de l'usine de caramels, ce magasin de produits du terroir occupe une grande halle de style Baltard : caramels et bonbons, mais aussi alcools et autres spécialités locales.

R. du 19-mars-1962 - ZI Isypôle - ✆ 02 31 51 66 57 - www.caramels-isigny.com - à 523 m.

CHERBOURG-EN-COTENTIN

LE PARAPLUIE DE CHERBOURG

Cette société, installée dans l'ancienne Banque de France, produit des parapluies haut de gamme, et même des modèles spécialement conçus pour protéger les grands de ce monde. Bien entendu, le luxe se paie... Possibilité de découverte des ateliers de production (derrière des vitres, avec vidéos explicatives), et visite du petit musée du Parapluie.

22 quai Alexandre-III - ✆ 02 33 93 66 60 - www.parapluiedecherbourg.com - à 23 m.

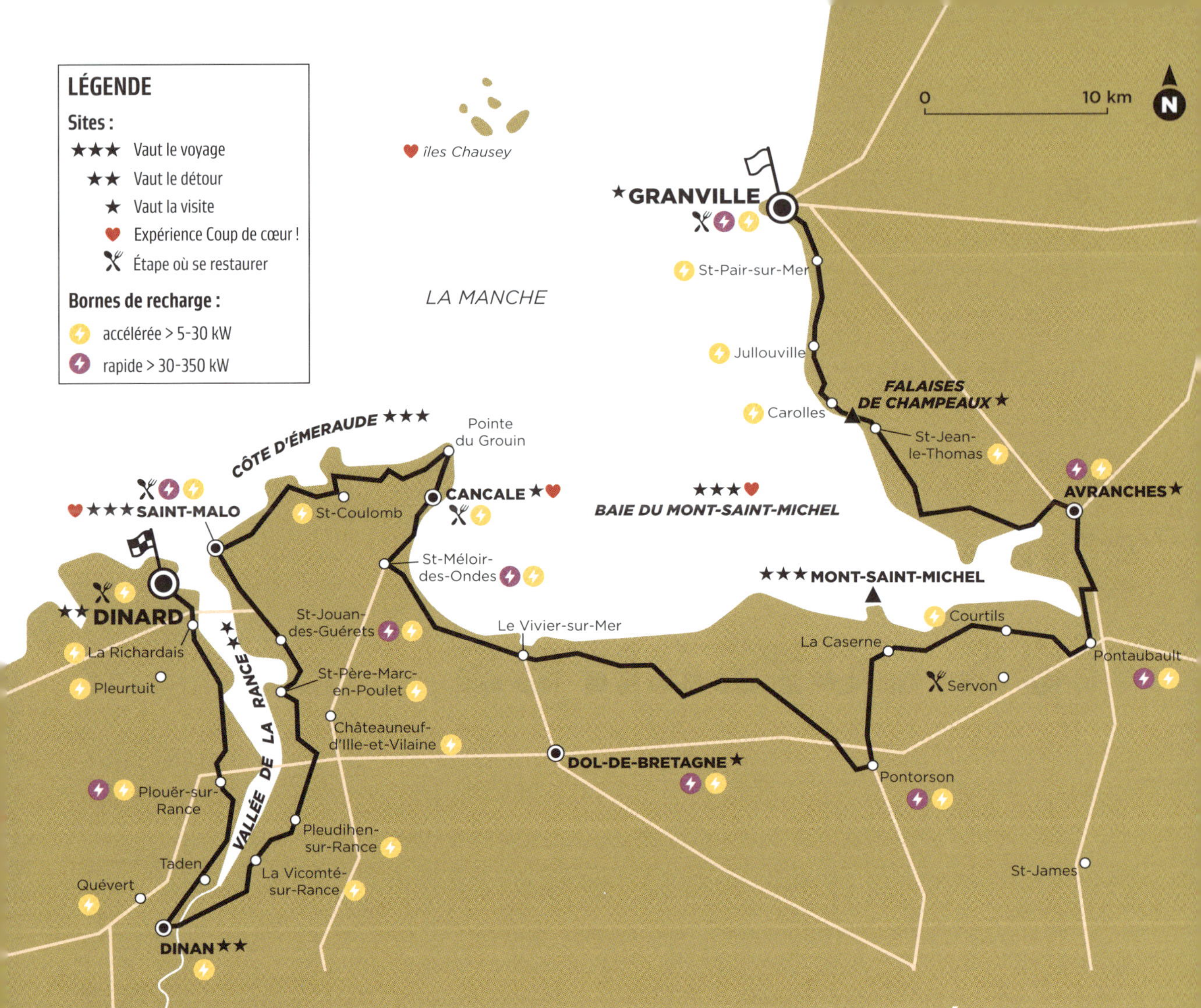

PRINCIPALES BORNES DE RECHARGE :

Granville :
Pl. des Corsaires
TotalEnergies - 1167 rte de Villedieu (50 kW)

Avranches :
Parking Valhubert - r. du Gén.-de-Gaulle
Pl. de la Gare (50 kW)
5 parc de la Baie (200 kW), à 5 km Le Val-Saint-Père

Pontorson :
Carrefour Market -
2 rte du Mont-St-Michel (50 kW)
6 r. des Colverts (120 kW)

Cancale :
5 av. du Gén.-de-Gaulle

Saint-Malo :
Parking St-Vincent P7 - quai St-Vincent

L'ESSENTIEL ÉLECTRIQUE

Le nombre de bornes de recharge est encore limité sur cet itinéraire. Notamment, vous n'en trouverez pas sur le parking du Mont-St-Michel. Aussi, le mieux est de faire une halte à Avranches ou à Pontorson. Pour St-Malo, il n'y a évidemment pas de borne intra-muros, mais la ville en est dotée tout autour, dont une sur le parking au pied des remparts côté port (Esplanade de la Bourse), et au sud du quartier de la Découverte, par l'avenue du Général-de-Gaulle (D 301).

DISTANCE : 225 km
DURÉE : 2 jours / 8h
DÉPART : Granville
ARRIVÉE : Dinard

PRINCIPALES ÉTAPES :
Mont St-Michel
Cancale
St-Malo
Dinan

GRANVILLE
DINARD

Sur les traces des corsaires

Entre Normandie et Côte-d'Armor, remontez le temps en suivant la route qui, de Granville à Dinard, découvre d'inoubliables points de vue sur la plus célèbre abbaye du monde. Les stations balnéaires se succèdent, les paysages aussi. Passé les falaises de Champeaux et les coteaux fleuris de mimosas, on rejoint l'immensité des prés-salés, plat pays d'herbe, d'eau et de sable. Puis vient Cancale et la côte d'Émeraude aux sublimes lumières. Là, à la pointe du Grouin, avant d'atteindre les remparts de Saint-Malo, arrêtez-vous un moment dans votre voiture, à l'abri du vent (ou de la pluie !) et écoutez *La Mer* de Debussy...

Côté saveurs...

Homards de Chausey, bulots de Granville, huîtres plates de Cancale et St-Jacques de St-Malo garnissent les plateaux. Mais vous pourrez aussi vous régaler d'un tendre rôti d'agneau de pré-salé, ou d'une incontournable galette de blé noir côté Bretagne.

Granville, la Haute Ville, le port et l'église Notre-Dame-du-Cap-Lihou.

Le musée Christian-Dior..
R. Harding / hemis.fr

GRANVILLE ★

Monte-Carlo n'est pas le seul à avoir son rocher! Granville aussi a ce privilège, qui lui vaut son surnom flatteur de « Monaco du Nord ».

À Granville, la vie s'organise autour des ports: de plaisance, de commerce et de pêche. Les restaurants s'alignent au long des quais, tandis que le centre-ville, animé et commerçant, invite au shopping. Il faut aussi compter avec les plages: celle du Plat Gousset, tournée vers le nord-ouest, est réputée pour sa piscine de mer; la grève de Hérel, au sud, bénéficie de la proximité du centre nautique. Et le soir, on se retrouve en terrasse, ou au casino pour les plus joueurs.

Plusieurs bornes dans la Basse-Ville : pl. des Corsaires, r. de la Fontaine-Bedeau et r. du Commandant-Yvon.

La Haute-Ville

Le fameux « rocher » de Granville est d'abord un site exceptionnel avec la pointe du Roc, belvédère qui ferme la baie du Mont-St-Michel et offre des vues sublimes. Les blockhaus, la place d'Armes et les anciens casernements révèlent le caractère stratégique du lieu. Côté visite, vous découvrirez au Roc des Curiosités un aquarium et un musée insolite.

La ville haute à proprement parler ne se dévoile qu'une fois passé le rempart. L'austère et émouvante église Notre-Dame, les hôtels particuliers des corsaires Granvillais, les ruelles bordées d'échoppes contribuent à l'atmosphère si particulière de cette Haute-Ville, qui réserve de magnifiques points de vue sur la cité et la mer.

Une visite chez Christian Dior

Musée Christian-Dior - R. d'Estouteville - ✆ 02 33 61 48 21- www.musee-dior-granville.com.

Surplombant la mer, la villa d'enfance du grand couturier est sertie dans l'écrin de son jardin, imaginé et dessiné par le jeune Christian et sa mère. La maison aux murs rose poudré, qui font écho à la roseraie, accueille des expositions temporaires.

Rallier les îles Chausey à bord d'une bisquine ♥

Bisquine La Granvillaise - 43 bd des Amiraux-Granvillais - ✆ 02 33 90 07 51 - www.lagranvillaise.org. Borne accélérée 11 r. de la Fontaine-Bedeau.

B. Stichelbaut/hemis.fr

La bisquine La Granvillaise.

Deux vedettes assurent la traversée vers cet archipel qui compte une cinquantaine d'îles et îlots à marée haute (beaucoup plus à marée basse!), à 17 km au large. Mais en adepte de la mobilité douce, vous préférerez sans doute une croisière sur un gréement traditionnel, une bisquine de 17 m construite en 1990 sur des plans datant de 1897. Une fois sur place, la Grande Île, la seule habitée de l'archipel, vous offre le charme de la solitude, des sentiers sauvages, de son vieux fort, et de l'immensité alentour. Avant un retour à bon port en fin de journée, toutes voiles dehors.

© Philippe Érard

« Le Breizh Café, ou la galette voyageuse

Bertrand Larcher.

Fondateur de l'enseigne Breizh Café, à Cancale (☞ p. 56), Bertrand Larcher est le premier Français à avoir ouvert une crêperie au Japon en 1996 avant d'en faire essaimer un peu partout dans l'Hexagone.

Breizh Café, ce n'est pas seulement une crêperie, c'est tout un écosystème autour d'un savoir-faire et d'un produit principal : le sarrasin.

Oui, aujourd'hui c'est une trentaine d'établissements à Paris, en Bretagne, à Lyon, à Bordeaux, depuis peu à Biarritz, et il n'y a pas que des crêperies : il y a aussi des épiceries, des caves à cidre, des chambres, un restaurant étoilé Michelin, une ferme et une école internationale de crêpiers ouverte aux personnes qui visent une reconversion.

D'où vous vient cette passion pour le sarrasin ?

Petit, je me souviens que mes parents en cultivaient à la ferme. Je ne sais pas s'ils étaient les derniers à en produire mais il n'y avait plus beaucoup d'agriculteurs à vouloir s'enquiquiner avec cette plante qui, rappelons-le, n'est pas une céréale : elle fait partie des polygonacées comme la rhubarbe ou l'oseille. À cette époque, on en importait beaucoup. Aujourd'hui, je me réjouis de voir qu'elle revient sur le devant de la scène et que la production reprend à grande échelle. Au Japon, c'était une autre variété qu'ils utilisaient, notamment pour les nouilles soba. En rentrant en France, je me suis dit qu'il fallait défendre cette plante et lui redonner ses lettres de noblesse.

Êtes-vous conscient que vous avez aussi contribué à rendre la galette plus noble ?

Je n'ai pas cette prétention mais pendant trop longtemps, la galette a été considérée comme une enveloppe dans laquelle chacun mettait un peu ce qu'il voulait. Or une galette c'est un équilibre entre le goût et les parfums du sarrasin, et les produits qu'on ajoute.

Des produits que vous veillez à trouver localement ?

C'est impératif. Dans notre crêperie de Biarritz, on retrouve par exemple le cochon Kintoa du Pays basque ou la truite de Banka, quand en Bretagne, il y a de la coquille St-Jacques en saison. L'inverse n'est pas vrai. Chaque galette doit conserver son ancrage local en s'appuyant sur des produits de toute première fraîcheur.

Quelles sont vos galettes préférées ?

La première, la complète avec œuf miroir, jambon, comté et beurre aux algues. La seconde, une galette avec des pommes de terre qui crée un excellent mariage avec le sarrasin, un peu de crème et du hareng fumé. C'est la galette signature… et un hommage à la Bretagne de toujours ! »

© RomainBuissonPhotographe

Retrouvez toute la sélection de restaurants et d'hôtels du Guide Michelin sur le site : www.guide.michelin.com

T. et B. Morandi/hemis.fr

↑ Le Mont-Saint-Michel : comme un bijou dans son écrin marin.

LA BAIE DU MONT-SAINT-MICHEL ★★★

Accrochée en corniche au bord de la falaise ou au plus près des prés-salés, la route touristique épouse les contours de la baie sans que jamais on ne quitte des yeux le Mont. De partout sa silhouette se découpe sur les eaux ou les bancs de sable, au gré des marées et des ciels changeants, joyau immuable d'un cordon littoral inscrit sur la liste du Patrimoine mondial de l'Unesco. Ici, le pare-brise se fait écran de cinéma panoramique !

Falaises de Carolles-Champeaux ★

Accès par la D 911 à Carolles - garez-vous parking du Lude ou parking de la Cabane-Vauban (pas de bornes de recharge).

Une escale s'impose pour admirer ce paysage classé, unique site à falaises au sud de Granville, et balcon sans pareil pour admirer la baie. Car seul le sentier des douaniers, réservé aux promeneurs et randonneurs, approche au plus près de ce qu'Édouard Herriot puis le général Einsenhower à sa suite baptisèrent « le plus beau kilomètre de France ».

Plusieurs options s'offrent à vous : pour commencer, vous pouvez suivre le sentier qui longe la toute petite vallée du Lude, à travers les ajoncs et les genêts. Il débouche sur une anse solitaire, le port du Lude, véritable brèche entaillée dans la falaise. De là, il est possible de rejoindre le sentier des douaniers qui longe les falaises et vous conduit à la cabane Vauban, petit corps de garde du 18e s., isolé, tout en pierre, qui surplombe la mer et offre une vue époustouflante sur la baie et sur le Mont-St-Michel, au loin. Le sentier se poursuit vers le sud, la mer à droite, le paysage de landes à gauche, sur la crête des falaises de Champeaux culminant à 80 m. Deux autres cabanes de Vauban sont à découvrir sur le trajet. Pruneliers, bruyères, ajoncs et autres arbustes formant en certains points un berceau d'ombrage composent un paysage sauvage et toujours coloré, au fil des saisons. Isolées et exposées au sud-ouest, ces falaises offrent un havre de paix et de douceur, dont vous bénéficierez tout autant que les lézards, criquets et grillons maritimes se prélassant et chantant au soleil.

Si la marche ne vous est pas possible, sachez quand même que la route D 911 entre Carolles et St-Jean-le-Thomas offre de très belles vues en fin de parcours. À savourer confortablement installé dans son habitacle...

Avranches ★

Parking Valhubert.

Installée sur une éminence dominant la baie, Avranches semble veiller sur le Mont-St-Michel. Leurs destins sont d'ailleurs intimement liés, puisque c'est saint Aubert, évêque d'Avranches, qui aurait au 8e s. fondé l'abbaye devenue célébrissime. Les points de vue sur la baie sont nombreux et admirables : de la terrasse du Jardin des plantes, de la plate-forme qui conserve le souvenir de la pénitence du roi Henri II Plantagenêt pour l'assassinat de Thomas Becket, ou encore du site de l'ancien donjon.

Prenez aussi le temps de vous promener dans les rues pittoresques, faites un détour par la basilique St-Gervais-et-St-Protais, où est pieusement conservé le reliquaire du chef (crâne) de saint Aubert. Mais surtout, consacrez tout le temps nécessaire pour découvrir en détail le Scriptorial - musée des Manuscrits du Mont-St-Michel. Un lieu unique, bénéficiant d'une muséographie très contemporaine, qui décrypte et présente un trésor sans équivalent : les ouvrages superbement et lentement réalisés par les moines copistes au fil des siècles. Une passionnante plongée dans le passé, et une introduction parfaite avant d'aller visiter la célèbre abbaye.

Survol de la baie du Mont-Saint-Michel en autogire ♥

Aérodrome d'Avranches - Le Val-St-Père - 06 81 99 24 79 - www.normandie-ulm.com.

Rendez-vous est pris sur l'aérodrome d'Avranches - Le Val-St-Père, dont la piste accueillit par deux fois Antoine de Saint-Exupéry. Sa particularité ? Il est installé sur les herbus de la baie du Mont-St-Michel, en zone submersible donc. Ce qui ne devrait pas poser de problème pour le décollage de votre autogire, ou gyrocoptère, un aéronef de type ultra léger motorisé que l'on classe entre l'avion et l'hélicoptère.

Au programme de votre vol, selon votre envie et le temps dont vous voulez disposer, le survol du Mont évidemment, pour « tutoyer » le fameux archange doré, mais aussi une plus longue balade aérienne

La baie vue du ciel.

© Normandie ULM

Au-dessus des toits, l'abbaye du Mont-St-Michel et sa Merveille.
Joel Carillet/Getty Images Plus

au-dessus de la baie et des falaises de Champeaux (on y revient !), où vous verrez peut-être les fameuses pêcheries d'époque médiévale, à Sol Roc. Il est même possible, en une heure de vol, de pousser jusqu'à Granville et Chausey, ou au contraire de prendre la direction de l'ouest pour une incursion en Bretagne, jusqu'à la baie de Cancale et ses parcs à huîtres particulièrement photogéniques vus du ciel.

LE MONT-SAINT-MICHEL ★★★

Sous le soleil du matin, ou nimbée d'une légère brume, l'île-monument apparaît, cernée par la mer ou, au rythme des marées, comme flottant en apesanteur sur les bancs de sable... Et on apprécie d'autant mieux la beauté du lieu, la force de son architecture, qu'on l'approche désormais avec lenteur par une longue passerelle à la courbe élégante et discrète.

Garez-vous sur les parkings de La Caserne. Attention, pas de borne de recharge dans le bourg !

Promenez-vous d'abord sur le barrage sur le Couesnon : son pont-promenade offre une belle vue sur le Mont. Dessiné par l'architecte Luc Weizmann en 2009, cet ouvrage d'art et d'ingénierie permet le désensablement de la baie, à chaque marée. Rejoignez ensuite la passerelle (760 m) pour atteindre le Mont, en navette ou idéalement à pied.

Le bourg

Si le Mont-St-Michel est une île et une abbaye, c'est aussi un village, avec sa Grande Rue et ses ruelles, ses maisons, ses nombreux restaurants, ses boutiques de souvenirs, mais aussi une poignée de petits musées, et même quelques hôtels et chambres d'hôte, pour y vivre le privilège d'une nuit.

Avant d'entamer la montée vers l'abbaye, ne manquez pas le tour des remparts par le chemin de ronde : superbes coups d'œil sur la baie.

L'abbaye ★★★

☎ 02 33 89 80 00 - www.mont-saint-michel.monuments-nationaux.fr. Du parvis de l'église, le spectacle du coucher de soleil sur la baie est magique !

C'est par le Grand Degré que le visiteur est accueilli dans l'abbaye, formidable monument de pierre qui s'étage sur le rocher du Mont depuis plus de

1000 ans. Un autre escalier vous mène ensuite jusqu'à la terrasse de l'Ouest, pour un moment fort : le parvis de l'église abbatiale forme un belvédère d'exception, avec des vues à couper le souffle, vers la pointe du Grouin côté breton, Granville au nord, et toute la baie qui s'étend sur près de 500 km^2.

La terrasse de l'Ouest, c'est aussi la porte d'entrée dans le circuit de visite, véritable labyrinthe de salles contiguës, superposées, qui composent un insolite voyage dans le temps. L'église tout d'abord, romane pour la nef, gothique pour le chœur, monument de pureté architecturale et de spiritualité. La Merveille ensuite, cet extraordinaire ensemble gothique qui occupe toute la façade nord, sur trois niveaux, et compte 6 salles principales (salle des Chevaliers, réfectoire, entre autres). Le cloître évidemment, qui couronne cette Merveille, un parangon de légèreté entre ciel et mer, avec ses quatre galeries d'arcades et ses 137 colonnettes disposées en quinconces. Une visite inoubliable assurément, dont la part de mystère est encore plus impressionnante lors des nocturnes estivales.

CANCALE ★

Les parcs à huîtres se dessinent au loin, puis l'on aperçoit les barques à fond plat : Cancale est bien la capitale ostréicole bretonne. Le port livrait déjà la cour de François Ier ! La « ville haute » et « la ville basse » se sont bâties sur l'exploitation du noble mollusque.

Le port de la Houle ★

2 av. du Gén.-de-Gaulle, en ville haute (pas de bornes de recharge sur les parkings du port).

Les allées et venues des tombereaux chargés d'huîtres, les marchands, et le retour des bateaux de pêche contribuent à l'animation du port de la Houle, centre nerveux de la ville. Il fait bon flâner le long du quai, s'arrêter sur le marché aux huîtres où les producteurs vendent leur précieuse cargaison tous les jours de l'année. D'autant plus qu'ils vous ouvrent les coquilles, afin que vous puissiez les déguster là, assis face à la baie et aux parcs ostréicoles ! Le luxe suprême... En ville, vous ferez un petit détour par l'ancienne église St-Méen, qui renferme un musée dédié aux arts et traditions du pays cancalais. À moins que vous ne préfériez visiter la maison natale de sainte Jeanne Jugan, fondatrice des Petites Sœurs des pauvres. Le soir venu, une promenade sur le sentier des douaniers sera une promesse de belles lumières et de vues imprenables. Cet ancien chemin de ronde s'embranche dans le bas de la rue du Port. On y profite d'une large perspective sur la baie et le mont Dol.

DaLiu/Getty Images Plus

Cancale.

Un atelier de cuisine aux algues ♥

La Ferme marine - L'Aurore (à l'extrémité du chemin de la Corniche, à 1 km env. du port en voiture) - 02 99 89 69 99 - www.ferme-marine.com.

Quelle belle idée que cette exploitation ostréicole ouverte depuis plus de 30 ans aux visiteurs curieux d'en savoir plus sur la fameuse huître de Cancale (inscrite par l'Unesco au patrimoine

Moment intense

La route de la côte d'Émeraude ★★★

Abandonnez les grandes départementales pour suivre l'une des plus belles portions de route de Bretagne. Si cet itinéraire ne frôle pas la mer sur tout son tracé, entre Cancale et St-Malo il offre des excursions vers les sites côtiers dont les points de vue révèlent la singularité de ce rivage très découpé aux lumières magnifiques. Après Cancale, la première escale est à la pointe du Grouin (parking), site naturel extraordinaire qui marque l'extrémité occidentale de la baie du Mont-St-Michel. Coup de cœur assuré!

Puis la route, parfois en corniche, parfois en retrait, légèrement ensablée lorsque le vent s'en mêle, dévoile de beaux points de vue sur la mer. Faîtes une halte pour découvrir les insolites rochers de Rothéneuf, œuvre d'art brut présentant plus de 300 personnages sculptés dans le granit. Peu après, Paramé l'élégante annonce déjà St-Malo.

Envie d'un plongeon? La plage de Rochebonne est l'une des plus belles du secteur, et son parking accueillera votre voiture pour une recharge salutaire (6 r. de la Plage).

La cuisine aux algues : une véritable cure de jouvence.
© Yurii Sliusar/Getty Images Plus

culturel immatériel français, tout de même). Non seulement vous pourrez y suivre une visite commentée des installations, y admirer une remarquable collection de coquillages issus du monde entier (un voyage à part entière, de la Bretagne à Tahiti) mais aussi, sur réservation, participer activement à un atelier « algues » en trois temps: balade sur l'estran, pour apprendre à reconnaître et à ramasser ces végétaux trop peu connus, puis atelier cuisine, pour réaliser votre tartare d'algue, et enfin dégustation. Éminemment convivial, et forcément délicieux.

SAINT-MALO ★★★

À l'abordage! La plus mythique des cités corsaires ne s'en laisse pas conter derrière ses remparts granitiques et son chemin de ronde. Ayez le pied marin et ouvrez grand vos sens, tout ici se hume, se vit et se ressent. Mais aventurez-vous aussi hors les murs, à Paramé, pour découvrir le patrimoine balnéaire, dans la baie à l'assaut des îlots fortifiés, ou au Grand Aquarium à la rencontre de quelque 500 espèces animales marines.

L'Intra-muros ★★

Quai St-Vincent (parking P7).

Couronnée de ses emblématiques remparts, la ville intra-muros aux toits d'ardoise bouillonne d'une riche vie boutiquière. Restaurants et crêperies, cafés et bistrots, commerces de bouche et échoppes de mode, de déco et de souvenirs colonisent toutes les rues. Mais les vraies stars du lieu sont les remparts, seuls à être sortis presque indemnes des intenses bombardements de 1944. En faire le tour est essentiel pour comprendre St-Malo et sa géographie, entre façade maritime et ville portuaire, et son atmosphère née de la connivence entre la pierre et la mer. Ils ont gardé leur architecture d'origine (12e s.) et offrent des vues superbes quels que soient la saison, le temps et la marée. Pour autant, ne négligez pas la cathédrale St-Vincent, ni l'hôtel Magon de La Lande, demeure corsaire qui a conservé son charme intimiste.

Détente aux Thermes marins ♥

Thermes marins de St-Malo - 100 bd Hébert - 02 99 40 75 75 - www.thalasso-saintmalo.com - Sur place.

Le Grand Hôtel des Thermes, vaisseau de pierre dominant la plage du Sillon, fait face à la baie depuis 1881. C'est aujourd'hui un établissement de luxe, 5* portées avec fierté, réputé depuis plus d'un demi-siècle pour ses séjours thalasso. Alors pourquoi pas vous? Il propose aussi des soins spa à la carte. Bois blond et galets, musique douce et éclairage reposant, bain à remous

Saint-Malo, la cité corsaire.

avec vue sur la mer, cabines feutrées et personnel qualifié aux petits soins. Un intense moment de bien-être, pour une demi-journée, ou plus. À prolonger par un repas au restaurant de l'hôtel, pour un menu Forme & Gastronomie, face à la mer.

VALLÉE DE LA RANCE ★★

Dinan ★★

5 r. Auguste-Pavie et r. du Château (borne accélérée).

Cette petite cité de grand caractère nichée au bout de la vallée de la Rance possède un port pittoresque, pour plonger au Moyen-Âge : maisons à pans de bois, château et remparts (2,7 km !)... Un havre au lacis de rues piétonnes, où il fait bon s'arrêter pour déguster un verre. Puis avant de rejoindre Dinard, faites une escale au domaine du Montmarin, une malouinière dont les jardins à la française cascadent jusqu'au fleuve côtier, ou au barrage de l'usine marémotrice.

Dinard ★★

R. Raphaël-Veil.

L'élégante station balnéaire, émergeant sous le Second Empire, reste aujourd'hui la cité la plus huppée de la côte. Le plaisir, en voiture ou à pied : recenser les villas Belle Époque en sillonnant ses rues pleines de charme, mais aussi ses promenades. Notamment celle du Clair-de-Lune où s'alignent les plus luxueuses demeures, avec leurs jardins aux parfums de Riviera.

SE RÉGALER

GRANVILLE

L'EDULIS - JONATHAN DATIN
Décor tendance pour une assiette créative, imaginée par un chef enthousiaste et talentueux, petit-fils de boulanger. Cuisine soignée, beaux produits régionaux, gourmandise : tout simplement l'adresse incontournable de Granville.
9 r. de l'Abreuvoir - ✆ 02 14 13 45 88 - www.restaurantledulis.com - à 100 m.

LE BISTRO'NOMIK
Pour changer de la trilogie moules-frites-coquillages ! Face au port, sur l'agréable terrasse aux beaux jours, on se régale d'un croustillant de lieu noir, purée de topinambour et jus de langoustines corsé...
12 r. du Port - ✆ 02 33 59 60 37 - www.lebistronomik-granville.fr - à 700 m.

SERVON

AUBERGE SAUVAGE
Ce presbytère du 16e s. abrite un restaurant au charme rustique, assorti d'un riche potager où le chef Thomas Benady puise de nombreux produits et une partie de son inspiration. Ses menus surprise reflètent une cuisine très moderne et épurée, évoquant parfois la manière japonaise.
3 pl. St-Martin - ✆ 02 33 60 17 92 - www.aubergesauvage.fr

CANCALE

LA TABLE BREIZH CAFÉ ✿
p. 49. Ici, face à la baie du Mont-St-Michel, le chef Fumio Kudaka marie les produits bretons avec les techniques et les condiments japonais. Produits au top, cuissons millimétrées, légèreté des mets : des noces réussies !
7 quai Thomas - ✆ 02 99 89 56 46 - www.breizhcafe.com à 850 m.

L'ORMEAU
Ce restaurant au cadre élégant, dont une salle avec vue sur la flottille de pêche, comblera les amateurs de poisson et de fruits de mer. Un plateau d'huîtres de Cancale, un filet de saint-pierre ou... des ormeaux ?
4 quai Thomas - ✆ 02 99 89 60 16 - www.hotel-cancale.com - à 850 m.

SAINT-MALO

LE SAINT PLACIDE ✿
Dans ce quartier apprécié des Malouins, en retrait de l'agitation touristique, voici un bel écrin contemporain (courbes organiques, un peu de Fornasetti, suspensions Tom Dixon...). C'est là qu'œuvre le chef Luc Mobihan, grand spécialiste des produits iodés et des légumes du terroir, passé à l'Amphitryon de Lorient où il fut le second de Jean-Paul Abadie.
6 pl. du Poncel - St-Servan-sur-Mer - ✆ 02 99 81 70 73 – www.st-placide.com - à 900 m.

LA FOURCHETTE À DROITE ☺
Caroline et Étienne Corson ont peut-être placé votre fourchette à droite, mais ils sont loin d'avoir deux mains gauches ! Dans l'assiette, la Bretagne est à l'honneur avec de beaux produits de saison : gravlax de lotte aux algues ; St-Jacques de plongée et déclinaison de courge ; pomme fondante, croustillant d'amande et caramel au cidre... Réservez vite, la salle à manger (chaleureuse) est petite !
2 r. de la Pie-qui-Boit - ✆ 02 99 40 97 25 - www.restaurant-lafourchetteadroite.fr - à 350 m.

DINARD

LE POURQUOI-PAS ✿
À l'hôtel Castelbrac – du nom du bateau du commandant Charcot qui explora les pôles –, le chef se doit lui aussi d'être un grand voyageur : né à Dinan, Julien Hennote a exploré les horizons (culinaires) de la Côte d'Azur et de la Polynésie. Ses recettes, qui privilégient les produits du terroir et la pêche côtière durable, se révèlent ambitieuses, élégantes et savoureuses, jusqu'aux desserts. Salle cosy et terrasse panoramique face à la mer et St-Malo.
Hôtel Castelbrac, 17 av. George-V - ✆ 02 99 80 30 00 - www.castelbrac.com - sur place.

SE LOGER

GRANVILLE

AU BOUT DU QUAI
Rose comme... la maison Dior. Cette demeure 19e s., située juste en face de la gare, appartenait en effet aux grands-parents du grand couturier. Les chambres sont petites, mais douillettes et bien équipées. Agréable café-bar au rez-de-chaussée. Les plus : un très bon petit-déjeuner et le parking de la gare !
5 pl. Pierre-Semard - ✆ 02 33 50 02 05 - sur place et à 100 m.

MONT-ST-MICHEL

CHAMBRES D'HÔTES CLOS SAINT-GILLES
Une ravissante demeure du 17e s. entourée d'un jardin d'1 ha soigné avec amour. Trois chambres d'hôte, dont une avec vue sur le Mont, et deux gîtes de charme, l'un dans un atelier, l'autre dans une ancienne chapelle.
2 rte de St-Gilles- Ardevon (à 6 km au SE du Mont) - ✆ 06 28 06 13 67 - www.leclossaintgilles.fr - sur place.

CANCALE

MANOIR DES DOUETS FLEURIS
Un grand manoir breton en pierre, restauré avec beaucoup de soins et dans le respect de l'âme campagnarde des lieux (âtre monumental au salon). Chambres très confortables

et joliment meublées, dont une suite avec ciel de lit et cheminée en granit. Terrasse sur le jardin, piscine et jacuzzi...

13 r. des Douets-Fleuris - Quatrevais (à 1 km de Cancale par D 355) - ☏ 02 23 15 13 81 - www.manoirdesdouetsfleuris.com

LA POINTE DU GROUIN

Il règne comme un délicieux air de bout du monde autour de cette demeure bretonne perchée sur une falaise, face aux îles et au Mont-St-Michel. Chambres agréables. Panorama exceptionnel depuis les tables proches des baies vitrées.

Pointe du Grouin - ☏ 02 99 89 60 55 - www.hotelpointedugrouin.com

SAINT-MALO

LA MAISON DES ARMATEURS

Au cœur de la vieille ville, un hôtel associant charme, confort et modernité. Les chambres et suites sont baptisées – selon leur catégorie – Matelot, Major, Lieutenant, Capitaine ou Amiral!

6 Grand-Rue - ☏ 02 99 40 87 70 - www.maisondesarmateurs.com - 180 m.

DINARD

HÔTEL PRINTANIA

Vue imprenable sur la mer, et ambiance bretonne de la salle à manger jusqu'aux chambres: meubles « à gâteau » et tableaux anciens en décorent les moindres recoins, pour une atmosphère d'antan des plus confortables... Même les serveuses du restaurant arborent un costume régional!

5 av. George-V - ☏ 02 99 46 13 07 - www.printaniahotel.com - à 140 m.

HÔTEL CASTELBRAC

À 600 m de la plage, ce grand vaisseau de pierre fut un temps l'aquarium de Dinard. Grandes chambres ouvrant sur la mer, piscine extérieure (en saison), spa et centre de bien-être, sans oublier sa table étoilée, *Le Pourquoi-Pas* (☞ *ci-contre*).

17 av. George-V - ☏ 02 99 80 30 00 - www.castelbrac.com - sur place.

Gwern Images - Corentin Marais/Hôtel Castelbrac

Hôtel Castelbrac.

ICI ET PAS AILLEURS

GRANVILLE

CHOCOLATERIE YVER

Depuis 1946, la maison Yver produit pâtisseries, chocolats et macarons à base de produits locaux: des méthodes ancestrales et un savoir-faire artisanal à découvrir lors de visites guidées à la chocolathèque ainsi que dans l'atelier de fabrication *(sur réserv.)*. Et pour finir, bien sûr: dégustation et possibilité d'achat.

189 rte de Villedieu - ☏ 02 33 91 85 11 - www.yver-chocolatier.fr - à 170 m.

SAINT-JAMES

BOUTIQUE SAINT-JAMES

Les amateurs de la célèbre marque normande de vêtements marins et de tricots trouveront leur bonheur dans ce magasin situé au plus près du site de production.

ZI rte d'Antrain - ☏ 02 33 89 15 50 - saint-james.com - à 615 m.

CANCALE

ÉPICES ROELLINGER

Fondée en 1982 par le chef étoilé Roellinger, cette boutique de passionnés accompagne depuis vingt ans le laboratoire où sont broyées et mélangées les épices. Un régal pour les yeux, les narines et le palais.

1 r. Duguesclin - ☏ 02 23 15 13 91 - www.epices-roellinger.com - à 220 m.

LA MAISON GUELLA

Découverte de l'atelier de fabrication d'une biscuiterie artisanale légendaire, spécialiste également de caramels au beurre salé et de bien d'autres friandises (autres boutiques à St-Malo, Dinan et Dinard).

1 r. du Brocanteur - par l'av. du Gén.-de-Gaulle, puis à droite au 3e rond-point - ☏ 02 99 40 83 43 - www.lamaisonguella.com - à 220 m.

SAINT-MALO

VENT DE VOYAGE

Sacs, transats, fauteuils sont faits ici, à la main, à partir de vraies toiles de voilier réutilisées. Et si vous voulez découvrir comment les artisans travaillent, rendez-vous à l'atelier boutique de Dinard (le Lab - *12. r Levavasseur*).

12 r. Broussais - ☏ 02 99 20 17 91 - ventdevoyage.com - à 130 m.

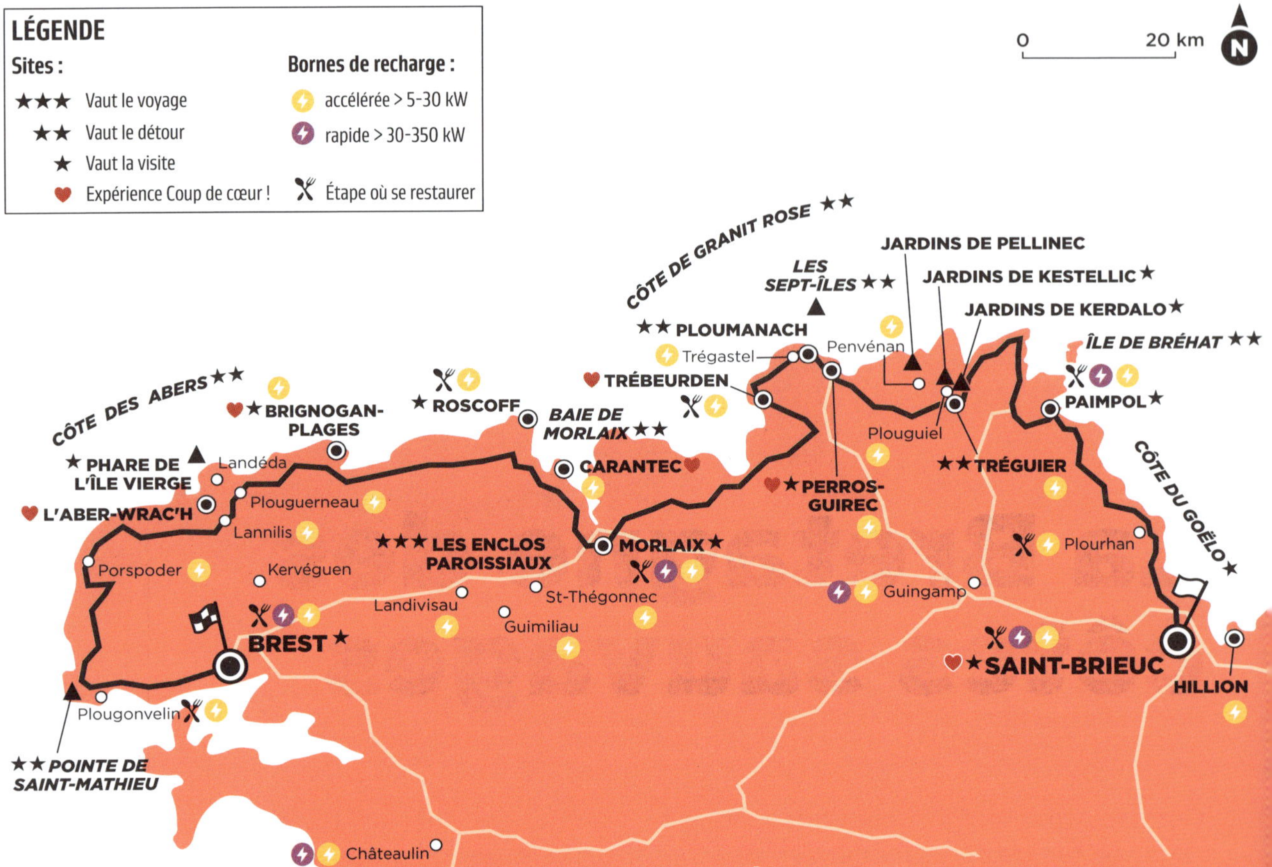

L'ESSENTIEL ÉLECTRIQUE

Si Brest est la plus grande ville de cet itinéraire, ce n'est pas la mieux dotée en bornes de recharge dans son centre-ville (prévoyez en conséquence des recharges rapides en périphérie). Pour le reste du circuit, vous trouverez des bornes dans les principales étapes, à l'exclusion des bouts du monde littoraux, sur la côte des Abers notamment.

PRINCIPALES BORNES DE RECHARGE :

Saint-Brieuc :
37 av. des Promenades
Charge rapide à Plérin, sur la N 12 : 2-12 r. de la Croix Lormel (120 kW)

Tréguier :
11 r. Marcellin-Berthelot (port)

Perros-Guirec :
65 r. Anatole-le-Braz (parking port)

Trégastel :
37 bd du Coz-Pors (parking du Père-Éternel)

Morlaix :
Parking Lidl - 6 r. Léonard-de-Vinci (120 kW)

Côte des Abers :
2 bd de l'Océan à Landunvez (43 kW)

Brest :
Lidl - 142 r. du Gén.-Paulet (120 kW) et Carrefour - 126 bd de Plymouth (300 kW)

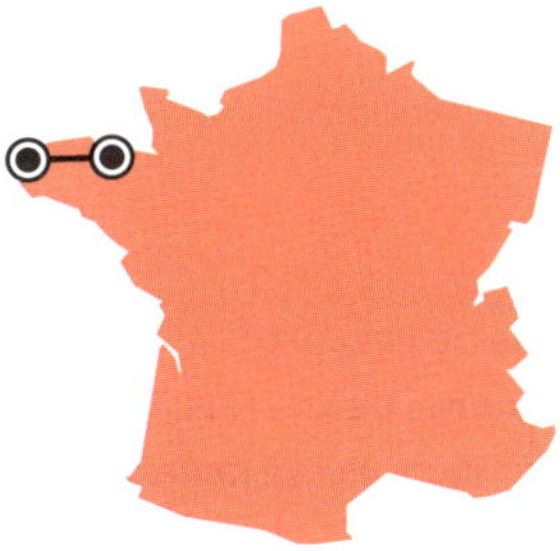

DISTANCE : 330 km
DURÉE : 4 jours
DÉPART : St-Brieuc
ARRIVÉE : Brest

PRINCIPALES ÉTAPES :
Tréguier
Perros-Guirec
Morlaix
Roscoff
Pointe St-Mathieu

SAINT-BRIEUC BREST

La Bretagne des côtes sauvages

Côtes-d'Armor et Finistère vous invitent à vivre intensément leur littoral sauvage, fait de côtes rocheuses escarpées, de paysages de granit rose sculpté, de baies profondément échancrées qui vous mènent aussi à l'intérieur des terres. Jardins exotiques, enclos paroissiaux, caps ventés, ports de pêche et arsenaux sont au programme de cet itinéraire résolument breton, naturellement ponctué de phares. Pauses à la plage, balades en kayak dans les abers, dîners gastronomiques et dégustations d'huîtres sont également prévus.

Côté saveurs…

Plat finistérien typique et roboratif, le *kig ha farz* mérite que vous lui consacriez un repas. Ensuite vous pourrez vous concentrer sur les produits de la mer : huîtres de Carantec, St-Jacques de la baie de Morlaix. sans oublier les oignons de Roscoff, les galettes de blé noir et les fraises de Plougastel.

Bert1123/Getty Images Plus

↑ Côte de granit rose.

Phare de L'Ost-Pic, Plouézec.
LianeM/Getty Images Plus

SAINT-BRIEUC ET SA BAIE ★

Moins connue que d'autres cités du littoral costarmoricain, St-Brieuc mérite pourtant une étape. Outre son petit centre historique, que l'on parcourt aisément à pied, et le port du Légué, devenu depuis son réaménagement un quartier attractif, sa baie est le point fort de la destination.

Le centre historique ★

Office de tourisme : 2 r. des Lycéens-Martyrs - ✆ 02 96 33 32 50 - www.baiedesaintbrieuc.com. 🚗 37 av. des Promenades.

Concentrée autour de la superbe cathédrale gothique St-Étienne, à la silhouette d'église-forteresse, et de la vaste place de la Résistance, la vieille ville briochine conserve de belles maisons anciennes, manoirs ou demeures bourgeoises à pans de bois (notamment place du Martray, rue Fardel, rue Quinquaine et rue de Gouët).

Port du Légué

🚗 4 quai Armez.

Niché au fond de son estuaire, à l'embouchure du Gouët et du Gouédic, le Légué a vécu quelques années de douce torpeur. Depuis, il s'est agrandi et modernisé. Une plateforme de réparation navale et un avant-port pour bateaux de plaisance ont vu le jour, boutiques et restaurants se sont installés sur les quais, au grand bonheur des Briochins. Les façades des maisons d'armateurs se sont colorées de rose, jaune, bleu. Balades, fêtes et festivals finissent d'animer ce quartier emblématique de la ville.

Sur les parcs à moules en myti'bus ♥

Mytilus - zone mytilicole de Bon Abri - Hillion - ✆ 06 69 67 04 17 - mytilus.bzh. 🚗 À Hillion, parking Mairie (r. de Bel-Orient), à 2 km.

À bord d'un curieux bateau... qui roule, vous voici parti dans la baie à marée basse, à plus de 4 km du rivage. En compagnie de Guillaume, mytiliculteur aguerri, vous saurez tout sur ce métier difficile, notamment sur l'entretien des 13 000 bouchots (les pieux sur lesquelles vivent les moules), et sur la récolte qui se déroule de fin juin à novembre. Après 2h de visite, et pour finir agréablement ce moment, profitez de la belle terrasse sur pilotis de la cabane de Mytilus, pour une dégustation de moules accompagnées de frites maison bio et de boissons locales.

LA CÔTE DU GOËLO ★

Longeant la frange nord-ouest de la baie de St-Brieuc, cette côte sauvage et découpée promet de superbes paysages au long de la route. Un petit pays dont la capitale, Paimpol, et quelques autres ports, évoquent encore la grande pêche à la morue si bien décrite par Pierre Loti.

« Caroline Madec, la passion des huîtres en aber

Depuis 1898, la famille Madec élève des huîtres à Prat-ar-Coum, un site unique au cœur des abers de Lannilis. Distribuées en France et dans le monde entier, celles-ci peuvent aussi être achetées ou consommées sur place, face à la mer…

©Bertrand Rieger

Caroline Madec.

C'est quoi, un aber ?

C'est une faille de l'océan dans le continent. Si l'on devait le comparer à un mot plus connu ou plus représentatif, ce serait l'équivalent d'un fjord en Norvège. La particularité dans un aber, c'est que l'eau douce de la rivière rencontre l'eau salée de la mer qui remonte. En Bretagne nord, il y a trois abers : l'aber Ildut, l'aber Wrac'h, et l'aber Benoît où nous sommes installés depuis cinq générations.

Qui a eu l'idée d'élever des huîtres dans cet aber ?

Le premier à s'y intéresser est Édouard Delamare Deboutteville. Il est connu pour avoir mis au point en 1883 la première voiture actionnée par un moteur à explosion. Mais il était aussi ornithologue et s'intéressait à la mytiliculture et à l'ostréiculture, et c'est dans l'aber Benoît qu'il a imaginé le premier élevage d'huîtres. Avant cela, l'huître était tout simplement pêchée.

Quelles sont les particularités des huîtres de Prat-ar-Coum ?

Par leur emplacement dans l'aber, elles sont bercées par cette rencontre entre l'eau douce et l'eau salée puis restent à couvert en attendant la marée suivante. On dit d'elles qu'elles sont à la fois douces et vivaces.

Et comment votre famille a-t-elle conquis la restauration ?

Nous avons toujours eu un goût pour la gastronomie. Pendant la Première Guerre mondiale, mon arrière-grand-père était dans les tranchées. Quand il avait une permission, il allait à Paris dans des maisons comme Prunier pour vanter ses huîtres. Cela fait par exemple un siècle que nous servons Drouant et chaque génération qui se succède, je représente la cinquième, poursuit ce travail auprès de la restauration en France et dans le monde entier, mais aussi auprès des poissonneries et de la grande distribution.

Quelle est approximativement la production annuelle ?

Nous sommes autour de 500 tonnes d'huîtres dont 80 % de creuses, que nous faisons naître, que nous élevons et que nous commercialisons. À cela, il faut ajouter les ormeaux, les praires, les palourdes, les bigorneaux, les homards et les tourteaux.

Quand vous n'êtes pas dans vos parcs à huîtres, où peut-on vous croiser ?

À la Pointe St-Mathieu, le bout du bout du Finistère, là où le continent s'arrête. Un lieu propice à laisser filer l'imagination, et à ouvrir votre esprit aux voyages de l'autre côté de l'océan. »

Prat-Ar-Coum - 29870 LANNILIS
02 98 04 00 12
Magasin : du lundi au samedi, 8h30-midi et 13h30-18h ; dimanche 10h-midi. Restaurant : du 1er juillet au 31 août, du lundi au samedi.

Ploumanach.

Paimpol ★

Parking pl. du Goëlo.

Aujourd'hui prisé des plaisanciers, Paimpol reste à jamais imprégné des épopées, parfois tragiques, de la grande pêche à la morue du 19e s. en Atlantique nord. Une histoire à découvrir au musée de la Mer, après une balade sur le port et une visite du petit centre-ville. Sans oublier, à l'extérieur de la ville, la belle abbaye de Beauport, qui regarde la mer.

Île de Bréhat ★★

Vedettes de Bréhat - 02 96 55 79 50 - www.vedettesdebrehat.com.

C'est par la superbe pointe de l'Arcouest, éperon rocheux qui descend doucement vers la mer, que l'on embarque pour Bréhat, « l'île aux fleurs ». Premier site naturel classé en France (dès 1907), c'est assurément l'une des plus belles îles bretonnes, et l'une des plus fréquentées, au point que la municipalité a établi des quotas de visiteurs pour l'été. Mais la magie de ses maisons de granit entourées de jardins fleuris d'agapanthes opère toujours.

LE TRÉGOR

Lové au fond d'un estuaire, Tréguier étage au flanc d'une colline sa cathédrale, ses ruelles et ses maisons à pans de bois. L'ancienne cité épiscopale forme un ensemble séduisant, au cœur d'un pays arrosé par le Jaudy et béni par ses microclimats propices aux jardins d'exception.

Tréguier ★★

11 r. Marcellin-Berthelot (parking port).

Une jolie promenade vous mènera du port sur le Jaudy, en ville basse, jusqu'à la magnifique cathédrale St-Tugdual, que signalent ses 3 tours installées sur le transept. Ne manquez pas le chœur et ses 46 stalles Renaissance, et le cloître flamboyant du 15e s. Côté ville, vous longerez de belles façades à pans de bois, ferez une halte à une terrasse pour un verre ou une galette, ou visiterez la maison natale de l'écrivain Ernest Renan.

Le Trégor côté jardins ★

Jardins de Kerdalo : Trédarzec - ✆ 07 65 16 06 75 - lesjardinsdekerdalo.com; Jardins du Kestellic - Plouguiel - ✆ 06 60 83 66 05 - www.kestellic.fr; Jardin de Pellinec - Penvénan - ✆ 06 65 43 92 35 - le-jardin-de-pellinec.fr. Bornes à Tréguier, Plouguiel et Penvénan.

Le Trégor est un petit paradis pour les amateurs de jardins et de botanique. Une sorte de pèlerinage à la découverte de quelques créations qui font référence aujourd'hui pour l'art des jardins : Kerdalo tout d'abord, dessiné à partir des années 1970 par le prince Peter Wolkonsky (le domaine est aujourd'hui propriété du célèbre créateur Christian Louboutin) ; le Kestellic ensuite, une co-création d'Aristide Talibart (dans les années 1900) et de Yann de Kerouartz à partir de 1967. Un jardin aménagé dans une valleuse et sur les bords très escarpés du Jaudy, face au port de Tréguier, qui offre une promenade dépaysante et enchanteresse, comme dans un tableau. Filez ensuite au jardin de Pellinec, profus et exotique, créé à partir de 1997 par Gérard Jean en bordure d'une baie, autour d'un manoir.

LA CÔTE DE GRANIT ROSE ★★

Elle tient son nom de la couleur de ses rochers dont les formes douces, parfois fantasmagoriques, créent une atmosphère poétique. Les îles fourmillent au large, le sable des criques est blond et fin, les stations balnéaires sont accueillantes, et les sentiers sont la promesse de promenades enchanteresses ! Comme les routes côtières le sont de panoramas enivrants.

Au long de cette belle côte, les noms des stations balnéaires et des petits ports bretons qui se succèdent semblent tous bien connu : Ploumanach commune de Perros-Guirec, Trégastel, Trébeurden, Morlaix, St-Pol-de-Léon, Roscoff ou Brignogan. Idem pour les îles, telles Batz ou les Sept-Îles. Autant d'escales possibles.

Ploumanac'h ★★

Trégastel (37 bd du Coz-Pors), à 5 km, et Perros-Guirec (60 bd du Sémaphore), à 2,5 km.

À hauteur de cette station balnéaire, qui est aussi un petit port de pêche, la Côte de Granit rose est particulièrement belle. Sur les 80 ha de ce grand site naturel, près de la moitié appartient au Conservatoire du littoral et fait l'objet d'un programme de préservation. À admirer en suivant le sentier des Douaniers, entre la plage de Trestraou à Perros-Guirec et la pointe de Ploumanac'h, notamment.

Tour des Sept-Îles en bateau ♥

Excursion au départ de la gare maritime de Trestraou (Perros-Guirec). 58 bd Thalassa.

Rouzic, Malban, les Costans, Bono, l'île aux Moines, l'île Plate et le Cerf constituent cet archipel déclaré réserve ornithologique en 1912. Avec quelque 25 000 couples d'oiseaux marins, l'archipel des Sept-Îles est aujourd'hui la plus grande réserve naturelle de France (280 ha). Un service de vedettes permet de faire le tour des îles. Une escale sur l'île aux Moines, ainsi que la vue sur la Côte de Granit rose et ses chaos granitiques, peuvent être au programme de ces excursions au grand air.

Baptême de plongée sous-marine à Trébeurden ♥

CAP de Trébeurden - 54 corniche de Goas-Treiz - ✆ 02 96 23 66 71 - cap-trebeurden.com. Pl. du Peillet (1,9 km).

Accessibles en quelques minutes par bateau, les sites de plongée de ce centre de formation vont jusqu'à 50 m de profondeur. Mais pas de panique, en saison estivale les moniteurs s'adaptent à votre niveau, et à vos envies : baptême de plongée, initiation au scaphandre, simple randonnée palmée, vous trouverez activité à votre pied. Dans tous les cas, le cadre sera inoubliable – les eaux magnifiques de cette côte aux rochers roses –, tout comme cette expérience.

Morlaix ★ et sa baie ★★

Office de tourisme : 10 pl. Charles-de-Gaulle - ✆ 02 98 62 14 94 - www.baiedemorlaix.bzh. 10 r. Albert-le-Grand (gare) ou parking angle r. Jean-Yves-Guillard / av. de la République.

Cette baie est l'une des plus belles de France. Un site enchanteur qu'il faut découvrir lorsque le crépuscule d'été y jette ses derniers feux. Tout au fond de l'estuaire, à cheval sur le Léon et le Trégor, se niche Morlaix, jolie ville discrètement touristique qui conserve un beau quartier ancien. Prenez le temps de parcourir cette cité attachante en arpentant ses venelles, son port et son viaduc omniprésent dans le paysage.

Test d'équilibre en Paddle Yoga ou Pilate ♥

Base nautique du Kelenn - Carantec - ✆ 02 98 67 01 12 / 06 60 26 27 27 - www.carantec-nautisme.com. R. Duquesne.

Inutile de maîtriser la salutation au soleil ou la posture du guerrier pour tenter l'expérience. Quoiqu'un peu de sens de l'équilibre ne soit pas inutile. Tôt le matin, la nature s'éveille, l'eau est calme encore, vous prenez possession de votre planche de paddle, et vous respirez lentement : assis, debout, les yeux fermés, la déconnexion opère vite, la relaxation est totale. Et tant pis si une fois ou deux vous tombez à l'eau.

Route des enclos paroissiaux ★★★

Centre d'interprétation de l'architecture et du patrimoine de Guimiliau - 53 r. du Calvaire - ✆ 02 98 68 33 33 - www.ciap-enclos.fr. À St-Thégonnec, Guimiliau et Landivisau, notamment.

Symboles de la ferveur religieuse bretonne et fleurons du tourisme finistérien, les enclos paroissiaux sont une réalisation originale de l'art breton. Très spectaculaires, ils séduisent par l'élégance des portes triomphales et des ossuaires, la profusion de détails des calvaires, la splendeur des retables et des décors polychromes des églises. Les plus exceptionnels d'entre eux forment un trio de tête immanquable : St-Thégonnec, Lampaul-Guimiliau et Guimiliau, qui compte en plus de son enclos un intéressant Centre d'interprétation de l'architecture et du patrimoine.

Roscoff ★

Quai d'Auxerre.

Difficile de ne pas tomber sous le charme de ce petit port où les nobles maisons d'armateurs alignent fièrement leurs façades de granit le long des ruelles. On est immédiatement séduit par cette cité un brin mystérieuse et animée par les embruns, dont le patrimoine varié vaut une étape : Maison des Johnnies et de l'oignon de Roscoff, qui raconte l'aventure de ces jeunes Roscovites qui tous les ans embarquaient pour l'Angleterre afin de vendre les fameux oignons, remarquable église N.-D.-de-Croaz-Batz ou encore riche jardin exotique.

Char à voile sur la plage de Brignogan ♥

Rêves de mer - centre de glisse - plage de Plounéour-Brignogan-Plages. À Brignogan-Plages (6 r. de Naot-Hir), à 3 km.

En initiation, location, stage ou leçon, osez le char à voile. Voilà plus de 30 ans que la belle plage de Plounéour, à Brignogan, s'est fait une spécialité de ce sport à sensations fortes. Sous la supervision d'un moniteur agréé, cordages en mains (et volant pour les biplaces), vous êtes paré pour une course avec le vent sur les grèves de la magnifique baie de Goulven.

LA CÔTE DES ABERS ★★

La côte nord-ouest du Finistère, de Brignogan à la pointe St-Mathieu, offre le spectacle magnifique d'un littoral sauvage, encore intact par endroits, souvent rude, entaillé par de profonds abers (estuaires) où se nichent ports de pêche ou de plaisance. Elle plaira aux amoureux de paysages romantiques, de sentiers côtiers et de routes panoramiques.

Phare de l'île Vierge ★

Île Vierge - ✆ 02 98 04 70 93 - www.abers-tourisme.com - accès en bateau - vedettes-des-abers.com.

Un lieu unique, trois moyens de l'atteindre : en balade maritime commentée au départ du port de l'Aber-Wrac'h ; en vedette rapide depuis la pointe du Castel Ac'h à Plouguerneau ; ou en randonnée kayak, par l'aber Wrac'h (*ci-après*). Dans tous les cas, gardez un peu d'énergie pour gravir les 397 marches du plus haut phare d'Europe (82,5 m de hauteur), allumé en 1902. L'ascension est belle, avec cet escalier hélicoïdal dont les parois sont habillées de 12 500 plaques d'opaline bleutée, et le panorama sur les abers, depuis le sommet, est sublime.

F. Guiziou/hemis.fr

Char à voile.

tilo/Fotosearch LBRF/age fotostock

Phare de l'île Vierge.

Moment intense

La route des phares ★★★

La route qui longe, de plus ou moins près, la côte des Abers, vous invite à admirer un littoral frangé de rochers et échancré par de profonds abers, qui sont autant d'incursions de la mer dans la campagne verdoyante. Cette côte finistérienne est également connue pour accueillir la plus forte concentration de phares d'Europe : phare de l'île Vierge, phare-donjon du Four au large de Porspoder, phare de la pointe St-Mathieu, phare de Kermorvan, phare de l'île Wrac'h, phare de Pontusval. Une route à suivre au jour déclinant, lorsque le soleil s'apprête à se coucher, tandis que les phares s'enflamment pour la nuit.

Suivez la côte, de Brignogan-Plages à la pointe St-Mathieu.

L'aber Wrac'h en kayak ♥

Centre de voile de Landéda - 4 Le Port - Landéda - 02 98 04 90 64 - www.cvl-aberwrach.fr. Rte de l'Armorique, à 2 km.

Au départ du petit port de Landéda, partez pour une balade accompagnée de 3h à la découverte de l'aber Wrac'h, estuaire sinueux qui vous mène jusqu'à un autre petit havre, Paluden. Ou à l'inverse pagayez vers la mer, autour des îles Wrac'h. Ou encore, si vous disposez d'une journée entière, choisissez l'option rando-kayak jusqu'à l'île Vierge, pour une visite du phare. Vous pique-niquerez sur place, les cheveux dans le vent, et les muscles bien affûtés.

Pointe Saint-Mathieu ★★

Plougonvelin - phare – 02 98 89 00 17 - www.iroise-bretagne.bzh; cénotaphe – 02 98 38 07 79 - memorial-national-des-marins.fr.

Bornes les plus proches au Conquet (à 4,5 km) et à Plougonvelin (à 4,5 km).

Desservie par la D 85, cette pointe battue par les flots et les vents fut habitée depuis des temps lointains. Sur ce très beau site, on trouve un phare de 37 m élevé en 1835. De son sommet, le panorama est superbe. À côté du phare, le petit musée raconte l'histoire du site et de ses monuments à travers des archives, un film et la maquette de l'abbaye qui aurait abrité la relique de la tête de saint Mathieu. Sur le site, se trouvent également un cénotaphe pour les marins disparus en mer pendant les guerres, et un monument aux marins morts pour la France pendant la Première Guerre mondiale.

BREST ★

La majestueuse rade en dit long sur le mariage de la cité avec la mer: son port, consacré à la Marine nationale pendant des siècles, accueille aujourd'hui ferries, plaisanciers et grands navigateurs. Capitale de l'océanographie, ses instituts rassemblent 60 % des chercheurs de la discipline.

Dans la ville au plan orthogonal, reconstruite après la Seconde Guerre mondiale, vous pourrez visiter l'annexe du musée national de la Marine, déambuler dans les rues animées, détailler le musée des Beaux-Arts et le Centre d'art contemporain Passerelle. Sans oublier les quartiers portuaires!

4 r. Jean-Marie-le-Bris.

Océanopolis ★★★

R. des Mouettes - 02 98 34 40 40 - www.oceanopolis.com. 297 r. Eugène-Berest.

Ce centre national de culture scientifique dédié à la vie dans les océans abrite 10 000 animaux de 1 000 espèces différentes, dans 77 aquariums géants reconstituant la diversité marine. Bornes interactives, maquettes, films et animations mettent à la portée de chacun l'histoire des océans, et leur gestion.

Les Ateliers des Capucins ★

25 r. de Pontaniou - 02 98 37 36 00 - www.ateliersdescapucins.fr. Pas de borne à proximité.

Plus grande place publique couverte d'Europe, ce tiers-lieu a pris place dans d'anciens ateliers de l'arsenal militaire: un lieu interdit maintenant ouvert à tous. Un lieu de découverte, de passage, de rencontre, où se côtoient un brasseur de bières artisanales, des concept stores, des restaurants et bars, une médiathèque, une librairie, un cinéma, une salle de yoga et une autre d'escalade. Et, chose insolite, le magnifique canot d'apparat de l'Empereur (construit en 1810, 19 m de long), dépôt du musée national de la Marine. C'est également là que vous pourrez emprunter le téléphérique urbain qui vous fait prendre de la hauteur, pour une vue imprenable sur la pointe des Espagnols et le phare du Portzic.

Tonnerres de Brest, parade maritime de vieux gréements dans la baie pendant les fêtes maritimes.

A. Spani/hemis.fr

SE RÉGALER

SAINT-BRIEUC

AUX PESKED ❁
Décorée dans un style résolument contemporain, cette maison offre une vue plongeante sur les rives verdoyantes du Gouët. Logiquement, les *pesked* (« poissons » en breton) sont à l'honneur, très frais et cuisinés avec soin et tendresse par le chef Mathieu Aumont. Une cuisine iodée, d'une justesse parfaite.
59 r. du Légué - ✆ 02 96 33 34 65 - www.auxpesked.com - 🚗 sur place.

PLOURHAN

ROLLAND ☺
Niché au creux d'un vallon, entre St-Brieuc et Paimpol, cet ancien moulin et sa longère ont été rénovés pour devenir ce restaurant à la déco d'esprit industriel. Deux frères, l'un en cuisine, l'autre au maraîchage, s'attellent à concocter une cuisine saine basée sur les produits de la mer (poissons, coquillages, crustacés) et les légumes, en partie cultivés sur place – les viandes sont exclues.
12 chemin du Moulin-Rolland - ✆ 02 96 33 11 10 - www.restaurant-rolland.fr - 🚗 à 700 m.

PAIMPOL

LA SERRE
Revenu d'Asie, où il a passé plusieurs années, le chef a créé avec deux associés ce restaurant chic et cosy. Sa cuisine moderne met en avant les produits de la région, avec de légers clins d'œil à l'Asie, et des dressages soignés.
4 r. Poulgoic - ✆ 09 52 49 36 17 - www.laserrepaimpol.fr - 🚗 à 750 m.

TRÉBEURDEN

VIVACE ☺
Dans ce restaurant lumineux, Baptiste et Laura promeuvent une cuisine engagée où le naturel se taille la part du lion : épeautre crémeux, butternut, cacahuète épicée, citronnelle ; lieu jaune, légumes rôtis, jus d'arête tomaté, beurre noisette, herbes anisées. Dans les assiettes, légumes, herbes et épices s'harmonisent avec précision, parfois relevés de touches épicées ou pimentées. Les produits sont locaux et entièrement utilisés.
Pl. de Crec'h-Héry - ✆ 02 96 47 15 52 - www.vivace.restaurant - 🚗 à 120 m.

MORLAIX

LE 21E COMMIS ☺
Au centre de Morlaix, cette table récente est emmenée par un chef au parcours étoilé qui y propose une cuisine originale, mariant ingrédients bretons et influences exotiques (notamment asiatiques). Des associations de saveurs qui ravissent les papilles, et des portions généreuses.
23 r. du Mur - ✆ 02 98 63 50 27 - www.le-21-eme-commis-restaurant-morlaix.fr - 🚗 à 250 m.

ROSCOFF

LE BRITTANY ❁
Ce Brittany est bien élégant avec sa grande cheminée et ses fenêtres ogivales ouvrant sur le spectacle splendide de la baie. Au menu : une belle gastronomie marine, portée par l'extrême qualité et la fraîcheur océane des produits de la région. Les assiettes de Loïc Le Bail louchent aussi vers le pays de Mishima et Miyazaki, et ça ne doit rien au hasard : sa femme et son sous-chef sont japonais tous les deux.
22 bd Ste-Barbe - ✆ 02 98 69 70 78 - hotel-brittany.com - 🚗 sur place.

PLOUGONVELIN

HOSTELLERIE DE LA POINTE SAINT-MATHIEU ❁
Nolwenn Corre a repris les fourneaux de cette Hostellerie ouverte en 1954 par ses grands-parents. Une affaire de famille, donc, qui a évolué tout en gardant son esprit originel : vieilles pierres d'une part, mobilier franchement contemporain de l'autre. La jeune cheffe se montre tout à fait à son aise en cuisine, et surtout très déterminée. Ses assiettes doivent autant à son tour de main qu'aux bons produits 100 % locaux qu'elle utilise : langoustines du Guilvinec, St-Jacques de la rade de Brest, poissons du Conquet, légumes d'un agriculteur voisin... En prime, de belles chambres avec vue.
7 pl. St-Tanguy - ✆ 02 98 89 00 19 - www.pointe-saint-mathieu.com - 🚗 à 20 m.

BREST

PECK & CO ☺
Le chef et sa compagne ont transformé leur ancienne table gastronomique en un lieu plus convivial et davantage dans l'air du temps, avec décor contemporain et cuisine ouverte. Romain, le chef, n'a rien perdu de son talent. Il compose un menu au gré du marché avec de savoureuses recettes bien parfumées et soignées, comme cette pluma de cochon ibérique, crème de haricot coco, blette et sauce crémée au chorizo.
23 r. Fautras - ✆ 02 98 43 30 13 - peckandco.fr - 🚗 à 200 m.

SE LOGER

HILLION (ST-BRIEUC)

CHAMBRES D'HÔTE CHÂTEAU DE BONABRY
Le temps semble s'être arrêté dans ce noble château maritime, dont le GR 34 longe la propriété. Ses suites, avec lits à baldaquin, tableaux de famille et cheminée, ouvrent sur le parc dont les allées mènent à la plage.
✆ 02 96 32 21 06 - www.bonabry.fr

TRÉBEURDEN

MANOIR DE LAN-KERELLEC
Le manoir surveille, du haut de sa falaise, les îles de

Milliau, Molène et Losquet. La maison centenaire dégage une atmosphère charmante et cosy, tout comme l'intérieur, rénové. Certaines chambres ouvrent sur la mer et un balcon. Cinq minutes de marche suffisent pour rejoindre la plage. De retour à l'hôtel, le chef Anthony Avoine vous attend à la table de son restaurant étoilé.
Allée centrale de Lan Kerellec - 02 96 15 00 00 - lankerellec.com - à 620 m.

ROSCOFF

HÔTEL BRITTANY
À l'extrême pointe de Roscoff, ce vaisseau de pierre et de verre réserve des vues sublimes qui invitent à la méditation, dans des chambres à la décoration classique ou contemporaine. Spa marin aux algues (Thalion) et restaurant gastronomique étoilé (ci-contre).
22 bd Ste-Barbe - 02 98 69 70 78 - hotel-brittany.com - sur place.

PLOUGUERNEAU

CASTEL AC'H
À quelques encablures des phares de l'île Vierge et de l'île de Wrac'h, cette grande maison au style néobreton profite d'un emplacement remarquable, face à la plage de Lilia. Les 24 chambres à la décoration contemporaine éco-sourcée offrent une vue spectaculaire sur la Manche et les îles de l'estuaire de l'aber Wrac'h. Côté restaurant, on joue le registre bistronomie bretonne.
Plage de Lilia - 02 98 37 16 16 - www.castelach.fr - à 240 m.

PORSPODER

LE CHÂTEAU DE SABLE
Face à la mer, le Château de Sable a quelque chose de spécial : un hôtel écologique, une architecture inspirée, une escapade luxueuse. Les chambres côté jardin sont belles, mais on préfère évidemment une chambre ou une suite avec vue sur la mer. Spa proposant des massages et des soins ayurvédiques, ainsi que du hatha yoga. Deux restaurants pour vous servir : une brasserie raffinée et un établissement gastronomique étoilé.
38 r. de l'Europe - 02 29 00 31 32 - www.lechateaudesablehotel.fr - sur place.

BREST

HÔTEL DE LA PAIX
Cet hôtel de 28 chambres en centre-ville a été entièrement redécoré dans un style moderne épuré. Belles chambres neuves, bien équipées et insonorisées.
32 r. Algésiras - 02 98 80 12 97 - www.hoteldelapaix-brest.com - à 160 m.

ICI ET PAS AILLEURS

ROSCOFF

ALGOPLUS
Vous pourrez vous y procurer, entre autres, « persil de la mer », conserves artisanales à base d'algues ou cosmétiques. Monique Poulet et Michel Perzinsky, récoltants et transformateurs, proposent en outre une visite de leur conserverie, en périphérie.
Quai Charles-de-Gaulle - 02 98 61 14 16 - www.algoplus-roscoff.fr - à 202 m.

KERVÉGUEN

CIDRE BIO DOMAINE DE KERVÉGUEN
Ce producteur de cidre breton artisanal élevé en fûts de chêne ouvre sa cave (visites gratuites) et expose les secrets de son savoir-faire. Sa cuvée Prestige « Carpe Diem » est choisie par l'Élysée depuis 1997.
Guimaëc - 02 98 67 50 02 - www.kerveguen.fr

CARANTEC

CONSERVERIE ARTISANALE LA CHIKOLODENN
Dans cette conserverie artisanale à la réputation solide, Frédéric Aubin a fait du *kig ha farz* sa spécialité. En conserve donc, vendu avec les fameux sacs à farz contenant les farines. Mais aussi rillettes de poissons et autres spécialités locales.
Z.A de Kérinec - 02 98 72 22 67 - www.conserveslachikolodenn.com

BREST

EN BIÈRES INCONNUES
Au sein des Ateliers des Capucins (*p. 67*), tiers-lieu original brestois, cette microbrasserie propose ses créations originales, joliment étiquetées, et fabriquées avec des ingrédients en circuit court. Possibilité d'ateliers de fabrication (4 h).
25 r. de Pontaniou - 06 95 87 78 08 - enbieresinconnues.fr - à 50 m.

Restaurant Vivace

Vivace, à Trébeurden.

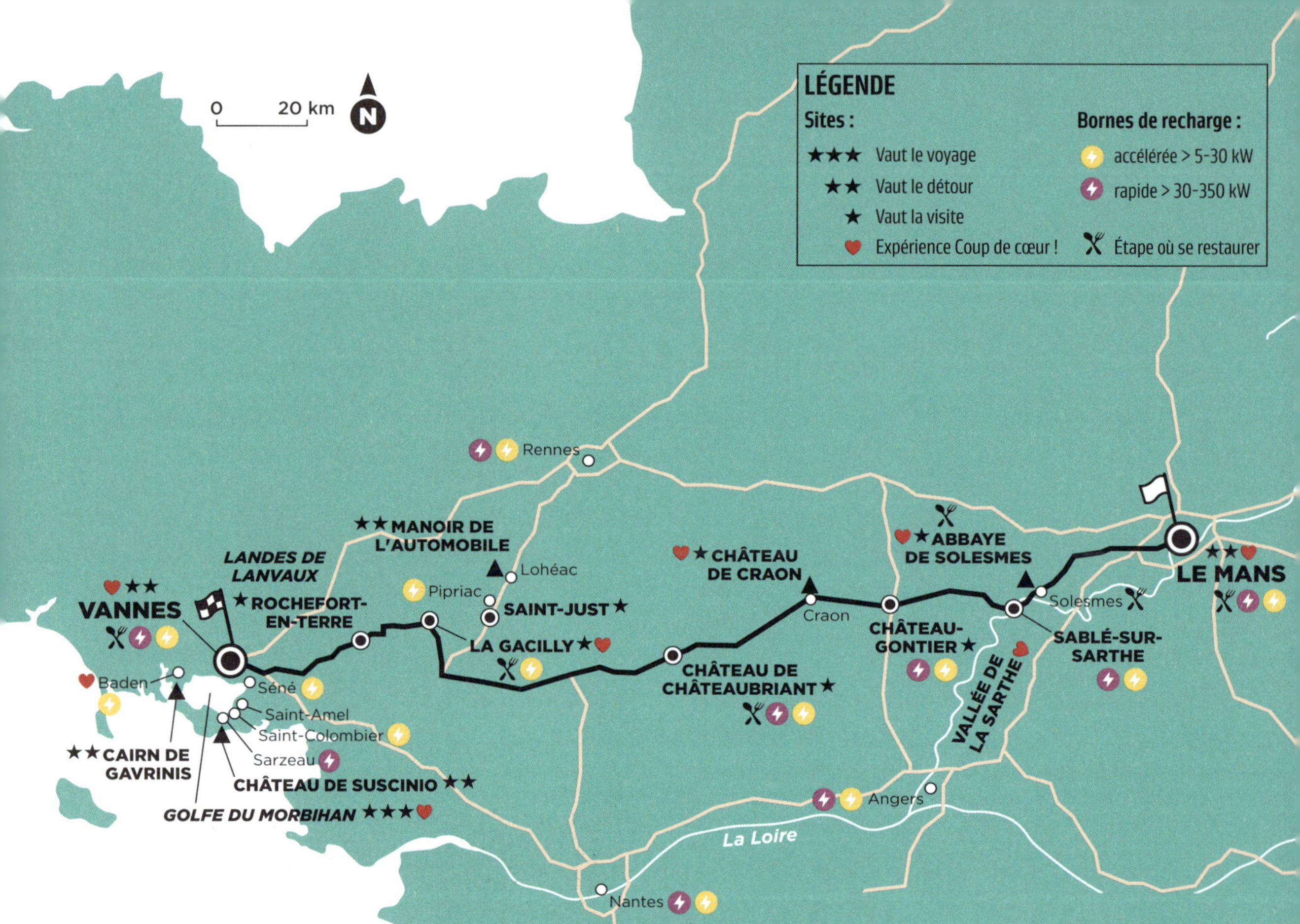

L'ESSENTIEL ÉLECTRIQUE

Les bornes de recharge sont plutôt bien situées au long de cet itinéraire, à l'exception de la ville du Mans, dont le centre historique est peu pourvu.

PRINCIPALES BORNES DE RECHARGE :

Le Mans :
Hors centre : 94 r. de Douce-Amie (320 kW)

Sablé-sur-Sarthe :
Pl. de la République (36 kW)
Pl. du Champ-de-Foire (36 kW)

Château-Gontier-sur-Mayenne :
1 prom. de Mahier
305 r. de Terre-Rouge (50 kW)

Craon :
2 r. du Mûrier (50 kW)

Châteaubriant :
Aldi et Stokomani - r. du Gén.-Patton, (90 kW)

La Gacilly :
8 r. de l'Hôtel-de-Ville

Vannes :
Parking - 9 r. du Port

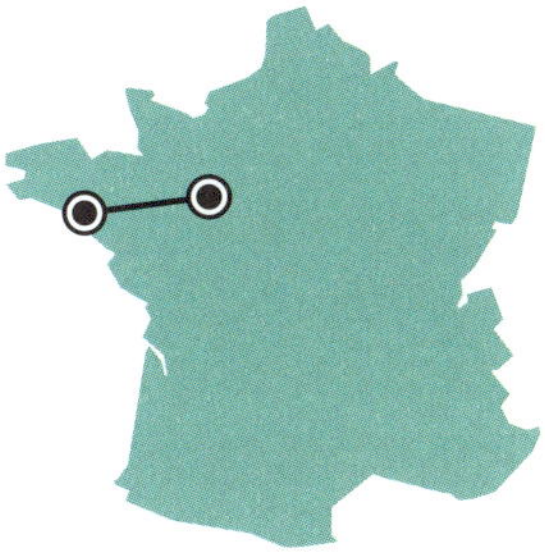

DISTANCE : 300 km
DURÉE : 3 jours
DÉPART : Le Mans
ARRIVÉE : Vannes

PRINCIPALES ÉTAPES :
Le Mans
Sablé-sur-Sarthe
Château-Gontier
Châteaubriant
La Gacilly
Rochefort-en-Terre
Vannes

LE MANS
VANNES

De la Sarthe au Morbihan

Destination la mer et les îles ! Mais avant les menhirs, les huîtres et les petits voiliers, place aux pâturages, aux vergers cidricoles, aux forêts et aux landes. Ce road-trip du grand ouest vous fera traverser des régions mal connues de l'ancienne province du Maine, au fil de la Sarthe et de la Mayenne. Découvrez le plaisir de la conduite dans les campagnes de la Mayenne angevine et des Marches de Bretagne, faites escale pour la nuit dans un grand château, laissez-vous séduire par les bonnes tables et les auberges de village. Enfin prenez le temps d'une journée en mer ou d'une randonnée avec une paludière dans les marais salants.

Côté saveurs...

Vous trouverez une continuité entre les fameuses rillettes de la Sarthe et celles de la ferme de Suscinio dans le golfe du Morbihan. Entre les deux, il y a aussi les sablés de Sablé, les cidres de Mayenne (et du Morbihan), la tome de Rhuys et les huîtres, évidemment, pour clore ce voyage en une explosion iodée.

Musat/Getty Images Plus

↑ La Sarthe.

Mécaniciens travaillant sur une voiture de course.
Richard_Laurence/Getty Images Plus

LE MANS ★★

Du célèbre circuit automobile à la Cité Plantagenêt, l'ancienne capitale du Maine satisfera tous les appétits. Celui des amateurs de patrimoine, d'histoire, de pittoresque, tout autant que celui des gourmands, qui apprécieront les « rilles, rillons et rillettes manceaux ».

Établie sur la rive gauche de la Sarthe, la ville ancienne dominée par sa cathédrale se découvre en marchant, de jour comme de nuit. Enceinte romaine, belles demeures à pilier cornier sculpté, musées d'histoire et d'art (musée Tessé, Carré Plantagenêt), églises (N.-D.-de-la-Couture, Visitation), ruelles, places et jardins des Quinconces ont de quoi séduire.

100 pl. de la République. Recharge rapide en périphérie, 34 r. de Douce-Amie (320 kW).

La Cité Plantagenêt ★★

Parking Jacobins (9 pl. des Jacobins).

On l'appelle aussi le Vieux Mans, et elle n'a rien à envier aux autres cités médiévales pittoresques parfois plus connues. Commencez par vous rendre sur le pont Yssoir, sur la Sarthe, pour voir le quartier « de l'extérieur », enserré dans son enceinte de roussard. Puis entrez dans la ville, le long de ses ruelles où les pavés anciens et les chasse-roues donnent une allure de décor de cinéma. Façades à pans de bois, tourelles sculptées, fenêtres à croisées, demeures Renaissance des chanoines, petits escaliers et portes cochères vous réservent plein de surprises et de détails à repérer.

La Nuit des chimères ♥

Parking Jacobins (9 pl. des Jacobins).

L'été, lorsque la nuit tombe, la Cité Plantagenêt et sa cathédrale se parent de projections féeriques : façades gothiques, murs romains et simples pignons deviennent alors d'immenses écrans, supports de créations très colorées, émouvantes, drôles, poétiques.

Cathédrale Saint-Julien ★★★

Pl. St-Michel - ✆ 02 43 28 28 98 - www.cathedraledumans.fr. Parking Jacobins (9 pl. des Jacobins).

Admirable chevet gothique aux chapelles rayonnantes, portail à statues-colonnes contemporain du Portail royal de Chartres, façade et nef romane majestueuses, chœur gothique d'une ampleur et d'un élancement qui le placent parmi les plus beaux de France, somptueuse collection de vitraux 13e s.... vous ne trouverez pas de mots assez forts pour décrire ce très bel édifice.

Les 24h du Mans côté coulisses ♥

9 pl. Luigi-Chinetti - ✆ 02 43 72 72 24 - www.lemans-musee24h.com. 8 av. du Panorama ou borne rapide 2 bd des Hunaudières à Ruaudin (225 kW).

La mythique course automobile d'endurance, née en 1923, a son musée, mais surtout son circuit, qu'elle emprunte en partie : le circuit Bugatti. Accompagné d'un guide, partez pour 2h de découverte privilégiée de l'histoire de la course et des coulisses des installations : direction de la course, podium, salle du speaker. Une visite exclusive à compléter par celle du musée qui expose plus de 100 véhicules de collection.

LA VALLÉE DE LA SARTHE

La Sarthe déroule paisiblement ses méandres parmi les beaux paysages du Maine angevin. Navigable jusqu'au Mans, elle est doublée de canaux latéraux.

Ph. Bianchot/hemis.fr

Le Festival Photo La Gacilly, édition 2023 : La Nature en héritage.

« Le Festival Photo La Gacilly, une immersion dans le paysage

Né en 2004, le Festival Photo La Gacilly s'est imposé comme une grande manifestation de photographie contemporaine, en Bretagne, mais aussi au niveau national, et même international.

Un festival de plein air

Créé en 2004 à l'initiative de Jacques Rocher, fils de l'industriel en cosmétiques naturels Yves Rocher, le festival a naturellement pris place dans le village d'origine de la famille, dans la Bretagne intérieure et rurale. Novateur, ce festival de photographie contemporaine en plein air propose une expérience immersive et déambulatoire au cœur d'une trentaine de « galeries à ciel ouvert » avec notamment l'exposition, sur les façades ou dans les espaces verts, de très grands formats particulièrement spectaculaires, jusqu'à 80 m^2 !

Une thématique environnementale

Depuis sa création, le festival a choisi de se consacrer aux grands enjeux environnementaux. Chaque année, il développe ainsi deux axes : un focus géographique sur la création contemporaine photographique d'un pays ou d'un continent, d'une part; un thème spécifique en lien avec la protection de l'environnement et la transition écologique, d'autre part.

La culture pour tous

Ancré en territoire rural, loin des grandes métropoles et de la scène artistique contemporaine, le festival transforme l'espace public en espace scénique accessible à tous, gratuitement. Un festival exigeant, qui attire tout autant un public de connaisseurs que de néophytes.

Le festival en chiffres

Chaque édition offre la possibilité de découvrir près de 800 œuvres réparties dans une trentaine de lieux différents, transformant La Gacilly en « village dans les images ». C'est ainsi que depuis 2004, près de 370 photographes parmi les plus prestigieux ont pu exposer leur regard sur le monde, privilégiant une vision éthique et humaniste. Et c'est ainsi aussi que chaque année, environ 300 000 visiteurs se pressent dans les ruelles du village pour découvrir les nouvelles créations et s'offrir un voyage à travers le monde.

Une dimension internationale

International par ses thématiques et par les artistes exposés, le festival l'est aussi depuis 2018 avec sa version délocalisée : le Festival La Gacilly - Baden Photo, qui prend place dans la belle station thermale autrichienne. »

Festival Photo La Gacilly - 56200 LA GACILLY - 02 99 08 68 00 - www.festivalphoto-lagacilly.com. De juin à octobre - p. 76. - 560 m.

L'abbaye de Solesmes, au bord de la Sarthe.
R. Harding/hemis.fr

Les amoureux de patrimoine y découvriront quelques églises et de charmants villages, les amateurs d'artisanat feront eux escale à Malicorne, connu pour sa poterie toujours active.

Sablé-sur-Sarthe

Pl. du Champ-de-Foire (36 kW).

Sablé-sur-Sarthe, c'est d'abord un cœur de ville aux belles façades 18e et 19e s., que domine le château des Colbert devenu centre technique de la Bibliothèque nationale pour la restauration et la reliure. Une charmante ville bourgeoise, qui est aussi un point d'embarquement pour des croisières sur la Sarthe.

Croisière sur la Sarthe ♥

Quai National - 02 43 95 14 42 - www.anjou-navigation.fr.
Pl. de la République.

Simple embarcation électrique facile à manier ou pénichette avec cuisine équipée : faites votre choix, et embarquez pour une journée complète en autonomie, avec passage d'écluse. Au passage, levez-la tête pour admirer les puissantes murailles de l'abbaye de Solesmes, faites escale à Parcé, à Juigné ou à Avoise, charmants villages établis sur les rives. La Sarthe en mode véritablement slow.

L'art du chant grégorien à Solesmes ♥

1 pl. Dom-Guéranger - 02 43 95 03 08 - www.abbayedesolesmes.fr.
À Sablé-sur-Sarthe (3 km).

L'abbaye St-Pierre apparaît, impressionnante, sombre muraille de 50 m de hauteur construite à la fin du 19e s. en style romano-gothique. C'est aujourd'hui l'abbaye chef d'ordre de la congrégation bénédictine de France, et le lieu du renouveau du chant grégorien : les offices, auxquels le public est admis, permettent d'apprécier l'exceptionnelle pureté de la liturgie bénédictine. Les amateurs de musique apprécieront.

LA MAYENNE ANGEVINE

Aux confins de la Sarthe et du Maine-et-Loire, le sud du département de la Mayenne ressemble déjà à l'Anjou, et prend le nom de Mayenne angevine. Un doux paysage, verdoyant, hérissé de clochers, de manoirs et de châteaux.

Château-Gontier ★

1 promenade de Mahier.

Château-Gontier n'a plus sa forteresse, mais a conservé de son histoire millénaire un riche patrimoine. La ville se divise en deux quartiers : la haute ville, en rive droite, est la partie la plus ancienne avec ses rues étroites et accidentées et sa superbe église St-Jean-Baptiste restaurée (11e s.) ; sur la rive gauche s'est développé le faubourg autour de l'hôpital St-Julien et du couvent des Ursulines, lequel est aujourd'hui occupé par un dynamique lieu culturel et centre d'art contemporain.

La vie de château à Craon ❤

02 43 06 11 02 - www.chateaudecraon.fr.
2 r. du Mûrier (50 kW).

Avec ses jardins réguliers, son parc à l'anglaise en bordure de rivière, ce palais de campagne construit vers 1770 pour le marquis d'Armaillé s'impose comme une incontournable visite dans la région. Faites mieux, installez-vous ! Dans ce « petit Versailles de la Mayenne », toujours habité, votre chambre d'hôte est garnie de mobilier ancien, comme toutes les salles de la demeure, d'un lit en alcôve ou à baldaquin, ornée de tableaux historiques et d'étoffes imprimées. L'art de vivre à la française, avec le confort moderne, évidemment, et l'accueil prévenant des châtelains, Bertrand et Séverine de Guébriant.

LA BRETAGNE CÔTÉ TERRE

À Châteaubriant, vous voilà aux Marches de Bretagne, presque encore en Anjou. Puis voici bientôt les premiers paysages de lande, typiques de la Bretagne intérieure. Une Bretagne confidentielle, où mégalithes et photographie contemporaine font bon ménage.

Château de Châteaubriant ★

Pl. Charles-de-Gaulle - 02 40 28 20 20 - www.chateau-chateaubriant.fr.
9 pl. de la Motte.

Au centre d'une région boisée et parsemée d'étangs, la ville autrefois fortifiée, ancien fief de la famille Châteaubriant, est dominée par ce château deux en un : une forteresse médiévale, dont subsiste notamment le donjon, et un palais seigneurial de la Renaissance, surnommé Château-Neuf. Dispositif multimédia pour une reconstitution en 3D, visite guidée des parties hautes pour une vue à 360°, jeux et visites thématiques, selon vos envies. Une belle découverte, et un superbe exemple de restauration de monument historique.

Un des salons du château de Craon.

Ph. Blanchot/hemis.fr

Manoir de l'Automobile ★★

4 r. de la Cour-Neuve - Lohéac - ✆ 02 99 34 02 32 - www.manoir-automobile.fr. Borne la plus proche à Guipry, 35 av. du Port (63 kW), à 7 km.

Citroën, Lamborghini, Rolls-Royce et autres Peugeot ou Alpine… toutes les ancêtres sont là, rutilantes, de même que les bolides des circuits. Admirez aussi une insolite présentation de moteurs anciens, et la reconstitution d'un garage et d'une station-service d'autrefois. Collection d'enseignes lumineuses, maquettes, dioramas minutieux et plus de 3000 modèles réduits de toutes marques sont également au rendez-vous.

Mégalithes et landes de Saint-Just ★

Maison Mégalithes et Landes - 10 allée des Cerisiers - St-Just - ✆ 02 99 72 36 53 - www.megalithesetlandes.com. Borne la plus proche à Pipriac, 49 r. de l'Avenir (50 kW), à 7 km.

La maison Mégalithes et Landes est une excellente introduction à la balade, d'autant que ce centre d'interprétation vous fournira aussi un plan des circuits. Un site mégalithique remarquablement aménagé, qui s'étend sur 6 km le long d'une crête, dans un paysage sauvage et protégé de landes. Vous vous sentirez sans doute bien solitaire, et surtout privilégié, dans cet endroit quelque peu délaissé des touristes, mais qui est pourtant le 2e site mégalithique de Bretagne après Carnac ! Alignements, allées couvertes, menhirs, dolmens, toutes les catégories connues sont là, depuis quelque 5500 ans. Un véritable showroom du mégalithisme, dans un environnement naturel remarquable, à découvrir au long de trois circuits pédestres (entre 1h et 2h30).

La Gacilly : éco-séjour à La Grée des Landes, hôtel et spa ♥

Cournon - La Gacilly - ✆ 02 99 08 50 50 - www.lagreedeslandes.com. 8 r. de l'Hôtel-de-Ville.

p. 81. La Gacilly attire depuis 2003 les amateurs de photographie et de nature, pour son festival photo en plein air. Mais La Gacilly, c'est aussi la terre natale de la marque de cosmétiques Yves Rocher, qui a voulu créer là un lieu d'exception. La Grée des Landes, c'est un écrin de nature accueillant, conçu pour une clientèle en quête d'expériences innovantes et hautement respectueuses de l'environnement : la quintessence du luxe. Paysage sauvage à l'orée du village, architecture moderniste drapée de bois et 100 % verte (collecte de l'eau de pluie, panneaux solaires, chauffage au bois), spa Yves Rocher, restaurant gastronomique bio, *Les Jardins sauvages*… Vous ne voudrez pas en repartir.

Rochefort-en-Terre ★

www.rochefortenterre-tourisme.bzh. Borne la plus proche à Malansac, r. des Forges (5 km).

Bâti sur un promontoire dominant la vallée du Gueuzon, ce bourg occupe un site magnifique. Il vous sera difficile de ne pas céder au charme de ce village pittoresque de la Bretagne intérieure, qui se découvre au fil de ses ruelles pavées. Église romane et gothique, belles demeures en granit des 16e et 17e s., à tourelles et encorbellements, petits escaliers, puits aux margelles fleuries et halle, tout semble avoir été mis en scène pour illustrer un conte de fées breton.

GOLFE DU MORBIHAN ★★★

Au risque de faire mentir le dicton qui compte autant d'îles dans le golfe que de jours dans l'année, avançons plutôt le chiffre de 46 îles. La plupart sont privées, mais les deux plus grandes – Arz et l'île aux Moines – sont des communes, aisément accessibles. Quant au reste du golfe et de son

Hôtel La Grée des Landes, le bassin de relaxation.

pourtour, la presqu'île de Rhuys par exemple, avec son magnifique château de Suscinio, ou encore le site de Carnac, il se découvre au fil d'activités ou visites dépaysantes et de rencontres insolites.

Les pieds dans le sel avec une paludière ♥

Rte de Tascon - St-Armel - réserv. sur www.golfedumorbihan.bzh ou par SMS au 06 81 22 43 52. Rond-Point Sarzeau - Colombier (1 C6), à 2 km.

Rendez-vous à St-Armel, où le dernier marais salant exploité du golfe dévoile ses secrets. Nathalie Krone, paludière passionnée, vous emmène sur ses marais de Lasné, pour vous faire découvrir la faune et la flore (le site est classé Espace naturel sensible), comprendre le fonctionnement de cette saline qui s'étend sur 10 ha et 24 œillets (bassins), et révéler les petits secrets de son savoir-faire.

Cairn de Gavrinis, la « Chapelle Sixtine » du Néolithique ★★

Port de Larmor-Baden - 02 97 57 19 38 - cairndegavrinis.com - compter 2h visite et traversée incluses. À Baden (11 rte de Toulvern), à 5 km.

Une courte traversée vous conduit devant ce monument insigne, architecture funéraire de pierre sèche de 50 m de diamètre sur 6 m de haut, érigée il y a plus de 6 000 ans alors que Gavrinis n'était pas encore une île. À l'intérieur, dans la chambre funéraire, l'émotion est grande devant cette profusion de gravures uniques au monde : haches, arcs, spirales et arabesques, au sens encore mystérieux. L'excursion vaut aussi, évidemment, pour la vue qu'elle offre sur le golfe.

Parcs ostréicoles de l'Île-aux-Moines.

Moment intense

Les Landes de Lanvaux, balcon du golfe

C'est la version terrienne du Morbihan, une longue crête granitique dominant de ses 175 m le golfe et Vannes, un balcon vert pour l'agglomération, un paradis pour les amateurs de rando et de gravel. Mais aussi un pays riche de petits trésors à dénicher le long de très belles routes peu fréquentées, loin de la foule balnéaire. Vous prendrez plaisir à découvrir les fresques de la superbe chapelle Notre-Dame de Cran (près de Treffléan), la célèbre forteresse de Largoët (le plus haut donjon octogonal de France), la petite ville de Colpo créée par la princesse Napoléone Baciocchi, nièce et filleule de Napoléon Ier, ou encore le minuscule village de Loperhet, si joliment nommé, dont les ruelles tortueuses vous mèneront jusqu'à la chapelle aux poutres sculptées. La promesse d'une Bretagne apaisante, entre forêts et pâturages, un avant-goût de l'Argoat.

Le tour du golfe à bord d'un gréement ancien ♥

Les Voiles du golfe - départ de Port-Blanc (Baden) - 06 79 97 66 59 - www.lesvoilesdugolfe.com. 114 Port-Blanc.

Un tour du golfe en bateau, c'est indiscutablement la meilleure façon d'apprécier les moindres contours de cette petite mer parsemée d'îles. Alors, pour faire le plein de souvenirs, autant que ce soit à bord d'un véritable voilier patrimonial de 1935, gabarre bretonne autrement appelée « sloop à tapecul ». Bienvenue sur le *André Yvette* pour une journée entière de navigation. Vous pourrez participer aux manœuvres, ou simplement admirer le paysage qui défile, les îlots, les villas de Robinson solitaires, les chapelles. Et profiter d'un déjeuner convivial à bord, pour une dégustation de produits locaux.

Les parcs à huîtres en bateau électrique ♥

Au Rythme des marées - Pointe de Toulvern - Baden - 02 97 57 00 19 ou 06 04 59 68 28 - www.aurythmedesmarees.fr. À Baden (11 rte de Toulvern), à 2,3 km

Comment mieux ressentir le rythme du golfe qu'en se mettant à la place de ceux qui y travaillent ? Vous voilà à bord d'une barge à fond plat (avec puits de vision sous-marine), en compagnie d'Ivan Sélo, ostréiculteur à Baden. Le silence du moteur laisse toute la place au clapotis de l'eau, au rire des mouettes et aux explications fournies par l'homme du métier, sur la vie et la culture de ce précieux coquillage. Arrivé au milieu des parcs, vous pourrez même descendre dans l'eau pour aider à retourner les poches d'huîtres. Après plus de deux heures de visite et de lente navigation, profitez d'une dégustation conviviale, installé dans des chaises longues sur le pont.

VANNES ★★

Nichée au fond du golfe du Morbihan, Vannes est aussi une ville active, pleine de charme et de ressources, où l'on aime flâner au marché, boire un verre sur le port, ou visiter une expo.

Balade architecturale

Hôtel de Limur - 31 r. Thiers - ☏ 02 97 44 52 02 - www.ciap-limur.bzh. Pl. de la République ou parking Q-Park Port (9 r. du Port).

L'hôtel de Limur, somptueuse demeure construite par un chanoine de la cathédrale au 17e s., et récemment transformé en Centre d'interprétation de l'architecture et du patrimoine, est le point de départ tout indiqué. D'abord parce que son escalier d'apparat est véritablement exceptionnel, et ensuite parce qu'il donne toutes les clés de compréhension de l'histoire et de la forme de la ville. Ensuite vous partirez le nez au vent dans les rues piétonnes du centre historique, qui regorge de merveilles. Maisons à pans de bois, remparts restés intacts, hôtels particuliers, tours, portes et églises forment ici un vocabulaire architectural passionnant. Rien n'empêche, en cours de route, de s'arrêter pour grignoter un kouign amann, boire un verre de cidre ou s'attabler pour quelques fruits de mer.

Breizh'tronomie, food tour inspiré ♥

Breizh'tronomie Food Tour - breizhtronomie-food-tour.com.

Pour comprendre la culture locale, apprenez la gastronomie. Voici un des leitmotivs de Bertrand Delaunay et de ses compagnons gourmands, qui vous emmènent à la rencontre des producteurs, artisans et commerçants de bouche. Une balade hors des sentiers battus, spécialement conçue pour les becs fins, en 5 étapes et 5 rencontres, riche en informations, en anecdotes et en dégustations. Aucune obligation d'achat, juste le plaisir de l'échange et du beau produit. Une promenade savoureuse qui existe également en version plus courte et ludique, pour les jeunes gourmands.

Les maisons médiévales de Vannes.

Elenathewise/Getty Images Plus

CARNET DE ROUTE

SE RÉGALER

LE MANS

LE GRENIER À SEL
À l'entrée de la Cité Plantagenêt, dans cet ancien grenier à sel, un seul mot d'ordre : se faire plaisir et faire plaisir aux clients! Dans un cadre contemporain, beaux produits – homard, turbot, foie gras... – et saveurs appuyées... le tout accompagné de jolis vins du Rhône, de Loire et de Bordeaux.
26 pl. de l'Éperon - ✆ 02 43 23 26 30 - www.restaurant-le-grenier-a-sel.fr - à 260 m.

SOLESMES

GRAND HÔTEL DE SOLESMES
Ravioles d'escargots, jus en persillade, filet de volaille de Loué, polenta crémeuse aux champignons ou encore le soufflé chaud au Cointreau... Une solide adresse de famille qui défie les ans et propose une carte, une délicate cuisine classique qui séduit d'emblée; on ne triche pas sur la qualité des produits. De plus, l'accueil et le service sont charmants!
16 pl. Dom-Guéranger - à proximité de Sablé-sur-Sarthe - ✆ 02 43 95 45 10 - www.grandhotelsolesmes.com - à 163 m.

CHÂTEAUBRIANT

LA CITADELLE
Le chef Maxime, originaire du coin, et son épouse Patricia, originaire, elle, de Lima, ont concocté un décor réussi pour goûter à leur hospitalité. Dans l'assiette, de bons produits frais traités avec respect pour en révéler les saveurs et les goûts francs, le tout parfois pimenté de quelques touches sud-américaines (ceviche au leche de tigre, chutney de piquillos...) et des plats à partager (charcuteries ou fromages).
9 pl. de la Motte - ✆ 02 40 28 97 40 - www.lacitadelle-restaurant.fr - sur place.

LA GACILLY

LES JARDINS SAUVAGES
Avec pour devise le respect de la nature et des saisons, le chef Anthony Le Fur réalise une cuisine moderne, maîtrisée et goûteuse, composée à partir des produits du jardin et de producteurs locaux. Baignée de lumière, la salle vitrée s'étend entre deux écrins de verdure. D'un côté, les lignes du potager, de l'autre, la véranda ouverte sur le jardin - une connexion organique avec la nature à l'image de cette table.
Éco-Hôtel Spa Yves Rocher - Cournon - ✆ 02 99 08 50 50 - www.lagreedeslandes.com

ROCHEFORT-EN-TERRE

L'ANCOLIE
Dans une bâtisse du 16e s. à la déco chic et romantique, le chef Kevin Hardy (Hélène Darroze, Taillevent) cultive une jolie cuisine gourmande, avec ses recettes carrées twistées parfois d'un trait créatif.
12 r. St-Michel - ✆ 02 97 43 33 09 - lancolie.restaurant - sur place

MAISON CACHÉE
Après être passés dans plusieurs belles maisons étoilées (Ducasse, Pic, Crillon), Alban Chartron (au salé) et sa compagne Sarah Alba (au sucré) ont jeté leur dévolu sur Rochefort-en-Terre. Ce couple de chefs connaît son métier : en témoignent les cuissons précises, les saveurs relevées (à l'instar de la queue de bœuf au kimchi ou du bouillon curry/cacahuète sur le poisson) et le jeu de textures. Une bistronomie bonhomme à prix doux.
9 r. Haute-Candre - ✆ 02 97 61 04 71 - www.facebook.com/restaurantmaisoncachee - à 200 m.

VANNES

EMPREINTE
Arrêtez-vous dans cette maison d'une petite place du centre-ville. À l'intérieur, une déco chaleureuse avec son parquet brut, ses tissus, sa porcelaine vintage... Baptiste et Marine Fournier travaillent avec le cœur pour servir une cuisine particulièrement léchée, réalisée grâce aux poissons des halles et aux légumes de producteurs. Menu-carte au déjeuner, menus surprise le soir. Vins naturels.
15 pl. Valencia - ✆ 02 97 46 06 42 - empreinte-restaurant.fr - à 160 m.

LA TÊTE EN L'AIR
Un jeune couple dynamique et accueillant, qui a bel et bien la tête... sur les épaules. Dans une ambiance décontractée, Clément Raby le parisien et Estelle Mercier la gardoise pratiquent, comme ils l'indiquent sur leur carte de visite, « une cuisine libre ». C'est-à-dire une cuisine créative maîtrisée et originale, avec des associations pertinentes, des recettes qui tombent juste! Dans leurs menus à l'aveugle, les plats ne sont annoncés qu'après leur dégustation – pour mieux mettre en éveil les sens des convives...
43 r. La Fontaine - ✆ 02 97 67 31 13 - www.lateteenlair-vannes.com - à 200 m.

SE LOGER

LE MANS

CHAMBRES D'HÔTE LA DEMEURE DE LACLAIS
Des tons rouges, bruns et lavande habillent les murs de cette demeure bourgeoise (1700) face à la cathédrale: la suite La Tourelle en a conservé de remarquables vestiges (vitraux et chapelle en guise de chambre).
4 bis pl. du Cardinal-Grente - ✆ 02 43 81 91 78 - www.lademeuredelaclais.fr - à 290 m.

CRAON

CHAMBRES D'HÔTE CHÂTEAU DE CRAON
p. 75. Chambres d'hôte avec mobilier d'époque dans un grand château privé, en Mayenne.

02 43 06 11 02 - www.chateaudecraon.fr - à 500 m.

LA GACILLY

LA GRÉE DES LANDES

Surplombant la vallée de l'Aff, cet éco-hôtel Spa Yves Rocher, aux lignes douces et contemporaines, est certifié Haute Qualité Environnementale. Architecture bioclimatique, chambres raffinées de plain-pied, terrasse et toits végétalisés, piscine, spa, et restaurant gastronomique bio (*ci-contre et p. 76*).

Cournon - 02 99 08 50 50 - www.lagreedeslandes.com

GOLFE DU MORBIHAN

LE MANOIR DE KERBOT

Ce manoir du 16e s. (qui fut aussi un orphelinat) s'est réinventé en repaire de gastronomes, mais il propose aussi 9 chambres et suites à la décoration contemporaine et au confort absolu. Pour profiter du golfe du Morbihan, au plus près.

Lieu-dit Kerbot - Sarzeau - 02 97 26 40 38 - www.hotelrestaurantkerbot.com - sur place.

LA VILLA DU GUERN

Cette maison bénéficie d'une situation exceptionnelle, surplombant le golfe du Morbihan et la rivière d'Auray. À l'intérieur, chambres au confort haut de gamme, dont une suite familiale. Espace de relaxation en rez-de-jardin, sauna, salle de massage et spa extérieur. Accès à la petite plage du Dreven, au sentier côtier. Prêt de vélos et kayaks. Au bout du vaste jardin, ne manquez pas la vue, sublime, depuis la piscine chauffée.

3 ch. de la Pointe du Guern - Baden - 06 16 51 67 30 - www.lavilladuguern.com - sur place.

LA BELLEVUE

Non loin de la pointe de la presqu'île de Séné, cette belle maison d'hôte domine le golfe, l'île de Boëdic, avec le clocher de l'île d'Arz en ligne de mire. Une vue encore plus sublime depuis les chambres spacieuses, situées à l'étage, et disposant de belles terrasses privatives. Des beaux matériaux, une literie haut de gamme, une ambiance moderne et sobre, qui laisse toute la place à la star du lieu : le golfe en majesté. L'accueil est chaleureux, et le plaisir se poursuit à la salle à manger ou sur la terrasse, pour un repas bistronomique.

57 r. Bellevue - Séné - 02 97 62 43 51 - www.labellevue.bzh

Les Jardins sauvages.

ICI ET PAS AILLEURS

LE MANS

RILLETTES EN BOCAUX

Pour les voyageurs, les délicieuses rillettes du Mans sont également conditionnées en bocaux stériles, chez certains charcutiers.

Charcuterie Wiest - 17 pl. des Comtes du Maine - 02 43 24 86 22 - charcuteriewiest.com - à 238 m.

SABLÉ-SUR-SARTHE

SABLÉS MAISON DRANS

Le biscuit rond et doré est toujours fabriqué artisanalement selon la recette de 1932 dont la maison est dépositaire.

38 pl. Raphaël-Elizé - 02 43 55 61 87 - www.maisondrans.com - à 129 m.

VANNES ET LE GOLFE DU MORBIHAN

JEANNOT & SES BOCAUX

Associer la terre et la mer, les produits du terroir et le coquillage star du golfe. Tel est le pari de Jean Raignier. Le résultat, des terrines, des tartinables et des sauces au goût iodé (notamment une sauce d'huîtres et soja pour révéler votre *umami* !), réalisés avec du porc, des praires, des légumes bretons, des épices Terre Exotique et les huîtres du golfe.

Points de vente locaux sur www.jeannot-bocaux.fr

LA MAISON DU CIDRE

Cette cidrerie produit des jus de pommes et une belle gamme de cidres, notamment le Royal Guillevic, unique Label Rouge pour le cidre.

Rte de Lann Vrihan - Le Hezo - 02 97 26 47 40 - www.museeducidre.com - à 938 m.

BISCUITERIE DE SUSCINIO

À un jet de pierre du château, cette biscuiterie véritablement artisanale n'utilisant que de la farine bretonne, du beurre local et la force des bras fait l'unanimité dans la presqu'île. Biscuits, kouign amann ou far breton, vous ne saurez lequel choisir. Il n'est parfois pas inutile de réserver, car quand il n'y en a plus, il n'y en a plus !

1 r. Er Dilost - Sarzeau - 09 88 07 78 26

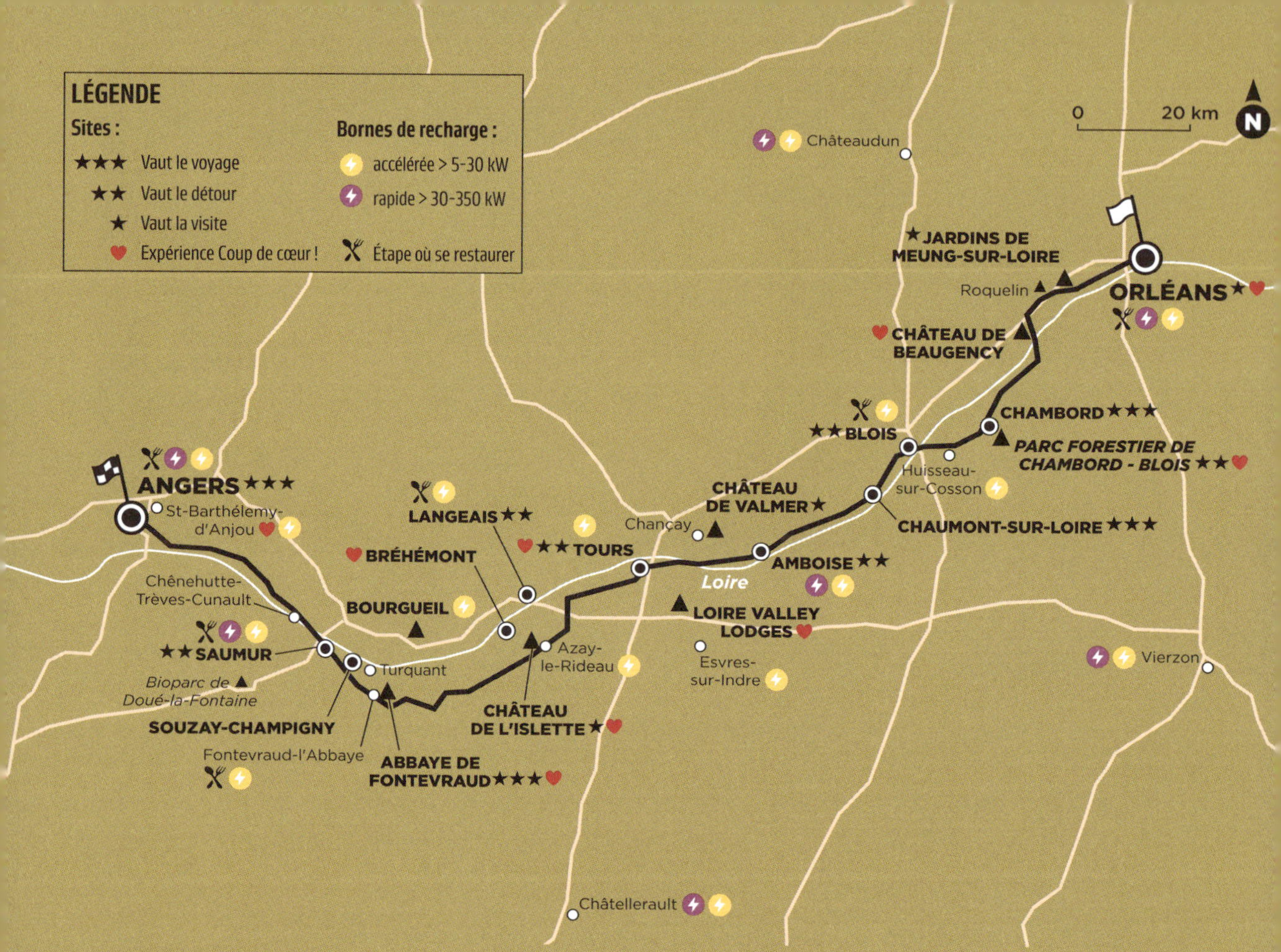

PRINCIPALES BORNES DE RECHARGE :

Orléans :
3 r. Adolphe-Crespin
6 r. Creuse (160 kW)

Blois :
16-25 r. St-Honoré
2 r. des Jacobins

Amboise :
15 r. Racine
En périphérie, r. Jean-Baptiste-Cartier (200 kW)

Tours :
Interparking - r. Victor-Hugo

Saumur :
Pl. de l'Europe
Super U, 76 r Jehan-Alain (50 kW)
Parking Château, r. des Moulins

Angers :
2 pl. de l'Académie

L'ESSENTIEL ÉLECTRIQUE

Toutes les grandes villes-étapes de cet itinéraire sont évidemment pourvues de bornes de recharge, en centre-ville ou à proximité immédiate, et de bornes rapides en périphérie. En revanche, les grands sites touristiques isolés, comme le château de Chambord ou encore le domaine de Chaumont-sur-Loire ne sont pas spécifiquement équipés.

DISTANCE : 250 km
DURÉE : 5 jours
DÉPART : Orléans
ARRIVÉE : Angers

PRINCIPALES ÉTAPES :
Blois
Amboise
Tours
Saumur

ORLÉANS
ANGERS

La Loire des rois

Il y a tant de chefs-d'œuvre, au long de ce fleuve et de cette région aimée des rois, qu'il faut bien faire des choix, difficiles souvent. Privilégier les incontournables, préférer les insolites, rouler hors des sentiers battus ou voir Chambord à tout prix ? Dans tous les cas, le Val de Loire en mode *slow*, avec ses lumières magnifiques, ses châteaux innombrables, ses jardins connus dans le monde entier, ses restaurants renommés et ses caves accueillantes, tiendra toutes ses promesses.

Côté saveurs...

Des vignes, des vignes et encore des vignes. C'est assurément l'une des grandes spécialités de cette vallée royale : bourgueil, vouvray, montlouis, anjou, touraine, et d'autres encore. Les poissons, du fleuve, en sont une autre, que les chefs savent accommoder avec justesse et talent.

Aleh Varanishcha/Getty Images Plus

Château de Chenonceau.

Cathédrale Sainte-Croix d'Orléans.
Gregory_DUBUS/Getty Images Plus

ORLÉANS ★

Une belle animation irrigue les vieilles rues d'Orléans, où bars, restaurants et boutiques se sont multipliés dans un dédale de voies piétonnes aux maisons à pans de bois rénovées.

La rue Jeanne-d'Arc (l'héroïne de la guerre de Cent Ans dont le souvenir reste bien présent) ouvrant une perspective sur la cathédrale Ste-Croix, la noble rue Royale à arcades, la place du Martroi désormais piétonne, le très riche musée des Beaux-Arts ou le rafraîchissant parc floral de la Source sont autant de lieux à ne pas manquer.

Devenez expert de haut niveau au MOBE ♥

6 r. Marcel-Proust - ✆ 02 38 54 61 05 - www.facebook.com/MuseumOrleans. 27b bd Alexandre-Martin.

Derrière les façades de verre de la rue Marcel-Proust, une double peau bioclimatique, se dévoile un musée d'histoire naturelle version 21e s. Le Muséum d'Orléans pour la biodiversité et l'environnement, qui a ouvert ses portes en 2022, est entièrement dédié à la connaissance du patrimoine naturel et à la culture scientifique, et le fait de manière convaincante, avec ses collections exceptionnelles et ses outils interactifs. C'est au 4e étage qu'ont lieu les passionnants ateliers participatifs auxquels vous êtes conviés. Vous voulez comprendre et agir, face aux menaces qui pèsent sur la biodiversité ? Obtenir des clés de compréhension ? Apporter votre vision ? C'est ce que proposent ces ateliers ludiques et collaboratifs sur l'érosion systémique de la biodiversité.

D'ORLÉANS À BLOIS

Soixante kilomètres de route au plus près du fleuve séparent les deux villes royales. Et déjà s'annonce une liste de châteaux, de donjons, de jardins et de musées qui sont l'occasion d'autant d'escales et de visites.

Dans les jardins de Meung-sur-Loire ★

Arboretum d'Ilex : chemin des Culands ; Les Jardins de Roquelin : lieu-dit Roquelin (accès par la D 18, rive gauche) - ✆ 06 70 95 37 70 - lesjardinsderoquelin.fr. 1000 r. 6e-Avenue (200 kW), à 3 km.

Outre son château, qui fut la résidence d'été des évêques d'Orléans, Meung-sur-Loire possède deux discrètes pépites vertes. Jardinés par le passionné Stéphane Chassine, qui a créé Roquelin de toutes pièces en 2002, et repris l'arboretum d'Ilex en 2016, ces deux jardins diffèrent en tout, sauf par le charme et la richesse botanique. Roquelin est traité comme un jardin de cottage, avec ses allées engazonnées et ses 450 variétés de rosiers anciens. Tandis que l'arboretum d'Ilex, insolite et unique, réunit une collection d'arbres, arbustes et vivaces, particulièrement des

Stéphan Perrotte : l'art de la confiture

Sacré meilleur confiturier de France en 2014, puis champion du monde l'année suivante, l'Angevin d'adoption Stéphan Perrotte est le seul confiturier français à cumuler les deux titres. Un artisan de haut talent qui entend bien partager sa passion du fruit, et même ses secrets de fabrication.

Stéphan Perrotte dans son atelier..

Donner leurs lettres de noblesse aux produits confituriers...

« La confiture était un produit qui n'avait pas un vrai positionnement gastronomique. On pouvait le remettre au goût du jour, et le moderniser. » C'est ce qu'a fait Stéphan Perrotte, en travaillant notamment avec des chefs prestigieux qui partageaient sa vision. À commencer par Thibaut Ruggeri, le chef étoilé du restaurant de l'abbaye de Fontevraud. « Nous parlons le même langage », indique le confiturier, que l'on peut sans risque qualifier de cuisinier des fruits, lorsqu'il ajoute: « Je construis mes confitures en pensant à la juxtaposition des textures et à la succession des différentes strates de dégustation. »

De l'importance du sourcing

Avec une gamme permanente de plus de 60 références, la maison Perrotte voit grand. « Une gamme qu'il est très difficile de faire bouger, au vu de la demande! » sourit le confiturier. Pour autant, « on s'adapte sans arrêt au produit: la remise en question est permanente », précise-t-il. Le produit, chaque jour différent selon les approvisionnements, dicte la façon de faire. « Je suis incapable de dire avant le démarrage d'une cuisson combien de sucre on va mettre. » Stéphan Perrotte discute avec son réseau de producteurs (des partenaires plus que des fournisseurs), en quête permanente de nouveaux produits, de fruits oubliés, d'épices et de plantes aromatiques.

Des confitures écoresponsables, des partenariats locaux

Le sourcing, c'est aussi la recherche de produits locaux autant que possible, et durables. « Nous travaillons avec un groupement de producteurs certifié *Demain la Terre* », un label écoresponsable qui promeut également l'économie locale. Quant aux fruits importés de l'étranger (ananas, mangue), ils sont équitables et contrôlés. Les partenariats locaux, ce peut être aussi une collaboration avec Cointreau par exemple, un co-branding, pour satisfaire une clientèle de mixologues.

Des ateliers pour partager

Pour rendre à la confiture ce qu'elle lui donne, Stéphan Perrotte a une grande ambition: transmettre son savoir-faire au plus grand nombre. C'est la raison d'être des ateliers qu'il anime dans sa boutique d'Angers, où transmission, partage et gourmandise sont les maîtres-mots. Et à propos de transmission, Stéphan n'est pas peu fier de préciser que Christelle Mon, cheffe dans les ateliers Perrotte, a elle aussi décroché le titre de championne du monde en 2022.

Maison Perrotte 18 r. St-Aubin - 49100 ANGERS - 09 86 11 54 22 - maisonperrotte.fr - à 228 m.

Orange, fraise, myrtille, mais aussi poire-noix, gelée de vanille de Tahiti, pomme au jus de yuzu et sésame noir. . . Maison Perrotte houx *(ilex)* et des érables du Japon, dans un sous-bois sillonné par des petits canaux. Un site enchanteur, entre raffinement nippon, douceur à l'anglaise et petit bois sauvage.

Le château de Beaugency – centre d'art numérique : une expérience immersive ♥

2 pl. Dunois - ☎ 02 34 59 74 73 - www.chateau-beaugency.com. Parking Grand Mail, 2 r. Jules-Lemaître.

Depuis 2021, l'ancien château médiéval de Jehan de Dunois s'est mué en centre d'art numérique : pas de lit à baldaquin, ni de collection de cuivres dans les cuisines, mais un parcours immersif d'œuvres numériques créées par le directeur artistique du lieu, le plasticien Jérémie Bellot, et les artistes invités. Dans les 1500 m² d'espaces d'exposition, vous êtes conviés à un voyage numérique et lumineux, *Rêves chromatiques*, qui fait dialoguer technologie et vieilles pierres. À l'instar de l'insolite chat Eikosis qui mène la garde dans la cour. Une autre façon, vivifiante, de voir un château de la Loire.

Visite exclusive dans le parc forestier de Chambord ♥

☎ 02 54 50 40 00 - www.chambord.org. Borne la plus proche à Huisseau-sur-Cosson (5,6 km).

77 escaliers, 282 cheminées, 426 pièces, un domaine de 5 433 ha… on pourrait égrener les chiffres affolants et les superlatifs sur des pages entières, tant ce chef-d'œuvre de la Renaissance voulu par François Ier est unique et splendide. Le mieux est encore de passer les grilles du parc (le plus grand parc clos de murs d'Europe) et de s'immerger dans l'univers de Chambord : visite libre ou guidée, atelier potager ou taille de pierre, spectacle équestre, balade dans les jardins ou promenade en barque sur le canal… Ou encore, pour les amoureux de la nature, une visite en véhicule tout-terrain dans le parc forestier, dans une zone normalement fermée au public. Le guide-nature vous dira tout sur la gestion de cette réserve naturelle. La rencontre avec un cerf ou un sanglier n'est pas exclue, lors de ce moment privilégié.

BLOIS ★★

Témoin, dans sa forme et son histoire, de multiples règnes et de moult tragédies, le château de Blois s'impose comme un must. Pour autant, le château n'est pas tout, loin de là, et il faut même de bonnes jambes pour ne rien manquer de la ville et de ses richesses.

Après avoir visité le château donc, il faut faire le tour de son quartier pour admirer l'étonnante façade dite « des Loges », s'attarder dans les jardins royaux revisités par Gilles Clément, faire un tour… à la maison de la Magie, puis gravir l'autre colline que domine la cathédrale, et d'où dévalent les majestueux escaliers Denis-Papin, traverser la Loire sur le pont Gabriel (sur l'autre rive, un restaurant doublement étoilé vous tend les bras).

Pour le centre-ville : 16-25 r. St-Honoré ou 2 r. des Jacobins.

Fondation du Doute ★

14 r. de la Paix - ☎ 02 54 55 37 48 - www.fondationdudoute.fr. 16-25 r. St-Honoré.

Plus qu'un musée, c'est un lieu vivant, un réservoir d'idées, un espace d'interrogation sur l'art et ses frontières que les fondateurs ont voulu ériger dans l'ancien couvent des Minimes. Fidèle à l'esprit Fluxus, qui depuis 1962 promeut le non-art avec humour et dérision, la fondation rassemble 1500 œuvres autour d'un de ses concepteurs récemment disparu, Benjamin Vautier, plus connu sous le nom de Ben. Ses 300 tableaux-

Le château de Chambord au lever du jour.

P. Avenet/hemis.fr

Le festival des jardins, à Chaumont-sur-Loire (jardin de Sau Yin Wong et Pak Chuen Chan, édition 2020). ©P. Avenet/hemis.fr

écritures formant le *Mur des mots* interpellent le visiteur dès son entrée. Au total, une cinquantaine d'artistes mettent ici en branle l'esprit Fluxus, parmi lesquels Joseph Beuys, John Cage, Robert Filliou, Nam June Paik ou Yoko Ono.

LA VALLÉE DES ROIS, DE BLOIS À TOURS

Cette portion d'itinéraire longe ce qui est véritablement la vallée royale, avec ses châteaux perchés au-dessus du fleuve. Un condensé d'histoire de France, et l'un des plus beaux paysages qui soit, agrémenté d'adresses gastronomiques.

Domaine de Chaumont-sur-Loire ★★★

Domaine de Chaumont-sur-Loire - ✆ 02 54 20 99 22 - domaine-chaumont.fr. 🚗 À Veuzain-sur-Loire (à 4 km).

En quelques décennies, l'ancien château de Diane de Poitiers est devenu un haut lieu de l'art contemporain et de l'art paysager. La situation, un belvédère sur la Loire, n'a pas changé : magnifique ! Mais le parc historique aux cèdres majestueux accueille désormais des installations artistiques (Goldsworthy, Jospin...), de même que les salles du château, jusqu'aux chambres des domestiques revisitées par Sarkis notamment. Quant au Festival des jardins, il offre depuis 1992 un terrain de jeu à une trentaine de créateurs-paysagistes, qui conçoivent dans des chambres de verdure des jardins insolites et innovants, prototypes peut-être de l'art paysager de demain.

Amboise et ses châteaux ★★

Office de tourisme d'Amboise : quai du Gén.-de-Gaulle - ✆ 02 47 57 09 28 - amboise-valdeloire.com. 🚗 Parking 15 r. Racine.

Amboise, ce n'est pas un, mais trois châteaux ! Le plus visible, avec ses étonnantes tours cavalières, c'est le château royal, qui allie la puissance de l'architecture médiévale à la grâce de la Renaissance. Plus loin, voici le Clos-Lucé, manoir de brique qu'habita Léonard de Vinci de 1516 à 1519 : un lieu passionnant entièrement dédié au génie florentin. Le troisième, c'est Château-Gaillard, un autre domaine royal, où officia le maître jardinier italien Dom Pacello da Mercogliano, « inventeur » des jardins de la Renaissance française. En prime, en 2 minutes de voiture, vous atteindrez l'insolite Pagode de Chanteloup : le château du duc de Choiseul a disparu, mais reste cette étrange folie architecturale de 40 m de haut, qui se reflète dans un bassin semi-circulaire.

Château de Valmer, vins et jardins ★

Chançay - ✆ 02 47 52 93 12 - www.chateaudevalmer.com. Pas de borne de recharge.

Légèrement à l'écart de la Loire, voici un petit morceau d'Italie plein de charme et de grâce, magnifiquement ordonnancé. Au domaine de Valmer, le vignoble entoure les jardins en terrasses, où vases, escaliers, colonnes, statues et autres ornements à l'italienne composent un paysage rêvé, sur 8 niveaux. Jusqu'au formidable potager conservatoire, 1 ha cultivé de légumes et fruitiers anciens. Tout autour, les 35 ha de vignes qui semblent prolonger ce décor paysager produisent un chenin délicatement vinifié en appellations Touraine et Vouvray, dans des cuves en béton verré centenaires. La dégustation s'impose.

TOURS ★★

Centre religieux fondé au 4e s. par saint Martin, lieu de pèlerinage, foyer intellectuel et artistique durant le haut Moyen Âge, capitale de la France sous Louis XI, Tours est la plus grande ville du Val de Loire.

La cité ligérienne a conservé ses quartiers anciens, traversés par de ravissantes rues piétonnes où il est agréable de musarder, de la cathédrale à la place Plumereau, des beaux hôtels Renaissance aux jardins du prieuré de St-Cosme, cher à Ronsard, du musée des Beaux-Arts au château.

Pour le centre-ville : Interparking r. Victor-Hugo.

Centre de création contemporaine Oliver Debré ★

Jardin François-Ier - ✆ 02 47 66 50 00 - www.cccod.fr. Interparking r. Victor-Hugo.

Le nouveau Centre de création contemporaine Olivier-Debré est installé depuis 2017 dans un ancien bâtiment datant de la reconstruction, signé Jean Patou. Un écrin sur mesure pour exposer les œuvres d'Olivier Debré (1920-1999) que le centre lui avait commandées : cinq grandes huiles sur toile de 4 m par 9 m. Auxquelles s'ajoutent la donation de 150 dessins ainsi qu'un prêt semi-permanent de 140 tableaux, et les expositions temporaires invitant la scène artistique internationale.

Survol de Tours en dirigeable ♥

Air Touraine - ✆ 02 47 24 81 44 - www.airtouraine.fr.

Gonflé à l'air chaud, et non pas à l'hélium comme les grands dirigeables des années 1930, ce drôle d'aéronef écoresponsable mesure 40 m de long. Il emporte à bord de sa gondole en plein air trois passagers, en plus du pilote, Olivier Fabregat, seul en France habilité à piloter ce genre d'engin. Un vol très doux qui vous emmène dans le ciel de la ville de Tours, à faible altitude (à moins que vous n'ayez opté pour Chenonceau, autre site proposé par la compagnie Air Touraine).

Survol de Tours en dirigeable.

Air Touraine

Loire Valley Lodges : escale arty et nature ♥

Allée de la Duporterie, accès par D85 - Esvres-sur-Indre - ✆ 02 47 38 85 88 - loirevalleylodges.com. Sur place.

p. 95. Une forêt privée de 300 ha à quelques kilomètres de Tours, 18 lodges aux décors signés chacun par un artiste contemporain, un restaurant gastronomique écoresponsable, des œuvres d'art disséminées ici et là… Voilà pour le cadre de ce concept hôtelier inédit, qui réunit nature et art contemporain pour un séjour sensoriel d'exception. Reste à choisir le décor de vos rêves, parmi les lodges en bois perchés sur pilotis et inondés de lumière par de grandes baies vitrées : Hommage à Gainsbourg, Sixtie's, Paradis par Charlélie Couture, Yellow Shelter par Aurèle, etc. Plus qu'une escale, une expérience inoubliable.

DE TOURS À CANDES-SAINT-MARTIN

Luynes, Cinq-Mars-la-Pile, Villandry (qui est au bord du Cher, pour changer), Chinon (au bord de la Vienne), Langeais… Les châteaux se suivent et ne se ressemblent pas. Quant aux villages sur les rives de la Loire, ils dégagent tous un charme fou, à l'instar du magnifique Candes-St-Martin, installé à la confluence du fleuve et de son affluent la Vienne. Une douceur de vivre qui donne envie de s'arrêter bien souvent.

Pêche en barque et dégustation de poissons de Loire ♥

Les Pêcheries ligériennes - port de Bréhémont - ✆ 09 51 30 22 68 - www.les-pecheries-ligeriennes.fr. À Rivarennes (4,3 km).

Les Pêcheries ligériennes, c'est l'association enthousiasmante du pêcheur de Loire Romain Gadais et du chef Ambroise Voreux : l'un pêche, l'autre cuisine et transforme. De la Loire à l'assiette donc, sans intermédiaire, d'autant que le restaurant *La Cabane à matelots* est situé sur le port de Bréhémont. Partez en gabarre avec Romain pour une balade découverte commentée, une sortie pêche durable (brèmes, chevesnes, anguilles) avec relève des filets et dégustation, ou une croisière gourmande. Puis attablez-vous devant les belles assiettes d'Ambroise.

Abbaye royale de Bourgueil

2bis av. Le-Jouteux - ✆ 07 68 77 50 46 - abbaye-bourgueil.fr. 2 r. de la Petite-Gare.

Fondée au 10e s., l'abbaye royale de Bourgueil fut l'une des plus importantes de France, et servit même de contre-modèle à Rabelais pour son abbaye de Thélème. Privée de son abbatiale, mais dotée d'imposants bâtiments, l'abbaye s'ouvre de plus en plus aux publics, et accueille désormais un centre d'art d'initiative privée. Parcours artistique de photographie contemporaine dans les jardins, expositions ambitieuses dans l'ancienne chapelle des moniales, résidence d'artistes, mais aussi visites dans les somptueux salons abbatiaux du 17e s. sont au programme de ce site.

Soirée d'été au château de l'Islette ♥

9 rte de Langeais - ✆ 02 47 45 40 10 - www.chateaudelislette.fr. Borne la plus proche à Azay-le-Rideau (2,5 km).

Après avoir visité le château d'Azay-le-Rideau, il faut absolument se rendre à celui de l'Islette, qui est un peu son petit frère, et son voisin. Beaucoup de ressemblance en effet, même si le château de l'Islette, resté familial, est plus intime. C'est dans ce cadre, qui abrita les amours de Rodin et Camille Claudel, assis sur les pelouses du parc, que vous pourrez assister à des concerts à la belle étoile, vous régaler d'un pique-nique apéro jazz, profiter des illuminations à la bougie. Une soirée au château, en toute simplicité.

LA LOIRE ANGEVINE

Au fil du fleuve, les palais royaux laissent place à des châteaux aristocratiques qui ne sont pas moins splendides. Mais l'Anjou, c'est aussi le pays du troglodytisme. Ici, même les zoos sont creusés dans la roche calcaire, comme le bioparc de Doué-la-Fontaine.

Au rang des grands châteaux de la Loire, figurent quelques angevins, comme Brissac, le plus haut de tous, Brézé, forteresse médiévale enterrée, Montsoreau, qui renferme la plus importante collection Art & Language de France, Montgeoffroy, beau comme au temps du maréchal de Contades.

Une nuit à l'abbaye de Fontevraud ♥

Fontevraud, L'Ermitage - 38 r. St-Jean-de-l'Habit - Fontevraud-l'Abbaye - 02 46 46 10 10 - www.fontevraud.fr. Pl. du 8-Mai-1945.

L'abbaye de Fontevraud, plus vaste ensemble monastique d'Europe, nécropole des Plantagenêts, c'est évidemment une abbatiale romane d'une sobriété magnifique, ce sont aussi des cuisines insolites couvertes d'écailles de pierre, ce sont encore plusieurs cloîtres, des chapelles, des bâtiments à n'en plus finir, et un musée d'Art moderne. C'est aussi un hôtel au design épuré, dont les chambres sont logées dans les anciennes cellules du prieuré St-Lazare, et le restaurant étoilé dans les galeries d'un cloître (*p. 94*). Dormir là est un triple privilège : celui d'être magnifiquement reçu dans un hôtel de grand confort et de grande valeur patrimoniale ; celui, immense, de pouvoir profiter de tout le site lorsque les visiteurs sont partis. À la nuit tombée, vous voici déambulant

P. Avenet/hemis.fr

Le zoo bioparc de Doué-la-Fontaine.

Angers, la Tapisserie de l'Apocalypse.
H. Lenain/hemis.fr

Moment intense

Chênehutte-Trèves-Cunault, au fil des villages

Derrière ce triple nom, se cachent trois villages formant un collier de perles précieuses au fil du fleuve, qui se découvrent le long d'une route superbe. La Loire et ses îles à droite, les façades de tuffeau, les clochers et les rosiers grimpants à gauche. Et plein de petits spots ravissants, pour s'arrêter un moment, faire une photo, pique-niquer. À Chênehutte, vous admirerez la petite église romane au beau portail à triple archivolte sculptée. Trèves se signale par un donjon du 15e s., seul vestige d'une forteresse initialement construite par Foulques Nerra. Dans son ombre, une autre église romane ravissante, St-Aubin, bâtie par les moines bénédictins d'Angers. Cunault, en apothéose, est connue des amateurs pour son église prieurale Notre-Dame et son festival de musique. Imposante par ses dimensions, l'église renferme 223 chapiteaux romans finement ouvragés.

D 751, à la sortie Ouest de Saumur.

autour du gisant d'Aliénor, ou dans l'immense réfectoire, ou encore dans le cloître du Grand-Moûtier, croisant ici ou là quelques installations d'art contemporain dont Fontevraud a le secret. Autre privilège enfin, celui de pouvoir réserver un guide exclusif, pour une visite privée.

Souzay-Champigny, village troglodytique

D947 - www.ot-saumur.fr. Borne la plus proche à Saumur (6 km).

Ce village, dominé par le château de Marguerite d'Anjou, on le croit installé tout en longueur sur la rive gauche de la Loire. Mais il cache bien son jeu. Pour le découvrir, il faut suivre un parcours balisé qui vous mène dans ses entrailles : les rues sont creusées dans le coteau, nées de l'extraction de la pierre, et éclairées seulement par quelques effondrements de la voûte naturelle. Ainsi la rue du Commerce, long tunnel que bordent quelques cavités ayant servi de boutiques jusqu'au 20e s. Ici, on vivait sous terre, on circulait sous terre, on travaillait sous terre.

Saumur ★★

Office de tourisme : 8 bis quai Carnot - 02 41 40 20 60 - www.ot-saumur.fr. En centre-ville, pl. de l'Europe. Au château, parking r. des Moulins.

Le palais érigé par les ducs, la « Perle de l'Anjou », a retrouvé tout son éclat au fil des restaurations. Un joyau patrimonial qui vaut aussi pour ses collections exceptionnelles, de tapisseries notamment, et d'objets en lien avec l'univers du cheval (6 000 pièces issues du monde entier). Car Saumur c'est aussi bien sûr la patrie du cheval et de ces fameux cavaliers du Cadre noir sanglés dans leurs tuniques noir et or.

ANGERS ★★★

Capitale de l'Anjou et des ducs du même nom, Angers c'est d'abord une incroyable forteresse édifiée pour affirmer la puissance militaire du roi Saint Louis. C'est aussi une ville aristocratique et bourgeoise, établie à la confluence de la Loire et de la Maine. Une ville accueillante où il fait bon faire étape.

Ne manquez pas la visite du château, le quartier de la cathédrale, les belles maisons à pans de bois, mais aussi la galerie David-d'Angers qui renferme de superbes sculptures, le musée des Beaux-Arts, et en rive droite de la Maine le musée Jean-Lurçat et de la Tapisserie contemporaine.

Tenture de l'Apocalypse ★★★

2 prom. du Bout-du-Monde - ✆ 02 14 86 48 77 - www.chateau-angers.fr. 2 pl. de l'Académie.

C'est la plus grande tapisserie conservée du Moyen Âge, une œuvre unique au monde inscrite au registre Mémoire du monde de l'Unesco. Commandée en 1374 par le duc Louis Ier d'Anjou, elle fut réalisée en 7 ans et mesurait à l'origine 138 m, sur 6 m de haut. Il en reste 100 m linéaires, qui devraient déjà vous occuper si vous comptez en décrypter les scènes. Dans une ambiance sombre, ses images saisissantes et son récit symbolique de la lutte entre le Bien et le Mal sont fascinants.

Visite et atelier cocktail au Carré Cointreau ♥

2 bd des Bretonnières - St-Barthélemy-d'Anjou - ✆ 02 41 31 50 50 - www.cointreau.fr. 8 r. de Champfleur, à 800 m (150 kW).

La fameuse liqueur à base d'écorces d'orange est née à Angers. Et c'est là désormais, à quelques kilomètres du centre, que se trouve la seule unité de distillation au monde. L'atelier d'Édouard, c'est 2h d'immersion dans cet univers gustatif et luxueux. Une heure pour visiter les installations, admirer les alambics de cuivre et comprendre le processus de distillation. Puis 1h de temps privilégié avec le barman Cointreau, pour une dégustation sur mesure et quelques « trucs » de mixologue.

R. Mattes/hemis.fr

Angers, le château des ducs d'Anjou.

SE RÉGALER

ORLÉANS

L'HIBISCUS

La rue est piétonne et animée, la façade discrète. Poussez la porte: produits frais, recettes originales, cuisine moderne, le tout emmené par Céline Lefebvre, riche d'un parcours solide. Pas de carte, mais un court menu changeant régulièrement selon les saisons et les arrivages.

175 r. de Bourgogne - 02 38 72 74 11 - hibiscus-orleans.fr - à 430 m.

BLOIS

ASSA

Anthony et Fumiko Maubert réécrivent chaque matin à quatre mains le menu du jour en s'appuyant sur des produits impeccables et sur de nombreux condiments et ingrédients japonais. Baies de sansho, yuzu sauvage, bouillon aux algues nori, thé matcha et pâte de haricot rouge azuki se marient harmonieusement au travail des petits producteurs ligériens.

26 av. du Maréchal-Maunoury - 02 54 78 09 01 - www.assarestaurant.com - sur place.

TOURS

LES BARTAVELLES

Les Bartavelles: un hommage rendu à Marcel Pagnol par une fratrie de jeunes passionnés – Ghislain en cuisine, Véronique en salle. Dans l'assiette, on trouve une cuisine fraîche et colorée, des produits locaux à foison, de belles inspirations, le tout servi avec le sourire...

33 r. Colbert - 02 47 61 14 07 - www.bartavelles.fr - à 260 m.

LANGEAIS

AU COIN DES HALLES

Arrêtez-vous dans cette jolie maison en tuffeau. Les pièces ont conservé leurs boiseries et leur parquet d'origine, et le mobilier, plus contemporain, apporte une gaieté certaine. Le chef réalise une cuisine de saison boostée par les produits du terroir. Aux beaux jours, on profite de l'agréable terrasse.

9 r. Gambetta - 02 47 96 37 25 - www.aucoindeshalles.com

SAUMUR

L'ESSENTIEL

Blottie au pied du château, belle maison en tuffeau abritant de charmantes salles à manger et de paisibles petites terrasses. Le chef y propose une élégante cuisine dans l'air du temps et joliment présentée. Service aux petits oignons. Carte des vins faisant la part belle aux vins de la région.

11 r. Raspail - 02 41 67 71 10 - www.restaurant-lessentiel-saumur.fr - à 60 m.

FONTEVRAUD-L'ABBAYE

FONTEVRAUD LE RESTAURANT

Dans un des cloîtres de l'abbaye, le designer Patrick Jouin et l'architecte Sanjit Manku ont organisé la rencontre de l'épure monacale et des matériaux bruts, pour mieux laisser vibrer les plats du chef Thibaut Ruggeri. Apôtre du « beau et du bon » et de la biodynamie, il mise sur les produits du terroir local (volaille de Racan, pigeon d'Anjou...) et synchronise sa production potagère sur le calendrier lunaire. Délicieux programme! Très bel hôtel également, pour prolonger l'expérience (ci-contre).

38 r. St-Jean-de-l'Habit, Le Prieuré St-Lazare - 02 46 46 10 10 - www.fontevraud.fr - à 290 m.

ANGERS

ODORICO

Isidore Odorico est le nom du mosaïste à qui l'on doit la décoration spectaculaire et typiquement Art déco de la salle de ce restaurant. Le chef Kevin Bougard, au joli parcours international, propose une cuisine moderne aux influences italiennes, manière de rendre hommage au décorateur. Le tout est mis en musique grâce à des produits angevins de belle facture.

1 bd Foch - 02 41 21 05 14 - www.odorico-restaurant-angers.com - à 150 m.

SE LOGER

ORLÉANS

EMPREINTE HÔTEL

Sur les rives de la Loire, ce boutique hôtel et spa occupe un ancien hôtel particulier. mais les chambres, dont beaucoup donnent sur les toits de la ville ou sur le fleuve, sont indéniablement design et contemporaines.

80 quai du Châtelet - 02 38 75 10 52 - empreinte-hotel.com - à 70 m.

BLOIS

FLEUR DE LOIRE

Cet ancien hospice royal du 17e s., situé en bordure de Loire face à la ville de Blois, a été entièrement repensé par la designer et architecte Caroline Tissier. C'est désormais un palais du 21e s., derrière ses façades classiques, avec un spa Sisley, 33 chambres et 11 suites dans un style moderne et classique, et un souci obsessionnel du détail. Deux restaurants, dont l'établissement éponyme doublement étoilé du chef Christophe Hay.

26 quai Villebois (Mareuil) - 02 46 68 01 20 - fleurdeloire.com - sur place.

CHAUMONT-SUR-LOIRE

LE BOIS DES CHAMBRES

Au sein du domaine de Chaumont, et en bordure du Festival des jardins, cet hôtel conçu par Patrick Bouchain et Loïc Julienne est installé dans une ancienne ferme, complétée par deux lodges contemporains. Les chambres très sobres

ouvrent sur les jardins, et parfois même s'y installent. Intrigant! Au restaurant le Grand Chaume, la cuisine du chef Guillaume Foucauld est mémorable.
327 rte de Queneau - ✆ 02 36 65 84 00 - leboisdeschambres.fr - sur place.

AMBOISE

AU CHARME RABELAISIEN

Dotée de dix chambres, cette maison à colombages de la rue Rabelais a autrefois abrité une banque, une école ou encore un cabinet d'avocat. Aujourd'hui, c'est l'un des plus mémorables petits hôtels de France, offrant une vue spectaculaire sur le château et les toits de la ville. Chaque chambre dispose d'une terrasse privative. Spa et piscine.
25 r. Rabelais - ✆ 02 47 57 53 84 - www.au-charme-rabelaisien.com - sur place.

ESVRES-SUR-INDRE

LOIRE VALLEY LODGE

À 20 km au sud de Tours, un concept hôtelier inédit entre nature et art contemporain (p. 90).
Allée de la Duporterie, accès par D 85 - ✆ 02 47 38 85 88 - loirevalleylodges.com - sur place.

FONTEVRAUD-L'ABBAYE

FONTEVRAUD L'ERMITAGE

Logé dans le plus vaste ensemble monastique d'Europe, l'hôtel Fontevraud l'Ermitage offre aux visiteurs une occasion unique de découvrir ce trésor sous un autre angle (p. 91). À tester également, la table étoilée (ci-contre).
38 r. St-Jean-de-l'Habit - ✆ 02 46 46 10 10 - www.fontevraud.fr - à 370 m.

SAUMUR

MAISON GASPARD

En plein cœur du quartier St-Pierre, au-dessus du coffee-shop, les étages de cette vieille demeure ont fait l'objet d'une belle réhabilitation, offrant deux suites et deux appartements (pour 4 pers.). Décoration très soignée, beaux matériaux, ambiance élégante. Le tout dans le calme, autour d'une terrasse privative.
28 r. de la Tonnelle - ✆ 02 41 03 98 52 - maison-gaspard.fr - à 330 m.

Maison Gaspard

ANGERS

21 FOCH

En plein centre-ville, cet hôtel-boutique à l'élégance discrète est logé dans une séduisante maison du 19e s. Ses espaces minimalistes dominés par le blanc et les tons neutres sur des parquets anciens prennent des allures de galerie d'art; un sentiment encore renforcé par la présence de remarquables œuvres d'art contemporain aux murs. Avec ses 12 chambres seulement, le calme est à peu près garanti!
21 bd Foch - ✆ 02 30 31 41 00 - www.21foch.fr - à 370 m.

ICI ET PAS AILLEURS

BOURGUEIL

MAISON DES VINS DE BOURGUEIL

Elle est installée dans la maison natale de l'acteur Jean Carmet (1920-1994), et représente près de 90 domaines de l'appellation. Toute l'année, dégustation d'une sélection de vins.
18 pl. de l'Église - ✆ 02 47 97 92 20 - www.vinbourgueil.com - à 251 m.

BRÉHÉMONT

LES PÊCHERIES LIGÉRIENNES

Pêchés de façon traditionnelle par Romain Gadais, silures, barbeaux et autres mulets sont transformés en rillettes, en soupe, en garum de Loire, ou fumés par le chef Alexandre Voreux.
19 av. du 11-Novembre - ✆ 09 51 30 22 68 - les-pecheries-ligeriennes.fr - à 70 m.

TURQUANT

LES POMMES TAPÉES DU VAL DE LOIRE

Chauffées dans des fours à 60 °C puis aplaties à coups de maillet, ces pommes déshydratées nourrissaient les équipages de la Marine nationale au 19e s. Aujourd'hui, elles ravissent les gourmets grâce à cet atelier, le dernier en France.
Le Val-Hulin - 11 r. des Ducs-d'Anjou - ✆ 02 41 51 48 30 - pommes-tapees.fr

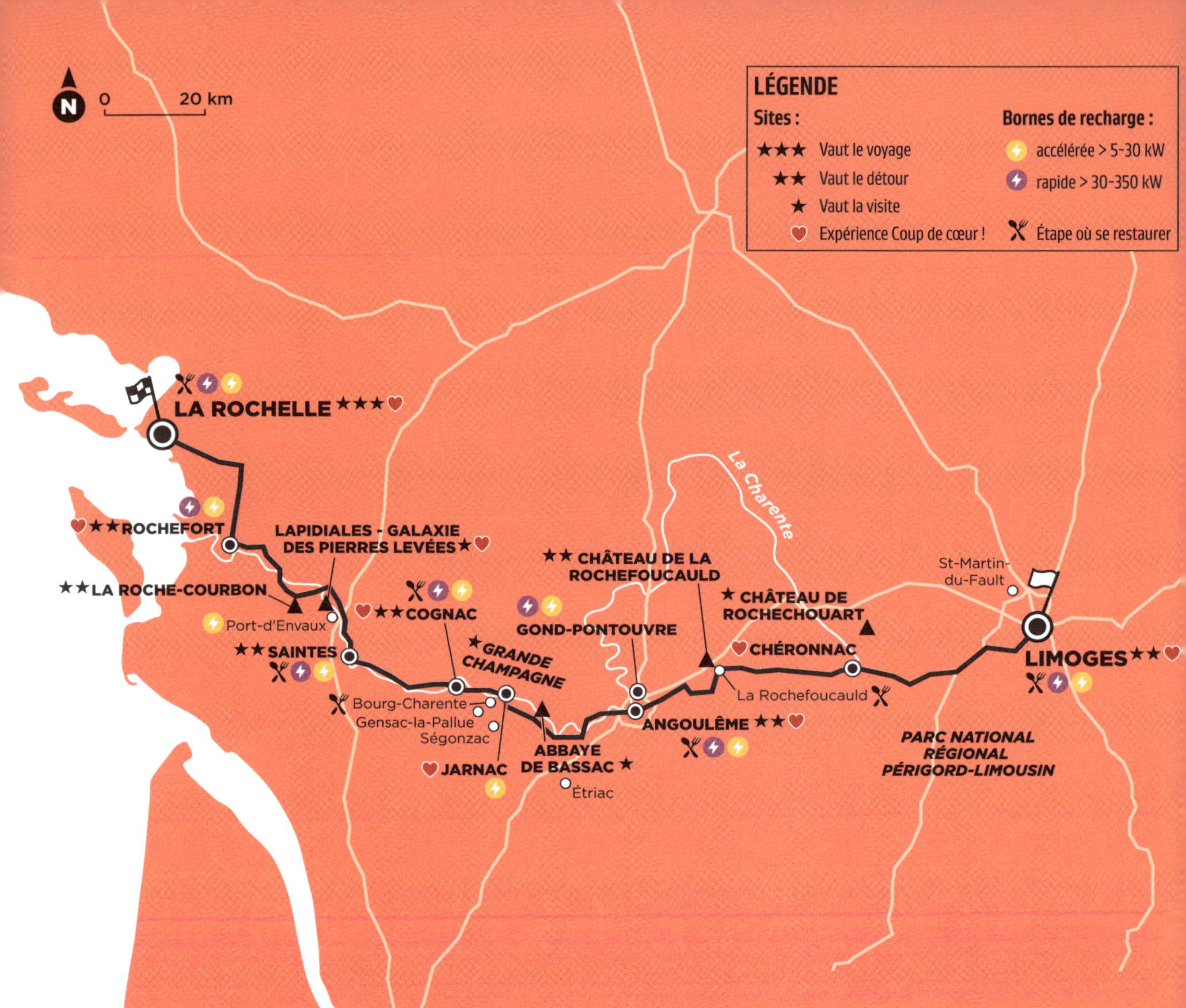

L'ESSENTIEL ÉLECTRIQUE

Cet itinéraire plein de richesses n'est pas le plus opulent pour son réseau de recharges électriques. Certaines grandes étapes notamment offrent la surprise de centres-villes fort peu pourvus : c'est le cas à Angoulême, à Cognac, à Limoges. Dans les campagnes de Charente limousine ou dans le vignoble de Cognac, soyez prévoyant également.

PRINCIPALES BORNES DE RECHARGE :

Limoges : 4 av. Baudin (Avia)

Angoulême :
Parking pl. Bouillaud
544 r. de Bordeaux en périphérie (120 kW)

Jarnac : 2 Grand-Rue

Cognac :
5 r. de la Belle-Allée (150 kW)

Saintes :
11 cours Charles-de-Gaulle (50 kW)

Rochefort : 75 r. Toufaire (36 kW)

La Rochelle :
Pl. du Maréchal-Foch

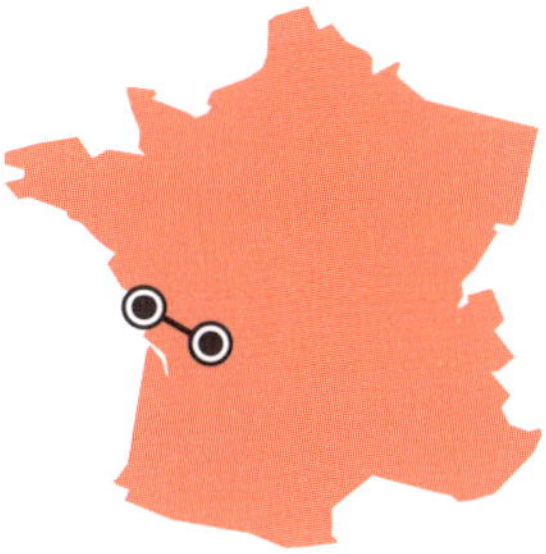

DISTANCE : 300 km
DURÉE : 4 jours
DÉPART : Limoges
ARRIVÉE : La Rochelle

PRINCIPALES ÉTAPES :
Angoulême
Cognac
Saintes
Rochefort

LIMOGES
LA ROCHELLE

Du Limousin aux Charentes

Entre Limoges et La Rochelle, les paysages changent au moins autant que l'architecture et les spécialités culinaires. Bocage et forêt pour commencer, vignoble par la suite, marais et océan pour finir. De quoi satisfaire les collectionneurs de souvenirs variés et changeants, autant que les férus de terroirs authentiques et les gourmets. La vallée de la Charente et son vignoble immense et prestigieux vous offriront autant de routes somptueuses que de dégustations exceptionnelles. Et si c'est la culture que vous cherchez, il vous faudra choisir entre châteaux et émaux de la Renaissance, musée de la BD, histoire de la Marine nationale et effluves littéraires. Du bonheur à partager, en perspective.

Côté saveurs…

Limoges a sa fameuse limousine, une viande recherchée partout ; la vallée de la Charente, elle, vit au rythme de son vignoble et de ses distilleries de cognac ; plus loin, vers Saintes et La Rochelle, ce sont les poissons et les fruits de mer qui ont la vedette. Sans omettre quelques curiosités qui attiseront vos papilles, comme le caviar de Charente.

Ch. Guy/hemis.fr

↑ Plateau de Millevaches, vaches limousines.

céramique dans la ville en vous rendant à la manufacture Bernardaud, qui propose une visite guidée vivante, puis au musée du Four des Casseaux, dont la découverte est passionnante.

Campanile de la gare ferroviaire de Limoges.
F. Guiziou/hemis.fr

LIMOGES ★★

Limoges possède deux visages: celui de la Cité épiscopale, groupée autour de la cathédrale, et celui du Château, animé et commerçant, construit sur le versant voisin. La forte présence d'étudiants en fait une ville vivante où il fait bon flâner.

D'un côté donc la cathédrale, et l'ancien évêché qui abrite le musée des Beaux-Arts riche d'une somptueuse collection d'émaux; de l'autre, la vieille ville qui compte plusieurs églises remarquables (basilique St-Michel-des-Lions, chapelle St-Aurélien, église St-Pierre-du-Queyroix), et des rues anciennes, comme l'emblématique rue de la Boucherie. En marge de ces deux centres, il faut aller voir les berges de la Vienne, avec le pittoresque pont St-Étienne, et bien évidemment la gare des Bénédictins, sans doute le plus connu des monuments de la ville!

Pour le centre-ville: 4 av. Baudin (secteur mairie).

Musée national Adrien-Dubouché ★★★

8 bis pl. Winston-Churchill - 05 55 33 08 50 - www.musee-adriendubouche.fr. 19 pl Winston-Churchill

La capitale française de la porcelaine valait bien ce musée, créé en 1845: riche de plus de 16000 pièces, il retrace l'évolution de la céramique et du verre et présente des œuvres issues de la plupart des grandes manufactures mondiales, de l'Antiquité aux plus récentes créations. La muséographie attractive et moderne permet de parcourir l'ensemble de cet immense musée sans s'ennuyer. Et vous pourrez après cette visite suivre un parcours

Visites guidées insolites ♥

Office de tourisme: 12 bd de Fleurus - 05 55 34 46 87 - www.destination-limoges.com. 4 av. Baudin.

Descente dans les souterrains dont la ville est truffée, ou dans la crypte St-Martial; découverte détaillée de « la plus belle gare de France », ou des coulisses de l'opéra-théâtre; visite apéritive; Limoges en 87mn; ou même balade guidée en canoë sur la Vienne... Limoges, Ville d'art et d'histoire, ne manque pas de ressources pour vous surprendre et vous guider.

PARC NATUREL RÉGIONAL PÉRIGORD-LIMOUSIN

Ce parc de 180000 ha s'étend entre Périgueux, Limoges et Angoulême. Cet itinéraire en traverse la partie septentrionale, dans des paysages bocagers.

Château de Rochechouart - musée départemental d'Art contemporain ★

Pl. du Château - Rochechouart 05 55 03 77 77 - www.musee-rochechouart.com. 8 faubourg du Puy-du-Moulin, à 400 m.

Cet imposant château du 15ᵉ s. occupe un site surplombant la vallée de la Graine et de la Vayres. Ses salles, dont deux (salle des Chasses et galerie d'Hercule) renferment de rares ensembles de fresques de la Renaissance, accueillent les œuvres du musée départemental d'Art contemporain, dans un dialogue entre patrimoine et création. Une collection axée sur trois thèmes – paysage, histoire, imaginaire – qui réunit, entre autres, Christian Boltanski, Annette Messager ou Giuseppe Penone.

Cognac Philbert

Xavier et Pierre-Olivier Précigout.

« Cognac Philbert, la nouvelle vague

En 2006, Xavier et Pierre-Olivier Précigout reprennent le domaine familial. Avec la volonté assumée d'apporter audace et innovation dans le monde du cognac, tout en conservant l'héritage des générations passées.

Profession de foi des « Philbert Brothers »

« *Crafted in France*, nos cognacs disent la liberté, l'art de vivre et la culture, de notre pays. Ils nous ressemblent, ils sont français, comme nous. *We make cognac as we are.* Nous proposons un cognac *craft*, entièrement fabriqué localement dans nos deux sites de production. Nous gardons l'empreinte d'une nature reine dans notre marque, l'authenticité de la terre de Cognac. C'est aussi un cognac à notre image, résolument contemporain, ancré sur un style de vie jeune made in France : [...] sports outdoor, musique électronique, bars à cocktails, design. Nous valorisons notre travail artisanal dans un imaginaire vintage très à la mode. » Des créateurs de cognac post-modernes, résumait le magazine *Playboy* !

La tradition réinterprétée

De retour à leurs racines, le vignoble charentais (à Touzac et Étriac), les frères Précigout triplent leur surface de production entre 2006 et 2012. En 2015, ils créent leur propre gamme, ou marque, en accord avec leur vision du cognac : c'est la naissance de Philbert. Puis ils sont parmi les premiers dans l'appellation à proposer du *rare cask finish* : après le traditionnel vieillissement en fût de chêne (conforme au cahier des charges de l'AOC), les eaux-de-vie font un passage de quelques mois dans des fûts ayant contenu d'autres alcools, en l'occurrence du sauternes ou du sherry oloroso. Un *finish* au caractère affirmé.

« Cognacs : La Nouvelle Vague »

Derrière ce nom un peu cinématographique, un collectif, qui regroupe les frères Philbert, ainsi que quatre autres maisons de Cognac indépendantes, aux mains de jeunes entrepreneurs-viticulteurs-distillateurs : cognac Fougerat Fanny, cognac Planat, distillerie Merlet & Fils et A. de Fussigny Cognac. Leur volonté affichée ? Renouveler le genre, dépoussiérer l'appellation, mettre en avant la diversité des cognacs et des personnalités qui les font, et partir à l'assaut du marché français, qui boude largement cette eau-de-vie charentaise (98 % de la production de cognac est exportée).

La gamme Philbert, créatrice d'émotions

La diversité, on la retrouve donc dans les cognacs Philbert, qui se déclinent en deux *rare cask finish*, mais aussi deux *distiller reserve* (Grande et Petite Champagne), et enfin en un *single estate*, Dovecote, particulièrement adapté à une consommation en cocktail. Clientèle jeune oblige ! »

Cognac Philbert.
Cognac Philbert

Cognac Philbert - Le Bourg - 16133 ÉTRIAC - 06 62 88 25 73 - www.cognacphilbert.fr

Château de La Rochefoucauld : le grand escalier, peut-être dessiné par Léonard de Vinci.

Chéronnac ♥

Chéronnac. Pas de borne de recharge.

Au cœur du bourg, un petit bassin de pierre matérialise la source de la Charente. De là, coule un ruisselet qui serpente dans l'herbe puis passe sous la route avant de commencer son long parcours de 360 km : vous êtes là sur le premier pont de la Charente ! Avant de partir, ne manquez pas l'église du village, pour son beau portail. Puis direction Peyrassoulat, à 2 km au sud du bourg. Ce site au charme envoûtant, blotti dans la vallée de la Tardoire, se découvre après un chemin creux. D'une forge qui fabriquait des boulets de canon, ne subsistent que quelques pans de murs, et les vestiges d'un parc oublié planté d'arbres plusieurs fois centenaires : quatre ifs âgés de 500 ans forment une voûte sombre, et quatre immenses platanes trônent au centre de deux clairières.

CHÂTEAU DE LA ROCHEFOUCAULD ★★

Dressée au-dessus de la Tardoire, la « Perle de l'Angoumois » évoque les palais de la Renaissance italienne tout autant que le Moyen Âge qui vit se développer l'illustre famille La Rochefoucauld.

La Rochefoucauld - ✆ 05 45 63 52 71 - www.chateau-la-rochefoucauld.com. Parking bd Bossand, à 750 m.

Construite à partir de 980 par Fucaldus, vicomte de Limoges, l'ancienne forteresse appartient à la même famille depuis plus de mille ans. Largement remanié et embelli au 16e s. par François II de La Rochefoucauld, entièrement rénové depuis les années 1980, le château a même fait l'objet d'un projet de reconstruction innovante de son donjon effondré, par l'architecte

Ieoh Ming Pei. Les façades sur la cour d'honneur, à galeries, et l'escalier à vis, joyau d'architecture Renaissance, inaugurent la visite qui se poursuit dans 26 salles meublées, et dans les riches bibliothèques, qui occupent 6 salles et comptent 21000 volumes, notamment des ébauches des célèbres *Maximes*.

ANGOULÊME ★★

Entourée de ses remparts surplombant la Charente, la « cité des Valois » sent bon le Midi aquitain. Ses agréables rues aux maisons de calcaire blanc couvertes de tuiles roses se parcourent à pied au gré des placettes, entre deux visites de musées et d'agréables pauses gastronomiques.

Reconnue « Ville créative » par l'Unesco, la capitale de la bande dessinée est aussi une ville de musées, où l'on parle archéologie, arts africains et océaniens, musique, papier, art contemporain.

Pour le centre-ville, parking pl. Bouillaud.

Le Trésor de la cathédrale ★★

R. Corneille - visite guidée - réserv. obligatoire sur www.angouleme-visites.com.

Au sein de la cathédrale St-Pierre, qui est un pur chef-d'œuvre de l'art roman, avec sa façade magistralement sculptée, le Trésor est un joyau imaginé et scénographié par l'artiste plasticien Jean-Michel Othoniel en 2016. Vitraux, vitrines-reliquaires, carreaux de sol et revêtements de murs offrent un nouvel écrin moderne et poétique, plongé dans une lueur bleutée, aux pièces d'orfèvrerie. Une œuvre totale, qui sublime la riche collection d'objets sacerdotaux.

Cité internationale de la bande dessinée et de l'image ★★

Quai de la Charente - 05 45 38 65 65 - www.citebd.org. Pas de borne.

La Cité regroupe le musée de la BD, une bibliothèque, une librairie spécialisée, deux salles de cinéma, un restaurant, un cyberespace et deux écoles. Le musée, installé dans d'anciens chais du 19e s. présente sur 1400 m^2 les évolutions de la bande dessinée des années 1830 à nos jours.

Blomkål

La cantine de Blomkål.

Blomkål, cantine et atelier de menuiserie ♥

144 rte de Vars - Gond-Pontouvre (3 km du centre-ville d'Angoulême) - 05 45 94 15 90 - www.blomkal.com. Pas de borne de recharge.

C'est au bord de la Touvre, dans une ancienne usine de feutre, que la marque française de mobilier et agencements en bois a posé ses bureaux de création, ses ateliers et ses machines. Mais pas seulement ! Blomkål est un lieu à part, un showroom pour dénicher des idées déco, commander des meubles sur mesure, rencontrer les menuisiers en pause et les designers, manger un morceau à la cantine ou boire un verre. Tout cela dans un esprit loft et hautement convivial, qui donne vraiment envie de se meubler français.

AU PAYS DU COGNAC

En suivant le cours de la Charente, qui serpente vers l'océan, vous entrez au cœur du vignoble du cognac: quelque 75000 ha, répartis en 6 crus. Restez au plus près du fleuve, pour voir se succéder quelques perles.

Châteauneuf-sur-Charente et son église, Angeac-Charente, connu pour son site paléontologique, où fut découvert en 2010 le plus grand fémur de dinosaure au monde, St-Simon, ancien port gabarier... Puis viennent en effet Jarnac et Cognac, riches de leurs grandes maisons de négoce.

B. Rieger/hemis.fr

La Guirlande, un affluent de la Charente.

Balade sur la Charente en canoë canadien ♥

Ouest Charente Outdoor - 11 rte Julienne - Jarnac - 07 72 14 51 30 - www.ouestcharente-outdoor.com. 2 Grand-Rue.

Envie de partir sur les eaux de la Charente, pour une promenade en toute autonomie? Conseils techniques et briefing sur le parcours suffiront pour vous lancer. À moins que vous ne soyez plutôt vélo à assistance électrique, en vue d'aller parcourir le vignoble le nez au vent? Ou les deux, peut-être, auquel cas vous pouvez envisager une micro-aventure sur deux jours, avec nuit dans une cabane-lodge au bord de l'eau. Et si vous préférez être accompagné pour voguer sur le fleuve, Joël Gazeau, guide de rivière breveté d'État, est là pour ça, aussi. Tout est possible, même pour des excursions entièrement sur mesure. Tout le matériel est fourni.

Abbaye de Bassac ★

50 r. de Condé - Bassac - 05 45 83 08 35 - www.abbaye-de-bassac.com. À St-Même-les-Carrières (4,8 km).

Son clocher roman à 4 niveaux d'arcatures, l'un des plus beaux des Charentes, signale l'abbaye St-Étienne de loin. Au cœur d'un charmant village, cet ensemble monastique est remarquable et séduisant, tant par la beauté de son église romane de style saintongeais et ses bâtiments conventuels reconstruits aux 17e et 18e s., que par le calme et la sérénité qui y règnent. La sobre et classique façade donnant sur la Charente, avec sa terrasse à balustres, est une invitation au repos et à la méditation.

L'Expérience Louis XIII, dans l'intimité du cognac Rémy Martin ♥

20 r. de la Société-Vinicole - Cognac - 05 45 35 76 66 - www.remymartin.com. 5 r. de la Belle-Allée, à 2,3 km.

Laissez-vous guider dans l'univers du luxe et la magie du cognac. Vous partez à la rencontre de Louis XIII, un cognac d'exception créé en 1874 par Paul-Émile Rémy Martin : un élixir né de l'assemblage des meilleures eaux-de-vie du prestigieux cru de Grande Champagne, présenté dans une carafe en cristal unique, ce qui en fait un double ambassadeur de l'art de vivre à la française. Au programme de cette journée complète, totalement privatisée pour vous, la visite des chais de vieillissement de la maison historique Rémy Martin à Cognac, suivie d'un déjeuner gastronomique dans l'un des salons privatifs, de la découverte exclusive du très secret domaine du Grollet, et d'une balade dans le vignoble de Grande Champagne. Déplacements en voiture avec chauffeur, et deux dégustations du fameux Louis XIII au fil de l'expérience... La quintessence du cognac, pour une journée d'exception.

LA SAINTONGE

De Cognac aux abords de l'estuaire, la Saintonge impose un autre thème majeur à cet itinéraire. Du vignoble, on passe en effet à la pierre et à l'architecture. Une région historique qui plonge ses racines dans l'Antiquité.

Saintes ★★

Office de tourisme: pl. Bassompierre - 05 46 74 23 82 - www.saintes-tourisme.fr. 11 cours Charles-de-Gaulle.

Des allées de platanes, des arènes, un arc romain, le décor est planté: Saintes exerce sur ses visiteurs les charmes du Midi. Avec ses deux mille ans d'histoire, la capitale de la Saintonge possède un patrimoine archéologique, architectural et artistique étourdissant. Découvrez sa splendide Abbaye-aux-Dames, casque sur la tête, ses vestiges gallo-romains, sa cathédrale, la basilique St-Eutrope et sa crypte fascinante, ses musées... Installez-vous ensuite au bord de la Charente, où le spectacle du fleuve majestueux vaut toutes les thérapies, ou partez en croisière le temps d'un déjeuner.

Les Lapidiales et la Galaxie des Pierres levées ♥

Les Lapidiales: D119E2 à l'ouest de Port-d'Envaux; Galaxie des Pierres levées: au sud-ouest de Crazannes. www.lapidiales.org Borne la plus proche à Port-d'Envaux.

R. Mattes/hemis.fr

Saintes, l'Abbaye-aux-Dames, le porche.

Moment intense

Les coteaux de la Grande Champagne ★

Il faut prendre un peu de hauteur et s'éloigner très légèrement de la Charente, à l'ouest de Châteauneuf-sur-Charente, pour admirer les paysages de cette Grande Champagne. Nulle confusion possible : vous êtes bien en Charente et non en région champenoise. C'est la similitude des sols argilo-calcaires qui a occasionné ce rapprochement patronymique, et peut-être un peu la beauté des panoramas. Près de Segonzac notamment, au lieu-dit Allard, une table d'orientation perdue dans un océan de vignes vous offre une vue sur toute la vallée de la Charente, jusqu'à Jarnac et Cognac. Verte au printemps, flamboyante en automne, parsemée de villages aux maisons cossues, de châteaux et de chais, cette Grande Champagne, cœur du vignoble du cognac, est aussi belle que son cru est prestigieux.

Dans le secteur de Crazannes et de Port-d'Envaux, l'extraction de la pierre est une vieille affaire, qui a laissé des traces. Une histoire qui se poursuit aujourd'hui, sur plusieurs sites originaux. Les Lapidiales sont nées en 2001, de la volonté de plusieurs artistes qui ont investi une ancienne carrière pour en couvrir les fronts de taille de sculptures et reliefs. C'est donc une galerie d'art à ciel ouvert pour œuvres monumentales, que vous découvrez. À quelques kilomètres de là, la Galaxie des Pierres levées en est une déclinaison : un chantier-événement, prévu pour durer 40 ans, qui devrait voir l'exécution de 360 sculptures mégalithiques disposées en spirale, évoquant les cultures du monde entier. L'occasion de voir les artistes en résidence à l'œuvre, ciseau en main. Un « sentier de la pierre » à compléter par une visite guidée des anciennes carrières de Crazannes *(www.pierre-de-crazannes.fr)*.

Domaine de La Roche Courbon ★★

R. de la Belle-au-Bois-Dormant - St-Porchaire - ✆ 06 76 19 84 65 - www.larochecourbon.fr. Pl. Eugène-Bézier (mairie), à 2 km.

Dressé dans les chênaies que l'écrivain Pierre Loti aimait tant, le château de La Roche-Courbon semble sorti d'un conte de fées. On se prend à rêver en découvrant son harmonieuse suite de terrasses à balustres, ses somptueux jardins à la française sur pilotis, et ses salons encore meublés... Puis on part à la découverte de nos lointains ancêtres jusqu'aux grottes du Bouil-Bleu, qui furent habitées au paléolithique moyen.

Traversée sur le pont transbordeur à Rochefort ♥

76 av. Jacques-Demy - ✆ 05 16 84 37 28 - www.pont-transbordeur.fr. 75 r. Toufaire, à 2,3 km.

Ville de Pierre Loti, de l'arsenal et de la Corderie royale, de la frégate *L'Hermione* et des *Demoiselles* de Jacques Demy, Rochefort possède un autre ouvrage d'art emblématique, le transbordeur. Un pont né en 1900, qui s'il ne transporte plus les automobiles depuis quelques décennies, a repris du service après une totale rénovation en 2020. Vous pourrez donc traverser la Charente à bord de sa nacelle, en moins de 5mn, entre Rochefort et Échillais. Si vous voulez faire durer le plaisir, optez pour une visite guidée, notamment avec le nacellier qui vous racontera son bien rare métier.

LA ROCHELLE ★★★

L'appel du large reste très fort dans ce port qui a vu partir tant de voyageurs et d'explorateurs. Naviguez sans hâte, mais plutôt hors saison, entre son Vieux Port, ses rues à arcades, ses musées et ses hôtels aristocratiques.

Au rang des incontournables rochelais, figurent les tours du port, l'aquarium aux 12 000 animaux marins, le Muséum d'histoire naturelle, le musée du Nouveau Monde et le Musée maritime.

Pour le centre-ville et le port : pl. du Maréchal-Foch.

Balade en catamaran au soleil couchant ♥

Kapalouest - 05 46 44 97 67 - www.kapalouest.com.

Coup de cœur assuré pour les collectionneurs de moments magiques, vous promet-on : embarquez pour une balade de 2h au soleil couchant, au gré du vent, avec apéritif, ou pour une après-midi entière avec contournement du célèbre Fort Boyard. Dans tous les cas, vous voguerez sur un maxi-catamaran 100 % rochelais, de 16 m de long et 9 m de large. Vous pouvez préférer l'option sortie en mer privatisée, pour un apéro ou un dîner sur une pinasse, par exemple. C'est possible également.

La Classe des gourmets : cours de cuisine gastronomique ♥

10 r. Sénac-de-Meilhan - 05 46 31 15 20 - laclassedesgourmets.com.

On ne présente plus la famille Coutanceau, bien connue dans le monde de la gastronomie rochelaise. Grégory, à la tête de la maison de cuisines qui porte son nom, ne manque pas d'initiatives sur le sujet : outre ses tables à La Rochelle, Rochefort et en Bordelais, il a lancé en 2024 le Festival culinaire marin, et créé une école de cuisine et de sommellerie. La Classe des gourmets, c'est l'occasion d'apprendre avec un vrai chef, ou un sommelier reconnu, le temps d'un atelier de 2 ou 3h avec 8 participants maximum : Comme un pâtissier, Découverte de l'œnologie, Signature Grégory Coutanceau, Secrets de chefs... à vous de choisir.

Le port de La Rochelle.

CARNET DE ROUTE

SE RÉGALER

LIMOGES

MARTIN COMPTOIR

Non loin des halles, on vient profiter du travail d'un jeune chef, Martin Dumas, originaire de Limoges. Sa cuisine est bien dans l'air du temps, avec une courte carte de saison, de grosses pièces de viande à partager et l'incontournable « foie de veau en pavé épais » qu'il a appris auprès de Jean-Paul Arabian, à Paris.

13 r. Lansecot - ✆ 05 55 34 25 53 - www.martincomptoir.fr - à 120 m.

MASSIGNAC

DYADES AU DOMAINE DES ÉTANGS

Cette élégante table propose une cuisine fine et goûteuse, qui met en avant les herbes, fleurs, fruits et légumes du potager ; le tout est servi dans le cadre raffiné et luxueux des anciennes écuries du château.

✆ 05 45 61 85 05 - www.domainedesetangs.com - sur place.

ANGOULÊME

DOMAINE DU CHÂTELARD

Dans cette belle « maison de campagne », le chef choisit bien ses produits et réalise une cuisine dans l'air du temps, fraîche et fine, que l'on déguste l'hiver dans la plaisante salle à manger dotée d'une cheminée et, l'été, sur la terrasse offrant une vue sur le lac.

1079 rte du Châtelard - ✆ 05 45 70 76 76 - domaineduchatelard.com

LES SOURCES DE FONTBELLE ✿

À 5 mn. du centre-ville, préparez-vous à un choc visuel, celui d'un bâtiment design tout en métal, béton et verre face... à la forêt ! Aux manettes de ce vaisseau, le chef Guillaume Veyssière signe une cuisine créative à la technique impeccable, et développe un sens indéniable de la mise en scène, des amuse-bouche aux desserts. Il s'impose aussi de louables contraintes locavores, à l'image de ces crevettes impériales du marais charentais à l'huile d'aneth fumée et ail noir. Au déjeuner, menu de saison au bistrot *Forêt des Sources*.

1 bis r. des Meules-à-Grains - ✆ 05 45 23 51 75 - sourcesdefontbelle.com - à 970 m.

BOURG-CHARENTE

LA RIBAUDIÈRE ✿

Une grande villa, un jardin qui descend en pente douce vers la Charente en contrebas... Dans la salle aux murs gris ardoise, les baies vitrées offrent une vue sur la délicieuse terrasse et les berges. Les chefs Thierry et Julien Verrat, père et fils, signent une belle cuisine où l'invention cultive le naturel. Propriétaires d'une vigne et d'une truffière, ils vouent une passion au terroir charentais. Même adresse et mêmes chefs pour *La Table du Fleuve*, qui propose un menu bistronomique à prix doux évoluant au gré du marché.

2 pl. du Port - ✆ 05 45 81 30 54 - laribaudiere.com - à 700 m.

COGNAC

LA MAISON

Cette jolie maison en pierre blanche à l'ambiance décontractée propose une cuisine éclectique aux influences multiples (Asie, Méditerranée, Amérique du Sud) : poêlée d'encornets à l'ail et piment rouge ; épaule d'agneau confite au cumin, tchoutchouka de poivron ; filet de bœuf, panko aux herbes et sauce chimichurri...

1 r. du 14-Juillet - ✆ 05 45 35 21 77 - restaurant-lamaison-cognac.fr - à 90 m.

SAINTES

L'IØDE

Fils de boucher né sur l'île d'Oléron, le chef Benjamin Girard a choisi de privilégier les produits de la mer ! Dans cette longue salle moderne, les recettes aux touches créatives s'enchaînent : maquereau mi-cuit au chalumeau, pastèque grillée et eau de tomate ; flétan à l'écume de langoustine et aux mûres. Les prix sont sages.

89 av. Gambetta - ✆ 05 46 90 72 94 - www.restaurantliode.fr - à 190 m.

LA ROCHELLE

LA YOLE DE CHRIS

Cette pétillante adresse de Christopher Coutanceau offre deux plaisirs incomparables, celui des yeux et celui des papilles. Un long comptoir en forme de yole (embarcation légère, longue et étroite), abrite la cuisine ouverte où s'active la brigade. Ici, la carte fait la part belle aux produits de la mer (huîtres, coquillages et crustacés) et à la pêche du jour... à déguster sur la terrasse face à la mer, aux beaux jours.

Plage de la Concurrence - ✆ 05 46 41 41 88 - christophercoutanceau.com - à 340 m.

SE LOGER

AUTOUR DE LIMOGES

LA CHAPELLE SAINT-MARTIN

Nichée dans un grand parc à l'orée d'un bois où se dressent des arbres bicentenaires, cette belle demeure du 19e s. propose à ses clients un séjour hors pair, loin des bruits de la ville. Ils peuvent profiter à loisir de la piscine découverte, et évidemment de la cuisine de caractère du chef étoilé Gilles Dudognon.

St-Martin-du-Fault - Nieul (13 km à l'ouest de Limoges) - ✆ 05 55 75 80 17 - www.chapellesaintmartin.com - à 50 m.

ANGOULÊME

LE SAINT-GELAIS

L'ancienne maison diocésaine a été transformée en un luxueux et élégant petit hôtel-boutique. L'extérieur est demeuré tel qu'il a toujours été, tandis que l'intérieur a été entièrement repensé : une partie de l'architecture d'époque a été conservée, mais dans un design résolument moderne. Le restaurant, *L'Algorithme*, sert des plats frais du marché.

12 r. du Père-Deval - ✆ 05 45 90 02 64 - www.hotel-saint-gelais-angouleme.com - 🚗 sur place.

COGNAC

HÔTEL CHAIS MONNET & SPA

Qualifier le Chais Monnet d'hôtel haut de gamme est loin d'être suffisant – l'architecte Didier Poignant a transformé ce qui fut autrefois la distillerie Monnet Cognac en une œuvre hybride enrobant d'une atmosphère 19e s. un luxe on ne peut plus contemporain. Les chambres associent le charme d'une maison de campagne et tous les éléments high-tech nécessaires. Spa, salle de sport et piscine. Côté saveurs, restaurant gastronomique étoilé, brasserie, bar à cognacs et jazz club...

50 av. Paul-Firino-Martell - ✆ 05 17 22 32 23 - www.chaismonnethotel.com - 🚗 sur place.

HÔTEL FRANÇOIS Ier

L'hôtel historique de Cognac offre des chambres design, un spa avec une petite piscine et un bar où déguster de délicieux cocktails.

3 pl. François-Ier - ✆ 05 45 80 80 80 - www.hotelfrancoispremier.fr - 🚗 sur place.

ROCHEFORT

HÔTEL MERCURE LA CORDERIE ROYALE

Dans un bâtiment historique à côté de la Corderie royale, cet hôtel superbe, rénové avec soin, dispose de chambres cosy et élégantes, au grand calme. Une délicieuse plongée dans l'histoire.

10 quai Joseph-Bello - ✆ 05 46 99 35 35 - all.accor.com - 🚗 sur place.

L'ESPRIT DU 8

Installée dans l'ancienne sous-préfecture, cette superbe maison d'hôte propose des chambres très spacieuses, décorées selon le thème des grandes femmes designers du 20e s. : Gae Aulenti, Ray Eames (dans l'ancien bureau du sous-préfet !), Florence Knoll, etc. Quelques pièces de collection, des matériaux de qualité et un confort absolu. Le tout avec un accueil des plus sympathiques, et une piscine dans le beau jardin.

8 r. Jean-Jaurès - ✆ 06 79 43 92 77 - www.lespritdu8.com - 🚗 sur place.

LA ROCHELLE

HÔTEL & SPA LA MONNAIE

Abrité dans un bel hôtel du 17e s., cet établissement joue le contraste entre les extérieurs, et sa déco ultramoderne : couleurs vives et mobilier design contemporain, importante collection d'art. Le spa, bien que petit, est largement à la hauteur de la tâche. Le bar de l'hôtel propose un menu léger.

3 r. de la Monnaie - ✆ 05 46 50 65 65 - www.hotelmonnaie.com - 🚗 à 120 m.

ICI ET PAS AILLEURS

ANGOULÊME

LIBRAIRIE DE LA BANDE DESSINÉE ET DE L'IMAGE

Pas moins de 10 000 références de BD et autres, dans cette librairie attachée à la Cité internationale de bande dessinée.

Quai de la Charente - ✆ 05 45 38 65 60 - librairie.citebd.org - 🚗 à 776 m.

GENSAC-LA-PALLUE

CAVIAR DE GENSAC

Yann Lafond élève ici, dans des bassins alimentés par une résurgence très profonde, des truites, et surtout des esturgeons pour le caviar.

Pisciculture du Moulin - chemin du Gouffre - ✆ 05 45 35 96 50 - www.caviar-gensac.fr - 🚗 à 243 m.

COGNAC ET SA RÉGION

BUREAU NATIONAL INTERPROFESSIONNEL DU COGNAC

Retrouvez toutes les informations utiles, la liste des maisons de cognac ouvertes à la visite, les activités et l'agenda du cognac sur le site internet du bureau interprofessionnel.

www.cognac.fr

LIMOGES

PORCELAINE

Grandes manufactures et leurs magasins d'usines, boutiques et ateliers de créateurs... retrouvez les adresses des porcelainiers sur le site de l'office du tourisme.

www.destination-limoges.com

Agence Infini/Les Sources de Fontbelle

↑ Les Sources de Fontbelle.

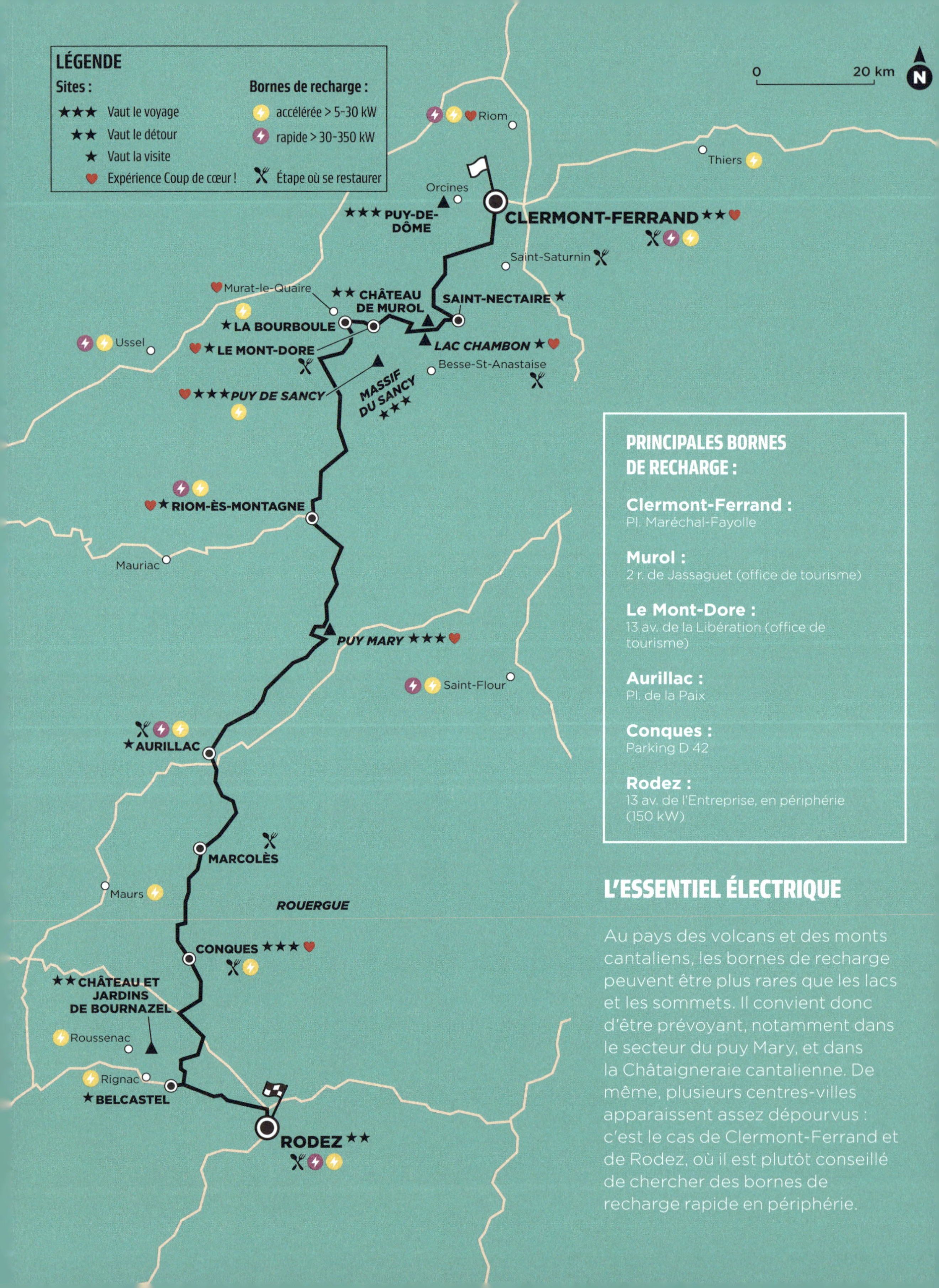

PRINCIPALES BORNES DE RECHARGE :

Clermont-Ferrand :
Pl. Maréchal-Fayolle

Murol :
2 r. de Jassaguet (office de tourisme)

Le Mont-Dore :
13 av. de la Libération (office de tourisme)

Aurillac :
Pl. de la Paix

Conques :
Parking D 42

Rodez :
13 av. de l'Entreprise, en périphérie (150 kW)

L'ESSENTIEL ÉLECTRIQUE

Au pays des volcans et des monts cantaliens, les bornes de recharge peuvent être plus rares que les lacs et les sommets. Il convient donc d'être prévoyant, notamment dans le secteur du puy Mary, et dans la Châtaigneraie cantalienne. De même, plusieurs centres-villes apparaissent assez dépourvus : c'est le cas de Clermont-Ferrand et de Rodez, où il est plutôt conseillé de chercher des bornes de recharge rapide en périphérie.

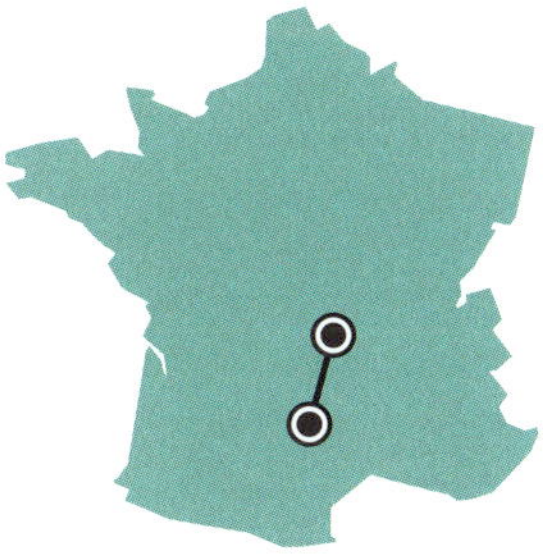

DISTANCE : 320 km
DURÉE : 4 jours
DÉPART : Clermont-Ferrand
ARRIVÉE : Rodez
PRINCIPALES ÉTAPES :
St-Nectaire
Le Mont-Dore
Aurillac
Conques-en-Rouergue
Belcastel

CLERMONT-FERRAND
RODEZ

Au pays des volcans

Voici une traversée du cœur de la France, tout en relief et en rondeur. En suivant la chaîne des Puys, vous traverserez tout le Parc naturel régional des Volcans d'Auvergne, passant du puy de Dôme au massif du Sancy et au puy Mary. Randonnées, vols en parapente, art contemporain, sylvothérapie et plats rassérénants sont au programme de cet itinéraire qui s'achève en beauté dans le Rouergue, où le patrimoine architectural exceptionnel et la culture se conjuguent aussi au présent, avec les chefs-d'œuvre du grand artiste Soulages, à Conques et Rodez.

Côté saveurs...

N'abusez pas des fruits confits de Clermont-Ferrand, délicieux, car les réjouissances à suivre sont nombreuses : fromages AOP (saint-nectaire et cantal), tripous d'Aurillac, jambons de Maurs, apéritif à la gentiane, vins d'Auvergne et aligot sont au menu. sans parler des eaux minérales, fort renommées !

F. Cormon/hemis.fr

↑ Parc naturel régional des Volcans d'Auvergne, la chaîne des Puys.

CLERMONT-FERRAND ★★

Une grande ville au milieu des volcans ! Le vieux Clermont lui-même est bâti sur une légère butte, vestige d'un ancien cône volcanique. Richesse du patrimoine et rayonnement culturel, dynamisme industriel et universitaire comptent parmi les atouts de cette cité aujourd'hui métamorphosée.

Outre sa vieille ville, Clermont-Ferrand compte un quartier très actif et animé autour de la place de Jaude ; des quartiers industriels métamorphosés dans le secteur des Carmes, avec Michelin, et un second centre ancien côté Montferrand, ancienne bastide royale du 12e s. Clermont vaut aussi pour ses musées (Bargoin, muséum Henri-Lecocq, MARQ), ses jardins, ses bonnes tables évidemment.

Vieille ville ★★

Pl. Maréchal-Fayolle.

Si l'image de la vieille ville tient beaucoup à la silhouette découpée des tours de la cathédrale Notre-Dame-de-l'Assomption, construite à partir de 1248 dans cette pierre volcanique de couleur anthracite, elle ne s'y limite pas. Un autre grand sanctuaire est ici incontournable, la basilique Notre-Dame-du-Port, chef-d'œuvre du roman auvergnat. Il faut aussi compter avec les rues pittoresques, les hôtels particuliers, les fontaines baroques, les façades à balustrades et à tourelles.

L'Aventure Michelin ★★

32 r. du Clos-Four – ☏ 04 73 98 60 60 - laventure.michelin.com.
Pl. de la Rodade.

Découvrez plus de 125 ans d'histoire Michelin, depuis le premier pneu démontable jusqu'à nos jours. Près de 1000 objets racontent la mobilité à la fin du 19e s., l'invention de la micheline, Michelin pionnier de l'aviation, l'aide au voyageur, avec la naissance du célèbre guide Michelin en 1900. Dans une mise en scène interactive, les pièces les plus insolites se dévoilent, comme l'exceptionnelle DS Mille-Pattes à 11 roues, conçue en 1972 pour tester l'endurance des pneus ! Et pour compléter cette visite, réservez une visite guidée de la serre Michelin *(pl. des Carmes-Déchaux)*, une serre exotique qui raconte le rôle essentiel de l'hévéa dans l'aventure Michelin.

ASM Experience, au plus près du rugby ♥

Stade Marcel-Michelin - 35 r. du Clos-Four - ☏ 04 73 14 60 23 - www.asm-rugby.com. Pl. de la Rodade.

Entrez dans l'intimité du mythique club de rugby à XV, l'ASM Clermont Auvergne. Le stade, à l'origine construit pour l'association sportive Michelin (1911), vous dévoile ses coulisses au fil d'une visite guidée : entrez dans les vestiaires des joueurs, foulez la pelouse, testez les tribunes de ce temple qui abrite les exploits des « jaune et bleu ». Une visite à compléter par la découverte du musée interactif (plus de 600 m² d'exposition) installé au rez-de-chaussée d'une des tribunes.

La vie en Bib.

F.LANOE/Michelin

« Christian Vabret, une école française du pain en Auvergne

Boulanger à Paris, restaurateur au Château de Salles à Vézac, le Cantalou Christian Vabret, Meilleur Ouvrier de France 1986, à 70 ans reste un infatigable ambassadeur du pain en France et à l'étranger.

©DR

Christian Vabret.

Vous avez ouvert en 1989 l'École française de boulangerie et de pâtisserie d'Aurillac. Pourquoi cette envie ?

Je m'étais dit que le jour où je serais Meilleur Ouvrier de France, je serais légitime pour transmettre mon savoir. J'ai créé cette école car j'avais le sentiment, à cette époque, que la boulangerie manquait d'enseignement, de cours fondamentaux. C'était un métier que l'on apprenait encore trop sur le tas. Et si j'ai choisi Aurillac, c'est parce que c'est mon pays, je suis né dans le Cantal.

Combien d'élèves sont passés par l'école et à qui se destine-t-elle aujourd'hui ?

Chaque année, ce sont 200 élèves qui franchissent les portes. Depuis 1989, on doit donc approcher les 5000 élèves formés. Il faut aussi ajouter le grand public, qui peut suivre des stages pour apprendre à faire le pain en utilisant par exemple leur compte formation.

Est-ce que le profil de vos élèves a changé en 35 ans ?

Grâce aux premiers élèves qui sont devenus des ambassadeurs, nous recevons aujourd'hui des gens du monde entier. J'ai d'ailleurs ouvert deux écoles en Chine et au Chili et j'ai d'autres projets à Marseille et à Madagascar. Outre les jeunes, nous avons assisté depuis la crise du Covid à l'arrivée d'adultes en reconversion, qui avaient envie de quelque chose de concret. Beaucoup sont restés dans la région et ont repris des boulangeries de villages.

Quel regard portez-vous sur le monde de la boulangerie aujourd'hui ?

Le métier est confronté à deux principaux changements. Le premier, c'est le lieu de vente. Quand autrefois, la boulangerie était au cœur du village, elle est aujourd'hui située dans la périphérie autour des ronds-points et contrairement à ce que l'on croit, ce ne sont pas toujours des chaînes mais bel et bien des artisans. Le second, c'est la diversité qui s'accentue. Les clients n'ont jamais eu autant de choix. La baguette est toujours en tête des ventes, mais les pains régionaux gagnent du terrain sans oublier le retour des boulangers-paysans qui travaillent sur levain et cuisent au feu de bois.

Du Cantal dont vous vous revendiquez, quel est le lieu dont vous ne vous lassez pas ?

Sans conteste le puy Mary. Il faut savoir laisser sa voiture en bas et prendre son temps pour le gravir au départ du Pas de Peyrolles. Selon votre forme, il faut compter entre 30 et 45 mn mais quand vous êtes au sommet, quelle récompense ! »

Pain.
©DR

École Christian Vabret - Boulangerie - Pâtisserie - Cuisine
17 av. du Garric - 15000 AURILLAC - 04 71 63 48 02 - à 120 m.

Entre ciel et terre : la chaîne des Puys.

Puy de Dôme ★★★

Lieu-dit La Font-de-l'Arbre - Orcines - 04 73 62 21 46 - volcan.puy-de-dome.fr. À Orcines (3,8 km).

Omniprésent dans le paysage clermontois, le puy de Dôme se trouve à moins de 15 km de la place de Jaude. Autant dire qu'il est aisé de s'y rendre, et que négliger ce grand voisin (1465 m) serait bien dommage. L'ascension des flancs du volcan, à pied par le chemin des muletiers ou en train à crémaillère, ainsi que la découverte de son sommet, vous laisseront des souvenirs inoubliables, à la hauteur de ce Grand Site de France. Découverte du temple de Mercure et panoramas à couper le souffle sont au programme de ce grand bol d'air auvergnat.

MASSIF DU SANCY ★★★

Point culminant du Massif central, avec les 1886 m du puy de Sancy, cet immense massif volcanique s'étend sur deux versants aux profils aussi variés que séduisants, terrains de jeu pour de multiples activités. À découvrir au fil des stations thermales, sites naturels, routes panoramiques et cols.

Église de Saint-Nectaire ★★

2 Chemin du Manoir, 3,2 km.

Bien connu des gastronomes pour son fromage, ce village situé sur la route du Sancy l'est aussi pour son église, joyau de l'architecture romane. Construite vers 1150, elle s'apparente aux autres édifices majeurs du roman auvergnat : Notre-Dame-du-Port à Clermont-Ferrand, St-Austremoine d'Issoire, Notre-Dame d'Orcival, St-Saturnin. Exceptionnelle notamment pour sa série de 103 chapiteaux sculptés, dans la nef et le chœur, et pour son magnifique chevet étagé.

Château de Murol ★★

Rte du Château - 04 73 88 82 50 - murolchateau.com. Près de l'office de tourisme : 2 r. de Jassaguet.

D'où que vous arriviez, vous verrez poindre cette impressionnante forteresse médiévale, muse des artistes de l'école de Murol.

Dressée sur une table basaltique, elle surplombe les alentours et le village. Suivez une visite animée, attardez-vous au spectacle équestre médiéval, en été, ou partez en toute liberté à la conquête de ce château fort. Empruntez l'étroit escalier à vis de la tour de Chautignat, vous serez récompensé par un très beau panorama sur Murol, la vallée de la Couze, le lac de Chambon et les monts Dore.

Vol en montgolfière au-dessus du lac de Chambon ♥

Décollage depuis la plage ouest du lac - Chambon - ✆ 04 73 88 40 00 - auvergne-montgolfiere.com. Le Pré Bas.

L'existence de ce lac aux rives boisées est due au volcan du Tartaret, l'un des plus récents d'Auvergne, qui surgit au milieu de la vallée de la Couze et en arrêta les eaux. Vaste (60 ha) mais peu profond (4 à 6 m), il occupe, à 877 m d'altitude, un joli site parsemé d'îlots. Vous pourrez en faire le tour à pied, ou prendre un peu de hauteur, pour un spectacle grandiose. Les vols en montgolfière ont lieu le matin au lever du soleil, ce qui permet une parfaite visibilité sur la chaîne des volcans qui se déroule sous vos yeux, tandis que vous vous élevez au-dessus du lac brillant comme un miroir. Il est possible sur demande de privatiser le vol, pour un moment magique et exclusif.

Sylvatorium du Mont-Dore, un bain de forêt ♥

Salon du Capucin (accès en voiture ou par le funiculaire du Capucin) - Mont-Dore - ✆ 04 73 65 20 21 - lemontdore.fr. 13 av. de la Libération, au pied du funiculaire.

Voilà une originale façon de découvrir l'un des sites emblématiques du Mont-Dore, et de se faire du bien. Au long d'un sentier de sylvothérapie d'1 km, laissez vos cinq sens s'éveiller à la nature. Comme autant de spas forestiers, des « baignoires » en bois vous accueillent le temps d'un « bain » d'air pur, d'odeurs boisées, de sons et de lumières tamisées. Au contact du bois, votre taux de cortisol (hormone de stress) baisse, tandis que vous faites le plein d'air électriquement neutre. Des panneaux vous expliquent tout sur les arbres et leurs bienfaits.

La Bourboule ★

www.sancy.com. 178 av. d'Angleterre.

L'architecture des villas, des thermes, du casino, des ponts sur la Dordogne dégage un charme particulier et vous ramène à l'époque mondaine de la station. Laissez-vous emporter par ce parfum Belle Époque, en un petit tour de la ville thermale. Et surtout, ne manquez pas la façade en mosaïque de l'ancienne maison Rozier, bijou Art déco qui fut une pâtisserie-salon de thé, et qui abrite aujourd'hui la Maison des fromages AOP d'Auvergne.

F. Cormon/hemis.fr

Vol en montgolfière.

Randonnée avec des chiens de traîneau ♥

Toundra Aventure - Champs-Hauts - Murat-le-Quaire - ✆ 06 81 52 60 17. Borne la plus proche à La Bourboule.

Hiver comme été, les chiens de traîneau vous emmènent en balade dans les paysages des monts Dore. En traîneau à patin (pour la neige) ou à roulettes, en trottinette tractée, ou à pied en cani-randonnée, avec un chien relié à la taille, tentez cette expérience de coopération animal-homme. Accompagné ou conduit par un *musher* professionnel, découvrez le charme d'une aventure respectueuse de l'environnement. Une prestation sur rendez-vous, à organiser en sur-mesure.

Montée au puy de Sancy ★★★

Du Mont-Dore, gagnez le haut de la station de sports d'hiver (3 km) pour accéder au téléphérique - ✆ 04 73 65 02 23 - ouv. tlj selon conditions météorologiques. Parking Pied du Sancy.

Du terminus du téléphérique, le plus rapide d'Europe, à peine 25mn suffisent pour atteindre le sommet du Massif central, à 1886 m. Dans un paysage de pelouses subalpines fragiles, un sentier en escalier vous mène à un belvédère sans pareil. De la vaste plate-forme, le regard se perd dans l'immensité des monts, à 360°, jusqu'aux Alpes du Dauphiné. Plus près, vous découvrez la chaîne des Puys, le massif du Cantal, les monts Dore. Comme un résumé de cet itinéraire, en un regard !

Horizons Arts-Nature en Sancy, la création au grand air ♥

Événement réparti sur plusieurs sites, révélés au printemps - retrouvez tous les détails sur www.horizons-sancy.com.

C'est en été, de mi-juin à mi-septembre, que cela se passe : 10 œuvres et installations d'artistes contemporains prennent place dans la nature grandiose du massif du Sancy. Au creux de la forêt, sur une cascade, dans une prairie ou au sommet d'un puy, ces créations sont conçues, imaginées, pour entrer en résonance avec les questions environnementales, et s'intégrer au paysage. À chaque fois, œuvre et lieu interagissent et dialoguent. Et chaque année, cet événement se renouvelle.

RELIEFS CANTALIENS

Avec leurs longues vallées glaciaires rayonnant en étoile, leurs planèzes formées par les coulées de lave et leurs sommets majestueux, les monts du Cantal formaient à l'origine un seul et même volcan, le plus vaste d'Europe. Bienvenue en haute Auvergne, porte d'entrée du Midi.

À bord du Gentiane Express ♥

Gare de Riom-ès-Montagnes - ✆ 04 71 78 07 37 - www.gentiane-express.com. R. de Condat (50 kW), carrefour Market.

Conçue pour relier Bort-les-Orgues à Neussargues, désenclaver le Cantal et faciliter le transport des vins du Languedoc vers Paris, la ligne du Gentiane Express a repris du service grâce à des passionnés. Sur une portion de 16 km, entre Riom-ès-Montagnes et Lugarde, les autorails anciens s'élancent à nouveau, passent sous le tunnel de l'Estampe et débouchent sur le viaduc de Barajol, l'un des plus hauts de France (57 m au-dessus de la Petite Rhue). À la sortie de la gare de Condat-St-Amandin se dévoilent les plateaux du Cézallier, où s'épanouit la gentiane jaune. Puis vous atteignez le col de Pierrefitte et ses 1061 m, point culminant du trajet. Le train redescend ensuite, à son rythme.

Baptême de parapente au puy Mary ♥

Parapente Puy Mary - Le Bourg - Le Claux - ✆ 04 71 78 95 21 - www.parapente-puy-mary.com. Pas de borne à proximité.

En hiver et au printemps, la présence de neige et de congères entraîne parfois la fermeture des accès au puy Mary. Renseignez-vous sur www.inforoute15.fr avant de prendre le volant.

Le puy Mary, labellisé Grand Site de France, mérite que l'on s'y

Parapente.

attarde, pour gravir ses pentes et atteindre son sommet à 1787 m, ou pour s'en faire un tremplin pour un vol mémorable, en parapente. Prévoyez une tenue chaude, un appareil photo avec sangle de sécurité, et prenez place avec votre pilote-moniteur pour un vol en biplace, de 10 à 25mn selon les conditions aérologiques. Maintenant c'est à vous de choisir, entre un vol contemplatif, simplement, ou en double commande, pour vivre activement les sensations aériennes ! Quant au décor, il est là, somptueux évidemment.

Aurillac ★

Office de tourisme : 7 r. des Carmes - ✆ 04 71 48 46 58 - www.iaurillac.com.
Pl. de la Paix.

Édifiée sur les bords de la Jordanne, la capitale de la haute Auvergne est connue pour son Festival international de théâtre de rue, qui enflamme la cité au mois d'août. La ville, réputée aussi pour ses parapluies (ne manquez pas la visite des ateliers de la maison Piganiol, née en 1884), active en toute saison, invite le passant à la flânerie, avec ses ruelles tortueuses et ses maisons à colombages.

Moment intense

Le tour du Sancy ★★

Le puy de Sancy peut être gravi, ce qui est la promesse d'un panorama prodigieux, ou bien contourné par une route pleine de beautés (et de virages!) qui permet de l'entrevoir sous tous les angles. L'occasion de suivre la spectaculaire vallée de Chaudefour creusée dans le granit et la lave par les glaciers quaternaires, d'aller jusqu'à Besse-et-St-Anastaise, station qui peut faire l'objet d'une agréable étape, de piquer une tête dans le lac Pavin, de monter jusqu'au sommet du puy de Montchal, ou d'arpenter la très belle et sauvage réserve naturelle nationale de Chastreix-Sancy. Dans tous les cas, la certitude de très belles routes aux horizons grandioses.

Jannick Tessier/Getty Images Plus

Conques, détail d'un chapiteau.

Marcolès

Borne la plus proche à Maurs (320 kW).

Cette petite cité médiévale se niche au cœur de la Châtaigneraie. De singulières ruelles, les « carrièrons », partent de la rue Longue que ferme une porte du 15e s. Il faut flâner en suivant les panneaux d'informations historiques : le patrimoine bâti est remarquable. Voyez l'église St-Martin, pour la richesse de la statuaire et du mobilier. Et, pourquoi pas, prenez le temps d'une pause gastronomique à l'Auberge de la Tour.

TRÉSORS DU ROUERGUE

Difficile de résister au charme des paysages et villages pittoresques des vallées du Lot et de l'Aveyron, dans cette région historique du Rouergue qui ménage de belles surprises et compte quelques joyaux universellement reconnus.

Les Nocturnes de Conques ♥

05 65 72 85 00 (office de tourisme) - www.tourisme-conques.fr. Parking à l'est du village (D 42).

Dans ce site d'une beauté rare, où la nature sauvage a gardé toute sa pureté, la petite bourgade, sa magnifique église abbatiale romane et son prodigieux trésor d'orfèvrerie offrent la promesse de souvenirs inoubliables. Une expérience plus belle encore lorsqu'elle est vécue à la fin du jour, tandis que la plupart des touristes sont partis : les Nocturnes de Conques vous convient à une soirée d'exception, en trois étapes : à 21h, un frère de la communauté religieuse présente le tympan roman, chef-d'œuvre de la façade ; à 21h30, des jeux d'orgues et de lumière animent l'abbatiale, avec la découverte de la galerie haute, les tribunes, plaçant le spectateur au plus près des vitraux de Soulages et des chapiteaux ; enfin, de 22h15 à 22h45, le Jugement dernier sculpté sur le tympan de l'abbatiale retrouve sa polychromie le temps d'une mise en lumière spectaculaire. Difficile de dormir, après cela.

Château et jardins de Bournazel ★★

05 65 80 81 99 - www.chateau-bournazel.fr. Borne la plus proche à Roussennac, D 525 Le Bourg (4 km).

Visiter Bournazel est toujours un moment privilégié, et chaque visite réserve ses surprises. Car non seulement il s'agit là d'un des rares châteaux de la Renaissance dans la région – et quel chef-d'œuvre ! – mais en plus c'est un chantier de restauration exemplaire et ambitieux. Non contents d'avoir restauré l'existant, les propriétaires ont voulu restituer ce qui avait disparu et manquait cruellement : une aile entière, dont ne subsistait qu'une façade écran, puis les jardins de la Renaissance, et enfin (mais que réserve l'avenir ?) le pavillon renfermant l'escalier d'honneur.

Belcastel ★

Borne la plus proche à Rignac, av. Puech-Carlet (5,7 km).

Classé parmi les plus beaux villages de France, ce bourg traversé par l'Aveyron attire les amoureux de paysages pittoresques, les amateurs de forteresses médiévales et les férus d'architecture moderne. Car le château de Belcastel fut la demeure de l'architecte et écrivain Fernand Pouillon (1912-1986), qui en entreprit la restauration et la réhabilitation. Un château fort sauce moderniste.

RODEZ ★★

Une butte à 120 m au-dessus du lit de l'Aveyron, une cathédrale superbe, des rues anciennes animées… c'est tout cela Rodez. Mais c'est aussi la ville de Pierre Soulages, avec la plus importante collection au monde des œuvres du maître de l'outrenoir.

Av. de l'Entreprise (150 km).

Perdez-vous dans les rues de la ville ancienne, allez à la rencontre de mystérieuses statues-menhirs préhistoriques au musée Fenaille, découvrez la superbe cathédrale à l'allure de forteresse, puis partez en balade dans la campagne, en quête d'un buron pour déguster un aligot.

Musée Soulages ★★★

Jardin du Foirail, av. Victor-Hugo - 05 65 73 82 60 - www.musee-soulages-rodez.fr.

À l'origine de ce musée, installé dans un extraordinaire agencement de cubes de verre et d'acier Corten, deux donations de Pierre et Colette Soulages (en 2007 et 2012), au total plus de 500 œuvres témoignant de l'ensemble de la production de l'artiste et de l'évolution de ses techniques. Les œuvres, monumentales pour certaines, sont accrochées dans de vastes salles percées de baies rectangulaires laissa filtrer la lumière, qui fait vivre le fameux outrenoir de Soulages. Une visite impressionnante, à conjuguer avec un bon repas au restaurant du musée, signé Bras.

Polyptique en 4 panneaux (162x724), par Pierre Soulages, novembre 1996, (musée Pierre Soulages).

SE RÉGALER

CLERMONT-FERRAND

L'OSTAL
Le chef clermontois Emmanuel Hébrard ne jure que par son terroir natal (l'ostal signifie d'ailleurs « maison » en occitan). Il régale donc avec une cuisine profondément locale, autour d'un menu unique qui met en valeur les produits - viandes du boucher du coin, légumes bios des maraîchers locaux, fromages et œufs fermiers. Le respect de la nature et des producteurs n'est pas un vain mot ici.
16 r. Claussmann - 04 73 27 77 86 - www.lostal-restaurant.fr - à 320 m.

LE 62
Ce restaurant sait tenir nos papilles en alerte, notamment grâce à l'équilibre des assaisonnements et l'harmonie des saveurs, véritables points forts du jeune chef d'origine vietnamienne, formé à Chamalières puis à la Belle Meunière de Royat. Cette cuisine bistronomique (française) ne manque ni d'élégance ni de finesse; ainsi cette côte de cochon fermier d'Auvergne, sauce grand veneur, risotto, petits légumes. Du très bon aussi en dessert, avec la pêche jaune et crème diplomate vanille. Et le rapport qualité/prix, tout comme la petite terrasse, achèvent de rendre le lieu parfaitement séduisant.
62 r. Fontgiève - 04 73 36 18 49 - restaurantle62clermont.fr - à 90 m.

LE MONT-DORE

LA GOLMOTTE
Des produits frais et des assiettes copieuses pour une cuisine traditionnelle goûteuse, avec par exemple ces joues de porc fondantes, purée de pomme de terre maison et sauce au saint-pourçain blanc... même si le chef ne s'interdit pas quelques plats plus au goût du jour, comme le saumon en gravlax. Décor chaleureux pour cette auberge.
Le Barbier - 04 73 65 05 77 - www.aubergelagolmotte.com

SAINT-SATURNIN

LE MOULIN DE LA SANTOIRE
À l'écart du village, ce restaurant occupe un ancien moulin en pierres volcaniques, dans un joli cadre. Dans l'assiette, des classiques modernisés, comme cette joue de bœuf façon royale ou cet opéra à la crème de marrons et coing, le tout twisté de touches épicées ou de condiments japonisants. C'est joliment dressé et bien bon! On sent que le chef a fait ses classes dans de belles maisons. Produits issus majoritairement de circuits courts.
La Plaine - 04 71 73 47 25 - www.lemoulindelasantoire.fr

MARCOLÈS

AUBERGE DE LA TOUR
Au cœur du village médiéval, dans une belle bâtisse en pierre, Renaud Darmanin a transformé l'ancien café en halte gastronomique. Ce chef, qui a fait ses classes dans de belles maisons (Bocuse, Anton), ne travaille que de très beaux produits frais et locaux (et notamment la châtaigne). Il réalise une cuisine fine et goûteuse, mariant avec talent le terroir à des épices d'ici et d'ailleurs.
Pl. de la Fontaine - 04 71 46 99 15 - www.aubergedela-tour.com - sur place.

CONQUES-EN-ROUERGUE

ÉMILIE & THOMAS - MOULIN DE CAMBELONG
Beau moulin en bordure de rivière, ouvrant sur la nature par de larges baies vitrées. Frottés aux restaurants de Pierre Gagnaire, Michel Bras et Alain Ducasse, Émilie et Thomas Roussey réalisent à quatre mains une cuisine nature qui fait la part belle aux légumes et aux fruits de saison livrés par de petits producteurs locaux triés sur le volet. Tomate et basilic; aubergine, agastache et sarrasin; pleurotes et fleur de courgette: les noms des plats se réduisent à leurs produits, toujours ultra-frais.
61 lieu-dit Cambelong - 05 65 72 84 77 - moulindecambelong.com - à 890 m.

RODEZ

CAFÉ BRAS
Le café Bras, installé au cœur du musée Soulages, rend un bel hommage aux produits aveyronnais. L'équipe de cuisine offre une prestation ciselée, aromatique, légère mais généreuse, colorée et parfumée. On apprécie l'attention portée aux saveurs, comme à l'accueil et à l'espace, ce lieu épuré, chic et sobre en harmonie avec l'âme du grand peintre Soulages. Une indéniable réussite, culinaire et artistique.
Jardin du Foirail - 05 65 68 06 70 - www.cafebras.fr - à 200 m.

RESTAURANT HERVÉ BUSSET
De Conques à Rodez où il est devenu citadin, le chef Hervé Busset continue de se présenter comme un cuisinier cueilleur. Cette provende qu'il glane dans les champs et les forêts alentour est complétée par des achats sur le marché en face de sa nouvelle adresse. La cuisine créative d'Hervé est rythmée par la nature: consoude, tagète, épiaire des bois, reine-des-prés et fleurs de capucine assaisonnent les assiettes avec harmonie et finesse tout au long d'un menu surprise.
24 pl. du Bourg - 05 65 68 95 00 - restaurant-herve-busset.fr - à 280 m.

SE LOGER

CLERMONT-FERRAND

HÔTEL OCEANIA
Cet hôtel est tout proche de la place de Jaude. Entièrement refait, il propose des chambres fonctionnelles à la décoration contemporaine, certaines

vraiment spacieuses, ou avec vue sur le mont Dôme. Espace bien-être avec spa et hammam en accès libre.
82 bd François-Mitterrand - 04 73 29 59 59 - www.oceaniahotels.com - sur place.

BESSE-ET-SAINT-ANASTAISE

MILDISS
Ouvert en 2019, cet hôtel contemporain situé à l'entrée de Besse s'intègre au paysage. Les matériaux locaux – bois et pierre de lave – ont été privilégiés. Les chambres, exposées sud, donnent sur le jardin. Espace bien-être, jacuzzi, spa, hammam. Restaurant bistronomique et bar à tapas.
Serre-Bas - 04 73 79 10 10 - www.mildiss.fr - sur place.

AURILLAC

HÔTEL DES CARMES
En plein centre se trouve un hôtel design doté d'une décoration intérieure spectaculaire en noir et blanc et de quelques équipements qui l'élèvent au-dessus des hôtels de charme urbains français typiques. Un établissement intimiste, de 23 chambres élégantes et confortables. L'espace détente comprend une petite piscine et un sauna. Restaurant sur place.
20 r. des Carmes - 04 71 48 01 69 - www.hoteldescarmes.fr - à 180 m.

CONQUES-EN-ROUERGUE

MOULIN DE CAMBELONG
En retrait du village, dans un cadre de verdure, cet élégant moulin dispose de 8 chambres et suites modernes, chaleureuses et confortables. La meilleure façon pour profiter du plaisir gourmand de la table gastronomique étoilée.
61 lieu-dit Cambelong - 05 65 72 84 77 - moulindecambelong.com - à 890 m.

BELCASTEL

HÔTEL DU VIEUX PONT
Cet hôtel aux chambres simples et confortables est établi sur la rive gauche de l'Aveyron, tandis que son restaurant étoilé est de l'autre côté, au pied du vieux château. Entre les deux, le pont de pierre du 15e s., pour une courte promenade digestive. Une escale de charme dans l'un des plus beaux villages de France.
Le bourg - 05 65 64 52 29 - www.hotelbelcastel.com

RODEZ

MERCURE CATHÉDRALE
Hôtel 1930 qui a conservé ses mosaïques Art déco en façade et au sol ainsi que son escalier et ses peintures de Maurice Bompard. Agréables chambres modernes à la décoration puisant aux sources de l'Art déco.
1 av. Victor-Hugo - 05 65 68 55 19 - all.accor.com - à 140 m.

ICI ET PAS AILLEURS

CLERMONT-FERRAND

CONFISERIE AUX DÉLICES DES PUYS
La boutique est aussi petite que sa gamme de douceurs d'Auvergne est large. Confitures, pâtes de fruits et autres confiseries. Mention spéciale pour l'angélique, spécialité de Montferrand.
4 r. Jules-Guesde (Montferrand) - 06 63 36 42 49 - www.auxdelicesdespuys.com - à 39 m.

BOUTIQUE DE L'AVENTURE MICHELIN
Le plus large choix de produits signés Michelin et Bibendum. Visuels inédits sortis des archives du patrimoine Michelin, ouvrages d'exception, objets souvenirs, modèles réduits, notamment celui de la fameuse DS Mille-Pattes...
32 r. du Clos-Four - 04 73 98 60 60 - laventure.michelin.com - à 378 m.

Julien Rougny/Restaurant Hervé Busset

Plat au restaurant Hervé Busset.

FARGES (SAINT-NECTAIRE)

FERME BELLONTE
Ces producteurs de saint-nectaire fermier, depuis 8 générations, ont à cœur de vous expliquer toutes les étapes de fabrication.
R. du 10-août-44 - 04 73 88 53 95 - www.lafermebellonte.fr - à 411 m.

AURILLAC

DISTILLERIE COUDERC
Depuis 1908, cet artisan liquoriste produit la fameuse Gentiane d'Auvergne, et bien d'autres choses encore.
14 r. Victor-Hugo - 04 71 48 01 50 - www.distillerie-couderc.com - à 121 m.

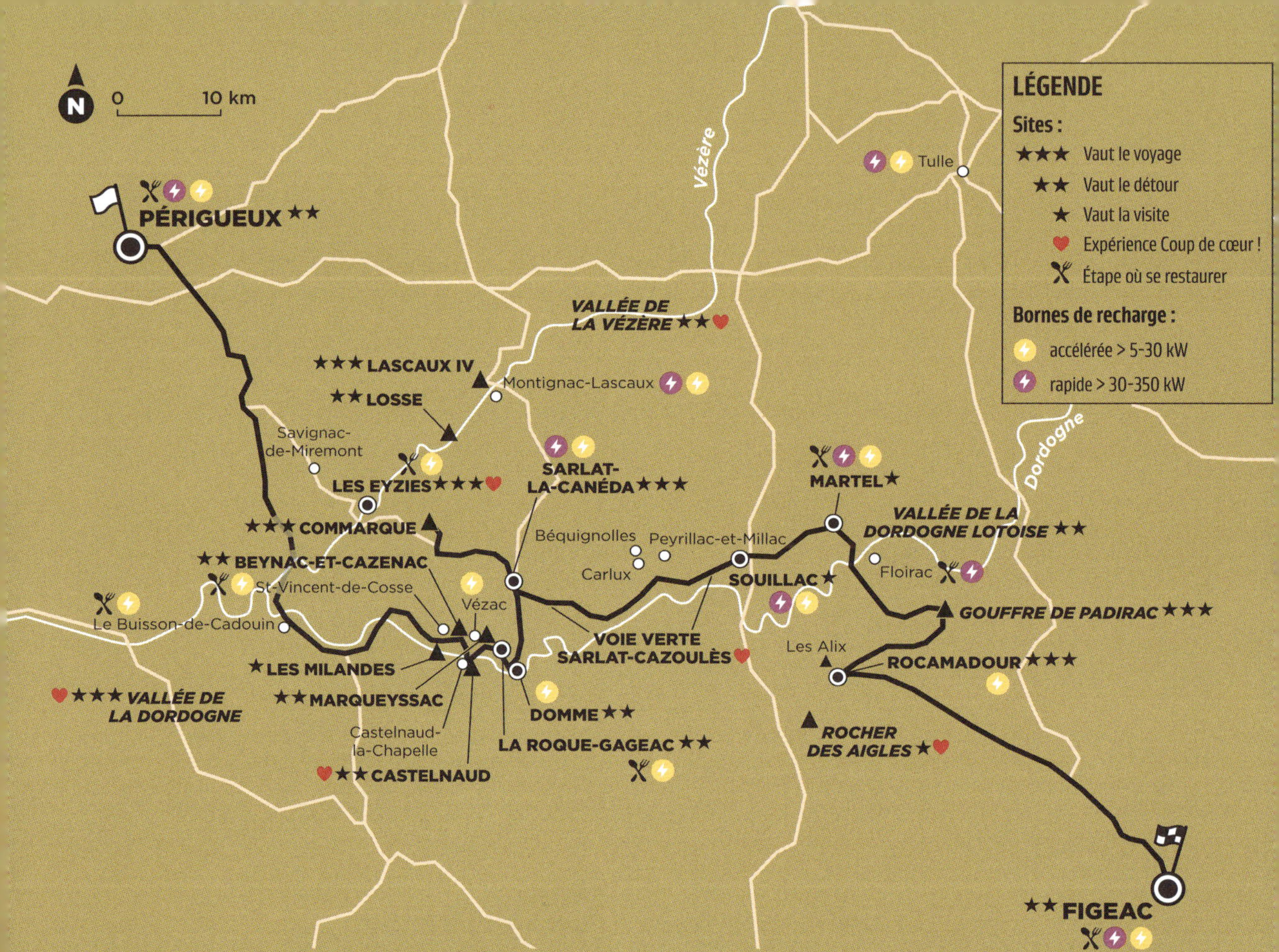

PRINCIPALES BORNES DE RECHARGE :

Périgueux :
205 rte de Lyon (63 kW)
Lidl - 240 av. Michel-Grandou, à Trélissac (3,5 km - 120 kW)

Montignac-sur-Vézère :
559 rte de Thonac (188 kW), Intermarché

Sarlat-la-Canéda :
44 rte du Lot (50 kW)

Souillac :
8 r. Pierre-Bourthaumieux (36 kW)

Floirac (Padirac) :
D 43 (36 kW)

Rocamadour :
160 pl. de l'Europe (50 kW)

Figeac :
Lidl - 23 av. Ratier (120 kW)

L'ESSENTIEL ÉLECTRIQUE

Vous trouverez dans la plupart des villages des bornes 22 kW et quelquefois 36 kW. En revanche, les stations de charge plus puissantes sont rares. En fonction de vos besoins, il sera peut-être nécessaire de faire un petit crochet par un village situé à proximité du circuit, d'autant que l'été la région est très fréquentée. Ainsi, vous trouverez deux bornes 150 kW dans la zone commerciale de Trélissac (11 et 45 av. de l'Automobile), à côté de Périgueux et une autre au Bugue (1661 La Planette Haute), non loin des Eyzies.

DISTANCE : 280 km
DURÉE : 3 jours / 5h
DÉPART : Périgueux
ARRIVÉE : Figeac

PRINCIPALES ÉTAPES :
Lascaux IV
Les Eyzies
Beynac-et-Cazenac
Sarlat-la-Canéda
Padirac
Rocamadour

PÉRIGUEUX
FIGEAC

La vallée de la Dordogne

Entre grottes préhistoriques, villages perchés, forteresses médiévales imprenables et petites églises romanes, le Périgord noir et le haut Quercy se parcourent comme un livre d'histoire. Mais ce serait faire fi des gouffres impressionnants, des rivières navigables bordées parfois de falaises et des paysages vallonnés qui offrent un cadre campagnard magnifique à toutes ses richesses. Vous les découvrez entre deux haltes gourmandes, car la Dordogne, c'est aussi cela : une gastronomie et un art de vivre sans pareil.

Côté saveurs...

Vous êtes au pays du canard, de préférence gras, qui donne magrets, foie gras, confits... accompagnés dans l'assiette de pommes de terre sarladaises et de cèpes. La Dordogne est aussi réputée pour ses fraises et ses noix (dessert, vin, liqueur) ; le Lot pour son petit fromage de chèvre crémeux, le rocamadour.

wjarek/Getty Images Plus

↑ Gabare sur la Dordogne.

Grotte de Lascaux.
Pictures From History/AGB Photo Library/age fotostock

PÉRIGUEUX ★★

Place forte de la gastronomie régionale avec ses marchés au gras et aux truffes en saison, la capitale du Périgord fait un grand écart historique entre les vestiges d'une cité antique et la vieille ville médiévale et Renaissance, où se concentre l'animation.

Quartier Saint-Front ★★

Cours de Tourny.

Le quartier est dominé par l'imposante cathédrale à coupoles, maintes fois reconstruite. L'édifice abrite un beau retable baroque sculpté et ses toits font l'objet d'une insolite visite. Le parcours capricieux des ruelles piétonnes ponctuées de petites places révèle les façades Renaissance, les maisons médiévales, les cours et les escaliers, restaurés. Il faut s'y rendre le mercredi et le samedi matin, quand se déroulent les marchés hebdomadaires et que l'animation bat son plein.

Vesunna – Site-musée gallo-romain de Périgueux ★★★

20 r. du 26e-Régt-d'Infanterie - ✆ 05 53 53 00 92 - www.perigueux-vesunna.fr. Dans la rue du musée.

Situé à l'emplacement de l'antique Vésone, le quartier possède quelques témoignages de l'importance de la ville à l'époque gallo-romaine comme les vestiges des arènes, un des plus vastes amphithéâtres de Gaule, et d'une *domus*, à l'origine de ce musée. Aménagé par Jean Nouvel, celui-ci permet de prendre la mesure de Vésone au 2e s. et d'en savoir plus sur l'organisation d'une demeure et la vie quotidienne à cette époque.

VALLÉE DE LA VÉZÈRE ★★

Avec pour pivot les Eyzies, capitale mondiale de la préhistoire, la vallée de la Vézère offre une concentration exceptionnelle de grottes et d'abris préhistoriques, en partie classés au Patrimoine mondial de l'Unesco. Elle invite aussi à des loisirs plus contemporains comme la baignade ou le canoë.

Lascaux IV ★★★

Av. de Lascaux - Montignac-Lascaux - ✆ 05 53 50 99 10 - www.lascaux.fr. Sur place.

Surnommée la « chapelle Sixtine » de la préhistoire, et vieille de 20 000 ans, la grotte de Lascaux est l'un des sites les mieux ornés au monde. Outre les espaces muséographiques, le Centre international de l'art pariétal de Lascaux IV propose de visiter un fac-similé de cette grotte à l'échelle réelle. Vous déambulerez dans le boyau, laissé dans la pénombre, et découvrirez petit à petit les 2 500 figures animales, peintes ou gravées, sur les parois. Le résultat est époustouflant.

Château et jardins de Losse ★★

Rte des Eyzies - Thonac - ✆ 05 53 50 80 08 - www.chateaudelosse.com. Borne la plus proche à Montignac (Intermarché), à 4 km.

Ph. Orain/Michelin

L'Atelier des fac-similés du Périgord.

« Dans les coulisses de l'Atelier des fac-similés du Périgord

C'est grâce à cette entreprise que l'un des héritages majeurs de l'Humanité, la grotte de Lascaux, est visible de tous. Labellisé Entreprise du patrimoine vivant, l'Atelier produit des répliques exactes, pour offrir de l'émotion et sauvegarder des trésors.

L'Atelier des fac-similés du Périgord (AFSP), carte d'identité

Filiale de la Semitour Périgord, qui est chargée de la gestion de sites culturels majeurs de la Dordogne, l'Atelier a pour mission la fabrication de fac-similés d'art pariétal, d'objets de scénographie, et de « toute autre réalisation nécessitant une reproduction fidèle pour sa préservation ou sa diffusion ». Il est composé notamment de peintres plasticiens, de sculpteurs, de résineurs et de techniciens en métallurgie, qui œuvrent à la reproduction fidèle de trésors artistiques.

Lascaux IV, le grand œuvre

Inauguré en 2016, Lascaux IV (centre international d'art pariétal) est un équipement de 8000 m² qui compte notamment une reproduction à l'identique de l'intégralité de la grotte de Lascaux peinte il y a 21000 ans. Réalisée en 30 mois par l'AFSP, la réplique des 900 m² de parois peintes a été faite en trois étapes: numérisation et relevés photographiques de l'original; fabrication des coques monumentales et modelage des parois, avec pose d'un « voile minéral » et patine; reproduction à la main des peintures et des gravures, avec des pigments naturels. En 2012, l'AFSP avait déjà réalisé Lascaux III, 120 m² de fac-similés en 5 scènes destinées à être exposées lors d'une tournée mondiale.

Quelques autres réalisations à admirer

En 2023, l'AFSP a été missionnée pour réaliser la copie de deux groupes sculptés conservés depuis 1907 au Metropolitan Museum de New York: une *Mise au tombeau* et la *Pietà des donateurs* créées à la Renaissance pour le château périgourdin de Biron. Réalisés en résine, recouverts d'un voile minéral et peints, ces fac-similés ont pris place dans la chapelle de Biron. L'AFSP a diversifié ses compétences en reproduisant également des manuscrits, notamment une *Vie de saint Benoît* du 11ᵉ s. pour les archives départementales du Loiret.

De l'art préhistorique à emporter

S'il est coûteux de faire reproduire Lascaux chez soi (l'AFSP répond cependant à toute demande sur mesure), il est possible de repartir avec un plus modeste fac-similé grâce aux produits dérivés réalisés par l'atelier pour la boutique de Lascaux IV, tels les magnets minéraux peints. »

Atelier des fac-similés du Périgord - 24290 MONTIGNAC - 05 53 50 47 11 - www.afsp-perigord.fr

Le château se révèle au bout d'une allée rectiligne, mi-imposant, mi-charmant. Né de la transformation d'une forteresse, l'ensemble comprend un grand logis Renaissance, garni d'un mobilier des 16e et 17e s. et présente avec une rare authenticité le cadre de vie du maître des lieux, Jean II de Losse (1504-1579), précepteur d'Henri IV et gouverneur de Guyenne. Bordée par la Vézère, la demeure est entourée d'une enceinte et de douves intégrées dans de magnifiques jardins qui invitent à la flânerie.

Musée national de Préhistoire ★★

1 r. du Musée - Les Eyzies - ✆ 05 53 06 45 45 - musee-prehistoire-eyzies.fr. 47 av. de la Préhistoire.

Consacré au paléolithique, le musée abrite une collection exceptionnelle d'outils et d'objets d'art provenant des sites préhistoriques des alentours, comme le bison en os du gisement de la Madeleine ou les objets issus des fouilles de la grotte de Lascaux. Également de très belles reconstitutions en « dermoplastie » : l'adolescent du lac Turkana, un homme et un enfant de Néandertal, l'homme de l'abri de Cro-Magnon, l'impressionnant ancêtre du cerf (mégacéros).

Kayak sur la rivière Vézère au pied des falaises de la Roque Saint-Christophe.

Château de Commarque ★★★

D 48 - Les Eyzies - ✆ 05 53 59 00 25 - www.commarque.com. Pas de borne à proximité.

p. 123. Au milieu de nulle part et bien dissimulé, cet ensemble fortifié a gardé son aspect romantique de ruine, tout en ayant fait l'objet d'un aménagement réussi. Il surprend par son site et sa configuration. Sur une base troglodytique, occupée du Néolithique au Moyen Âge tardif, sont installées des constructions romanes élevées à partir du 10e s. : chapelle, maisons nobles, four à pain... Au sommet de ce *castrum*, vous pénétrez dans les grandes salles et le double donjon du château. Un escalier mène à une plate-forme d'où l'on a une vue magnifique sur la vallée.

La Vézère en canoë ♥

Canoë Vézère Univerland - base nautique au pont des Eyzies - ✆ 05 53 07 10 74 - canoe-vezere-univerland.com. 47 av. de la Préhistoire.

La Vézère est une rivière calme qui se prête très bien à la pratique du canoë. Au choix quatre parcours, entre 9 et 25 km pour les plus sportifs, au fil desquels vous longerez silencieusement châteaux et paysages de toute beauté, à la végétation fournie et composés de falaises aménagées parfois en habitat troglodytique... En été, l'activité se prête parfaitement à une baignade rafraîchissante. Laissez-vous tenter !

VALLÉE DE LA DORDOGNE ★★★

Fille du Massif central, la Dordogne arrose le Périgord d'est en ouest. Ses courbes lumineuses et ses falaises dorées ont départagé au Moyen Âge la France et l'Angleterre, sœurs ennemies. C'est ainsi que Beynac et Castelnaud se surveillent depuis des siècles, que la bastide de Domme s'est développée sur son perchoir et que Belvès s'est habillée de remparts.

SteveAllenPhoto/Getty Images Plus

Les jardins de Marqueyssac.

Château des Milandes ★

Castelnaud-la-Chapelle - ✆ 05 53 59 31 21 - www.milandes.com. Pas de borne à proximité.

Alors que Joséphine Baker est entrée en 2021 au Panthéon, une visite de son château rappelle le parcours de cette femme d'exception. Au milieu d'un parc où se déroulent des spectacles de fauconnerie, les Milandes conservent le souvenir de la danseuse de la Revue nègre, devenue châtelaine bienfaitrice : meubles, photos, costumes de scène, affiches racontent ses succès, ses combats pour la France et pour la paix. Enfin, la chapelle seigneuriale, ouverte à la visite depuis 2023, dévoile des peintures murales du 16e s.

Châteaux de Beynac-et-Cazenac et de Castelnaud ★★

Beynac : ✆ 05 53 29 50 40 - www.chateau-beynac.com - Pl. d'Alsace ; Castelnaud : ✆ 05 53 31 30 00 - castelnaud.com - 1 D 57.

Beynac côté français, Castelnaud côté anglais : les deux châteaux qui se font face résument bien les interminables confrontations qui ont opposé ces deux solides forteresses. Le premier trône sur sa falaise, le second lui répond par une position particulièrement stratégique, à la confluence des vallées du Céou et de la Dordogne. Si Beynac laisse l'imagination du visiteur phosphorer dans la pureté de la pierre, le château de Castelnaud, consacré à l'art de la guerre au Moyen Âge, joue la carte pédagogique des reconstitutions.

Jardins de Marqueyssac ★★

Vézac - ✆ 05 53 31 36 36 - www.marqueyssac.com. Borne la plus proche, pl. Régis-Magnol (1,5 km).

Terrasses et allées bordées de buis centenaires, belvédère et panorama époustouflant, les jardins suspendus de Marqueyssac sont un des « musts » du Périgord. Sur leur éperon rocheux surplombant la vallée de la Dordogne, ils déploient, autour d'un manoir à l'exceptionnel toit de lauzes, mille nuances au fil des heures, des saisons et de vos pérégrinations. Les plus aventureux s'essayeront sur la via ferrata et les romantiques choisiront la visite aux chandelles... Magique !

La Roque-Gageac ★★

Prom. de la Batellerie, D 703, au niveau de l'église.

Tâchez d'arriver par l'ouest au village médiéval de La Roque-Gageac, en fin d'après-midi quand le soleil éclaire la haute falaise bistre frangée de chênes verts. Derrière la ligne de façades de guingois, que vient souligner la délicate marqueterie de lauzes et de tuiles brunes, les maisons se blottissent sous la muraille de calcaire. Au cœur du village, des plantes aux essences de type méditerranéen composent un jardin exotique, véritable oasis adossée à la falaise. Très haut, dans une entaille du rocher, se loge un fort inexpugnable.

Domme ★★

590 Le Bourg.

Quel panorama ! Du haut du village, la vue embrasse la vallée de la Dordogne, du cingle de Montfort au château de Beynac. Inoubliable dans la lumière de l'aube ou du crépuscule. Mais ce n'est pas tout : Domme est aussi un ravissant village médiéval, une bastide admirablement conservée, enserrée dans des fortifications qui épousent le relief. Son sous-sol abrite une étonnante grotte, composée de 450 m de galeries aménagées, ancien refuge des habitants lors des différents conflits. Les touristes ne s'y trompent pas, et vous trouverez à Domme de nombreuses boutiques de souvenirs...

La vallée en montgolfière ♥

Périgord Dordogne Montgolfières - Castelnaud - ✆ 06 83 26 47 66 - www.perigord-dordogne-montgolfieres.com. 1 D 57.

Admirer la vallée de la Dordogne confortablement installé dans la nacelle d'une montgolfière est une expérience magique et inoubliable. Le ballon flotte silencieusement, les lumières du soleil couchant illuminent les falaises et les châteaux escarpés, la rivière serpente en contrebas. On est seul au monde, en parfaite harmonie avec les éléments. Grandiose !

SARLAT-LA-CANÉDA ★★★

Avec ses ruelles médiévales et ses hôtels particuliers gothiques ou Renaissance, Sarlat attire les foules. Il suffit de faire le tour de la magnifique vieille ville aux tons d'ocre blond, pour comprendre les raisons de cet engouement.

Pl. de la Libération.

L'architecture d'apparat, les étals du marché, les multiples adresses qui rendent hommage à la truffe et au foie gras élèvent Sarlat au rang de capitale du Périgord noir. La plupart de ses maisons ont été surélevées et présentent un rez-de-chaussée médiéval, un étage gothique rayonnant ou Renaissance et des faîtages et des lanternons classiques. Incontournables : la maison de La Boétie (16e s.), l'église Ste-Marie, revisitée par Jean Nouvel, enfant du pays, et la place du Marché-aux-Oies. Pour en profiter tranquillement, venez hors saison, tôt le matin ou suivez la visite guidée nocturne.

Pédaler sur la voie verte Sarlat-Cazoulès ♥

Plan www.sarlat-tourisme.com. Départ Rd-pt de Madrazès. 44 rte du Lot.

Suivant le tracé d'une voie ferrée désaffectée, la piste cyclable conduit à Cazoulès (25 km à l'est de Sarlat - 1h30 aller). Facile à parcourir, cet itinéraire est idéal pour une journée nature, avec pique-nique le long de la Dordogne, mais aussi pour découvrir la campagne sarladaise et l'architecture locale d'un beau calcaire doré. À St-Rome, où se trouvent les romantiques Jardins d'eau, une variante mène à Groléjac (12 km au sud), où une plage et une base de loisirs sont aménagées autour du lac.

VALLÉE DE LA DORDOGNE LOTOISE ★★

La Dordogne poursuit sa route sinueuse vers l'est, se frayant un chemin entre les causses, dans une campagne verdoyante. Les villages remarquables se succèdent, lovés autour d'une église romane ou dominés par les vestiges d'une forteresse médiévale.

Souillac ★

8 r. Pierre-Bourthoumieux.

Souillac a conservé un patrimoine architectural d'exception, à commencer par son église à coupoles. Chef-d'œuvre de l'art romano-byzantin du haut Quercy, cette ancienne abbatiale abrite une pièce majeure de la sculpture romane, le bas-relief du prophète Isaïe. Il fait bon aussi se promener dans les ruelles au dessin médiéval, ponctuées de petites places. Enfin, le musée de l'Automate, toujours en mouvement, réunit plus de 300 automates et jouets mécaniques des 19e et 20e s. Avis aux amateurs !

Martel ★

6049F av. de Nassogne.

Admirablement préservée et bâtie sur un causse du haut Quercy, cette cité est une étape de charme. Le bourg ancien, ravissant, mérite bien son surnom de « ville aux sept tours », avec ses clochers, beffrois et autres flèches. Prenez le temps de vous poser sur l'une des terrasses de la place des Consuls, bordée par l'hôtel de la Raymondie, ancienne forteresse des vicomtes de Turenne transformée en palais gothique au 14e s. Au centre de la place se tient une superbe halle du 18e s. C'est là que se déroule le marché, le mercredi et le samedi matin, pour le plaisir des yeux et des papilles.

Daniel_Gauthier/Shutterstock

Maisons à Sarlat-la-Canéda.

Moment intense

La vallée de la Dordogne ★★★

Elle est sans conteste la partie la plus impressionnante de l'itinéraire. Un temps frontière entre la France et l'Aquitaine anglaise, la Dordogne cumule, sur ses rives, nombre de sites remarquables. La route, très fréquentée à la belle saison, remonte son cours et laisse apercevoir, de chaque côté, accrochés aux falaises dorées, châteaux et villages perchés, bâtis pour surveiller l'ennemi : Beynac-et-Cazenac, Castelnaud-la-Chapelle, La Roque-Gageac, Domme... Tous construits dans le beau calcaire doré de la région et coiffées de toits pentus en lauzes ou en petites tuiles plates au coloris brun.

GOUFFRE DE PADIRAC ★★★

✆ 05 65 33 64 56 - www.gouffre-de-padirac.com. Pas de borne à proximité.

Vous êtes sur le point de découvrir l'un des « réseaux noyés » les plus longs du monde. Vous descendez dans les entrailles de la terre, à 100 m de profondeur, et observez le résultat du travail de l'eau qui a patiemment modelé des paysages calcaires peuplés de formes inconcevables par l'esprit humain. En bas, une flottille de bateaux plats vous emporte sur la mystérieuse rivière aux eaux limpides, sous d'incroyables pendeloques de pierre. Incontournable, mais très fréquenté en été.

ROCAMADOUR ★★★

Rocher miraculeux, recueil d'histoires et de légendes, sanctuaire de la Vierge noire, lieu de pèlerinage: Rocamadour est tout cela à la fois... et l'un des sites les plus impressionnants qui soient.

160 pl. de l'Europe, à 1 km.

En arrivant par la route de l'Hospitalet, la vue est remarquable : au fond d'une gorge, l'Alzou serpente au milieu des prairies, et à 500 m, agrippé à la falaise du causse, se détache l'extraordinaire profil du village dont l'élévation est un défi à la pesanteur. Les vieux logis, les tours et les oratoires dégringolent le long de la falaise escarpée, sous l'égide du fin donjon du château et des huit sanctuaires.

Rocher des Aigles ★

Rte du Château - ✆ 05 65 33 65 45 - www.rocherdesaigles.com.

Tout près des remparts se trouve un centre d'élevage et de reproduction de rapaces : près d'une centaine d'oisillons naissent ici chaque année ! Une unité de soin accueille aussi des oiseaux blessés qui seront ensuite relâchés. Vous aurez également le

Voyage en barque dans le gouffre de Padirac.

MartinM303/Getty Images Plus

Rocamadour, une cité à flanc de falaise.

privilège d'assister à une splendide démonstration de vol de rapaces dressés puis de perroquets, apportant une touche de couleur finale à ce spectacle exceptionnel. Le commentaire assuré par des spécialistes ajoute à la compréhension de ces oiseaux de proie méconnus.

Observation du ciel ♥

www.parc-causses-du-quercy.fr.

Le causse de Gramat est drapé dans l'un des ciels les plus noirs d'Europe. C'est le bien nommé « triangle noir », où la pureté du ciel s'explique par la sécheresse de l'air et la faible pollution lumineuse. Surveillez le site internet du parc, il relaie les activités « astro ». On vient et se retrouve pour la Nuit des étoiles, par exemple, début août : séances d'observation, soirées musicales, nuits à la belle étoile. Parfois une ovation salue le passage d'une météorite...

FIGEAC ★★

Merveille d'architecture héritée d'un prestigieux passé, Figeac déroule ses ruelles médiévales au gré d'une topographie mouvementée et pleine de charme.

24 bd du Colonel-Teulié.

On ne se lasse pas de découvrir le lacis des venelles en pente, leurs détours et leurs escaliers, entre des murailles de grès, où chaque porte, chaque fenêtre témoigne du soin de leur restauration. Au cœur de la ville, il fait bon s'asseoir à une terrasse sur l'une des petites places du secteur sauvegardé.

Musée Champollion – Les Écritures du monde ★★

Pl. Champollion - ✆ 05 65 50 31 08 - www.musee-champollion.fr.

Belle réussite muséale, cet espace fait revivre le destin de Jean-François Champollion, un homme fasciné par les langues anciennes et entièrement dévoué au déchiffrement des hiéroglyphes égyptiens. Puis l'on découvre l'histoire des graphies du monde : naissance de l'écriture, du calame des scribes à l'alphabet, évolution du livre, du parchemin à l'informatique. Un lieu passionnant.

CARNET DE ROUTE

SE RÉGALER

PÉRIGUEUX

HERCULE POIREAU

Au pied de la cathédrale et sous les voûtes de pierres blondes d'une salle périgourdine du 16e s., le célèbre détective mène l'enquête. Papilles en alerte, il a apprécié la cuisine sincère et dépoussiérée d'un terroir d'exception. Dans l'assiette, nul besoin de porter plainte à propos de la terrine de foie gras mi-cuit et gelée aux fruits de la passion ou du magret de canard poêlé et poires pochées au vin rouge qui sont redoutablement gourmands!

2 r. de la Nation - ✆ 05 53 08 90 76 - www.restaurant-perigueux-hercule-poireau.fr - 🚗 à 120 m.

LES EYZIES

LE 1862 - LES GLYCINES ✿

Des assiettes colorées et originales, aux cuissons impeccables et réalisées avec des produits de grande qualité, dont les légumes du potager : voici l'alléchant programme qui n'attend que votre coup de fourchette. On propose ici une cuisine du marché aux harmonies de saveurs subtiles, ainsi que des sauces très abouties. Le chef magnifie les plus beaux produits du coin : pigeon, foie gras, tomme de Sarlat et autres légumes! Bons conseils sur les vins.

4 av. de Laugerie - ✆ 05 53 06 97 07 - www.les-glycines-dordogne.com - 🚗 sur place.

LE BUISSON-DE-CADOUIN

AUBERGE DE L'ESPÉRANCE

Âmes désespérées, courez à cette adresse qui saura vous redonner foi en la vie! L'accueil de la patronne n'est que sourire et chaleur, et la cuisine est pleine de jolies attentions, alliant fraîcheur et franche gourmandise. Voilà qui rappelle que les plaisirs simples sont parfois les plus marquants...

3 av. des Sycomores - ✆ 05 53 74 23 66 - www.lesperance.eatbu.com - 🚗 à 120 m.

ST-VINCENT-DE-COSSE

LA TABLE DE MONRECOUR

Au sein de ce domaine dominant la campagne périgourdine, avec une véranda qui donne sur le château, une table cultivant l'air du temps à travers des recettes de bonne facture et savoureuses. Une formule plus simple est proposée à midi, les jours de semaine. À l'été, on s'installe sur l'une des plaisantes terrasses. Belles chambres dans le château.

Lieu-dit Monrecour - ✆ 05 53 28 33 59 - monrecour.com/restaurant - 🚗 sur place.

LA ROQUE-GAGEAC

LA BELLE ÉTOILE ☺

Manger à La Belle Étoile en plein jour, c'est possible! Rendez-vous donc dans cette demeure tournée vers la Dordogne... La cuisine réserve de belles surprises: savoureuse et gourmande, elle sait mettre le terroir en valeur et régale! Et de petites chambres permettent de prolonger son séjour dans ce joli village.

Le Bourg - ✆ 05 53 29 51 44 - www.belleetoile.fr

MARTEL

SAVEURS DES HALLES

Queues de gambas à la plancha, risotto crémeux et émulsion de crustacés; pomme de ris de veau braisée au jus de viande; gâteau moelleux aux noix, crème glacée vanille... Une cuisine simple et bonne qui va à l'essentiel, voilà ce qu'on trouve dans cette petite adresse pleine de charme, tenue par un couple dynamique originaire d'Agen et du Pays basque.

R. Sans-Lys - ✆ 05 65 37 35 66 - www.restaurant-saveurs-des-halles-martel.fr - 🚗 à 230 m.

FLOIRAC

LA MANGEOIRE

Dans une jolie bâtisse en pierre calcaire et toit d'ardoises, avec terrasse et véranda de style Belle Époque, le chef, qui a exercé un peu partout dans le monde, en a rapporté le goût des mélanges exotiques : aubergines onctueuses « comme un houmous », pain de seigle brûlé, artichaut Camus frit, filet de porc séché à la cheminée; secreto ibérique juste saisi, à la cacahuète et au gingembre, fenouil rôti et nouilles de blé. Une cuisine voyageuse d'esprit bistronomique.

Le Bourg - ✆ 05 65 41 72 38 - www.la-mangeoire-restaurant-floirac.eatbu.com

FIGEAC

LA RACINE ET LA MOELLE

La cheffe Julie et son compagnon irlandais ont conquis les Figeacois avec des assiettes modernes et savoureuses. Dressages sans chichis et cuissons impeccables se dégustent dans une ambiance conviviale et aussi nature que la jolie sélection de vins (le lieu fait aussi caviste). Carton plein!

6 r. du Consulat - ✆ 09 83 53 81 58 - 🚗 à 300 m.

SE LOGER

LES EYZIES

LES GLYCINES

Cet ancien relais de poste au bord de la Vézère respire la nature avec son parc, sa tonnelle de glycine et son potager. Les chambres se révèlent charmantes et confortables, en particulier les junior suites et les écolodges. Espace bien-être et jolie table (☞ ci-contre).

4 av. de Laugerie - ✆ 05 53 06 97 07 - www.les-glycines-dordogne.com - 🚗 sur place.

SAVIGNAC-DE-MIREMONT

NID2RÊVE

Quatre cabanes originales pour une nuit de charme :

deux perchées dans les arbres, deux semi-enterrées, toutes construites en matériaux durables et recyclables. Perdues dans la nature, elles favorisent la détente... Les animaux sauvages le sentent bien puisqu'ils s'aventurent parfois sur le domaine. À surveiller !

545 rte des Écoliers - ✆ 06 89 77 33 26 - www.nid2reve.fr

FIGEAC

CHAMBRES D'HÔTE CONQUANS

Installée dans une belle maison du 14e s. en pierre ocre, les chambres affichent un certain cachet grâce aux planchers en bois, aux tomettes et à la pierre qui recouvrent les sols, et au beau mobilier ancien. Rassurez-vous, le confort, lui est bien moderne.

2 r. des Lazaristes - ✆ 06 84 72 98 28 - www.chambre-dhotes-conquans.com - à 260 m.

ICI ET PAS AILLEURS

PÉRIGUEUX, SARLAT

MARCHÉ AU GRAS ET AUX TRUFFES

Gastronomie locale oblige, le canard gras et la truffe font l'objet de marchés renommés dans la région. Mais attention, ils ont leur saison. Les premiers se tiennent de novembre à mi-mars ; les seconds en décembre et janvier. Idéal pour apprendre à travailler ces produits délicieux.

www.destination-perigueux.fr ; www.sarlat-tourisme.com

DOMME

BIJOUX CHARLES DURET

Installé dans l'ancienne maison du batteur de monnaie, qui date de 1282, Charles Duret se décrit comme un créateur et sculpteur de bijoux. Ses collections, en métal, jouent avec les contrastes.

Pl. de la Rode - ✆ 05 53 29 17 06 - www.charles-duret.com - à 244 m.

Michel VIARD/Getty Images Plus

Cabécous de Rocamadour.

SARLAT-LA-CANÉDA

PÂTISSERIE MASSOULIER

Cette pâtisserie-salon de thé propose quelques spécialités de la région, à l'instar des gâteaux aux noix à l'ancienne et autres tartes noix-caramel. Goûtez aussi aux lauzes du Périgord, une nougatine enrobée de chocolat. Un délice...

33 r. de la République - ✆ 05 53 59 00 85 - maisonmassoulier.eatbu.com - à 270 m.

CARLUX

DOMAINE DE BÉQUIGNOL

On vient ici pour les confiseries : Arlequines de Carlux (cerneaux de noix enrobés de chocolat et poudrés de cacao), bouchées aux noix... Vous retrouverez aussi ces gourmandises dans les principales boutiques de la région.

Béquignolles - ✆ 05 53 29 73 41 - www.bequignol.fr

PEYRILLAC-ET-MILLAC

PASCAL PELTIER

Sculpteur-fondeur, Pascal Peltier travaille le bronze et fait naître de beaux nus féminins auxquels il donne le prénom du modèle. Les œuvres, de 30 cm à 1 m, sont exposées à côté de l'atelier. Vous y verrez aussi quelques pièces animalières.

55 chemin du Bouriage - Pech-de-l'Espérance - ✆ 06 52 06 22 81 - www.pascal-peltier.com

SOUILLAC

DISTILLERIE LOUIS ROQUE

Les héritiers de Louis Roque élaborent liqueurs et apéritifs régionaux dans le souci d'une tradition datant de près d'un siècle. La vieille prune a fait la renommée de la maison. Visite du chai et du musée, et dégustation

41 av. Jean-Jaurès - ✆ 05 65 32 78 16 - www.lavieilleprune.com

ROCAMADOUR

FERME LACOSTE

Cette belle ferme héberge une centaine de chèvres qui broutent pour préserver la réputation de leur délicieux fromage AOP : le fameux rocamadour.

Les Alix - ✆ 05 65 33 62 66 - à 385 m.

PRINCIPALES BORNES DE RECHARGE :

Bordeaux :
Maison écocitoyenne - 39 quai Richelieu (50 kW)
Lidl - 64 r. Malbec (120 kW)

Andernos-les-Bains :
Supermarché - 269 bd de la République (160 kW)

Mimizan-Plage :
Parking Segoza - 43 av. Maurice-Martin (22 kW)

Bayonne :
11 r. Jules-Labat

Biarritz :
42 r. Gambetta

Hendaye :
23 quai de la Floride

L'ESSENTIEL ÉLECTRIQUE

Toutes les villes et stations balnéaires de cet itinéraire sont pourvues en bornes de recharge, en plus ou moins grand nombre, et de plus ou moins grande puissance évidemment. Attention cependant au secteur de la presqu'île du Cap-Ferret, assez pauvrement doté, et à la traversée des landes de Gascogne. Certaines visites et activités proposées dans ces pages sont isolées, ou ne sont pas à proximité d'un point de charge.

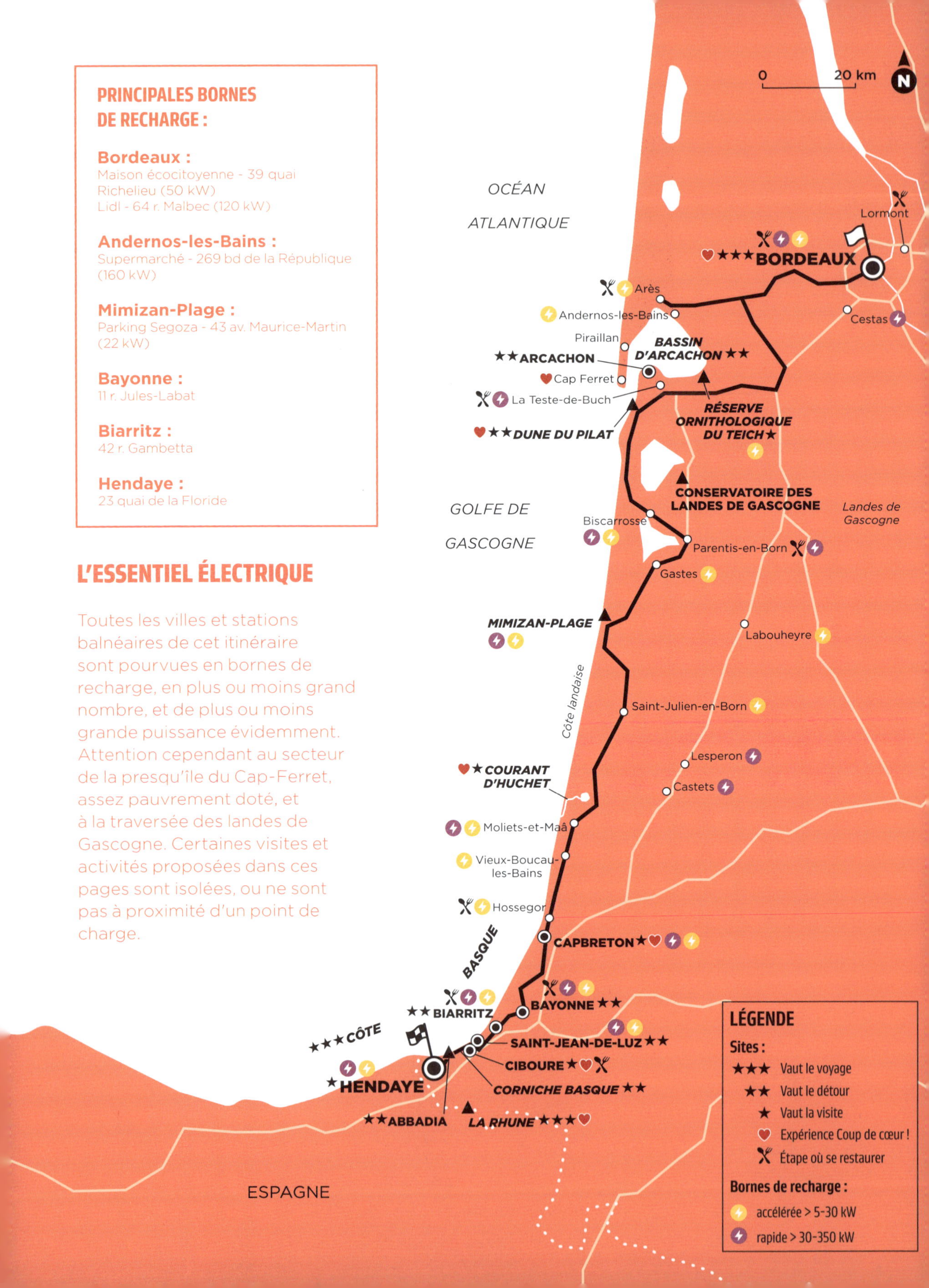

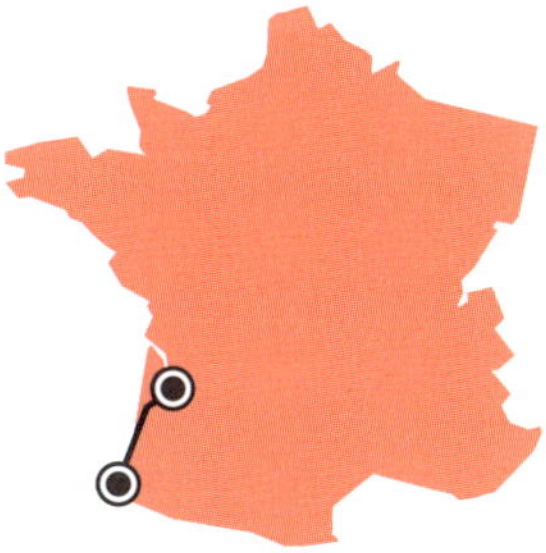

DISTANCE : 340 km
DURÉE : 3 jours
DÉPART : Bordeaux
ARRIVÉE : Hendaye

PRINCIPALES ÉTAPES :
Arcachon
Biscarrosse
Bayonne
Biarritz
St-Jean-de-Luz

BORDEAUX HENDAYE

Côte d'Argent et Côte basque

Bordée par une immense plage, la côte Atlantique n'est interrompue que par quelques embouchures formant autant de paysages singuliers et remarquables, à commencer par le bassin d'Arcachon et sa dune majestueuse. Vous longerez aussi des étangs, traverserez les landes, pour atteindre la Côte basque qui s'étire sur les derniers contreforts de la chaîne pyrénéenne. Stations populaires, villes balnéaires élégantes et cités historiques sont au programme de cet itinéraire en Nouvelle-Aquitaine.

Côté saveurs...

Bordeaux, évidemment, rime avec vin de bordeaux. Sur le bassin d'Arcachon, vous ne résisterez pas aux huîtres (à déguster directement chez le producteur). Plus au sud, poissons et autres produits de la mer (comme les chipirons en Pays basque) rivalisent avec des produits landais, comme les foies gras.

Dégustation d'huîtres au bassin d'Arcachon.
Jessica Vlastuin/Getty Images Plus

RossHelen/Getty Images Plus

La place de la Bourse à Bordeaux.

BORDEAUX ★★★

Voilà plusieurs siècles déjà que la capitale de l'Aquitaine a le vent en poupe. Riche de son patrimoine architectural magnifiquement restauré dans les dernières décennies, de son prestigieux vignoble alentour, et de ses grands musées, Bordeaux, populaire, bourgeoise et tendance, est toujours en pleine mutation.

65 cours Georges-Clemenceau.
p. 154.

Promenez-vous dans le secteur du Vieux Bordeaux qui compte quelque 5000 immeubles du 18e s., laissez-vous surprendre par l'ampleur de la place de la Bourse, mise en valeur par son rafraîchissant miroir d'eau, montez jusqu'à la cathédrale St-André, faites une croisière sur la Gironde pour admirer le pont levant, offrez-vous une soirée musicale dans l'écrin merveilleux du Grand Théâtre. Sans oublier les pauses gourmandes, canelé pour le goûter, bordeaux à l'apéritif, restaurant gastronomique pour le soir.

Les Bassins des Lumières ★★

Base sous-marine - 289 bd Alfred-Daney - 05 35 00 00 90 - bassins-lumieres.com. Bd Alfred-Daney (près de McDonald's).

Qui aurait cru avant 2021 que cette impressionnante architecture de béton, conçue en 1941 pour abriter la flotte de sous-marins de l'armée allemande, se parerait de fabuleux décors ? Le spectacle, tout en délicatesse – des images projetées sur les murs, se reflétant dans l'eau – offre un contraste saisissant avec la solennité ténébreuse des lieux. Toujours superbe et immersif, quel que soit le thème ou l'artiste choisi : Tintin, de Van Gogh à Vermeer, création contemporaine.

Parcours sensoriel à la Cité du Vin ♥

1 espl. de Pontac - 05 56 16 20 20 - www.laciteduvin.com. Parking La Cité du Vin (2 r. de Gironde).

On ne présente plus la Cité du Vin, site incontournable de Bordeaux, dont l'exposition permanente propose un voyage autour des vignes du monde entier. En complément, Via Sensoria

Olivier Terlez/La Pinasse électrique®

La Pinasse électrique®.

« En pinasse électrique sur le bassin d'Arcachon…

Comment préserver la beauté naturelle du bassin d'Arcachon, la faire partager aux visiteurs, et pérenniser la tradition de la navigation sur cette lagune unique ? C'est à ces enjeux environnementaux et patrimoniaux que la société La Pinasse électrique®, créée en 2008 par Virgile Lauga, entend répondre avec intelligence.

Comment est née l'idée de vos pinasses à propulsion électrique ?

Ici, tout le monde aime cette embarcation traditionnelle, cette silhouette effilée en bois vernis. Et tout le monde voudrait la sienne. Mais il suffit de regarder le Bassin en plein été, quand tous les bateaux – pinasses, hors-bord, voiliers – sont à l'eau, pour comprendre qu'il est saturé. Plus un corps-mort n'est disponible. C'est ainsi qu'est née notre idée de bateaux partagés, pour que le Bassin redevienne accessible à tous. Nous proposons des pinasses ou des tilloles (la version plus courte) en location, par abonnement. Plutôt que d'être propriétaire d'un bateau qui sort 10 jours par an, on loue. Et on loue électrique, parce que les « silencieuses », c'est vraiment plus agréable.

Quels services sont proposés à vos abonnés ?

La possibilité de louer à la demi-journée, à la journée. De bénéficier de notre boat-house sur le port. Mais nous sommes aussi un chantier naval, et nous essayons de promouvoir l'idée qu'il est possible de reconditionner les bateaux patrimoniaux. Nous proposons donc aux propriétaires de pinasses et autres bateaux de changer leur motorisation. La garantie du silence absolu, avec une autonomie de 8h. Que demander de plus ? Ah si, nous proposons aussi des solutions d'hébergement, sur notre site au port de La Teste.

Et pour les touristes, qui n'ont pas la chance d'être abonnés à l'année ?

Ils sont les bienvenus, et peuvent eux aussi devenir électro-pinasseyres. Nous avons même une borne de recharge sur le port, s'ils arrivent en voiture électrique ! S'ils ont le permis de naviguer, et les capacités, nous leur louons une pinasse (jusqu'à une dizaine de passagers) ou une tillole, pour quelques heures ou une journée. Le temps de faire un bon tour de Bassin. Sinon, nous proposons des sorties avec un guide qui les accompagne. En toute convivialité. Pour le plaisir de découvrir la navigation sans bruit ni odeur, dans un des plus beaux endroits au monde ! Et en été, nous organisons aussi des sorties commentées de 2h, pour faire découvrir le concept, et raconter les enjeux environnementaux du Bassin. »

55 av. des Pêcheurs - 33529
LA TESTE-DE-BUCH -
06 06 67 45 55 -
pinasse-electrique.e-marine.fr.
Borne de recharge à disposition sur place, ou garez-vous 63 r. du Port.

vous convie à une expérience sensorielle nouvelle: quatre pavillons, sur le thème des quatre saisons, vous accueillent pour un moment qui conjugue expérience artistique et proposition d'accords boisson/saison. En petit groupe, accompagné d'un animateur sommelier, découvrez une visite-dégustation insolite.

BASSIN D'ARCACHON ★★

Large échancrure dans la longue Côte d'Argent, cette immense lagune est sertie par la forêt, autrefois domaine des résiniers. Le sixième parc naturel marin français, territoire des oiseaux, est aujourd'hui le domaine des ostréiculteurs, et des estivants en quête d'ambiance chic et décontractée.

Près de 70 km de la pointe du cap Ferret à la dune du Pilat, avec quelques embouteillages dans la presqu'île dès les beaux jours. Mais quel spectacle que cette petite mer intérieure, ourlée de pinèdes, parsemée de villas, animée de petits villages ostréicoles. Ascension du phare du Cap-Ferret, balade sur la plage et la dune à la pointe, découverte de la « chapelle algérienne », recensement des oiseaux dans les réservoirs de Piraillan, soirée à Andernos, promenade mondaine à Arcachon ou glissade sur la dune du Pilat, les activités sont nombreuses. Sans compter les sorties en bateau, sur l'île aux Oiseaux, vers le banc d'Arguin, ou pour une simple traversée Ferret-Arcachon avec la navette.

Déguster des huîtres les pieds dans l'eau ♥

Cabane 24 - village ostréicole de Piraillan - 24 r. du Littoral - Lège-Cap-Ferret - ✆ 06 77 16 90 16 - www.facebook.com/p/Cabane-24.

Il y a quelques années encore, les cabanes ostréicoles n'étaient que des ateliers et parfois des points de vente. Désormais, nombre d'entre elles – il n'y a que l'embarras du choix, mais certaines donnent le sourire plus que d'autres – sont aussi devenues des terrasses-lounge au bord de l'eau, où il est de bon ton, et fort agréable, de se rendre en fin de journée pour déguster quelques huîtres bien fraîches accompagnées d'un verre de vin et d'une terrine locale. Côté presqu'île, à Piraillan notamment, la vue est sans égale, quand le soleil couchant éclaire la dune du Pilat en face.

P. Hauser/hemis.fr

Ⓣ Cabane de dégustation d'huîtres au village de L'Herbe.

Arcachon ville d'hiver ★

Quartier de la Ville-d'Hiver - Arcachon : visites guidées selon calendrier par l'office de tourisme (www.arcachon.com). 39 esplanade Georges-Pompidou (gare).

En retrait de l'animation des plages, du port et du centre commerçant, la ville d'hiver offre au promeneur une incroyable mosaïque de villas toutes plus excentriques les unes que les autres, dans l'ombre de la pinède. Ces opulentes demeures, conçues au 19ᵉ s. pour le repos des tuberculeux, imposent leur style – orientaliste, anglais, suisse, basque ou néogothique – à ce quartier préservé, hors du temps. À découvrir en visite autonome, grâce aux panneaux, ou en visite guidée avec un animateur du patrimoine.

Vis ma vie d'ostréiculteur ♥

Départs possibles au village de l'Herbe-Lège-Cap-Ferret (pas de borne), Arès (av. de La Plage / pl. Weiss), Andernos (48 bd de la Plage), La Teste-de-Buch (63 r. du Port), Gujan-Mestras (12 r. de l'Yser).

Rendez-vous est pris, 3h avant la marée basse, dans le port ostréicole choisi. Qu'il soit tôt ou tard, il est temps de partir, après de sympathiques présentations. Vous voilà embarqué sur la plate (bateau ostréicole à fond plat), qui au long des chenaux vous conduit dans les parcs à huîtres. Enfin, lorsque la mer est vraiment basse, vous pouvez descendre directement dans les parcs (chaussé de bottes ou de chaussures résistant à l'eau), pour participer au travail difficile de l'ostréiculteur : retourner les poches, les monter dans le bateau, etc. Plus facile l'été que l'hiver d'ailleurs, dans la fraîcheur de la mer. Pendant le trajet de retour, parce que tout travail accompli mérite récompense, dégustation d'huîtres sur le pont. Un bonheur !

Réserve ornithologique du Teich ★

R. du Port- Le Teich - 05 24 73 37 33 - www.reserve-ornithologique-du-teich.com. Av. de la Côte-d'Argent (mairie).

Au plus près des oiseaux sauvages. C'est la promesse de cette réserve de 120 ha, qui contribue à sauvegarder les espèces d'oiseaux menacées et à préserver leur milieu naturel. Vous y découvrirez l'avifaune européenne en sillonnant ses quatre parcs à thème. Les parcours pédestres sont jalonnés de postes d'observation surélevés permettant au regard d'embrasser le bassin d'Arcachon. Une autre façon d'envisager le bassin, à l'écart des plages.

Parapente sur la dune du Pilat.

Vol en parapente sur la dune du Pilat ♥

Plage du Petit-Nice - La Teste-de-Buch - 06 59 72 55 88 - www.pyla-parapente.com.

On peut se contenter de la gravir, pour admirer de son sommet (106 m d'altitude), ses 2,7 km de longueur, et imaginer les 60 millions de mètres cubes de sable qui la composent. Le panorama est évidemment magnifique, sur le bassin dans son ensemble, la forêt des Landes, et l'océan au loin. Mais vous pouvez

Plage de sable de l'étang de Cazaux et de Sanguinet.
M. Cavalier/hemis.fr

aussi faire le grand saut : un vol en parapente biplace (accompagné par un pro, bien sûr) depuis le sommet de la dune, qui sera immortalisé par une vidéo embarquée. Au choix, vol contemplatif ou vol sportif : 10 ou 20mn de vol inoubliables, dans l'un des plus beaux sites de la côte. Le sauvage et changeant banc d'Arguin notamment, pour partie interdit d'accès, vous révélera ses plus beaux profils. Sur réservation, et sous réserve des conditions météo.

LA CÔTE LANDAISE

Biscarrosse, Mimizan, Hossegor, Capbreton... autant de noms qui évoquent l'air iodé de l'océan et ses vagues, mais aussi le parfum et les grands espaces des pinèdes landaises. Balade routière entre mer, étangs et forêt, sur près de 150 km.

Conservatoire des Landes de Gascogne à Biscarrosse

728 av. de Parentis - Sanguinet - 06 60 88 51 78 - www.conservatoiredeslandesdegascogne.com. À Sanguinet, r. du Maréchal-Ferrant, à 1,8 km.

Certes il y a la plage à Biscarrosse, et le musée historique de l'Hydraviation, hommage à la célèbre Aéropostale. Mais il y a aussi, pour comprendre ce qu'est le paysage des Landes, ce conservatoire qui met à l'honneur la culture landaise et la tradition du gemmage, la récolte de la résine de pin. La visite est l'occasion d'une démonstration de ce savoir-faire et d'une rencontre avec les derniers résiniers. Testez aussi l'atelier découverte de l'apiculture.

Mimizan

Carrefour Market, rte de Baleste (120 kW), et 43 av. Maurice-Martin à Mimizan-Plage.

Plusieurs fois engloutie par la dune mouvante depuis l'époque gallo-romaine, Mimizan est aujourd'hui surnommée la « perle de la Côte d'Argent », première station balnéaire créée dans les Landes à la fin du 19e s. On y va évidemment pour sa plage sur l'océan, mais aussi pour son lac, et pour les deux fleuves côtiers qui l'irriguent, appelés ici « courants » : celui d'Huchet, et celui de Contis, deux sites naturels de grand intérêt.

Descente en barque du courant d'Huchet ♥

Bureau des Bateliers - chalet de Pichelèbe (RD 328) - Moliets - 06 27 82 19 36 - www.bateliers-courant-huchet.fr. À Léon, 72 pl. de l'Abbé-Dulong (10 km).

Petit fleuve côtier reliant l'étang de Léon et l'océan Atlantique, le courant d'Huchet est souvent surnommé « l'Amazonie landaise ». Rien qui doive vous effrayer, bien au contraire. Votre balade en barque (de 2 à 4h), avec les bateliers de la confrérie du courant d'Huchet qui rament depuis 1920, vous mène sur ce cours d'eau sauvage, le seul du golfe de Gascogne dont l'embouchure n'ait pas été stabilisée par des travaux d'endiguement, jusqu'à l'estuaire de la plage de Moliets. Une rivière encore sauvage, qui méritait bien d'être classée en réserve naturelle (600 ha).

Bienvenue sur les galupes, barques à fond plat caractéristiques de ce cours d'eau unique, seules autorisées à naviguer sous les frondaisons de cette forêt-galerie.

Pêche en mer avec des pros de Capbreton ♥

Pescatourisme - Port de Capbreton - av. Georges-Pompidou - ✆ 06 77 87 80 40 - www.capbreton-tourisme.com. 🚗 11-13 av. du Maréchal-Leclerc.

Pas plus de deux personnes, en plus de l'équipage du bateau, pour cette aventure en mer. N'oubliez pas votre ciré jaune, on ne sait jamais, et montez à bord de votre navire, un fileyeur ou un ligneur-palangrier de moins de 12 m de long. Vous voici parti pour une journée entière de pêche en mer, afin de découvrir le quotidien des pros, leurs pratiques et leur métier. S'il ne vous sera pas possible de participer aux manœuvres, sécurité oblige, l'ambiance et le rythme devraient pourtant vous enthousiasmer. Retour au port dans l'après-midi, après un grand bol d'air iodé et plein de souvenirs dans la tête.

LA CÔTE BASQUE ★★★

À partir de l'embouchure de l'Adour, à Bayonne, la Côte d'Argent, serpent de sable ininterrompu, laisse place peu à peu à des côtes plus découpées, rocheuses, creusées de criques, mais aussi plus urbanisées : le littoral basque.

Bayonne ★★

🚗 11 r. Jules-Labat.

Bordée par l'Adour et traversée par la Nive, enserrée dans trois ceintures de remparts, la cité s'est développée en hauteur : immeubles élevés et étroits, façades à colombages sang-de-bœuf, ruelles exiguës souvent piétonnes qui donnent au centre historique, d'où émergent les flèches de la cathédrale Ste-Marie, charme et caractère. Grand Bayonne ou Petit Bayonne, les deux quartiers ont leur pouvoir de séduction, vous vous ferez votre idée. Bien sûr, Bayonne est connue pour ses célébrissimes fêtes ; mais c'est aussi la porte

Bayonne, Quai Galuperie.

Xantana/Fotosearch LBRF/age fotostock

Moment intense

La Corniche basque ★★

La Corniche basque, c'est une route tout d'abord, la D 912, qui longe la côte au plus près, entre le fort de Socoa à Ciboure et la pointe Ste-Anne à Hendaye. Mais c'est aussi un site naturel protégé, mis en valeur par le CPIE littoral basque. Une route de quelque 7 km tracée au bord des falaises, qui vous fera tourner la tête: à droite l'océan, à gauche le Pays basque, et les montagnes, un peu plus loin. Une route facile, quoique rétrécie dans certaines de ses portions, par les effondrements de la falaise. Une frange de littoral absolument intègre, préservée de toute urbanisation. À savourer en roulant tranquillement, plein sud et toutes vitres ouvertes. Parmi les temps forts, l'arrêt au belvédère de Belharra, lieu idéal pour observer aux jumelles la vague mythique du Pays basque (elle apparaît à 3 km au large, et au mieux une fois par an!), et la visite de la Maison de la corniche.

La Maison de la corniche / Asporotsttipi - Rte de la Corniche - ✆ 05 59 74 16 18 - www.cpie-littoral-basque.eu. Point d'accueil touristique et centre d'interprétation. Pas de borne de recharge sur le trajet.

Les tentes de la plage de Biarritz.
Anita Sagastegui/Getty Images Plus

d'entrée de l'âme basque, sa culture, son folklore et sa gastronomie, à découvrir sous les halles notamment, tous les matins.

Biarritz ★★

42 r. Gambetta.

La « reine des plages et plage des rois » conserve, avec ses villas, ses salles de casino et ses bâtiments Art déco, les témoignages d'un passé glorieux et mondain, où artistes et têtes couronnées se mêlaient dans des fêtes somptueuses. Pourtant, Biarritz n'est pas restée figée dans la nostalgie : à chaque coin de rue, vous croiserez jeunes et moins jeunes, planche sous le bras, prêts à défier les rouleaux. Incontestablement tournée vers l'océan, l'ancienne cité baleinière profite également d'une vie culturelle intense. Parmi les incontournables, la chapelle impériale et l'élégantissime hôtel du Palais, la récente Cité de l'Océan, hébergée dans un bâtiment moderniste, œuvre de l'architecte américain Steven Holl (2011), ou encore la fameuse plage de la Côte-des-Basques, qui reste le spot parfait pour la pratique du surf, et bien sûr le rocher de la Vierge, objet de promenade en fin de journée.

Surfer la vague basque en pirogue hawaïenne ♥

Port de Socoa - av. du Cdt-Passicot - Ciboure - ✆ 05 59 47 21 67 - www.atlantic-pirogue.com. Pas de borne à proximité immédiate.

Sportif, ou moins sportif, vous trouverez forcément une formule qui convient à votre forme et à vos envies. Dans tous les cas, c'est à bord d'une pirogue de type hawaïen (va'a) de 4 à 8 places que vous prendrez la mer, au départ du port de Socoa: grand tour de la baie de St-Jean-de-Luz en 2h, en mode balade familiale; initiation à la pêche traditionnelle à la turlutte, pour attraper quelques chipirons, au soleil déclinant; ou pour les plus aventureux une séquence de eFoil, surf électrique qui donne la sensation de voler sur l'eau... Amateurs de sensations fortes, ne pas s'abstenir.

Saint-Jean-de-Luz ★★

Parking Pyrénées (bd du Cdt-Passicot).

Dotée d'une baie superbe, la ville où se maria Louis XIV était prédestinée à être gagnée par le tourbillon mondain né à Biarritz dans les années 1850. Les villas balnéaires poussèrent aux côtés des maisons basques en bois peint, des grosses demeures d'armateurs et des palais du 17e s. (ne manquez pas la maison Louis XIV, qui accueillit le roi). Il se dégage aujourd'hui de cet heureux mélange de styles une douceur de vivre, que l'on savoure en farniente sur la Grande Plage, en balade dans le petit port de pêche, toujours actif pour la sardine, le thon et l'anchois, en visite dans la somptueuse église St-Jean-Baptiste, témoin du mariage royal, et en terrasse sur la place Louis-XIV, incontournable pour l'apéritif. Ciboure, ville sœur située de l'autre côté de la Nivelle, mérite elle aussi que vous vous y attardiez.

Ascension de la Rhune par le train à crémaillère ♥

Col de St-Ignace - Sare - ✆ 05 59 54 20 26 - www.rhune.com. Parking à Ascain (rte d'Arraioa), à 3,5 km.

La pente est rude, mais ce centenaire n'a jamais craint les efforts. Monté sur crémaillère, le train historique bardé de bois vernis grimpe sans flancher, à son rythme (9 km/h!). ce qui vous laisse le temps d'admirer les vues panoramiques sur la côte et le Pays basque. Arrivé au sommet de la Rhune, montagne emblématique, à 905 m d'altitude, vous aurez 1h20 pour profiter du paysage et du grand air, avant la descente... à moins de choisir la randonnée pour le retour (prévoyez alors 2h, et de bonnes chaussures).

HENDAYE ★

Point final de cet itinéraire, Hendaye occupe une place stratégique sur la frontière franco-espagnole. Dans un site magnifique, une baie entre mer et montagne, elle est une invitation à la baignade comme aux excursions.

23 quai de la Floride.

Château-Observatoire Abbadia ★★

27 rte de la Corniche - ✆ 05 59 20 04 51 - www.chateau-abbadia.fr. Pas de borne sur place.

Château excentrique, magnifiquement installé à la pointe Ste-Anne dans un environnement préservé, Abbadia raconte la vie et les passions d'Antoine Abbadie (1810-1897), explorateur, géographe, astronome, linguiste, philologue, ethnologue, mécène de la culture basque. Tout un programme, que vous découvrirez au fil des salles richement décorées, de la bibliothèque, et de l'observatoire. Une visite passionnante, et des vues sans pareilles sur la baie de Hendaye.

Le train de la Rhune, Pays basque.

SE RÉGALER

BORDEAUX

Voir aussi p. 156

RACINES BY DANIEL GALLACHER

Un chef autodidacte, aux racines écossaises, signe ici une cuisine inventive et pétillante, loin des conventions, et fait évoluer son menu chaque semaine au gré du marché. Des assiettes fraîches et soignées, à l'image de cette daurade marinée au vert, infusion herbacée… Le restaurant ne désemplit pas.

59 r. Georges-Bonnac - 05 56 98 43 08 - racines-bordeaux.com - à 90 m et 120 m.

LORMONT

LE PRINCE NOIR - VIVIEN DURAND

Les écuries d'un château, un cube de verre et béton, une vue sur le pont d'Aquitaine et Bordeaux, et de la musique rock en fond sonore : la table détonne dans le paysage gastronomique bordelais. Mais pas autant que la cuisine de Vivien Durand, un chef qui fourmille d'idées originales et réinterprète la tradition française dans une veine gastronomique. Dans son travail prédomine un côté « brut de décoffrage » attachant, qui parle à l'instinct et au cœur. Ajoutons à cela une démarche écolo sincère, on se retrouve avec une table exemplaire.

1 r. du Prince-Noir - Lormont - 05 56 06 12 52 - leprincenoir-restaurant - à 300 m.

BASSIN D'ARCACHON

L'AILLET

Se réclamant d'une approche paysanne, la cuisine du chef s'inscrit pourtant dans l'esprit des bistrots d'aujourd'hui grâce à une esthétique résolument contemporaine. Un dressage épuré et des saveurs bien équilibrées. Le chef est aussi adepte des cuissons traditionnelles et des pièces rôties entières – vive le goût !

16 pl. Gambetta - La Teste-de-Buch - 05 40 70 23 98 - www.facebook.com/lailletrestaurant - à 190 m.

NACRE

Dans un décor épuré, Marc-Antoine Lepage et Adeline Lesage unissent leurs talents pour délivrer une cuisine moderne pleine de douceur, dans un format de menu carte blanche. Un univers qui met la terre et la mer à l'honneur, avec une prédilection pour les jeux de textures. Accueil souriant.

3 bis r. Sophie-et-Paul-Wallerstein - Arès - 05 57 05 48 99 - www.restaurant-nacre.com - à 170 m.

PARENTIS-EN-BORN

CHEZ FLO

Un restaurant convivial où l'on est accueilli avec le sourire… On retrouve la même générosité derrière les fourneaux, où officie un jeune chef passionné : une cuisine de bistrot moderne et réjouissante qui sent bon les produits du cru, avec une carte renouvelée tous les mois et un menu d'un excellent rapport qualité-prix le midi. À ne pas manquer, sur l'étang de Biscarrosse.

9 r. St-Barthélémy - 05 58 78 40 21 – chezfloparentis.fr - à 80 m.

HOSSEGOR

JEAN DES SABLES

Cadre épuré pour ce restaurant de plage gastronomique : béton ciré, murs clairs, vivier, vue sur l'océan… La cuisine est moderne, déclinée au fil d'une carte courte et bien ficelée, avec un menu spécial dédié au homard. Accueil et service aux petits soins.

121 bd de la Dune, à Soorts - 05 58 72 29 82 - www.jeandessables.com - à 380 m.

BAYONNE

LA TABLE - SÉBASTIEN GRAVÉ

Après le succès de son Pottoka parisien, le chef revient à ses racines bayonnaises. Il compose des plats de bistrot inspirés du meilleur de la production du Sud-Ouest, parmi lesquels le merlu au naturel, le maquereau mariné et brûlé ou encore l'échine de cochon Ibaïama. Une adresse conviviale et chaleureuse.

21 quai Amiral-Dubourdieu - 05 59 46 14 94 - www.latable-sebastiengrave.fr - à 230 m.

BIARRITZ

AHPÉ

AHPé pour automne, hiver, printemps, été ! Ce bistrot hyper animé et coloré célèbre les quatre saisons dans la bonne humeur. Adepte de la fermentation mais aussi des cuissons à la flamme et à la plancha, le chef Idir Fseil mitonne une bonne cuisine du marché : thon blanc, poitrine de cochon au piment vert…

34 av. du Pdt-John-Fitzgerald-Kennedy - 06 48 81 49 75 - ahpe-restaurant.fr - à 250 m.

CIBOURE

EKAITZA

Sur les pittoresques quais de Ciboure, au-dessus du port, voici un lieu bien choisi pour un restaurant nommé « tempête » en basque. Guillaume Roget y sublime le meilleur du terroir basque – en particulier les poissons de la criée de St-Jean-de-Luz –, parfois avec des associations hardies, et toujours des sauces concentrées et profondes. Une table qui devient une référence de la Côte basque.

15 quai Maurice-Ravel - 05 59 51 29 51 - www.restaurant-ekaitza.fr - à 370 m.

David Duchon-Doris/Villa Seren

La terrasse de Villa Seren à Hossegor.

SE LOGER

BORDEAUX

Voir aussi p. 157

LE BOUTIQUE HÔTEL & SPA

Pour allier luxe et design dans un hôtel particulier du 18e s., Le Boutique a dû composer avec le cadre. Résultat, des espaces publics riches d'un mélange d'architecture classique, d'antiquités bien patinées, de moulures d'origine et de mobilier milieu de siècle. Et dans les chambres, un minimalisme tout confort, très équipé, mêlant pièces design et touches déco à l'ancienne. Ajoutez à cela un bar à vin, Bordeaux oblige...

3 r. Lafaurie-de-Monbadon - 05 56 48 80 40 - www.hotelbordeauxcentre.com - à 70 m et 200 m.

LE CAP-FERRET

HÔTEL DES DUNES

Le nom de cet hôtel le situe parfaitement, à deux pas de la plage éponyme. Il affiche un style simple, inspiré des cabanes à huîtres de la région, mais à l'intérieur, on découvre l'influence de la culture surf californienne et une élégance décontractée. Les 11 chambres de l'hôtel sont confortables et un brin minimalistes, équipées de la climatisation mais sans télévision. Certaines ouvrent sur de lumineux balcons ou terrasses orientés sud. Salle de yoga et sauna, vélos et planches de surf à louer.

119 av. de Bordeaux - Lège-Cap-Ferret - 05 56 60 61 81 - www.hoteldesdunes.com - sur place.

HOSSEGOR

VILLA SEREN

Cette belle bâtisse, mélange de bois et de béton, s'intègre bien dans son environnement. L'intérieur, superbement décoré, accueille entre autres du mobilier d'artisans de la région ; les chambres, spacieuses et confortables, offrent une vue imprenable sur le lac d'Hossegor.

1111 avenue du Touring-Club-de-France - 05 58 58 00 55 - www.villaseren.fr - à 190 m.

ST-JEAN-DE-LUZ

GRAND HÔTEL THALASSO & SPA

Élevé en 1909 face à l'océan, cet hôtel balnéaire de la Belle Époque séduit par ses chambres très confortables, dans un esprit contemporain élégant, les plus prisées offrant un superbe panorama sur la baie de St-Jean-de-Luz. Au sous-sol, bel espace de thalassothérapie et spa de 1000 m^2, zen et cosy.

43 bd Thiers - 05 59 26 35 36 - www.luzgrandhotel.fr - à 110 m.

BIARRITZ

HÔTEL DE SILHOUETTE

Une architecture noble et des décors originaux (notes colorées, papiers peints d'inspiration surréaliste, etc.) : cette demeure du 17e s. a accompli sa mue. Déco tendance et détente, surtout dans les chambres sur la mer.

30 r. Gambetta - 05 59 24 93 82 - www.hotelsilhouette.com - à 50 m.

ICI ET PAS AILLEURS

BORDEAUX

LA TOQUE CUIVRÉE

Ils ne sont pas les seuls à élaborer le fameux canelé bordelais, mais ils font l'unanimité. Leur canelé existe en trois tailles, en fonction de votre gourmandise.

41 pl. Gambetta - 05 57 83 61 67 - www.la-toque-cuivree.fr - à 128 m.

BASSIN D'ARCACHON

CABANES OSTRÉICOLES

Les ostréiculteurs vendent leur production en direct, dans les nombreuses cabanes des villages ostréicoles autour du bassin. Certaines ont des terrasses.

Liste des ostréiculteurs habilités à recevoir du public disponible dans les offices de tourisme du Bassin et sur : bassin-arcachon.com

SAINT-JEAN-DE-LUZ

MAISON ADAM

La famille Telleria-Adam tient cette pâtisserie depuis le 17e s. Leurs macarons auraient été servis lors du mariage de Louis XIV et de Marie-Thérèse en 1660. Gâteaux basques, tourons et chocolats.

6 pl. Louis-XIV - 05 59 26 03 54 - www.maisonadam.fr - à 102 m.

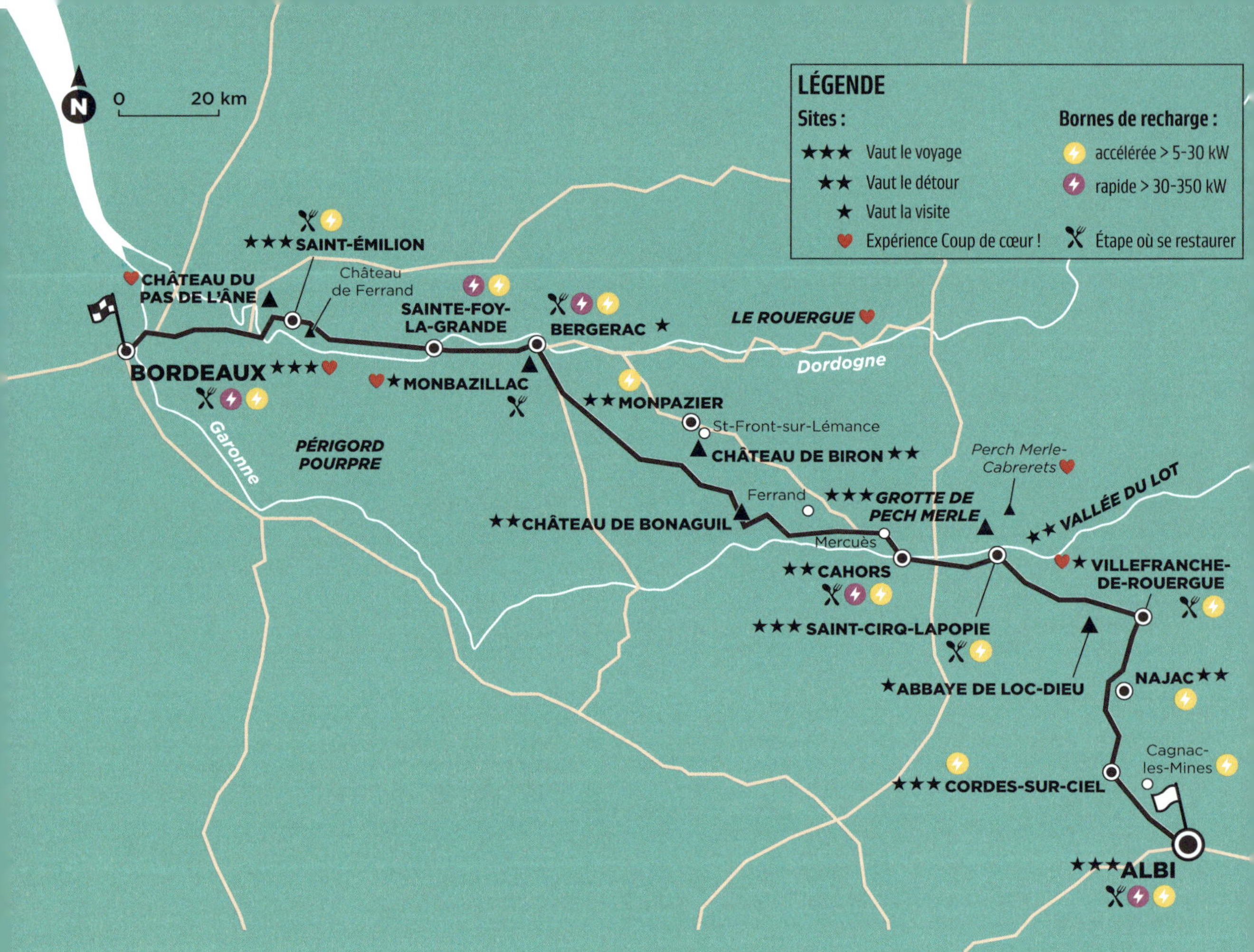

PRINCIPALES BORNES DE RECHARGE :

Albi :
Rte de Castres (non loin de la r. Maurice-Joyant - 150 kW)

Villefranche-de-Rouergue :
8 allée Aristide-Briand (22 kW)

Cahors :
75 r. St-Étienne (150 kW)
et 5202F av. Maryse-Bastié (90 kW)

Puy-l'Évêque :
R. Croix-Dominique (36 kW)

Bergerac :
97 av. Paul-Doumer (200 kW)

Libourne :
Carrefour (300 kW) rte de Castillon

Bordeaux :
Lidl - 64 r. Malbec (120 kW)

L'ESSENTIEL ÉLECTRIQUE

Vous trouverez des bornes de charge rapide dans les grandes villes uniquement : Albi, Cahors, Bergerac, Libourne, Bordeaux. Sur le reste de l'itinéraire les bornes dépassent rarement 36 kW, 22 kW dans les petits villages. Certains, même, n'en possèdent pas. Anticipez donc vos déplacements, notamment le long du Lot puis entre Bonaguil et Bergerac. Après cette cité, les stations de charge redeviennent plus fréquentes, au fur et à mesure que vous vous rapprochez de Libourne puis de Bordeaux

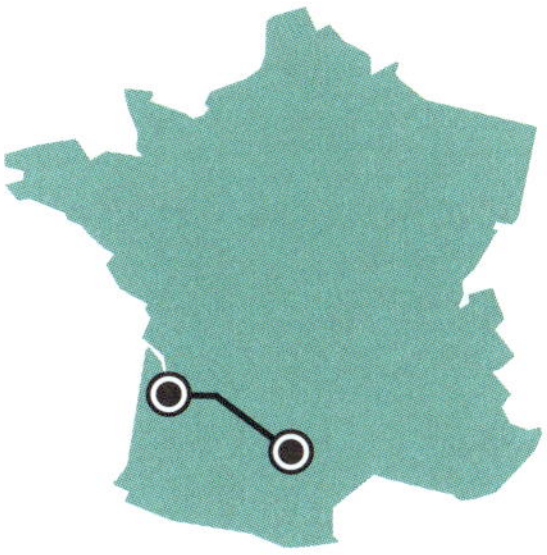

DISTANCE : 360 km
DURÉE : 4 jours / 5h
DÉPART : Albi
ARRIVÉE : Bordeaux

PRINCIPALES ÉTAPES :
Villefranche-de-Rouergue
Cahors
Bergerac
St-Émilion

ALBI
BORDEAUX

La vallée du Lot

Albi et Bordeaux, l'une rouge, l'autre blanche, s'affichent comme de véritables stars, récompensées par l'Unesco. Entre les deux, la route révèle quelques perles médiévales telles les bastides du Rouergue avec leur plan en damier, le joli village perché de St-Cirq-Lapopie, l'imprenable château de Bonaguil... pour ne citer qu'eux, et, côté nature, la belle vallée du Lot comme fil conducteur, blottie au pied des causses du Quercy. L'ensemble baigne dans une succession de vignobles, de Gaillac à St-Émilion, en passant par Cahors, Bergerac et Monbazillac, où vous trouverez sans peine un nectar à votre goût.

Côté saveurs...
C'est un voyage gustatif, voire gastronomique, dans lequel s'allient le canard gras et la truffe du Périgord et du Quercy avec l'éventail des vins produits sur l'ensemble du circuit. Quelques spécialités sucrées, parfumées au rhum ou à la fleur d'oranger : pastis du Quercy, gimblette d'Albi, canelé de Bordeaux...

MartinM303/Getty Images Plus

St-Cirq-Lapopie.

ALBI ★★★

Tout de briques vêtue, Albi domine les rives du Tarn à la façon d'une ville italienne. Sur son promontoire aux airs méridionaux flamboie la puissante cité épiscopale, dont le palais de la Berbie, aujourd'hui consacré à l'enfant du pays, le peintre Toulouse-Lautrec.

Parking r. du Castelvieil.

Si la cité épiscopale, inscrite au Patrimoine mondial par l'Unesco, avec son ravissant jardin donnant sur le Tarn, s'impose comme un incontournable, le vieil Albi, qui a connu une réelle prospérité à partir du 15e s. grâce au commerce du safran et surtout du pastel, possède beaucoup de charme. Le long de ses rues et petites places, se tiennent maisons à colombages et hôtels particuliers, souvent caractéristiques de la Renaissance avec leurs loggias, leurs fenêtres à meneaux et leurs tours. Et si le sujet vous passionne, le musée de la Mode, installé dans un ancien couvent, renouvelle son exposition tous les deux ans.

La cathédrale Ste-Cécile, le chœur des chanoines et le jubé de style gothique flamboyant.

Cathédrale Sainte-Cécile ★★★

05 63 38 47 40 - cathedrale-albi.com.

Ce géant de briques se dresse, avec sa nef unique sans arcs-boutants, dans l'austérité de ses murs nus, seulement rythmés par les immenses cylindres de ses contreforts. Le jeu des lignes est si épuré, si simple dans sa géométrie, qu'on pourrait se demander si elle n'a pas été construite au début du 20e s. L'intérieur est tout aussi impressionnant, notamment le chœur de style gothique flamboyant, sa clôture couverte d'un ensemble statuaire exceptionnel et l'immense jubé. En vous retournant, c'est la superbe peinture du *Jugement dernier* qui attirera votre regard tandis que sur la voûte de la nef, d'éblouissantes fresques ont été réalisées par des artistes italiens inspirés par le Quattrocento (15e s.).

Palais de la Berbie ★★

Pl. Ste-Cécile - 05 63 49 48 70 - www.musee-toulouse-lautrec.com.

On apprécie l'importance de cette forteresse, avec donjon massif et enceinte fortifiée, depuis la terrasse au bord du Tarn. Elle est à la fois un musée, pétillant de l'esprit de Toulouse-Lautrec, et un palais aux proportions harmonieuses, qui a conservé le souvenir de quelques décors anciens. Il abrite donc, depuis 1922, une importante collection d'œuvres de l'artiste local. Vous pourrez, par exemple, admirer le célèbre *Au salon de la rue des Moulins*, peint en 1894, et l'affiche *Moulin rouge, la Goulue*, inspirée de ces folles nuits parisiennes.

Musée-mine départemental à Cagnac-les-Mines

05 63 53 91 70 - musees.tarn.fr.
R. Albert-Thomas.

Sur le site de Camp-Grand, le chevalement du puits n° 2 et ses bâtiments annexes, datant de 1891, composent un carreau de mine quasi

“ Le château de Ferrand : le « vin au cœur de l’expérience »

Séduit par ce domaine situé dans le vignoble de St-Émilion, Marcel Bich, inventeur du stylo à bille et fondateur de la société BIC®, achète le château de Ferrand en 1978. Depuis 2005, sa fille Pauline et son mari, Philippe Chandon-Moët, ont repris le flambeau. Leurs initiatives ont transformé la propriété.

Une agriculture du vivant au service de l’excellence

Dès le début, Pauline et Philippe souhaitent faire évoluer le domaine. Ils s’engagent dans de nouvelles méthodes culturales. Les sols et sous-sols sont cartographiés, les parcelles valorisées en fonction de leurs caractéristiques. Le travail de la vigne évolue et s’appuie sur la biodiversité et l’agroécologie. L’intégration du château de Ferrand dans le cercle fermé des grands crus classés de St-Émilion en 2012, l’obtention de plusieurs labels environnementaux (Terra Vitis, HVE3, ISO 14001) et la conversion en bio, lancée en 2021 et dont le premier millésime sort en 2024, ont récompensé leurs efforts.

L’hospitalité érigée en art de vivre

D’origine champenoise, Philippe Chandon-Moët s’inspire de la tradition hospitalière des domaines de Champagne et envisage d’ouvrir le château familial au public. Ce sera l’un des premiers dans la région. Afin d’offrir une prestation haut de gamme, les bâtiments du 18e s. sont rénovés et modernisés par des artisans d’art sous la houlette du cabinet d’architecture Jouin-Manku. Désormais, il est possible de séjourner au château dans l’une des trois chambres réservées aux hôtes qui prennent leur repas à la table privée, installée dans la salle à manger, également accessible sur réservation. Les visites du domaine, menées avec expertise par trois sommeliers, parcourent le vignoble, le cuvier et les chais à barriques; les dégustations, les ateliers et les masterclass se déroulent dans l’orangerie ou dans les salons privés. Enfin, à la belle saison, un Wine Time permet d’apprécier les créations culinaires de la cheffe du château, accompagnées d’un des vins du domaine.

Guillaume de Tapol/Bic Art Château de Ferrand/©Adagp, Paris, 2025

↑ Scribble, par Michel François (2011), Bic Art Château de Ferrand.

L’art à l’honneur

Le château de Ferrand célèbre aussi les arts sous toutes ses formes: l’art de l’assemblage pour un vin d’exception, l’architecture pour un écrin de qualité... mais aussi l’art contemporain avec la collection BIC Art comprenant environ 200 œuvres en lien avec les produits BIC®. Une trentaine d’entre elles parent les murs du château, les dépendances et les extérieurs. Enfin, la musique s’invite dans le parc, une fois l’an, sous la forme d’un concert donné par l’académie de l’Opéra de Bordeaux avec laquelle le château de Ferrand a noué un partenariat. ”

339 allée de Saint-Poly
33330 SAINT-HIPPOLYTE -
☎ 05 57 74 47 11 -
www.chateaudeferrand.com

complet. Transformés en musée, ils témoignent de l'exploitation minière et des différentes méthodes d'extraction du charbon, du 19e s. à nos jours. La visite du site, l'exposition et la reconstitution de galeries souterraines avec sonorisation plongent le visiteur au cœur du quotidien des mineurs.

CORDES-SUR-CIEL ★★★

9 r. Notre-Dame ou av. du 8-Mai-1945.

Perché au sommet du puech de Mordagne, le bourg médiéval domine la vallée du Cérou. Il lui arrive, lorsque la brume gagne la plaine, de flotter dans le ciel, coupé de la Terre. On se perd avec bonheur dans ses ruelles empierrées, parmi un exceptionnel ensemble de maisons gothiques (13e-14e s.), en admirant le décor sculpté de leurs façades et en léchant les vitrines des artisans dont certains font preuve de beaucoup d'originalité. Trois de ces habitations abritent des musées consacrés à l'histoire de la cité, au sucre et au chocolat et, enfin, à l'art moderne et contemporain.

LE ROUERGUE

Les terres froides du Rouergue ont l'allure de lents plateaux inclinés sur lesquels s'accrochent des châtaigneraies. Au sommet, les promontoires accueillent forteresses et bastides caractéristiques du Sud-Ouest. Celles-ci témoignent du caractère belliqueux des seigneurs du Moyen Âge qui créèrent des villes neuves pour marquer leur territoire.

Najac ★★

R. du Sol-de-la-Dime - D 39.

Campé sur son promontoire surplombant un méandre de l'Aveyron, le vieux bourg médiéval semble assoupi sous ses toits d'ardoises que dominent encore les tours de son château fort. Chef-d'œuvre de l'art militaire du 13e s., la forteresse, en ruine, a conservé tout de même un incroyable système fortifié flanqué de grosses tours rondes. La plus puissante, au sud-est, constituait le donjon, d'où la vue sur le village en enfilade et les collines sauvages du Rouergue est magnifique.

Villefranche-de-Rouergue ★

8 allée Aristide-Briand.

Sur les rives de l'Aveyron, au cœur d'une belle nature entre causse et Ségala, la « perle du Rouergue », construite en 1252, a malheureusement perdu une partie de son aspect médiéval avec la destruction des fossés, des remparts et des portes fortifiées. Mais ses maisons en pierre et torchis, son plan en damier, dont les rues conduisent sur la place Notre-Dame, centrale et bordée d'arcades, en font toujours une bastide qui a conservé son charme bien vivant, en particulier lors du marché du jeudi.

Survol des bastides du Rouergue en montgolfière ♥

Les Choses de l'air - 07 74 25 63 37 - www.chosesdelair.com.

Changez de point de vue et grimpez dans la nacelle d'une montgolfière. Vous décollerez tout près de Villefranche-de-Rouergue et bénéficierez d'une vue originale sur la bastide et sa collégiale. Puis, en fonction du souffle de Zéphyr, votre embarcation voguera en direction du plateau vert du Ségala et ses bastides, des causses secs du Quercy ou de l'Aveyron, l'occasion d'apercevoir Najac. Les vols se déroulent en fin de journée mais vous pouvez aussi partir avant le lever du soleil pour jouir des premiers rayons en plein ciel.

Najac, le village médiéval en surplomb des gorges de l'Aveyron. ⊕

M. Cavalier/hemis.fr

Grotte du Pech Merle.

Abbaye de Loc-Dieu ★

05 65 29 51 18 ou 06 12 71 13 43 - www.abbayedelocdieu.com. Pas de borne à proximité.

Locus Dei signifie le « lieu de Dieu ». Cette abbaye, construite au 12e s. par treize moines cisterciens, servait en effet de refuge dans cette région du Rouergue, infestée de malfrats et de brigands. Elle fut en partie détruite à la fin de la guerre de Cent Ans puis reconstruite avec muraille et machicoulis, d'où son allure de forteresse. Son église du 12e s. est un magnifique exemple de plan cistercien où se marie pureté, sobriété et harmonie des proportions. En 1940, l'abbaye joua à nouveau son rôle protecteur puisqu'elle recueillit, le temps d'un été, 3000 tableaux, dont la *Joconde*, alors que les Allemands avançaient sur Paris.

LA VALLÉE DU LOT ★★

Elle est rythmée par les méandres du Lot qui se succèdent, tel un point de couture, et traversent un paysage composé de falaises et de champs cultivés. La rivière a sculpté les causses, sauvages et boisés, dans lesquels l'homme préhistorique a parfois laissé de superbes témoignages de son passage.

Grotte du Pech Merle ★★★

Cabrerets - 05 65 31 27 05 - www.pechmerle.com. Rte du Célé (50 kW), dans le village puis accès par un sentier (1 km).

Au bout d'une jolie route qui s'élève en lacets, l'entrée du site paléolithique gît à une centaine de mètres au-dessus du Célé, petit affluent du Lot. La « Grotte-Temple » réserve un double attrait. À la beauté du monde souterrain s'ajoute l'intérêt des traces humaines dont les plus anciennes remontent à près de 30000 ans. Le long des couloirs et des galeries se succèdent gravures et peintures, dont les troublantes « mains négatives », formant l'un des plus beaux ensembles d'art pariétal du monde.

Balade équestre sur le « chemin de tire » ♥

Ferme équestre du Perch Merle - Cabrerets - 06 11 93 25 23 - www.pechmerle.fr. Rte du Célé (4 km).

La ferme du Pech Merle organise des randonnées à cheval d'une demi-journée à 3 jours, vous donnant ainsi l'occasion de prendre votre temps et de profiter pleinement de cette belle région verdoyante, entre Lot et Célé. Pascal, votre guide, connaît parfaitement ce territoire et vous mènera sur le causse, jusqu'aux beaux villages médiévaux de Marcilhac et Cajarc, ou le long des falaises façonnées par les rivières, notamment l'incroyable chemin de halage du Ganil, creusé par l'homme dans la paroi calcaire qui domine le Lot.

Saint-Cirq-Lapopie ★★★

Parking P4 Village.

St-Cirq occupe une position remarquable, surplombant de 100 m la rive gauche du Lot, face à un cirque de hautes falaises blanches. Ses maisons médiévales en pierre s'égrènent le long des rues étroites et pentues. Certaines eurent la faveur de quelques artistes au 20e s., tels Man Ray, André Breton, Foujita et Pierre Daura, attirés par la beauté du site tout comme les très nombreux visiteurs d'aujourd'hui. Dans leurs pas, peintres, graveurs, céramistes... s'expriment toujours dans les boutiques cachées derrière les façades en encorbellement.

Cahors ★★

Parking Bessière (r. Émile-Zola) ou 260 allée des Soupirs.

Établie dans une presqu'île formée par un cingle du Lot, l'ancienne capitale des Cadourques a pris pour emblème le célèbre pont Valentré, manifestation exemplaire de l'art militaire du Moyen Âge. En flânant au gré de ses jardins secrets, découvrez ruelles et maisons hautes, témoins de l'histoire médiévale de Cahors. Labellisée Ville d'art et d'histoire, cette dernière compte un secteur sauvegardé exceptionnel, dans lequel le bâti d'origine médiévale, très riche, s'organise autour de la cathédrale, dont le portail rivalise avec les plus beaux ouvrages d'art roman du Sud-Ouest.

Château de Bonaguil ★★

St-Front-sur-Lémance - ✆ 05 53 41 90 71 - www.chateau-bonaguil.com. Pas de borne à proximité.

Une rue pavée traverse le charmant village et mène à cette stupéfiante forteresse qui se dresse, derrière de profonds fossés, sur une éminence rocheuse. Difficile de ne pas succomber devant ce château fort médiéval, superbement adapté aux techniques nouvelles des armes à feu de la fin du 15e et du 16e s. La visite vous conduit des souterrains les plus sombres aux sommets des murailles d'où la vue se perd dans un océan de verdure. Ces changements

Ⓥ Saint-Cirq-Lapopie.

P. Jacques/hemis.fr

Fûts empilés dans une cave, vignoble de Bordeaux.

de cadre et de points de vue lui confèrent un aspect ludique, tout en vous plongeant dans l'histoire du 15e au 18e s., de Bérenger le bâtisseur à Marguerite, tombée en amour des lieux. Comme on la comprend.

LE PÉRIGORD POURPRE

La partie sud du Périgord a plus affaire avec l'Aquitaine qu'avec le Périgord noir tout proche. Tout la rattache en effet au Bordelais : la Dordogne, sa vallée alluvionnaire et ses versants plantés de vignes, là où la terre est d'argile et de calcaire. Rouge (pourpre) parce qu'il donne du raisin.

Monpazier ★★

Pl. du Foirail.

Visitez Monpazier en fin d'après-midi lorsque la lumière chaude illumine les pierres de cette bastide, sans doute la mieux conservée du Périgord, et de ce fait très fréquentée en saison. Subsistent encore trois des six portes fortifiées et le plan en damier, découpant la cité en compartiments rectangulaires. Au centre de la bastide, la place des Cornières, encadrée de galeries couvertes… à cornières, justement, concentre l'animation, notamment sous son ancienne halle à charpente de châtaignier, où se déroule toujours le marché.

Château de Biron ★★

05 53 63 13 39 - www.chateau-biron.fr.
Parking r. de Las-Plane.

Le château de Biron est le siège d'une des quatre baronnies du Périgord. Du haut de sa butte, il est un poste d'observation stratégique – et photogénique pour le visiteur du 21e s. Son architecture concentre huit siècles d'évolution de l'art de bâtir. Restauré, il a été transformé en centre d'art contemporain. Tous les étés, les superbes expositions offrent un excellent prétexte de visite… avec en mémoire la légende de Charles de

Esperanza33/Getty Images Plus

Gontaut (duc de Biron) qui, depuis sa décapitation en 1602, se promènerait sur les remparts portant sa tête entre les mains...

Au cœur du vignoble de Monbazillac ♥

05 53 61 52 52 - www.chateau-monbazillac.com. 16 rte du Casse-de-la Croux.

Le château de Monbazillac, construit vers 1550, semble à la fois une composition militaire et une élégante fantaisie de style Renaissance. Il a été racheté par la cave coopérative de Monbazillac et c'est tant mieux ! Grâce à son espace œnotouristique immersif, vous apprendrez tout sur ce vin liquoreux qui accompagne à merveille le foie gras et sur l'histoire de la famille Bacalan, propriétaire du château, des guerres de Religion à la Révolution. Vous pourrez aussi déguster les vins produits par la cave et, si vous souhaitez prolonger ces moments de plaisir, n'hésitez pas à réserver une table au restaurant du domaine.

Bergerac ★

24 r. Junien-Rabier.

Bergerac, bâtie en pierre blonde, s'est développée autour de son ancien port, où résonne l'histoire glorieuse de la batellerie. Car c'est bien par voie d'eau qu'étaient acheminées à Bordeaux les barriques de vin sur de grandes gabares qui aujourd'hui ne transportent plus que des touristes. Outre le vin que l'on négocie ici depuis des siècles, Bergerac doit beaucoup à la culture du tabac, dont elle était la capitale durant la seconde moitié du 20e s. Ses ruelles, ses maisons médiévales à colombages et Renaissance, son musée et le vignoble alentour témoignent de ce dynamisme. Un beau programme !

Sainte-Foy-la-Grande

7 av. du Mar.-Juin, à Pineuilh (188 kW).

Juste une petite halte dans cette ancienne bastide dont le plan orthogonal est particulièrement homogène avec ses îlots de même longueur. En son cœur, la place principale, sous les couverts, concentrait les activités marchandes. Il reste de nombreuses maisons médiévales, Renaissance et du 17e s.

SAINT-ÉMILION ★★★

La « colline aux 1000 châteaux »... Ce doux nom évoque le village médiéval de St-Émilion, perché sur un promontoire rocheux, et entouré de très beaux châteaux viticoles qui veillent sur un vignoble de grande renommée.

13 Grand-Pontet.

On se rend à St-Émilion pour le plaisir des papilles (une valeur sûre !) mais aussi pour celui des yeux, car c'est l'une des plus jolies cités d'Aquitaine. Elle rassemble au creux d'une combe ses petites maisons blondes, ses placettes et ses ruelles autour de la place du

Moment intense

La vallée du Lot ★★

Vous rejoignez la belle vallée du Lot vers Crégols, et pendant 36 km, jusqu'à Cahors, la route joue à cache-cache avec le cours d'eau. Tantôt elle se faufile entre le Lot et les falaises du causse sous un beau couvert d'arbres puis s'éloigne quelque temps dans les terres cultivées. Elle traverse parfois de petits villages en pierre dorée.

Le clou du spectacle se situe au début du parcours. Au détour d'un virage, apparaît dans toute sa splendeur, sur la rive gauche, le village de St-Cirq-Lapopie (*p. 151*), perché sur sa falaise et dominant le Lot. Une halte s'impose! Puis vous traversez à nouveau la rivière par un minuscule pont suspendu. Juste avant une arche de pierre, sur la droite, se loge dans les hauteurs de la roche blanche de Bouziès un château des Anglais, le plus fameux des « creux fortifiés » bâtis au cours de la guerre de Cent Ans et dont l'accès n'était envisageable qu'avec des échelles de corde.

Marché. Celle-ci fait la liaison entre deux collines, dont l'une arbore la tour du Roi, symbole de la puissance civile, et l'autre la collégiale, symbole de la puissance religieuse. C'est au coucher du soleil que la ville est la plus belle, notamment près des grandes murailles: un tapis de vignes à ses pieds et de grands arbres en arrière-plan créent une image de carte postale!

Sites souterrains ★

Office de tourisme - 05 57 55 28 28 - www.saint-emilion-tourisme.com.

St-Émilion ne se résume pas qu'aux vignes en surface. Les sous-sols de la ville cachent des trésors insolites, qui se révèlent au cours d'une passionnante visite guidée: l'ermitage du moine saint Émilion, la chapelle de la Trinité, les catacombes et l'église souterraine – la plus vaste d'Europe mais pas la plus haute. Aménagée dans une seule pierre à la fin du 11e s., celle-ci frappe autant par l'ampleur des nefs taillées en profondeur dans la pierre que par la découpe parfaitement régulière des voûtes et des piliers quadrangulaires, dont deux seulement soutiennent le clocher.

Wine in Black au château du Pas de l'Âne

Œnanim - 06 31 82 43 66 - www.oenanim.fr. Pas de borne sur place.

Une expérience sensitive intense et très pédagogique pour en savoir plus sur les grands crus du vignoble de St-Émilion. Voilà ce que promet cet atelier d'œnologie, organisé dans le superbe cadre du château du Pas de l'Âne, l'un des 800 domaines viticoles que compte la juridiction de St-Émilion. Dans les faits, installé dans le cuvier, les yeux bandés pour stimuler odorat, goût et toucher, vous apprendrez à identifier les terroirs, à reconnaître les odeurs des cépages, les parfums des vins... Naturellement, vous dégusterez les vins du domaine, accompagnés de chocolats. Le tout en musique pour lâcher prise et ainsi exacerber les sensations...

BORDEAUX ★★★

La cité aux pierres blondes, avec son architecture du 18e s., est une ville à taille humaine: ses secrets se révèlent au flâneur, à pied ou à vélo. Sud-Ouest oblige, on dénichera aussi sans peine une bonne table où savourer spécialités et crus locaux. Car Bordeaux est bien au centre de l'un des vignobles les plus réputés au monde. Voir aussi p. 134.

65 cours Georges-Clemenceau.

CAPC ★

Le musée d'Art contemporain de Bordeaux occupe l'ancien entrepôt Lainé, construit en 1824 pour servir de stockage aux denrées coloniales de la ville. Autour de la spectaculaire nef centrale sont réparties les galeries d'exposition. Il n'est pas rare que les artistes soient invités à tirer parti de ce cadre monumental, donnant ainsi à voir des créations uniques, difficilement transportables dans un musée plus traditionnel. En outre, le musée présente six œuvres *in situ*, dont celles de Christian Boltanski, Keith Haring et Richard Long.

Le Triangle d'or ★★★

Ce quartier s'inscrit dans un triangle formé par trois grandes artères : le cours Georges-Clemenceau, le cours de l'Intendance, piétonnier, et les allées de Tourny, pourvues d'un agréable terre-plein central. Il est l'un des plus beaux de Bordeaux et dessert, à l'une des extrémités des allées de Tourny, le Grand Théâtre. Élevé à la fin du 18e s. sur les vestiges d'un temple gallo-romain, ce théâtre compte parmi les plus beaux de France et symbolise l'alliance de la richesse architecturale et de la culture. La salle de spectacle bénéficie d'une géométrie harmonieuse et d'une acoustique parfaite.

Bulle sensorielle ♥

Graviti - 62 r. Lucien-Faure - ✆ 06 33 71 04 86 - www.graviti.fr. - 55 m, parking Les Bassins.

C'est la première fois ? Pas d'inquiétude, on vous explique tout. Vous vous installez dans un caisson rempli d'une trentaine de centimètres d'eau, maintenue à la température du corps et huit fois plus chargée en sel que la Mer morte. Immobile et comme en apesanteur, vous flottez... Votre corps se détend, les tensions se relâchent et votre esprit s'évade doucement. Les effets bénéfiques se ressentiraient plusieurs jours après la séance. Celle-ci peut se réaliser en couple dans le même caisson.

Place de la Bourse ★★★

Cette superbe place en fer à cheval est cantonnée par deux édifices en arc de cercle. Au centre, se tient la fontaine des Trois-Grâces (1860). En face, côté fleuve, le miroir d'eau avec sa dalle de granit, imaginé par Michel Corajoud, reflète cette élégante façade 18e s. grâce à un système original de fontaines, alternant effet miroir (avec 2 cm d'eau) et effet brouillard. Une animation permanente, incontournable et toujours joyeuse !

55 m, parking Jean-Jaurès.

Bordeaux, place de la Bourse.

P. Hauser/hemis.fr

SE RÉGALER

ALBI

L'ÉPICURIEN
Ce n'est pas un hasard si cette adresse est devenue le rendez-vous local... des Épicuriens ! La déco, au design épuré, témoigne d'un bel esprit nordique : le chef est d'origine suédoise. En cuisine, il revisite les classiques avec maîtrise ; il en résulte de jolies assiettes dans l'air du temps, gourmandes, copieuses et bien ficelées. Notons aussi la judicieuse carte des vins.
42 pl. Jean-Jaurès - 05 63 53 10 70 - www.restaurantlepicurien.com - à 190 m.

VILLEFRANCHE-DE-ROUERGUE

L'ATELIER
Ce restaurant offre un cadre contemporain tout aussi séduisant que la cuisine d'un jeune chef au bon parcours (Alain Ducasse à Paris et le restaurant Py-r à Toulouse). Les trois menus proposés jouent une bonne partition, conforme aux standards du moment : oignons rôtis et maquereau grillé ; poitrine de porc laquée, jus de viande, pomme de terre, poireaux et poivrons. Service aimable.
5 pl. Louis-Fontanges - 05 65 45 36 42 - l-atelier-restaurant.fr - à 330 m.

SAINT-CIRQ-LAPOPIE

AUBERGE DU SOMBRAL – LES BONNES CHOSES
Dans cette maison, on sait ce que sont Les Bonnes Choses ! La preuve : on y savoure une sympathique cuisine du terroir où les produits locaux ont la part belle (agneau, foie gras, fromages...). Quelques jolies chambres pour prolonger la visite.
Pl. du Sombral - 05 65 31 26 08 - www.aubergelesombral.wordpress.com - à 130 m.

CAHORS

L'Ô À LA BOUCHE
À la tête de ce sympathique restaurant, un couple de passionnés qui a sillonné les contrées et mers lointaines. La cuisine de Jean-François Dive puise dans les bons produits du marché, mais aussi dans les épices et condiments rapportés de ses différents voyages. En salle, Florence accueille ses hôtes en toute simplicité et propose une judicieuse sélection de vins nature et bio. On est conquis.
56 allées Fénelon - 05 65 35 65 69 - www.loalabouche-restaurant.com - à 570 m.

MONBAZILLAC

LA TOUR DES VENTS
Cette belle maison cossue offre une vue inoubliable. Le chef Damien Fagette cultive le terroir périgourdin en travaillant la blonde d'Aquitaine, le foie gras et le poulet fermier du Périgord. Soignée et maîtrisée, sa cuisine au goût du jour vaut par ses produits de grande qualité, la justesse de ses cuissons et ses saveurs bien marquées.
450 rte de Malfourat - 05 53 58 30 10 - domainedelatourdesvents.com

BERGERAC

LE BISTRO D'EN FACE
Hugo Brégeon, épaulé par son épouse Aurore en salle, s'est installé dans une petite maison, dont la terrasse délivre un panorama imprenable sur la vieille ville et la Dordogne. L'assiette, goûteuse et travaillée, est à la hauteur de la vue : une cuisine bistronomique pleine de fougue, qui revisite avec brio quelques classiques. Le tout pour un rapport plaisir-prix imbattable, et un joli choix de vins au verre.
1 r. Fénelon - 05 53 61 34 06 - à 340 m.

SAINT-ÉMILION

LA TABLE DE PAVIE
Le chef francilien, Yannick Alléno, a mis en place aux fourneaux une équipe de confiance qui peaufine une partition culinaire tournée vers le terroir du Sud-Ouest, avec toujours ses sauces et réductions qui sont sa marque de fabrique et sa signature. Ne manquez pas le spectaculaire (et délicieux) pigeon soufflé et rôti au feu de l'enfer. Bien évidemment, les plats s'accompagnent de superbes vins de St-Émilion.
5 pl. du Clocher - 05 57 55 07 55 - www.hoteldepavie.com - à 306 m.

BORDEAUX

Voir aussi p. 142

RESSOURCES
Le chef Tanguy Laviale s'émancipe des codes traditionnels de la gastronomie, à l'aide de son associé le sommelier Maxime Courvoisier. La patte technique de ce chef talentueux fait toujours mouche, de la pertinence des associations à la mise en valeur du beau produit sans esbroufe. Enfin, plus de 700 références de vins prêtes à boire (et bien plus en cave), allant des grandes étiquettes aux petits vignerons – à tous les prix !
126 r. Fondaudège - 09 70 66 72 32 - www.restaurantressources.com - à 265 m.

SE LOGER

ALBI

ALCHIMY
Pour concilier le plaisir de la table et le confort d'un séjour à Albi, on optera pour cet hôtel. L'élégance est le maître-mot des lieux : meubles signés, marbre blanc dans les salles de bains, dans une veine Art déco qui distille le charme des années folles... L'alchimie fonctionne pleinement.
10-12 pl. du Palais, r. du Dr-Devoisin - 05 63 76 18 18 - www.alchimyalbi.fr - à 375 m.

MERCUÈS

CHÂTEAU DE MERCUÈS
Le château de Mercuès a vu ses tours transformées en

chambres somptueuses. Certaines présentent pierres et poutres apparentes, d'autres bénéficient de parquet, tapisseries de choix et penderies à l'ancienne. Celles de la Tour et de l'Évêque ont notre préférence, mais aucune n'est décevante. Le propriétaire Georges Vigouroux est d'abord vigneron, perpétuant avec talent la grande tradition du vin de Cahors.

Rte du Château - 05 65 20 00 01 - www.chateaudemercues.com - sur place.

SAINT-ÉMILION

LE RELAIS DE FRANC MAYNE

Installé dans un château du 16e s., ce domaine viticole est fier de ses caves où le cabernet franc vieillit en fûts de chêne. Si l'extérieur paraît très simple, l'intérieur multiplie les ambiances : murs jaune canari dans la chambre Pop art, imprimés zébrés dans l'African Lodge, bois sculpté dans l'Indian Fusion, éclairage sophistiqué, soieries, billard...

14 La Gomerie - 05 57 24 62 61 - www.chateaufrancmayne.com

BORDEAUX

Voir aussi p. 143

SEEKO'O

Seeko'o ? Un « iceberg » en inuit. L'extérieur explique cette analogie, avec son parallélépipède blanc aux angles faussés. L'intérieur joue cette carte nordique avec une alliance de bleu, blanc et de bois clairs ; les chambres, confortables, ont été rénovées avec beaucoup d'élégance.

54 quai de Bacalan - 05 56 39 07 07 - www.seekoo-hotel.com - à 420 m.

ICI ET PAS AILLEURS

ALBI

LES POTERIES D'ALBI

Cette briqueterie familiale, reconvertie dans les années 1960, est l'une des dernières fabriques à perpétuer la poterie d'Albi.

112 r. Albert-Thomas - 05 63 60 71 00 - www.lespoteriesdalbi.fr - à 82 m.

VILLEFRANCHE-DE-ROUERGUE

PAVILLON DU CAUSSE

Les produits locaux, dont les fameux jambons du Causse, pendent au-dessus de l'entrée. Très beaux rayons boucherie, charcuterie, crémerie, fromagerie, conserverie et vins de pays.

Allée Aristide-Briand - 05 65 81 25 11 - www.fontalbat-mazars.com - sur place.

MONPAZIER

VERRERIE D'ART

Cet artisan souffleur de verre expose ses créations dans l'espace boutique de son atelier. Vous pouvez même parfois le voir à l'œuvre.

13 r. St-André - 05 53 74 30 82 - sur place.

SAINT-ÉMILION

MAISON DES VINS

Impossible de passer à St-Émilion sans goûter les grands crus ! La Maison du vin propose des cours de dégustation avec pas moins de 450 références, une table des senteurs et d'excellents conseils.

Pl. P.-Meyrat - 05 57 55 50 55 - www.maisonduvinsaintemilion.com - à 318 m.

BORDEAUX

DARRICAU

Depuis 1913, la maison régale les gourmands avec son « Week-End à Bordeaux », ses ganaches fondantes, son chocolat pétillant ou ses dernières créations qui associent grands crus de cacao, épices et herbes aromatiques.

7 bis r. de la Vieille-Tour - 05 56 44 21 49 - www.darricau.com - à 115 m.

LE BAR À VIN DU CIVB

Ode au vignoble bordelais. Dans l'hôtel Gobineau du 18e s., dont l'intérieur luxueux a été redécoré pour s'adapter à la vocation du lieu : dégustation, service sommelier et assiettes gourmandes. Initiation et perfectionnement à l'École du vin de Bordeaux

1-3 cours du 30-Juillet - 05 56 00 43 47 - baravin.bordeaux.com - à 73 m.

David Nakache/L'Ô à la Bouche

Plat du restaurant L'Ô à la Bouche.

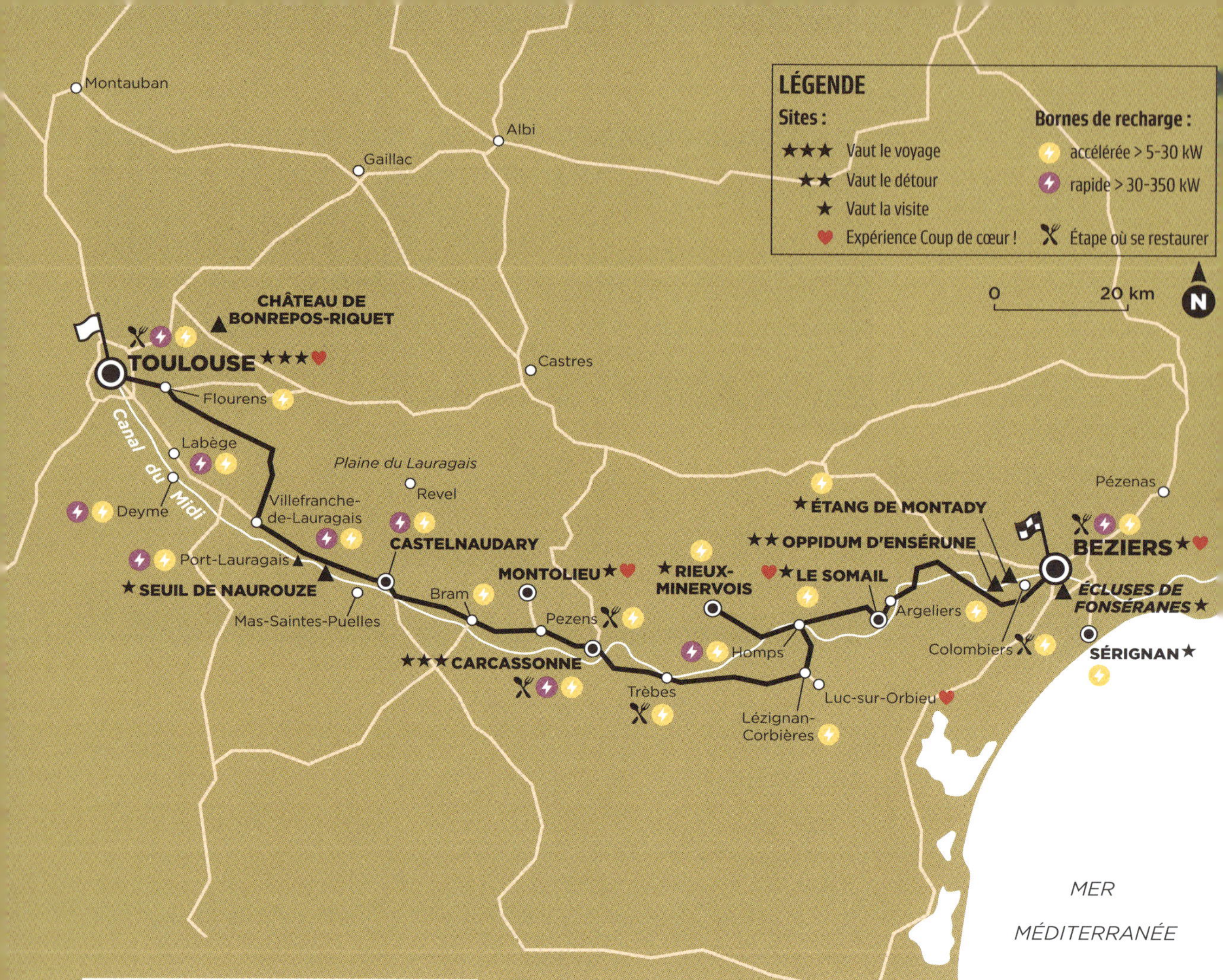

PRINCIPALES BORNES DE RECHARGE :

Toulouse :
61 bd Lazare-Carnot (90 kW)
41 pl. des Carmes

A 61 :
Aire de Port-Lauragais Sud - Avignonet-Lauragais (175 kW)

Castelnaudary :
Pl. de la République (50 kW)

Carcassonne :
Pl. Gaston-Jourdanne
Borne rapide : 195 chemin de Maquens, près de la rocade ouest (320 kW).

Montady :
9 av. des Platanes

Béziers :
Pl. Gabriel-Péri (devant l'office de tourisme)

L'ESSENTIEL ÉLECTRIQUE

Les bornes sont assez régulièrement réparties dans les villes traversées, et les distances parcourues pour les étapes ne sont pas grandes. Sachez cependant qu'il y a rarement des bornes sur les sites touristiques isolés en campagne, et que la Montagne Noire n'est pas très bien pourvue, sauf à Revel.

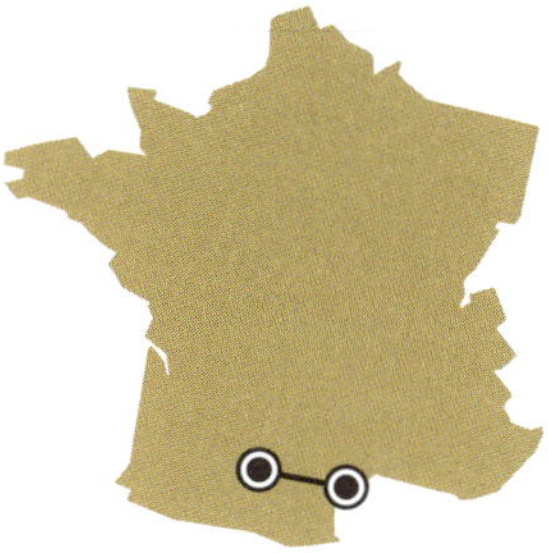

DISTANCE : 230 km
DURÉE : 3 jours
DÉPART : Toulouse
ARRIVÉE : Béziers

PRINCIPALES ÉTAPES :
Castelnaudary
Carcassonne
Montady

TOULOUSE
BÉZIERS

Le canal du Midi

Nul besoin de louer une pénichette pour apprécier les charmes du canal du Midi. Entre Toulouse, la sublime « ville rose », et Béziers, capitale du vignoble languedocien, les routes suivent au plus près le formidable ouvrage construit au 17e s. par Pierre-Paul Riquet, monument aujourd'hui inscrit sur la liste du Patrimoine mondial par l'Unesco. Passant par les petits ports charmants qui vivent encore au rythme de la batellerie de tourisme, ou par la remarquable cité médiévale de Carcassonne, les routes sont tracées à travers les vignobles minervois et biterrois, et dans la plaine du Lauragais. Villages pittoresques et grands monuments seront au rendez-vous de vos escales.

Côté saveurs...

Castelnaudary, Carcassonne, Toulouse... autant de noms évoquant l'emblématique cassoulet. Quant aux paysages traversés, faits de vignobles (Minervois, Corbières, etc.) mais aussi de champs d'oliviers, depuis l'époque romaine, ils promettent bien des saveurs généralement auréolées d'AOP de prestige.

J.P. Azam/hemis.fr

Le canal du Midi.

Le quai de Tounis, sur les bords de la Garonne.
J. Larrea/easyFotostock/age fotostock

TOULOUSE ★★★

L'ancienne capitale du prospère « pays de Cocagne » s'impose au 21e s. comme une agglomération de première importance par sa démographie, sa population estudiantine, son industrie aéronautique de pointe et le lancement d'un plan de renouvellement urbanistique ambitieux. Ce qui ne saurait faire de l'ombre au charme de ses rues, à la beauté de son patrimoine, à la richesse de ses musées, ni bien sûr à sa qualité de vie.

Ici, chaque quartier à son monument phare, et chacun mérite une attentive visite : le Capitole, et sa place, cœur battant de la ville ; la basilique St-Sernin, restaurée et mise en valeur ; la fondation Bemberg (hôtel d'Assézat) ; le musée des Augustins ; plus loin l'abbaye des Jacobins et sa formidable église ; ou encore les rives de la Garonne, vibrantes d'activité. Et puis, évidemment, le secteur aéronautique, tout à la fois industriel et patrimonial, réparti sur plusieurs sites, pour un séjour thématique.

Cité de l'espace ★★

Av. Jean-Gonord - ✆ 05 67 22 23 24 - www.cite-espace.com. Borne hors service.

La Cité de l'espace, promesse d'un voyage dans une autre galaxie, est à la fois musée et espace de jeux. Sa muséographie dynamique et interactive est parfaitement adaptée aux enfants comme aux plus grands. Vous aurez l'occasion de marcher sur la lune avec le simulateur Moon Runner, de découvrir les planètes, comètes et astéroïdes, ou encore d'apprendre comment les hommes vivent dans l'espace. Dehors, vous serez fasciné par la Promenade spatiale, où vous pourrez approcher au plus près des engins spatiaux (vaisseau Soyouz de 1966, fusée Ariane présentée en tronçons...), et même grimper à bord de la célèbre station Mir.

Tour de Piste à Montaudran ♥

L'Envol des Pionniers - 6 r. Jacqueline-Auriol - ✆ 05 67 22 23 24 - www.lenvol-des-pionniers.com. Parking Montaudran, 32 av. Bernard-Maris.

Drôle d'endroit que ce site de Montaudran, haut lieu de l'histoire aéronautique toulousaine qui a conservé sa piste créée dans les années 1910. *L'Envol des Pionniers*, lieu de mémoire, prend place dans les bâtiments qu'occupèrent la compagnie Latécoère (à partir de 1918), l'Aéropostale, et plus tard Air France. Pour les visites classiques, la muséographie interactive est déjà passionnante, mêlant cartes, films, photos, maquettes et reproductions grandeur nature des avions. Quant à la visite VIP « Le Tour de Piste », menée par un guide en tenue de pilote, elle vous fera découvrir l'intégralité du site, du champ d'aviation aux bâtiments

Ugurhan/Getty Images Plus

Sculpture d'une palmette au ciseau à bois.

Revel, capitale française du meuble d'art

À quelques kilomètres du bassin de St-Ferréol, en Montagne Noire, la petite cité de Revel conserve une notoriété immense auprès des amateurs d'art. La ville a en effet vu passer des générations de créateurs, ébénistes, tapissiers ou marqueteurs, qui ont porté l'art du mobilier de luxe à son sommet. Rendez-vous en terre d'excellence.

Un peu d'histoire

La bastide de Revel, fondée en 1342 par le roi Philippe VI de Valois, conserve de ses origines un plan orthogonal, des maisons à encorbellements, des galeries couvertes (ou garlandes), et des halles du 14ᵉ s. Si la commune doit sa prospérité au commerce du pastel, au 16ᵉ s., c'est l'industrie du meuble qui lui vaut sa renommée internationale.

Revel, capitale du meuble d'art

L'aventure commence en 1888, lorsqu'un ébéniste venu de Versailles introduit l'art de la marqueterie et de l'ébénisterie à Revel. Dans le sillage d'Alexandre Monoury, de nombreux artisans d'art s'installent ici, et se spécialisent dans la production de haute qualité. Création de meubles haut de gamme et copies de meubles prestigieux de style 18ᵉ s. français deviennent la marque de fabrique de Revel, capitale du meuble d'art. Elle connaît sa période faste dans l'entre-deux-guerres et durant les Trente Glorieuses (1945-1975).

Revel aujourd'hui : excellence et innovation

Les changements de mode et la concurrence étrangère ont eu raison des grandes heures de l'industrie du meuble à Revel, mais l'excellence des différents métiers de la décoration toujours présents continue d'assurer à la ville une réputation inégalable, dans la tradition comme dans l'innovation et le design. Les plus grands noms de l'ébénisterie d'art sont toujours là, à l'instar de la maison Craman-Lagarde, spécialisée dans la fabrication de meubles de haute facture, pour une clientèle prestigieuse (elle détient le label Entreprise du patrimoine vivant). Et c'est à Revel, qui arbore fièrement le label « Ville et Métiers d'art », que se trouve le Lycée des métiers d'arts, du bois et de l'ameublement, ainsi que le musée du Bois et de la Marqueterie (MUB).

Où rencontrer des artisans, où voir des meubles ?

Certains artisans et designers sont regroupés au sein de l'association Ébénistes & Créateurs, qui promeut la perpétuation des savoir-faire d'excellence. Leurs créations, pièces d'exception mais aussi objets de décoration plus accessibles, sont visibles dans le showroom. Certains ateliers, enfin, sont ouverts aux visiteurs.

Musée du Bois et de la Marqueterie à Revel. Ph. Blanchot/hemis.fr

Ébénistes & Créateurs - chemin de Beauséjour - av. de Castelnaudary - 31250 REVEL - 05 61 83 56 58 - www.ebenistes-et-createurs.fr - à 143 m.

La basilique St-Sernin.
mbonaparte/Getty Images Plus

d'assemblage : bureau historique du directeur d'exploitation des lignes Latécoère, wagon postal, maison de la radio. Sur les traces de Mermoz, au plus près de l'histoire.

Une nuit dans la chambre de Saint-Exupéry ♥

Hôtel Le Grand-Balcon - 8-10 r. Romiguières - ✆ 05 34 25 44 09 - grandbalconhotel.com. 61 bd Lazare-Carnot, à 750 m (90 kW).

À quelques mètres de la place du Capitole, l'emplacement est de choix. Établissement mythique des années 1930, l'hôtel accueillait les aviateurs tels Mermoz et Saint-Ex, lors de leurs escales. Redécoré par l'architecte Jean-Philippe Nuel, il arbore désormais un style contemporain, à l'exception de la chambre n° 32 : occupée par St-Exupéry autrefois, elle se distingue par un élégant décor rétro mais dispose de tous les équipements modernes. Une suite répertoriée par les Monuments historiques, pour une nuit d'exception.

Basilique Saint-Sernin ★★★

Pl. St-Sernin - www.basilique-saint-sernin.fr. 9 bd d'Arcole.

Elle est la plus célèbre et la plus belle des grandes églises romanes du Midi, la plus riche de France en reliques. L'édifice a été construit entre le 11e et le 14e s., puis restauré au 19e s. Admirez l'harmonieuse disposition de son chevet, l'ampleur de sa nef, la beauté de ses peintures murales, et la richesse du fameux « Tour des Corps saints », le déambulatoire des reliques. Un must toulousain.

Balade et dégustation au marché Victor-Hugo ♥

Pl. Victor-Hugo - www.marche-victor-hugo.fr. Parking Indigo sur la place.

Abrité dans un bâtiment moderne, sur plusieurs étages, c'est le plus vaste marché couvert de Toulouse, et le plus vieux de France en activité. L'endroit où il faut être, pour s'imprégner de la culture gastronomique toulousaine. Au rez-de-chaussée, une soixantaine de commerçants déroulent sur leurs étals tout le terroir régional : bouchers, chevrotiers, cavistes, épiciers, primeurs, poissonniers, crémiers ou fleuristes, rien ne manque. Et à l'étage, vous trouverez cinq ou six restaurants qui vous régaleront d'une cuisine forcément tout en fraîcheur.

EN ROUTE POUR LE SEUIL DE NAUROUZE

Pour comprendre la prouesse technique que fut la construction du canal du Midi, il faut en suivre les courbes à travers la plaine du Lauragais, et se rendre au seuil de Naurouze, point stratégique de partage des eaux entre Atlantique et Méditerranée. Il faut aussi, pour les curieux, faire un détour chez le père du canal, Pierre-Paul Riquet.

Château de Bonrepos-Riquet

Pl. Pierre-Paul-Riquet - Bonrepos-Riquet - ✆ 07 55 63 72 41 - www.bonrepos-riquet.fr. Pas de borne.

Repérable de loin à ses tours coiffées de pyramidions, le château construit à partir de 1653 par Riquet, père du canal du Midi, se dresse sur une colline au-dessus de la vallée du Girou. Si la visite guidée du château est intéressante, celle du domaine est passionnante. Car c'est là que se trouvent les bassins d'essai : deux plans d'eau réguliers (le second mesure 250 m par 40 m, la largeur prévue initialement pour le canal du Midi) et communicants, conçus par Riquet comme modèle hydraulique pour étudier l'alimentation en eau de son futur ouvrage.

La plaine du Lauragais

À Montgiscard, Villefranche-de-Lauragais (parking Hyper U - 475 kW), Avignonet-Lauragais.

Depuis Toulouse jusqu'au seuil de Naurouze, le canal du Midi et la route qui le longe de près traversent une partie de la plaine du Lauragais, fertile région agricole où vous croiserez des villages et des bastides médiévales, des églises de style gothique toulousain à clocher-mur et des châteaux, témoins de l'époque faste où le pastel fit de cette contrée un « pays de Cocagne » : Montbrun-Lauragais, qui offre un panorama remarquable sur la plaine et les Pyrénées, Montesquieu-Lauragais qui conserve son château Renaissance, Négra, petit port du temps de Riquet, St-Rome, curieux village à l'architecture cosmopolite, né au 19e s. autour du château du marquis de La Panouse, ou encore Villefranche-de-Lauragais, bastide fondée au 13e s. par le comte de Toulouse.

Seuil de Naurouze ★

Montferrand - accès par la D 611 et la D 218 (rte de Ségala). Pas de borne.

Site d'importance capitale pour le fonctionnement du canal du Midi, c'est à cet endroit que les eaux captées plus haut dans la Montagne Noire viennent alimenter ses

Le canal du Midi au seuil de Naurouze.

J. P. Azam/hemis.fr

deux versants, méditerranéen et atlantique. C'est le point culminant, donc la ligne de partage des eaux. Vous y verrez les deux écluses primordiales, celle de l'Océan (et celle de la Méditerranée un peu plus loin vers l'est), et le dessin d'un ancien bassin octogonal, qui aurait dû devenir un port (Riquet avait prévu là une ville entière!). Sur le côté, au milieu d'un enclos circulaire, se dresse l'obélisque de Riquet, érigé en 1825 par ses descendants à la mémoire du grand homme. Un site plein de charme, hors du temps.

PETITES ET GRANDES CITÉS DU CANAL DU MIDI

Inscrit au Patrimoine mondial pour son ampleur, son rôle économique, la qualité de ses ouvrages, le canal du Midi est un long serpent qui relie entre elles grandes et petites villes, cités-forteresses ou ports de commerce. Balade au fil de l'eau.

Castelnaudary

Sur la place (50 kW).

Que serait Castelnaudary sans son fameux cassoulet? Une des escales les plus plaisantes sur la route du canal du Midi, assurément. La ville se reflète dans son Grand Bassin, entre les écluses St-Roch et l'île de la Cybèle. Le trafic commercial a laissé place à la navigation de plaisance, mais le charme opère à coup sûr, et les tables y sont bonnes. L'occasion de faire le plein de conserves, et même d'aller faire l'acquisition de la précieuse cassole, l'emblématique plat en terre, réalisé dans les règles de l'art par les ateliers Not par exemple, labellisés Entreprise du patrimoine vivant (*p. 169*).

Pôle culturel de la Manufacture, à Montolieu ♥

20 imp. de la Manufacture - www.montolieu-livre.fr. À Pezens (9 km).

Montolieu, « village du livre et des arts », est implanté sur les contreforts de la Montagne Noire. Un peu à l'écart du canal, donc. Mais pas de l'animation et du dynamisme, avec sa quinzaine de librairies et bouquineries, ses deux musées, ses ateliers d'artistes. Quant à la manufacture textile (royale!), née en 1735, elle a aussi trouvé une nouvelle vie. Dans ses immenses bâtiments industriels en friche (14 000 m^2), sont installés des galeries, des street-artistes, des espaces de spectacle. À découvrir au fil de la programmation annuelle, des rencontres, ou d'un déjeuner au resto *L'Apostrophe*, abrité dans les murs.

Carcassonne ★★★

Pl. Gaston-Jourdanne (pour la Cité médiévale); parking pl. du Gén.-de-Gaulle (pour la bastide).

C'est évidemment une étape très attendue, et jamais décevante. La plus vaste forteresse d'Europe, ceinturée dans ses deux remparts, hérissée de plus de 40 tours, parcourue de ruelles, est un lieu inoubliable, plus encore lorsqu'on le visite hors-saison. Parmi les moments forts, le tour des remparts, la visite du château comtal et celle de la basilique. Mais n'oubliez pas pour autant l'autre ville, la bastide St-Louis au plan parfaitement

Vignoble AOC Minervois.

P. Escudero/hemis.fr

javarman3/Getty Images Plus

Les remparts de Carcassonne.

quadrillé, que contourne le canal. Et les ressources gastronomiques, qui sont nombreuses évidemment.

LE MINERVOIS

Prise entre la Montagne Noire et le canal du Midi, la plaine du Minervois déploie son vignoble sur 15000 hectares, dont 5000 en AOP. La promesse de belles rencontres, de repas bien accompagnés, et de paysages entretenus. Mais aussi de villages charmants et de curiosités insolites.

Église de Rieux-Minervois ★

3 r. des Cyprès, à 1 km du centre (parking M. Bricolage).

Trônant au cœur du vignoble minervois, ce gros bourg viticole se distingue par son étonnante église romane, construite selon un plan centré heptagonal unique au monde, qu'entoure un déambulatoire à 14 côtés. On y voit de très beaux chapiteaux historiés attribués au maître de Cabestany, génie de la sculpture médiévale. Après cette visite, perdez-vous dans les ruelles ombragées de passages voûtés.

Le Somail en bateau électrique ♥

Restaurant Le Comptoir Nature - 1 chemin de Halage - 04 68 46 01 61 - comptoirnature.free.fr.
R. du Canalet (en face du 145).

Ce hameau est l'un des plus agréables ports du canal : il conserve son joli pont en pierre en dos d'âne flanqué d'une chapelle, sa glacière et son auberge de 1773, témoin du temps où les voyageurs de la barque de poste s'arrêtaient pour la « couchée ». À la maison Bonnal, vous entrerez dans un petit musée à la scénographie moderne, qui vous racontera l'histoire des trois canaux de la Narbonnaise. Mais le meilleur moyen de s'imprégner du charme du Somail, c'est encore de le parcourir en barque électrique : 1h ou une journée sur le canal, dans une embarcation qui peut accueillir cinq personnes, et se pilote avec aisance (à louer au restaurant *Le Comptoir Nature*, avant ou après un agréable repas au bord de l'eau).

Oppidum d'Ensérune ★★

Nissan-lez-Ensérune - 04 67 37 14 12 (office de tourisme) - www.enserune.fr.
À 3,5 km, D 609 avant le carrefour d'Ensérune (320 kW).

Moment intense

Au long des rigoles de la Montagne Noire

Suivre cet itinéraire de petites routes sinueuses, c'est littéralement remonter à la source du canal du Midi. Depuis le seuil de Naurouze, point de partage des eaux, jusqu'au bassin de St-Ferréol, immense réservoir de 67 ha pour l'alimentation régulière du canal, un peu moins de 30 km, mais de nombreux villages, la forêt de la Montagne Noire, et des petits canaux, les fameuses rigoles d'alimentation, avec leur lot d'ouvrages hydrauliques. Au passage, Montferrand, St-Paulet, Les Cassés, autant de villages et de panoramas. Et puis à la fin l'incomparable barrage de St-Ferréol, encore un ouvrage de Paul Riquet. Baignade dans le bassin de retenue, visite de l'espace de découverte du canal du Midi, balade jusqu'à la gerbe d'eau, vous aurez de quoi vous occuper.

À Avignonet-Lauragais. En Montagne Noire, vous trouverez des bornes à Revel, à 4 km du barrage de St-Ferréol (Intermarché, r. Clémence-Isaure).

À Ensérune somnolent les vestiges mystérieux d'une ville fortifiée où se superposent de nombreuses couches de civilisations préromaines. L'oppidum domine la plaine biterroise, à un emplacement de choix. Des tables d'orientation décryptent le vaste panorama, qui s'étend, des Cévennes au Canigou, sur toute la plaine côtière. La vue sur l'ancien étang de Montady *(ci-dessous)* est exceptionnelle.

Étang asséché de Montady ★

À admirer depuis le panorama, en arrivant au parking de l'Oppidum d'Ensérune par la D 162E3. Av. des Platanes (5 km).

Voilà indubitablement l'un des paysages les plus insolites de France, surtout vu d'en haut. Asséché par l'Homme à partir de 1247, l'ancien étang présente aujourd'hui son immense dessin radioconcentrique, divisé par des fossés qui rayonnent vers un collecteur central. Les eaux sont ensuite évacuées par un canal qui se prolonge en aqueduc souterrain, dans le cœur de la colline. Un paysage surprenant… et changeant au gré des cultures menées sur les parcelles qui ont la forme de parts de gâteau !

Œnotourisme au château de Luc – Famille Fabre ♥

1 r. du Château - Luc-sur-Orbieu - ☎ 04 68 27 10 80 - www.famillefabre.com. À Lézignan-Corbières (16 bis av. Mar.-Foch, 4 km).

Partez en balade vigneronne dans les Corbières avec un membre de la famille Fabre, jusqu'au sommet du Mourel de Luc : au programme, observation de la faune et de la flore, commentaires sur le vignoble, l'importance du terroir, les modes de culture. Apéritif-dégustation face au paysage majestueux, et pique-nique gourmand dans des parcelles de vigne plantées au cœur de la pinède. Puis retour au caveau. Accueillant et partageur, le château de Luc vous propose aussi un escape game dans l'ancienne cave, et des visites insolites du château familial.

BÉZIERS ★ ET LE BITERROIS

Juchée sur un éperon dominant l'Orb, couronnée par une cathédrale fortifiée, Béziers est également la capitale du vignoble languedocien, et un véritable conservatoire de la culture occitane, avec sa feria.

Parmi les activités incontournables, une balade sur les allées Paul-Riquet, la visite du cloître et de l'ancienne cathédrale, la vue depuis les jardins St-Jacques, et la maison natale de Jean Moulin. Sans oublier les pauses en terrasse, et les moments festifs.

Pl. Gabriel-Péri (Office de tourisme).

Neuf écluses de Fonséranes ★

Maison de Site du Coche d'eau - ✆ 04 99 41 36 36 - www.beziers-mediterranee.com. Rte de Vendres, aire de covoiturage ouest (150 kW), à 6 km.

C'est la dernière étape sur le canal avant Béziers, et non la moindre : une exceptionnelle succession (ou échelle) de huit sas et neuf portes en enfilade, le plus spectaculaire ouvrage du canal du Midi. 315 m de long, pour un dénivelé de 21,18 m ! Cinéma immersif en introduction, audioguide pour une balade sur la rampe, afin d'observer le manège des embarcations passant l'écluse. Vous pouvez louer un bateau électrique, pour effectuer vous-même le passage de cet ouvrage emblématique, ou opter pour une balade exclusive à bord de la romantique péniche *Élégance* pour neuf écluses de Fonséranes à Béziers *(compagnie Private Luxury Cruise - francebarging.com)*.

Les Jeudis de Béziers ♥

Allées Paul-Riquet - www.beziers-mediterranee.com. Pl. Gabriel-Péri.

Voilà une activité estivale des plus séduisantes, pour les amateurs de convivialité et de bonnes choses : tous les jeudis de 19h à 23h, les fameuses allées Paul-Riquet sont investies par les vignerons et les restaurateurs du coin. Achetez votre verre sérigraphié, votre pass, et faites le tour des dégustations, dans une ambiance musicale bon enfant. Un beau moment de partage avec les Biterrois, le temps d'une douce soirée d'été.

Art contemporain à Sérignan ★

✆ 04 99 41 36 36 - www.beziers-mediterranee.com. R. Valéssie ou parking Cigalière.

Ne vous fiez pas à l'immuable silhouette de la collégiale au bord de l'Orb, ni aux joueurs de pétanque très concentrés sur leur jeu. Sérignan a misé sur l'art contemporain depuis longtemps. Cette commune située entre Béziers et la côte regroupe, outre un musée d'art contemporain, un parc de sculptures aménagé près du château Vargoz, et un parcours artistique dans la ville, notamment de street art. Restez le soir pour admirer le *Rayonnant*, œuvre lumineuse spectaculaire réalisée par Daniel Buren.

Aurélie Piau, vue de l'exposition "Va y 'avoir du sport", Mrac Occitanie, Sérignan, 2023.

Aurélien Mole/MRAC

CARNET DE ROUTE

SE RÉGALER

TOULOUSE

SEPT

Dans son nouveau restaurant, le chef Guillaume Momboisse propose des assiettes relevées d'assaisonnements toniques et rafraîchissants, à l'image de ce bar cuit sur la peau avec son sorbet à l'olive verte et sa râpée de poutargue. Le service, pro et décontracté, est à l'unisson de cette philosophie.

11 r. Théodore-Ozenne - 07 56 92 18 06 - www.restaurant-sept.fr - à 180 m.

L'AIR DE FAMILLE

Lieu délicieux, avec sa déco d'époque (affiches publicitaires, vieux comptoir) et son atmosphère sans prétention. La tradition et les saisons y font la loi, avec une attention particulière portée aux mariages de saveurs et aux sauces. À l'ardoise ce jour-là : œufs en meurette ; tête de veau sauce ravigote ; quasi de veau et polenta.

6 r. Jules-Chalande - 05 67 06 54 08 - airdefamilletoulouse.fr - à 200 m.

PEZENS

L'AMBROSIA

À 10 km au nord-ouest de Carcassonne, faites une étape dans cette maison moderne : la cuisine du chef se révèle soignée, cohérente et bien dans l'air du temps, d'autant qu'il s'appuie sur des produits de qualité. Ses péchés mignons ? Foie gras, thon et soufflé au Grand Marnier. Original : réservez une table pour quatre dans la cave à vins.

Carrefour la Madeleine, sur D 6113 - 04 68 24 92 53 - www.ambrosia-pezens.com

CARCASSONNE

BRASSERIE À 4 TEMPS

Une brasserie moderne imaginée par le chef étoilé Franck Putelat, où l'on profite de classiques revisités par le chef Jordan Pertet. Œuf mimosa et poireau vinaigrette, tartare de bœuf, ou encore le cassoulet... à la gourmandise avérée. Réservation conseillée.

2 bd Barbès - 04 68 11 44 44 - www.brasserie4temps.com - à 80 m.

TRÈBES

LE MOULIN DE TRÈBES

Quel charme, cet ancien moulin ! Sa terrasse donne directement sur le canal du Midi. Quant à la cuisine, elle se révèle simple et moderne, avec comme spécialité le ris de veau caramélisé au sésame et compote d'endives... Un vrai plaisir, qui s'arrose d'une jolie sélection de vins de la région.

2 r. du Moulin-de-Trèbes - 04 68 78 97 57 - www.lemoulindetrebes.com - à 420 m.

COLOMBIERS

AU LAVOIR

Au bord du canal du Midi, à deux pas de l'étang asséché de Montady, cette belle maison jaune semble rayonner, particulièrement quand le soleil baigne son jardin verdoyant (avec terrasse). Pleinement inspirée par la Méditerranée, la cuisine fait la part belle au produit et embaume les parfums du Sud. N'hésitez pas à réserver l'une des élégantes chambres de l'étage.

R. du Lavoir - 04 67 26 16 15 - www.au-lavoir-restaurant-colombiers.com - à 350 m.

BÉZIERS

L'ALTER-NATIVE

Dans la ville où il a grandi et étudié, Gilles Goujon, le chef 3 étoiles de *L'Auberge du Vieux Puits*, développe un concept de cuisine marine et végétale écoresponsable, avec la volonté de tracer un nouveau sillon. Avec des légumes du potager en aquaponie, et d'autres trésors bien du Sud, son chef exécutif Quentin Pellestor-Veyrier réalise des assiettes pleines de générosité, franches et appétissantes : tomate farcie, fromage de chèvre de la ferme Carrus et basilic en pistou ; petite galette d'estofinado, œufs de truite et caviar « césarienne »... avec, en soutien, le talent naissant des deux fils Goujon, Enzo et Axel !

12 r. Boieldieu - 04 67 49 90 00 - www.lalternativegoujon.fr - à 240 m.

PICA PICA

Fabien Lefebvre, MOF 2004 que l'on connaît également à sa nouvelle adresse *Calice*, joue dans sa brasserie une partition gourmande et conviviale, sans chichi. On y sert une cuisine méditerranéenne décomplexée et joliment métissée, à travers une sélection de tapas et picas (brochettes)... mais aussi des plats soignés comme ce cabillaud demi-sel, cresson et gnocchi, émulsion citron et caviar. Le menu déjeuner est une aubaine.

20 bd Jean-Jaurès - 04 48 11 03 40 - www.pica-pica.fr - à 50 m.

SE LOGER

TOULOUSE

MAMA SHELTER

La version toulousaine du Mama Shelter regorge de références à l'architecture de la ville, mais aussi au street art et à la culture « jeune », et enfin au rugby. L'ancien cinéma dissimule 120 chambres dont le confort se concentre là où sa clientèle l'attend : les lits, les films gratuits et les produits de bain bio. Cinéma de 20 places, bar, scène de musique live et... l'incontournable rooftop !

54 bd Lazare-Carnot - ✆ 05 31 50 50 05 - www.mamashelter.com/toulouse - à 130 m.

MONTOLIEU

LA MANUFACTURE ROYALE

Non loin de Castelnaudary et Carcassonne, dans la Montagne Noire, l'hyperactif village de Montolieu déborde de charme (*p. 164*). Comme ces chambres d'hôte, suites et appartements, installées dans l'ancienne manufacture royale de draps du 18e s. Matériaux anciens, mobilier design et vintage, piscine et confort sont au rendez-vous.

14 imp. de la Manufacture - ✆ 06 32 85 17 85 - www.la-manufacture-royale.fr

CARCASSONNE

HÔTEL DE LA CITÉ-MGALLERY

Au sein de la cité de Carcassonne, cet hôtel est abrité dans un superbe édifice néogothique, bâti en 1909 sur le site de l'ancien palais épiscopal. Les chambres dégagent une atmosphère chaleureuse – certaines dans un style médiéval, mais donnant sur des terrasses ! – et, côté remparts, on profite du jardin et de la piscine, sans oublier le plaisant spa avec massages, et une bonne table *La Barbacane*.

Pl. Auguste-Pierre-Pont – ✆ 04 68 71 98 71 – www.hoteldelacite.com - sur place.

BÉZIERS

LA VILLA GUY

Ce splendide édifice à l'esthétique andalouse, classé monument historique, trône au milieu d'un parc d'inspiration mauresque, en plein centre-ville. Les chambres et suites mélangent toutes l'audace contemporaine avec le romantisme classique ; il n'y a pas un centimètre carré qui soit sans intérêt. Ajoutez deux salons, un bar, une salle de billard, une bibliothèque, une piscine, une rotonde avec une vue imprenable sur le parc, un spa somptueux.

2 r. Giuseppe-Verdi - ✆ 04 67 35 26 49 - www.lavillaguy.com - à 40 m.

Hôtel de la Cité, Carcassonne.

ICI ET PAS AILLEURS

TOULOUSE

LA MAISON DE LA VIOLETTE

La violette de Toulouse est la vedette de cette boutique installée dans une péniche décorée dans les tons pastel. Vous y trouverez parfums, liqueurs, confiseries, cosmétiques…

3 bd Bonrepos - péniche sur le canal du Midi - ✆ 05 61 99 01 30 - www.lamaisondelaviolette.com

HALLE DES MACHINES

Après avoir découvert les étranges automates conçus par François Delarozière et sa compagnie de spectacles de rue, hissez-vous sur le dos du Minotaure pour une balade romantique. Pour prolonger ce moment, vivez l'expérience du déjeuner des petites mécaniques. Un repas hors norme et spectaculaire *(w.-end)*.

3 av. de l'Aérodrome-de-Montaudran - ✆ 05 32 10 89 07 - www.halledelamachine.fr

MAS-SAINTES-PUELLES

CASSOLES DE LA POTERIE NOT

À deux pas de Castelnaudary, cette poterie a connu plus de trois générations de potiers, et perpétue leur savoir-faire. Elle a été récompensée d'ailleurs par le label Entreprise du patrimoine vivant.

1851 rte de Labastide - ✆ 04 68 23 17 01 - lapoterienot.fr - à 66 m.

CASTELNAUDARY

MAISON ESCUDIER

Depuis plus d'un siècle, cette charcuterie artisanale utilise des recettes inchangées pour proposer aux gourmets les meilleurs cassoulets, confits et foie gras.

11 r. de Dunkerque - ✆ 04 68 23 12 79 - www.cassoulet-escudier.fr - à 376 m.

SÉRIGNAN

DOMAINE OLÉICOLE LUPIA

Sur le domaine, établi entre Béziers et Valras-Plage, on produit de façon raisonnée de l'huile d'olive vierge extra de qualité supérieure, et des olives lucques AOP. Tapenades, tartinables, olives en bocaux, etc.

Rte de Vendres (D 37) - ✆ 04 67 32 44 30 - domainelupia.fr - à 424 m.

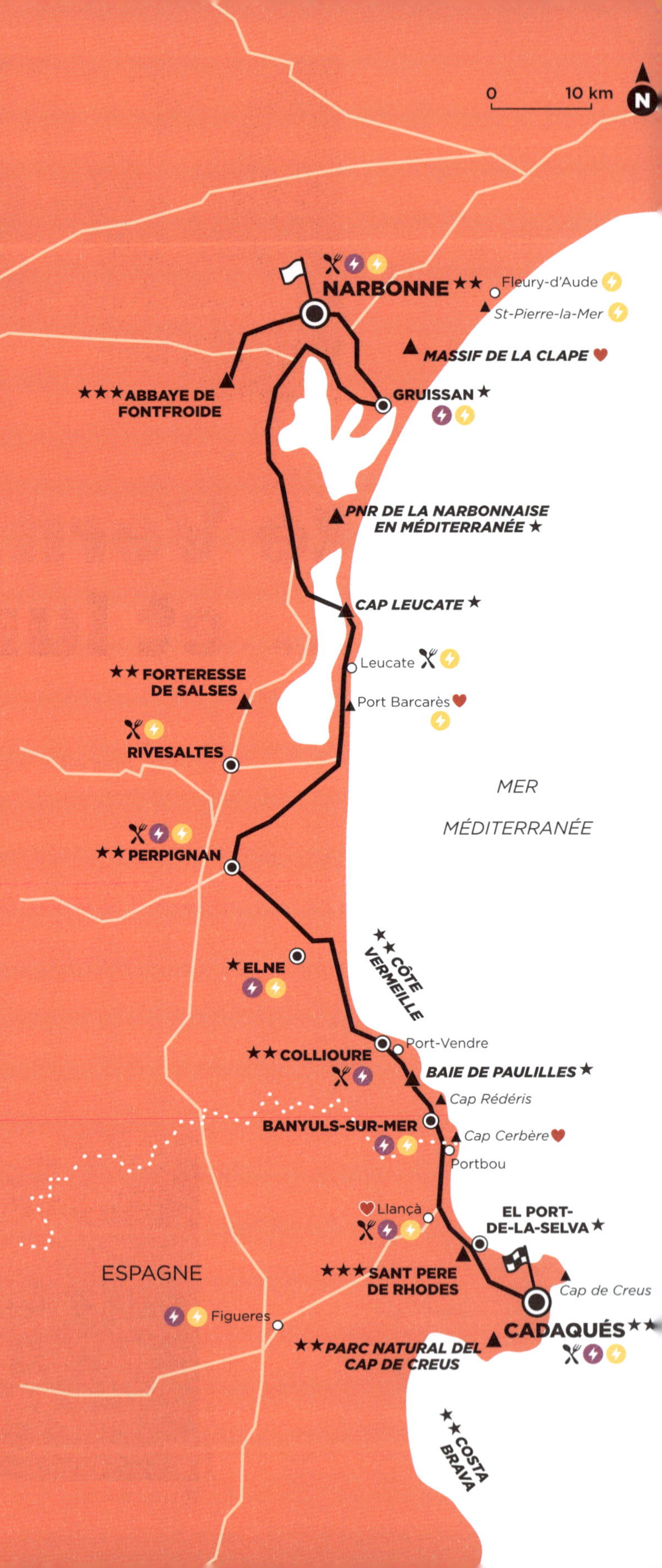

PRINCIPALES BORNES DE RECHARGE :

Narbonne :
8 bd de Creissel (63 kW)

Leucate :
18 pl. Pierre-Gonzales (100 kW)

Perpignan :
Leclerc - 5001F r. des Usines (188 kW)

Collioure :
R. du Lavoir et pl. du 8-Mai-1945 (50 kW)

Banyuls-sur-Mer :
10 av. Pierre-Fabre (50 kW)

Llançà :
13 av. Pau-Casals (22 kW)

Cadaqués :
10 av. Caritat-Serinyana (50 kW)

L'ESSENTIEL ÉLECTRIQUE

Les villages de la côte disposent tous de bornes de charge, et souvent de charge rapide. À Narbonne et Perpignan, les stations se situent plutôt en périphérie, notamment au centre commercial de Claira, 15 km au nord de Perpignan et à proximité de Rivesaltes, où sont installées cinq bornes (jusqu'à 300 kW). En revanche, passé Banyuls-sur-Mer et jusqu'à Cadaqués elles se font rares, voire inexistantes entre El Port de la Selva et Cadaqués.

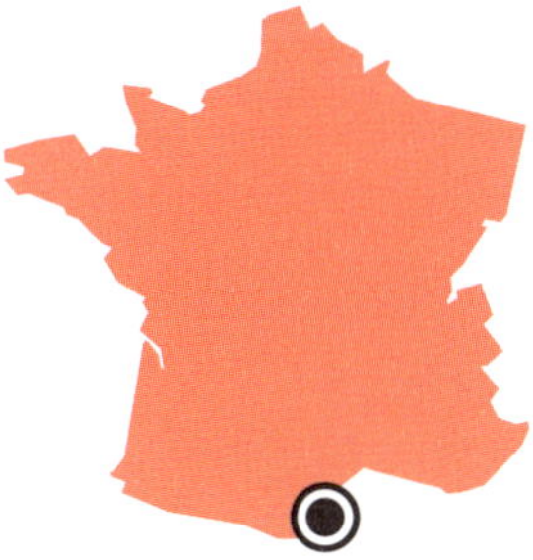

DISTANCE : 223 km
DURÉE : 5 jours
DÉPART : Narbonne
ARRIVÉE : Cadaqués

PRINCIPALES ÉTAPES :
Perpignan
Gruissan
Banyuls
Llançà

NARBONNE
CADAQUÉS

La Côte Vermeille, couleur et lumière

Vue sur la Grande Bleue ! Entre Narbonne, ancienne capitale de la Gaule narbonnaise, et Cadaqués, en Catalogne espagnole, la route longe le littoral comme un fil épousant les contours de la Méditerranée. Étangs peuplés de flamants roses, petites cités balnéaires et pins maritimes... puis viennent les premières collines, couvertes de vignes en terrasses écrasées de soleil, annonçant la Côte Vermeille, les Pyrénées et, enfin, l'Espagne. De ville en village, le patrimoine raconte une longue histoire, haute en couleur. Des couleurs, qui associées à la lumière, séduisent depuis longtemps les artistes.

Côté saveurs...

Côté mer : les huîtres et les moules des étangs de Gruissan et Leucate ; les fameux anchois de Collioure, et partout le produit de la pêche. Côté terre : le vin, dont le fitou et les vins doux : muscat de Rivesaltes, banyuls... et pour le dessert : crème catalane, croquants, tarte aux pignons, touron...

Damocean/Getty Images Plus

La Côte Vermeille.

L'abbaye romane de Fontfroide.
ancoay/Getty Images Plus

NARBONNE ★★

Capitale de la Gaule narbonnaise et port majeur, résidence des rois wisigoths, cité archiépiscopale, « Narbonne la rose » égrène les témoins architecturaux d'un glorieux passé. En longeant le canal de la Robine, découvrez le visage animé d'une ville méditerranéenne, important centre viticole et carrefour de communications.

Palais-musée des Archevêques et cathédrale Saint-Just-et-Saint-Pasteur ★★

Pl. de l'Hôtel-de-Ville - ✆ 04 68 90 26 38 - www.musees-narbonne.fr. 5 bd Georges-Séguy.

Le palais des Archevêques compose, avec la cathédrale, inachevée, un ensemble architectural religieux, militaire et civil complexe et remarquable, édifié entre le 12e s. et le 19e s. Ne manquez pas le beau retable baroque et la tapisserie flamande de la fin du 15e s. dans le sanctuaire, la salle des Synodes et le parcours d'art qui donne accès aux anciens appartements des archevêques, le donjon Gilles-Aycelin ainsi que la vue depuis le chemin de ronde.

Musée Narbo Via ★★

2 av. André-Mècle - ✆ 04 68 90 28 90 - www.narbovia.fr. Sur le parking.

Consacré au patrimoine antique exceptionnel de Narbonne, le musée, signé Norman Foster, présente plus de 1300 pièces – mosaïques, peintures murales, objets du quotidien, sculptures... –, témoignant de l'importance de la cité sous l'Empire romain (fin du 2e s. avant notre ère à 462). La pièce maîtresse est incontestablement le mur monumental, de 76 m de long et 10 m de haut, constitué de quelque 800 blocs et bas reliefs antiques.

ABBAYE DE FONTFROIDE ★★★

D 613 - ✆ 04 68 45 11 08 - www.fontfroide.com - *p. 181* *- pas de borne.*

Superbement mise en valeur, cette abbaye cistercienne est secrètement blottie au creux d'un vallon des Corbières. Elle fut érigée pour l'essentiel aux 12e et 13e s. Les bâtiments conventuels ont été restaurés, adaptés et parfois ajoutés aux 17e et 18e s. Remarquables, le cloître et l'église affichent une élégante sobriété embellie par les jeux de lumières sur les pierres d'une belle couleur ocre taillées dans le grès. Une roseraie, qui s'épanouit au mois de juin, et les jardins en terrasses invitent à la flânerie et mènent au sommet de la colline d'où la vue embrasse le site.

PARC NATUREL RÉGIONAL DE LA NARBONNAISE EN MÉDITERRANÉE ★

Il s'étend à l'emplacement du golfe antique aujourd'hui occupé par un vaste complexe lagunaire, paradis des oiseaux, des promeneurs et des kitesurfeurs. De grandes plages sauvages bordent le front de mer parsemé d'anciens villages de pêcheurs, tel Bages posée sur

« Collioure, cité du fauvisme

Un siècle après les peintres fauves, inspirés par la lumière et les couleurs de la ville, par le pittoresque de ses marchés et de son port animé, par le ciel immaculé, Collioure n'a rien perdu de son pouvoir d'attraction. Découvrez la ville catalane dans les pas de Matisse et Derain.

Le fauvisme, qu'est-ce que c'est ?

Pour en savoir plus, rendez vous à la maison du Fauvisme de Collioure, qui est à la fois centre culturel et d'interprétation, maison des guides de la ville, et espace boutique. Sur place, vous découvrirez l'histoire de ce mouvement pictural né au tout début du 20e s., qui se caractérise par l'audace chromatique, le recours aux larges aplats de couleurs contrastées, et la décorrélation entre la couleur utilisée et la réalité de l'objet représenté. Lorsqu'ils se retrouvent à Collioure en 1905, Matisse et Derain vont expérimenter l'impact de la lumière catalane sur les couleurs. « Une lumière blonde, dorée, qui supprime les ombres », explique Derain.

Sur le « chemin du fauvisme »

Cet été 1905, sur la Côte Vermeille, en moins de 3 mois, Matisse peint plus de 15 toiles, 40 aquarelles et une centaine de dessins, tandis que Derain produit 30 toiles, 20 dessins et une cinquantaine de croquis.
Muni du livret *Le Fauvisme, la couleur comme absolu* (en vente à la maison du Fauvisme), partez au fil des ruelles en quête de 17 tableaux reproduits *in situ*. Face aux œuvres et aux paysages réels, vous comprendrez le travail de ces deux peintres amoureux de la couleur.

Une application immersive

L'autre option, pour découvrir le Collioure de Derain et Matisse en toute liberté, c'est l'application gratuite pour smartphone *Collioure, le voyage commence*: film scénarisé, vues par drone, lectures de paysages et contenus audio vous accompagnent dans les rues, ou vous offrent une introduction à la visite dans le calme de votre voiture.

P. Barritt/Alamy/hemis.fr

Henri Matisse, Vue de Collioure (1905), National Gallery of Art, Washington DC.

Collioure, la fibre créative pour tous

Est-ce l'ambiance, l'air marin, le soleil et les couleurs éclaboussées qui donnent à ce petit port catalan une telle énergie créative ? En tout cas, les idées ne manquent pas pour se frotter à l'art sous toutes ses formes: le musée d'Art moderne propose des ateliers créatifs, et des balades dessinées en compagnie d'artistes locaux; la maison du Fauvisme organise des promenades commentées, et pendant les vacances des ateliers peinture pour les enfants ; les galeries d'art enfin, vous accueillent pour le plaisir des yeux, ou pour un achat coup de cœur. »

Maison du Fauvisme - 10 r. de la Prud'homie - 66190 COLLIOURE - 04 68 82 15 47 - www.collioure.com - à 164 m.

Gruissan.

sa presqu'île rocheuse, qui ont conservé un certain charme et se sont ouverts au tourisme balnéaire.

Coup de pédale dans le massif de la Clape ♥

Location de vélo : Frankilou - ✆ 07 68 91 40 14 ou 07 83 52 84 13 - www.frankilou-velo.com. Départ de Gruissan (Pl. de la Capitainerie)ou St-Pierre-la-Mer (5 bd de la Douane).

Situé au nord de Gruissan, le massif calcaire de la Clape se prête parfaitement à la pratique du vélo. Environ 250 km de chemins balisés vous mèneront sur les plateaux rocailleux où la garrigue et les pinèdes le disputent aux vignes. Au détour des virages, la Grande Bleue s'étire à l'infini. Vous croiserez aussi plusieurs châteaux ou caveaux viticoles, autant d'incitations à la dégustation...

Gruissan ★

Pl. de la Capitainerie (50 kW).

Immortalisés par le film *37° 2 le matin*, les chalets sur pilotis de Gruissan-Plage ont malheureusement, pour beaucoup, été transformés. En revanche, les maisons des pêcheurs du vieux village semblent immuables et s'enroulent toujours autour des ruines de la tour Barberousse (10e s.), d'où l'on jouit d'un panorama à 360°. Un chenal rejoint la station nouvelle, bâtie au bord de l'étang du Grazel, où se déploient les terrasses de café, face au grand large.

Cap Leucate ★

Accès par le chemin du Phare. 18 pl. Pierre-Gonzales (100 kW), à 3,5 km.

Ce promontoire rocheux, dont les falaises plongent dans la mer, sépare les étangs de La Palme et de Leucate, la petite station de La Franqui et le vieux village de pêcheurs de Leucate. Un sentier en corniche (2h) offre de belles vues sur cette immense zone humide, la plage sauvage des Coussoules, le grand large et les stations balnéaires modernes de Port-Leucate et Port-Barcarès. Le sentier de retour zigzague à travers les parcelles, emmurées, de vignes. Un escalier descend à Leucate-Plage, bien abritée, grâce à la falaise, du vent du nord.

Sortie en barque catalane ♥

Port-Barcarès - barquescatalanesdu barcares.wordpress.com. *R. Annibal.*

Tous les mercredis matin en été, des sorties en mer en barques catalanes sont organisées au départ de Port-Barcarès. À bord d'une des trois sardinales ou du thonier, vous longerez la côte vers le sud, à la seule force du vent. Le capitaine, passionné, raconte l'histoire de ces anciennes embarcations de pêcheurs. Au retour, une petite exposition photos illustre la pêche traditionnelle et Le Barcarès autrefois.

FORTERESSE DE SALSES ★★

N 9 - Salses-le-Château - ✆ 04 68 38 60 13 - www.forteresse-salses.fr. *Imp. d'En-Valette, à 1,5 km.*

En forme d'étoile à demi-enterrée, le fort affiche d'imposantes dimensions. Élevé au 15e s., il constitue un exemple unique en France d'architecture militaire médiévale espagnole, adaptée par Vauban. Il pouvait abriter une garnison de 1500 hommes et 100 chevaux grâce notamment aux casernes et casemates installées dans les bâtiments d'enceinte. Celle-ci est d'ailleurs surmontée de courtines à la crête arrondie, un dispositif rare au 15e s., destiné à faire ricocher les boulets et à décourager l'escalade. Aujourd'hui, le grès rose des pierres et le rouge patiné des briques adoucissent la rigueur de l'édifice.

MUSÉE MÉMORIAL DU CAMP DE RIVESALTES

Av. Christian-Bourquin - ✆ 04 68 08 39 70 - www.memorialcamprivesaltes.eu. *Carrefour, route du Barcarès à Rivesaltes (300 kW), à 6 km.*

Une douloureuse page d'histoire est évoquée ici : celle de l'un des plus importants camps d'internement et de relégation d'Europe occidentale. Républicains espagnols, juifs, tziganes, prisonniers de guerre, harkis... plus de 60 000 personnes « indésirables » y furent internées en 1941-1942, 1945-1948 et 1962-1966, dans des conditions de vie abominables. Le mémorial comprend un parcours de visite extérieur montrant les vestiges des baraquements et un musée souterrain conçu par Rudy Ricciotti, tel un long couloir enterré s'ouvrant peu à peu vers la lumière.

PERPIGNAN ★★

Baignée par la mer et à deux pas des sommets pyrénéens, Perpignan est une ville frontière que se sont disputée comtes du Roussillon, rois de Majorque, Catalans et Aragonais. Elle en a gardé nombre d'empreintes.

Parking, 9 pl. de la République.

p. 184. Le Castillet, emblème de la ville, marque le cœur médiéval aux influences catalanes avec ses rues pavées de marbre rose. Très animée, la place de la Loge, avec sa jolie *Vénus* d'Aristide Maillol, doit son nom à l'ancien tribunal de commerce maritime. Vers le nord, la cathédrale

Collioure et ses bateaux.

se reconnaît à ses murs en « cayroux » (briques et galets) typiquement catalans. Au sud, se dresse l'énorme palais des rois de Majorque, d'architecture romane et gothique.

Centre d'art contemporain À Cent Mètres du Centre du Monde

3 av. de Grande-Bretagne - 04 68 34 14 35 - www.acentmetresducentredumonde.com. R. du Gén.-Legrand.

À cent mètres de... la gare de Perpignan, le centre du monde selon Dalí. Cet ancien entrepôt rénové, conjuguant bois, verre et métal, accueille des expositions d'art contemporain sous toutes ses formes : peinture, sculpture, vidéo, installation, performance, etc. En outre, le centre expose sa propre « collection collective », résultant d'une sorte de coopérative de collectionneurs.

ELNE ★

Cernée de collines couvertes d'abricotiers et de pêchers, la ville haute se protège encore derrière ses remparts. La cité la plus ancienne du Roussillon en fut aussi la capitale spirituelle en hébergeant le siège épiscopal de la région, du 6e au 17e s.

5 r. de la Pompe-Grosse.

Aujourd'hui, Elne est une petite ville endormie, mais le cloître de la cathédrale Ste-Eulalie-et-Ste-Julie, magnifique exemple de l'art roman catalan, témoigne de sa puissance passée. La cathédrale, commencée au 11e s. et complétée aux 14e-15e s., montre les phases d'évolution de l'art gothique. Un escalier à vis monte à une terrasse avec vue sur les clochers, les Albères et la Méditerranée.

COLLIOURE ★★

La lumière et les couleurs de Collioure ont séduit bien des peintres, tels Matisse et Derain. Pour leur rendre hommage, une maison et un Chemin du fauvisme donnent l'occasion de découvrir ce magnifique village, très touristique, à travers leur regard.

Pl. du 8-Mai-1945.

Flânez dans l'ancien quartier des pêcheurs du Mouret, le long des ruelles escarpées aux balcons fleuris, entrecoupées d'escaliers, puis rejoignez le bout du quai. Là, l'église fortifiée avance si près de la côte qu'on la croirait surgie de la mer. Elle cache neuf remarquables retables sculptés sur bois et dorés. Suivez ensuite le bord de mer jusqu'aux petits ports, séparés par le vieux château royal et animés par les barques catalanes reconnaissables à leurs couleurs vives. La promenade peut se poursuivre jusqu'aux forts chargés de protéger Collioure et sur le sentier du littoral.

Fort Saint-Elme ★

Le fort situé au-dessus de Collioure et Port-Vendres contrôlait la route de Barcelone, et ce, jusqu'à la Révolution. C'est l'empereur Charles

Quint qui décida de l'édification de la forteresse actuelle en forme d'étoile à six branches. Elles pouvaient résister à tous les tirs d'artillerie. Magnifique panorama sur les alentours.

CÔTE VERMEILLE ★★

Côte Vermeille, côte merveille ! Le slogan est lancé et largement justifié par ses falaises schisteuses où viennent se briser les vagues, ses ports de pêche et de plaisance nichés au fond d'anses protégées des tempêtes... Une succession de belles cartes postales.

Site et baie de Paulilles ★

D 914 - Port-Vendres - 04 68 95 23 40 - www.ledepartement66.fr.
Av. Castellane (6 km).

La baie de Paulilles était connue pour son usine de dynamite, fermée en 1984. Le site appartient désormais au Conservatoire du littoral. L'ancienne maison du directeur a été transformée en Maison du site où une exposition évoque la vie des travailleurs et de leur famille, jadis installés ici dans un véritable village. Le site accueille aussi un atelier de restauration de barques catalanes (*p. 173*). Des sentiers donnent accès à la plage, préservée, notamment à Balanti, qui n'est pas accessible par la route et à de jolies criques isolées.

Banyuls-sur-Mer

17 av. de la République.

Surplombée par un inoubliable paysage de vignobles en terrasses, Banyuls s'étire au bord d'une jolie baie, à l'abri de la tramontane. Son nom évoque les vins, en particulier les vins doux. Mais Banyuls est aussi attaché au souvenir d'Aristide Maillol (1861-1944), enfant du pays et sculpteur, bien connu pour son amour des formes voluptueuses. Il a laissé à sa terre natale de nombreuses sculptures. La station accueille aussi un Biodiversarium : un aquarium scientifique et un jardin méditerranéen dont le but est de sensibiliser à la biodiversité terrestre et marine locale.

LianeM/Getty Images Plus

La baie de Paulilles, Cap Bear.

Moment intense

La route côtière entre Port-Vendres et El Port de la Selva ★★★

La route (D 914, puis N 260 à partir de Portbou) sillonne le long de la côte, dominant les falaises plongeant dans la mer. Sur votre droite, défilent les Pyrénées, aux coteaux plantés de vignes puis d'oliviers. Sur votre gauche, la Grande Bleue qui épouse les caps et les criques où se nichent de petites stations balnéaires aux blanches maisons. Après Banyuls, le cap Rédéris mérite une halte pour son panorama XXL sur les côtes du Languedoc et de Catalogne, jusqu'au cap de Creus.

Snorkeling dans la Méditerranée.

Snorkeling le long du sentier sous-marin ♥

Cap Cerbère - Plage de Peyrefite - ☎ 04 68 88 41 00 - www.plongee-cap-cerbere.com. Pas de borne.

Munis de vos palmes, masque et tuba, vous entamerez ce parcours le long du sentier sous-marin de la réserve marine de Banyuls-Cerbère, d'une longueur de 250 m. Cinq stations, situées à une profondeur maximale de 5 m et matérialisées par une bouée, vous permettront d'observer des biotopes différents : galets, herbiers de posidonie, blocs, failles et tombants. Avec un peu de chance, outre les sars, loups, girelles et rougets, vous pourrez apercevoir un dauphin, une tortue caouanne, ou encore un hippocampe moucheté !

COSTA BRAVA ★★

Si la Costa Brava, qui s'étend de Portbou à Blanes, quelque 215 km plus au sud, est synonyme de tourisme de masse, de verrues de béton et d'enfilades de bars et discothèques, la partie nord, dont le Parc naturel du Cap de Creus, recèle quelques merveilles architecturales et naturelles.

Parc naturel du Cap de Creus ★★

C'est le premier parc naturel maritime et terrestre de Catalogne. La zone terrestre est d'un abord rude à cause des profils rocheux très abrupts, qui sont néanmoins accessibles grâce à des routes et des sentiers bien entretenus. Le long de la côte, les centres historiques des petits villages de pêcheurs, comme Llançà et El Port de la Selva, ont conservé un certain charme même si les résidences et villégiatures de tourisme se sont largement développées. Les paysages à l'intérieur de la presqu'île du cap de Creus présentent plus de contrastes. Le phare, au point le plus élevé du parc, permet d'embrasser d'exceptionnels panoramas.

Sant Pere de Rodes ★★★

Camí del Monestir, s/n - ☎ 972 38 75 59 - www.mhcat.cat. Pas de borne.

Sur le flanc abrupt du mont Sant Salvador de Verdera, dans un site merveilleux avec pour toile de fond le golfe du Lion et la péninsule du cap de Creus, se dressent les ruines impressionnantes de ce monastère bénédictin dont la construction remonte au 10e s. Son église est une œuvre exceptionnelle aux influences préromanes très marquées, bien qu'élevée au 11e s., unique dans l'architecture médiévale espagnole. Son clocher est, lui, un magnifique exemple du roman lombard.

Sortie en kayak de mer ♥

SK Kaya - Pg Marítim, 4 - Llançà - 627 43 33 32 - kayakcostabrava.skkayak.com. Av. Pau Casals, 40.

Cette sortie en kayak de mer permet de profiter des beautés du cap de Creus et du littoral sauvage en toute quiétude. Sans bruit, vous plongez vos rames dans la mer cristalline, votre embarcation glisse sur l'eau… et les falaises tombant dans la Grande Bleue défilent devant vos yeux. L'excursion prévoit aussi la visite d'une grotte marine… Une aventure bien rafraîchissante en été !

CADAQUÉS ★★

Picasso, Dalí, Magritte, Buñuel… Quel artiste n'est pas tombé sous le charme de ce superbe village catalan, longtemps isolé au pied de ses montagnes ? Il faut dire que Cadaqués semble concentrer à lui seul toutes les couleurs de la Méditerranée.

Pour visiter Cadaqués, rien ne vaut de flâner au gré des ruelles pavées, étroites et pentues bordées de maisons d'une blancheur absolue. Quelques recoins calmes contrastent avec le dynamisme de la baie et l'activité des plages, blotties au fond d'anses rocheuses et toujours peuplées de petites barques. Poussez la porte de l'église de Santa Maria ; elle abrite un magnifique retable baroque de Pau Costa.

Carrer de ses Hortes.

Casa-Museu Salvador Dalí ★

Portlligat - 972 25 10 15 - www.salvador-dali.org.

Loufoque et atypique, à l'image de son ancien propriétaire, elle est composée d'un labyrinthe de maisons de pêcheurs, que Dalí et son épouse Gala aménagèrent durant plus de quarante ans. Vous pourrez voir l'atelier du peintre, la bibliothèque, les chambres du couple et l'extraordinaire jardin orné de sculptures surréalistes.

Cadaqués, sur la Costa Brava.

Proformabooks/Getty Images Plus

CARNET DE ROUTE

SE RÉGALER

NARBONNE

CAVE À VIN & À MANGER - MAISON SAINT-CRESCENT
« La Cave à manger » de Lionel Giraud propose une cuisine de bistrot à base d'excellents produits d'Occitanie. Une partition brute, savoureuse et précise – mention spéciale au paleron de bœuf confit cuit à feux doux dans son jus et son onctueuse purée de carotte... À la « Cave à vin », 2500 références et droit de bouchon si consommation sur place. Un coup de cœur.
Rd-pt de la Liberté, 68 av. du Gén.-Leclerc - 04 68 45 67 85 - maison.saintcrescent.com - sur place.

LEUCATE

LE GRAND CAP
Erwan Houssin et Pamela, son épouse pâtissière, ont jeté l'ancre sur le plateau de Leucate : la vue embrasse le littoral de Sète aux Albères. Breton d'origine mais élevé dans les montagnes de l'Hérault, Erwan Houssin navigue entre viande et poisson, entre Languedoc et Roussillon, et regarde même jusqu'en Galice. Il récolte sur la falaise les plantes sauvages dont il tire de remarquables infusions, jus et sauces. Un plat ? Le bœuf « fleuron des Pyrénées » bien persillé est rehaussé d'un jus à l'anchois de Collioure.
Chemin du Phare - 09 67 78 13 73 - www.restaurant-grand-cap.fr - à 900 m.

RIVESALTES

LA TABLE D'AIMÉE
Dans cette adresse bucolique, installée dans les locaux d'une maison viticole, on se régale d'une cuisine du marché inspirée, privilégiant les produits bio, à arroser d'un des beaux vins du domaine – idéal pour une petite dégustation avant achat à la cave ! Aux beaux jours, la terrasse ouverte sur les chais invite à prolonger l'instant de gourmandise.
4 r. Francisco-Ferrer - 04 68 34 35 77 - www.latabledaime.com - à 70 m.

PERPIGNAN

p. 192

LA GALINETTE
Christophe Comes... Voilà un chef investi dans ses potagers et ses collections d'agrumes et d'oliviers. Dans l'assiette, la note végétale s'impose du début à la fin. L'amertume de la salade romaine est twistée d'un trait d'huile de capucine légèrement poivrée, et accompagnée de truite d'Irouléguy ; le saint-pierre, sa bouillabaisse réduite, fenouil confit et rouille, est sublimé par des saveurs végétales éminemment présentes. Enfin, le dessert, tout en fraîcheur et en légèreté, est réalisé à partir des agrumes du chef.
23 r. Jean-Payra - 04 68 35 00 90 - www.restaurant-galinette.com - à 190 m.

COLLIOURE

LE 5E PÉCHÉ
Un chef tokyoïte passionné de mets français et de vins... et sa petite table du vieux Collioure : le Japon rencontre la Catalogne ! Alors bien sûr, on déguste ici une cuisine fusion, où le poisson ultra-frais est roi. En témoigne cette soupe de poisson de roche au lait de coco, joue de bœuf braisée au banyuls et gambas. Réservez bien à l'avance !
16 r. de la Fraternité - 04 68 98 09 76 - à 150 m.

LLANÇÀ

MIRAMAR
Nous sommes dans l'antre du chef Paco Pérez qui, avec sa femme, a repris l'ancienne auberge familiale située face à la plage et au port de plaisance. Il l'a transformée en une enclave gastronomique de référence, idéale pour découvrir la cuisine méditerranéenne du 21e s. La petite carte affiche des plats signature qui honorent sa célèbre cuisine « mer et montagne » et deux menus dégustation : l'un dédié aux saveurs marines mettant en valeur les algues et autres produits galiciens ; l'autre plus axé sur la cuisine de l'Empordà.
Passeig Marítim 7 - 972 38 01 32 - www.restaurantmiramar.com - à 360 m.

CADAQUÉS

COMPARTIR CADAQUÉS
L'établissement se partage entre un grand patio-terrasse et un agréable intérieur à l'ambiance rustique et méditerranéenne, où dominent la pierre et le bois. La proposition culinaire s'oriente vers des plats complets, de grande qualité, destinés à être partagés.
Riera Sant Vicenç - 972 25 84 82 - www.compartircadaques.com

SE LOGER

NARBONNE

CHÂTEAU CAPITOUL
C'est au sommet d'une colline bordée de vignobles que trône ce château de conte de fées. Le bâtiment lui-même comprend huit chambres et suites ultra-chic, tandis que 44 villas de luxe modernes, de quatre à huit personnes, sont disséminées dans le domaine de 80 ha, toutes possédant une terrasse et un jardin privés, et la plupart une piscine privative. Les services sont à l'avenant : tennis, spa, deux restaurants dont un grill.
Av. de Gruissan - 04 48 22 07 24 - www.chateaucapitoul.com - sur place.

COLLIOURE

ALMA COLLIOURE
Doté d'un bar-restaurant au bord de la plage, Alma a aménagé des cabanes en bois (kitchenette et salle de bains) et des tentes en coton

Les anchois, un délice du Sud !

Angelafoto/Getty Images Plus - Anastasia Yarchevska/Shutterstock

Un restaurant de fruits de mer.

(réfrigérateur et salle de bains privative à proximité), toutes avec terrasse, dans la pinède dominant la plage de l'Ouille. Des vacances bohèmes !

Plage de l'Ouille - www.almacollioure.com - à 600 m.

CADAQUÉS

HORTA D'EN RAHOLA

Dans ce boutique-hôtel, réservé aux adultes, l'accueil est chaleureux et la décoration soignée, à la fois chic et discrète. Une oasis de tranquillité à deux pas du village, avec son petit jardin et son bar-restaurant. Chambres spacieuses, excellente literie.

C/de Sa Tarongeta, 1 - ✆ 972 25 10 49 - www.hortacadaques.com - à 120 m.

ICI ET PAS AILLEURS

FONTFROIDE

BOUTIQUE DE L'ABBAYE

Une boutique et une librairie consacrées à l'histoire des Cathares, des ordres monastiques, au jardinage, à la gastronomie..., mais aussi un caveau de dégustation où sont vendus les vins de l'abbaye référencés AOP Corbières ou IGP Pays d'Oc.

✆ 04 68 45 11 08 - www.fontfroide.com

LEUCATE

CENTRE OSTRÉICOLE

Il regroupe une vingtaine de cabanes d'ostréiculteurs, alignées de part et d'autre du chenal reliant la mer à l'étang de Leucate où sont élevées les fameuses huîtres, que vous pourrez déguster sur place ou emporter.

D 627 entre Leucate et Port-Leucate - www.tourisme-leucate.com/manger/cabanes-a-huitres

PERPIGNAN

MAXIME CREUZET-ROMEU

Avec ses reflets rouges, le grenat est devenu un symbole catalan. Il est même protégé par une IGP. Maxime Creuzet-Romeu en perpétue l'artisanat au travers de créations très contemporaines. Visites de l'atelier sur rendez-vous.

13 r. Louis-Blanc - ✆ 04 68 34 16 94 - grenat-de-perpignan.fr - à 145 m.

TOILES DU SOLEIL

p. 193

COLLIOURE

ANCHOIS ROQUE

Depuis 1870, la maison Roque perpétue la préparation traditionnelle des anchois. Boutique au rez-de-chaussée, atelier au premier étage pour observer les mains expertes manipulant les petits poissons.

17 rte d'Argelès - ✆ 04 68 82 04 99 - www.anchois-roque.fr - à 304 m.

GALERIES D'ART

Terre des Fauves, Collioure a gardé une tradition artistique et abrite aujourd'hui de nombreuses galeries d'art, qui exposent peintures, sculptures, céramiques..., où les artistes travaillent, offrant ainsi l'occasion de les rencontrer.

www.collioure.com

BANYULS

CAVE L'ÉTOILE

La plus ancienne coopérative vinicole de la ville s'est spécialisée dans le vieux banyuls. Également des AOP Collioure, rosés et rouges.

26 av. du Puig-del-Mas - ✆ 04 68 88 00 10 - www.banyuls-etoile.com - à 108 m.

CADAQUÉS

SA PERAFITA – CELLER MARTÍN FAIXÓ

On élabore, dans ce domaine viticole caressé par les brises marines et la tramontane, des vins de façon artisanale, en vendangeant à la main. Le Cadac forme le vin haut de gamme de la maison, suivi du Perafita et d'un vermouth aromatisé de plantes locales. Également hôtel rural et restauration.

À 4 km de Cadaqués, sur la rte de Roses - ✆ 972 25 89 54 - martinfaixo.com

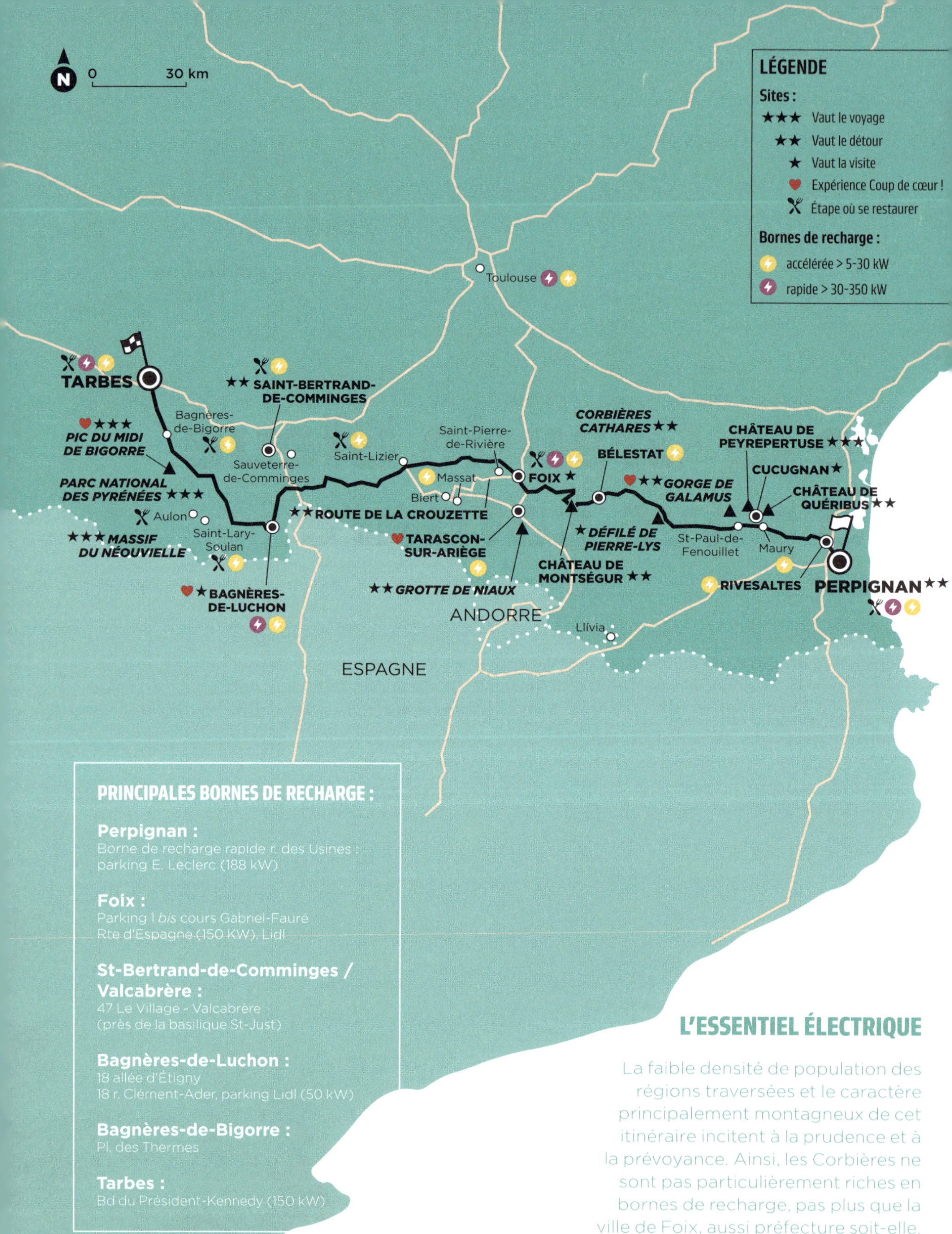

PRINCIPALES BORNES DE RECHARGE :

Perpignan :
Borne de recharge rapide r. des Usines : parking E. Leclerc (188 kW)

Foix :
Parking 1 *bis* cours Gabriel-Fauré
Rte d'Espagne (150 KW), Lidl

St-Bertrand-de-Comminges / Valcabrère :
47 Le Village - Valcabrère (près de la basilique St-Just)

Bagnères-de-Luchon :
18 allée d'Étigny
18 r. Clément-Ader, parking Lidl (50 kW)

Bagnères-de-Bigorre :
Pl. des Thermes

Tarbes :
Bd du Président-Kennedy (150 kW)

L'ESSENTIEL ÉLECTRIQUE

La faible densité de population des régions traversées et le caractère principalement montagneux de cet itinéraire incitent à la prudence et à la prévoyance. Ainsi, les Corbières ne sont pas particulièrement riches en bornes de recharge, pas plus que la ville de Foix, aussi préfecture soit-elle.

DISTANCE : 370 km
DURÉE : 5 jours
DÉPART : Perpignan
ARRIVÉE : Tarbes

PRINCIPALES ÉTAPES :
Foix
St-Bertrand-de-Comminges
Pic du Midi de Bigorre
Bagnères-de-Luchon

PERPIGNAN
TARBES

De la Grande Bleue au pays cathare

Voilà un itinéraire, entre Méditerranée et hauts sommets pyrénéens, dont l'unité de mesure n'est pas le kilomètre, mais plutôt le lacet. À moins que l'on ne le jauge en châteaux perchés, panoramas d'exception et sites naturels remarquables. Forteresses cathares des Corbières, châteaux de Gaston Fébus, abris préhistoriques ou stations thermales racontent de belles histoires, celle de ce grand sud souvent perché. De la gare de Perpignan, centre du monde, au sommet du pic du Midi de Bigorre, à 2876 md'altitude, la route est belle, riche en aventures inoubliables et en grands bols d'air pur.

Côté saveurs...

Typiquement méditerranéenne à Perpignan, où l'on se régale d'anchois, la gastronomie devient bien vite montagnarde au fil de cet itinéraire. Porc noir de Bigorre, tomme des Pyrénées et haricots tarbais sont alors au menu. En passant, les caves des Corbières et de Maury invitent à des escales.

Maria Sedova/Getty Images Plus

Les Corbières.

PERPIGNAN ★★

Fière de son identité, Perpignan raconte le passé, les comtes de Roussillon et les rois de Majorque, les Catalans, les Aragonais, puis les Français. Ville frontière, de partage culturel, elle a su se construire une identité singulière.

p. 175. Plongez dans l'ambiance perpignanaise : appréciez l'ombre de ses promenades plantées de platanes, savourez son rythme de vie, dégustez des tapas en terrasse... Côté visite, ne manquez pas Le Castillet, l'emblème de la ville, le musée des Beaux-Arts, et la cathédrale St-Jean. En sortant de cette dernière, voyez dans la chapelle accolée le poignant Dévôt Christ.

Q-Park, 9 pl. de la République.

Palais des rois de Majorque ★

R. des Archers - 04 68 34 96 26 - www.ledepartement66.fr.

À la création du royaume de Majorque (1276), détaché de l'Aragon, sa capitale, Perpignan, ne disposait pas d'une demeure seigneuriale digne de ce nom. On éleva donc un palais sur la colline du Puig del Rei. Admirez la cour d'honneur, ajourée de deux étages de galeries, les pavements de céramique, les plafonds peints, la grande salle de Majorque...

Dans le centre de Perpignan.

B. Gardel/hemis.fr

Le Castillet ★

Pl. de Verdun - 04 68 35 42 05.

L'emblème de Perpignan, aux couleurs sang (prononcez « sank ») et or de la Catalogne, domine la place de la Victoire de ses deux tours couronnées de créneaux et de mâchicoulis exceptionnellement hauts. À l'intérieur, le musée Casa Pairal présente des collections d'archéologie, d'arts et traditions populaires, et détaille l'histoire du Castillet. De la tourelle de ce dernier (142 marches), vue sur les monuments de la ville, le Canigou, les Albères au sud et les Corbières au nord.

Musée des Beaux-Arts Hyacinthe-Rigaud ★

21 r. Mailly - 04 68 66 19 83.

Installées dans deux hôtels particuliers, l'hôtel Mailly (17e s.) et l'hôtel Lazerme (déb. 18e s.) dans lequel séjournèrent Picasso, Chagall et Cocteau à diverses reprises, riches collections de peintures de la Renaissance à nos jours, soulignant l'identité de la région catalane, et de Hyacinthe Rigaud, peintre perpignanais, portraitiste de Louis XIV et de la famille royale.

LES CORBIÈRES CATHARES ★★

Les Corbières, montagneuses, couvertes d'une garrigue épineuse, dominent le sillon du Fenouillèdes. C'est là que se dressent les « citadelles du vertige », liées à des épisodes du drame cathare.

Les châteaux dits « cathares » (Montségur, Peyrepertuse, Puilaurens, Termes) sont les stars de cette région.

CasarsaGuru/Getty Images Plus

Brossage d'un couteau à la main.

« Savignac, la coutellerie à la française

Depuis 1754, l'art de la coutellerie de haute qualité se transmet de génération en génération, dans les ateliers Savignac, à Foix. Une spécialité ariégeoise remise au goût du jour.

Olivier Montariol, vous dirigez la coutellerie Savignac. D'où venez-vous ?

De très loin dans le temps, puisque je représente la 7e ou 8e génération de couteliers Savignac. L'entreprise s'est toujours transmise, de père en fils, de mari en épouse, de tante à neveu… En 2007, j'ai fait le choix d'un changement de vie complet, pour reprendre l'affaire familiale et la suite de mon père. Une grosse responsabilité, parce qu'il y a une antériorité à respecter. Mais c'est aussi la recette de notre réussite, qui s'appuie sur un historique et une qualité reconnue.

Parlez-nous de vos créations

Depuis que j'ai repris l'affaire, je suis devenu un vrai mordu de coutellerie. Pour moi, le couteau est tout à la fois un objet utilitaire et sensuel. Notre fer de lance, c'est l'*Ariégeois* ! C'est mon père, Alain Montariol, qui à la fin des années 1990 a décidé de relancer la production d'un couteau très régional, le capucin : le couteau de poche traditionnel des bergers et paysans des Pyrénées, dont la forme courbe n'est due qu'à une contrainte de production : les pointes de corne des vaches n'étaient pas assez longues pour tailler un manche droit ! Ce capucin façon 20e s., fabriqué chez nous, nous l'avons appelé l'*Ariégeois*. Il existe avec un manche en corne, mais aussi en bois. Il se décline en cran plat, ou en cran forcé, en petit, et en couteau de table.

La production est-elle totalement locale ?

100 % française. Tous nos couteaux sont fabriqués dans l'atelier de Foix, qui est visible derrière notre boutique de la rue des Marchands. Pour la production standard, nous utilisons des lames usinées à Thiers, et les couteaux sont montés ici. Pour notre gamme prestige, les lames sont entièrement fabriquées chez nous. Quant aux manches, ils sont issus de bois régionaux, à l'exception de l'ébène, évidemment.

Qu'en est-il de vos débouchés ?

Fiers de nous être réapproprié des savoir-faire qui avaient disparu, nous vendons dans le monde entier. Nos vieilles machines sont désormais au musée des Forges de Pyrène, nous fabriquons donc avec un outillage moderne et performant. Dans la tradition, mais en proposant un design ou des finitions plus contemporains. Comme pour nos couteaux de cuisine (de chef ou d'office), aux lames de haute qualité en acier carbone XC75, inoxydable 14C28, ou même en acier fritté RWL34. Avec la possibilité, pour les clients les plus exigeants, de faire du sur-mesure. »

Affûtage de couteaux.
Berk Ucak/Getty Images Plus

Coutellerie Savignac - 15 r. des Marchands - 09122 FOIX - 05 61 02 90 70 - www.couteau-savignac.com - à 303 m.

Château de Peyrepertuse.

Mais il ne faut évidemment pas négliger les sites naturels d'une grande beauté, comme les gorges de Galamus et le défilé de Pierre-Lys. Et pour ceux que le sujet intéresse, la visite de Tautavel, berceau de la préhistoire, est une belle découverte en début de circuit.

Pour partir à la conquête des forteresses, optez pour de bonnes chaussures de marche, et prévoyez des jumelles.

Château de Quéribus ★★

Cucugnan - 04 68 45 03 69 - www.cucugnan.fr. Compter 20mn à pied AR depuis le parking. Pas de borne.

Perchée sur un étroit piton rocheux à 729 m d'altitude, Quéribus qui fut le dernier refuge des Cathares est encore très bien conservé. Trois enceintes successives protégeaient à l'origine le donjon, édifié au point culminant du site. De forme polygonale, il comporte deux étages : la salle inférieure et la haute salle gothique voûtée d'ogives retombant sur un pilier circulaire excentré. Des chicanes et de la terrasse du donjon, belle vue sur la plaine du Roussillon, la Méditerranée, les Albères et le Canigou.

Château de Peyrepertuse ★★★

Duilhac-sous-Peyrepertuse - 04 30 37 00 77 - www.peyrepertuse.com. 6 rte du Château (4 km).

Réputé imprenable (il n'a jamais été assiégé), ce château est le plus grand des « Cinq Fils de Carcassonne ». À 800 m d'altitude, il occupe un éperon étiré et comprend deux ouvrages distincts, séparés par une esplanade : à l'est les ruines du château bas ; à l'ouest, accessible par un étroit escalier abrupt, le château St-Georges, forteresse royale construite en une seule campagne au point culminant de la montagne après la réunion du Languedoc au domaine royal.

Initiation au canyoning dans les gorges de Galamus ♥

Oxygen'Aventure - St-Paul-de-Fenouillet - 06 82 69 83 00 - www.oxygen-aventure.com. Av. Jean-Moulin.

Les gorges de Galamus, magnifiques quand on les parcourt par l'étroite route en corniche qui s'accroche à la paroi rocheuse, peuvent aussi se découvrir de manière plus sportive. Le canyoning, accompagné d'un moniteur diplômé, est le seul moyen d'approcher au plus près du cours d'eau (l'Agly) qui s'écoule au fond de ce décor spectaculaire, en torrent impétueux parfois, ou plus calmement, de bassins en cuvettes naturelles bleu lagon. Faufilez-vous dans ce canyon dont les parois naturelles peuvent atteindre 500 m de haut, et laissez-vous embarquer par la beauté époustouflante du site. Sauts dans les bassins, glissades sur les toboggans naturels et descentes en rappel sont possibles, mais facultatifs. Vous pouvez aussi vous contenter de vivre cette expérience comme une randonnée les pieds dans l'eau.

LE PAYS DE FOIX, ENTRE PRÉHISTOIRE ET MOYEN ÂGE

Foix a bien du charme dans son site encaissé dans une ancienne vallée glaciaire. La capitale du comté de Foix, que dominent les tours de son château, est un point de départ pour de belles découvertes alentour.

Fontaine intermittente de Fontestorbes

À Bélesta, au sud du village, rte de Barrineuf (D 9) - paysdolmes.org.
24 av. de Lavelanet à Bélesta.

Surgissant d'une voûte rocheuse, au sud du village de Bélesta, la fontaine de Fontestorbes coule paisiblement une grande partie de l'année. Mais de juillet à novembre, elle est comme prise de convulsions. L'eau jaillit pendant une trentaine de minutes avec un débit qui oscille entre 100 et 1800 litres à la seconde, puis s'interrompt brutalement... avant de reprendre trente minutes plus tard. Le phénomène, rare dans le monde, n'a pas été totalement élucidé ici, sauf pour la légende locale qui évoque des fées lavant leur linge !

D'une grande pureté, l'eau est utilisée pour la fabrication d'une délicieuse limonade traditionnelle.

Château de Montségur ★★

Montségur - 05 61 01 10 27 (mairie) - www.montsegur.fr. Comptez une bonne heure à pied aller-retour par un sentier escarpé pour accéder au château.
À Montferrier (5 km).

La plus occidentale des « citadelles du vertige », aux confins de l'Ariège et de l'Aude, est aussi l'une des plus connues, sans doute en raison de son histoire particulièrement tragique. C'est là en 1244, au terme d'un siège de 10 mois, que la garnison du château dut se rendre, et avec elle 200 religieux cathares qui, refusant d'abjurer leur foi, furent brûlés sur un gigantesque bûcher. L'actuel château, impressionnant, fut reconstruit après cet épisode meurtrier.

Château de Foix ★

Pl. du Palais-de-Justice - 05 61 05 10 10 - www.sites-touristiques-ariege.fr.
26-28 allées de Villote.

Château de Montségur.

Jon Arnold Images/hemis.fr

La silhouette saisissante du château des comtes de Foix, avec ses trois hautes tours, émerge au cœur de la ville. Quant à la visite, elle est tout aussi édifiante, tant pour sa partie muséographique, très immersive, qui vous plonge dans la vie quotidienne de Gaston Fébus (14e s.), que pour la découverte de la forteresse médiévale à proprement parler. Là, sur les esplanades qui séparent les trois tours, vous êtes convié à des ateliers : taille de la pierre, tir à l'arbalète ou démonstration du fonctionnement d'une machine de guerre.

Inventer le feu au Parc de la Préhistoire ♥

Rte de Banat (D 23) - Tarascon-sur-Ariège - ✆ 05 61 05 10 10 - www.sites-touristiques-ariege.fr. À Tarascon-sur-Ariège (3 km).

Ce parc consacré à l'art pariétal et à la vie des Magdaléniens s'intègre dans un beau site naturel. Reconstitution et procédés immersifs vous plongent dans un abri-sous-roche habité, ou vous invitent à admirer le décor pariétal de la grotte de Niaux. Vidéos, objets authentiques et jeux complètent ce voyage dans le temps. Mais le plus beau reste à vivre : dans le parc de 13 ha, des ateliers participatifs animés par des médiateurs vous invitent à entrer dans la peau d'une femme ou d'un homme préhistorique, au sein de leur campement. Fabrication des pigments et peinture sur grotte, tir au propulseur, taille de silex, couture sur peau et fourrure, ou cuisine magdalénienne ? Vous allez vous surprendre, et réinventer le feu.

La grotte de Niaux.

Grotte de Niaux ★★

Niaux - ✆ 05 61 05 10 10 - www.sites-touristiques-ariege.fr. Prado de Allio (camping) à Alliat.

Site majeur du magdalénien, Niaux s'affirme comme l'une des plus belles grottes ornées d'Europe par la profusion et la qualité de ses peintures et gravures. Sous les hautes voûtes du Salon Noir, dansent à la faible lumière des lampes torches les silhouettes des bouquetins, des chevaux, des bisons qui épousent le relief de la roche. Quelle émotion de découvrir ces dessins qu'une main experte a tracés au plus profond de la grotte il y a plus de 12 000 ans. Un site rare, où le visiteur est directement confronté à l'œuvre authentique des peintres du paléolithique, sans filtre ni fac-similé.

COUSERANS ET COMMINGES

À l'ouest de Foix, de charmantes routes sillonnent les paysages montagneux du Parc naturel régional des Pyrénées ariégeoises. Vous menant ainsi, via la vallée de Bethmale, jusqu'au pays de Comminges.

Route Verte et route de la Crouzette ★★

Tronçon de 50 km de Foix à Biert par la route touristique : D17, D72 et D18B. Aucune borne sur le trajet. À l'arrivée, borne à Massat, 3,4 km de Biert.

La route peut être fermée en hiver entre les cols des Marrous et de la Crouzette.

Au départ de Foix, la Route Verte remonte la vallée de l'Arget, et serpente au milieu des bois. Après La Mouline, où vous pourrez faire escale pour découvrir une coutellerie artisanale *(coutellerie Boisset - ✆ 05 61 64 73 18)*, la montée s'accentue, puis le paysage devient pastoral. Après le col de Jouels, la route, tracée en corniche sur les pentes supérieures du cirque boisé de Caplong prend un caractère panoramique. Au second plan surgit la pyramide tronquée du mont Valier. Au col de Péguère, surnommé mur de Péguère par les cyclistes depuis le passage du Tour de France (alt. 1375 m), le panorama s'ouvre complètement. Depuis la tour Laffont *(15mn à pied AR)*, magnifique panorama sur les Pyrénées centrales et ariégeoises.

Gardez le cap, mais sur la D 72, en direction du col de la Crouzette. La route du même nom offre un parcours de crête sur les croupes du massif de l'Arize : elle domine les cirques forestiers, au nord, et la vallée de Massat, doucement évidée, au sud. Après le col (1244 m), la route descend vers Biert par la D18B.

St-Bertrand-de-Comminges ★★

47 Le Village, à Valcabrère (près de la basilique St-Just), à 1,5 km.

Installé sur une éminence rocheuse avec pour toile de fond les premières hauteurs du Piémont pyrénéen, le village de St-Bertrand, ceinturé de remparts médiévaux, domine le bassin de la Garonne. Son imposante cathédrale, pour un si petit pays aujourd'hui, se dresse au faîte du relief. Prenez le temps de vous imprégner du lieu, de vous arrêter un moment dans le cloître dont une galerie ouvre sur le paysage alentour. Et surtout ne manquez pas le chœur des chanoines, dont les stalles de la Renaissance, mélange d'art toulousain et italien, sont un chef-d'œuvre. C'est un air d'Italie

J.-P. Azam/hemis.fr

Massat et le mont Valier.

Moment intense

Le défilé de Pierre-Lys ★

Cette portion de route est courte, mais assurément spectaculaire, surtout lorsque l'on songe à la façon dont elle a été tracée et construite, au fond d'un canyon de 2 km de long, large de 20 m et encaissé au pied de falaises qui en font 300 de haut ! Entre St-Martin-Lys et Belvianes-et-Cavirac, sur la D 117, les voitures se croisent lentement. On aurait même presque envie, à certains passages, de baisser la tête, tant l'encorbellement de la falaise mord sur la voie. Le dernier tunnel, le Trou du Curé, rappelle le souvenir de l'abbé Félix Armand (1742-1823), curé de St-Martin-Lys, qui fit ouvrir le passage au pic et à la pioche, pour désenclaver son village.

aussi que vous trouverez à moins de 2 km de là : isolée dans les champs au pied du village de Valcabrère, la basilique St-Just forme un tableau idyllique, avec les vestiges de son cloître et les cyprès de son petit cimetière.

Bain de jouvence à Bagnères-de-Luchon ♥

Thermes de Luchon - cour des Quinconces - ✆ 05 61 94 52 52 - www.thermes-luchon.fr. 18 allée d'Étigny.

Luchon, « reine des Pyrénées » ! Il faut bien dire que l'élégante station thermale a quelques atouts en poche, à commencer par son cadre unique, son patrimoine architectural hérité de la Belle Époque, et son dynamisme. Bagnères-de-Luchon, qui est aussi une station de sports d'hiver, n'en a pas fini avec les eaux thermales. Non seulement elle reste un haut lieu de cure (dans des thermes entièrement rénovés et agrandis), mais elle offre aussi désormais un pôle thermoludique : ouvert en 2024, l'espace « Ressources & Vous » propose trois bassins en eau thermale (dont un extérieur en rooftop), un sauna, des douches sensorielles, et l'accès au Vaporarium. Le seul hammam naturel d'Europe : 1500 m^2 de galeries creusées dans la roche, où les eaux thermales à 72 °C filtrent à travers les parois pour vous envelopper d'une vapeur propice à l'équilibre pondéral, à la purification de la peau, à la relaxation musculaire et à l'élimination des toxines.

PARC NATIONAL DES PYRÉNÉES ★★★

Cascades majestueuses, lacs aux eaux vert émeraude, gouffres, pics altiers et points de vue à 360°... telles sont les promesses de ce parc qui se découvre en randonnée, ou par ses routes panoramiques.

Randonnée des lacs du Néouvielle ★★

Parking du lac d'Orédon - Aragnouet - tracé de la randonnée sur www.visorando.com. À St-Lary-Soulan (20 km).

De la randonnée de montagne dans des paysages sublimes, mais accessibles, sans nuit en refuge ni effort démesuré... c'est possible dans

Bagnères-de-Luchon, les Thermes.

J.-P. Azam/hemis.fr

la réserve naturelle nationale du Néouvielle. Au départ d'Orédon, vous découvrirez en une demi-journée à peine quatre lacs au total : Orédon, Les Laquettes, où vous pourrez observer la Subulaire aquatique, espèce protégée (en conséquence la baignade est interdite dans ce lac), Aubert, et Aumar. Et il se pourrait bien qu'en chemin, vous fassiez des rencontres avec quelques animaux sauvages et pacifiques.

Une nuit au sommet du pic du Midi de Bigorre ♥

Pic du Midi de Bigorre - picdumidi.com. Au pied du téléphérique, parking la Mongie, 8 av. du Tourmalet.

Passer la nuit au sommet du pic du Midi, dans d'excellentes conditions de confort, est une expérience inoubliable : pour le plaisir un peu mesquin de voir redescendre les touristes par le dernier téléphérique, tandis que l'on reste sur place avec une grosse vingtaine de privilégiés ; pour le spectacle de la voûte étoilée, dont on n'a jamais été aussi près ; et pour les animations qui permettent notamment de pénétrer dans la coupole des quartiers scientifiques d'ordinaire fermés au public. Quant au dîner fin au sommet, c'est un plus qu'on ne boude pas.

TARBES

Tarbes, capitale de la Bigorre reconnue pour sa qualité de vie, est réputée pour ses chevaux et ses hussards, toujours présents.

On s'y régale du fameux haricot de Tarbes, après une belle journée de visites : haras, bien sûr, mais aussi jardin et musée Massey, ou encore maison natale du maréchal Foch.

Parking Mairie, r. Georges-Clemenceau.

Haras de Tarbes ★

Chemin de Mauhourat - 06 32 44 87 13 - www.tarbes-tourisme.fr. Av. du Régiment-de-Bigorre

Créé en 1806, reconnu pour être le berceau français du cheval anglo-arabe, le haras occupe 8 ha au cœur de Tarbes. Racheté par la ville en 2016, il est resté un lieu vivant, pour partie occupé par une brigade équestre municipale et par la cavalerie du 1er RHP (régiment de hussards parachutistes). Mais il est également ouvert à tous, offrant la possibilité de voir les chevaux au travail, de visiter les installations (écuries, maréchalerie, sellerie), la collection de voitures hippomobiles et un espace muséographique installé dans l'ancien manège.

Lac d'Orédon, massif du Néouvielle.

by-studio/Getty Images Plus

SE RÉGALER

PERPIGNAN

p. 180

MANAT

À deux pas de la cathédrale. Dans cette maison ancienne aux épais murs de pierre et au cadre épuré, le couple franco-japonais Yuka et Marc Meya rivalise d'inventivité : voici une cuisine de partage et de saison, mêlant produits catalans et japonais, réalisée avec les techniques culinaires des deux pays. Des exemples? Toujours à la carte, l'iconique karaage, une cuisse de poulet désossée et frite au shio koji, servie avec des feuilles de shiso fraîches et des cébettes; ou encore le savoureux tataki de bonite de pêche locale, poireaux et ail des ours. Chaque jour, proposition d'une dizaine de généreuses assiettes à partager Réservation indispensable!

3 r. Cité-Bartissol – 04 68 08 77 26 – www.restaurant-manat.com - à 30 m.

FOIX

LE PHOEBUS

Une savoureuse cuisine traditionnelle dans une salle largement vitrée dominant l'Ariège et le château. Accueil soigné.

3 cours Irénée-Cros - 05 61 65 10 42 - www.restaurantlephoebus.fr - à 360 m.

SAINT-LIZIER

LE CARRÉ DE L'ANGE

Le chef Paul Fontvieille officie avec une passion intacte et une bonne humeur communicative. Tout feu tout flamme, il concocte des assiettes goûteuses et bien pensées: des plats créatifs, comme ces nouilles soba artisanales au sarrasin ariégeois dans un bouillon aux herbes fraîches, ou plus traditionnels, à l'image de ce réconfortant axoa de veau. Installez-vous en terrasse, avec une vue époustouflante sur la vallée verdoyante.

Chemin du Parc (palais des Évêques) - 05 61 65 65 65 - www.lecarredelange.com - à 250 m.

SAUVETERRE-DE-COMMINGES

L'HIBISCUS BY JÉRÉMY LASSERRE

Au pied des Pyrénées, au sein de l'hôtel du Barry, voici un chef qui maîtrise son sujet : bien pensée, techniquement solide (cuissons basse température, espumas, bouillon dashi...), sa cuisine porte la marque de ses quatorze ans passés en Asie. L'œuf parfait façon Onzen avec sa trilogie de haricots tarbais et champignons est une de ses grandes spécialités. Service attentionné et chambres confortables pour prolonger l'expérience (ci-contre).

Le Gesset - 05 62 00 46 93 - www.hotel-dubarry.fr

AULON

AUBERGE DES ARYELETS

Il faut grimper un peu pour rejoindre ce village haut perché dans la réserve naturelle d'Aulon, non loin de St-Lary-Soulan. Sur la place centrale, un jeune couple fait vivre cette maison avec allant, mettant à l'honneur la tradition et les produits de la région, comme avec cet œuf fermier parfait et jambon de porc noir de Bigorre. D'autres propositions se veulent plus actuelles, à l'image de la dorade royale façon sashimi et asperges.

Pl. du Village - 05 62 98 23 50 - www.aubergedesaryelets.com

SAINT-LARY-SOULAN

LA GRANGE

Cette ancienne grange est aujourd'hui un restaurant chic et chaleureux, où règne une ambiance montagnarde. Dans l'assiette, une cuisine goûteuse et soignée, réalisée avec de beaux produits régionaux : tapas du terroir, côte de porc noir de Bigorre aux morilles... Une belle adresse.

Rte d'Autun - 05 62 40 07 14 - www.restaurant-saint-lary.com - à 380 m.

BAGNÈRES-DE-BIGORRE

O2C

Ancien pilote d'hélicoptère et grand passionné de cuisine, Christophe Belegaud tient les fourneaux de ce restaurant aux tons crème et chocolat, à la déco sagement moderne. Basée sur des produits locaux, cette cuisine du marché 100 % maison et bien de son temps va droit au but. Quant à Chantal, le second « c » de ce charmant O2C, elle assure un service attentionné.

20 pl. de Strasbourg - 09 52 71 92 58 - o2c-restaurant.fr - à 270 m.

TARBES

L'EMPREINTE

Tables en chêne massif, vaisselle personnalisée, accueil chaleureux... Ce petit restaurant cosy est le repaire de Manuel Godet, un chef à la technique irréprochable qui propose une cuisine créative mettant en avant les produits du coin, dont il s'amuse à faire des associations plutôt surprenantes. En témoigne cette truite des Pyrénées en gravlax et crème fouettée au gin artisanal local, ou bien ce kiwi de l'Adour au cacao, sarrasin et truffe. Formule simple au déjeuner, plus ambitieuse au dîner.

2 r. Gaston-manent - 05 62 44 97 48 - www.restaurant-empreinte.com - à 280 m.

SE LOGER

PERPIGNAN

VILLA DUFLOT

Bien qu'excentrée, la Villa Duflot est l'un des hôtels les plus confortables de la ville. Très beau parc arboré, piscine et chambres Art déco. Le complexe dispose aussi d'un restaurant où les chefs Patrick Pieropan et Cédric Guichou mitonnent une cuisine « ultra-locale ».

Rd-pt Albert-Donnezan - ✆ 04 68 56 67 67 - www.villaduflot.com - sur place.

CUCUGNAN

CHAMBRES D'HÔTE LA TOURETTE

La propriétaire a décoré cette maison avec un goût sûr ; les chambres Prune, Turquoise et Indigo sont insolites et réellement exquises. Jacuzzi sous un olivier, dans le patio. Et en plus, la maison est écoresponsable : petit-déjeuner bio, et produits ménagers écologiques.

4 passage de la Vierge - ✆ 06 09 64 60 47 - www.latourette.eu - à 180 m.

ST-PIERRE-DE-RIVIÈRE (FOIX)

HÔTEL LA BARGUILLÈRE

Dans un village à 5 km à l'ouest de Foix, cette auberge est installée dans une maison pleine de charme, disposant d'un jardin et d'une terrasse. Jolies chambres personnalisées au mobilier vintage. Dans le petit bar à vin du rez-de-chaussée, vous pourrez vous régaler d'une cuisine maison savoureuse et inventive, et de planches de produits bio locaux.

Rte Principale - ✆ 05 61 65 14 02 - www.barguillere.fr

SAUVETERRE-DE-COMMINGES

HÔTEL DU BARRY RESORT & SPA

Dans un écrin de nature, un bel établissement proposant 20 chambres et suites à la décoration moderne. Spa, piscine, et excellent restaurant gastronomique (*ci-contre*).

Le Gesset - ✆ 05 62 00 46 93 - www.hotel-dubarry.fr

BAGNÈRES-DE-LUCHON

LE CASTEL D'ALTI

Un établissement très confortable aménagé dans un ancien hôtel particulier du 18e s., au cœur de la station. Grande terrasse dans la cour, une autre à l'arrière pour prendre le soleil, spa et piscine intérieure.

21 allée d'Étigny - ✆ 05 61 94 41 58 - www.lecasteldalti.com

TARBES

LE REX HÔTEL

Dans un bâtiment d'une architecture audacieuse en verre dont la façade devient multicolore la nuit, les chambres ultramodernes font cohabiter des créations de Starck et Panton.

10 cours Gambetta - ✆ 05 62 54 44 44 - www.lerexhotel.com - à 160 m.

ICI ET PAS AILLEURS

PERPIGNAN

LES TOILES DU SOLEIL

Trouvez vos couleurs préférées parmi les célèbres toiles à rayures catalanes.

1 pl. Gambetta - ✆ 04 68 34 41 62 - www.toiles-du-soleil.com - à 91 m.

Mademoiselle Pose et Lui/L'Empreinte

Restaurant L'Empreinte, à Tarbes.

MAURY

LE CELLIER DES VIGNERONS

Le vin de maury est vendu sous toutes ses formes dans cette boutique de la cave coopérative. L'occasion de découvrir ce vin doux à prix producteur.

14 av. Jean-Jaurès - ✆ 04 68 59 00 95 - www.vigneronsdemaury.com - à 255 m.

TARBES

COOPÉRATIVE HARICOT TARBAIS

Pour faire le plein en vue de vos prochains cassoulets, cette coopérative réunissant plus de 60 producteurs de haricots tarbais Label Rouge est la bonne adresse.

4 chem. de Bastillac - ✆ 05 62 34 76 76 - www.haricot-tarbais.com - à 524 m.

PRINCIPALES BORNES DE RECHARGE :

Le Puy-en-Velay :
Parkings - pl. Michelet (50 kW)

Mende :
3 bd Lucien-Arnault (50 kW)

Florac-Trois-Rivières :
Pl. de l'Ancienne Gare

Anduze :
Lidl - rte de St-Jean-du-Gard

St-Jean-de-Fos :
Parking École Maternelle (impasse des Combals)

Montpellier :
Parking Polygone - r. des Pertuisanes
53 av. Jacques-Cartier (50 kW)

L'ESSENTIEL ÉLECTRIQUE

L'itinéraire est assez régulièrement doté de ressources en points de recharge. À noter cependant deux zones moins riches : la section de route entre Mende et Anduze (un seul point de charge à Florac-Trois-Rivières, notamment) ; le secteur du mont Aigoual, pour lequel il est recommandé de s'assurer de son autonomie avant l'excursion
Sur la fin de l'itinéraire, notez qu'il existe une borne à St-Jean-de-Fos, à proximité de St-Guilhem-le-Désert et de la grotte de Clamouse.

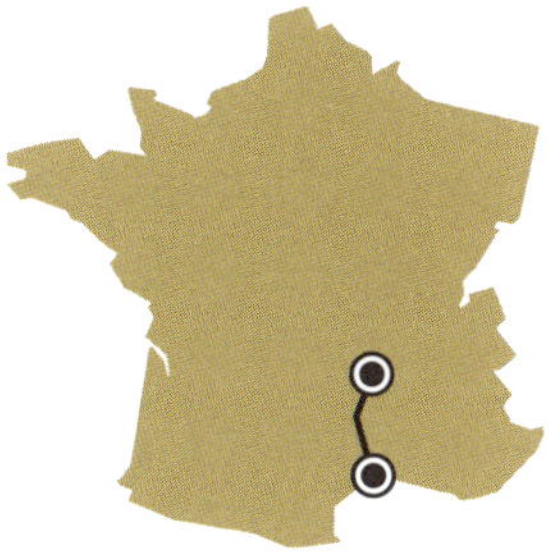

DISTANCE : 310 km
DURÉE : 3 jours
DÉPART : Le Puy-en-Velay
ARRIVÉE : Montpellier

PRINCIPALES ÉTAPES :
Mende
Florac-Trois-Rivières
Anduze
St-Guilhem-le-Désert

LE PUY-EN-VELAY
MONTPELLIER

Du Velay au Languedoc

Voilà un itinéraire tout en contrastes, qui relie Le Puy-en-Velay à Montpellier, deux villes aussi dissemblables qu'elles sont séduisantes. Entre les deux, un fil conducteur : la traversée des Cévennes, région et chaîne montagneuse qui saura vous envoûter par ses décors grandioses, ses routes panoramiques, ses villages accueillants et son mode de vie, qui ensemble composent un paysage culturel distingué par l'Unesco. Prenez le volant, et partez sur les traces des pèlerins, des camisards, des bergers, des artisans d'hier et d'aujourd'hui.

Côté saveurs...
Aussi variés que les paysages traversés et les climats rencontrés, les produits phares se déclinent sous toutes les formes : miel et châtaignes des Cévennes, cèpes du Velay et lentilles du Puy, vins AOP du Languedoc. Vous apprécierez les charcuteries cévenoles, tout comme les plats iodés de Montpellier.

Elena Sapegina/Getty Images Plus

↑ Châtaignes grillées.

Le Puy-en-Velay, cathédrale Notre-Dame.
Steve Allen/Shutterstock

LE PUY-EN-VELAY ★★★

Le Puy est l'un des sites les plus extraordinaires de France, fruit conjugué de la géologie et de la ferveur chrétienne... Mais c'est aussi, vous le verrez en vous baladant, la capitale de la lentille verte, et celle d'un point de dentelle bien connu. Et bien sûr le départ de la Via Podensis, l'un des chemins les plus fréquentés de St-Jacques-de-Compostelle.

Vision étrange et splendide que cette ville enserrée entre ses buttes, avec d'un côté le rocher St-Michel d'Aiguilhe, surmonté d'une chapelle romane, de l'autre le rocher Corneille, qui accueille sur ses flancs la ville entière, et à son point culminant la statue Notre-Dame de France, colossale protectrice.

Cathédrale Notre-Dame et cité épiscopale ★★★

Pl. Michelet.

Avec ses nombreux bâtiments médiévaux, qui forment un quartier cathédral pratiquement complet, la cité épiscopale domine la ville et présente une grande richesse historique. Montez vers la cathédrale par la pittoresque rue des Tables. Le sanctuaire du 12e s., merveilleux édifice de style roman, doit son originalité à l'influence de l'Orient byzantin. Le site escarpé, les façades en lave polychrome, les porches, les fresques romanes, le cloître attenant en font un lieu exceptionnel. Aménagé dans l'ancienne salle des États du Velay, le trésor rassemble d'admirables œuvres d'art, dont une exceptionnelle collection de broderies liturgiques.

Rocher et chapelle St-Michel d'Aiguilhe ★★

R. du Rocher - 04 71 09 50 03 - www.rochersaintmichel.fr. Parking Quincieu (6 av. de Bonneville - Aiguilhe).

Au nord de la ville, le rocher d'Aiguilhe est un neck volcanique de 82 m de haut, sur lequel fut bâtie en 962 une chapelle dédiée à saint Michel. 268 marches grimpant au flanc de l'aiguille de lave vous mènent à ce joyau de l'art roman, dont la façade de pierre, polychrome, cache un intérieur ravissant orné de peintures murales et de chapiteaux ouvragés. Quant à la vue depuis le petit parvis, elle est tout simplement magnifique.

Au cœur de la statue Notre-Dame de France ♥

10 r. du Cloître - 04 71 04 11 33 - accès depuis la vieille ville. Pl. Michelet.

Perchée au sommet du rocher Corneille, qui à 787 m d'altitude est le point culminant de la ville, cette statue monumentale inaugurée en 1860 est depuis peu réouverte à la visite. Coulée avec le métal de 213 canons pris aux Russes par Napoléon III lors de la guerre de Crimée, elle mesure plus de 22 m. Cette vénérable dame de fer, de couleur ocre rose, est si grande qu'un escalier aménagé à l'intérieur permet d'atteindre sa couronne dorée. La promesse d'une vue originale sur la ville.

La statue Notre-Dame de France (1860), au sommet du rocher Corneille.

Aqua Image/hemis.fr

“ Les ateliers Tuffery : des jeans fabriqués par des bergers

Depuis la création des ateliers Tuffery à Florac au 19e s., la maison spécialisée dans la toile Denim a vécu bien des aventures. Fière de ses racines cévenoles, elle s'est engagée dans une démarche éthique et écoresponsable ambitieuse.

Quelle est l'histoire des ateliers Tuffery ?

L'aventure commence en 1892, lorsque Célestin Tuffery ouvre un atelier de confection de vêtements de travail teints à l'indigo, en toile de Nîmes. Dans les années 1920 et 1930, Alphonse amplifie la production, puis avec l'après-guerre et la 3e génération, Tuffery devient Tuff's, pour s'inscrire dans le boom du jeans, qui devient une pièce incontournable du vestiaire. Dans les années 1980-1990, les trois frères Tuffery poursuivent l'aventure en privilégiant la qualité. C'est dans les années 2000-2010 que Julien Tuffery (4e génération de maîtres tailleurs-confectionneurs en denim), et son épouse ont repris le flambeau, pour revenir à la marque d'origine, Atelier Tuffery.

Qu'est-ce qui fait la spécificité Tuffery ?

Le fabriqué en France garanti ! Les filatures sont françaises, le tissage et la teinture aussi, et la confection évidemment, dans les ateliers à Florac. L'assurance d'un jean de haute qualité, fabriqué dans le respect des savoir-faire ancestraux et des normes environnementales. Cela valait bien le label Entreprise du patrimoine vivant !

D'où vient l'idée du jean en laine ?

Depuis plusieurs années, les ateliers proposent une ligne de vêtements made in France en jean bio certifiée GOTS, et une autre en chanvre français. Tuffery propose aussi désormais des jeans en laine cévenole : une révolution qui crée un lien profond entre l'héritage de nos territoires et l'avenir de la mode, écoresponsable et éthique ! Cette démarche a nécessité plusieurs années de recherche pour arriver à un produit 100 % local. En partenariat avec les éleveurs et la filière textile, nous avons créé un jean écoresponsable. D'où la nécessité de s'associer à des bergers pour gérer les troupeaux cévenols.

Régis Domergue/Ateliers Tuffery

Les ateliers Tuffery, une affaire de famille.

Et le Village Tuffery ?

En 2017, la manufacture familiale a été totalement réinventée, avec l'aide de Matali Crasset : ateliers, boutique, logistique, espaces de vie y sont désormais intimement combinés, permettant la rencontre entre équipes et visiteurs, dans un cadre associant bâtiments modernes et ateliers d'origine. Un lieu de transparence où clients et visiteurs peuvent découvrir les ateliers en même temps que les valeurs Tuffery. ”

Atelier Tuffery - ZA St-Julien-du-Gourg - 48400 FLORAC-TROIS-RIVIÈRES - 04 66 45 00 94 - www.ateliertuffery.com.

P. Jacques/hemis.fr

Mende, le pont médiéval.

ENTRE GORGES DE LA LOIRE ET GORGES DE L'ALLIER

Laissez-les pèlerins marcher sur la Via Podiensis, et préférez les routes qui suivent les méandres de la Loire. Puis plus au sud, rejoignez les gorges de l'Allier.

Arlempdes ★

Pas de borne de recharge (Pl. de la Mairie à Costaros, 50 kW, 8 km).

Au détour d'un méandre des gorges de la Loire, surgit un piton volcanique dominant le fleuve d'un à-pic de 80 m. Au sommet et sur les flancs de ce rocher, s'offrent le village d'Arlempdes et son château médiéval, site imprenable maintes fois mis à sac ! Un château construit au 13e s, dont les superbes vestiges s'organisent autour d'une grande terrasse formant un belvédère unique sur la Loire, comme un avant-poste. Ne dit-on pas d'ailleurs qu'Arlempdes est le premier des châteaux de la Loire, depuis sa source ?

Le Vallon du Villaret, art contemporain et nature ♥

Le Vallon - Bagnols-les-Bains - 04 66 47 63 76 - www.levallon.fr. À Bagnols-les-Bains, 33 av. de la Gare (2,5 km).

Vous entrez dans un monde pour les gens joyeux, joueurs et curieux. En pleine nature, sous les grands arbres, ce parc à thème vous guide au long d'un parcours jalonné d'œuvres art poétiques – sculptures monumentales, installations sonores, objets non identifiés à manipuler... – et de jeux interactifs. Le village du Villaret, avec sa tour du 16e s. (expositions, ateliers d'artistes, spectacles et concerts), se trouve tout au bout du vallon.

MENDE ★

Vous vous perdrez avec bonheur dans les rues étroites et tortueuses de Mende, gros bourg rural que domine sa cathédrale, avant de vous faire quelques frayeurs au musée du Gévaudan.

Bd Lucien-Arnault, au nord de la vieille ville (50 kW).

La vieille ville et la cathédrale ★

Enserrée dans ses boulevards, qui rappellent le dessin des remparts du 12e s., la ville historique est pleine de charme, avec ses ruelles pavées et pentues, au détour desquelles se dévoilent des vues sur les monts boisés alentour. Placettes, maisons à pans de bois, tours médiévales et lavoir semblent là pour former un décor à la cathédrale qui surgit soudain. Construite en majeure partie au 14e s. par le pape Urbain V, enfant du pays, mais très retouchée par la suite, elle possédait au Moyen Âge la plus grande cloche de la chrétienté (20 t), la *Non Pareille*. Avant de quitter la ville, descendez jusqu'au pont Notre-Dame : à arche unique, il date du 13e s.

Musée du Gévaudan ★

3 r. de l'Épine - ✆ 04 66 49 85 85 - musee-du-gevaudan.fr.

Bienvenue au pays du Gévaudan, territoire historique qui s'étendait peu ou prou sur l'actuelle Lozère. L'histoire, les arts, la nature, les coutumes, et bien évidemment la fameuse Bête du Gévaudan, sont au programme de ce musée passionnant et ludique.

Sentier d'interprétation des Causses

3 chemin de St-Ilpide (près du Foirail).

Prévoyez de bonnes chaussures et de l'eau, pour cette jolie boucle qui se décline en deux options (4,5 ou 10,2 km), en milieu forestier. Au long du sentier qui s'embranche place du Foirail, à Mende, vous apprendrez grâce à des panneaux d'interprétation la faune et la flore du causse. Parmi les étapes-clés, ne manquez pas l'ermitage St-Privat (petite chapelle et grotte) et le panorama depuis la croix du Mont-Mimat, qui offre un point de vue exceptionnel sur la ville de Mende.

LES CÉVENNES ★★

Jadis refuges des camisards et des maquisards, les Cévennes se drapent d'étendues forestières, de causses et de massifs montagneux que sillonnent les chemins de randonnée. Un paysage culturel d'agro-pastoralisme classé au Patrimoine mondial par l'Unesco.

Florac-Trois-Rivières

Maison du Tourisme et du Parc national - ancienne gare - ✆ 04 66 45 01 14 - www.cevennes-parcnational.fr. 10 pl. de l'Ancienne Gare.

Cette jolie petite ville s'élève au pied des falaises dolomitiques de Rochefort. Traversée par quatre cours d'eau, elle est au contact du causse Méjean, des Cévennes et du mont Lozère, à l'entrée des gorges du Tarn. Pour une entrée en matière sur le vaste sujet des Cévennes, vous irez visiter les expositions qui sont proposées à la Maison du tourisme et du Parc national, ainsi qu'au Centre d'interprétation de la Maison du site Unesco Causses et Cévennes. Avant une balade dans le village, entre ruelles sinueuses, placettes de charme, source bouillonnante et jolis points de vue.

⬇ Le causse Méjean.

J.-P. Azam/hemis.fr

La Ferme des Cévennes ♥

La Salle Prunet - Florac-Trois-Rivières - ✆ 04 66 45 10 90 - www.lafermedescevennes.com. Pas de borne.

Voilà une halte tout à fait divertissante, sympathique et passionnante. Cette ferme occupe un hameau entier, mais il faut bien tous ces bâtiments pour abriter les nombreuses activités : élevage de chèvres et de cochons, fabrication de fromage et de charcuterie, mais aussi hébergement et boutique à la ferme. Envie de visiter l'exploitation et les caves d'affinage ? C'est possible. D'assister à la traite ? Ça l'est aussi. Vous pourrez même, quand c'est la saison, participer à un atelier de fabrication de fromage.

Randonnée avec un âne sur le chemin de Stevenson.

Randonnée avec un âne, sur les pas de Stevenson ♥

Gîte La Roquette - Molezon - ✆ 04 66 32 35 89 - www.gitelaroquette.com. Pas de borne.

En 1878, il a fallu 12 jours à Robert Louis Stevenson, accompagné de son ânesse Modestine, pour parcourir les 192 km de son périple, l'actuel GR® 70. Le défi est grand, mais grâce à Cévennes G'Randos d'ânes, vous allez pouvoir apprécier et vivre cette aventure en format réduit. Au départ du gîte de la Roquette, où vous pouvez passer la nuit, vous voilà parti sur les chemins, pour une demi-journée, une journée entière, ou plus si affinités. Accompagné de votre compagnon bâté à grandes oreilles, qui porte les bagages, vivez l'aventure des grands paysages et des rencontres humaines. Nuit en gîte confortable et transfert de retour, topoguide et matériel, tout est prévu, pour une simple initiation ou une véritable itinérance.

Le mont Aigoual et le Climatographe ★★★

Depuis Florac (65 km), accès par la D 996 et la D 986, via Meyrueis. Le Climatographe - ✆ 04 67 42 59 83 - climatographe.fr. D 986A - L'Esperou Nord à Valleraugue (18 kW), à 8 km - soyez prévoyant au départ de Florac.

Toit des Cévennes, le sommet du massif de l'Aigoual culmine à 1567 m. Et s'il a souvent la tête dans les nuages, il dévoile le reste du temps un immense panorama qui se perd vers les gorges de la Dourbie, de la Jonte et du Trévezel. Tracées à travers les forêts dont se couvre la montagne ou sur des crêtes d'où les vues sont très étendues, les routes qui sillonnent le massif sont superbes, promesse d'agréables balades en voiture. Au sommet, l'observatoire abrite le Climatographe, centre d'essais climatiques et lieu d'exposition grand public sur le changement climatique.

Maison Rouge – Musée des vallées cévenoles

35 Grand'rue - St-Jean-du-Gard - ✆ 04 66 85 10 48 - www.maisonrouge-musee.fr. R. Beaux-de-Maguielle (gare du train à vapeur), à 600 m.

Témoin de l'industrie de la soie en Cévennes, l'ancienne filature de St-Jean-du-Gard a opéré une mue très réussie. Coup de cœur pour ce très beau lieu muséal, qui réunit des collections historiques, ethnographiques et artistiques, dans une scénographie moderne. Vous aimerez aussi la salle des machines, le parcours d'interprétation du site, en extérieur, le jardin ethnobotanique, et le sympathique salon de thé.

ANDUZE ET LES CÉVENNES MÉRIDIONALES

Haut-lieu du protestantisme, dernière ville de la plaine et toute première des montagnes cévenoles, Anduze se niche au débouché de l'étroite porte des Cévennes. À quelques kilomètres de là, le musée du Désert vous fera revivre l'histoire des camisards.

La Bambouseraie en Cévennes ★★

552 r. de Montsauve - Générargues - ✆ 04 66 61 70 47 - bambouseraie.fr. 🚗 À 4 km (Lidl, 1030 rte de St-Jean-du-Gard).

La bambouseraie créée en 1856 par un Cévenol passionné de botanique est aujourd'hui une jungle profuse de près de 10 ha, où l'on recense plus de 200 variétés de bambous. Un lieu véritablement impressionnant, qui compte également un jardin d'inspiration orientale créé par le paysagiste Erik Borja, une allée de palmiers, un jardin d'eau et même un village laotien. Une visite dépaysante.

La Route du vase d'Anduze ♥

Liste et adresses des ateliers sur www. vase-anduze.fr. 🚗 À Anduze (parking 12 r. du Luxembourg) et à Boisset-et-Gaujac (parking Mairie).

Inventé par un potier cévenol en 1610, si l'on en croit la tradition, le vase d'Anduze qui fut un ornement de choix dans les jardins méridionaux au 18e s. est plus que jamais à la mode. Aujourd'hui, neuf ateliers le fabriquent encore dans les règles de l'art, mais avec chacun leurs savoir-faire, leurs couleurs et leurs décors. Le choix va être difficile ! Prenez donc la route pour aller à leur rencontre et, qui sait, craquer pour une pièce unique.

CAHKT/Getty Images Plus

↑ La Bambouseraie en Cévennes.

Moment intense

La corniche des Cévennes et la vallée Française

En plein cœur des Cévennes, voilà une route qui a de quoi satisfaire l'automobiliste le plus exigeant. Quelque 60 kilomètres entre Florac et St-Jean-du-Gard, au long des gorges des Gardons, offrant de superbes vues. Une route historique également, puisque la corniche fut tracée pour permettre le passage des soldats de l'armée de Louis XIV luttant contre les camisards. En route, vous ferez escale notamment à Barre-des-Cévennes qui commande l'accès à toutes les routes des Gardons, et à Ste-Croix-Vallée-Française, charmant bourg où artisans et producteurs bio sont nombreux les jours de marché.

60 km par D 907 et D 983. À St-Étienne-Vallée-Française.

Grotte des Demoiselles en mode privé ♥

Rte de la Grotte - RD 108^{E8} - St-Bauzille-de-Putois - 04 67 73 70 02 - www.demoiselles.com. Prévoyez un vêtement chaud (température 14 °C). À Laroque (22 r. du Mazet), à 7 km.

Située en hauteur dans le plateau de Thaurac, cette grotte à concrétions est l'une des plus belles de France. Alors offrez-vous le plaisir de la découvrir en mode privilégié, avec votre guide personnel. L'aventure commence par une insolite ascension en funiculaire (privatisé pour vous), puis votre guide vous raconte la formation de ce site et l'aventure des premiers explorateurs. Tout au long du parcours dans les salles, ornées de mille décorations de calcite, et dans le gigantesque espace surnommé la « cathédrale », vous bénéficiez d'un accompagnement attentionné. Jusqu'au terme de la visite, sur la terrasse panoramique, pour un moment partagé autour d'un verre.

ST-GUILHEM-LE-DÉSERT ★★

Dans une vallée du bout du monde, au confluent du Verdus et de l'Hérault, se cache ce joyau de pierres blondes, classé Grand Site de France.

Le village ★★

Parking au pont du Diable (avec navette gratuite) ou av. Guillaume-d'Orange (pas de borne - À St-Jean-de-Fos, parking École maternelle (4 km).

Resserrée autour de l'ancienne abbaye de Gellone et niché au pied d'impressionnantes falaises calcaires, la cité porte le nom de son patron fondateur. Elle a conservé son identité médiévale avec une authenticité rare. Ne manquez pas l'église abbatiale du 11e s., le cloître attenant et le petit musée de l'abbaye.

À 3 km au sud du village, le pont du Diable, remarquable ouvrage du 11e s., fut construit par les moines des abbayes de Gellone et d'Aniane pour faciliter le passage des pèlerins de St-Jacques.

Grotte de Clamouse ★★★

Rte de St-Guilhem-le-Désert (RD4) - St-Jean-de-Fos - 04 67 57 71 05 - www.clamouse.com. Pas de borne sur place. À St-Jean-de-Fos, parking École maternelle (1,5 km).

Connues pour la splendeur des aragonites et autres fistuleuses qui font leur décor rare et merveilleux, ces grottes sont un site souterrain incontournable. À découvrir en visite guidée classique, ou pour les plus sportifs en mode spéléopark, avec ponts de cordes et tyroliennes.

MONTPELLIER ★★★

Montpellier impressionne par son dynamisme. Baignés par la douce lumière méditerranéenne,

J. du Boisberranger/hemis.fr

Quartier Antigone, place Zeus (détail : la Vénus d'Arles).

ses quartiers anciens et ses superbes jardins agrémentent les promenades en journée, tandis que théâtres, opéra et terrasses animent les soirées.

Parking Polygone (r. des Pertuisanes) ou 53 av. Jacques-Cartier (50 kW).

Le centre historique ★★

Il faut y flâner longuement, en s'arrêtant souvent, pour en apprécier toute la beauté et la diversité. Les innombrables et opulents hôtels particuliers, la royale place du Peyrou, ou encore la place de la Comédie, centre névralgique de la ville, sont autant de passages obligés. De même que le musée Fabre, riche de quelque 900 œuvres de la Renaissance à nos jours. Si vous êtes amateur d'architecture moderne, partez en balade dans le quartier Antigone, ou dans celui de Port-Marianne (*548 r. du Moulin-des-Sept-Cans - 50 kW*).

Château de Flaugergues ★★

1744 av. Albert-Einstein - 04 99 52 66 37 - www.flaugergues.com. Pas de borne.

Avec ses allures de villa italienne, c'est la plus ancienne des folies de Montpellier et la mieux conservée, puisqu'elle a gardé ses splendides jardins et son exploitation viticole, au cœur de l'agglomération. Un mobilier de qualité et des tableaux anciens parent les pièces d'habitation. Quant aux jardins, ils sont une splendeur ! Vous pourrez faire une halte déjeuner dans ce cadre magnifique, au Folia (Carnet de route).

H. Maunder/Alamy/hemis.fr

Château de Flaugergues.

SE RÉGALER

LE PUY-EN-VELAY

L'ÉMOTION
Michaël Ruat, enfant du pays, régale toujours autant les chanceux du Puy-en-Velay. La déco fait la part belle aux matériaux naturels dans un esprit design (belle cave vitrée). Quant à la cuisine, elle trace sa voie entre produits du terroir de Haute-Loire (lentilles vertes, bœuf Fin Gras du Mézenc) et un répertoire très actuel (tartare de thon rouge aux agrumes).
13 pl. Cadelade - 04 71 09 74 23 - www.restaurant-lemotion.fr - à 220 m.

LE CHAMARLENC
Aux commandes, le jeune chef Yoan Delorme, et sa compagne Cellia Baudelier en salle. Tartelette façon pissaladière aux anchois, mousse au lard et oignon; salade de blette et haricots verts à l'estragon et à la coriandre : c'est goûteux, précis et imaginatif. Cette réussite va bien sûr de pair avec le respect du cycle des saisons et une complicité évidente avec les meilleurs producteurs du coin et d'ailleurs (les poissons viennent de Méditerranée).
19 r. Raphaël - 04 71 02 17 72 - www.restaurantlechamarlenc.com - à 380 m.

MENDE

LA SAFRANIÈRE
Une étape gourmande sur les premières marches du Gévaudan. Dans un décor frais et coloré, on apprécie une jolie cuisine de saison; les vins et fromages de la région sont à l'honneur.
52 r. du Lavoir, hameau de Chabrits - 04 66 49 31 54 - www.restaurant-la-safraniere.fr

COCURÈS (Florac)

LA LOZERETTE
À 5 km de Florac, une auberge charmante, dont le chef propose des assiettes bien ficelées en utilisant la production régionale. Côté vins, Pierrette, sommelière émérite, vous aide à choisir parmi les 300 références de la carte.
La Lozerette - 04 66 45 06 04 - www.lalozerette.com - sur place.

ST-ROMAN-DE-TOUSQUE (Vallée Française)

LA PATACHE
Installé dans la vieille salle de cet ancien relais de poste, vous vous régalerez d'une bonne cuisine traditionnelle et locale. Au menu, écrevisses, mais aussi champignons, sans oublier le traditionnel pélardon après un plat du jour qui ne vous décevra pas! De la terrasse, vue superbe sur la vallée Française.
13 pl. Cadelade - 04 66 44 73 76 - www.lapatache.com - à 230 m.

ANDUZE

L'ATELIER DE PIERRE
Le chef Pierre Taix vous invite à une plongée gastronomique avec des assiettes enracinées dans le terroir. Un festival où brillent les produits régionaux (viande de Lozère, poisson du Grau-du-Roi)...
3 r. du Plan-de-Brie - 04 66 25 22 50 - www.restaurantlatelierdepierre.fr - à 550 m.

ST-MARTIN-DE-LONDRES

L'ACCENT DU SOLEIL
Ancien chef du château de Mercuès, dans le Lot, Philippe Combet sert ici une bonne cuisine de saison, qui met en valeur les produits de la région. Menu truffe ou asperges, agneau du Quercy... le tout servi en salle par son épouse avec gentillesse et professionnalisme.
À 5 km au sud de la grotte des Demoiselles - 19 rte des Cévennes - 04 67 55 23 10 - www.laccentdusoleil.fr - à 420 m.

ANIANE

SOUKA
Dans ce petit village proche de St-Guilhem-du-Désert, Souka (« la souche », en occitan) met en valeur le marché et les producteurs du coin. Le chef vous réserve bien des surprises : un menu mystère, midi et soir, dont il faut tenter de découvrir les ingrédients! Bons vins de la région, en vente sur place dans la partie caviste.
36 bd St-Jean - 04 67 57 44 83 - www.soukarestaurant.com - à 220 m.

MONTPELLIER

FOLIA
En semaine seulement, appréciez les charmes d'un déjeuner dans la cour de la folie de Flaugergues, ou dans sa jolie salle colorée. Le menu du jour fait la part belle aux produits du marché. Une étape de charme où vous pourrez aussi apprécier les vins du domaine.
Château de Flaugergues - 1744 av. Albert-Einstein - 04 99 52 66 35 - www.folia-restaurant.fr - à 230 m.

REFLET D'OBIONE
Le chef Laurent Cherchi est profondément attaché aux questions environnementales. Ses deux menus sont proposés en version lacto-ovo végétarienne ou végétalienne, et il pratique un locavorisme rigoureux, en sourçant des produits venus des Cévennes à la Méditerranée. Dans les assiettes, technique (fermentation, extraction...) et précision sont de rigueur pour mettre en valeur le légume. Le décor joue la carte de l'épure, et les arts de la table privilégient évidemment l'artisanat local.
29 r. J.-J.-Rousseau - 04 99 61 09 17 - reflet-obione.com - à 170 m.

SE LOGER

LE PUY-EN-VELAY

HÔTEL RÉGINA
Installé dans un bel immeuble de 1905, en basse ville, cet hôtel de caractère a été entièrement rénové en 2024. Entre Art déco et style moderne, les 42 chambres sont très confortables. bar lounge et restaurant.
34 bd Mar.-Fayolle - www.hotelrestregina.com - à 240 m.

ST-ÉTIENNE-VALLÉE-FRANÇAISE

CHÂTEAU DE CAMBIAIRE
En 2016, Éric et Corinne sont tombés amoureux de ce château du 14e s. qui domine la vallée et ont décidé de s'y installer pour accueillir des hôtes. Les chambres de tout confort sont aménagées dans un style mêlant mobilier ancien et esprit contemporain. Elles offrent de jolies vues sur la vallée. Une étape hors du commun.
06 13 38 03 98 - www.chateaudecambiaire.com - à 320 m.

ANDUZE

LA FERME DE CORNADEL
À deux pas de la célèbre bambouseraie, cette ancienne ferme superbement réhabilitée accueille une auberge fort gourmande et raffinée, ainsi que des chambres d'hôte et suites tout confort. Décoration sobre, faite de matériaux anciens (murs de pierre, planchers, tomettes de terre cuite) et de couleurs naturelles. Piscine.
Rte de Générargues - 04 66 61 79 44 - www.cornadel.fr - à 660 m.

MONTPELLIER

DOMAINE DE BIAR
Sertie dans un écrin de 50 ha de verdure, l'ancienne « folie » s'est convertie en un luxueux hôtel. Les détails déco à la fois luxe et fantaisie abondent, le confort moderne est partout présent, tout est prévu pour un séjour exceptionnel à deux pas de Montpellier.
Chem. du Mas-de-Biar - Lavérune (à 8 km de Montpellier) - 04 67 65 70 06 - www.domainedebiar.com

GRAND HÔTEL DU MIDI
À deux pas de la place de la Comédie, ce bel immeuble centenaire accueille un hôtel « historique » relooké dans un style résolument contemporain. Chambres très confortables.
22 bd Victor-Hugo - 04 67 92 69 61 - www.grandhoteldumidimontpellier.com - à 170 m.

ICI ET PAS AILLEURS

LE PUY-EN-VELAY

BOUTIQUE SABAROT
Cette boutique propose évidemment son produit phare, la célèbre lentille verte du Puy, première légumineuse AOP.
15 r. Courrerie - 04 71 00 10 15 - www.sabarot.com - à 305 m.

DISTILLERIE DE LA VERVEINE DU VELAY-ESPACE PAGÈS
Pas moins de 32 plantes et un savoir-faire jalousement préservé depuis 1859 sont nécessaires à l'élaboration de la célèbre liqueur de verveine du Velay. Découvrez les ateliers de la distillerie, puis faites le plein à la boutique.
8 km à l'est du Puy-en-Velay. N 88, sortie n° 2 - ZA Laprade - r. Descartes - St-Germain-Laprade. Retrouvez aussi l'Espace Pagès en centre-ville du Puy-en-Velay (29 pl. du Breuil) - vedrenne.fr/verveine

MENDE

MAISON DES PAYSANS DE LOZÈRE
Vente directe de divers produits de Lozère, notamment les miels de châtaignier, chêne, bruyère.
Pl. Renée-Estoup - 04 66 41 08 34

© Reflet d'Obione

Restaurant Reflet d'Obione.

ANDUZE

VASES D'ANDUZE
Retrouvez la liste des neuf ateliers de fabrication traditionnelle sur le site *www.vase-anduze.fr.*

ST-GUILHEM-LE-DÉSERT

CAVIAR CHÂTEAU CASTILLONNE
Un caviar produit grâce aux eaux du Verdus, et prélevé par un procédé exclusif, une petite césarienne qui permet à l'esturgeonne de poursuivre sa vie. Apprécié des chefs étoilés.
Imp. de la Sablette - 06 78 22 85 19 - caviar-castillonne.com

MONTPELLIER

DRAGÉES AUZIER
Héritiers des apothicaires montpelliérains, les confiseurs perpétuent un savoir-faire. La maison Hauzier est de ceux-là, réputée depuis plus de 100 ans pour ses réglisses, guimauves, dragées…
3 r. du Fg-du-Courreau - 04 67 92 63 35 - www.auzier-chabernac.com - à 393 m.

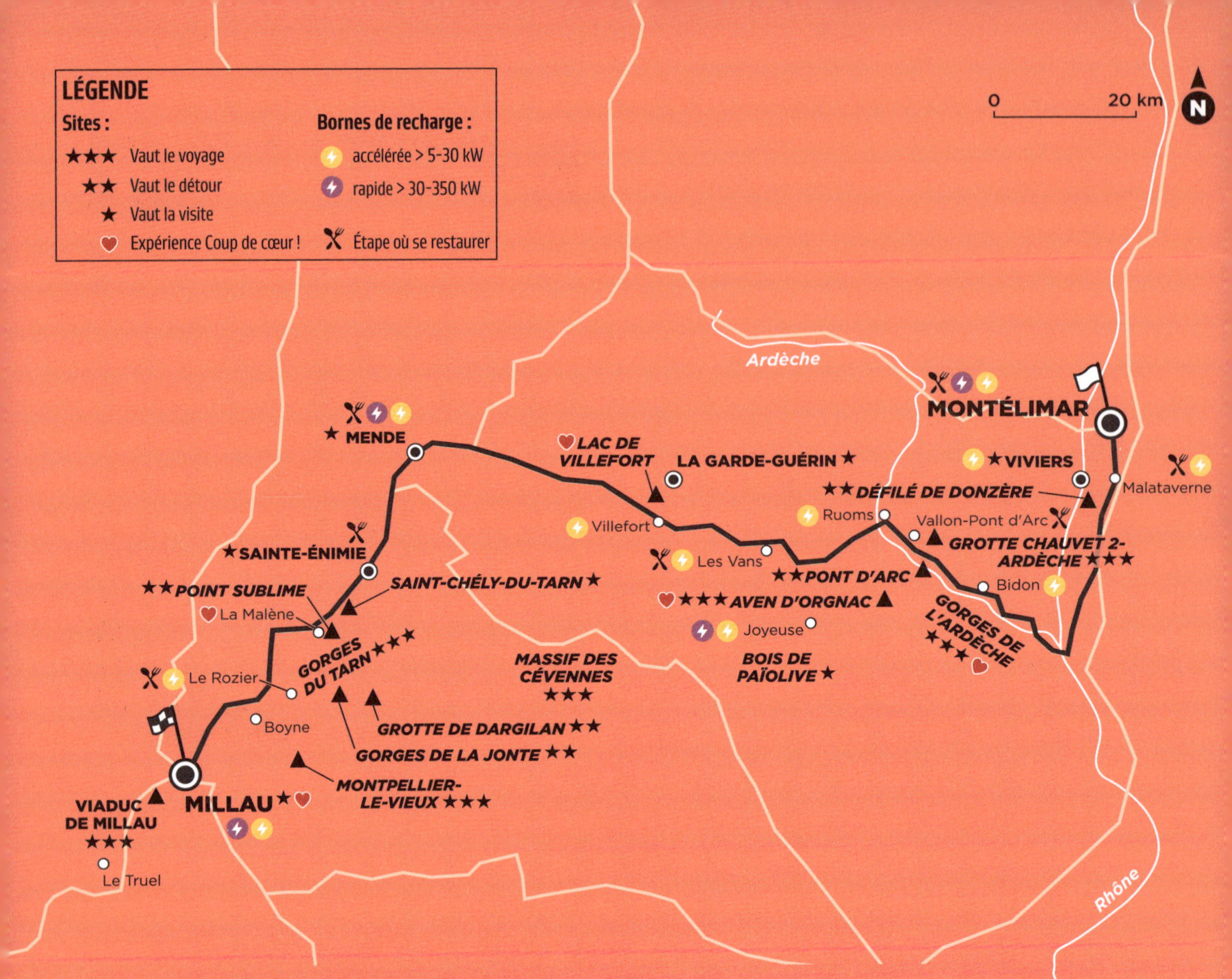

PRINCIPALES BORNES DE RECHARGE :

Montélimar :
Carrefour - rte de Marseille (150 kW)

Pont-St-Esprit :
322 Beauvezet Sud (188 kW)

Joyeuse :
Parking de la Mairie (50 kW)

Mende :
1 chem. de Tivoli (200 kW)

Mostuéjouls :
La Muse (22 kW)

Millau :
Av. Alfred-Merle (60 kW)

L'ESSENTIEL ÉLECTRIQUE

Une fois quitté la vallée du Rhône, les bornes de charge se font plus rares, surtout de charge rapide. La plus puissante jusqu'à Mende se situe aux Vans mais n'est que de 50 kW. Si vous avez besoin de recharger avant, Joyeuse, 25 km au nord de Vallon-Pont-d'Arc, est aussi équipée d'une borne de même puissance. Les gorges du Tarn ne sont pas plus pourvues. Vous n'y trouverez des bornes qu'à La Malène (18 kW) et à Mostuéjouls à côté du Rozier. La station de charge suivante se situera à Millau.

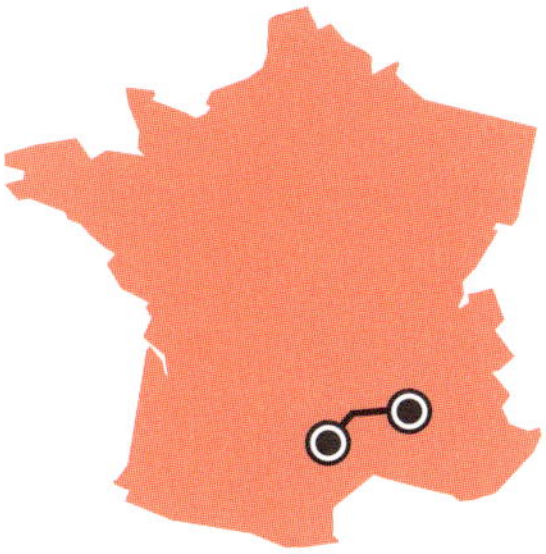

DISTANCE : 300 km
DURÉE : 4 jours
DÉPART : Montélimar
ARRIVÉE : Millau

PRINCIPALES ÉTAPES :
Vallon-Pont-d'Arc
Les Vans
Mende
Ste-Énimie

MONTÉLIMAR
MILLAU

Ardèche et Tarn sauvages

Véritable ode à la nature, cet itinéraire vous entraîne dans les grands espaces sauvages de la France, loin des grands centres urbains. Il frôle l'Ardèche et les Cévennes puis traverse la Lozère en suivant le tracé de deux rivières, l'Ardèche et le Tarn, dont les cours ont creusé des gorges profondes, parfois très étroites, composant des paysages sublimes de chaos rocheux et de hautes falaises. Mais ces massifs sculptés par l'eau cachent aussi en leur cœur d'autres merveilles : des grottes creusées par des rivières souterraines puis ornées par le long travail du temps. L'une d'elles, la grotte Chauvet, a même conservé un chef-d'œuvre, vieux de plus de 36 000 ans, conçu par l'homme !

Côté saveurs...

Le châtaignier occupe les paysages, la châtaigne l'assiette, en version salée ou sucrée avec les marrons glacés et la crème de marrons. Le nougat de Montélimar et le macaron de Joyeuse complètent la carte des gourmandises. Le plateau de fromages fait honneur au bleu des Causses qui se marie à merveille avec les vins de l'Ardèche.

Willy Mobilo/Getty Images Plus

Canoë sur le Tarn.

généralement deux étages au-dessus du rez-de-chaussée, occupé par une cave haute ou une échoppe ; elles ont gardé en partie leur aspect médiéval.

Nougat de Montélimar.
asab974/Getty Images Plus

MONTÉLIMAR

Prononcez le nom de Montélimar, le mot « nougat » vous revient en écho. C'est dire la popularité de cette friandise dont la cité s'est fait une spécialité. Mais la gourmandise n'est pas le seul attrait de cette ville dynamique à l'ambiance déjà provençale, du fait de sa position charnière entre Ardèche et Drôme. Les cafés littéraires ont aussi fait sa réputation.

Pl. Bouverie ou 41 D 540A.

Prenez le temps de découvrir la vieille ville, ses allées piétonnes et ses agréables places, comme celle du Marché qui, avec ses façades colorées, ses balcons en fer forgé et ses arcades, se donne des airs de Provence. Au nord, le nouveau quartier St-Martin abrite un joli jardin des Senteurs et un musée d'Art contemporain qui propose des expositions d'envergure et de qualité. À l'est, le château offre de belles vues sur les toits, la plaine du Rhône et les contreforts des montagnes ardéchoises. Enfin, avant de partir, faites vos réserves de nougat, en boutique ou à l'atelier !

VIVIERS ★

34-36 pl. de la Roubine.

Viviers doit à son site resserré, entre la colline de la Joannade et le piton rocheux qui porte la ville haute, d'avoir échappé au développement industriel. Créée au 5e s., la ville haute ou ville ecclésiastique s'agglutine autour de la cathédrale. Les maisons cachent leurs jardins et leurs cours derrière de hauts murs nus. Celles de la ville basse, serrées les unes contre les autres, sont relativement hautes et comprennent

Défilé de Donzère ★★

Ce très beau passage encaissé marque l'entrée en Provence. Le Rhône fonce par la brèche ouverte : la paroi verticale de la rive gauche contraste avec le panorama de la rive droite d'où se détachent des pitons isolés. Le plus aigu porte à son sommet une statue de saint Michel, protecteur de ce passage jadis redouté des mariniers. Les eaux, divisées en amont par la dérivation, se rejoignent ici ; leur masse et le « souffle » de la course sont impressionnants. Garez votre voiture et rejoignez à pied l'un des ponts qui franchissent le fleuve, à l'amont et à l'aval du défilé ; ils offrent de beaux points de vue sur le site.

GORGES DE L'ARDÈCHE ★★★

Depuis des millions d'années, l'Ardèche a creusé son lit dans le calcaire, formant un immense canyon dont l'arche naturelle du Pont d'Arc est devenue le symbole. Ces gorges, aux paysages exceptionnels, ont été érigées en Grand Site d'intérêt national en 1993. Elles abritent aussi une merveille de l'art préhistorique : la grotte Chauvet. Un incontournable !

Balade en trottinette électrique ♥

Ardèche Trottinette - 06 81 99 32 56 ou 06 73 67 64 33 - ardechetrottinette.fr.

Voilà un moyen original de découvrir les gorges, qui change un peu de la classique descente en canoë. Après une brève initiation au maniement de la trottinette électrique tout-terrain, équipée de freins cela va sans dire, des guides passionnés

Christian Decout/Getty Images Plus

Vautour fauve dans les gorges de la Jonte.

« Le retour des vautours dans les gorges de la Jonte : un pari réussi !

Les derniers vautours de la région avaient disparu dans les années 1940. Initiative individuelle au départ, relayée par diverses entités associatives et étatiques dont le Parc national des Cévennes, leur réintroduction à partir des années 1970 se révèle aujourd'hui une grande réussite écologique. p. 214.

Comment s'est déroulé le programme de réintroduction ?

Il a commencé en 1971 et se poursuit toujours actuellement. Il a permis de relâcher 60 vautours fauves entre 1981 et 1986, après 10 ans de vie en volière sur le site afin qu'ils s'acclimatent. Puis, ça a été le tour de 33 couples de vautours moines, entre 1992 et 2004, et enfin nous relâchons 2 ou 3 gypaètes barbus par an depuis 2012. En parallèle, 3 à 5 couples de percnoptères reviennent, depuis 1986, nicher ici chaque année. Aujourd'hui, on compte sur le site 3000 oiseaux qui représentent les quatre espèces de vautours d'Europe. C'est pour nous une grande réussite !

Quel accueil la population locale a-t-elle réservé au projet ?

Très bon ! Les agriculteurs ont été associés au programme. Nous sommes dans une région d'élevage de brebis, dont le lait sert à la fabrication du roquefort. Les troupeaux perdent environ 3 à 5 % de leurs bêtes chaque année et 160 éleveurs ont obtenu une dérogation pour déposer les carcasses sur une centaine d'emplacements identifiés, où les vautours, qui sont des animaux nécrophages, viennent se nourrir. Les éleveurs se débarrassent ainsi rapidement des animaux morts. Et les vautours, en nettoyant les carcasses, ont retrouvé leur rôle dans le cycle de la nature.

Pourquoi avoir créé la Maison des vautours ?

La Maison des vautours a été créée en 1998 pour sensibiliser le public au projet de réintroduction et éviter que les gens, de plus en plus nombreux, se rendent dans les falaises où vivent les oiseaux, les fassent fuir et perturbent leur reproduction. Une exposition sur 1000 m^2 présente le programme, naturellement, mais aussi les différentes espèces de vautours et leurs caractéristiques. Sur le toit, une terrasse, équipée d'une dizaine de longues-vues, permet aux gens d'observer les animaux dans leur milieu naturel. Et des caméras sur site filment en permanence les oiseaux dont les images sont retransmises en direct dans une salle. Un film d'environ 10mn concentre les meilleurs moments enregistrés. La Maison accueille désormais environ 30000 personnes par an. »

Grotte Chauvet 2 - Ardèche, le panneau des lions.

emmènent leur groupe pour des sorties pouvant aller d'1h à une journée. Au gré du programme, on les suit silencieusement par de petits chemins ombragés jusqu'à une rivière, de charmants villages aux maisons de pierre et des exploitations où on rencontre viticulteur ou apiculteur...

Grotte Chauvet 2 - Ardèche ★★★

04 75 94 39 40 - www.grottechauvet2ardeche.com.

En 1994, la découverte de la grotte a marqué un tournant dans la connaissance des sociétés préhistoriques. Dans la cavité, ornée d'œuvres figées dans leur écrin de calcite et d'argile, s'est révélé un art plus ancien que Lascaux : il y a 36 000 ans en Ardèche, les hommes imaginaient déjà un chef-d'œuvre. La grotte Chauvet est la première manifestation artistique de ce type et d'envergure connue à ce jour dans le monde. Inscrite au Patrimoine de l'Unesco en 2014, l'ouverture de sa réplique en 2015 l'a mise à la portée de tous. Une visite à réserver sans faute !

Pont d'Arc ★★

Cette impressionnante arche naturelle, haute de 34 m et large de 59 m, enjambe l'Ardèche. À l'origine, la rivière formait un vaste méandre dans le cirque et seul un simple cours d'eau souterrain coulait sous l'arche. On suppose que l'Ardèche, à la faveur d'une forte crue, aurait abandonné son ancien cours pour se glisser à travers l'orifice qu'elle a peu à peu agrandi, donnant naissance au Pont d'Arc. Un sentier de 200 m, s'amorçant de l'autre côté de la route, permet d'accéder à la plage (bondée l'été) située au pied de la magnifique formation géologique.

Spéléo à l'Aven d'Orgnac ♥

2240 rte de l'Aven - 04 75 38 65 10 - www.orgnac.com. Deux bornes de charge à côté du parking.

Oubliez les visites traditionnelles de grottes pour découvrir les cavités sous un autre angle grâce à des visites spéléo. Six parcours (de 1h à 8h) explorent ce sombre gouffre qui recèle un réseau de salles où la nature a lentement façonné des colonnes minérales aux mille formes. Vous évoluerez ainsi parmi les stalactites, stalagmites et draperies et éprouverez sans doute quelques sensations inoubliables en empruntant la via-cordata souterraine puis la tyrolienne qui évolue à 30 m de hauteur. Un des parcours suit aussi celui qu'emprunta Robert de Joly lorsqu'il découvrit la grotte en 1935. Emboîtez-lui le pas !

NORD DES CÉVENNES

Ce territoire, situé au sud des monts d'Ardèche et au nord des Cévennes, marque une frontière entre l'âpre décor de serres schisteuses et la blancheur du pays calcaire qui, avec un ensoleillement exceptionnel et la culture de l'olivier, donne l'impression d'entrer dans le Midi !

Les Vans

17 r. du Quai (50 kW).

Dominés à l'ouest par l'échine déchiquetée du serre de Barre, Les Vans occupent le centre d'un bassin riant qu'arrose le Chassezac. Son marché très coloré attire la foule le samedi matin. Moins réputés mais remarquables, les deux retables de l'église ont été réalisés sous la direction d'un artiste anversois, Jean Enguelbert, en 1682. Cependant, le succès des Vans auprès des visiteurs est surtout assuré par le bois magique de Païolive et les inoubliables gorges du Chassezac, profonde entaille creusée par la rivière, toutes proches.

Bois de Païolive ★

Ce chaos calcaire, aux formes évocatrices, s'étend de part et d'autre du Chassezac. Couvert de chênes rouvres verts ou blancs et d'arbousiers, les lieux, baignés de silence et de mystère, semblent receler un secret que seuls connaissent les innombrables lézards verts. Suivez l'un des sentiers et cet univers vous sera dévoilé, notamment celui balisé « Corniche » qui conduit sur les bords des grandes falaises où vous découvrirez, tout au fond, la grandiose tranchée du Chassezac. Le bois sert aussi de cadre à une distillerie de plantes aromatiques et médicinales qui produit des huiles essentielles, eaux florales et tisanes bio.

Paddle sur le lac de Villefort ♥

Grandeur Nature - 04 66 46 80 62 - grandeurnature48.com. Borne la plus proche : av. des Cévennes, dans le village de Villefort, 3 km au sud.

Que diriez-vous d'une petite pause sur la route, pour vous détendre et vous rafraîchir au bord du lac de Villefort ? Ce vaste plan d'eau de 27 ha résulte de la construction d'un barrage sur le cours de l'Altier. Une base nautique et une plage, très fréquentées en été, ont été aménagées pour la baignade (surveillée en juil.-août) et la pratique de nombreuses activités : pédalo, canoë, paddle, catamaran et planche

H. Lenain/hemis.fr

Bois de Païolive.

à voile. Où ira votre préférence ? Pour les amateurs de randonnée, un sentier permet de faire le tour du lac. Une bonne journée en perspective !

La Garde-Guérin ★

17 r. du Quai (50 kW).

Une imposante tour signale ce vieux village fortifié et escarpé du plateau lozérien. La Garde-Guérin était une étape pour les pèlerins qui suivaient la voie Regordane entre le Puy-en-Velay et St-Gilles. Bâties en gros moellons de granite, les maisons s'alignent le long de la rue principale. On y voit une ancienne demeure seigneuriale du 16e s. transformée en auberge et, un peu plus loin, l'ancienne maison du maréchal-ferrant comme l'indique une inscription datée de 1638. À proximité du village, vous retrouverez les impressionnantes gorges du Chassezac du haut d'un belvédère d'où l'on entend le grondement des eaux répercuté par les parois.

MENDE ★

10 bd Lucien-Arnault.

Mende a l'allure d'un gros bourg rural veillé par son imposante cathédrale qui recèle huit tapisseries d'Aubusson et de belles stalles. Vous vous perdrez avec bonheur dans ses rues étroites et tortueuses, bordées de vieilles maisons qui, pudiques, dévoilent à qui sait le mériter une belle porte en bois, un portail ou des oratoires. Ce chef-lieu de la Lozère, département le moins peuplé de France, connaît un modeste « boom » démographique grâce à ses fonctions administratives, scolaires, commerciales et désormais culturelles avec son musée du Gévaudan, consacré à la célèbre bête.

Sigurcamp/Getty Images Plus

Sainte-Énimie.

GORGES DU TARN ★★★

Une succession ininterrompue de sites grandioses et de vues vertigineuses, voilà ce que vous réservent les exceptionnelles gorges du Tarn. Les impressionnantes murailles de pierre enserrent le fleuve aux paillettes d'or, chanté par les troubadours du haut Moyen Âge, qui dessine un fascinant serpent au puissant corps émeraude.

Sainte-Énimie ★

Une flânerie au hasard des ruelles pittoresques du village vous permettra d'en apprécier tout le charme. Au centre, la place au Beurre présente une jolie maison, tandis que la halle au Blé a conservé une mesure à froment. En haut du village, la place du Plot est dominée par les ruines des fortifications du monastère, dont on peut encore admirer le réfectoire. Un sentier (45mn AR) mène à la grotte-ermitage où deux pierres creusées en forme de fauteuil servaient, dit-on, de siège à sainte Énimie, sœur du roi Dagobert. On a de là une belle vue sur le Tarn où évolue un flot ininterrompu de canoës en été.

Cirque de Saint-Chély-du-Tarn ★

Le joli village de St-Chély s'élève sur la rive gauche du Tarn à l'entrée d'un gigantesque « bout du monde » formé, au pied du causse Méjean, par les superbes falaises du cirque de St-

samuel howell/Getty Images Plus

Saint-Chély-du-Tarn.

Chély. Franchissez le Tarn et allez voir l'église romane au clocher carré, le four à pain de la place, les vieilles maisons (portes et cheminées Renaissance), qui ont gardé tout leur caractère, et les beaux vergers. Au niveau du village, deux résurgences tombent en cascade dans le Tarn. L'une s'échappe de la grotte de Cénaret, à l'entrée de laquelle a été bâtie une chapelle (12e s.).

Balade en barque sur le Tarn ♥

Les Bateliers de la Malène - ✆ 04 66 48 51 10 - www.gorgesdutarn.com. Pas de borne.

Les bateliers de la Malène organisent des descentes en barque entre La Malène et le magnifique cirque des Baumes (8 km - 1h). Au début, une végétation dense projette son ombre sur l'eau. Puis vous apercevez des paysages intacts. Les eaux sont cristallines. On se sent de plus en plus petit tant les parois rocheuses s'élèvent ; la falaise étage ses gradins jusqu'à plus de 400 m au-dessus du Tarn. Préférez le matin pour entreprendre cette promenade, au moment où cette partie du canyon se présente sous son éclairage le plus favorable et que la rivière n'est pas encore trop envahie par les canoës, particulièrement en été.

Point sublime ★★

Le cirque des Baumes est un site magnifique dont les gigantesques parois calcaires dominent le Tarn de

Moment intense

Les gorges de l'Ardèche et du Tarn ★★★

La route des gorges de l'Ardèche – la D 290 –, hardiment tracée sur la rive gauche, s'élance à l'assaut de la corniche. De St-Martin-d'Ardèche à Vallon-Pont-d'Arc, elle offre de magnifiques points de vue sur la rivière et ses méandres, sur les falaises et leur végétation. Les belvédères se succèdent et donnent à voir stries, marmites et rochers vertigineux avant de déboucher sur la Haute Corniche, point d'orgue de la route.

Tracée au fond des gorges, sur la rive droite du Tarn, la D 907^B est pittoresque et sans monotonie grâce aux mille aspects de la gorge et aux châteaux, belvédères et villages pittoresques qui défilent. Préférez la fin de l'après-midi, quand les rayons obliques du soleil dorent les falaises, révélant le canyon dans toute sa splendeur et n'oubliez pas le détour vers le Point Sublime.

À vos appareils photos !

plus de 400 m. Au sommet, s'étend un vaste plateau qui offre un panorama exceptionnel sur le canyon du Tarn, des Détroits jusqu'au Pas de Soucy, un chaos dans lequel le Tarn disparaît, ainsi que sur la Roche Aiguille. Il se révèle tellement extraordinaire qu'on a dénommé le site le « Point Sublime ». Vous l'auriez deviné, ce belvédère est à ne manquer sous aucun prétexte !

ÉCHAPPÉES DANS LES GORGES DE LA JONTE ★★

Les gorges de la Jonte forment un impressionnant canyon qui s'estompe à mesure qu'on s'éloigne de la confluence avec le Tarn. Les versants des gorges sont surmontés de hautes murailles calcaires bizarrement façonnées par l'érosion, habitées par plusieurs espèces de vautours et des gypaètes barbus.

Maison des vautours

D 996 - Le Truel (4 km à l'ouest du Rozier) - ✆ 05 65 62 69 69 - www.maisondesvautours.fr. Borne la plus proche : rte de Capluc - Le Rozier.

p. 209. Grâce au belvédère doté de longues-vues, le site favorise l'observation des vautours qui évoluent le long des belles falaises des gorges de la Jonte et dans le ciel. Dans la Maison, une exposition présente le mode de vie, de nutrition ou encore de reproduction de ces oiseaux, réintroduits ici dans les années 1970 par le Parc national des Cévennes. On y voit également, sur un écran géant, des images filmées par des caméras installées près des colonies d'oiseaux.

Grotte de Dargilan ★★

✆ 04 66 45 60 20 - www.grotte-dargilan-48.com.

Vous pénétrez ici dans le ventre de la terre par l'entrée naturelle de la grotte et accédez directement à la grande salle du Chaos (140 m x 50 m x 25 m) qui, comme son nom l'indique, se présente comme un chaos souterrain sur lequel s'amoncellent des concrétions en cours d'édification. Puis, vous avancez de salle en salle, dont les noms évocateurs laissent imaginer les merveilles qui s'y cachent : salle de la Mosquée, salle Rose, couloir des Cascades pétrifiées paré d'une magnifique draperie... À la sortie, une belle surprise : un superbe panorama sur les gorges de la Jonte !

CITÉ DE PIERRE DE MONTPELLIER-LE-VIEUX ★★★

Le Maubert - Millau - ✆ 05 65 60 66 30 - www.lacitedepierres.com.

Non, Montpellier-le-Vieux n'est pas une ville : c'est un extraordinaire ensemble rocheux, dû à la corrosion et au ruissellement des eaux de pluie sur la roche dolomitique du causse Noir, dont il couvre environ 120 ha.

Le lieu est si curieux et attachant, les roches si imprévisibles que cet ensemble ruiniforme semble né du rêve d'un architecte frappé de folie. Ces roches ont même été baptisées d'après leur forme et leur silhouette. On flâne volontiers des heures durant. Une via ferrata invite à un voyage inoubliable encadré par des moniteurs diplômés.

MILLAU ★

Millau a acquis une réputation internationale grâce à son élégant viaduc qui détient le record mondial de la plus haute pile ! Mais ce magnifique ouvrage d'art ne doit pas cacher une ville qui combine avec bonheur patrimoine culturel et activités de plein air.

Pl. Bion-Marlavagne ou pl. du Mandarous.

Viaduc ★★★

Aire du Viaduc de Millau - Brocuéjouls ou accès par l'autoroute A 75 - 05 65 75 40 12 - www.tourisme-aveyron.com.

Spectaculaire, le viaduc multi-haubané, conçu par l'ingénieur français Michel Virlogeux et dessiné par l'architecte anglais sir Norman Foster, prend son envol au-dessus du Tarn. Supportés par sept piles de béton, le fin tablier métallique et les pylônes d'acier donnent à l'ensemble une réelle élégance. D'une longueur totale de 2460 m, culminant à 343 m au-dessus du Tarn, le viaduc détient le record mondial de hauteur. Pour le régal des yeux, de nombreux belvédères ont été aménagés autour de la ville.

Vol en parapente au-dessus de Millau ♥

Millau Évasion - av. de l'Aigoual - Giratoire du Confluent - 06 09 14 46 94 - www.millau-evasion.com.

Réaliser le rêve d'une vie et voler... Le site de Millau, entouré d'impressionnantes falaises, est idéal pour un baptême en parapente. Alors, réservez votre séance en matinée pour un vol plutôt calme. L'après-midi les courants ascendants deviennent plus forts et conviendront alors aux plus aguerris. Sensations garanties !

Le viaduc de Millau, par Foster + Partners.

Allard1/Getty Images Plus/CEVM Eiffage/Foster+Partners

CARNET DE ROUTE

SE RÉGALER

MONTÉLIMAR

CAFÉ DE L'ARDÈCHE

Cadre contemporain (banquettes en cuir gris, mobilier actuel), tableaux Pop art et jolie collection de peintures de l'artiste Ricardo Santamaria. Dans l'assiette, une cuisine de saison bien tournée à base de produits locaux, comme cette pintade fermière et son jus corsé aux girolles.

19 av. Charles-de-Gaulle - ☎ 04 75 52 51 39 - www.cafedelardeche.fr. - à 70 m.

MALATAVERNE

DOMAINE DU COLOMBIER

Sur les ruines d'un ermitage monastique situé au cœur de la Drôme provençale, cette fière bastide séduit d'abord l'œil par ses pierres apparentes, ses plafonds voûtés, son mobilier *vintage* et son patio terrasse. Volontiers créative et soignée visuellement, la cuisine célèbre la région et les beaux produits méditerranéens avec à-propos : les cuissons sont précises, les préparations savoureuses et équilibrées, pensées dans une démarche durable.

270 chemin de Malombre - ☎ 04 75 90 86 86 - www.domaine-colombier.com - sur place.

VALLON-PONT-D'ARC

ARKADIA

Le long des gorges de l'Ardèche, divine surprise : Marvin, chef d'origine bretonne, régale sans complexe avec les produits glanés dans les parages (légumes et fromages, notamment). Les assiettes sont limpides, ultra-gourmandes, le menu est renouvelé tous les mois ; on profite aussi de la joie de vivre de Philippine, qui assure le service en salle. Irrésistible.

9 r. du Barry - ☎ 06 20 77 01 59 - à 290 m.

LES VANS

LIKOKÉ

Le Belge Cyriel Huysentruyt, en charge de la salle et des vins, travaille main dans la main avec le chef colombien Guido Niño Torres, qui respecte l'ADN globe-trotteur de la maison : au fil d'un menu unique, il décline des assiettes ludiques et colorées, comme des invitations au voyage, parfois inspirées d'un souvenir, d'une rencontre, d'un événement passé... Tout est basé sur la production du coin. Une table bien dans sa peau, qui n'en finit pas de surprendre.

33 rte de Païolive - ☎ 04 75 88 09 74 - www.likoke.fr - à 420 m.

MENDE

LA SAFRANIÈRE

Une étape gourmande sur les premières marches du Gévaudan, sur le site d'une ancienne exploitation de safran. Dans un décor frais et coloré, on apprécie une jolie cuisine de saison ; les vins et fromages de la région sont à l'honneur.

52 r. du Lavoir, hameau de Chabrits - ☎ 04 66 49 31 54 - www.restaurant-la-safraniere.fr

SAINTE-ÉNIMIE

AUX CINQ ARCHES

Pour manger face au plus beau panorama des gorges du Tarn ? Ne cherchez plus, c'est ici ! Les bons produits locaux se retrouvent sur de belles et copieuses planches à composer. Un bar-guinguette pimpant et bienvenu sur la route des gorges (glaces artisanales à toute heure !). Soirée-concert, projections de films, expo, etc.

Panorama de Castelbouc - rte de Prades (D 907 bis) - ☎ 04 66 44 20 18 - www.facebook.com/aux5arches.

LE ROZIER

L'ALICANTA

On connaît depuis longtemps cette Alicanta, nichée au bord de la rivière Jonte, dans le cadre exceptionnel des gorges du Tarn... Son chef y exécute une partition solide, sa cuisine fait la part belle aux saveurs franches et ses assiettes se révèlent diablement bien ficelées. Tout ici est fait maison et la carte est renouvelée à chaque saison. Miam, miam et re-miam !

Rte de Meyrueis - ☎ 05 65 62 60 25 - www.hotel-restaurant-gorgesdutarn.com - à 360 m.

SE LOGER

VALLON-PONT-D'ARC

PREHISTORIC LODGE

Pour qui possède une âme de Robinson, cette adresse postée à proximité de l'Ardèche dispose de chambres et de tentes type safari joliment décorées dans un esprit nature, avec une terrasse tournée vers la rivière.

3290 rte des Gorges - ☎ 04 75 87 24 42 - www.pontdarc.com. - sur place.

LES VANS

LA SEIGNEURIE DE NAVES

Vous serez accueilli dans une jolie maison aux chambres spacieuses aux murs en pierres apparentes. Au dîner, servi dans la salle voûtée ou en terrasse, plats délicieux concoctés par le maître des lieux. Piscine dans le jardin.

44 pl. du Chastelas - Naves (4 km à l'ouest des Vans) - ☎ 06 62 04 45 11 - www.seigneuriedenaves.com.

BOYNE

LA CACHETTE

Au choix : deux cabanes sur pilotis pour dormir dans le feuillage des arbres, bercé par le chant des oiseaux, ou une chambre installée dans une pyramide vitrée, idéale pour une nuit à la belle étoile. Plus traditionnelle, une maisonnette en bois. Le tout, à deux pas des gorges du Tarn.

Le Lébous - ✆ 06 49 37 50 10 - www.gites-cabanes-spa-aveyron.com

MILLAU

CHÂTEAU DE CREISSELS

Cette belle demeure médiévale remaniée au fil des siècles et située dans le Parc naturel régional des Grands Causses, à deux pas de Millau, offre une belle vue sur le viaduc, notamment depuis sa piscine. Ses chambres, toutes aménagées différemment, marient meubles anciens et décoration moderne.

Pl. du Prieuré - Creissels (3,5 km au sud-ouest de Millau) - (0)5 65 60 16 59 - www.chateau-de-creissels.com - à 730 m.

La Seigneurie de Naves

La Seigneurie de Naves.

ICI ET PAS AILLEURS

MONTÉLIMAR

L'ARTISAN NOUGATIER

Idéalement située en plein centre-ville, cette nougaterie bicentenaire propose des nougats haut de gamme, dont le Stoupany, la plus ancienne marque montilienne (1787) et le Rucher de Provence (1938).

35 bd Desmarais - les Allées provençales - ✆ 04 75 52 01 59 - www.lartisannougatier.fr - à 20 m.

BIDON

GROTTE DE SAINT-MARCEL

Outre la découverte classique des beautés souterraines et une visite spéléo, la grotte de St-Marcel abrite le caveau de vieillissement des vignerons de la région. Les dégustations se déroulent donc au milieu des concrétions, sous terre. Une expérience originale!

2759 rte des Gorges - ✆ 04 75 04 38 07 - www.grotte-ardeche.com

RUOMS

NÉOVINUM

À la fois espace de découverte œnologique interactif et caveau des Vignerons ardéchois (UVICA), ce lieu moderne dédié aux vins de l'Ardèche méridionale regroupe quelque 1500 viticulteurs de la région. Sa visite se conclut par une dégustation pédagogique (trois vins). La boutique propose des vins du cru et des produits du terroir.

Bd de l'Europe-Unie - ✆ 04 75 39 98 08 - www.neovinum.fr - à 307 m.

JOYEUSE

MAISON CHARAIX

Cette pâtisserie concocte de délicieux macarons. Pour la petite histoire, sachez qu'en 1581, Catherine de Médicis fit venir en France, pour le mariage du duc de Joyeuse, des macarons d'Italie. Séduit par cette friandise inconnue des Français, le duc demanda à ses pâtissiers d'apprendre la recette. Et c'est ainsi que la cité de Joyeuse devint une spécialiste des macarons.

280 av. François-Boissel - ✆ 04 75 39 66 70 - www.maisoncharaix.com - à 165 m.

LES CRÉATEURS DE JOYEUSES

Le village de Joyeuse regroupe une vingtaine d'artistes, créateurs et artisans d'art, installés pour la plupart dans la vieille ville, le long de la Grand Rue et de la rue de la Recluse. N'hésitez pas à pousser la porte de leurs ateliers boutiques...

MILLAU

LARZAC BOUL'VARD - LE COUTEAU DU LARZAC

Vous trouverez dans ce magasin, où est également installé l'atelier de fabrication, de très beaux couteaux façonnés dans des bois précieux ou dans la corne. La boutique est aussi le distributeur exclusif du Sac du Berger, une marque de sacs en cuir artisanaux.

8 pl. du Mandarou - ✆ 05 65 60 66 50 - couteau-du-larzac.com - à 55 m.

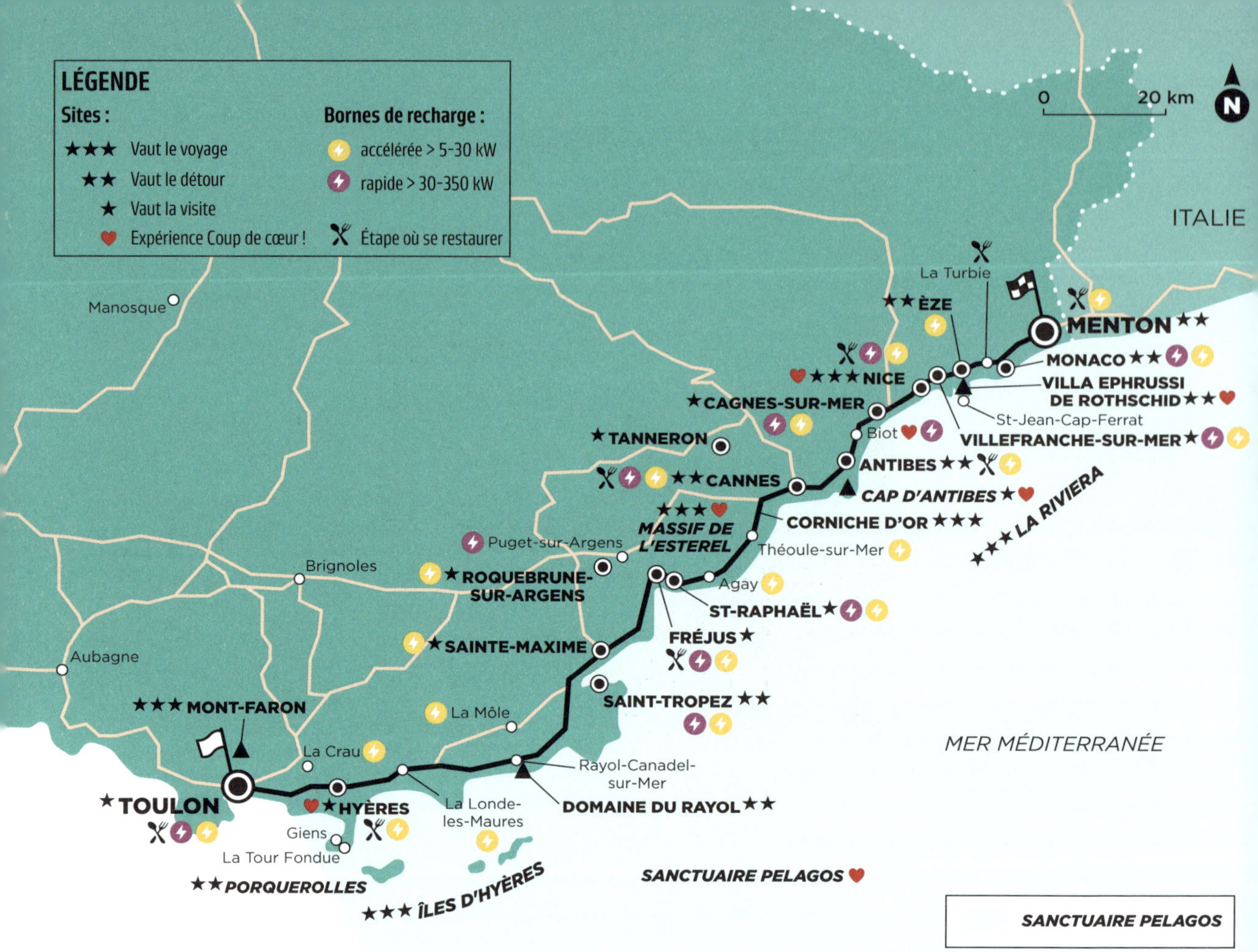

PRINCIPALES BORNES DE RECHARGE :

Toulon : Parking Pl. d'Armes

Hyères : Parking Tour-Fondue

Le Cannet :
147 av. Michel-Jourdan (150 kW)

Cannes : 9 r. Latour-Maubourg

Nice :
34 bd Dubouchage (50 kW)
Interparking Ruhl -2 (promenade des Anglais)

Villefranche-sur-Mer :
91 bd de la Corne-d'Or (50 kW)

Monaco :
Quai Jean-Charles-Rey (90 kW)

Menton : Promenade du Soleil

L'ESSENTIEL ÉLECTRIQUE

La concentration de bornes est importante dans la plupart des stations balnéaires de la côte, et particulièrement dans les grandes villes qui disposent de bornes de toutes les puissances (Monaco au premier titre, mais aussi Nice, Cannes, Antibes, Toulon, etc.). Attention cependant si vous suivez la route au plus près du littoral entre Toulon et St-Tropez, vous trouverez peu de bornes à recharge rapide.

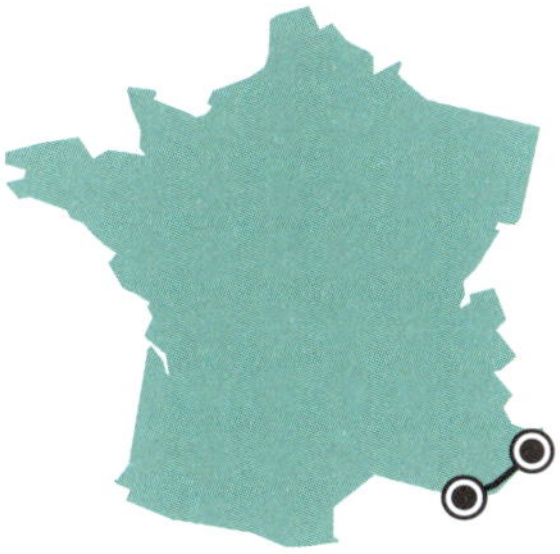

DISTANCE : 220 km
DURÉE : 3 ou 4 jours
DÉPART : Toulon
ARRIVÉE : Menton

PRINCIPALES ÉTAPES :
Toulon
St-Tropez
Cannes
Nice
Menton

TOULON
MENTON

La Riviera, entre ciel et mer

Ouvrez les vitres, respirez, et lancez-vous sur les mythiques routes en corniche qui relient les plus belles villes et stations de la Côte d'Azur, entre Toulon et Menton. Panoramas de légendes, décors hitchcockiens, baies d'exception, archipels préservés et tables de rêve vous attendent au tournant. Hyères, Antibes, St-Trop', Cannes, Nice, Monaco... Tentations innombrables, douceur du climat ou encore beauté de la lumière azuréenne sauront vous inviter au farniente et aux escales gourmandes, culturelles ou panoramiques.

Côté saveurs

Méditerranée oblige, le poisson est star dans les assiettes, notamment les cinq qui composent la bouillabaisse. Comptez aussi sur la variété des légumes du soleil, sur la saveur des citrons de Menton. Fougasse, ratatouille et pissaladière compléteront votre menu.

Faabi/Getty Images Plus

Le village d'Èze.

Toulon, le téléphérique depuis le mont Faron.
B. Rieger/hemis.fr

TOULON ★

Installée autour de l'une des plus belles rades de Méditerranée, protégée par l'emblématique mont Faron... et par la Marine nationale toujours présente, Toulon offre l'agrément de son centre historique et de ses panoramas grandioses.

La vieille ville ★

Parkings pl. d'Armes ou r. Dutasta.

Le centre historique rénové constitue une promenade agréable, avec l'enchevêtrement de ses ruelles en grande partie piétonnes, pris entre le port, le boulevard de Strasbourg et le cours Lafayette, dans un rectangle qui reprend le tracé des fortifications du temps d'Henri IV. Fini le « Petit Chicago » d'autrefois, place aux façades ocre rajeunies, aux tables gourmandes, aux placettes rafraîchies par des fontaines moussues, aux galeries et artisans de la « rue des Arts ». Un détour par la cathédrale, un autre par le marché du cours Lafayette, regorgeant de légumes et d'herbes odorantes, parferont la balade.

La rade en bateau ★★

Départ quai de la Sinse - av. de la République - 04 94 46 24 65 - www.lesbateliersdelarade.com. R. Dutasta (Q-Park Lafayette).

Le port commence là, en lisière de la vieille ville, au musée national de la Marine, ou devant les façades immenses de l'ancienne corderie. Mais le dessin complexe des bassins, le caractère découpé de la rade et les zones militaires interdites font qu'on ne la découvre jamais mieux qu'en bateau, le temps d'une balade commentée. De la presqu'île de St-Mandrier à celle de Giens, les cheveux au vent, laissez-vous conter l'histoire extraordinaire de ce port-arsenal : navires, fortifications, installations militaires du bassin Vauban, cimetière marin et autres curiosités n'auront (presque) plus aucun secret pour vous.

Mont Faron ★★★

Départ du téléphérique bd Amiral-Vence - 04 94 92 68 25 - www.telepherique-faron.fr. Peu de places de stationnement et pas de borne de recharge sur le parking du téléphérique.

Ce massif calcaire qui culmine à 584 m est la figure tutélaire de Toulon, par sa silhouette protectrice. Au choix, vous emprunterez le téléphérique qui vous y transporte par les airs de spectaculaire façon (à condition de ne pas être sujet au vertige), ou vous y monterez par les routes en lacet dans le confort de votre voiture, en écoutant quelque morceau de musique bien choisi. Suivez la direction du sanctuaire de Notre-Dame-du-Faron, par la route du Faron, les panoramas magnifiques se succèdent, notamment celui du bien nommé Point Sublime, ou celui de l'arrivée du téléphérique. Au programme, visite du mémorial du Débarquement en Provence, du parc animalier-fauverie, balades aux horizons infinis, et pourquoi pas déjeuner en terrasse face à l'immensité de la rade et de la Méditerranée.

Pascal Lac, la passion chocolat

Bien que natif de la région lyonnaise, Pascal Lac se considère depuis longtemps comme Azuréen puisqu'il a posé ses valises dans cette région il y a plus de 35 ans.

Vous êtes pâtissier-chocolatier de formation et pourtant, lorsque vous arrivez à Beaulieu-sur-Mer, vous débutez dans l'hôtellerie.

C'était un souhait de mon père. J'ai donc mis mon métier entre parenthèses jusqu'à ce qu'une pâtisserie de Beaulieu-sur-Mer soit mise en vente. J'ai sauté sur l'occasion car le métier me manquait trop. Je me suis ensuite installé à La Trinité, et enfin à Nice. Aujourd'hui, je suis à la tête de cinq boutiques.

S'il ne devait y avoir qu'un seul gâteau à goûter dans vos boutiques, quel est-il ?

L'Andoa. C'est une des dernières créations de la maison. Il s'agit d'un sablé au praliné croustillant mais pour une fois, j'ai enlevé la feuilletine pour la remplacer par un crumble. Le tout est déposé sur une dacquoise moelleuse aux amandes et noisettes et l'ensemble recouvert d'une mousse au chocolat noir du Pérou.

Vous vous sentez plus chocolatier que pâtissier ou l'inverse ?

Je suis les deux mais j'avoue que j'ai un penchant pour les chocolats notamment pour les productions qui viennent du Pérou car il y a des notes d'acidité qui permettent d'imaginer des associations étonnantes.

Dans la gamme des chocolats, quel est celui qui donne envie de revenir ?

Les Diabolix. Ce sont des biscuits carrés et croustillants avec une pointe de sel dans lesquels on retrouve un rond de caramel ou du gianduja, le tout enrobé de chocolat noir des Caraïbes. Il faut aussi goûter les pavés Massena qui sont inspirés du dallage bicolore de la place Massena. Ce sont des pralinés à l'ancienne rectangulaires qui s'apprécient en deux bouchées.

© Marc-Laurin

Pascal Lac.

Depuis peu, vous avez souhaité enrichir la gamme des confiseries. C'est le retour des bonbons ?

J'ai le sentiment que les bonbons ou les confiseries étaient un peu délaissés, or quel que soit notre âge, on ne reste pas insensible à nos souvenirs d'enfance. Nous produisons désormais notre propre nougat avec du miel de Cipières, un petit village dans l'arrière-pays niçois, des amandes bio de Sicile et des pistaches. Et puis, nous avons développé notre calisson, produit emblématique de la région mais que nous appelons de Nice, également produit avec le miel de Cipières.

Une des créations de Pascal Lac. © Marc-Laurin

Lorsque vous n'êtes pas au laboratoire, quel endroit secret aimez-vous bien arpenter ?

Il y a trois corniches qui relient Nice à Menton. J'ai une préférence pour la grande qui culmine à 500 mètres d'altitude. Elle vous offre un point de vue envoûtant.

Lac-Chocolatier
18 rue Barla -
06000 NICE -
patisseries-lac.com -
à 191 m.

HYÈRES ★

Populaire sur ses hauteurs, commerçante et bourgeoise le long de ses avenues 19e s., touristique en bord de mer, Hyères présente de multiples visages. Amateurs de vieilles pierres, de jardins, d'architecture moderniste (pour la villa Noailles de Mallet-Stevens) ou de bains de soleil trouveront ici de quoi agrémenter leur séjour. Mais la vraie star, c'est l'archipel éponyme, à quelques encablures du littoral.

Parkings des pl. Clemenceau ou Gabriel-Péri.

Les îles d'Hyères ★★★

Pour Porquerolles, départ des navettes presqu'île de Giens (Tour Fondue) : garez-vous au parking Tour-Fondue. Pour Port-Cros et l'île du Levant, départ des navettes port St-Pierre : garez-vous au parking av. Méditerranée.

Les « îles d'Or » (c'est l'autre nom des îles d'Hyères) en quelques mots ? Trois coins de paradis préservés, protégés au sein du Parc national de Port-Cros ! Dès la traversée, ces bouts de terre aux paysages variés séduisent par leur beauté et leur diversité : le Levant, domaine naturiste bien connu des adeptes, est l'île la plus minérale ; Port-Cros, la plus montagneuse, ne se parcourt qu'à pied, au long de son vallon de la Solitude par exemple ; quant à Porquerolles, la plus étendue, et la plus fréquentée, elle invite à pédaler sur ses sentiers. La plus charmante ? C'est évidemment affaire de goût, mais le plaisir est incomparablement plus grand hors saison. Randonnées, visites de fortins et de musées, baignade au gré d'un sentier sous-marin, pique-nique à la plage sont autant de façons de les découvrir de l'intérieur. Vous pouvez aussi opter pour une croisière dans l'archipel à bord du *Brigantin*, un voilier en bois à gréement traditionnel... Laissez-vous surtout guider par vos envies.

Observation des cétacés dans le sanctuaire Pélagos ♥

04 94 58 94 94 - www.observation-cetaces.fr - départ de la presqu'île de Giens (Tour Fondue) : garez-vous au parking Tour-Fondue. - sur place.

Créé en 1999 par la France, l'Italie et Monaco, ce sanctuaire de 87 500 km², qui s'étend entre la Sardaigne et la presqu'île de Giens, vise à maintenir dans ce secteur méditerranéen de bonnes conditions de vie pour une population de cétacés. Au départ de la Tour Fondue, et dans le strict respect des règles de bonne conduite, vous naviguez jusqu'aux canyons sous-marins, porte d'entrée des grandes profondeurs et lieu de prédilection des mammifères marins. L'embarcation s'immobilise, il est temps de régler ses jumelles pour observer dauphins, globicéphales, tortues, cachalots, rorquals communs. Tout simplement magique, surtout lorsque se fait entendre le chant des animaux, rendu audible grâce à l'hydrophone.

Domaine du Rayol ★★

Av. Jacques-Chirac - Rayol-Canadel-sur-Mer - 04 98 04 44 00 - www.domainedurayol.org. Pas de borne de recharge (la plus proche se situe 1 chem. Maurin-des-Maures à Rayol-Canadel-sur-Mer, 3,4 km).

Couvrant des pentes en amphithéâtre qui dévalent jusqu'à la baie du Figuier, ce domaine né d'un jardin d'agrément du début du 20e s. est devenu depuis sa totale transformation par le paysagiste Gilles Clément en 1989 un jardin exceptionnel, lieu d'expérimentation botanique autant qu'espace de promenade et de découverte. Propriété du Conservatoire du littoral, il s'articule comme un voyage à travers une succession de paysages dont les caractéristiques sont à rapprocher du climat méditerranéen : Australie,

Porquerolles : la plage Notre-Dame, baie de l'Alycastre.

O. Leclercq/hemis.fr

Aleh Varanishcha/Getty Images Plus

Saint-Tropez.

Afrique du Sud, Chili central, littoral californien, bassin méditerranéen... Visites guidées thématiques, balades en autonomie, découvertes nocturnes, autant de moments enchantés dans un jardin en fleur tout au long de l'année.

SAINT-TROPEZ ★★

St-Tropez plaît au monde entier, associant le charme provençal de son village aux façades ocre et rose, à une ambiance internationale chic et snob. Toujours aussi courue des stars et des paparazzi, des étrangers et des Parisiens, la ville est aussi le point de départ de belles excursions, balades et randonnées.

Le village

Parking du Nouveau-Port.

Il est, aujourd'hui comme hier, organisé autour de son port, cœur grouillant de la vie tropézienne où à la belle saison on vient déambuler devant les yachts clinquants. Mais St-Tropez, c'est aussi le quartier de la Ponche, où vivaient autrefois pêcheurs et artisans, une charmante église de style baroque italien, les vestiges de l'ancien château de Suffren, une citadelle (actuel musée de l'Histoire maritime), ou encore le très beau musée de l'Annonciade.

La presqu'île de St-Tropez ★★

Bornes de recharge à Ramatuelle, proches des plages (4393 rte des Plages et bd Patch).

Les 40 km du littoral de la presqu'île, préservés de l'emprise du béton par l'heureuse politique d'acquisitions du Conservatoire du littoral, se répartissent entre les à-pics rocheux et sauvages des caps Camarat, Taillat et Lardier, et les longs rubans de sable fin de l'anse de Pampelonne et de la baie de Cavalaire. Un terrain de jeu formidable pour les randonnées, mais qui se découvre aussi en voiture, par petites touches, et de préférence hors saison.

L'ESTEREL ★★★

Séparant la baie de Fréjus du golfe de La Napoule, l'Esterel déploie son décor spectaculaire fait de grands rochers pourpres dénudés et de versants couverts de pins, digne d'un paysage du Far West. Le bleu de la Méditerranée et le rouge du massif s'unissent ici admirablement. L'un

des plus beaux sites de baignade de la Côte d'Azur, mais aussi une invitation à de belles promenades sur des sentiers peu fréquentés, et pour couronner le tout, une route en corniche magnifique.

Fréjus ★

Parking Ste-Croix (390 av. du 15e-Corps-d'Armée - 650 m de la cathédrale). Pour une charge rapide, av. Eugène-Joly - 50 kW.

Aujourd'hui cité balnéaire familiale, Fréjus raconte sa longue histoire au gré de ses monuments : imposants vestiges de la cité romaine, tels l'amphithéâtre, le théâtre et les portes antiques ; exceptionnel ensemble épiscopal médiéval, comptant la cathédrale, le cloître gothique et l'un des plus vieux baptistères de France (5e s.) ; mais aussi, plus insolites, les souvenirs du temps où Fréjus servait de casernement pour les troupes coloniales, comme cette pagode bouddhiste et la belle mosquée écarlate, construite dans les années 1930 sur le modèle des mosquées maliennes. Sans oublier le vaste Mémorial des guerres d'Indochine.

La Corniche d'or ★★★

29 km entre St-Raphaël et Théoule-sur-Mer. Points de recharge à Agay et Théoule-sur-Mer.

Quelques dizaines de kilomètres qui font alterner route panoramique, sentiers de randonnées et belvédères bien choisis, calanques sublimes et petites stations balnéaires. Dans un décor marin et minéral, de bleu azur, de vert et d'ocre, la route, qui n'est jamais très loin de la ligne de chemin de fer, vous conduit au plus près du littoral, avec escales conseillées à la calanque St-Barthélémy, à la pointe de l'Observatoire, au cap Roux, ou encore à la pointe de l'Aiguille, qui avec sa vue sur le golfe de La Napoule annonce la fin de ce trajet panoramique.

En quête de plantes comestibles sur l'Esterel ♥

Rando-Paca - 06 32 71 26 07 - www.randonnee-paca.fr.

Thibaud, accompagnateur en montagne, vous emmène en immersion dans le massif de l'Esterel, et s'adapte : rando, trekking ou balade à votre rythme, regard sur les paysages ou découverte des plantes comestibles, tout est possible dans ce massif dont les pentes écarlates couvertes de chêne, d'arbousiers et de pins, sont dominées par les pics de l'Ours et du cap-Roux.

Flavio Vallenari/Getty Images Plus

Le massif de l'Esterel.

LE PAYS CANNOIS

Royalement installées face aux golfes de La Napoule et Juan, Cannes et Antibes s'étalent avec aisance sur le littoral. À quelques encablures à peine, les îles de Lérins forment un horizon proche, tandis qu'au-dessus, les pentes de l'arrière-pays invitent à des excursions au pays de la terre et du verre, à Biot par exemple.

Cannes ★★

Pour la Croisette, 9 r. Latour-Maubourg ou 25 bd du Gén.-Vautrin; pour le Suquet, 16 r. St-Dizier.

Star de la Côte, la Croisette offre une délicieuse promenade, entre la plage de sable fin et les façades majestueuses, témoins de l'essor de la station aux 19e et 20e s.: le Majestic de style Art déco; le Noga-Hilton ; le Carlton, construit en 1913. Derrière le bien connu palais des Festivals, la visite continue, avec le vieux port de pêche animé, et bien sûr Le Suquet, cœur historique de Cannes aux ruelles anciennes que dominent les vestiges du château médiéval.

L'hôtel Carlton, depuis la plage privée.
L. Maisant/hemis.fr

Le cap d'Antibes ★

Points de charge à l'entrée de la presqu'île, av. des Palmiers et promenade Pierre-Merli.

La fameuse presqu'île des milliardaires n'en finit pas de faire fantasmer. Il faut avouer que les villas, qui se dévoilent ou au contraire se cachent dans le lacis des rues, ne manquent pas d'allure et de faste. De la pointe Bacon, vous aurez une belle vue sur Antibes et le fort Carré, Marina-Baie-des-Anges, Nice et les presqu'îles du cap Ferrat et du cap Martin. Le sentier du littoral (appelé ici « Tirepoil »), qui part de la minuscule plage de la Garoupe et se termine à hauteur du parc de la villa Eilenroc, présente un relief découpé.

Initiation au soufflage de verre ♥

La Verrerie de Biot - 5 chem. des Combes - Biot - 04 93 65 03 00 - www.verreriebiot.com. Parking des Bachettes (3 chem. des Bachettes), à 700 m.

Voir un souffleur de verre créer en direct son œuvre par la magie du feu, de la matière et du souffle, est toujours une expérience inoubliable. À l'écomusée de la verrerie de Biot, où l'on réalise le fameux verre « bullé » depuis les années 1950, c'est à vous de jouer les artistes ! Le temps d'un stage d'initiation sur deux journées (process de fabrication oblige), ou juste pour s'essayer au soufflage d'une pièce, vous allez apprendre ce qu'est le geste auguste du maître-verrier. Quelle fierté, de repartir avec son verre ou son gobelet !

NICE ★★★

Édifiée sur un site remarquable, la majestueuse baie des Anges, la capitale de la Côte d'Azur s'étire le long de la célébrissime promenade des Anglais. La ville se découvre le nez en l'air, pour apprécier les trésors d'architecture, des palaces Belle Époque aux églises baroques, en passant par la cathédrale russe notamment. Pour saisir l'ambiance, il faut aussi se poser sur les bancs, les fontaines et les murets, tels les Niçois qui tiennent salon dans les jardins.
Voir aussi p. 258.

1 promenade des Anglais (Interparking Ruhl-Méridien, niveau -2).

La promenade des Anglais ★★★

Cette magnifique avenue, qui épouse l'immense courbe de la baie des Anges, fut aménagée à partir des années 1820 par l'élégante colonie anglaise qui résidait à Nice en hiver. Elle est toujours, avec ses palaces et ses casinos, le centre d'une certaine vie mondaine, et le lieu de prédilection pour la promenade des Niçois et des touristes.

Promenade du Paillon ★

Cette coulée verte de 12 ha recouvre le fleuve côtier du Paillon, qui chemine sur 35 km et trouve son embouchure sous le jardin Albert-Ier. Une longue et agréable succession de jardins publics et d'espaces verts, interrompue par l'emblématique et magnifique place Masséna au pavage hypnotique et aux façades ocre rouge, ainsi que par le musée d'Art moderne et d'Art contemporain (MAMAC). À deux pas de là, la place Garibaldi s'impose comme un carrefour essentiel, entre ville « moderne » et vieille ville. En son centre, dans le décor majestueux des façades néoclassiques uniformes, trône la statue de l'unificateur de l'Italie.

Cours de cuisine à l'Atelier cuisine niçoise ♥

2 r. de l'Ancien Sénat - ✆ 04 97 13 44 56 - www.lateliercuisinenicoise.fr. 28-30 r. des Ponchettes.

Envie d'en savoir plus sur les classiques de la table niçoise et surtout envie d'apprendre à les préparer ? Pourquoi ne pas prendre un cours dans les règles de l'art ? Tout proche du marché du cours Saleya, ce lieu, situé au rez-de-chaussée de l'ancien Sénat, organise aussi des concours culinaires, des expositions et des présentations de produits. Alors pissaladière, tian, socca, tourte aux blettes ou trucha, choisissez selon le calendrier.

→ Nice, dans les rues de la vieille ville.
Visual_Intermezzo/Getty Images Plus

Moment intense

La route de la Grande Corniche ★★★

Plongeant brusquement dans la mer, les montagnes entre Nice et Menton sont sillonnées par trois routes mythiques qui surplombent le littoral : la Grande, la Moyenne et la Basse Corniche. La plus haute, qui multiplie les panoramas saisissants, suit en partie le tracé de l'ancienne voie romaine, via Julia Augusta. Construite sur ordre de Napoléon Ier pour faciliter la circulation de ses armées, c'est aujourd'hui un itinéraire touristique de toute beauté, qui permet de nombreux arrêts afin d'immortaliser le voyage : pour les meilleures vues (parmi bien d'autres !), rendez-vous au plateau St-Michel (au-dessus de Nice), au village perché de Roquebrune, mais aussi à La Turbie, renommée pour son trophée antique. Le parc départemental de la Grande Corniche, qui vous fera faire un petit détour après le col d'Èze (alt. 512 m), vaut également une visite.

Bornes de recharge au parking du col d'Èze (1951 av. des Diables-Bleus - 50 kW), à La Turbie (pl. Neuve), à Roquebrune-Cap-Martin (av. Raymond-Poincaré) et à Menton.

Nice, façade de la place Masséna
Monica Cabrita/Getty Images Plus

Musée Matisse ★★

164 av. des Arènes-de-Cimiez - 04 93 81 08 08 - www.musee-matisse-nice.org. av. du Monastère.

Dominant la mer du haut de l'antique site de Cimiez, cette villa du 17e s., couleur terre de Sienne, se prête merveilleusement à exposer les œuvres d'Henri Matisse (1869-1954). Elle accueille ainsi de nombreuses peintures léguées par l'artiste, mais aussi des bronzes. Deux ensembles sont présentés par roulement : les esquisses et maquettes pour la chapelle du Rosaire à Vence retraçant la construction de ce chef-d'œuvre ; 41 études préparatoires à la Danse.

Vieux Nice ★★

103 quai des États-Unis (Interparking).

Vous vous laisserez facilement envoûter par le cœur de Nice, blotti au pied de la colline du Château : son dédale de venelles, abrité du vent en hiver, procure une délicieuse sensation de fraîcheur en été. Son charme italien séduit à coup sûr, en particulier ses façades à persiennes qui déclinent les teintes d'ocre. Mais ne vous fiez pas trop à son nom : le Vieux Nice, en perpétuelle ébullition, ne cesse de se renouveler, avec ses adresses gourmandes, ses nombreuses galeries d'art et ses bars courus par la jeunesse.

LA RIVIERA ★★★

Caractérisée par une frange littorale étroite, et la proximité des sommets préalpins, cette portion de côte (et de route) offre des points de vue uniques, et dessert de superbes villes et stations balnéaires.

Soirée VIP à la villa Ephrussi de Rothschild ♥

1 av. Ephrussi-de-Rothschild - St-Jean-Cap-Ferrat - www.villa-ephrussi.com. Pas de borne sur place ; allez pl. du Centenaire, à 1,3 km.

On ne présente plus cette somptueuse villa inspirée de la Renaissance italienne, construite en 1907 sur un site fabuleux de la presqu'île du cap Ferrat pour Béatrice Ephrussi de Rothschild. Afin de découvrir la splendeur de ses jardins, la richesse de ses décors, l'ampleur de ses collections d'art et de mobilier, choisissez un de ces soirs où la demeure s'illumine et s'anime à l'occasion d'un dîner-conférence intime, dans le goût des « salons » intellectuels et mondains d'autrefois, ou d'un spectacle estival de plein air à admirer tout en pique-niquant dans les jardins remarquables.

Èze ★★

Entre Nice (11 km), et Monaco (7 km), par la Moyenne Corniche.
22 pl. du Gén.-de-Gaulle.

Accroché sur un piton rocheux surplombant la mer (429 m), ce village fait littéralement corps avec la montagne. On y va, de préférence tôt le matin ou hors saison, pour le vieux village qui a conservé une partie de ses fortifications, le site du château offrant des vues magnifiques, mais surtout pour le jardin exotique, l'un des sites les plus visités de la Riviera. La végétation y est luxuriante et la vue absolument sans pareille, portant jusqu'à la Corse par temps clair.

Monaco ★★

Bornes de charge 9 bd des Moneghetti et quai Jean-Charles-Rey.

Couronné des remparts de la vieille ville et surplombant la mer, le Rocher se dresse tel un décor de théâtre, avec de jolies maisons des 16e-18e s. et son palais princier. Au choix, vous irez visiter le très riche Musée océanographique, le casino-opéra, le jardin exotique, ou le port débordant de yachts.

Menton ★★

Interparking des Sablettes (17 pl. Fontana, près du Vieux Port).

Son climat passe pour être le plus chaud de la Côte d'Azur. La végétation prospère, palmiers et citronniers en tête, fait qu'on ose à peine parler d'hiver dans cette ville balnéaire au merveilleux cadre montagneux. La vieille ville offre un enchevêtrement de ruelles en escaliers profondément enfoncées entre les maisons. Menton abrite par ailleurs la plus belle et la plus vaste église baroque de la région, la basilique St-Michel-Archange. Depuis son parvis, vous aurez une belle vue sur la mer et la ville. Prenez le temps aussi de vous balader le long de la promenade du Soleil, où s'alignent terrasses des cafés et restaurants.

Nano/age fotostock

Les jardins de la villa Ephrussi de Rothschild.

CARNET DE ROUTE

SE RÉGALER

TOULON

RACINES
Défenseur du local et du terroir, le chef mitonne une goûteuse "cuisine de producteurs" – telle qu'il la désigne –, volontiers légumière, arrosée de crus nature et bio : raviolis, burratina et jus de volaille aux girolles ; émincé de cochon de l'Aveyron, pommes de terre boulangères au safran du Beausset et légumes bio de Provence...
9 r. Corneille - 04 22 80 27 39 - www.racines-restaurant-toulon.com - à 200 m.

HYÈRES

LA COLOMBE
Gravlax de saumon aux agrumes, crème aigrelette et poivre de Timut ; agneau confit, jus réduit, crème de maïs et butternut rôtie... C'est avec des assiettes généreuses, résolument provençales, que Pascal et Nadège Bonamy ont hissé leur restaurant, au pied du massif des Maurettes, parmi les bonnes tables de la région.
663 rte de Toulon - 04 94 35 35 16 - restaurantlacolombe.com - à 450 m.

FRÉJUS

L'AMANDIER
Tartare d'avocat et crevettes, relevé au xérès ; épaule d'agneau confite, jus tomaté au romarin ; riz au lait à la vanille... Les jolies recettes proposées par ce couple charmant ont l'accent méridional. Une excellente adresse à prix sages !
19 r. Marc-Antoine-Désaugiers - 04 94 53 48 77 - www.restaurant-lamandier-frejus.com - à 600 m.

CANNES

AUX BONS ENFANTS
Le téléphone est (enfin) arrivé dans cette institution familiale née en 1935, mais on paye toujours en liquide ! La quatrième génération continue de concocter une authentique cuisine provençale, ainsi que des plats canailles bien gourmands. Tous les produits, fruits, légumes et poissons de petite pêche, viennent directement du marché Forville situé à 50 m.
80 r. Meynadier - 07 68 99 17 89 - aux-bons-enfants-cannes.com - à 100 m et 200 m.

ANTIBES

LE FIGUIER DE SAINT-ESPRIT
À cheval sur les remparts de la vieille ville, cette maison de pays embaume la Provence ! Voici le fief familial de Christian Morisset, dont la moustache frisée appartient presque au patrimoine antibois. Épaulé par sa femme en salle et par son fils en cuisine, le patriarche aime les beaux et bons produits, qu'il choisit sur les marchés du vieil Antibes et de Cannes. Ses cannellonis de supions à l'encre de seiche, jus de coquillages aux feuilles de basilic frais, et sa selle d'agneau cuite en terre d'argile de Vallauris, sont devenus des plats signature.
14 r. St-Esprit - 04 26 85 37 93 - www.restaurant-figuier-saint-esprit.fr - à 350 m.

NICE

Voir aussi p. 266

OLIVE & ARTICHAUT
Originaire de Nice, le chef met les produits locaux à l'honneur dans une cuisine très gourmande, entre mer et montagne : tarte fine façon pissaladière au boudin noir rôti, paleron de veau braisé, crémeux de pois chiche, tarte au chocolat et praliné noisette...
6 r. Ste-Réparate - 04 89 14 97 51 - www.oliveartichaut.com - à 180 m.

LA TURBIE

CAFÉ DE LA FONTAINE
Repas au coude-à-coude entre des habitués gouailleurs et des gourmands ravis, atmosphère très conviviale : pas de doute, on est dans un authentique café de village. Ode aux terroirs ensoleillés, la cuisine du chef étoilé Bruno Cirino (Racines, à Nice) – bistrotière et généreuse à souhait – est réalisée avec les meilleurs produits du marché et cela se sent ! Réservation conseillée.
4 av. du Gén. de-Gaulle - 04 93 28 52 79 - www.hostellerie-jerome.com - à 130 m.

MENTON

CASA FUEGO
Juste en face du vaisseau amiral du chef italo-argentin Mauro Colgreco, voici son gril argentin façon hacienda, avec sa grande terrasse couverte et ouverte sur la mer, la ville et le port. Le dépaysement est complet avec cette cuisson au feu, typique de l'Argentine, qui est ici maîtrisée et si goûteuse, avec ses effluves fumés : crevettes blanches de San Remo « aguachile » ; poulpe grillé ; flan *dulce de leche*. Une réussite, tout en convivialité gourmande.
80 bis bd de Garavan - 04 93 17 13 15 - www.casafuego.fr - à 660 m.

SE LOGER

TOULON

L'EAUTEL
À deux pas du port, tout en étant dans la vieille ville, cet hôtel boutique propose 62 chambres où palettes nautiques et motifs marins sont utilisés avec subtilité, conférant au lieu une atmosphère à la fois ludique et magique. Son rooftop avec piscine donne sur les toits de la place de l'Équerre et sur l'arsenal : idéal pour regarder les couchers de

soleil ! À L'Équerre, son restaurant, cuisine du terroir et de la mer inspirée.

15 r. Victor-Micholet - 04 89 51 90 90 - www.leautel-toulon.com - à 80 m.

NICE

HÔTEL AMOUR

Un esprit rétro bobo, une palette pastel sucrée et des chambres décorées de trouvailles chinées chez des antiquaires, dans des maisons de vente ou sur des marchés aux puces, voilà pour la déco des chambres. Côté espaces communs, branchés, ils ameutent la fine fleur urbaine : un restaurant à la cuisine provençale, ouvert sur un patio verdoyant ; un rooftop décoré d'une piscine et d'un bar avec vue panoramique sur la ville ; enfin, une plage privée courant le long de la promenade des Anglais.

3 av. des Fleurs - 04 65 27 10 10 - www.hotelamournice.fr - à 80 m.

MENTON

HÔTEL DE LONDRES

Hôtel bicentenaire et très accueillant situé à deux pas du front de mer. Chambres climatisées, bien insonorisées et meublées dans un style moderne. Agréable cour-terrasse.

15 av. Carnot - 04 93 35 74 62 - www.hotel-de-londres.com - à 260 m.

ICI ET PAS AILLEURS

ST-TROPEZ

RONDINI

L'atelier Rondini, labellisé Entreprise du patrimoine vivant, fabrique la fameuse sandale tropézienne depuis 1927.

18 r. G.-Clemenceau - 04 94 97 19 55 - www.rondini.fr

K JACQUES

Avec Rondini, c'est l'autre marque emblématique de sandales tropéziennes, depuis 1933…

39 bis r. Gén.-Allard et 28 r. Henri-Seillon - 04 94 97 41 50 - www.kjacques.fr - à 185 m.

SAINTE-MAXIME

DOMAINE LA PIERRE PLANTÉE

Depuis plusieurs générations, la famille Olivier perpétue son savoir-faire sur l'un des plus grands domaines oléicoles du Var. L'huile produite, issue d'un mélange de 14 variétés d'olives, entre dans la catégorie « fruité vert », avec ses arômes de tomate verte, d'artichaut cru et sa note poivrée.

Rte du Muy - 04 94 96 65 65 - www.domainelapierreplantee.com

TANNERON (CANNES)

BERNARD VIAL

Dans l'arrière-pays cannois, la famille Vial cultive le mimosa et pratique l'apiculture. Les ruches installées sur le site, dans les Alpes et le Mercantour, produisent un miel que l'on peut déguster et acheter sur place, ainsi que des produits dérivés (pollen, gelée royale…).

235 Les Carreiros - 06 10 29 51 80 - www.vial-tanneron.com

BIOT

LA VERRERIE DE BIOT

Depuis 1956, la verrerie de Biot produit son fameux verre à bulles, et habille nos tables des couleurs inspirées de la Méditerranée. Boutique, écomusée et stages (p. 226).

5 chem. des Combes - 04 93 65 03 00 - www.verreriebiot.com - à 612 m.

NICE

Voir aussi p. 267

CONFISERIE AUER

Près du cours Saleya, jolie boutique au cadre un peu « rétro » où se procurer des fruits confits de fabrication artisanale et de tout premier choix. La même famille de confiseurs perpétue depuis 1820 ce savoir-faire représentatif de la gastronomie provençale.

7 r. St-François-de-Paule - 04 93 85 77 98 - www.maison-auer.com - à 125 m.

Casa Fuego

Hôtel de Londres

MENTON

LA MAISON DU CITRON - GANNAC

Producteurs d'agrumes bio depuis 30 ans, notamment du citron de Menton IGP, Laurent Gannac et son fils Adrien ont désormais une boutique d'épicerie fine sur leur exploitation, sur les hauteurs de Menton avec vue sur la mer.

2970 rte de Super-Garavan - 06 68 74 38 85 - maisongannac.com

PRINCIPALES BORNES DE RECHARGE :

Aix-en-Provence :
20 av. de Bredasque (300 kW)

Apt : Pl. Lauze-de-Perret (22 kW)

Goult : 106 Jean-Bernard (60 kW)

Carpentras :
1210 av. Dwight-Eisenhower (200 kW)

Vinsobres : Les Ratiers (50 kW)

Crest : Av. Georges-Clemenceau (50 kW)

Valence :
Bd Gustave-André (300 kW)

L'ESSENTIEL ÉLECTRIQUE

L'itinéraire emprunte essentiellement des petites routes et traverse nombre de villages pauvres en station de charge rapide. Même les villes comme Apt, Vaison-la-Romaine et Valréas ne disposent que de bornes de 22 kW. Si vous envisagez la montée au sommet du Ventoux, au départ de Malaucène, le village dispose d'une borne de 22 kW. Enfin, si vous passez la nuit à l'observatoire des Baronnies provençales, vous pouvez recharger vos batteries à Vinsobres.

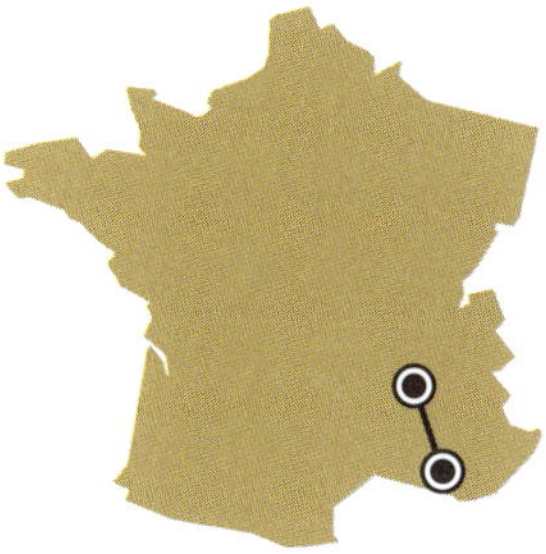

DISTANCE : 280 km
DURÉE : 3 jours / 5h
DÉPART : Aix-en-Provence
ARRIVÉE : Valence

PRINCIPALES ÉTAPES :
Aix-en-Provence
Roussillon
Gordes
Carpentras
Vaison-la-Romaine
Nyons
Grignan
Valence

AIX-EN-PROVENCE VALENCE

Couleurs provençales

Un ciel bleu et une lumière incomparable, des parfums de lavande et de garrigue, le chant des cigales… voici la promesse de cet itinéraire provençal au cœur de paysages méridionaux. Vous en prendrez toute la mesure au sommet de la Ste-Victoire, du Luberon et du Ventoux. Puis, au fil de la route, vous apprécierez la richesse et la variété des découvertes tels les ravissants villages perchés du Luberon et de la Drôme, les sobres abbayes cisterciennes de Silvacane et de Sénanque, les vestiges antiques de Vaison-la-Romaine… Sans oublier les marchés colorés qui exaltent la douceur de vivre provençale.

Côté saveurs…

Le vin domine avec les nombreuses appellations des côtes-du-rhône méridionaux. Puis viennent les fruits, telle la fraise de Carpentras, ou les fruits confits d'Apt. Autre friandise, le calisson d'Aix. Côté salé, la truffe, l'olive de Nyons et le picodon (fromage de chèvre) remportent tous les suffrages.

Ventdusud/Getty Images Plus

Champ de tournesols et lavande.

La montagne Sainte-Victoire.
Georges Flayols/Getty Images Plus

AIX-EN-PROVENCE ★★★

Réservée, secrète, voire un peu snob, cette élégante cité bourgeoise cultive ses inclinations pour l'art lyrique, la musique classique et l'architecture du 17e s. Il y flotterait presque un petit air d'entre-soi, heureusement chahuté par quelques lieux où s'épanouit l'art contemporain, et l'architecture audacieuse de ses quartiers neufs.

28 bd de la République.

Le vieil Aix ★★★

Le vieil Aix dégage un charme fou, tant pour la qualité de son patrimoine, la beauté de ses façades en pierre blonde et de ses fontaines, que pour son atmosphère alanguie et vibrante. Le cours Mirabeau, symbole de l'élégance de la ville, aligne ses hôtels particuliers le long d'un couvert de grands platanes. La place d'Albertas paraît hors d'atteinte des siècles ; on y donne chaque été des concerts. La place de l'Hôtel-de-Ville, elle, brille de tout son éclat le samedi matin lorsque s'y tient le marché aux fleurs. Enfin, le cloître St-Sauveur est une merveille de l'art roman. À voir sans faute !

Caumont Centre d'Art ★★

3 r. Joseph-Cabassol - ✆ 04 42 20 70 01 - www.caumont-centredart.com.

Installé dans le quartier Mazarin, qui abrite également le remarquable musée Granet, Caumont Centre d'Art occupe un bel hôtel particulier du début du 18e s., bâti sur le modèle des demeures parisiennes, avec cour d'honneur et portail à carrosses.
Le site se visite tant pour la beauté du bâtiment et l'aménagement des pièces, tels le salon de musique et la chambre de Pauline de Caumont, que pour les deux grandes expositions annuelles sur le thème des beaux-arts.

À l'assaut de la Sainte-Victoire ♥

Monde vertical - ✆ 06 67 55 23 73 ou 07 86 09 28 08 - www.mondevertical.com.

À l'est d'Aix-en-Provence, la montagne Ste-Victoire, ou « la Sainte » comme on l'appelle affectueusement, est tout un symbole. Plus qu'une montagne, c'est un véritable point de ralliement. Sa silhouette reconnaissable entre toutes fut immortalisée par Cézanne. Partez à la découverte de ses saisissants paysages en suivant les sentiers, notamment celui qui mène à la croix de Provence d'où le panorama sur les montagnes provençales est exceptionnel. Les plus téméraires pourront s'essayer sur la via ferrata qui alterne sections d'escalade, rappels et tyrolienne. Décoiffant !

PARC NATUREL RÉGIONAL DU LUBERON ★★★

Comme un collier autour des massifs montagneux du Petit et du Grand Luberon s'égrènent des villages perchés, stars touristiques ou bourgs tranquilles : Lourmarin, Roussillon, Gordes et bien d'autres... La flânerie sera votre meilleur atout pour découvrir ce pays où la douceur de vivre est une institution.

© Mathieu lustrerie

Quand le temps des chandelles retrouve son lustre.

Régis Mathieu : le lustre pour passion

Régis Mathieu a dédié sa vie à sa passion pour les lustres. Dans le monde entier, on fait appel à lui pour créer des pièces uniques et en restaurer d'autres, réalisées par les grands maîtres français d'autrefois.

En quoi consiste exactement votre métier ?

Ce métier fait appel à de nombreux savoir-faire comme le tournage, la ciselure, la dorure, la ferblanterie, la cristallisation… Les gens qui travaillent avec moi viennent de l'orfèvrerie, de la joaillerie… Nous restaurons les lustres des monuments nationaux : cathédrales, châteaux, opéras… Nous rééditons aussi des morceaux manquants qui demandent des recherches pointues. J'ai l'impression alors de travailler pour Louis XIV à Versailles, Marie-Antoinette au Trianon… Cette passion pour les lustres me pousse aussi à créer des luminaires contemporains avec les mêmes savoir-faire et les mêmes matériaux, mais au service d'intérieurs plus minimalistes, plus stricts. Je crée des luminaires qui sont les classiques d'aujourd'hui.

Vous travaillez aussi pour les grands monuments étrangers ?

Aux 17e et 18e s., la France possédait de grands maîtres spécialisés dans la lustrerie en bronze qui exportaient leur savoir-faire dans les grandes cours du monde entier. Notre travail en France a fait notre notoriété et on m'appelle aujourd'hui pour restaurer ces lustres, à la villa Médicis par exemple, dans les musées internationaux comme la Frick Collection à New York, au Bolchoï, à l'opéra de Philadelphie…

Pourquoi vous installer à Gargas ?

J'ai un atelier dans l'hôtel de la Marine à Paris, mais les lustres et notre travail nécessitent de l'espace. À Gargas, l'ancienne usine d'ocre où l'entreprise est installée possède de grands hangars et des hauteurs sous plafond de 14 m. Elle permet aussi d'exposer les pièces que nous restaurons, comme les lustres de Notre-Dame de Paris, en dehors de leur contexte, et ma collection de lustres anciens pour faire comprendre les techniques de fabrication, leur évolution et partager ma passion. Le lieu est ouvert au public à l'instar des cathédrales, des mairies, des châteaux… où l'on retrouve ces luminaires. Les gens viennent s'y promener et ne regardent plus ces objets comme avant. Et comme les lustres n'occupent que le plafond, le reste de la pièce peut être utilisé pour des concerts, des dîners, des expositions, notamment de belles automobiles car je trouve le mélange voitures-lustres merveilleux; il parle de leur propriétaire.

À l'atelier.
© Mathieu lustrerie

Mathieu Lustrerie - 32 rte de Croagnes - Hameau des Sauvans - 84400 GARGAS
04 90 74 92 40
mathieulustrerie.com

Abbaye de Silvacane ★

D 561 - La Roque-d'Anthéron - ✆ 04 42 50 41 69 - www.abbaye-silvacane.com. Borne la plus proche : 4 av. de l'Europe-Unie.

Cette abbaye fut construite entre le 12e et le 13e s. Son nom découle de la forêt (« sylva ») et des roseaux (« cana ») que les moines de St-Victor de Marseille trouvèrent en ces lieux lorsqu'ils vinrent s'y établir. Restaurée, l'abbaye étage toitures rosées et petit clocher carré, composant un exemple admirable de sobriété cistercienne tant dans l'église que dans le cloître. De son côté, le magnifique réfectoire a été reconstruit au 14e s. avec de hautes fenêtres et une large rosace dispensant abondamment la lumière indispensable au lecteur, dont la chaire a été conservée.

Lourmarin ★

R. du Grand-Pré.

Niché au pied du versant sud du Grand Luberon, ce beau village aux étroites ruelles, que d'aucuns trouveront un peu trop léché, entretient un art de vivre à la provençale. Galeries d'art, boutiques de décoration et terrasses de cafés ensoleillées ajoutent à son charme. Envahi par les touristes en été, il vit cependant tout au long de l'année au rythme des nombreuses manifestations culturelles. Face au village, le château se dresse sur une éminence rocheuse. Il comprend une partie datant de la fin du 15e s. (non accessible) et une partie Renaissance.

Abbaye de Silvacane.

earleliason/Getty Images Plus

Une journée en compagnie d'un trufficulteur ♥

Nicolas Jareyron - St-Saturnin-lès-Apt - ✆ 06 07 43 19 95 - connaitreetcuisinerlatruffe.com.

Pour tout savoir sur le « diamant de la cuisine » de Brillat-Savarin, passez une journée avec Nicolas. Trufficulteur, il vous présente ce champignon au fabuleux parfum, ses différentes variétés, sa culture... puis vous emmène dans la truffière caver quelques spécimens avec l'assistance de son chien. Au retour, il se transforme en cuisinier et vous initie aux façons de préparer la truffe avant de vous servir un délicieux repas aux saveurs inégalées. Encore quelques conseils pour bien choisir ses truffes et vous serez un amateur averti !

Roussillon ★★

En lice pour le titre de plus beau village du Luberon, Roussillon oppose l'ocre flamboyant de ses façades rustiques à la blondeur élégante de ses voisins. Il se coule avec grâce dans le drapé orangé des falaises qui l'entourent et dont il semble si naturellement issu. S'il tire son éclat de ses anciennes carrières, il leur doit aussi sa richesse, le pigment qui en était extrait ayant donné naissance à une industrie qui allait lui apporter sa renommée. Le sentier des Ocres et Ôkhra - Écomusée de l'ocre racontent cette histoire.

Gordes.

Survol du Luberon en ballon ♥

Montgolfière Luberon Vol-Terre - Roussillon - 06 03 54 10 92 - www.montgolfiere-luberon.fr.

Voici une façon originale de visiter le Luberon et d'admirer les falaises ocre de Roussillon. Rendez-vous sur le site d'envol, tôt le matin, pour profiter de conditions météo calmes et, surtout, du lever du soleil dont les rayons enflammeront les anciennes carrières. Le ballon s'élève doucement dans le ciel et le village apparaît progressivement, perché sur son piton rocheux orange. Puis le paysage s'élargit laissant voir les champs cultivés, de lavande ou de vigne, et les silhouettes du Petit et du Grand Luberon. Les courants aériens vous emportent pour un beau voyage !

Gordes ★★

186 rte de Sénanque.

Difficile de nier la beauté de ce village sentinelle accroché fièrement à son roc. Ses maisons en pierres sèches s'étagent à flanc de falaise, surplombant la plaine face au Luberon, et se parent d'or sous la lumière du soleil couchant. Ses charmantes calades s'achèvent parfois en escalier ou, enjambées par des passages voûtés, se faufilent entre de vieilles et hautes maisons qui prennent appui sur les vestiges des fortifications. On tiendrait là une carte postale de rêve s'il ne fallait compter avec les hordes de touristes. L'idéal reste de le découvrir hors saison tout comme le beau village des Bories, situé à proximité.

Abbaye de Sénanque ★★

04 90 72 18 24 - www.senanque.fr.

Non loin de Gordes, du bruit et de la foule estivale, cette abbaye austère et paisible niche dans un écrin de lavande. Fondée en 1148 par des moines venus du Haut-Vivarais, elle a conservé sa forme primitive, à l'exception de l'aile des convers qui date du 18e s. Elle présente une magnifique illustration de l'art

A-Basler/Getty Images Plus

Le mont Ventoux.

cistercien. Les parties médiévales sont construites en bel appareil de pierres du pays aux joints finement taillées, et dépouillées de toute ornementation – vitraux colorés, statues, peintures ou tympans sculptés –, qui détournerait les moines de l'essentiel.

PARC NATUREL RÉGIONAL DU VENTOUX ★★★

Véritable sentinelle, le mont Ventoux, site protégé, veille sur la plaine du comtat Venaissin et le Pays de Sault, dévoilant l'un des plus vastes panoramas d'Europe. D'où que l'on vienne, on l'aperçoit de loin, mais de Malaucène, Bédoin ou Sault, il est à portée de main.

Carpentras ★

Bd Alfred-Naquet.

Au pied du mont Ventoux, Carpentras s'anime d'une fièvre particulière le vendredi matin, quand son grand marché envahit le centre ancien. La fraise, la truffe, le vin ou des créations artisanales comme le berlingot et les fruits confits, en font une étape gourmande. La capitale du comtat Venaissin conserve aussi d'intéressants monuments et de nombreux hôtels particuliers, témoins de sa splendeur passée. Ne manquez pas son ancienne cathédrale St-Siffrein, de style gothique méridional, sa synagogue, la plus vieille encore en activité en France, et l'hôtel-Dieu, entièrement rénové, qui abrite la bibliothèque-musée Inguimbertine et une très belle apothicairerie.

Vol en parapente au-dessus du Ventoux ♥

Hameau de St-Jean - 84390 Sault - 06 50 64 22 50 - www.ventoux-parapente.com.

Le mont Ventoux culmine à 1910 m d'altitude... mais vous pouvez vous offrir le luxe de le voir d'encore plus haut en décollant de son sommet. Pour plus de confort, habillez-vous chaudement, car les températures chutent avec l'altitude, et portez de bonnes chaussures. Vous voilà paré pour les quelques pas de course avant que la voile ne vous soulève du sol et ne vous emporte dans les airs. Là-haut, la vue sur le Géant de Provence, le pays de Sault et bien au-delà, se révèle exceptionnelle !

AIX-EN-PROVENCE / VALENCE

Vaison-la-Romaine ★★

315 av. des Choralies.

C'est peu dire que Vaison est fière de ses vestiges. En demandant en 1924 d'ajouter « la-Romaine » à son nom, la ville affirmait son ancrage dans le passé, occultant toutefois un peu le riche patrimoine médiéval de sa ville haute, qu'un pont, enjambant l'Ouvèze, relie à la cité basse, antique. Celle-ci se cache en partie sous la ville moderne mais les fouilles dégagées des quartiers périphériques (de Puymin et de la Villasse) ont mis au jour de superbes *domus* et le théâtre qui, après avoir résonné des chœurs antiques, revit aujourd'hui lors des concerts et des festivals.

Art de l'assemblage au domaine de la Verrière ♥

Chêne Bleu - Domaine de la Verrière - Crestet - 04 90 10 06 30 - www.chenebleu.com.

L'assemblage d'un vin relève de l'art. Le domaine de la Verrière, qui cultive la vigne en biodynamie et produit rouges, blancs et rosés, vous propose de vous essayer à l'exercice. Cet atelier d'1h30 vous permettra de saisir quelques rudiments de l'art du mélange et de créer, à partir des cépages grenache, syrah et viognier, votre vin... idéal ? Quoi qu'il en soit, la séance se termine autour d'une dégustation des vins du domaine. L'occasion de réveiller, peut-être, l'œnologue qui sommeille en vous !

NYONS ★

Prom. de la Digue-Ouest.

Nyons, protégée par un cirque de montagnes, jouit du chaud soleil d'été et d'hivers empreints de douceur. Cette cité est depuis longtemps la capitale de l'olive noire. Si ce condiment vous intéresse, un musée, deux vieux moulins et une fabrique de scourtins (panier servant à l'extraction de l'huile) lui sont consacrés. Mais n'oubliez pas de flâner dans le vieux village, aux façades colorées. Il attire la foule lors du marché du jeudi, et du marché provençal qui, le dimanche, envahit la belle place du Docteur-Bourdongle, entourée d'arcades, et les rues de la Résistance et des Déportés. Celles-ci mènent au vieux pont roman en dos d'âne qui enjambe l'Eygues.

Une nuit à l'observatoire des Baronnies ♥

Observatoire des Baronnies Provençales - Les Grès - rte de Nyons - Moydans - 06 86 38 84 72 - www.obs-bp.fr.

Un peu à l'écart de notre itinéraire, l'observatoire mérite le détour car, outre sa visite ou les soirées

Le pont roman de Nyons (14e s.).

Carp71/Getty Images Plus

sous la coupole, il organise des séjours en immersion totale et une expérience de vie insolite au cœur des installations. De quoi observer à loisir la voûte céleste ; les Baronnies étant réputées pour leur ciel souvent dégagé (260 nuits par an en moyenne). Vous reviendrez des étoiles plein les yeux !

VALRÉAS ET L'ENCLAVE DES PAPES

R. de Chasse-Coquins.

Valréas est une petite cité vivante et commerçante, enroulée autour de son joli cœur historique. Sa prospérité reposait au 19e s. sur la technique de façonnage du carton, aujourd'hui supplantée par la vigne et la truffe. Restent un musée du Cartonnage, unique en France, et des collines, tapissées de ceps et de chênes truffiers, qui s'inscrivent dans ce que l'on appelle toujours « l'enclave des Papes », un territoire acheté par les souverains pontifes au 14e s., demeuré rattaché à Avignon après la création des départements. Une curiosité administrative unique en France !

Moment intense

Les petites routes du Luberon ★★★

Les petites routes du Luberon partent à l'assaut de superbes villages perchés aux maisons de pierre, et serpentent à travers une végétation composée de chênes, de pins et de cèdres, dont les différentes nuances de vert composent des tableaux magnifiques avec le bleu du ciel et les roches blondes ou ocre qui s'enflamment au lever et au coucher du soleil. À ne pas manquer : l'arrivée sur Roussillon et ses falaises d'ocre, le panorama sur Gordes, en faisant un petit détour pour y parvenir par la route de Cavaillon, et la vue de l'abbaye de Sénanque au milieu des champs de lavande. Trois clichés immanquables !

CHÂTEAU DE GRIGNAN ★★

60 chem. des Grands-Prés.

L'imposant château médiéval des Adhémar de Monteil, que l'on atteint par un lacis de ruelles escarpées, domine le vieux bourg touristique de Grignan. Madame de Sévigné l'a rendu célèbre en y séjournant – ses appartements se visitent toujours, tout comme ceux du comte de Grignan, la salle du Roi et la grande galerie aux belles boiseries. Entièrement remeublé, le château abrite deux magnifiques cabinets (l'un florentin, l'autre en ébène) et des tapisseries d'Aubusson. De la terrasse, le panorama à 180° embrasse le mont Ventoux et les dentelles de Montmirail, la plaine comtadine et les Alpilles.

PRÉALPES DRÔMOISES ★★

Au sud du Vercors, les derniers reliefs montagneux, dont le magnifique synclinal de Saoû, viennent doucement mourir dans la plaine de Montélimar. S'y cachent quelques jolis villages méridionaux qui tentent de s'abriter du vent du nord et du fort soleil estival.

La Bégude-de-Mazenc ★

115 r. Émile-Loubet.

C'est par une porte fortifiée adossée au chevet de l'église en partie romane que l'on entre dans le vieux village perché. Il faut se laisser conduire par le lacis des ruelles pentues jusqu'au sommet, couronné d'une jolie pinède. Les artisans d'art, qui ont investi la cité, contribuent à la relever peu à peu de ses ruines. Dans le vieux cimetière, remarquez le chevet à trois absidioles de la chapelle Notre-Dame (12e s.).

Randonnée dans la forêt de Saoû ♥

Lieu de balade dominicale comme de randonnée plus sportive, ce somptueux massif rocheux de 2 354 ha

Jean-Luc Farges/Getty Images Plus

Dans le parc Jouvet à Valence.

est réputé pour être le plus beau synclinal d'Europe (pli géologique). Surnommé le « vaisseau de pierre » en raison de sa cuvette de 12 km de long entourée d'impressionnantes montagnes, il compte plusieurs points élevés – le Veyou (1589 m), le Signal (1559 m) et Roche Courbe (1545 m) – qui composent la montagne des Trois Becs et offrent un superbe panorama sur le Vercors et la Drôme. À l'extérieur, les falaises tombent à pic, tandis que l'intérieur est recouvert d'un abondant manteau forestier à l'atmosphère féerique. N'hésitez pas à vous y aventurer !

Tour de Crest ★

10 cours de Verdun.

Une impression de rude puissance se dégage de cet imposant donjon, élevé sur une crête de rochers, qui domine Crest. Constitué de trois tours d'époques différentes (11e-15e s.) réunies par un solide mur-bouclier ou « manteau » de 52 m, c'est le plus haut de France ! Il n'est pourtant qu'un vestige, certes majestueux, d'une grande place forte qui compta jusqu'à trois châteaux avant d'être démantelée en 1633 sur ordre de Louis XIII. Située sur les rives de la Drôme, l'agréable cité s'étend à ses pieds et a conservé de vastes immeubles élevés par la bourgeoisie crestoise aux 16e et 17e s.

VALENCE ★

Dominée par sa cathédrale, la cité est bâtie sur un ensemble de terrasses descendant vers le Rhône. Le vieux Valence conserve un lacis de ruelles commerçantes et de « côtes » pittoresques.

31 av. du Prés.-Herriot.

Musée de Valence, art et archéologie ★★

4 pl. des Ormeaux - 04 75 79 20 80 - www.museedevalence.fr.

Ce musée mérite à lui seul un séjour dans la ville ! Installé dans l'ancien palais épiscopal, réaménagé en 2013 par Jean-Paul Philippon pour doubler sa surface d'exposition, il fait une place de choix à l'archéologie. Sur cinq niveaux, le visiteur découvre donc 400 000 ans d'histoire et un parcours artistique du 16e s. à aujourd'hui. La muséographie offre différents niveaux de lecture, des tables interactives et des dioramas particulièrement réussis.

SE RÉGALER

AIX-EN-PROVENCE

LE ART ✿
Aux fourneaux de cette magnifique bastide du 18e s., le chef Matthieu Dupuis-Baumal propose des assiettes audacieuses, où les notes provençales se parent de subtiles influences japonaises. Un lieu magique et une terrasse magnifique, somptueux écrin pour un feu d'artifice de saveurs, associées à une splendide carte des vins (dont ceux du château, évidemment).
Château de la Gaude, 3959 rte des Pinchinats - ✆ 04 84 93 09 30 - www. chateaudelagaude.com - 🚗 sur place.

GORDES

LE MAS - ALEXIS OSMONT
Une adresse reprise par Alexis Osmont, un jeune chef ayant travaillé ici avant de monter ses propres restaurants. Autant le vieux mas semble hors du temps, autant sa cuisine inspirée par le retour du marché joue la spontanéité. Laissez-vous emporter « à l'aveugle » dans son univers. Créatif et savoureux.
Chemin de St-Blaise (Les Imberts) - ✆ 04 90 04 03 57.

GIGONDAS

L'OUSTALET ✿
Dans ce village de vignerons, une jolie maison dont la terrasse borde une placette ombragée de vieux platanes : on est déjà séduit ! En cuisine, le jeune chef Thomas Boirel connaît son Oustalet sur le bout des doigts (il en était le second) : produits de superbe fraîcheur, recettes raffinées et goûteuses, associations de saveurs pertinentes... autour d'un menu unique qui honore les produits provençaux. La carte des vins réserve de magnifiques surprises, même au verre.
5 pl. Gabrielle-Andéol - ✆ 04 90 65 85 30 - www. loustalet-gigondas.com - 🚗 à 700 m.

VAISON-LA-ROMAINE

LES MAISONS DU'O - LE BISTRO PANORAMIQUE ☺
Tomate et fruits du pays, épeautre et cochon du Ventoux : le chef emporte la mise avec une cuisine dans le vent, d'esprit provençal, à l'image de ce merlu de ligne, cocos de pays au pistou et chorizo des Baronnies. Menu à l'excellent rapport qualité-prix et vue superbe sur l'Ouvèze.
16 r. Gaston-Gevaudan - ✆ 04 90 28 84 08 - www.maisonsduo.com - 🚗 à 360 m.

NYONS

LE VERRE À SOIE
Après une carrière chez Christian Têtedoie (Lyon), Fei-Hsiu et Jérome Lamy ont décidé de reprendre ce Verre à Soie. Lui œuvre toujours comme sommelier, proposant de séduisants accords mets et vins, mettant en valeur la jolie cuisine de son épouse, inspirée par ses origines taïwanaises. Un beau mariage franco-asiatique.
12 pl. des Arcades - ✆ 04 75 26 15 18. - 🚗 à 200 m.

GRIGNAN

LE BISTRO CHAPOUTON
La deuxième adresse du Clair de la Plume est une charmante bâtisse du 18e s. entourée d'un jardin fleuri. La carte bistrotière est élaborée à partir de produits frais et de saison : asperges blanches croquantes et sauce hollandaise, épaule d'agneau confite et gratin dauphinois, choix de pâtisseries maison... Depuis la vaste terrasse couverte, on profite d'une vue imprenable sur le château de Grignan.
200 rte de Montélimar - ✆ 04 75 00 01 01 - www. chapouton.com - 🚗 sur place.

GRANE

LE KLÉBER - LA MAISON BONNET ✿
Dans un écrin cher à son cœur, Sébastien montre qu'il n'a rien perdu de sa verve et de son talent : sa cuisine de saison, axée autant sur la mer que la terre, est toujours aussi séduisante. Les assiettes sont précises, raffinées, voire ludiques par instants. On se régale aussi des pains et brioches qui sortent du four de leur boulangerie. Et, pour ne rien gâcher, une jolie carte des vins – notamment de la vallée du Rhône.
2 pl. du Champ-de-Mars - ✆ 04 75 62 60 64 - www.lamaisonbonnet.fr - 🚗 à 225 m.

VALENCE

PIC ✿✿✿
La Maison Pic, c'est d'abord une atmosphère. Salle à la lumière tamisée qui n'éclaire que l'assiette ; créations florales ; moquette épaisse qui suspend le pas de la brigade, laquelle sert à l'ancienne, à l'assiette clochée en porcelaine... On y retrouve les sublimes obsessions – culte du Japon, souci de l'assemblage inédit – de celle que l'on a surnommée « la funambule des saveurs ». Anne-Sophie Pic propose une invitation au voyage !
285 av. Victor-Hugo - ✆ 04 75 44 15 32 - www.anne-sophie-pic.com - 🚗 sur place.

SE LOGER

AIX-EN-PROVENCE

MAISON JALON
La Maison Jalon, c'est cet élégant rectangle de vitres et de béton posé dans un jardin luxuriant. Une architecture ultra-contemporaine qui détonne avec le paysage provençal. L'étage est réservé aux quatre chambres avec balcon, dont la décoration brute est égayée de cadres colorés et d'objets amassés par ces passionnés de déco. La piscine tout en longueur et le jardin piqué de cactus et de hamacs colorés revêtent un petit

Brett Wood/La Bastide de Gordes - Pic Group

La Bastide de Gordes.

Restaurant Pic.

air de Marrakech, où les propriétaires avaient leur première maison d'hôtes.
2575 rte de Puyricard - 06 21 35 57 60 - www.maisonjalon.com - à 540 m.

GORDES

LA BASTIDE DE GORDES

Cette bastide, dressée à flanc de rocher face aux Alpilles, a rouvert ses portes après d'importants travaux. Plus qu'une simple rénovation, c'est une métamorphose : intérieur somptueux, évoquant avec goût l'esprit des châteaux de famille du 18e s. – tableaux, mobilier chiné –, piscines invitant à la détente...
61 r. de la Combe - 04 90 72 12 12 - www.airelles.com - sur place.

GRIGNAN

LE CLAIR DE LA PLUME

Le nom de cet hôtel aurait plu à Madame de Sévigné, qui résida à Grignan ! Cette demeure provençale du 18e s. dispose de chambres ravissantes avec leur mobilier chiné – et plus encore lorsqu'elles donnent sur le joli jardin de curé. Chambres et suites supplémentaires sont proposées dans d'autres bâtisses voisines, ainsi qu'une piscine naturelle charmante.
2 pl. du Mail - 04 75 00 01 01 - www.clairplume.com - sur place.

VALENCE

PIC

L'une des grandes maisons nées avec la N 7 et qui accueille... une clientèle internationale, entre New York et Tokyo ! C'est le pouvoir d'attraction d'une cuisine d'exception et d'un art de l'accueil sans cesse renouvelé : les lieux sont d'un chic extrême, bréviaire complet des styles contemporains, tel le jardin, véritable îlot zen en ville...
285 av. Victor-Hugo - 04 75 44 15 32 - www.anne-sophie-pic.com - sur place.

ICI ET PAS AILLEURS

AIX-EN-PROVENCE

CALISSONS DU ROY RENÉ

Faites provision de calissons et autres douceurs provençales dans cette jolie boutique tenue par la même famille depuis 1920. À tenter, les calinougats : subtil mariage entre le calisson et le nougat, deux spécialités gourmandes du Sud.
11 r. Gaston-de-Saporta - 04 42 26 67 86 - www.calisson.com - à 224 m.

SANTONS FOUQUE

Depuis quatre générations, la famille Fouque perpétue son savoir-faire de santonnier. Cette maison a donné naissance à près de 1800 modèles de 2 à 70 cm dont le fameux Coup de Mistral (1952), berger plié sous la bourrasque. Visite gratuite de l'atelier de fabrication et de l'exposition.
65 cours Gambetta - 04 42 26 33 38 - www.santons-fouque.fr - à 580 m.

VACQUEYRAS

RHONEA

Un caveau new-look, avec un bar de dégustation à la décoration soignée et un distributeur automatisé de vin en vrac ! Choix de vins de vacqueyras, gigondas, beaumes-de-venise...
258 rte de Vaison - 04 90 12 41 26 - www.rhonea.fr - sur place.

GRIGNAN

GALERIE L'ASTRÉE

Dans l'atelier-galerie de la céramiste Mireille Favergeon, le céladon est à l'honneur, la légèreté et la délicatesse aussi. Pièces uniques et magnifiques.
7 Grande-Rue - 06 63 15 79 30 - mireillefavergeon.blogspot.com - à 74 m.

NYONS

COOPÉRATIVE AGRICOLE DU NYONSAIS-VIGNOLIS

Un supermarché du produit régional idéal pour les emplettes : vins, huiles d'olive et produits dérivés, miel, jus d'abricot, plantes aromatiques...
Pl. Olivier-de-Serres - 04 75 26 95 09 - www.vignolis.fr - sur place.

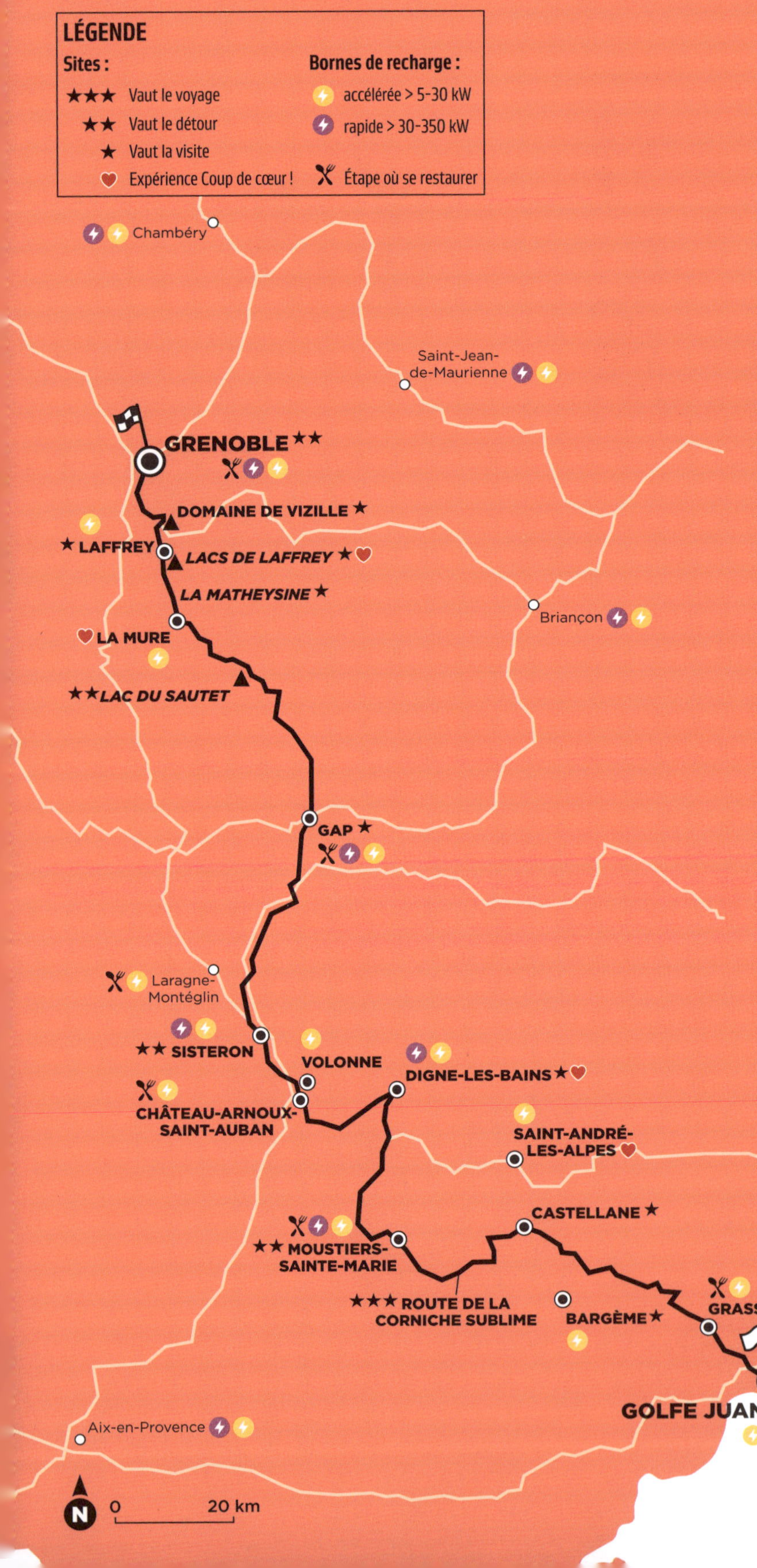

PRINCIPALES BORNES DE RECHARGE :

Moustiers-Sainte-Marie :
4135 chem. Marcel-Provence (50 kW)

Digne-les-Bains :
51 av. du 8-Mai-1945 (50kW)

Sisteron :
Av. de la Libération (50 kW)

Gap :
90 av. d'Embrun (120 kW)

La Mure :
ZI des Marais (120 kW)

Vizille :
40 r. Émile-Cros

L'ESSENTIEL ÉLECTRIQUE

Vous trouverez des bornes de charge à partir de 22 kW dans les principales villes et certains villages de l'itinéraire. Gap est sans conteste la mieux fournie avec pas moins de 6 bornes de charge entre 50 et 120 kW. En revanche, la zone entre Golfe-Juan et Moustiers-Ste-Marie est plutôt pauvre en bornes, notamment de charge rapide (sauf à faire étape spécifiquement à Mougins ou Mouans-Sartoux en attendant Moustiers). Il en va de même pour les environs de Castellane (pensez à recharger à Moustiers).

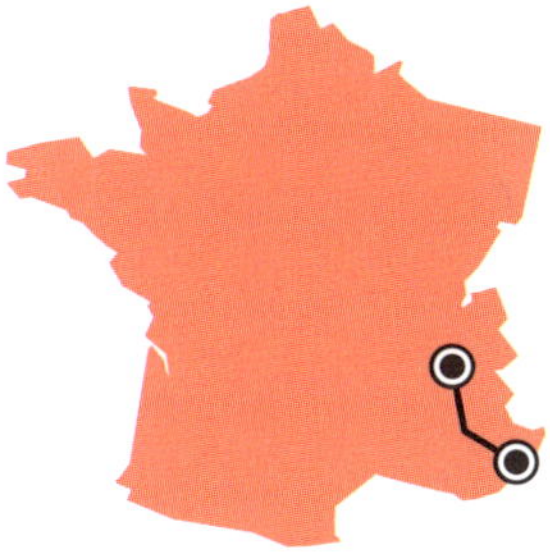

DISTANCE : 335 km
DURÉE : 4 jours
DÉPART : Golfe-Juan
ARRIVÉE : Grenoble

PRINCIPALES ÉTAPES :
Grasse
Castellane
Digne-les-Bains
Sisteron
Gap

GOLFE-JUAN GRENOBLE

La route Napoléon

Évadé de l'île d'Elbe, Napoléon entreprend de marcher sur Paris, pour reprendre le pouvoir. L'itinéraire qu'il emprunte, entre Golfe-Juan et Grenoble, forme aujourd'hui la route Napoléon : 335 km de petites routes qui vous mèneront le long des collines verdoyantes du pays de Grasse, des étroites vallées préalpines du Dignois, dans la vaste plaine de la Durance, jusqu'aux massifs vertigineux des Alpes. Des paysages de carte postale à immortaliser depuis les nombreux belvédères.

Côté saveurs...
Au sud, dans les pré-alpes provençales, la richesse des fragrances de Grasse rivalise avec la variété des parfums du miel et de l'huile d'olive. En remontant vers le nord, les spécialités carnées prennent le dessus avec les pieds et paquets ainsi que l'agneau à Sisteron, et le murçon (saucisson à cuire) sur le plateau matheysin.

Aleh Varanishcha/Getty Images Plus

Antibes.

où se pratique une pléiade d'activités nautiques. Sa rade, bien abritée par les collines fleuries de Vallauris, le cap d'Antibes et les îles de Lérins, forme un excellent mouillage.

Grasse, Musée international de la Parfumerie.
B. Rieger/hemis.fr

ANTIBES - JUAN-LES-PINS ★★

Cette immense station balnéaire mondaine se décline sur trois sites aux ambiances distinctes. Antibes, avec sa vieille ville entourée de remparts, donne encore parfois l'illusion d'un petit village. Le cap d'Antibes, très apprécié des milliardaires, s'est couvert de villas rutilantes. Et de l'autre côté de la presqu'île, Juan-les-Pins, réputé pour son festival de jazz, s'adonne à la fête au cours de ses nuits animées.

Musée Picasso ★★

Château Grimaldi - ✆ 04 92 90 54 20 - antibesjuanlespins.com. 🚗 10 av. de Verdun.

Au-delà du château Grimaldi (16e s.), le lieu vaut le détour pour l'histoire peu banale de sa collection : en 1946, le conservateur du musée propose à Picasso (1881-1973), récemment établi sur la Côte d'Azur, d'utiliser une partie du château comme atelier. En une saison, l'artiste produit la plupart des 23 peintures et 44 dessins désormais exposés, qu'il offre à la ville en partant. D'autres dons ont enrichi la collection, dont la dation Jacqueline Picasso (1991). Deux sections sont consacrées à Nicolas de Staël et Hartung Bergman.

Golfe-Juan

🚗 10 av. de Verdun, à côté du vieux port.

C'est donc ici que débarqua Napoléon le 1er mars 1815. En témoigne, sur le quai, une mosaïque commémorant cet événement qui marque le début des « Cent-Jours ». Avec ses 3 km de sable fin et ses deux ports, Golfe-Juan est devenue une station très fréquentée

GRASSE ★

Entre villages perchés et collines couvertes d'oliviers, la capitale du parfum se dévoile sur un plateau qui lui ménage une vue imprenable sur le littoral. Le centre ancien recèle une dizaine de maisons médiévales et dans ses ruelles, les parfumeurs et le musée international de la Parfumerie vous entraînent dans le monde magique des senteurs.

Musée international de la Parfumerie ★★

2 bd du Jeu-de-Ballon - ✆ 04 97 05 58 00 - www.museesdegrasse.com. 🚗 13 bd Carnot.

Installé dans un ancien hôtel particulier du 18e s. totalement modernisé, il se veut un conservatoire des techniques et des savoir-faire du pays de Grasse en matière de parfumerie. Grâce à son extraordinaire collection rassemblant quelque 55 000 objets provenant de tous les continents, il raconte une histoire humaine à travers l'usage des parfums, de l'Antiquité à nos jours. À 7 km de là, à Mouans-Sartoux, le jardin du musée complétera votre découverte avec son parcours olfactif.

Création de son parfum ♥

Parfumerie Molinard - 60 bd Victor-Hugo - ✆ 04 93 36 01 62 - www.molinard.com. 🚗 10 Traverse Kellermann.

Seul ou en groupe, vous pourrez créer le parfum qui vous ressemble. Après la visite du musée, qui révèle les ressorts de ce savoir-faire, un nez vous accompagnera dans votre recherche subtile de senteurs de tête, de cœur et

C. Moirenc/hemis.fr

« Le Domaine de la Rose : pionnier de la parfumerie durable

Le Domaine de la Rose, de Lancôme, célèbre « les savoir-faire liés au parfum en Pays de Grasse : la culture de la plante à parfum, la connaissance des matières premières naturelles et leur transformation, l'art de composer le parfum », inscrits depuis 2018 au Patrimoine immatériel de l'Unesco.

Le domaine, un écrin pour la biodiversité

Parfumeur depuis 1935, Lancôme a acquis le Domaine de la Rose en 2020 et l'a entièrement rénové pour y cultiver une dizaine de plantes à parfum dont le jasmin, l'iris, la tubéreuse et la rose centifolia, fleur aux pétales fragiles et à la senteur inimitable, très prisée en parfumerie. Il abrite également plus de 250 espèces de plantes et d'animaux, préservant ainsi une véritable biodiversité locale. Le domaine de 7 ha, converti en bio, a été certifié Ecocert, gage d'une démarche responsable mise en place, par exemple, dans le système d'irrigation conçu avec récupération et filtration de l'eau. Autre exemple, la distillerie et un hangar ont été intégrés dans le réseau de murs de soutènement en pierres sèches, qui fait naturellement partie du paysage grassois.

La maison, une écoconstruction aux couleurs de la rose

Entourée de lavande, de roses et d'oliviers, la maison provençale trône tout de rose vêtue, couleur de l'ingrédient emblématique de la marque, des roses et des maisons grassoises. Elle a également bénéficié, grâce à l'agence NeM Architectes qui a signé la Bourse de Commerce – Collection Pinault, d'une rénovation écologique lui permettant d'obtenir la certification « BDM » (Bâtiment durable méditerranéen), niveau « Or ». La structure et la surface du bâtiment d'origine ont été conservées mais les murs isolés avec de la paille de lavande provenant du domaine, le toit avec de la paille de riz de Camargue. En bref, des matériaux locaux, recyclés et biosourcés. Une pompe à chaleur géothermique et un puits provençal complètent l'aménagement.

Un équipement innovant pour un accueil professionnel et accessible

Ouvert au public depuis 2023, le domaine s'est donné pour mission de faire découvrir les différents savoir-faire impliqués dans la fabrication des fragrances. La distillerie présente les procédés d'extraction et de distillation tout comme les écrans interactifs installés dans la maison. C'est là également que se tient l'orgue à parfums qui contient plus de 300 matières premières permettant aux visiteurs de comprendre le processus de création d'un parfum mais aussi aux étudiants et aux professionnels de composer de nouveaux accords en utilisant des ingrédients issus du Domaine de la Rose. »

Le Domaine de la Rose.
© Laziz Hamani et NeM Architectes

Domaine de la Rose Lancôme - 74 chemin de St-Jean - 06130 GRASSE
01 84 94 07 09
www.lancome.fr/domaine-de-la-rose.html - à 438 m.

La chapelle Notre-Dame-du-Roc à Castellane.

de fond qui, assemblées, constitueront votre fragrance préférée. Une aventure olfactive étonnante !

BARGÈME ★

Sur la D 37, en contrebas du restaurant Les Jardins de Bargème.

Perché à 1097 m d'altitude, le plus haut village du Var est surtout l'un des plus beaux de France. Derrière les remparts, les passages et les ruelles plongent le visiteur en plein Moyen Âge, une atmosphère qu'une habile restauration a su préserver. Juchées sur un piton rocheux, les ruines du château, dont on aperçoit de loin les hautes tours blanches, resplendissent sous le soleil du Midi. De ses abords, la vue porte sur les montagnes de Malay et de Lachens, les Préalpes de Grasse, le plateau de Canjuers et, au loin, le massif des Maures.

CASTELLANE ★

L'arrivée sur Castellane par la descente du col du Luens impressionne en raison de la différence d'échelle entre la petite ville et son Roc, falaise cyclopéenne qui la domine de ses 184 m.

Passez les portes de la ville et flânez dans les ruelles étroites, ponctuées de placettes et de fontaines. Vous y retrouverez la Provence d'autrefois notamment sur la place Marcel-Sauvaire, agrémentée de belles arcades. Faites ensuite un saut à la maison Nature et Patrimoines, qui s'attache à valoriser cette région, puis grimpez jusqu'à la chapelle Notre-Dame-du-Roc. Cette petite ascension, le long d'un sentier d'interprétation, donne accès à un joli panorama sur le bassin de Castellane, les montagnes et l'entrée des gorges du Verdon.

Citromuseum

D 4085 - rte de la Palud - 04 92 83 76 09 - www.citromuseum.com. - D 602 à 721 m.

Quarante ans de passion ont abouti à la création de ce musée consacré aux voitures Citroën. 2 CV, DS, Tractions, Ami, Diane, CX, SM..., toutes dans un parfait état de conservation, sont alignées dans un local de 3000 m^2. Un cartel raconte l'historique de chaque voiture, sa « vie » et son acquisition par le musée. Pas besoin d'être un passionné pour se laisser séduire !

Occasion d'une petite escapade à 45 km de la route Napoléon, Moustiers attire la foule en été. Celle-ci vient baguenauder au fil des ruelles qui abritent les nombreux faïenciers, installés ici depuis le 17e s. Un musée est d'ailleurs consacré à ce savoir-faire et présente l'importance du village dans la production de la faïence et le dynamisme toujours bien réel de cette activité. Avant de repartir, faites un saut à la chapelle N.-D.-de-Beauvoir, perchée au-dessus de la ville, au milieu des falaises, et signalée par l'étoile dorée qui brille nuit et jour. Elle ménage une belle vue sur les toits de Moustiers, la vallée de la Maïre et le rebord du plateau de Valensole.

Av. de Lérins ou chem. Marcel-Provence.

S'envoler en parapente ♥

Aérogliss parapente – Base de loisirs des Iscles - St-André-les-Alpes (21 km au nord de Castellane) - 04 92 89 11 30 - www.aerogliss.com. 2 pl. de Verdun, à 1 km de la base de loisirs.

Enfilez votre harnais et laissez-vous guider : quelques pas de course et vous voilà tel un oiseau au-dessus du lac de Castillon et du Verdon. Le point de vue est grandiose et les sensations à la mesure de vos préférences. Les téméraires opteront pour un vol en fin de journée, lorsque les masses d'air, plus chaudes et dynamiques, vous entraînent plus haut. En matinée, les vols se veulent plus apaisés mais non moins spectaculaires.

MOUSTIERS-SAINTE-MARIE ★★

Avec ses airs de crèche provençale, ce village en amphithéâtre occupe un site étonnant, au pied d'une brèche taillée dans la falaise calcaire. Ce n'est pourtant pas cette situation qui fait son renom depuis trois siècles, mais sa faïence fine à la blancheur de lait.

Route des Crêtes et route de la Corniche sublime ★★★

Attention, peu de bornes sur le trajet. À l'aller, recharge possible (22 kW) à Trigance, Aiguines et Moustiers (50 kW). Pour la rive nord du Verdon, à La Palud-sur-Verdon ou Rougon.

Ce circuit exceptionnel, d'environ 140 km en boucle, donne accès à Moustiers-Ste-Marie, au départ de Castellane le long des gorges du

↑ Moustiers-Sainte-Marie.

Verdon en passant par Trigance et la D 71. La route de la Corniche sublime atteint la perfection touristique. Elle va véritablement à la recherche des passages et des points de vue les plus extraordinaires, et les parcours d'approche font découvrir des horizons immenses… Les amateurs ne s'y trompent d'ailleurs pas puisqu'ils sont un million à venir chaque année. Au retour, la rive nord du Verdon, puis la route des crêtes à partir de La Palud, compose un itinéraire inoubliable en raison de la succession de belvédères qu'elle offre sur le Grand Canyon. Ils surplombent les gorges de si haut qu'on dirait des vues aériennes !

DIGNE-LES-BAINS ★

Digne-les-Bains doit de son nom aux sources d'eau chaude qui jalonnent sa vallée. Son activité thermale, ses foires et ses marchés l'animent toute l'année et les montagnes environnantes offrent un magnifique terrain de jeu aux amateurs de randonnée, d'escalade ou de via ferrata.

Av. du Plantas ou 5 av. Bad-Mergentheim.

Laissez-vous séduire par le charme de sa vieille ville, dont les rues piétonnes et commerçantes ont été repeintes dans de jolies teintes pastel. Côté patrimoine, l'imposante cathédrale Notre-Dame-du-Bourg (13e et 14e s.) présente des décors intéressants dont un tympan peint vers 1330 et des fragments de peintures murales (15e et 16e s.). À voir également, le musée Gassendi, qui expose notamment une importante collection d'instruments scientifiques du 19e s., dont le pendule cosmographique de l'astronome éponyme ; et la maison Alexandra David-Néel, où l'infatigable exploratrice et écrivaine posait ses valises entre chaque voyage.

Voyage dans le temps à la dalle aux ammonites géantes ♥

D 900^{A}, 1 km au nord de Digne - 04 92 36 70 70 - www.geoparchauteprovence.com.

Site remarquable du Musée-promenade - Unesco Géoparc de Haute-Provence, la dalle aux ammonites géantes est une immense paroi de calcaire gris foncé, vestige d'anciens fonds marins. Vous y verrez, incrustées, plus de 1500 coquilles d'ammonites qui vivaient là il y a près de 200 millions d'années. Un lieu unique au monde ! Si vous n'êtes pas pressé, continuez ce voyage dans le temps en allant découvrir les empreintes de pas d'oiseaux, de courants ou encore les coulées volcaniques, les couches fossilifères… témoins de la vie et de l'activité géologique dans la région.

SISTERON ★★

Admirable citadelle jalonnant la route Napoléon, Sisteron aurait fait frémir l'Empereur de retour d'exil. Pourtant, il n'y séjourna que le temps d'un déjeuner. La vieille ville et la citadelle méritent que vous leur consacriez tout de même un peu plus de temps !

Citadelle ★

Montée de la Citadelle - 04 92 61 27 57 - www.citadelledesisteron.fr. Parking, r. de la Saunerie.

L'admirable citadelle, dont le chemin de ronde et le donjon, les parties les plus anciennes, remontent au 12e s., témoigne de huit siècles d'architecture dressée magistralement sur une épine rocheuse. De sa terrasse, une table d'orientation et un télescope aident à lire les paysages alentour. Mais la plus belle vue sur le monument s'apprécie depuis les ruines du cloître St-Dominique, sous le rocher de la Baume, de l'autre côté de la rivière.

Remedios/Getty Images Plus

Sisteron.

GAP ★

Encore dans la douceur des champs de lavande, Gap est la porte d'entrée du Parc national des Écrins. Ici, pas de monument spectaculaire mais des façades colorées, des rues piétonnes et des places animées dans une atmosphère toute méridionale.

Parking Verdun, au niveau du 37 bd de la Libération.

Malgré une histoire très ancienne, Gap présente peu de vestiges architecturaux car elle fut détruite à plusieurs reprises. Cependant, l'harmonie des teintes pastel des maisons saura vous charmer, tout comme l'ambiance de la ville, encore plus méditerranéenne le samedi, jour de marché. À quelques kilomètres du centre, le domaine de Charance abrite de beaux jardins en terrasses où fleurissent roses anciennes et plantes alpines, ainsi que le Centre de documentation du Parc national des Écrins, prélude aux paysages à venir le long de la route Napoléon.

LAC DU SAUTET ★★

Situé entre les sommets minéraux du Dévoluy et les collines verdoyantes du plateau matheysin, ce lac artificiel s'inscrit dans un paysage demeuré sauvage.

La route qui en fait le tour ménage de magnifiques points de vue comme la terrasse de l'église d'Ambel qui s'ouvre sur l'Obiou, le Vercors, Corps, les hauteurs de la Salette et les monts dominant l'entrée du Valgaudemar. Le barrage est également un site surprenant avec sa voûte de 126 m de hauteur qui domine le canyon du Drac, profond de 200 m et parfois large de 7 m seulement. Les plus téméraires s'engageront sur la via ferrata qui démarre là.

Moment intense

De Castellane à Sisteron ★★

Cette partie de la voie impériale sillonne des paysages aussi variés que les stries verticales de la clue de Taulanne, qui sépare le bassin du Verdon et celui de l'Asse, les étroites vallées préalpines du Dignois ou encore la grande plaine de la Durance.

De la montagne au plateau, vous croisez sur votre passage châteaux et édifices religieux imprégnés d'histoire, notamment celle de l'Empereur signalée par l'aigle impérial.

Outre Castellane, Digne et Sisteron, à visiter sans faute, le beau village de Volonne et le belvédère de la chapelle St-Jean, tous deux à proximité de Château-Arnoux-St-Aubin, méritent une halte.

Andy Soloman/Shutterstock

Le musée de la Révolution française, Vizille.

LA MATHEYSINE ★

Ce plateau d'origine glaciaire, entouré de sommets dépassant les 2000 m, surprend par son climat rude et ses collines morainiques. Son développement économique a longtemps reposé sur l'exploitation des mines d'anthracite. Aujourd'hui, le territoire mise sur le tourisme en valorisant ses sites naturels et les lacs de Laffrey, propices aux sports nautiques.

Lacs de Laffrey ★

Pl. des Anciens-Combattants à Pierre-Châtel.

Ils sont au nombre de quatre : le lac Mort, le grand lac de Laffrey – le plus étendu (3 km) – le lac de Petichet et le lac de Pierre-Châtel. L'ensemble est souvent pris par les glaces pendant l'hiver. D'ailleurs, au fil du temps, les orthographes de Laffrey ont varié de L'Affrey à La Frey, conservant un sens identique lié aux rigueurs du climat. À la belle saison, on vient s'y baigner, pêcher et pratiquer divers sports nautiques. De la route, on voit facilement la statue de Napoléon Ier à cheval, qui évoque la fameuse « rencontre » entre l'Empereur et un bataillon du commandant Delessart tentant de lui barrer la route.

Tour en VAE entre les lacs ♥

Hymy Bike - 190 av. du 22-Août-1944 - La Mure ☎ 04 76 30 34 33 - hymybike.com ; www.matheysine-tourisme.com.

Trente-cinq parcours balisés sillonnent le plateau matheysin. Dans un cadre familial ou sportif, vous apprécierez le tracé des itinéraires, longerez les lacs, partirez à l'assaut des pentes parfois bien raides… sans oublier de vous arrêter pour immortaliser les paysages alentour, notamment sur l'impressionnant Obiou qui se dresse au sud du plateau. Pique-nique et baignade feront, si vous le souhaitez, partie du programme. En selle !

DOMAINE DE VIZILLE ★

Pl. du Château - ☎ 04 76 68 07 35 - musees.isere.fr. 40 r. Émile-Cros.

Vizille conserve l'un des monuments dauphinois les plus riches de souvenirs historiques, installé dans un parc de 10 ha qui invite à la flânerie. Le château abrite depuis 1984 le musée de la Révolution française. Aménagé de façon moderne, il réunit des collections artistiques et historiques qui présentent le regard d'artistes favorables ou opposés à l'esprit révolutionnaire, sur une période allant de la fin de l'Ancien Régime jusqu'à la IIIe République.

GRENOBLE ★★

La ville de Stendhal a toujours participé aux aventures de son temps. Pionnière, elle vécut le tout début de l'électricité et du ciment moderne. Centres de recherche dynamiques, riches musées, vestiges historiques et premier maire écologiste prouvent que la ville des JO de 1968 n'a rien perdu de son appétit pour le progrès et de son charme !

10 pl. de Lavalette.

Panorama du fort de la Bastille ★★

Téléphérique : quai Stéphane-Jay - ✆ 04 76 44 33 65 - www.bastille-grenoble.fr.

Le plus beau panorama sur l'agglomération et les massifs alentour s'apprécie du fort de la Bastille. On peut y grimper à pied ou en voiture, mais ce qu'on préfère, c'est le téléphérique. Au belvédère Vauban, des tables d'orientation détaillent la vue : Belledonne, Taillefer, Obiou, Vercors... À gauche du Grésivaudan apparaît même, par temps clair, le massif du Mont-Blanc.

Musée de Grenoble ★★★

5 pl. Lavalette - ✆ 04 76 63 44 44 - www.museedegrenoble.fr.

Le bâtiment lumineux, ouvert sur la montagne, abrite des œuvres hors du commun. L'histoire des collections est marquée par le conservateur Andry-Farcy. Ami d'artistes comme Picasso et Matisse, il sut les convaincre de faire don au musée de certaines de leurs œuvres, allant à l'encontre des jugements de ses contemporains qui avaient surnommé sa galerie des Modernes le « rigolarium ». Ainsi, le musée compte-t-il six Matisse, six Picasso, deux sculptures de Zadkine...

Le fameux téléphérique de Grenoble.

Katatonia82/Getty Images Plus

SE RÉGALER

ANTIBES

Voir p. 230

GRASSE

LA BASTIDE ST-ANTOINE
Cette bastide du 17e s., dont la terrasse donne sur l'arrière-pays et une majestueuse oliveraie, est la propriété de Jacques Chibois – l'un des chefs de file de la « cuisine du soleil ». On y déguste des assiettes qui célèbrent pêle-mêle agrumes, herbes, huile d'olive, et autres spécialités régionales.
48 av. Henri-Dunant - 04 93 70 94 94 - www.jacques-chibois.com - à 300 m.

MOUSTIERS-STE-MARIE

LA FERME STE-CÉCILE
Poussez la grille et empruntez la belle allée pavée, au bout de laquelle cette ancienne ferme du 18e s. fait le bonheur des gourmands ! Derrière les fourneaux, le chef concocte avec délicatesse et subtilité une savoureuse cuisine du Sud à l'image de cette daurade royale, pistou de légumes et glace à l'ail rôti. L'une des meilleures tables de Moustiers.
Rte des Gorges-du-Verdon - 04 92 74 64 18 - www.ferme-ste-cecile.com

CHÂTEAU-ARNOUX-ST-AUBAN

LA BONNE ÉTAPE
Sur la table, du pain, une fougasse, des olives et de l'huile d'olive, des tomates multicolores gorgées de soleil. Dans la salle de ce mas rénové, belle interprétation bourgeoise du répertoire local, où il flotte comme des fragrances de thym, de sarriette et de lavande… on dirait bien le Sud ! Depuis près d'un demi-siècle, le chef Jany Gleize incarne la cuisine provençale classique, goûteuse et gourmande. Cèpes en raviolis ou en flan, foie gras de canard et tourte de colvert, lièvre à la royale et agneau de Sisteron : Giono lui-même aurait apprécié ces saveurs bien marquées, ces parfums capiteux d'une cuisine riche. On vient de très loin pour déguster ces pieds et paquets d'anthologie, nappés d'une excellente sauce tomate bien relevée qui donne toute sa mesure à la recette. Quelques chambres spacieuses au mobilier d'époque.
Chemin du Lac - 04 92 64 00 09 - www.bonneetape.com - sur place.

LARAGNE-MONTÉGLIN

L'ARAIGNÉE GOURMANDE
Installez-vous dans cet intérieur moderne et lumineux pour découvrir le talent de Thierry Chouin : si le chef breton affectionne particulièrement les plats à base de poisson, il ne dédaigne pas l'agneau et la pomme (tous deux de la région), qu'il célèbre dans des assiettes bien tournées. De beaux hommages à la tradition.
8 r. de la Paix - 04 92 65 13 39 - www.laraigneegourmande.fr - à 200 m.

GAP

LE BOUCHON
Des assiettes pleines d'arômes, généreuses et fort bien cuisinées, mettant en valeur des produits de belle qualité (bio et locaux). Cette table s'impose pour un savoureux repas, et l'ambiance sympathique donne envie de revenir… Verrines pasteurisées à emporter.
4 r. de la Placette - 04 92 46 02 43 - www.lebouchon-gap.fr - à 191 m.

GRENOBLE

CIEL ! ROOFTOP
Ouvert en 2023, Le Ciel ! a pris place sur la terrasse sommitale de l'ancienne faculté de géologie rénovée. Dans une atmosphère très nature, où le bois l'emporte, vous savourerez des plats simples, goûteux et de saison, des viandes rôties ou confites et des planches à partager en admirant l'une des plus belles vues sur Grenoble, dont vous pourrez aussi profiter en après-midi autour d'un verre. Un restaurant vraiment au top !
17 r. Maurice-Gignoux - 04 65 84 91 19 - www.ciel-rooftop.com/grenoble - à 380 m.

SE LOGER

GRASSE

LA BASTIDE SAINT-ANTOINE
Cette imposante bastide du 18e s. trône dans un parc magnifique, doublé d'une immense oliveraie aménagée en restanques. L'image même de la Provence éternelle ! Luxueux mais sans ostentation, l'établissement cultive l'élégance aussi bien que la discrétion : la promesse d'un séjour enchanteur…
48 av. Henri-Dunant - 04 93 70 94 94 - www.jacques-chibois.com - sur place.

MOUSTIERS-STE-MARIE

LA BASTIDE DE MOUSTIERS
Un petit chemin, une grille en fer forgé, des arbres fruitiers, des vieilles pierres, des faïences régionales, des draps en lin, un grand potager aromatique, un âne, des chevaux, un poney… Plus qu'un inventaire à la Prévert, le charme irrésistible d'une bastide du 17e s. !
Chemin de Quinson - 04 92 70 47 47 - www.bastide-moustiers.com - à 350 m.

GAP

LES CABANES ENCHANTÉES
Idéal pour un séjour au calme, bercé uniquement par les bruits des animaux sauvages vivant dans la forêt. C'est là, en effet, que Sandra et Gilles ont construit et installé quatre maisonnettes en mélèze

et brande de bruyère, sur pilotis et entièrement isolées. Elles sont équipées de cuisine, de salle de bain avec eau, électricité, chauffage, et spa en terrasse. Des hébergements chaleureux qui donnent l'occasion de vivre une expérience insolite, à proximité de la petite station de ski de St-Léger-les-Mélèzes.

Rte du Barry - St-Léger-les-Mélèzes (20 km à l'est de Gap) - 06 50 79 07 41 - les-cabanes-enchantees.fr - à 520 m.

GRENOBLE

OKKO HOTELS GRENOBLE JARDIN HOCHE

Des camaïeux de gris et de marron, une décoration moderniste et des salles de bains épurées, composent le parfait tableau de l'hôtel contemporain. Dans la grande salle commune, pensée comme un espace multifonction, snacking et boissons non alcoolisées sont à disposition en dehors des heures de repas. Grande terrasse en bois.

23 r. Hoche - 04 85 19 00 10 - www.okkohotels.com - à 130 m.

ICI ET PAS AILLEURS

GRASSE

FRAGONARD - LA FABRIQUE DES FLEURS

Située à 2 km de Grasse, cette usine dédiée aux parfums, savons et plantes aromatiques, dévoile les secrets de la distillation et propose ses produits à la vente. Superbe jardin.

17 rte de Cannes - carrefour des Quatre-Chemins - 04 93 77 94 30 - www.fragonard.com - à 149 m.

CASTELLANE

RUCHERS APIJOUVENCE

Depuis trois générations, cette famille prend soin des abeilles et propose une quinzaine de miels différents : lavande, sarriette, thym... Profitez aussi de la visite du site. Ces apiculteurs passionnés se feront un plaisir de vous conter l'histoire de cet « alicament » aux mille vertus.

Le Cheiron - 04 92 83 61 43 - www.apijouvence-miel-provence.com

MOUSTIERS-STE-MARIE

FAÏENCE BONDIL

Cette maison, qui a fêté ses 40 ans en 2020, fabrique des faïences à la main selon les méthodes qui ont fait le renom de Moustiers depuis 1668, tout en évoluant sur les motifs. Ainsi, vous trouverez des faïences aux décors traditionnels mais aussi des créations plus modernes. Ne manquez la très belle collection de lampes créées par Jean-Pierre Bondil.

Pl. de l'Église - 04 92 74 67 02 - www.faiencebondil.fr - à 173 m.

DIGNE-LES-BAINS

SAVEURS ET COULEURS

Dans cette boutique, Annick et Rose-Marie présentent leur sélection de produits régionaux, de bouche comme de décoration. Vous y trouverez donc de quoi rapporter dans votre valise quelque souvenir gourmand de la région, une bonne bouteille, un savon parfumé à la lavande...

7 bd Gassendi - 04 92 36 04 06 - saveurs-couleurs.fr - à 50 m.

SISTERON

RICHAUD ET BADET

Ne passez surtout pas à côté du fleuron culinaire de Sisteron, les pieds et paquets (spécialité à base de pieds d'agneau et de panses farcies accompagnés d'une sauce tomate et d'herbes), dont la recette se transmet depuis plusieurs générations dans cette entreprise familiale, reprise depuis 1989 par un ancien ouvrier de la maison.

7 allée des Chênes - parc d'activités Val-Durance - 04 92 61 13 63. - à 387 m.

M. Cavalier/hemis.fr

La boutique des faïences Bondil, à Moustiers

GRENOBLE

CHRISTIAN BOCHARD

M. Bochard est inventeur de chocolats, et ses modèles et marques les plus originaux sont déposés. Il en va ainsi du Mandarin, une demi-clémentine confite associée à une crème au chocolat parfumée au Grand Marnier. Glaçon de Chartreuse, Glacier de Sarennes... Un régal!

5 pl. de l'Étoile - 04 76 43 02 23 - www.chocolaterie-bochard.com - à 84 m.

PRINCIPALES BORNES DE RECHARGE :

Nice :
34 bd Dubouchage (50 kW)

St-Étienne-de-Tinée :
R. des Communes-de-France (50 kW)

Mont-Dauphin :
765 rte de la Gare et N 94, à Eygliers (120 et 50 kW)

Briançon :
Champ-de-Mars (120 kW)
Carrefour Market (50 kW)

Col du Lautaret :
Face à la route du Galibier (22 kW)

Saint-Michel-de-Maurienne :
R. de la Curiaz (180 kW)

Saint-Jean-de-Maurienne :
332 av. du 8-Mai-1945 (50 kW)

L'ESSENTIEL ÉLECTRIQUE

L'itinéraire emprunte des routes de montagne, jalonnées de petits villages, et parfois de tronçons plus déserts. Les stations de charge sont de fait peu nombreuses. Mais, hormis entre St-Étienne-de-Tinée et Mont-Dauphin, et entre le col du Lautaret et St-Michel-de-Maurienne, où peu de bornes sont installées et aucune de charge rapide, vous trouverez régulièrement des bornes 22 kW ainsi que, dans les villages importants, de plus puissantes.

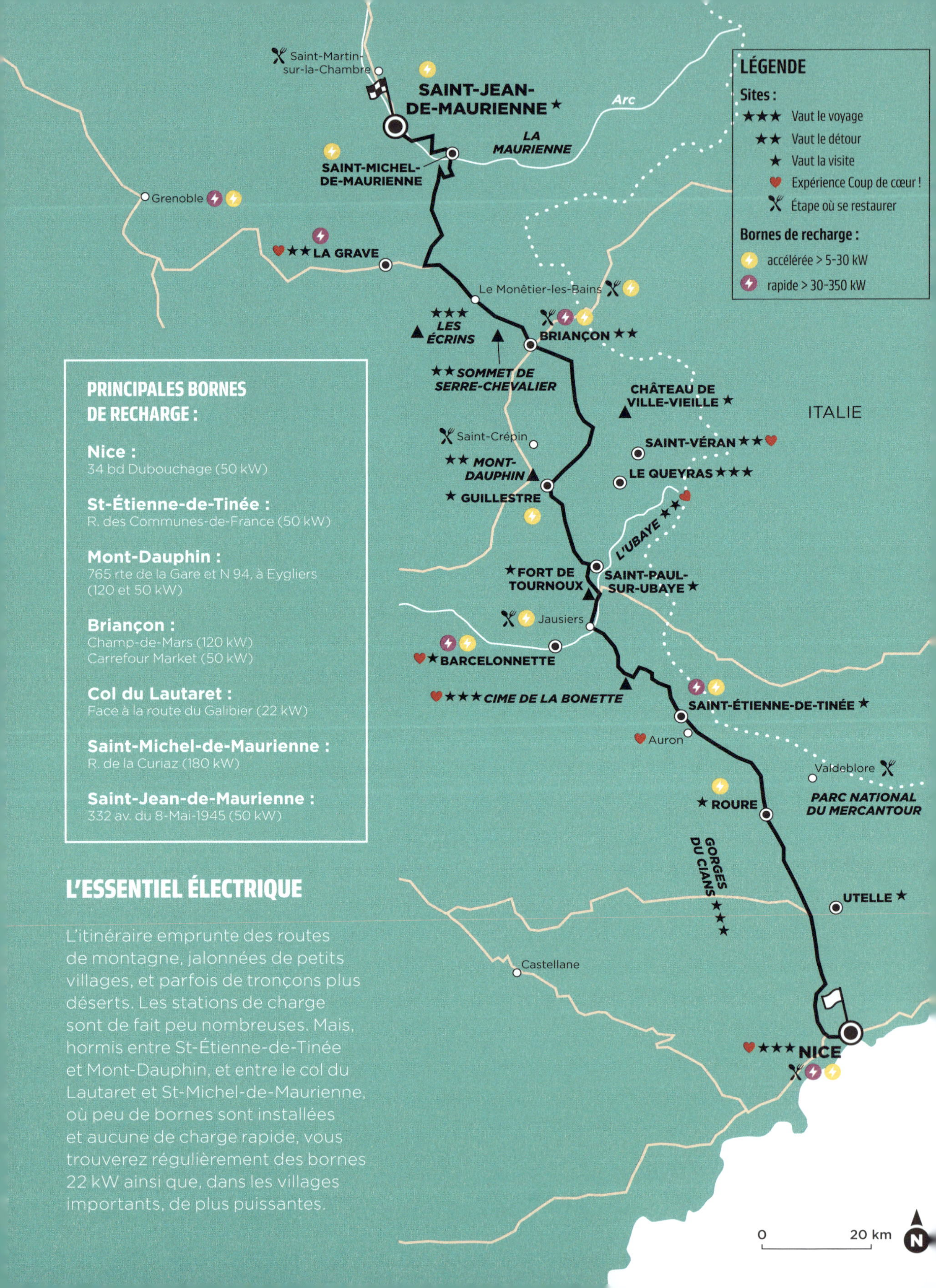

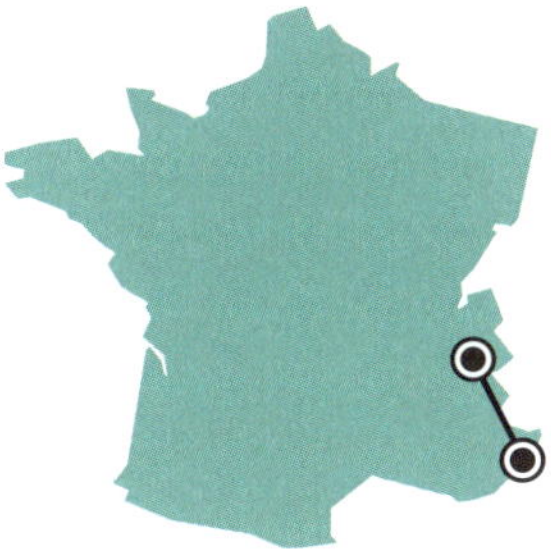

DISTANCE : 350 km
DURÉE : 4 jours
DÉPART : Nice
ARRIVÉE : St-Jean-de-Maurienne

PRINCIPALES ÉTAPES :
Utelle
St-Étienne-de-Tinée
Col de la Bonette
Barcelonnette
Mont-Dauphin
Briançon
Col du Galibier

NICE
SAINT-JEAN-DE-MAURIENNE

Les Alpes méridionales

Piquez une dernière tête dans la Grande Bleue avant de partir à l'assaut des massifs alpins, sauvages, au fil de petites routes de montagne. S'enchaînent alors dans une variation de roches, de couleurs et de végétation, les villages perchés, les panoramas grandioses et les cols mythiques. Les paysages méridionaux s'estompent à mesure de la progression dans le Parc national du Mercantour et l'Ubaye. Ils laissent place aux hauts sommets du Queyras, des Écrins et de la Maurienne, couverts en partie de neige éternelle.

Côté saveurs

Toute la richesse d'une cuisine assaisonnée à l'huile d'olive et aux herbes aromatiques qui, petit à petit, intègre les fromages des estives. On passe des petits farcis niçois aux tourtons de pommes de terre et de tomme fraîche avant de s'attabler devant une fondue, une tartiflette… Sans oublier la tarte aux myrtilles !

Andrew_Mayovskyy/Getty Images Plus

Route du col de la Bonette.

CARNET DE ROUTE

SE RÉGALER

TROYES

CLAIRE & HUGO
À 1,5 km du centre-ville. Un jeune couple autodidacte et passionné est à la tête de ce restaurant doté d'un décor sobre en matériaux bruts. Le lieu est également une boulangerie-épicerie ouverte sur une plaisante terrasse et un jardin intérieur (dont une serre à agrumes). Les produits, à 95 % bios, inspirent des préparations saines, savoureuses et équilibrées proposées au travers d'un menu unique.
77 av. du Gén.-Gallieni - Ste-Savine - ✆ 09 73 14 18 69 - www.claireethugo.fr - à 214 m.

LE PETIT BASSON
Le chef Yann Caputo aime les légumes : non seulement il les cultive dans un potager, mais il en porte également tatoués sur le bras... Pas étonnant qu'il parle de sa jeune pousse de maison comme d'un « bistrot de jardin », même s'il cuisine aussi les viandes (et uniquement les poissons sauvages). Le menu déjeuner à prix doux est une aubaine. Le soir, carte avec produits plus nobles (langoustines, bar sauvage...) toujours accompagnés des légumes du jardin. Charmante déco lambrissée et nature.
4 r. de la Madeleine - ✆ 03 25 41 92 44 - à 120 m.

PEIGNEY (LANGRES)

LES VOILIERS
Cet établissement au bord du lac de la Liez, à 4 km de Langres, bénéficie d'un emplacement idéal. Cuisine raffinée, dans une salle sobre et moderne, ou en terrasse face au lac durant les beaux jours.
1 r. des Voiliers - Lac de la Liez - 4 km à l'est de Langres - ✆ 03 25 87 05 74 - lesvoiliers.fr - à 50 m.

BESANÇON

LE SAINT CERF
Ce bistrot contemporain au cadre agréable propose une cuisine mâtinée d'influences diverses, dont des touches asiatiques, maîtrisée de bout en bout, sans ostentation, et goûteuse. Ajoutez à cela une tendance affichée au « nature » (saisonnalité, produits), saupoudrez de plats végétariens et vous obtenez une valeur sûre du renouveau bisontin.
1 r. Megevand - ✆ 03 81 50 10 20 - www.facebook.com/lesaintcerf - à 150 m.

LOISEAU DU TEMPS
Dans un ancien grenier à blé du 18e s., cette salle sous ogives agrémentée de touches contemporaines accueille le dernier-né du groupe Bernard Loiseau. La cuisine fait la part belle aux produits et recettes de la Bourgogne-Franche-Comté : truite du Jura en gravlax, escargots et coulis de persil, volaille Gaston Gérard... Le tout est cuisiné avec gourmandise et présenté avec soin.
Pl. de la Révolution - ✆ 03 81 48 64 05 - www.bernard-loiseau.com - à 240 m.

ARC-ET-SENANS (PORT-LESNEY)

MAISON ROSELLA PAR FRANCESCO DI MARZIO ✿
À 6 km d'Arc-et-Senans, au sein du château-hôtel de Germigney. Le chef italien Francesco Di Marzio, qui a travaillé dans des maisons multi-étoilées partout dans le monde (et surtout auprès d'Anne-Sophie Pic), préside désormais aux agapes dans cette salle au décor plutôt sobre. Dans l'assiette, toujours impeccablement dressée, l'expérience internationale et le bagage technique du chef affleurent à chaque plat
Château de Germigney, 31 r. Edgar-Faure - ✆ 03 84 73 85 85 - chateaudegermigney.com - à 10 m.

ARC-ET-SENANS (MOUCHARD)

LE COMPTOIR KOKAGUÉ
Entre Arc-et-Senans et Salins-les-Bains, une adresse jurassienne improbable dans un village grand comme un mouchoir proposant une cuisine franco-japonaise à base de produits du Jura! Dans une salle passe-partout, on voyage entre produits du terroir et préparations nippones.
8 r. Léopold-Alixant - ✆ 06 80 61 75 48 – www.facebook.com/lecomptoirkokague.

GEX

LA TABLE DE LA MAINAZ
Au col de la Faucille, entre bassin genevois et Haut-Jura, cette institution régionale offre une bien jolie vue sur le Mont-Blanc et le lac Léman depuis sa salle à manger contemporaine. On y déguste une agréable cuisine dans l'air du temps, autour de menus surprise élaborés avec de beaux produits : omble chevalier, turbot, ris de veau... Carte plus abordable au Panorama, l'autre table de la maison.
Rte du Col de la Faucille, lieu-dit La Mainaz - ✆ 04 50 41 31 10 - www.la-mainaz.com - à 880 m.

GENÈVE

CHEZ PHILIPPE
Philippe Chevrier, du domaine de Châteauvieux, est à l'initiative de cet immense steakhouse à la new-yorkaise. Ambiance décontractée, viandes rassies de la boucherie du Molard, poissons de petit bateau, cuissons au charbon de bois, cheesecake dans les règles de l'art et carte de vins étoffée... Un coup de cœur.
Passage des Lions, 8 r. du Rhône - ✆ +41 22 316 16 16 - chezphilippe.ch - à 270 m.

IL LAGO ✿
Dans ce palace mythique – le premier hôtel ouvert à Genève en 1834 – orné d'un superbe décor de pilastres et de scènes peintes, ce

restaurant introduit à la dolce vita dans ce qu'elle a de plus chic. L'équipe de cuisine propose une gastronomie transalpine, voire méditerranéenne, dans tout son raffinement. Parfums, subtilité, légèreté... À découvrir!

33 quai des Bergues - ✆ +41 22 908 71 10 – www.fourseasons.com - à 290 m.

SE LOGER

TROYES

LA LICORNE HÔTEL & SPA TROYES MGALLERY

Le premier 5-étoiles de Troyes s'est installé dans l'ancienne gendarmerie, bel édifice du 18e s. situé face au canal de la Seine et rénové en limitant l'impact environnemental. La décoration intérieure est signée Laurent Mangoust et comprend un grand spa (piscine, sauna, hammam, fitness, etc.). Petit-déjeuner en circuit court. Navette électrique à disposition.

20 bis quai Dampierre - ✆ 01 87 21 37 58 - www.lalicorne-hotelspa.com - à 260 m.

LANGRES

CHAMBRES D'HÔTE LE BELVÉDÈRE DES REMPARTS

Loren et Eglys Elliott ont restauré cette maison de maître, dans une petite rue calme à l'entrée de Langres et tout près du centre-ville. Cinq chambres spacieuses et confortables. Derrière la maison, un jardin et sa piscine permettent de goûter la quiétude du lieu en contemplant les remparts de la ville et l'immensité du plateau de Langres.

Le Belvédère des Remparts - 33 r. Lombard - ✆ 03 25 87 09 71 - www.lebelvederedesremparts.com - à 260 m.

MONCLEY

CHÂTEAU DE MONCLEY

À 15 km au nord-ouest de Besançon. Chambres d'hôtes haut de gamme dans les communs d'un magnifique château néoclassique de la fin du 18e s. Salles de bain très modernes, matériaux de qualité, décoration raffinée font écho à l'architecture et au décor de la demeure. Possibilité de repas. *p. 286.*

Moncley - ✆ 06 16 91 06 20 - www.chateaudemoncley.fr

Thierry Sauvage/La Licorne Hotel & Spa

Troyes, La Licorne Hôtel & Spa.

BESANÇON

LE SAUVAGE

Cet ancien couvent du 19e s. abrite désormais un charmant hôtel à la personnalité unique. Grand confort - les clarisses en seraient sans doute émues -, non seulement dans les chambres et suites mais également dans le spa. Belles vues sur la citadelle et la rivière. Bonne table.

6 r. du Chapitre - ✆ 03 81 82 00 21 - www.lesauvage-besancon.fr - à 370 m.

ARC-ET-SENANS

HÔTEL DE LA SALINE ROYALE

Un cadre somptueux inscrit sur la liste du Patrimoine mondial, des chambres confortables aménagées par l'architecte Jean-Michel Wilmotte et la chance, rare, d'être, soir ou matin, quasiment seul sur le site. Vous pourrez notamment visiter les jardins éclairés, en hôte privilégié, à la nuit tombée. *p 287.*

Grande-Rue - ✆ 03 81 54 45 17 - salineroyale.com - à 970 m.

DIVONNE-LES-BAINS

GRAND HÔTEL DOMAINE DE DIVONNE

Non loin du casino, mais isolé dans son parc, ce grand hôtel historique propose 133 chambres et suites : équipement haut de gamme, grand confort et décoration de style.

Av. des Thermes - ✆ 04 50 40 34 34 - www.domainedivonne.com - sur place.

ICI ET PAS AILLEURS

BESANÇON

MONTRES PÉQUIGNET

Manufacture de haute horlogerie française depuis 50 ans, labellisée Entreprise du patrimoine vivant.

3 r. Moncey - ✆ 03 81 87 02 42 - pequignet.com - à 152 m.

LA FERTÉ

COOPÉRATIVE FRUITIÈRE DE LA FERTÉ

Une coopérative fruitière de comté, fondée en 1930, à 10 km d'Arc-et-Senans.

19 r. Principale - ✆ 03 84 37 58 09 - www.fromagerie-laferte.fr

Les gorges du Cians ★★★

Bornes à Touët-sur-Var et à Beuil, aux extrémités des gorges.

Le parcours emprunte la belle vallée de la Tinée tapissée de châtaigniers et de mélèzes, mais il est aussi possible de prendre un itinéraire *bis* à partir de Malaussène pour se glisser dans les splendides gorges du Cians. La rivière a taillé dans les schistes rouges puis le calcaire, parfois en forme de voûte, un défilé abrupt parmi les plus beaux des Alpes, façonnant une singulière galerie de sculptures naturelles. En 25 km seulement, elle descend de 1600 m en paliers successifs. Phénoménale, sa force érosive est décuplée au moment des crues. Tout simplement magnifique!

PARC NATIONAL DU MERCANTOUR

Créé en 1979 pour protéger une nature exceptionnelle, le Parc du Mercantour (p. 259) s'étage entre 490 et 3143 m d'altitude. Plus de 2000 espèces de plantes, 74 de mammifères et 194 d'oiseaux y évoluent en toute liberté. Ses 600 km de chemins balisés offrent ainsi le loisir d'apercevoir cette riche flore et cette faune sauvage, notamment chamois, mouflons, bouquetins et aigle royal.

Roure ★

Dans la rue principale.

Haut perché dans un rude cadre montagneux, Roure domine la vallée de la Tinée. Le village a conservé une atmosphère hors du temps avec ses maisons en pierre, ses toits de schiste grenat, son four à bois et son lavoir. Les petites ruelles bordées de jardins et les canaux où murmure l'eau vive lui donnent un charme auquel on ne résiste pas. Vous pourrez aussi profiter des journées à thème de l'arboretum (balade en raquette,

Les gorges du Cians.
Rudolf Ernst/Getty Images Plus

journée des oiseaux, brame du cerf…), vivante occasion d'apprécier la nature environnante.

Saint-Étienne-de-Tinée ★

R. des Communes-de-France (50 kW) ou 24 bd Victor-de-Cessole.

Fièrement ancré dans ses traditions, le village s'épanouit au creux de hautes montagnes dont certaines culminent à près de 3000 m. Façades pastel, chapelles aux fresques étonnantes, cadrans solaires… : son patrimoine ne manque pas d'intérêt.
En été, St-Étienne-de-Tinée marque le point de départ pour le col de la Bonette et de fabuleuses randonnées, tandis qu'en hiver, son petit domaine skiable est relié par téléphérique à la station d'Auron. De quoi varier les plaisirs.

Les montagnes en VAE ♥

Adventmount Sport 2000 - Auron - 04 93 23 00 23 - www.location-vtt-auron.com.

Le domaine skiable d'Auron-St-Étienne-de-Tinée se transforme à la belle saison en Bike Park. Sautez sur l'occasion et enfourchez votre vélo pour dévaler les 14 pistes de descente et emprunter les 4 circuits VAE (vélo à assistance électrique). Vous évoluerez dans un cadre naturel grandiose.
Les plus endurants longeront les crêtes, bénéficiant ainsi d'un vaste panorama à couper le souffle. Entre deux descentes, n'hésitez pas à faire un saut à la chapelle St-Érige d'Auron, rare sanctuaire à répit, au beau décor peint.

La Cime de la Bonette ★★★ : un pur ciel étoilé ♥

30mn AR à pied.

Le sommet de la Bonette, situé à 2860 m, est un site incroyable ! Nulle part ailleurs vous n'atteindrez cette altitude en ne grimpant que 60 m de dénivelé à partir de votre véhicule.
Vous y découvrirez un panorama saisissant, ultra-minéral, sur le Queyras, le mont Viso, l'Ubaye, le massif du Pelvoux, le haut Verdon, les Préalpes de Digne…
Essayez d'y être au lever ou au coucher du soleil car le jeu des ombres magnifie les paysages. Et la nuit, la faible pollution lumineuse laisse s'épanouir un ciel criblé d'étoiles.

L'UBAYE ★★

Il y a un siècle, cette vallée reculée était coupée du reste de la France. Seuls de périlleux chemins muletiers permettaient de franchir, entre des sommets à la silhouette étrange, les cols tardivement enneigés. À l'Ubaye d'aujourd'hui, ce rude passé a légué une nature intacte, paradis de la randonnée, du ski et des sports d'eaux vives.

Barcelonnette ★

Pl. du Prés.-Paul-Reynaud ou au supermarché, r. du Dr Pierre-Groues (180 kW).

Cette petite ville montagnarde campe au carrefour de la Provence, du Dauphiné et de l'Italie, position favorable au commerce et aux

Barcelonnette.

F. Chaput/hemis.fr

STRASBOURG ★★★

Siège du Parlement européen et du Conseil de l'Europe, Strasbourg est l'une des deux « capitales » européennes. Ville d'avant-garde depuis le Moyen Âge, elle a réussi le pari de l'esthétique et de la protection de l'environnement, grâce au choix du tramway et des pistes cyclables. Au cœur de l'Alsace, Strasbourg concentre enfin tout ce que la région compte de spécialités gastronomiques réputées: foie gras, vins, chocolat et eaux-de-vie attirent les « fines gueules » du monde entier.

La rue Mercière et la cathédrale Notre-Dame.
© R. Mattes/hemis.fr

La ville dispose d'un patrimoine architectural exceptionnel, avec la cathédrale Notre-Dame et ses magnifiques fresques bibliques, le quartier médiéval de la Petite France, à parcourir à pied ou en bateau, ou encore la Neustadt, étonnant quartier allemand, la Krutenau, ancien faubourg des bateliers, et le quartier européen, moderne. Elle offre aussi des musées d'une variété et d'une richesse incomparables: musées du Palais Rohan, Musée historique, musée d'Art moderne et contemporain, musée Vodou...

Pour le centre-ville, garez-vous 5 quai St-Thomas (150 kW); pour la Neustadt, garez-vous pl. de la République.

Strasbourg à vélo ♥

Réservation sur le site web - discoverstrasbourg.fr - 06 83 35 55 17.

Strasbourg, capitale française du vélo, est une vaste agglomération, aux quartiers nombreux et variés. Pour une vue d'ensemble, la « petite reine » est donc tout indiquée. Laissez-vous guider par Pierre, sympathique Strasbourgeois qui connaît sa ville sur le bout des doigts... ou des roues. Il peut même, à votre demande, personnaliser votre balade, selon vos goûts, vos envies du moment, la saison et les événements locaux: plutôt art médiéval, gastronomie, architecture contemporaine, institutions politiques européennes, rues pittoresques, ou tout cela à la fois? Demandez, votre city tour à vélo sera cousu sur mesure.

Cathédrale Notre-Dame ★★★

Pl. de la Cathédrale - 03 88 32 75 78 - www.cathedrale-strasbourg.fr
Quai St-Thomas (150 kW).

Édifiée à partir de 1015 en grès rose des Vosges, inscrite sur la liste du Patrimoine mondial de l'humanité en 1988, la cathédrale en impose: par sa façade qui surgit dans l'axe de la rue Mercière et par sa flèche toute de grâce et de légèreté, par la richesse de son portail, la beauté de ses vitraux qui forment un des plus grands ensembles d'Europe pour l'art gothique. La cathédrale, c'est aussi une incroyable horloge astronomique, et la promesse d'une vue panoramique sur la ville depuis la plate-forme qui surmonte la façade. Sans oublier le musée de l'Œuvre Notre-Dame, qui expose une remarquable collection de sculptures, et détaille l'histoire du monument.

© D. Bringard/hemis.fr

« À Mulhouse, l'art de la friche post-industrielle

Longtemps capitale de l'innovation industrielle, la « Petite Manchester de l'Est » voit l'effondrement de son industrie dans les années 1970. Mulhouse a pourtant fait le choix de ne pas renier ce passé, mais au contraire de valoriser un patrimoine d'exception et une mémoire encore très vive. Regard sur un modèle original, dans l'ADN mulhousien.

La SIM, précurseure en la matière

Actrice omniprésente dans l'histoire de la ville, la Société industrielle de Mulhouse (SIM) est née en 1826 de la volonté de 22 jeunes industriels mulhousiens de fédérer les entrepreneurs du territoire, de partager les découvertes et connaissances, et de jouer un rôle social et philanthropique, mais aussi culturel et patrimonial : c'est la SIM qui en 1857 crée le musée du Dessin industriel (il deviendra le musée de l'Impression sur étoffes que l'on connaît) dans un esprit d'émulation et de conservation.

Déclin et renaissance

Avec la crise économique des années 1970, ce sont des quartiers entiers de la ville qui se dévitalisent et sont abandonnés. Des dizaines d'hectares de sites industriels se transforment en friches. Alors, plutôt que de raser, et donc d'effacer la mémoire industrielle, les collectivités compétentes ont fait le choix dès les années 1990 de la réhabilitation.

Une réussite exemplaire, qui se décline sur plusieurs sites, dont deux emblématiques, à découvrir *in situ*.

Le quartier de la Fonderie

Resté vacant après la fermeture de la SACM (Société alsacienne de constructions mécaniques), où furent fabriquées les premières locomotives françaises dans les années 1840, ce site réhabilité abrite notamment une annexe de l'université, le centre d'art contemporain de la Kunsthalle, et le KMØ, lieu d'innovation dédié à la mutation numérique de l'industrie.

DMC, un nouveau quartier innovant

La transformation du site de l'entreprise Dollfus-Mieg et Compagnie (DMC), témoin de l'aventure industrielle textile du 19e s., est un autre projet d'envergure pour Mulhouse : 13 ha en pleine ville, et 110 000 m² de bâtiments industriels emblématiques à transformer ! C'est un nouveau quartier urbain qui naît là depuis 2007. Un quartier centré sur les arts visuels et l'économie créative (incluant notamment Motoco, une ruche de 140 artistes), qui se veut aussi laboratoire de la ville durable et incubateur des économies émergentes. »

p. 302

Mulhouse, rue du Runtz, emplacement de l'ancienne laiterie Schmitlin, fresque de Christian Geiger (1991).

La Fonderie, ancien quartier industriel de Mulhouse. © D. Bringard/hemis.fr

Moment intense

Les routes de la Bonette ★★ et du Galibier ★★★

Citée comme « la plus haute route intervallées d'Europe », entre la Tinée et l'Ubaye, la route de la Bonette entretient le souvenir d'un ancien chemin muletier. Chaque été, la fonte des neiges dégage son accès. Elle offre, au fil de ses lacets qui serpentent sur 50 km, de superbes points de vue à mesure que la forêt, puis les vertes prairies laissent place à un paysage rocailleux de haute altitude.

Pas de borne de charge entre St-Étienne-de-Tinée et Jausiers.

La route du Galibier, ouverte en été uniquement, relie le Briançonnais à la Maurienne. Deuxième temps fort de l'itinéraire, elle emprunte trois cols - Lautaret, Galibier et Télégraphe - et ménage des points de vue magnifiques sur les glaciers des Écrins, que vous laissez derrière vous, au sud, et les sommets enneigés de la Vanoise qui se profilent au nord. Sur la route, les tables d'orientation et l'église au décor baroque de Valloire méritent une halte.

Pas de borne de charge entre le col du Lautaret et St-Michel-de-Maurienne.

Le glacier de la Meije, dans le Parc national des Écrins.

donnent tout son charme, et ses cadrans solaires. Situé 900 m plus haut, l'observatoire est uniquement accessible par les crêtes ou par la piste (comptez 4h).
À l'arrivée, quel émerveillement et quel programme ! Observation du soleil en fin de journée, nocturnes en extérieur et sous coupole, jusque tard dans la nuit, et au lever du soleil. Ultime récompense, vous apercevrez alors le fameux rayon vert qui, en montagne, est bleu !

LES ÉCRINS ★★★

Détrônés par le mont Blanc lorsque la Savoie devint française, les Écrins culminent à 4102 m. Plus secret et plus exigeant que son brillant rival, ce massif attire les amoureux de la haute montagne dans un cadre plus sauvage. Avec 100 km² de glaciers, des sommets aussi mythiques que celui de la Meije et plus de 700 km de sentiers, les Écrins frappent par leur démesure.

Briançon ★★

Parking du Champ-de-Mars (120 kw).

Idéalement situé, au carrefour des cinq vallées du Briançonnais et à proximité de l'Italie, Briançon a toujours été convoitée : jadis par les soldats, aujourd'hui, plus pacifiquement, par les touristes et les skieurs, qui accèdent directement aux pistes de Serre Chevalier depuis le centre-ville. À mille lieues de toute cette modernité sportive, la cité Vauban, auréolée de ses fortifications, classées au Patrimoine mondial de l'Unesco, conserve son allure de village médiéval, avec son dédale de ruelles étroites et ses jardinets.

Sommet de Serre Chevalier ★★

04 92 24 98 98 - www.serre-chevalier.com. Parking, r. du Téléphérique (boucle du Coolidge).

Accessible par la télécabine de Ratier puis par téléphérique, Serre Chevalier, le sommet du plus grand domaine de ski des Alpes du Sud, situé à 2483 m d'altitude, promet un superbe panorama sur l'Oisans (Pelvoux et les Agneaux) à l'ouest, les aiguilles d'Arves et le pic du Galibier au nord-ouest, la Vanoise (dent Parrachée) au nord et le Queyras (pic de Rochebrune) à l'est. Les plus courageux pourront même s'aventurer sur la tyrolienne géante, longue de 1100 m. Sensations fortes garanties !

Voyage au cœur d'un glacier ♥

Téléphérique des Glaciers de la Meije - pl. du Téléphérique - La Grave - ✆ 04 76 79 94 65 (caisses) - www.la-grave.com. 24 La Coinchette (50 kW).

Ce petit détour par La Grave, spot incontournable pour les passionnés d'alpinisme, vous entraîne à 3200 m d'altitude, sur le majestueux glacier de la Girose. Les vues depuis le téléphérique se révèlent déjà incroyables, mais là-haut, vous faites face à un panorama à couper le souffle sur la Meije, la plus célèbre des cimes des Écrins, et les dômes des plus hauts massifs des Alpes tels que la Vanoise et le mont Blanc. Puis glissez-vous au cœur du glacier, dans la grotte de glace mise en lumière. Troublant !

LA MAURIENNE

La Maurienne, aux larges plateaux, s'étire entre les Écrins et la Vanoise et attire randonneurs amoureux d'une montagne accessible, cyclistes défiant les cols mythiques et motards avides de routes sinueuses. Ce massif possède ses stations de ski, comme Valloire, mais est surtout réputé pour ces chapelles aux décors baroques implantées le long de la vallée de l'Arc.

L'Espace Alu à Saint-Michel-de-Maurienne ★

Pl. de l'Église - ✆ 04 79 56 69 59 - espacealu.fr. . Pl. de la Mairie.

L'aluminium savoyard a aussi son musée, qui réussit le tour de force de rendre passionnante l'histoire métallurgique en vallée de Maurienne, où jusqu'à six usines ont fabriqué le précieux métal au début du 20e s. Intéressante collection d'objets, notamment d'émouvants bijoux réalisés par les soldats de 1914-1918, à partir de l'aluminium récupéré sur les obus ennemis.

Les Aiguilles d'Arves, en Maurienne.

Saint-Jean-de-Maurienne ★

388 av. du Mont-Cenis.

St-Jean-de-Maurienne est le centre commerçant de la vallée. Si le départ de Péchiney au début des années 2000 l'a profondément meurtrie, elle manifeste un dynamisme certain et multiplie les initiatives pour gagner en attractivité : un musée Opinel rénové, un projet de réhabilitation du centre-ville, la création d'un label « Accueil vélo »... Par ailleurs, sa cathédrale abrite de magnifiques stalles en noyer sur les dossiers desquelles figurent des saints et des apôtres.

Mont Sainte-Odile ★★

D 109 / D 33 - Ottrott - ✆ 03 88 95 80 53 - www.mont-sainte-odile.com. Pas de borne de recharge.

Un million de touristes effectuent chaque année l'ascension du mont, pour faire un pèlerinage, admirer le panorama... ou percer le mystère du Mur païen. Personne n'est d'accord sur la date de construction de cette étrange muraille : 10e s. ou 1er av. J.-C., 7e s. de notre ère ? Aucune date assurée, mais une certitude : vous serez impressionné par l'ouvrage. Quant au monastère, il vaut autant par ses nombreuses chapelles (celle du Tombeau notamment) que par sa terrasse qui offre un splendide panorama sur la plaine d'Alsace.

Randonnée le long du Mur païen, au mont Sainte-Odile.

Les châteaux d'Ottrott

Ottrott - amchott.fr - ✆ 06 13 21 28 57. Pas de borne de recharge.

Le village d'Ottrott campe au pied du mont Ste-Odile. Il est célèbre pour ses beaux hôtels et son vin, le « rouge d'Ottrott ». Mais surtout, il peut s'enorgueillir de deux châteaux aux vestiges imposants, qui se dressent à 500 m d'altitude sur plateau de l'Elsberg : le Lutzelbourg, du 12e s., et le Rathsamhausen, du 13e s., plus vaste et plus orné, distants de 75 m environ. Des ruines de grès rouge impressionnantes, qui sont à découvrir en présence de l'équipe de restaurateurs bénévoles, présents et au travail sur le site les mardis matin et les samedis.

LA ROUTE DES VINS D'ALSACE ★★★

C'est la route œnologique et gastronomique la plus fameuse de France. Et l'une des plus anciennes, puisqu'inaugurée en 1953. Elle s'étire sur 170 km, du nord au sud, égrenant villages pittoresques, paysages de coteaux escarpés et villes alsaciennes de premier ordre. Une vraie route de vacances, à parcourir paisiblement.

Obernai ★★ en vélo électrique ♥

Location de VAE à l'office de tourisme : pl. du Beffroi - ✆ 03 88 95 64 13 - www.tourisme-obernai.fr. R. de l'Altau (à 1 km du centre-ville).

Étape incontournable sur la route des vins, Obernai possède un charme particulier qui émane de son centre médiéval et Renaissance. Tour des remparts, maisons anciennes aux toits polychromes, hôtel de ville néo-Renaissance et halles des années 1550 sur la place du Marché, puits aux Six Seaux (1579)... toute l'Alsace semble s'être concentrée ici ! En quelques coups de pédale, vous aurez sillonné les ruelles aux façades colorées et les placettes ornées de puits. Enjambez les douves ou passez la porte, et vous voici déjà dans la campagne. Votre vélo possède une autonomie en plaine de 80 km, cela vous laisse largement de quoi découvrir le vignoble, et rendre visite à quelques vignerons.

Le château du Haut-Koenigsbourg.

A. Chicurel/hemis.fr

Sélestat, art contemporain et culture humaniste ★

Borne de recharge rapide en périphérie : 3B r. de la Diligence, Intermarché Maison Rouge (120 kW).

Voilà une autre étape indispensable. Berceau du sapin de Noël, Sélestat est surtout connue pour le trésor que lui a légué la Renaissance, la Bibliothèque humaniste, l'une des plus riches, inscrite au registre de la Mémoire du monde par l'Unesco. La cité possède un remarquable centre historique, devenu aussi un musée à ciel ouvert d'art contemporain et de street art : Sarkis et Marc Couturier font partie des noms que vous croiserez. Biennale d'art contemporain et expositions temporaires du FRAC sont également au programme.

Château du Haut-Kœnigsbourg ★★

Orschwiller - 03 69 33 25 00 - www.haut-koenigsbourg.fr. Pas de borne.

Quittez la route des coteaux vignerons et partez à l'assaut du Kœnigsbourg. Le surprenant vaisseau de pierre est perché à près de 800 m sur un éperon de grès. Construit au 12e s., ce *burg* de 270 m de longueur permettait de surveiller les routes du vin, du blé et du sel. Depuis le Grand Bastion, on bénéficie d'un large panorama. Lors de votre visite, arpentez les nombreuses salles, cours, tours, passerelles et les étroits escaliers en colimaçon.

Dégustation des 7 cépages dans le vignoble de Ribeauvillé ♥

Terroir d'expressions - 06 87 47 59 77 - www.terroirdexpressions.com.
12 r. de l'Industrie.

Olivier Métral, ancien journaliste reconnu de la vitisphère, vous accompagne pour un circuit œnotouristique privé dans le vignoble de Ribeauvillé (3h). Au programme de cette balade exclusive et gourmande, la découverte des 7 cépages alsaciens, au cœur des parcelles, avec dégustations, commentaires et échanges. En prime, des panoramas de toute beauté et un véhicule avec chauffeur tout confort. Le vignoble alsacien en mode privatisé.

PRINCIPALES BORNES DE RECHARGE :

Grenoble :
117 r. des Alliés (50 kW)
49 r. Félix-Esclangon (100 kW)

Chambéry :
885 r. de la Martinière - Bassens (3 km à l'est du centre de Chambéry - 120 kW)
Supermarché Carrefour, 21 r. Centrale - Bassens (300kW)

Aix-les-Bains :
7 av. Daniels-Rops - Petit-Port (150 kW)
22 av. Daniels-Rops - Petit-Port (44 kW)

Annecy :
Parking, 8 r. de la Providence (50 kW)

Thonon-les-Bains :
12 r. de l'Europe (50 kW)

L'ESSENTIEL ÉLECTRIQUE

Les grandes villes de l'itinéraire sont assez bien pourvues en points de charge, tout comme la vallée du Grésivaudan. En revanche, Chambéry sera l'exception ; il faudra se rendre à proximité, à Bassens ou St-Alban-Leysse, pour trouver des bornes de 50 à 300 kW. Anticipez vos excursions au lac d'Aiguebelette, car seule une borne est disponible, et autour du lac du Bourget, surtout dans sa partie ouest et nord, ainsi que dans la zone entre Yvoire et Thonon-les-Bains (les bornes de recharge rapide se trouvent davantage vers Thonon, à Anthy-sur-Léman ou Margencel).

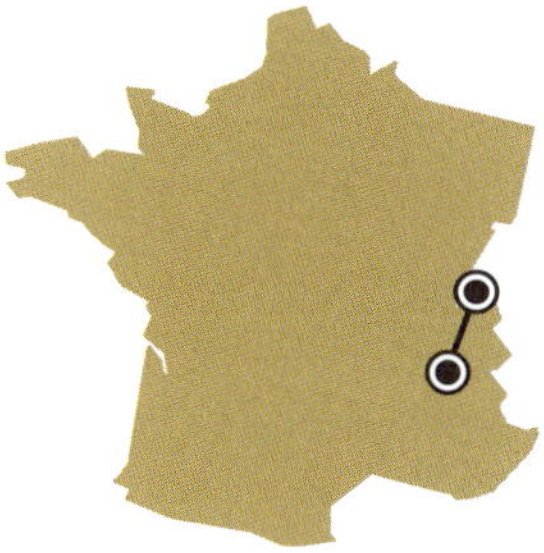

DISTANCE : 310 km
DURÉE : 3 jours
DÉPART : Grenoble
ARRIVÉE : Thonon

PRINCIPALES ÉTAPES :
Chambéry
Lac d'Aiguebelette
Lac du Bourget
Aix-les-Bains
Annecy

GRENOBLE THONON-LES-BAINS

Autour des lacs alpins

Glissez, dans votre valise, maillot de bain et appareil photo, puis parcourez les Alpes du Nord de lac en lac : Aiguebelette, Le Bourget, Annecy, Léman. Leurs eaux turquoise invitent aux plaisirs balnéaires et à la rêverie – en témoignent les poèmes d'Alphonse de Lamartine –, et reflètent les majestueuses montagnes aux sommets enneigés. Sur leurs rives, s'étendent Aix-les-Bains, Annecy, Thonon... villes thermales et de villégiature très appréciées des touristes, des curistes et des sportifs.

Côté saveur

La réputation culinaire des Alpes du Nord s'appuie essentiellement sur ses fromages tels l'abondance, le beaufort, le reblochon ou encore la raclette, qui s'invitent souvent fondus dans des spécialités roboratives. Pour les accompagner, les vins de Savoie, essentiellement blancs, se déclinent en trois AOP.

Ventdusud/Getty Images Plus

Reblochon.

Moment intense

La route des Crêtes ★★★

Elle court sur plus de 70 km, entre Ste-Marie-aux-Mines et Cernay, en équilibre sur les crêtes vosgiennes, à cheval sur les départements du Haut-Rhin et des Vosges. Offrant évidemment des panoramas fantastiques, et proposant de nombreuses escales passionnantes ou excitantes, entre lieux de mémoire et activités sportives : sommet du ballon d'Alsace à 1247 m, monument national du Hartmannswillerkopf, station d'altitude du Markstein, ou encore massif du Hohneck.

En hiver, la route est fermée en raison des chutes de neige. Renseignez-vous sur inforoute.alsace.eu.

le panorama s'étend au nord jusqu'au Donon, à l'est sur la plaine d'Alsace et la Forêt-Noire, au sud jusqu'au mont Blanc par temps favorable.

Dévaler les ballons en luge sur rail ♥

Route des Crêtes - Le Markstein - Lautenbach - ✆ 07 61 08 60 94 - www.lemarkstein.net. Pas de borne.

Amateurs de sensations fortes, laissez-vous tenter par la luge d'été, sur rail. Un parcours de 1,2 km sur les pentes des ballons d'Alsace, avec 70 m de dénivelé et 13 virages négociés à une vitesse de pointe de 40 km/h. Voilà de quoi procurer quelques frissons, dans un cadre d'une grande beauté !

Monument national du Hartmannswillerkopf ★★

Rte des Crêtes - Wattwiller - ✆ 09 71 00 88 77- www.memorial-hwk.eu. Pas de borne de recharge.

C'est sur cet éperon rocheux pyramidal que s'est déroulée l'une des batailles les plus emblématiques de la Première Guerre mondiale ; le site fait naturellement partie des 4 monuments nationaux de la Grande Guerre en sa qualité de nécropole nationale. Une crypte ossuaire pour plus de 12 000 soldats, une nécropole de 1256 tombes individuelles et un historial composent cet ensemble poignant. Puis on part au long du sentier scénographié à la découverte du champ de bataille (4,5 km), du monument aux Diables rouges (152e RI), pour déboucher enfin sur le plateau mémoriel où se dresse la « croix de la Paix en Europe ». Une seconde boucle mène jusqu'au rocher Panorama, où la vue est exceptionnelle.

Thann ★

Pl. Joffre (200 kW).

Ultime étape de la route des Vins, la ville est entourée du très renommé vignoble de Rangen, et abrite l'une des plus belles églises gothiques d'Alsace, la collégiale St-Thiébaut : son architecture gothique flamboyante (14e-début 16e s.) est remarquable, notamment le portail de la façade ouest et le chœur éclairé par huit belles verrières du 15e s., la principale richesse de la collégiale étant ses 51 stalles en chêne du 15e s.

MULHOUSE ★★

Mulhouse, cité industrielle (p. 295), a su mettre en valeur son incroyable patrimoine : de la Cité de l'Automobile à la Cité du Train en passant par le musée de l'Impression sur étoffes, Électropolis et le musée du Papier peint, tous ces lieux méritent une visite prolongée.

L'autre visage de Mulhouse, c'est celui du centre-ville avec ses maisons anciennes et ses façades peintes (dans le genre, l'hôtel de ville est unique en France), les vitraux du temple St-Étienne, le Musée historique, ou encore le Nouveau Quartier et ses belles arcades de 1827.

Pour le centre-ville, parking Indigo Mulhouse Gare Bâle, r. Zuber (300 kW).

D. Zylberyng/hemis.fr

La Cité du Train : la locomotive électrique BB9004, record du monde de vitesse en 1955 (331km/h).

Piloter une Citroën Traction de 1955 ♥

Musée national de l'Automobile - 17 r. de la Merzau - ✆ 03 89 33 23 21 - www.musee-automobile.fr. Réservation de la séance de pilotage sur www.myclassicautomobile.com. Pas de borne.

Envie d'une expérience automobile inédite? Sur la piste (autodrome) du musée national de l'Automobile, prenez le volant d'un véhicule de prestige, ou d'une vénérable Traction Avant, et tentez la conduite sport ou collection. Un moment inoubliable, avant ou après la visite du musée national, qui conserve la plus belle collection d'automobiles au monde (quelque 450 voitures d'exception).

Cité du Train ★★★

2 r. Alfred-de-Glehn - ✆ 03 89 42 83 33 - www.citedutrain.com. Borne de recharge rapide (120 kW) chez Lidl, r. de Thann à 1,5 km.

Le plus grand musée ferroviaire d'Europe, créé par la SNCF, présente l'histoire du train dans des scénographies travaillées. Du siècle d'or du chemin de fer (1844-1960) jusqu'à nos jours, vous verrez l'évolution des techniques, et celle du confort à bord. Grimpez dans une voiture Pullman de 1926, ou dans un wagon de 4e classe de la compagnie d'Alsace-Lorraine, et découvrez une cabine de pilotage de TGV.

Assister au montage d'une automobile sur les lignes de l'usine Stellantis ♥

Réservation à l'office de tourisme : ✆ 03 89 35 48 48 - www.tourisme-mulhouse.com. Adresse fournie au moment de la réservation. - sur place.

Véritable ville dans la ville, l'emblématique usine Stellantis Sausheim vous ouvre sa très confidentielle Unité terminale : emboutissage, ferrage et montage. De ces lignes de production, sont sorties notamment les DS 4 et DS 7. Une visite guidée passionnante, pour assister en direct à la naissance d'une voiture. Visite soumise à des règles de confidentialité et de sécurité.

Parapentes à Saint-Hilaire-du-Touvet.

Baptême de parapente ♥

Prévol Parapente - 14 chem. du Funiculaire - St-Hilaire - Plateau-des-Petites-Roches - 04 76 08 38 71 - www.prevol.com.
104 rte des Trois-Villages.

Sa situation privilégiée, 700 m au-dessus de la vallée du Grésivaudan, a fait de St-Hilaire le haut lieu du parapente. C'est donc un site rêvé pour entreprendre un vol en biplace. Ouvrez vos mirettes et détendez-vous pour profiter de l'expérience, de la vue sur la Chartreuse et Belledonne, et peut-être prendre les commandes !

CHAMBÉRY ★★

Le fier passé de Chambéry s'incarne dans la puissante silhouette du château, ancienne demeure des seigneurs de Chambéry puis des comtes et ducs de Savoie, et dans les nombreux édifices de toute époque et d'un riche intérêt architectural qui parsèment la vieille ville, cœur battant et animé de la cité.

Pour visiter Chambéry, garez-vous 79 fbg Maché, à côté du château.

Vieille ville ★★

Assez restreinte et piétonne, la vieille ville se parcourt à pied au fil des « allées » qui, à l'instar des traboules lyonnaises, assurent la liaison entre les rues à travers les pâtés de maisons. Ne manquez pas les rues Bonivard, Juiverie et Basse-du-Château, les plus emblématiques, ni la rue Boigne, bordée de « portiques » à la mode transalpine. La grande place St-Léger et la rue Croix-d'Or laissent voir les façades de quelques beaux hôtels particuliers. La cathédrale métropolitaine St-François-de-Sales abrite un impressionnant décor en trompe-l'œil. Autre curiosité, la fontaine des Éléphants est le point de ralliement des Chambériens.

Musée savoisien

Pl. Métropole - 04 56 42 43 43 - www.musee-savoisien.fr.

Cet ancien couvent de Franciscains abrite une riche collection en lien avec la Savoie. Peintures, affiches, objets de prestige ou du quotidien, documents historiques, films, maquettes ou jeux, vous emmènent dans un voyage à travers l'histoire géopolitique, économique, politique et culturelle du territoire savoyard, du paléolithique à nos jours.

Rotonde ferroviaire ★

731 chemin de la Rotonde - ✆ 04 79 33 42 47 - visite guidée sur réserv. sur www.grandchambery.fr. Parking Cassine gare, 268 chem. de la Cassine, à 850 m.

Ce bâtiment circulaire, construit au début du 20e s., déploie une impressionnante charpente métallique articulée de type Eiffel. Il s'étend sur 110 m de diamètre et sert encore de remise et de local technique pour les locomotives. En son centre, un pont tournant dessert 36 voies rayonnantes. La visite présente le site, unique en France, et la première locomotive électrique (1929) de la société Paris-Lyon-Méditerranée.

LAC D'AIGUEBELETTE ★

Parking situé devant Vertes Sensations.

Belle émeraude sertie dans le dernier chaînon jurassien, le lac d'Aiguebelette, troisième lac naturel de France, est un site protégé et préservé de toute pollution industrielle, urbaine ou sonore. On peut y pratiquer les sports nautiques, comme l'aviron ou le paddle, la pêche et profiter des sept plages qui le bordent.

Stand up paddle sur des eaux pures ♥

Vertes Sensations - 405 rte d'Aiguebelette - Nances - ✆ 06 50 69 77 08 - www.vertessensations.com.

Dans le plus grand calme – les bateaux à moteur thermique sont interdits –, avec juste le bruit de la pagaie qui fend l'eau, vous longez les falaises escarpées, traversez des roselières, avant d'atteindre le passage secret entre deux minuscules îles situées au sud du lac. Vous glissez alors en silence en observant les hérons, les canards et les grèbes huppés dont le toupet semble coiffé avec du gel.

LAC DU BOURGET ★★

Les eaux miroitantes du plus grand lac naturel de France reflètent les massifs arborés qui l'entourent. Chacune de ses rives possède son caractère propre. En effet, quoi de commun entre les mâts entremêlés du port d'Aix-les-Bains et la vaste peupleraie de la Chautagne ? Cependant, il y règne un même climat d'une grande douceur et une même langueur, qui séduisirent Lamartine et, depuis, randonneurs, cyclistes et navigateurs.

Belvédère de la chapelle Notre-Dame-de-l'Étoile ★★

En contrebas du village de La Chapelle-du-Mont-du-Chat. Pas de borne de charge.

Le site offre une l'une des plus belles vues sur le lac en contrebas et son cadre montagneux. Du bout du parking, on aperçoit la moitié nord avec Aix-les-Bains, la courbe harmonieuse de la baie de Grésine et le Grand Colombier. En arrière de la dépression verdoyante de l'Albanais s'allonge la

En paddle sur le lac du Bourget.

Vojaje/Getty Images Plus

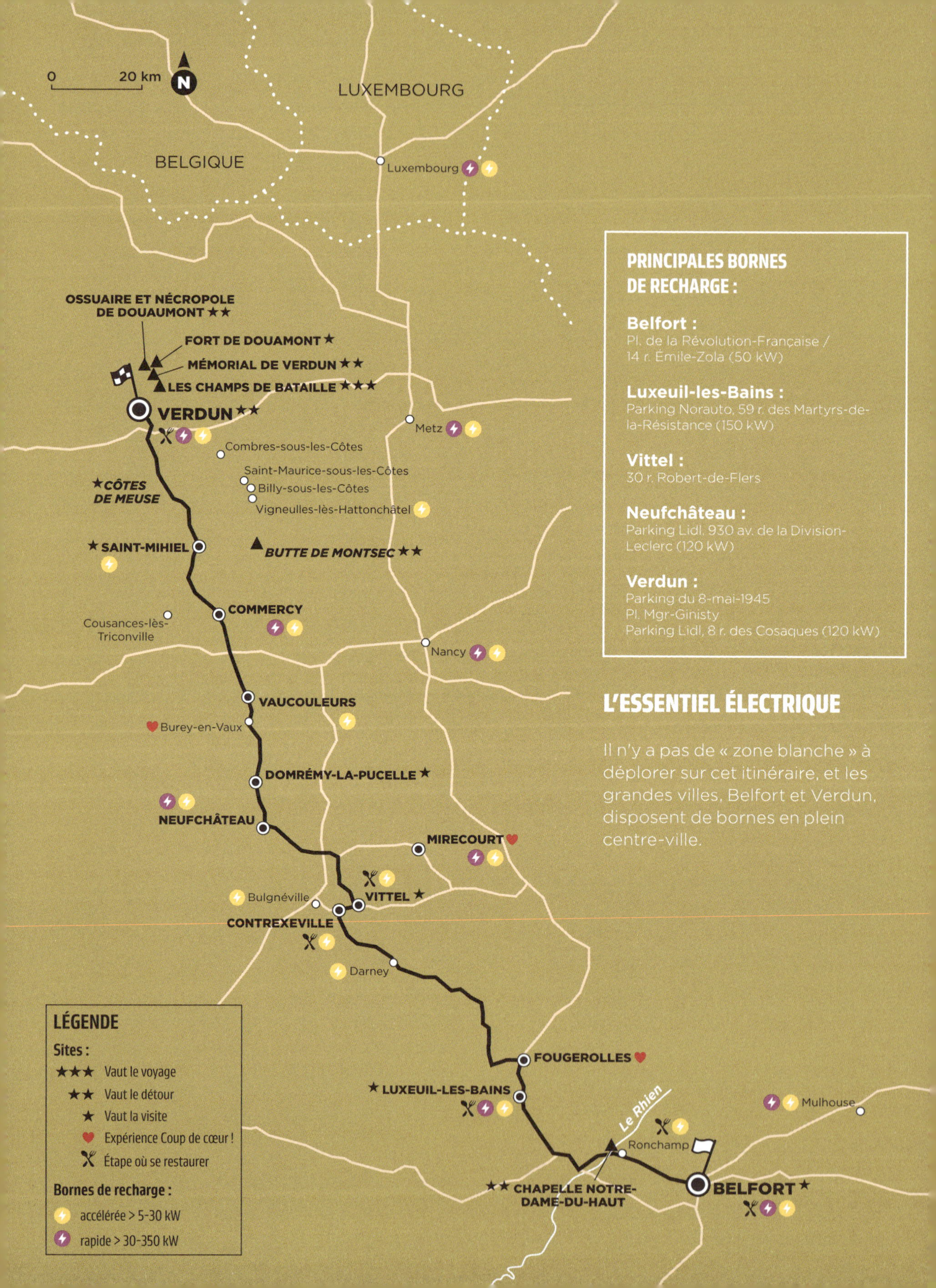

PRINCIPALES BORNES DE RECHARGE :

Belfort :
Pl. de la Révolution-Française / 14 r. Émile-Zola (50 kW)

Luxeuil-les-Bains :
Parking Norauto, 59 r. des Martyrs-de-la-Résistance (150 kW)

Vittel :
30 r. Robert-de-Flers

Neufchâteau :
Parking Lidl, 930 av. de la Division-Leclerc (120 kW)

Verdun :
Parking du 8-mai-1945
Pl. Mgr-Ginisty
Parking Lidl, 8 r. des Cosaques (120 kW)

L'ESSENTIEL ÉLECTRIQUE

Il n'y a pas de « zone blanche » à déplorer sur cet itinéraire, et les grandes villes, Belfort et Verdun, disposent de bornes en plein centre-ville.

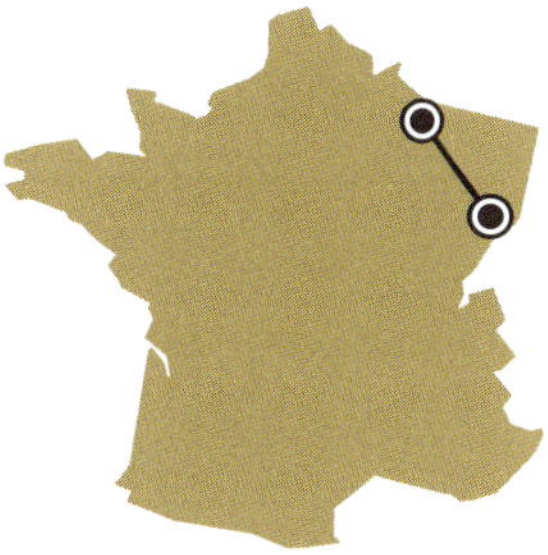

DISTANCE : 270 km
DURÉE : 3 jours
DÉPART : Belfort
ARRIVÉE : Verdun

PRINCIPALES ÉTAPES :
Luxeuil-les-Bains
Vittel / Contrexéville
Mirecourt
Vaucouleurs

BELFORT
VERDUN

Sur les pas de la grande Histoire

Du territoire de Belfort aux champs de bataille de Verdun, ce sont de grands, tragiques et héroïques épisodes de l'histoire de France que cet itinéraire traverse. Mais il offre aussi l'occasion d'un pèlerinage dans les premiers pas de Jeanne d'Arc, des moments de bien-être dans les stations thermales vosgiennes, et des routes d'une grande beauté, notamment dans les Côtes de la Meuse, qui précèdent Verdun. Une promenade entre Franche-Comté et Lorraine, en quête d'histoire et de détente.

Côté saveurs

Cancoillotte de Franche-Comté, jambon légèrement fumé de Luxeuil, kirsch et absinthe de Fougerolles, truffe de Meuse *(Tuber mesentericum)*, madeleine de Commercy, vin des Côtes de Meuse, et même eaux minérales de Vittel et Contrexéville… il y en a vraiment pour tous les goûts.

Bstar Images/Alamy/hemis.fr

Contrexéville.

Moment intense

Rives des lacs du Bourget et d'Annecy ★★

Du Bourget-du-Lac à Chanaz, la route dominant la rive ouest du lac du Bourget s'accroche aux pentes raides du mont du Chat et du mont de la Charvaz, offrant des panoramas, très aériens, sur le lac et les contreforts des Bauges, en face.
Quelques emplacements sur le côté de la route permettent de se garer notamment aux belvédères de la chapelle de Notre-Dame-de-l'Étoile (*p. 273*) et d'Ontex, points d'orgue du trajet.

Bornes de charge au Bourget-du-Lac (174 bd du Lac), à Chindrieux (865 rte d'Aix), à l'opposé du lac, et, très nombreuses, à Aix-les-Bains.

Autour du lac d'Annecy, la route serre au plus près le rivage et ménage de belles perspectives sur le mont Veyrier, les Bauges, le Semnoz...
Ce sera aussi l'occasion de s'arrêter pour profiter des jolis villages et petits ports riverains : Sevrier (fonderie Paccard, *p. 279*), Duingt, Talloires, Veyrier-du-Lac...

La plupart des villages du tour du lac sont équipés de bornes de charge.

de Georges Salomon, fondateur de la fameuse marque de skis, et gère la direction artistique d'un second espace (L'Abbaye - 15 *bis* chemin de l'Abbaye), à Annecy-le-Vieux.

LAC D'ANNECY ★★★

Joyau naturel, le lac d'Annecy conjugue bien des atouts qui expliquent sa très forte fréquentation, en particulier à la belle saison. Ce décor majestueux, rehaussé par les jeux de lumière magnifiant les couleurs et la transparence des eaux, est source d'inspiration pour les peintres depuis déjà le début du 19e s.

Le lac d'Annecy se prête à une découverte à géométrie variable : vous pourrez en faire le tour, en vous arrêtant à Duingt, admirablement situé sur la rive ouest, face à Talloires, tout aussi réputé pour son site, sans oublier le château de Menthon-St-Bernard et son incroyable bibliothèque. Vous pourrez aussi vous baigner, voguer, parcourir ses rives à pied ou à vélo, vous reposer au gré de ses plages aménagées ou encore le survoler...

Vol en montgolfière au-dessus des flots ♥

0892 233 616 - www.cap-adrenaline

Vous embarquez pour une aventure peu commune, un vol d'environ 1h au-dessus du lac d'Annecy, des massifs montagneux et des petits villages de Haute-Savoie. Cette situation exceptionnelle vous fera découvrir des sites peu visibles de la terre et un point de vue à 360° qui vous laissera un souvenir impérissable.

YVOIRE ★★

244 chem. de Feycler.

Cité médiévale au bord du lac Léman, Yvoire dégage un charme hors du temps, pour peu que l'on évite la haute saison.

Jardin des Cinq Sens ★

R. du Lac - 04 50 72 88 80 - www.jardin5sens.net.

À la place du potager du château, un jardin clos a été planté dans l'esprit de ceux du Moyen Âge. Entourés de murs et de palissades, ils se composaient de plates-bandes surélevées où les moines cultivaient légumes et plantes médicinales. D'abord utilitaires, ces jardins sont devenus des lieux d'agrément. Celui-ci se divise en cinq parties, chacune consacrée à un sens.

THONON-LES-BAINS ★

Étagée sur deux niveaux, Thonon multiplie les points de vue. Vaste sur le Léman, pittoresque depuis le port de Rives, élégant face aux villas balnéaires de la corniche, stratégique pour les contrebandiers au 19e s. comme pour les résistants de la Seconde Guerre mondiale. À vous de choisir celui que vous préférerez !

12 r. de l'Europe.

Domaine de Ripaille ★

83 av. de Ripaille - 04 50 26 64 44 - www.ripaille.fr. Pas de borne de charge.

Apparaissant derrière des vignes qui produisent un cru régional estimé, le château de Ripaille, conçu comme un ermitage, était une résidence princière où Amédée VIII (1383-1451) accueillit des visiteurs illustres. Depuis 1976, la fondation Ripaille a entrepris de remeubler les pièces, au décor essentiellement néogothique, dans l'esprit de la fin du 19e s., période de la dernière rénovation du château entreprise par le propriétaire des lieux, Frédéric Engel-Gros, patron des usines textiles DMC, et l'architecte Charles Schulé.

Navigation sur le lac Léman ♥

Société nautique du Léman français - Port de Rives - 04 50 71 07 29 - www.voilethonon.com. Pas de borne au port.

Louez un dériveur ou un catamaran et voguez en toute autonomie sur cette petite mer intérieure de 72 km de long sur 13 km de large. Au gré des flots, des courants et des vents, vous longerez la côte et apercevrez la beauté du rivage, jalonné de villas, d'espaces naturels préservés, avec en toile de fond les versants arborés du Chablais et les sommets des Alpes.

Yvoire, le Jardin des Cinq Sens.

JardinSSens-Yvoire.

D. Bringard/hemis.fr

↑ Les thermes de Luxeuil-les-Bains.

Œuvre essentielle de l'architecture religieuse moderne, inscrite au Patrimoine mondial de l'Unesco depuis 2016, cette chapelle fut construite par Le Corbusier en 1955 sur une colline vouée au culte de la Vierge depuis le Moyen Âge. L'architecte a ainsi expliqué son œuvre : « J'ai voulu créer un lieu de silence, de prière, de paix, de joie intérieure... » La chapelle impressionne par la pureté plastique de ses formes curvilignes, accentuée par le contraste entre le béton brut du toit et les murs blanchis à la chaux. À l'intérieur, on est frappé par l'effet spatial suggéré par la légèreté de l'enveloppe de béton et la douceur d'une lumière traitée en clair-obscur.

En complément, l'architecte Renzo Piano a créé au pied de la chapelle, dans le flanc même de la colline, une porterie pour accueillir les visiteurs, ainsi que le nouveau monastère Ste-Claire, moderne complexe troglodytique où vivent les clarisses depuis 2011.

LE THERMALISME VOSGIEN

Entre Haute-Saône et Vosges, un joli chapelet de stations thermales réputées depuis l'Antiquité invite à des étapes bien-être et découverte.

En plus des villes thermales (*p. 309*), dont les noms sont universellement connus, vous ferez au fil de jolies routes quelques rencontres d'un autre genre : les amateurs de musique s'émerveilleront à Mirecourt, capitale française de la lutherie, les férus d'architecture ancienne s'arrêteront dans la très belle ville de Neufchâteau, les gourmands à Fougerolles, capitale de la cerise.

Luxeuil-les-Bains ★

Borne de recharge rapide parking Lidl, D 6 Grand Pré du Relet (120 kW).

Important centre religieux grâce à la puissante abbaye que saint Colomban venu d'Irlande fonda au 6e s., Luxeuil fut aussi une station thermale réputée avant même la période gallo-romaine. Une ville riche dont témoignent l'ampleur des bâtiments abbatiaux, ainsi que la richesse décorative de ses belles maisons et hôtels particuliers des 15e et 16e s. Quant au thermalisme, toujours actif, il a laissé un remarquable témoin qu'est le bâtiment des thermes construit sous le règne de Louis XV.

Les secrets du kirsch à la distillerie Paul Devoille ♥

7-9 r.des Moines-Hauts - Fougerolles - ✆ 03 84 49 10 66 - www.devoille.com. Pas de borne.

Fougerolles, labellisé Site remarquable du goût, est entouré de quelque 40 000 cerisiers. et compte encore de très actives distilleries pour élaborer le célèbre kirsch, qui serait né ici. À la distillerie Paul Devoille, qui elle porte le label Entreprise du patrimoine vivant, on vous explique tout. Le temps d'une passionnante visite, suivez la fermentation et la macération du fruit, la distillation dans les alambics en cuivre, le vieillissement de l'eau-de-vie en bonbonne, dans les greniers, et enfin la mise en bouteille. Sonne alors l'heure de la dégustation. Autre option : suivez la visite guidée du Jardin de la fée verte, qui perce le mystère de l'élaboration de l'absinthe, une autre spécialité locale.

Vittel ★ et Contrexéville

À Vittel, r. Robert-de-Flers, près de la gare; à Contrexéville, parking E. Leclerc, r. François-de-Neufchâteau.

Presque jumelles et très voisines, Vittel et Contrexéville restent réputées pour leurs cures, la verdure et l'air pur, mais aussi l'architecture, ces stations ayant fait appel aux meilleurs architectes et artistes, dont Charles Garnier, pour asseoir leur succès. Les établissements thermaux, les buvettes en mosaïque, les casinos, les parcs fleuris, les grands hôtels et les villas opulentes rappellent ici les heures les plus fastes de la Belle Époque. Mais ces stations sont aussi des petites villes accueillantes pour qui veut faire une étape bien-être dans un spa thermal dernier cri (p. 309).

Mirecourt : immersion au pays des luthiers ♥

www.tourisme-mirecourt.fr. 8 r. du Baillage et recharge rapide.

Loin des grandes routes, au milieu des vergers, la petite ville est devenue depuis le 17e s. le symbole du savoir-faire français en matière de lutherie et d'archèterie. Une dizaine de luthiers y travaillent (ils ouvrent leur atelier sur RV), une école y forme les futurs artisans spécialisés de la France entière, un musée thématique passionnant vous y attend. En prime, un ancien atelier de luthier, celui de la famille Gérome, a été conservé dans son état depuis sa fermeture en 1994 : vous y serez reçu par un ou une élève de l'École nationale de lutherie et d'archèterie, qui vous présentera l'histoire du lieu et du métier, avec force anecdotes, démonstrations techniques et échanges. Ensuite, vous pourrez partir en balade le long du Madon, à la recherche des « cabanes du lundi », de toutes petites maisons à l'écart du village qui servaient au repos des luthiers et de leur famille, le jour réglementaire de congé.

Luthier.

Drazen_/Getty Images Plus

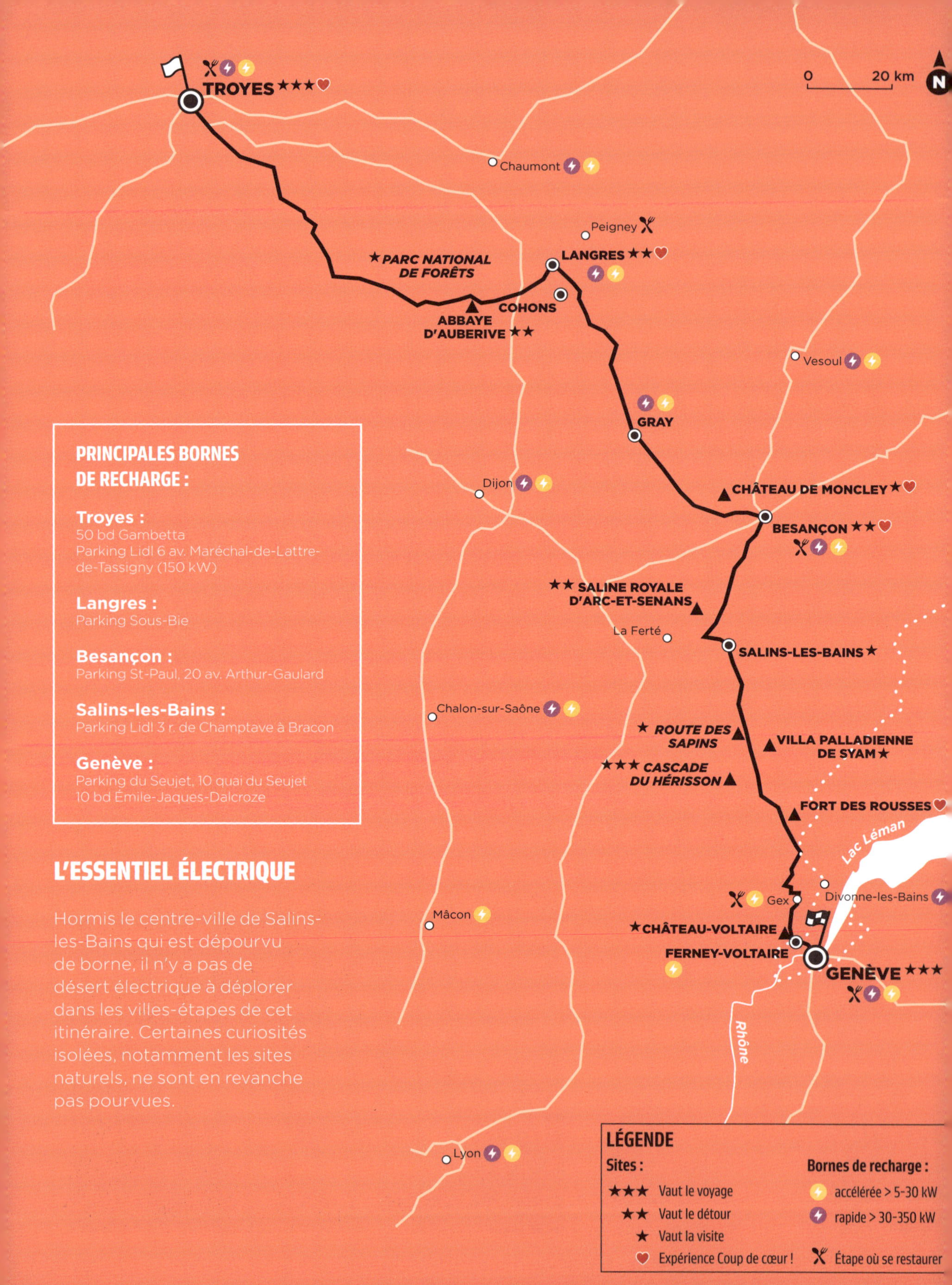

PRINCIPALES BORNES DE RECHARGE :

Troyes :
50 bd Gambetta
Parking Lidl 6 av. Maréchal-de-Lattre-de-Tassigny (150 kW)

Langres :
Parking Sous-Bie

Besançon :
Parking St-Paul, 20 av. Arthur-Gaulard

Salins-les-Bains :
Parking Lidl 3 r. de Champtave à Bracon

Genève :
Parking du Seujet, 10 quai du Seujet
10 bd Émile-Jaques-Dalcroze

L'ESSENTIEL ÉLECTRIQUE

Hormis le centre-ville de Salins-les-Bains qui est dépourvu de borne, il n'y a pas de désert électrique à déplorer dans les villes-étapes de cet itinéraire. Certaines curiosités isolées, notamment les sites naturels, ne sont en revanche pas pourvues.

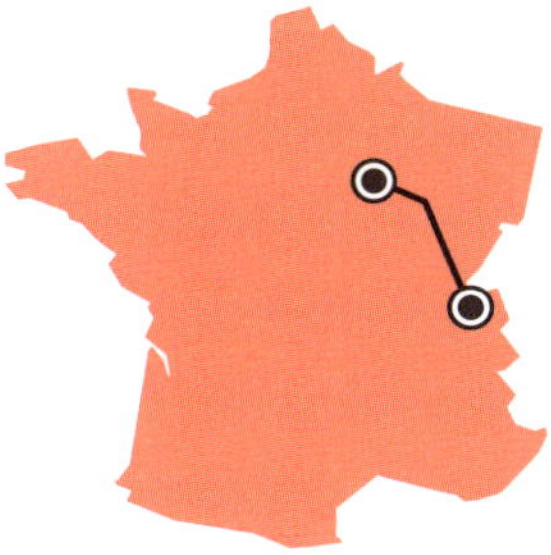

DISTANCE : 430 km
DURÉE : 4 jours
DÉPART : Troyes
ARRIVÉE : Genève

PRINCIPALES ÉTAPES :
Langres
Gray
Besançon
Arc-et-Senans
Salins-les-Bains
Les Rousses

TROYES GENÈVE

De la Champagne au lac Léman

Des lacs de la forêt d'Orient près de Troyes au lac Léman à Genève, en passant par les lacs… de la région des Lacs dans le Jura, il est souvent question d'eau sur cet itinéraire. D'autant qu'au passage, vous traverserez la Saône, découvrirez le pays du sel et de l'eau saumâtre à Salins-les-Bains et Arc-et-Senans. De la plaine de Champagne aux sommets jurassiens, vous verrez aussi des reliefs, des cités fièrement perchées, comme Langres et Besançon, des châteaux de plaisance, des fromages assoupis dans un fort militaire et même des forêts où les sapins portent des noms.

Côté saveurs…
Troyes a son andouillette, Langres son fromage éponyme, réputé pour son caractère hors normes, la Franche-Comté sa pâte dure longuement affinée, le Haut-Jura son morbier. Autant dire que les saveurs seront souvent fromagères dans ce voyage.

CSP_clodio/Fotosearch LBRF/age fotostock

Maisons à colombages à Troyes.

Moment intense

Les Côtes de Meuse ★

La route quittant St-Mihiel vers l'est, très dégagée, offre de larges horizons à l'automobiliste attentif. Puis on rejoint des routes qui filent à travers les paysages vallonnés des Côtes. Cette cuesta lorraine, dont les sommets et buttes-témoins, celle de Montsec notamment, varient entre 340 et 454 m d'altitude, offre des paysages variés et séduisants, ainsi que des milieux écologiques intéressants, comme les pelouses sèches. Vous pourrez en chemin admirer les vergers de mirabelliers à mi-pente de la côte, et vous arrêter dans les caveaux de dégustation des viticulteurs des Côtes de Meuse (p. 317).

Suivez la D 901 puis la D 908 ou la D 331 en direction de Verdun.

Mémorial américain de la butte de Montsec ★★

Montsec - 03 83 80 01 01 - www.abmc.gov/Montsec. Borne la plus proche à Nonsard, 1 r. du Lac.

Du haut de cette colline isolée (375 m), vous contemplerez un panorama très étendu, à l'ouest sur la Woëvre et les Côtes de Meuse, au nord-est sur le lac de Madine. Au sommet, les Américains ont élevé une rotonde pour commémorer l'offensive du 12 au 16 septembre 1918 qui leur permit de réduire le saillant de St-Mihiel et de faire 15000 prisonniers.

VERDUN ★★ ET LES CHAMPS DE BATAILLE ★★★

Verdun, capitale mondiale de la paix, demeure à jamais associée à l'un des affrontements les plus meurtriers de la guerre de 1914-1918. La visite des champs de bataille et la réalité de la terre encore meurtrie ne peuvent laisser indifférent. Mais le Verdun d'aujourd'hui sait aussi montrer un autre visage : celui d'une cité aux rues et aux quais accueillants.

Cathédrale, portes fortifiées et bastions, citadelle souterraine visitée à bord d'un wagonnet, avec casque de réalité augmentée, musée historique de la Princerie, carrefour des Maréchaux et ses 16 statues monumentales sont autant de sites à découvrir en ville, avant de partir vers les champs de bataille.

Pour le centre-ville, garez-vous pl. Mgr-Ginisty (ville haute) ou parking du 8-Mai-1945 (ville basse, rive droite, près du complexe sportif).

Centre mondial de la paix, des libertés et des droits de l'Homme

Pl. Mgr Ginisty - 03 29 86 55 00 - www.cmpaix.eu.

Installé dans une des ailes du très princier palais épiscopal (1723), il a pour vocation de sensibiliser aux différents conflits par une riche programmation d'expositions à caractère artistique ou historique, de présentations complémentaires à la visite des champs de bataille, de conférences, concerts, manifestations littéraires.

Mémorial de Verdun ★★

1 av. du Corps-Européen - Fleury-devant-Douaumont - 03 29 88 19 16 - www.memorial-verdun.fr. Pas de borne de recharge.

Indispensable pour comprendre les enjeux et le déroulement de la bataille! Ce mémorial fut inauguré en 1967, à l'emplacement de l'ancienne gare du village détruit de Fleury-devant-Douaumont, en présence de Maurice Genevoix, l'écrivain-combattant des Éparges. L'esprit du célèbre académicien perdure dans un parcours qui place au cœur de la visite la figure du soldat de Verdun, français ou allemand. L'expérience combattante est retracée à travers une collection de 2000 objets, une

R. Soberka/hemis.fr

Monument aux enfants de Verdun morts pour la France.

exposition de photos et des dispositifs audiovisuels innovants. La visite s'achève au 3e niveau avec une large vue du champ de bataille (entièrement reboisé aujourd'hui), que l'on découvre sous un angle inédit grâce à un casque de réalité virtuelle.

Ossuaire et nécropole de Douaumont ★★

La Wavrille - Douaumont-Vaux - 03 29 84 54 81 - www.verdun-douaumont.com. Borne de recharge la plus proche à Bras-sur-Meuse.

Inscrit sur la liste du Patrimoine mondial de l'Unesco en 2023, ce site mémoriel se compose d'un monumental ossuaire, construit pour recueillir les restes non identifiés d'environ 130 000 combattants français et allemands tombés au cours de la bataille, et d'un cimetière national comportant 15 000 sépultures.
À proximité, on découvre la tranchée des Baïonnettes où, le 10 juin 1916, les hommes de deux compagnies du 137e RI ont été ensevelis vivants à la suite d'un bombardement.

Fort de Douaumont ★

Douaumont-Vaux - 03 29 88 19 16 - www.memorial-verdun.fr. Pas de borne.

Construit en pierre en 1885, en un point haut (Cote 388), plusieurs fois renforcé et finalement couvert d'une carapace de béton, ce fort souterrain prévu pour un équipage de quelque 900 hommes était le plus puissant ouvrage de la place forte de Verdun. On parcourt les galeries, casemates, magasins, témoins de son importance. Une chapelle marque l'emplacement de la galerie murée où reposent 679 soldats de la garnison allemande, tués par l'explosion accidentelle d'un dépôt de munitions, le 8 mai 1916.

Nécropole de Douaumont.

lucentius/Getty Images Plus

Langres et ses puissants remparts.

à l'exigence cistercienne de sobriété. Ce n'est plus une sobre architecture romane cistercienne qui vous accueille aujourd'hui, mais un fastueux palais abbatial reconstruit au 18e s., et des statues d'art en bronze, qui donnent le ton : depuis 2006, l'abbaye abrite un centre d'art contemporain créé par la famille Volot, propriétaire des lieux, mécène et passionnée d'art. Une collection particulièrement tournée vers l'expressionnisme. Bâtiments historiques, collections modernes, expositions, animations, jardins, vergers conservatoires... Un lieu animé, qui a connu plusieurs vies : monastère, filature, prison pour femmes, colonie de vacances.

LANGRES ★★

Perchée à 500 m au sommet d'un éperon rocheux, Langres est une véritable acropole, cernée par la plus grande enceinte fortifiée d'Europe. Cette belle ville témoigne de 17 siècles d'histoire.

Le centre urbain déploie ses rues sinueuses et ses passages bordés de belles maisons en pierre. Tout autour, les remparts conservent douze tours et sept portes qui témoignent de l'évolution des fortifications de la guerre de Cent Ans au 19e s. Le chemin de ronde constitue une agréable promenade, tout comme le lacis urbain, l'ensemble étant mis en lumière le soir.

Pour le centre-ville, parking Sous-Bie.

Maison des Lumières Denis-Diderot ★★

1 pl. Pierre-Burelle - 03 25 86 86 86 - www.musees-langres.fr.

Elle occupe le bel hôtel Du Breuil de St-Germain, entièrement restauré. Au fil d'un parcours lumineux et d'une muséographie moderne, documents, objets, manuscrits et peintures racontent la vie et l'œuvre de Diderot, le grand philosophe du 18e s. né à Langres en 1713. Le musée éclaire ainsi la rédaction et la création de son grand œuvre, *L'Encyclopédie*.

Un selfie avec le Neveu de Rameau ♥

Pl. Diderot.

Marquant le cœur de la cité, la place Diderot est dominée par une statue du philosophe réalisée par le sculpteur Bartholdi. Vous remarquerez aussi un banc qui vous tend les bras : asseyez-vous, et prenez la pose à côté du *Neveu de Rameau*, une statue en bronze du célèbre personnage de Diderot, sculptée par l'artiste contemporain Michel Boussard et assise là, elle aussi. Immortalisez l'instant par un selfie. En cadrant bien, vous aurez aussi Diderot sur le cliché.

Jardins remarquables de Cohons

Cohons - jardin-remarquable.fr. Pas de borne de recharge.

Deux bonnes raisons de se rendre à Cohons, à 9 km au sud de Langres : il y a là non pas un, mais deux jardins labellisés remarquables. Le jardin de Silière tout d'abord, jardin à la française créé en 1661, et agrémenté d'une promenade romantique. Les jardins suspendus ensuite, exceptionnel ensemble de terrasses vivrières édifiées à partir du milieu du 18e s. (plus de 4 km de murs de soutènement !). Auxquels il faut ajouter le jardin pittoresque « à fabriques », créé vers 1800. C'est là que vous découvrirez ce qui est devenu l'emblème de Cohons, les fameuses pyramides hélicoïdales en pierre sèche évoquant des labyrinthes (ou des escargots !), dont le plus grand a 16 m de diamètre et 6 m de haut.

DE LANGRES À BESANÇON

Entre les deux citadelles, le vaste plateau est arrosé par deux vallées, celle de la Saône et celle du Salon, son affluent. Avec, au moins, deux belles escales possibles.

Gray

Parking 3 quai Mavia.

À mi-parcours entre Langres et Besançon, cette petite ville bâtie en amphithéâtre sur une colline dominant la Saône fut un port important, entre Rhône et Rhin. Elle mérite une escale pour son hôtel de ville, chef-d'œuvre de la Renaissance en Franche-Comté, qui montre une remarquable façade ornée de gracieuses colonnes en marbre rose de Sampans, et des toits bourguignons de tuiles vernissées.

Une nuit au château de Moncley ♥

Château de Moncley - 06 16 91 06 20 - www.chateaudemoncley.fr. Pas de borne.

Une insolite façade incurvée ennoblie d'un portique, des communs aux murs ornés de bossages rustiques évoquant le Palazzo Te de Mantoue, un grand vestibule et son escalier dignes d'un palais... voilà qui a de quoi impressionner. Moncley, demeure

Gray, l'hôtel de ville du 15e s.

D. Bringard/hemis.fr

PRINCIPALES BORNES DE RECHARGE :

Dijon :
Station service, 4 av. Albert-Ier (300 kW)

Châlon-sur-Saône :
Carrefour - r. Thomas-Dumorey (300 kW)

Tournus :
2 av. du Clos-Mouron (380 kW)

Mâcon :
Quai Lamartine

Belleville-en-Beaujolais :
175 r. des Terres-aux-Dames (100 kW)

Villefranche-sur-Saône :
Carrefour, 1100 bd Burdeau (150 kW)

Lyon :
12-26 r. Ravat (44 kW)

L'ESSENTIEL ÉLECTRIQUE

Aucune difficulté pour recharger sa voiture le long de la route qui traverse les grands crus de Bourgogne. Sans que ce soit nécessairement dans l'hyper-centre, chaque ville, chaque village est équipé de bornes de charge, même rapides. En revanche, anticipez votre escapade à la roche de Solutré et, surtout, votre traversée des crus du Beaujolais, où, entre Mâcon et Villefranche-sur-Saône, les stations de charge se font rares. Puis doucement, en se rapprochant de Lyon, les équipements de charge réapparaissent, en nombre plus important.

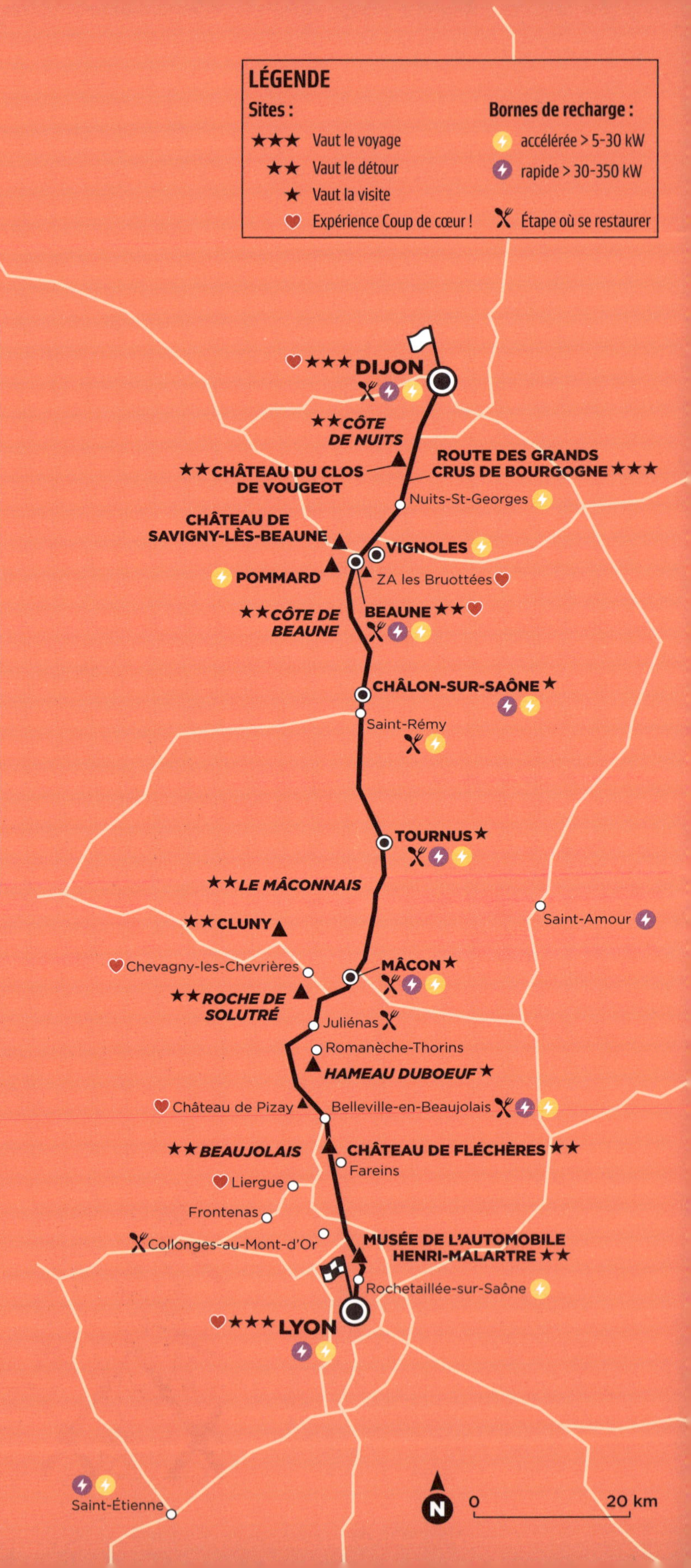

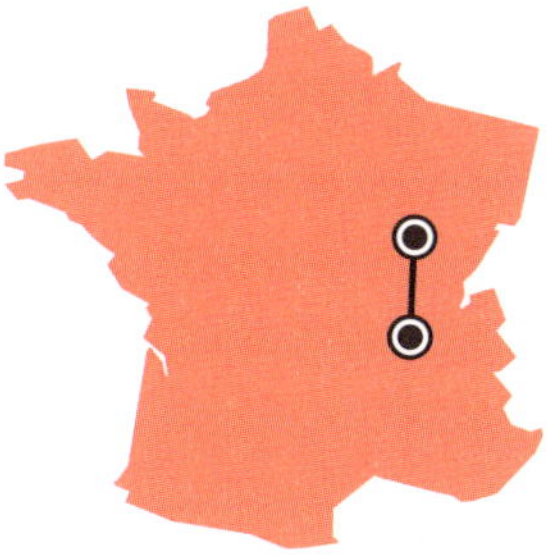

DISTANCE : 230 km
DURÉE : 4 jours
DÉPART : Dijon
ARRIVÉE : Lyon

PRINCIPALES ÉTAPES :
Beaune
Châlon-sur-Saône
Mâcon
Cluny

DIJON
LYON

La route des grands crus

Un itinéraire placé sous le signe de Bacchus. De Dijon, séduisante et animée capitale de la Bourgogne, à Lyon, dynamique cité au riche patrimoine classée à l'Unesco, quatre vignobles déploient leurs ors sur les coteaux ensoleillés : les grands crus de Bourgogne, l'un des plus célèbres vignobles du monde, les premiers crus de la Côte châlonnaise, les vignes de la Côte mâconnaise, plantées à l'origine par les moines de Cluny et, pour finir, les crus du Beaujolais. Leur découverte donne l'occasion d'explorer de pittoresques villages et de rencontrer, le temps d'une visite-dégustation, celles et ceux qui, grâce à leur savoir-faire, font vivre cette région.

Côté saveurs...

Les vins, avec notamment les grands crus de Bourgogne, s'invitent dans les plats, comme le bœuf bourguignon et la sauce meurette, ou sur la table pour accompagner les nombreuses spécialités charcutières lyonnaises. Sans oublier les escargots, la moutarde et le pain d'épice qui font aussi la réputation de la Bourgogne.

A. Pistolesi/hemis.fr

Dijon à travers des vitraux.

Moment intense

La route des Sapins ★

La route des Sapins, qui s'étire sur une quarantaine de kilomètres entre Levier et Champagnole, propose la traversée d'une sapinière composée de trois forêts successives renfermant certains des plus beaux spécimens de sapins d'Europe : forêt de Levier, forêt de la Joux et forêt de Fresse. Un itinéraire jalonné de 21 sites méritant un arrêt, voire une petite balade sous les frondaisons. Entre autres, l'épicéa du Roi de Rome, planté en 1811, le sapin Président de la Joux (plus de 45 m de haut) élu plus bel arbre de la forêt, les sapins de la Glacière aux fûts magnifiques formant une clairière-cathédrale, le belvédère de Garde-Bois, ou la Marine, en référence à l'exploitation de cette forêt pour la fabrication de mâts.

Suivez la route touristique balisée entre Levier et Champagnole.

Après 1200 ans d'exploitation du sel, la saline de Salins a définitivement fermé en 1962. Mais la source salée est toujours utilisée pour les thermes, et surtout les plus importants bâtiments industriels ont été conservés, restaurés et scénographiés, notamment les hautes cheminées et le magasin des sels (15e s.), ainsi qu'en sous-sol l'extraordinaire galerie voûtée du 12e s. par laquelle transitait la saumure (l'eau salée était traitée sur place, par évaporation dans d'immenses chaudrons, ou envoyée à la saline d'Arc-et-Senans par un saumoduc de 21 km de long).

Château de Syam, une villa palladienne dans le Jura ★

225 chem. de Benaisy - Syam - ✆ 03 84 51 64 14 - www.chateaudesyam.fr. Pas de borne de recharge.

Construite en 1818 pour un maître de forges épris d'architecture italienne, elle dresse dans le paysage jurassien son insolite plan carré inspiré de la villa Rotonda de Vicence, ses façades ocre et ses pilastres d'ordre colossal. Tout aussi surprenant est l'intérieur, décoré de motifs pompéiens et de papiers peints panoramiques exceptionnels.

Cascades du Hérisson ★★★

Randonnée au départ de la maison des Cascades - Val-Dessus - ✆ 03 84 25 77 36 - www.cascades-du-herisson.fr - 7,4 km AR. Borne la plus proche à Marigny (12 km).

Au sud de la région des Lacs, le torrent du Hérisson né à 805 m d'altitude s'enfonce rapidement dans le plateau de Doucier en descendant de 255 m sur 3 km.
Dans ses célèbres gorges, que vous pouvez suivre au long d'un sentier parfois escarpé mais sécurisé, il forme l'un des plus beaux ensembles de chutes d'eau du massif jurassien... Cascade de l'Éventail (65 m), cascade du Grand Saut, cascade du Gour bleu. Autant de spectacles grandioses, ponctués de belvédères et de points de vue sur cette vallée magnifique.

AUTOUR DU LÉMAN

Haut-Jura et pays de Gex sont au programme de cette dernière étape, avant un stop sur les bords du lac Léman, de l'autre côté de la frontière helvète.

Caves d'affinage du comté ♥

Caves Juraflore - fort des Rousses - ✆ 03 84 60 02 24 - www.fort-des-rousses.com. À Hauts-de-Bienne (10 km).

Réputé pour son domaine skiable et ses champions olympiques, le village des Rousses s'enorgueillit aussi de posséder un ancien fort frontalier souterrain, l'un des plus grands de France, et une importante cave d'affinage du comté. Deux fiertés en une, puisque les caves Juraflore

DjelicS/Getty Images Plus

Affinage du comté.

ont pris place dans les galeries souterraines démilitarisées. En lieu et place de la garnison, 140 000 meules de comté vieillissent tranquillement dans cet endroit labellisé Site remarquable du goût.

Château de Voltaire ★

1 allée du Château - Ferney-Voltaire - 04 50 40 53 21 - www.chateau-ferney-voltaire.fr. Parking de la mairie.

Polémiste de génie, Voltaire ne s'est pas contenté de créer Ferney, il lui a donné une notoriété internationale. En son château, construit selon ses plans, il abrita durant 18 ans une véritable petite cour, faite de grands seigneurs, de gens d'affaires, d'artistes. Voltaire dira d'ailleurs lui-même qu'il était « l'aubergiste de l'Europe ». Meubles, objets personnels, tableaux et portraits retracent ce pan de vie du philosophe.

Genève ★★★

Parking 10 quai du Seujet.

Entourée par les montagnes des Alpes et du Jura, Genève est un centre mondial de la diplomatie et de la banque. Mais c'est aussi une ville pleine d'agréments et de richesses culturelles. Palais des Nations, musée Patek Philippe, musée Ariana, parcs et jardins en font une destination d'autant plus agréable qu'elle regorge d'adresses gastronomiques.

Jetée des Eaux-Vives, le jet d'eau sur le lac Léman.

C. Moirenc/hemis.fr

NICE ★★★

Cité aux multiples visages, campée sur sa double identité française et transalpine et une histoire à part dans celle de l'Hexagone, Nice se montre à la fois festive dans les ruelles de sa vieille ville, bourgeoise dans ses quartiers Belle Époque, et balnéaire sur sa longue plage de galets. **Voir aussi p. 226.**

Le port de Nice depuis la colline du château.

Musée national Marc-Chagall ★★

380 av. Dr-Ménard - 04 93 53 87 20 - www.musees-nationaux-alpesmaritimes.fr.
10 av. Brown-Séquart.

Ce musée fut créé par André Malraux en 1973, à la suite de la donation par Marc Chagall (1887-1985) de ses 17 grandes toiles du *Message biblique*. Le peintre participa activement à son élaboration au côté de l'architecte A. Hermant, un des collaborateurs du Corbusier. Grand mélomane, il insista pour qu'un auditorium soit intégré à l'édifice et réalisa trois vitraux pour le décorer. C'est le seul musée Chagall au monde (et le plus visité de Nice).

Bains de soleil ♥

1 promenade des Anglais (Interparking Ruhl-Méridien, niveau -2).

Véritables joyaux de la Côte d'Azur, les plages niçoises s'étirent le long de l'incontournable promenade des Anglais qui épouse sur 7 km la courbe majestueuse de la baie des Anges. Vous profiterez de ces espaces, immenses, surveillés et principalement composés de galets, des vagues douces de la Méditerranée, du soleil éclatant et du doux murmure des flots qui fait oublier la ville, toute proche. Et si vous désirez chaises longues, matelas et parasols, rendez-vous, d'avril à octobre, sur l'une des quinze plages privées et payantes.

L'ARRIÈRE-PAYS NIÇOIS ★★

Cet attachant décor de montagne est le berceau de la culture « nissarde ». Le long de la belle route en lacets, qui remonte la vallée de la Tinée, il donne à voir vallées et vallons aux versants striés de restanques et parsemés de pinèdes, cimes dénudées flirtant avec les 1000 m d'altitude, villages perchés et chapelles ornées de magnifiques fresques.

Utelle ★

Av. Louis-Thaon.

Isolé sur son plateau verdoyant, ce joli village fut un véritable chef-lieu entre la Tinée et la Vésubie, comme en témoignent ses fortifications et ses nobles maisons anciennes. Il fait bon arpenter ses ruelles parées de superbes façades en trompe-l'œil et de linteaux sculptés. Poussez la porte de son église qui recèle un beau retable en bois du 16e s. représentant la Passion, puis prenez le temps de grimper encore jusqu'à la Madonne d'Utelle, lieu de pèlerinage, et d'aller au bout de la route. Vous serez récompensé par un splendide panorama sur les Alpes-Maritimes.

cristianoalessandro/Getty Images Plus

“ Le Mercantour : un territoire d’exception

Créé en 1979, le Parc national du Mercantour s’étend sur six vallées alpines. Pour comprendre les enjeux de la protection de ce précieux territoire du sud-est de la France, nous avons rencontré le chef de service territorial de la Tinée, Boris Opolka.

Quel est le rôle du Parc ?

Le rôle essentiel du Parc est le maintien de la biodiversité – le territoire compte près de 9000 espèces animales et plus de 2000 espèces végétales –, la protection des paysages et la préservation du patrimoine culturel. Il accompagne les communes et les différents acteurs locaux dans leur développement économique en s’appuyant sur une charte élaborée ensemble. Il a créé la marque « Esprit Parc », commune à tous les parcs nationaux de France, qui encourage producteurs, hébergeurs et accompagnateurs à adhérer à des valeurs environnementales de qualité, et leur offre de la visibilité. Par ailleurs, il a aussi pour mission d’éduquer et de sensibiliser tous les publics.

Comment le Parc touche-t-il le public ?

Le Parc a mis en place plusieurs outils. Les Maisons du Parc sont des lieux d’accueil et d’informations du public. Par exemple, dans la vallée de la Tinée, la muséographie de la Maison du Parc est basée sur le changement climatique et un escape game sur la botanique a été développé. Des films et des débats sont aussi proposés. Sur le terrain, les gardes moniteurs invitent à des sorties nature pour observer le gypaète barbu, les chauves-souris..., ou s’initier à la lecture du paysage, rencontrer les éleveurs et parler du pastoralisme... Des médiateurs pastoraux participent à cette dynamique en expliquant au grand public comment se comporter face aux patous, les chiens de protection des troupeaux.

Comment se promener dans le parc ?

De nombreux sentiers de randonnée, de quelques heures à plusieurs jours, et un vaste choix d’hébergements permettent aux randonneurs de profiter de cette nature sauvage. Par exemple, au départ de St-Dalmas-le-Selvage, une balade familiale (3h) donne accès au col d’Anelle qui offre un superbe panorama sur la vallée de la Tinée et ses sommets. Cependant, il ne faut pas oublier que l’on évolue dans un environnement protégé, régi par une réglementation stricte, et un secteur de montagne, qui comporte des risques. Le personnel du Parc et les acteurs de la marque « Esprit Parc » restent disponibles pour aider les voyageurs dans la découverte de ce lieu exceptionnel. ”

p. 260.

www.mercantour-parcnational.fr

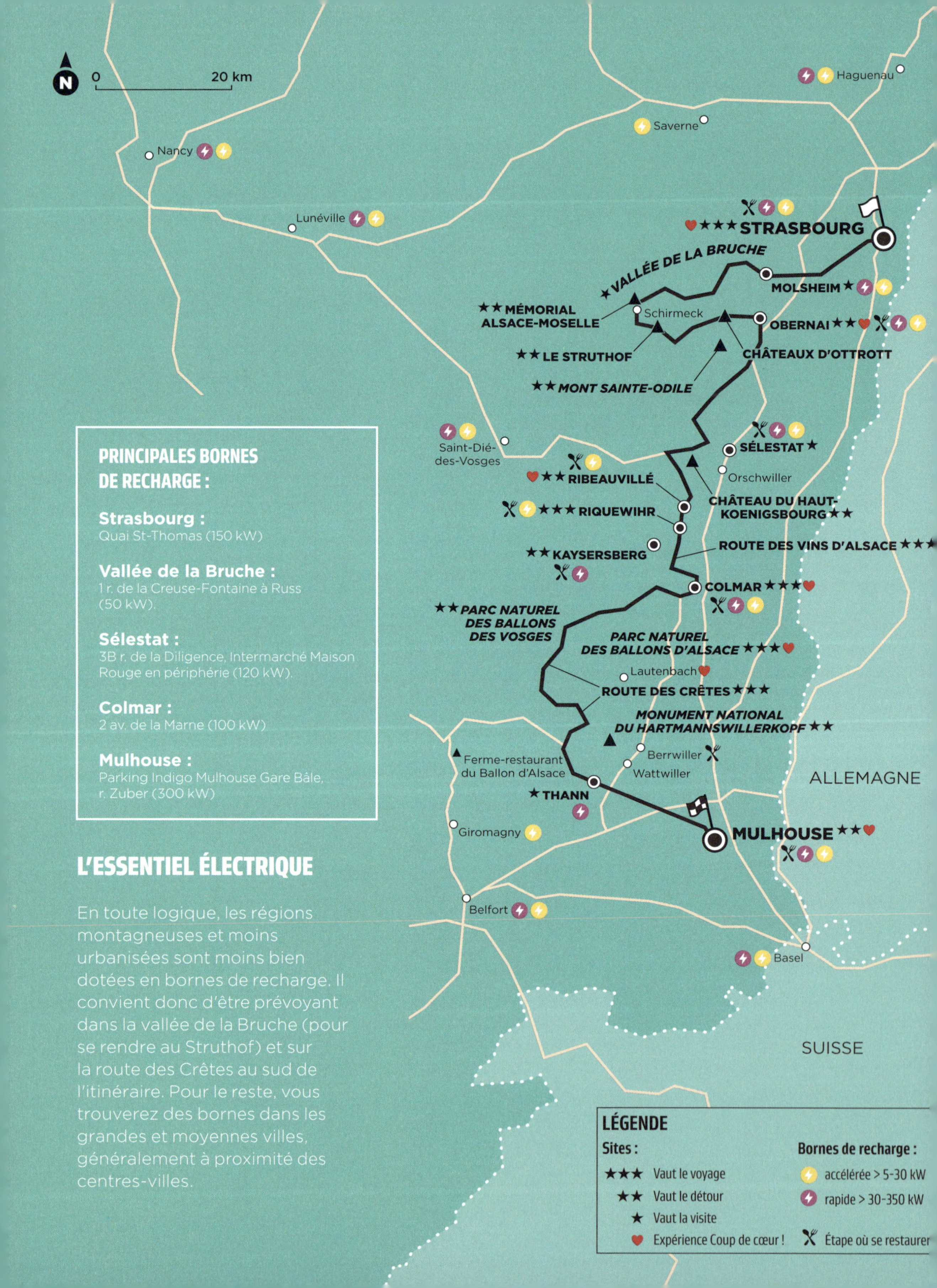

PRINCIPALES BORNES DE RECHARGE :

Strasbourg :
Quai St-Thomas (150 kW)

Vallée de la Bruche :
1 r. de la Creuse-Fontaine à Russ (50 kW).

Sélestat :
3B r. de la Diligence, Intermarché Maison Rouge en périphérie (120 kW).

Colmar :
2 av. de la Marne (100 kW)

Mulhouse :
Parking Indigo Mulhouse Gare Bâle, r. Zuber (300 kW)

L'ESSENTIEL ÉLECTRIQUE

En toute logique, les régions montagneuses et moins urbanisées sont moins bien dotées en bornes de recharge. Il convient donc d'être prévoyant dans la vallée de la Bruche (pour se rendre au Struthof) et sur la route des Crêtes au sud de l'itinéraire. Pour le reste, vous trouverez des bornes dans les grandes et moyennes villes, généralement à proximité des centres-villes.

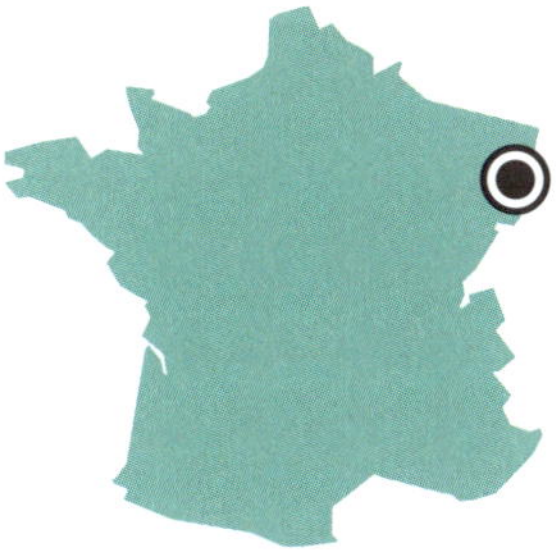

DISTANCE : 300 km
DURÉE : 3 jours
DÉPART : Strasbourg
ARRIVÉE : Mulhouse

PRINCIPALES ÉTAPES :
Obernai
Ribeauvillé
Riquewihr
Kaysersberg
Colmar

STRASBOURG MULHOUSE

L'Alsace par la route des vins

15 600 hectares de vignobles soignés et bien rangés, au pied de la chaîne des Vosges, formant un paysage que Louis XIV aurait qualifié de « beau jardin », voilà un terrain de jeu inégalable pour les amateurs de belles routes et de gastronomie, qui trouveront en chemin de multiples étapes gourmandes et de belles villes pittoresques, véritables affiches publicitaires alsaciennes. Entre Strasbourg et Mulhouse, l'Alsace se décline en effet en hauts lieux de mémoire, villages viticoles, grandes cités médiévales et touristiques, sites à la pointe de l'industrie et petites villes artistiques et culturelles. La route rêvée !

Côté saveurs

La route des vins d'Alsace est labellisée Site remarquable du goût. Vous trouverez donc tout au long de ce bel itinéraire des vignerons accueillants. Côté gastronomie, Strasbourg regorge de pépites, mais vous dénicherez aussi à toutes les étapes de chaleureuses *winstubs* où déguster les incontournables régionaux.

D. Cavaglia/hemis.fr

La grande cave du domaine Boeckel, à Mittelbergheim.

échanges. Elle est gagnée au 19e s. par un vent de folie migratoire vers le Mexique. En témoignent les magnifiques villas dites « mexicaines », éclectiques, disséminées dans la rue derrière la Poste, puis le long de l'avenue de la Libération jusqu'au cimetière. L'une d'elles, la villa La Sapinière, abrite le musée de la vallée et raconte l'épopée de ces « Mexicains ». La Villa bleue (1931), avenue Porfirio-Diaz, innove avec son grand vide central décoré d'un vitrail représentant les usines textiles mexicaines du propriétaire.

Fort de Tournoux ★

06 75 15 39 74 - www.ubaye.com. Parking à proximité du fort sans borne.

Accrochées aux parois verticales des escarpements rocheux, ces fortifications, construites entre 1843 et 1865, s'étagent sur 700 m de dénivelé. Les différentes batteries sont reliées par des souterrains, dont un escalier de 808 marches. Jusqu'en 1940, ce fut la pièce maîtresse de la défense du bassin de Barcelonnette. Seules les batteries supérieures des Caurres, situés à 2000 m d'altitude, se visitent. Elles offrent une superbe vue sur les deux vallées et les ouvrages défensifs coiffant les sommets des alentours.

Canoë sur les eaux tumultueuses de l'Ubaye.

F. Guiziou/hemis.fr

Saint-Paul-sur-Ubaye ★

La route traverse ce charmant hameau situé à environ 1500 m d'altitude. Son église est un bel exemple de l'art roman tardif des vallées alpines. À 4 km se tient, lancée à 100 m au-dessus de la gorge, l'arche unique du pont du Châtelet qui semble maintenir écartées les parois rocheuses. Cet audacieux ouvrage, réalisé en 1880, ménage de belles vues sur les bassins de St-Paul et de Maurin.

Raft sur l'Ubaye ♥

Rando Passion - 31 r. Jules-Béraud - Barcelonnette - 04 92 81 43 34 ou 06 81 80 40 74 - www.rando-passion.com.

Bien arrimé dans votre embarcation pneumatique et insubmersible (rassurez-vous !), vous descendrez l'Ubaye pendant 3 à 4h pour la version « Intégrale ». La rivière est dite « l'un des meilleurs spots de sport d'eau vive d'Europe ». Emporté par le courant, chahuté par les remous et les vagues, vous traverserez des paysages sauvages, éviterez des blocs rocheux et surferez sur une dizaine de rapides en tentant de maîtriser votre radeau. Ludique et rafraîchissant !

LE QUEYRAS ★★★

Grandiose dans son cirque supérieur dominé par le mont Viso à 3841 m, le Queyras séduit à tous les coups, qu'on soit en quête de grands espaces ou d'un mode de vie ancestral. Ses quatre vallées abritent des villages, parfois fortifiés, parmi les plus hauts d'Europe. Il baigne dans une lumière encore méridionale.

Guillestre ★

73 chem. d'Eygliers.

Guillestre accueille le lundi le principal marché de la région, témoin depuis le Moyen Âge des échanges entre

H. Lenain/hemis.fr

Place forte de Mont-Dauphin.

vallées. Franchissez l'une des quatre portes de la ville et musardez le long des rues étroites et des petites places. De l'enceinte médiévale, seule subsiste la tour d'Eygliers. L'église Renaissance possède un beau porche à quatre colonnes dont deux prennent appui sur des lions accroupis, vestiges d'un prieuré de l'an mil et témoins de l'influence lombarde. Sur la serrure en fer forgé apparaît le portrait farouche de l'archevêque.

Mont-Dauphin ★★

Dans le fort, vers la place d'Armes ou au parking de la gare d'Eygliers (94 N 94).

Superbe village fortifié par Vauban, Mont-Dauphin a été établi sur un plateau naturellement protégé, entre les vallées de la Durance et du Guil, pour maintenir la paix sur la frontière italienne. La visite guidée de la place forte est passionnante et offre une vue sur le Guillestrois absolument royale. Ne manquez pas le jardin, qui explique les contraintes d'approvisionnement à l'époque de Vauban, ni l'extraordinaire charpente de la caserne Rochambeau. Ce dernier bâtiment expose aussi 35 sculptures monumentales de l'artiste sénégalais Ousmane Sow (1935-2016).

Château-Ville-Vieille ★

1936 D 5.

Château-Ville-Vieille est constitué de six hameaux et deux villages que sont Château-Queyras et Ville-Vieille. Nous vous invitons à les découvrir en commençant par le site le plus photogénique du Queyras : fort Queyras. Véritable verrou, bâti au Moyen Âge puis renforcé par Vauban, il cache, passé le pont-levis, un inextricable dédale de passages, escaliers, casemates et bastions. Une via ferrata évolue sous ses hautes murailles.

Une nuit à l'observatoire de Saint-Véran ! ♥

09 71 72 54 17 ou 06 60 31 23 33 - https://www.saintveran-maisondusoleil.com/astro-3000. Sur la D 5.

St-Véran est un village d'exception, installé à 2040 m d'altitude. Il est réputé pour ses fustes, qui lui

La Petite France en barque électrique ♥

5 quai du Woerthel - ✆ 09 70 71 40 60 - www.marindeaudouce.fr.
Pl. du Cygne, ou quai St-Thomas.

L'Ill se divise en multiples bras pour irriguer le quartier de la Petite France. C'est donc en bateau, électrique et silencieux, que vous sillonnerez ce site célébrissime, à l'écart de la foule déambulant dans les ruelles. Pont du Faisan, place Benjamin-Six, pont couvert, barrage Vauban, tours fortifiées, maisons à colombages aux fenêtres fleuries de géraniums; tout le charme de l'Alsace au fil de l'eau, et au rythme de votre embarcation.

LA VALLÉE DE LA BRUCHE ★

En remontant la vallée de la Bruche, qui vient se jeter dans les bras de l'Ill à Strasbourg, faites escale à Molsheim, terre natale des voitures Bugatti, puis grimpez jusqu'au Struthof, haut lieu de mémoire.

Molsheim ★

Festival Bugatti à Molsheim.
© Eminaldo/Getty Images Plus

Parking Parc des Jésuites (11 av. de la Gare).

Blottie aux pieds des coteaux viticoles du grand cru bruderthal, cette charmante cité a connu un passé original. Chassés des États protestants aux 16e et 17e s., bénédictins, chartreux, capucins et jésuites ont trouvé refuge à Molsheim et marqué leur passage: il faut visiter l'église des Jésuites, aux dimensions impressionnantes, et la chartreuse, la seule jamais construite au cœur d'une ville. Celle-ci abrite aujourd'hui le musée de la Fondation Bugatti, où sont exposées quelques automobiles mythiques. Tout aussi immanquable: la Metzig, sur la place de l'Hôtel-de-Ville, un magnifique et curieux bâtiment Renaissance construit en 1583 à la demande de la corporation des bouchers.

Le Struthof ★★

D 130 - Natzwiller - ✆ 03 88 47 44 67 - www.struthof.fr.
Pas de borne. Prévoyez une recharge au 1 r. de la Creuse-Fontaine à Russ (14,5 km - 50 kW).

En 1941, les nazis ouvrirent à Natzwiller un important camp de concentration qui reçut des convois de prisonniers allemands et autrichiens, ainsi que, à partir de 1943, des prisonniers de toute l'Europe. Sur les 52 000 déportés du camp de Struthof, 10 000 à 12 000 y ont perdu la vie. Le site regroupe les vestiges des baraquements, une nécropole nationale des déportés (c'est là que repose symboliquement la dépouille du déporté inconnu), un mémorial, et un passionnant et émouvant Centre européen du résistant déporté, doté d'une exposition permanente.

Mémorial Alsace Moselle ★★

Allée du Souvenir-Français - Schirmeck - ✆ 03 88 47 45 50 - www.memorial-alsace-moselle.com. Borne la plus proche: 1 r. de la Creuse-Fontaine à Russ (50 kW).

Érigé sur une colline en face du Struthof, le mémorial est incontournable pour qui veut comprendre l'histoire douloureuse des Alsaciens et Mosellans qui ont changé 4 fois de nationalité entre 1871 et 1945. Une scénographie évocatrice et immersive invite à prendre la mesure de ce qu'ils vécurent: annexions, exodes, enrôlements forcés, etc.

AU PAYS DE SAINTE ODILE

Des falaises de grès rose, des forêts, des châteaux en ruine, des villes typiquement alsaciennes, et un monastère dominant tout cela... C'est là que la sainte patronne de l'Alsace, Odile, vécut au 7e s.

Strasbourg : à vélo dans la Petite France. ⊙

R. Mattes/hemis.fr

SE RÉGALER

NICE

Voir aussi p. 230

RENÉ SOCCA

Soyez prévenus, ici vous n'êtes pas dans un simple restaurant, mais bien dans une institution! C'est l'adresse la plus nissarde de la ville, où l'on cuisine mieux que personne les spécialités locales: petits farcis que l'on avalerait presque comme des petits pains, beignets de fleur de courgette à se damner, pissaladière qui fond sous la langue. Un pur délice! À savourer sur place ou à emporter.

1 r. Pairolière - 04 93 85 95 67 - à 100 m.

NICE

L'attachant et talentueux couple italo-argentin formé par Lorenzo Ragni et Florencia Montes signe à quatre mains des assiettes incisives et punchy qui épousent les saisons et la pêche locale, avec quelques audaces bienvenues dans les associations de saveurs: girolles aux palourdes de Méditerranée et courgettes; haricots coco de Nice et moules de la baie de Tamaris au vadouvan... Une table pleine de promesses.

5 r. Antoine-Gautier – 04 93 56 18 30 – www.restaurantonice.com - à 60 m.

VALDEBLORE

AUBERGE DE LA ROCHE

En plein cœur du Parc national du Mercantour, entre la vallée de la Tinée et celle de la Vésubie, un trio qui cherchait à se mettre au vert a jeté son dévolu sur cette auberge traditionnelle en pierre. Ils ont été séduits, comme vous le serez, par le calme et la beauté de la nature environnante. Dans l'assiette, une cuisine brute, créative et végétale, un menu unique, des produits locaux (y compris ceux du potager maison). Belle offre de bières et de vins nature.

La Roche - 04 93 05 19 07 - www.laubergedelaroche.com. - à 50 m.

LE MONÊTIER-LES-BAINS

16ÂME

Derrière une façade discrète, une salle chaleureuse, genre cabane de trappeur: montagne oblige! Aux fourneaux, on trouve Julien Momon, originaire de Corse et passé par les cuisines de Christophe Bacquié et Gérard Boyer. Dans l'assiette, rien que des produits de saison et locaux issus de ce territoire rural et alpin, comme cet agneau des Hautes-Alpes travaillé à la coriandre et à la menthe, et son jus perlé à l'huile d'olive.

32 r. des Glaciers - 04 92 46 84 12 - www.16ame.fr - à 130 m.

JAUSIERS

VILLA MORELIA

Cette Villa Morelia distille un certain charme bourgeois... Un écrin flatteur pour une cuisine du marché, séduisante et fidèle à la tradition. De la fraîcheur, de belles saveurs : un moment gourmet gourmand.

Av. des Mexicains - 04 92 84 67 78 - www.villa-morelia.com - sur place.

BRIANÇON

AU PLAISIR AMBRÉ

Au cœur de la célèbre cité Vauban, cette ancienne boucherie reste vouée aux bons produits. Fraîcheur : tel est le maître mot du chef, habile cuisinier qui sait révéler les meilleures saveurs. Un exemple? Ce gâteau de foie de volaille « recette à Mamie » ou cette poitrine de porc de montagne confite 8h, shiitakés et pommes dauphine... Vous avez dit plaisir?

26 Grande-Rue - 04 92 52 63 46 - www.auplaisirambre.com - à 200 m.

ST-MARTIN-SUR-LA-CHAMBRE

LE CLOCHER DES PÈRES

Perchée à 600 m d'altitude, cette maison logée dans une ancienne tour de guet est un lieu plein de cachet pour une cuisine séduisante, œuvre d'un couple discret et passionné, Éloïse et Pierre Troccaz. Ce chef, qui s'est construit patiemment à l'écart des voies toutes tracées, signe une cuisine fine et créative, ennemie de la routine et en partie improvisée grâce au retour du marché. Il multiplie aussi les clins d'œil à la tradition et aux produits savoyards – millefeuille de truite, homard et diot (saucisse), omble et crème de beaufort, biscuit de Savoie et myrtilles. Accueil charmant proche du client, jolies chambres pour la nuit.

Le Mollard, 80 imp. du Four - 04 79 59 98 06 - www.chambres-d-hotemaurienne-le-clocher-des-peres.fr - à 130 m.

SE LOGER

NICE

Voir aussi p. 231

GRASSE

LA BASTIDE SAINT-ANTOINE

Cette imposante bastide du 18e s. trône dans un parc magnifique, doublé d'une immense oliveraie aménagée en restanques. L'image même de la Provence éternelle! Luxueux mais sans ostentation, l'établissement cultive l'élégance aussi bien que la discrétion : la promesse d'un séjour enchanteur...

48 av. Henri-Dunant - 04 93 70 94 94 - www.jacques-chibois.com - sur place.

BARCELONNETTE

AZTECA

Cette ancienne villa « mexicaine » de 1888 abrite des chambres confortables, dont chacune est personnalisée dans un style contemporain. Dans les salons de l'hôtel, une galerie accueille le travail de nombreux artistes.

3 r. François-Arnaud - 04 92 81 46 36 - azteca-hotel.fr - à 90 m.

SAINT-VÉRAN

L'ALTA PEYRA

Voici le seul 4-étoiles du Queyras et y passer un moment vaut le détour. Ses cinq bâtiments s'intègrent parfaitement à l'architecture traditionnelle et préservée de St-Véran, au point qu'on ne les distingue guère des autres maisons. Il allie modernité et prestations de haut standing : spa, piscine chauffée, boutique.

206 r. de la Ville - ✆ 04 92 22 24 00 - www.dvm-vacances.com - sur place.

ICI ET PAS AILLEURS

NICE

Voir aussi p. 231

NEGRESCO LE 1913

Les boiseries en noyer de ce bar somptueux ont été créées en 1913 à l'ouverture de l'hôtel Negresco. Vous boirez du champagne entouré d'œuvres d'art : tapisserie de Bruxelles (1683), peintures du 18e s... Concert live à 19h30.

37 prom. des Anglais - ✆ 04 93 16 64 12 - www.hotel-negresco-nice.com - à 143 m.

ALZIARI

La maison Nicolas Alziari produit des grands crus d'huiles d'olive depuis 1868, des huiles en AOP Nice et des huiles cultivées en agriculture biologique.

14 r. St-François-de-Paule - ✆ 04 93 62 94 03 - www.alziari.com.fr - à 66 m.

CHÂTEAU-VILLE-VIEILLE

FROMAGERIE DE CHÂTEAU-QUEYRAS

Vous trouverez ici tous les fromages traditionnels du Queyras (bleu du Queyras, viso vache et chèvre, raclette), ainsi que des fromages bio.

1941 rte du Queyras - ✆ 04 92 46 73 16 - fromageriechateauqueyras.fr - à 724 m.

G. Lansard/hemis.fr

Nice, le bar du palace Le Negresco.

GUILLESTRE

THE GALLERY

Pour acheter de belles cartes postales du Queyras ou une photographie grand format, voici votre adresse ! Le photographe Duncan Mac Arthur, d'origine écossaise, est tombé amoureux du Queyras, où il vit désormais.

Rte du Queyras - ✆ 04 92 45 85 16 - www.duncanmacarthur.com - à 328 m.

BRIANÇON

MAISON DES ARTISANS DES HAUTES-ALPES

Elle expose du mobilier et des objets de décoration conçus par une quarantaine d'artisans locaux. Une belle occasion de découvrir leur savoir-faire, d'acheter ou de passer commande pour du sur-mesure.

Rte d'Italie - ZA Mallefosse - ✆ 04 92 52 67 17 - www.artis05.fr - à 832 m.

SERRE CHEVALIER VALLÉE

LONGO MAÏ – FILATURE DE CHANTEMERLE

Cette filature autogérée réalise depuis 1976 des produits en pure laine aux couleurs naturelles : pulls, couvertures, bonnets, etc. Visite guidée des ateliers et démonstrations.

158 La Rte-Neuve - St-Chaffrey - ✆ 04 92 24 04 43 - filature-longomai.org - à 302 m.

SAINT-JEAN-DE-MAURIENNE

BOUTIQUE DU MUSÉE OPINEL

Un musée pour tout savoir sur le couteau savoyard et l'histoire de la famille Opinel. Une boutique pour choisir son couteau préféré.

25 r. Jean-Jaurès - ✆ 04 79 64 04 78 - www.opinel.com - à 271 m.

AUX PRODUITS SAVOYARDS

Beaufort d'été ou d'hiver, tommes fermières, bleus de la vallée, tommettes de chèvres et de brebis... Un large choix de fromages de la vallée mais aussi de miels, de liqueurs et autres gourmandises locales.

52 r. de la République - ✆ 04 79 64 22 45 - www.beaufortdesarves.com - à 204 m.

Kaysersberg.

Riquewihr ★★★

Pl. des Charpentiers.

Les ruelles, les murailles et les maisons de Riquewihr ont conservé leur splendeur du 16e s. et une harmonie architecturale remarquable. La ville est particulièrement fleurie tout au long de l'année et joliment décorée aux périodes de Pâques et de Noël. Voyez en particulier la maison Liebrich, du 17e s., avec sa pittoresque cour à galeries de bois, ainsi que la maison Preiss-Zimmer, dont la façade est l'une des plus décorées de la cité.

Kaysersberg ★★

Borne la plus proche à Riquewihr.

Cette petite ville entièrement piétonne, qui a conservé son aspect médiéval, accueille l'un des plus célèbres marchés de Noël de la région. Le schlossberg, produit sur la commune, a été le premier vin à bénéficier de l'appellation grand cru d'Alsace. Ne manquez pas l'hôtel de ville, construit dans le style de la Renaissance rhénane, le pont fortifié, avec son parapet crénelé et son oratoire, la maison Brief et ses pans de bois richement ornés, et l'église Ste-Croix, qui abrite un remarquable retable.

COLMAR ★★★

Qu'on les découvre à pied ou en barque sur les canaux de la « Petite Venise », à Noël ou en été, les fontaines, les maisons à colombages, les géraniums ou les décorations aux balcons disent tout de l'appartenance de la ville à l'Alsace. Tous les clichés sont réunis et le charme agit.

2 av. de la Marne (100 kW).

Musée Unterlinden ★★★

Pl. Unterlinden - ☎ 03 89 20 15 50 - www.musee-unterlinden.com.

Le musée le plus célèbre de Colmar est aussi, sans doute, l'un des plus beaux de France. Il occupait déjà un ancien couvent de dominicaines fondé au 13e s., et s'étend désormais jusqu'à l'autre rive du canal de la Sinn. Les anciens bains municipaux Art nouveau (1906) ont été annexés, et une extension créée par les architectes bâlois Herzog & de Meuron, inaugurée en 2016, abrite désormais les très riches collections d'art moderne (Dubuffet, Picasso, Poliakoff, Soulages, entre autres). Le chef-d'œuvre incontesté de ce musée demeure le stupéfiant retable d'Issenheim, polyptyque monumental peint par Grünewald et sculpté par Nicolas de Haguenau entre 1512 et 1516.

La Féerie des lumières ♥

Réservation à l'office de tourisme : pl. Unterlinden - ☎ 03 89 20 68 92 - www.tourisme-colmar.com.

Pour ne rien manquer des anecdotes, des détails architecturaux, des curiosités insolites qui peuplent les rues de la vieille ville et les quais de la Petite Venise, la visite guidée s'impose. Si en plus vous optez pour une visite nocturne, la magie n'en sera que plus grande. La foule s'est dissipée, et les monuments se révèlent alors sous un autre habit, plus intime, les détails sont soulignés, mis en valeur par les jeux de lumière subtils. La visite guidée devient confidentielle.

PARC NATUREL RÉGIONAL DES BALLONS DES VOSGES ★★

Extrémité sud de la chaîne des Vosges, où règnent encore les belles forêts de sapins et d'épicéas et, sur les hauteurs, de grands pâturages émaillés de fleurs alpestres, ce parc naturel est la promesse de superbes routes et de balades bien oxygénées.

Avant de partir, renseignez-vous sur l'état des routes, notamment entre novembre et avril. La route des Crêtes peut être fermée en cas de neige. Rens. sur inforoute.alsace.eu

Randonnée au ballon d'Alsace ★★★

Départ devant la ferme-restaurant du ballon d'Alsace (D 465) - ☎ 03 84 56 75 28 - www.ballondalsace.fr - compter 30mn à pied AR. Borne la plus proche à Thann (5 km vers le sud).

Le ballon d'Alsace, c'est le point culminant des Vosges du Sud, avec 1247 m d'altitude. Il aurait d'ailleurs pu s'appeler ballon de Lorraine ou de Franche-Comté, car son sommet arrondi marque la frontière entre trois départements. Le sentier d'accès facile – comptez 400 m de dénivelé – se dirige à travers les pâturages vers la statue de la Vierge qui marque son sommet. Du balcon d'orientation,

↑ Le Grand Ballon, dans le massif des Vosges.
© T. Vuano/hemis.fr

Intérieur de la station du téléphérique de Grenoble. Gregory_Dubuis/Getty Images Plus

GRENOBLE ★★

Grenoble s'est construite au cœur d'un site grandiose, à l'intersection de trois vallées, bordées des massifs préalpins et calcaires de la Chartreuse et du Vercors, et de la chaîne granitique de Belledonne, dont le plus haut sommet frôle les 3000 m.

Pour visiter le centre, garez-vous 15 r. de la Frise, derrière la gare SNCF, ce qui évite d'entrer dans la ville souvent encombrée. Borne de charge rapide à proximité, 49 r. Félix-Esclangon.

Capitale du Dauphiné et des Alpes, Grenoble s'est développée autour de sa vieille ville, piétonne, et son lacis de ruelles médiévales qui mènent de la place aux Herbes à la place Grenette. Autour s'étend la ville du 19e s. puis les immeubles édifiés lors des Jeux olympiques de 1968. De l'autre côté de l'Isère, que l'on traverse par un pont piéton, le quartier St-Laurent, haut lieu de la ganterie au 19e s., affiche une succession de bars et restaurants installés le long des quais. La ville possède aussi de nombreux espaces verts qui attirent la foule lors des fortes chaleurs de l'été.

Un musée à ciel ouvert

www.grenoble-patrimoine.fr - www.spacejunk.tv - www.grenoble-tourisme.com.

Avec l'organisation des Jeux olympiques, Grenoble s'est dotée de sculptures modernes, toujours en place : Calder, Joseph Wyss, Magda Franck... Mais la ville est aussi le théâtre de très nombreuses œuvres de *street art* qui s'étoffent chaque année, notamment à l'occasion du Street Art Fest, créé par la galerie Spacejunk qui organise, comme l'office de tourisme, des visites sur ce thème. Une autre façon de découvrir Grenoble.

VALLÉE DU GRÉSIVAUDAN ★

Ancienne frontière entre le Dauphiné et la Savoie, le Grésivaudan est surnommé la vallée des cent châteaux. Il relie Grenoble à Chambéry en un immense couloir où coule l'Isère, élargi et déblayé par les glaciers. Rive droite se dressent les majestueuses parois rocheuses du massif de la Chartreuse, tandis que rive gauche s'élèvent les sommets de Belledonne.

Château du Touvet ★

Allée du Château - Le Touvet - 06 50 84 42 39 - chateaudutouvet.com. Bricomarché (N 90), à 1,5 km.

Maison forte, élevée au 13e s., le château du Touvet a été remanié au 15e s. De son enceinte fortifiée demeurent les deux tours rondes de l'entrée. Meublé et richement décoré, il a conservé de remarquables parquets dauphinois et des souvenirs de l'Empire notamment dans la salle consacrée au maréchal Oudinot, ancêtre du propriétaire actuel. Il prend place dans un magnifique parc aménagé de jardins, d'un beau parterre à la française et d'un remarquable escalier d'eau à l'italienne. De ses terrasses, belle vue sur le massif de Belledonne, en face.

« Jean Sulpice, toute la noblesse de la cuisine savoyarde

Il y a sept ans, le chef savoyard Jean Sulpice descendait des cimes de Val-Thorens pour Talloires, au bord du lac d'Annecy. Un changement de cadre pour une cuisine différente intimement liée à la diversité des produits.

Si vous ne deviez retenir qu'un point positif à votre arrivée à Talloires, quel serait-il ?

Le goût de retrouver les saisons et de pouvoir cuisiner en fonction de ce qu'elles m'apportent. J'ai adoré Val-Thorens, mais l'univers culinaire que je dessinais était centré sur les produits de la fin de l'automne, de l'hiver et des premiers jours du printemps.

Quels sont les producteurs ou les produits que vous avez découverts autour du lac d'Annecy ?

Ce qui est formidable, c'est que je continue encore à en découvrir. Parmi les plus récents, la productrice de volailles Marie-Jo Lavorel, aux Ollières. Toutes ses volailles sont élevées en plein air et nourries avec les céréales de l'exploitation. Je pense aussi à Florent Capretti, un des derniers pêcheurs professionnels sur le lac d'Annecy.

Votre cuisine est à 100 % savoyarde ?

Elle ne pouvait pas être autrement. Tout ce que j'ai découvert autour du lac et dans les montagnes a contribué à enrichir mon répertoire et a apporté une cohérence dans ma cuisine. Tous mes producteurs participent à défendre un patrimoine culinaire que je traduis dans les assiettes par des créations lisibles qui permettent de revendiquer une cuisine de territoire.

Quelles sont les réactions de vos clients face à ce positionnement culinaire ?

Sur des territoires comme les nôtres, les clients sont en quête de cuisine identifiée et veulent apprécier des plats qu'ils n'ont jamais goûtés et qu'ils ne goûteront pas ailleurs.

©Franck Juery

Jean Sulpice : deux Étoiles au Guide MICHELIN 2024.

Vous pensez à quels produits ?

Les écrevisses et la fera du lac, des fromages autres que les grands classiques de Savoie, les herbes et les fleurs cueillies dans le jardin ou dans la nature comme les calaments, la camomille, la verveine, le serpolet. Mais ces découvertes prennent tout leur sens si la carte des vins suit le mouvement en s'appuyant sur les vignobles des alentours et si les arts de la table sont fabriqués localement. La cohérence n'est pas que dans l'assiette.

Non loin de votre restaurant, avez-vous un lieu qui vous fascine ?

Le premier, c'est de partir en balade jusqu'à la cascade d'Angon au cœur d'un canyon. Le second, l'ermitage de St-Germain-sur-Talloires. Il faut s'y rendre pour assister au lever du soleil, mais j'ai une préférence pour le soir quand le soleil se couche et qu'il vous donne une dernière énergie pour la soirée. »

p. 278

La cuisine de Jean Sulpice.
©Franck Juery

L'auberge du Père Bise - Jean Sulpice - 303 rte du Port - 74290 TALLOIRES-MONTMIN
04 50 60 72 01
www.perebise.com/restaurant-jean-sulpice -
sur place

SE RÉGALER

STRASBOURG

DE:JA ✿
Ce jeune couple, venu des lettres et de l'écologie, passé par les tables étoilées alsaciennes, cuisine autant avec la tête qu'avec le cœur. Le décor, très scandinave d'inspiration, laisse deviner la philosophie: créativité, extractions, fermentations, prédominance du végétal, souci du bien-être animal, carte des vins nature et des haïkus à la place d'énoncés de produits. Dans l'assiette, déjà une solide technique: cuissons, jus et sauces au point, associations audacieuses qui fonctionnent bien... Produits locaux bio ou agriculture raisonnée, valorisés dans leur intégralité.
1 r. Schimper - www.deja-restaurant.com - à 170 m.

AU PONT CORBEAU
À côté du Musée alsacien dédié à l'art populaire, une savoureuse manière de passer à la pratique! Tout séduit dans cette authentique winstub tenue en famille: le décor traditionnel (éléments Renaissance, affiches), le choix de vins et, bien sûr, la cuisine alsacienne, appuyée sur un réseau de producteurs locaux... Coup de cœur!
21 quai St-Nicolas - 03 88 35 60 68 - www.aupontcorbeau.fr - à 160 m.

OBERNAI

THIERRY SCHWARTZ - LE RESTAURANT ✿
Pour Thierry Schwartz, la nature ne s'envisage qu'en plein cœur de l'assiette: son engagement en faveur des producteurs locaux en est la preuve, et lui a valu les insignes d'officier du Mérite agricole. Posons le décor: naturel et lambrissé, avec exposition de légumes du moment, tables en bois et cheminée qui crépite... Il concocte trois remarquables menus où le produit (alsacien et en permaculture) se suffit à lui-même: pur épeautre, omble chevalier, oseille sauvage, œufs bio fermiers... Tout cela s'arrose d'un bon cru, nature bien évidemment.
35 r. de Sélestat - 03 88 49 90 41 - www.thierry-schwartz.fr - à 120 m et 180 m.

SÉLESTAT

AU BON PICHET
Il fait bon se restaurer dans cette maison tenue par la même famille depuis quatre générations! Comme hier, le chef concocte de bonnes recettes traditionnelles: jarret de porc fumé en choucroute de pommes de terre, quenelles de sandre et sauce matelote... L'accueil convivial et le décor de winstub confirment que les règles du bien vivre sont indémodables!
10 pl. du Marché-aux-Choux - 03 88 82 96 65 - aubonpichet.fr - à 120 m.

RIBEAUVILLÉ

AU RELAIS DES MÉNÉTRIERS
Nous ne sommes plus au temps des ménétriers, mais l'hospitalité est toujours la règle en ce relais, comme les bons plats! Le chef mitonne une jolie cuisine dans l'air du temps, qui met en valeur le terroir alsacien. Le résultat est là: générosité et goût.
10 av. du Gén.-de-Gaulle - 03 89 73 64 52 - restaurant-menetriers.com - à 400 m.

RIQUEWIHR

LA TABLE DU GOURMET ✿
À Riquewihr, Jean-Luc Brendel a construit tout un écosystème: en plus de son restaurant gastronomique, il possède une winstub moderne, ainsi que des chambres d'hôtes. À la Table du Gourmet, le chef cuisine de super produits de saison, avec du soin et ce qu'il faut de créativité pour sortir des sentiers battus. Son menu surprise met en valeur l'abondance de son jardin en permaculture. Une valeur sûre.
5 r. de la 1re-Armée - 03 89 49 09 09 - jlbrendel.com - à 350 m.

KAYSERSBERG

WINSTUB DU CHAMBARD
La seconde table du chef étoilé Olivier Nasti, version winstub. Ici, il revisite tout ce que le terroir alsacien peut offrir: baeckeoffe et choucroute, tarte à l'oignon, presskopf... Sans oublier cette truite de la vallée d'Orbey, sauce matelote et un kougelhopf glacé, référence en la matière: goûteux et généreux, une ode à la gourmandise! Ardoise du jour de cuisine du marché également.
9-13 r. du Gén.-de-Gaulle - 03 89 47 10 17 - www.lechambard.fr - à 100 m.

BERRWILLER

L'ARBRE VERT
Non loin de la route des Crêtes et du Hartmannswillerkopf, ce restaurant tenu par la même famille depuis 5 générations ne déçoit pas. Les Koenig y déclinent toute la fraîcheur du terroir alsacien, avec de beaux vins du cru.
96 r. Principale - 03 89 76 73 19 - restaurant-koenig.com

MULHOUSE

IL CORTILE ✿
Dans une rue piétonne du vieux Mulhouse, le chef Jean-Michel Feger compose une cuisine inspirée par la Méditerranée. Préparations modernes, techniquement abouties, et une gourmandise qui donnerait l'accent italien. Pour changer un peu de la cuisine alsacienne.
11 r. des Franciscains - 03 89 66 39 79 - www.ilcortile-mulhouse.fr - à 120 m.

SE LOGER

STRASBOURG

LES HARAS
Les anciennes écuries royales ont été transformées par les designers Patrick Jouin et Sanjit Manku en hôtel design, aux chambres à l'esthétique minimaliste rehaussée de couleurs chaudes. Un spa Codage est installé dans un espace tout aussi envoûtant (hammam, sauna, piscine de 17 m et salle de sport).
23 r. des Glacières - 03 90 20 50 00 - les-haras-hotel.com - sur place.

OBERNAI

À LA COUR D'ALSACE
Au cœur de la ville historique, un ensemble de maisons de styles divers (architecture, matériaux), répartis autour de petites cours. Un mini-village de bon goût et de confort avec des chambres et des suites aux décors variés, une piscine et deux restaurants.
3 r. de Gail - 03 88 95 07 00 - www.cour-alsace.com - à 60 m.

RIQUEWIHR

B. SUITES ET B. VINTAGE
Jean-Luc Brendel, le chef étoilé, cuisinier, jardinier et poète, est aussi hôte pour une étape de luxe, avec son épouse Anne. Six chambres d'hôtes ultra-confortables au parti pris de décoration fort sont aménagées dans une maison médiévale. Sinon, faites le choix de la maison d'hôte en triplex construite sur les remparts historiques, dans un style vintage, luxueux toujours, évoquant l'entre-deux-guerres. Comme un décor de cinéma.
48 r. du Gén.-de-Gaulle et 29 r. des Remparts - 03 89 86 54 54 - jlbrendel.com - à 90 m.

KAYSERSBERG

HÔTEL DU CHAMBARD
Luxe, confort et élégance dans un esprit zen et contemporain. Les très belles chambres du Chambard, claires et lumineuses, offrent une escale de choix pour profiter de la ville, et tester l'un des deux restaurants de l'établissement, une winstub et un gastro étoilé sous la houlette du chef Olivier Nasti.
9-13 r. du Gén.-de-Gaulle - 03 89 47 10 17 - www.lechambard.fr - à 100 m.

COLMAR

LA MAISON DES TÊTES
Ce petit hôtel logé dans une bâtisse de 1609 unique en son genre doit son nom aux têtes sculptées qui ornent sa façade. À l'intérieur, la maison a été entièrement rénovée et, grâce à ses propriétaires, Marilyn et Éric Girardin, elle accueille non pas un mais deux restaurants raffinés : la charmante Brasserie historique et le restaurant étoilé Girardin. Les 21 chambres ne sont pas en reste : elles sont modernes, minimalistes et ultra-luxueuses.
19 r. des Têtes - 03 89 24 43 43 - www.maisondestetes.com - à 180 m.

MULHOUSE

HÔTEL BRISTOL
À deux pas du centre historique, l'hôtel dispose de grandes chambres actuelles, personnalisées et pourvues de salles de bains luxueuses. Service impeccable.
18 av. de Colmar - 03 89 42 12 31 - www.hotelbristol.com - sur place.

ICI ET PAS AILLEURS

STRASBOURG

MAISON ALSACIENNE DE BISCUITERIE
Les bredele, ces petits gâteaux et sablés alsaciens sont, avec le kougelhopf, la spécialité de cette boutique installée près de la cathédrale. Autre boutique 9 r. des Serruriers, dans la Petite France.
16 r. du Dôme - www.maison-alsacienne-biscuiterie.com - à 24 m.

Restaurant Il Cortile.

La Maison des Têtes.

Gregory Massat/La Maison des Têtes - Muller Lucas/Il Cortile

RIBEAUVILLÉ

BEAUVILLÉ, MANUFACTURE D'IMPRESSION SUR ÉTOFFES
Depuis plus de deux siècles, Beauvillé, qui porte le label Entreprise du patrimoine vivant, signe des tissus imprimés haut de gamme (linge de table et de maison).
19 rte de Ste-Marie-aux-Mines - 03 89 73 74 74 - www.beauville.com - à 693 m.

ROUTE DES VINS D'ALSACE

VITICULTEURS ET DOMAINES
Retrouvez 372 domaines répertoriés sur le site Internet officiel des vins d'Alsace, ainsi que de nombreux renseignements sur les crus, les terroirs, etc.
www.vinsalsace.com

L'abbaye d'Hautecombe.

croupe du Semnoz. Du terre-plein du sanctuaire, 200 m plus loin, le massif de Belledonne ferme l'horizon, au sud. À vos appareils photos !

Abbaye d'Hautecombe ★★

3700 rte de l'Abbaye - St-Pierre-de-Curtille - ✆ 04 79 54 58 80 - www.hautecombe.org. Pas de borne de charge.

Hautecombe est aux souverains de la maison de Savoie ce que la basilique de St-Denis, au nord de Paris, fut aux rois de France. C'est en effet dans ce magnifique lieu de recueillement posé dans un cadre inoubliable que cette famille au destin exceptionnel a choisi d'être inhumée. L'église de l'abbaye, restaurée dans le style néogothique, se caractérise par l'exubérance de sa décoration où l'on peut voir 300 statues en marbre, en pierre, en bois doré. À l'écart, la grange batelière a été édifiée par les cisterciens au 12e s. pour entreposer les produits de leurs terres qu'ils recevaient par bateau ; elle serait unique en France.

AIX-LES-BAINS ★★

Côté lac, garez-vous à proximité du Petit-Port (22 av. Daniel-Rops) ; côté ville, garez-vous devant le casino.

Le lieu de villégiature préféré d'Alphonse de Lamartine resplendit sous les ors des façades Belle Époque de son casino et des anciens palaces qui témoignent de l'éclectisme architectural de la fin du 19e s. et du début du 20e et de l'activité thermale de la ville. Aix-les-Bains est aussi connue pour ses ports et ses plages, au bord du lac du Bourget, qui en font une station balnéaire très agréable.

Casino Grand Cercle ★

200 r. du Casino - ✆ 04 79 35 16 16 - www.casinograndcercle.com.

Le casino ouvre ses portes aux joueurs et aux amateurs de la Belle Époque dont il symbolise les fastes. Son corps principal date de 1849, mais les salles qui méritent le coup

Pierrick Lemaret/Getty Images Plus

d'œil ont été inaugurées en 1883 et disposent de très beaux décors. Par la variété des couleurs utilisées et la surface occupée, le plafond orné de mosaïques de la salle de jeu (1883) constitue une œuvre de premier ordre. Le théâtre, lui, semble conserver intact le souvenir des artistes qui l'ont animé, de Sarah Bernhardt à Luis Mariano.

Dégustation de vins de Savoie ♥

Domaine Xavier Jacqueline et filles - 7 chem. de St-Simond - 06 76 94 34 16 - www.xavierjacqueline.com. 61 av. Franklin-Roosevelt.

Ce domaine viticole en agriculture biologique s'avère une halte intéressante pour prendre la mesure des vins de Savoie. Vous dégusterez ici des vins blancs produits à partir des cépages roussette, malvoisie et chardonnay, dont un vieilli en fût de chêne, et deux vins rouges issus de la mondeuse et du pinot noir. Chacun possède une forte identité, qui titillera votre palais. Vous pouvez aussi opter pour une dégustation Vins & Fromages qui permet de découvrir d'autres spécialités locales !

ANNECY ★★

Parking, 8 r. de la Providence.

Si le lac - magnifique - joue les vedettes, Annecy n'est pas en reste puisqu'elle a gagné le joli surnom de « Venise des Alpes ». Animée et vivante, elle possède un intéressant patrimoine ancien mais aussi des sites bien ancrés dans le présent, tels son musée du Film d'animation et ses lieux d'art contemporain. Enfin, elle invite à la détente, notamment sur les bords du lac, aménagés en agréables jardins.

Vieil Annecy ★★

Avec le palais de l'Île comme figure de proue, ce quartier piétonnier est habillé de rose, de jaune et d'orange, rappelant son appartenance au royaume de Piémont-Sardaigne. Chaque édifice, desservi par le dédale de ruelles et les ponts traversant les canaux, raconte un moment d'histoire comme l'ancienne résidence des comtes de Genève et des ducs du Genevois-Nemours, perché sur son rocher, aujourd'hui transformé en château-musée, ou encore l'ancien palais épiscopal et la cathédrale St-Pierre du 16e s.
La rue Ste-Claire, artère principale du quartier fermé par une porte à mâchicoulis, constituait la voie principale de communication entre Faverges et Chambéry.

La FabriC

34 av. de Loverchy - 04 50 02 87 52 - www.fondation-salomon.com. 14 fbg des Balemettes.

La fondation pour l'art contemporain de Claudine et Jean-Marc Salomon valorise le travail d'artistes internationaux lors d'expositions monographiques, avec notamment des œuvres éphémères réalisées *in situ*. Elle occupe l'ancien atelier

Le Lion du sculpteur Bartholdi sous la citadelle de Vauban. Sissoupitch/Getty Images Plus

BELFORT ★

Ce « fier coin de terre » doit à sa position frontalière une histoire rythmée par le son des canons. En témoignent la citadelle de Vauban et le Lion de Bartholdi, symbole du courage de ses défenseurs. Loin d'être une austère place forte ou une cité industrielle triste et grise, Belfort est une ville animée aux façades colorées.

Vibrant début juillet au rythme des Eurockéennes, l'un des grands festivals européens, Belfort offre toute l'année le charme de sa vieille ville, l'agrément de sa place d'Armes dominée par la cathédrale St-Christophe en grès rose, la richesse des collections de peintures du musée des Beaux-Arts, la puissance de sa citadelle et de son emblématique Lion.

Pour le centre historique, garez-vous r. Georges-Pompidou ou pl. de la Révolution-Française.

Citadelle ★★

R. Xavier-Bauer - 03 84 54 25 51 - musees.belfort.fr. Pas de borne sur le parking de la citadelle.

Imaginée par Vauban en 1697 pour protéger la ville et son château du 12e s., la citadelle sera renforcée et modernisée dès 1815, puis après la guerre de 1870. Un immense complexe architectural et militaire à visiter en s'appuyant sur une application de réalité augmentée, sur smartphone, pour visualiser l'histoire et l'évolution du site au fil des siècles. Parmi les points forts de la visite, le musée d'Histoire, le panorama depuis la terrasse, et le Grand Souterrain, créé sous Louis XV pour abriter la population civile en cas de siège.

Terrasse du Lion de Bartholdi ★★

Accès : depuis la citadelle par la poterne à côté de l'entrée du Grand Souterrain; ou depuis le parking Arsenal en ville, en prenant le chemin qui longe la falaise (panneaux d'indication). Garez-vous pl. de la Révolution-Française.

Cette œuvre pharaonique ouvertement inspirée des sphinx égyptiens, adossée à la paroi rocheuse en contrebas de la caserne, a été exécutée par Bartholdi de 1875 à 1880 et montée sur place, pièce par pièce. Le Lion, en grès rose des Vosges, symbolise la force et la résistance de la ville lors de la guerre franco-prussienne de 1870. De proportions harmonieuses (22 m de long et 11 m de haut), il a encore plus fière allure lorsqu'il est illuminé à la nuit tombée.

CHAPELLE NOTRE-DAME-DU-HAUT À RONCHAMP ★★

Que l'on soit profondément croyant comme les clarisses qui vivent dans le monastère voisin ou agnostique comme l'était Le Corbusier, il est difficile de ne pas être touché par la beauté et la pureté lumineuse qui se dégagent de cette chapelle, monument emblématique de l'architecture moderne.

13 r. de la Chapelle - 03 84 20 65 13 - www.collinenotredameduhaut.com. Borne la plus proche dans le village de Ronchamp, pl. du 14-Juillet.

Chapelle Notre-Dame-du-Haut par l'architecte Le Corbusier.

H. Lenain/hemis.fr/ADAGP, Paris

fotostorm/Getty Images Plus

Le thermalisme, une longue tradition vosgienne.

“ Le renouveau du thermalisme vosgien

Si les stations thermales vosgiennes comptent parmi les plus anciennes de France, leur avenir dépend de leur capacité à se renouveler. Dépoussiérant le genre, le tourisme thermal de confort apporte aujourd'hui un grand bol d'air frais.

Plus de 2 000 ans d'expérience

Le thermalisme vosgien est né dès l'époque gallo-romaine, voire un peu avant dans le cas de Luxeuil-les-Bains. Puis il s'est considérablement développé, au 18e s. à Luxeuil toujours, mais surtout au 19e s. sous le Second Empire et à la Belle Époque, les stations rivalisant alors pour attirer la clientèle la plus élégante et mondaine.

Vers un nouveau thermalisme

Si l'ambiance un peu surannée des stations et le caractère médical des cures ont pu imprimer au thermalisme une image vieillissante, la dernière décennie a contribué à modifier cette perception. La plupart des établissements ont compris la nécessité d'élargir leur offre et de rajeunir leur clientèle. D'une part en ouvrant les installations à un thermalisme de confort, d'autre part en créant des spas répondant aux normes les plus qualitatives du secteur.

Vittel Spa

Le spa des thermes vittellois, axé bien-être et relaxation, propose des soins d'hydrothérapie, des modelages et soins esthétiques, un hammam à l'orientale, un espace nordique avec douche de neige et *Ice Cave*, des jacuzzis extérieurs ou encore une tisanerie.
www.spa-vittel.com

Spa des thermes de Contrexéville

Il offre le plus grand bassin thermoludique du Sud lorrain, et bien sûr un sauna, un hammam, des bains bouillonnants, des salles de relaxation avec aromathérapie, un institut de beauté, des activités de sophrologie…
www.thermes-contrexeville.fr

Vitalité et Forme à Bains-les-Bains

Cet espace au sein des thermes inclut l'accès aux piscines et bassins thermaux, un studio fitness, un spa thermal, des consultations et des ateliers santé (musicothérapie, automassage *Do In*…).
www.chainethermale.fr/bains-les-bains

Spa thermal de Luxeuil-les-Bains

Dans le cadre historique des bâtiments du 18e s. et des décors Art déco, piscine thermale aqualudique, hammam, jacuzzi, aquabike, institut de beauté, réflexologie plantaire.
www.chainethermale.fr/luxeuil-les-bains

Dans tous les cas, activités à la carte, forfaits demi-journée, option hébergement ou repas gastronomique adapté… les établissements thermaux savent désormais s'adapter à la plus exigeante des clientèles, pour des moments d'exception. p. 310. ”

SE RÉGALER

GRENOBLE

L'AMÉLYSS

Un jeune couple a fait de cette adresse un restaurant attachant, qui bouleverse un peu les codes. Les plats modernes de la cheffe Héloïse Pelletier sont pleins de fraîcheur et d'envie, les produits ultra-frais, les assaisonnements sont millimétrés et les associations de saveurs subtiles. Belle carte des vins bien ficelée par monsieur qui assure le service. Au top!

3 bd Gambetta - ✆ 04 76 42 35 84 - www.sites.google.com/view/restaurant-l-amelyss - à 200 m.

AIX-LES-BAINS

LAMARTINE ✿

Face au lac cher à Lamartine, cette table est depuis 1964 une valeur sûre de la région. Valentin Marin ancre sa cuisine dans ce terroir montagnard et lacustre, avec notamment un travail de précision sur les poissons de lac: omble chevalier au céleri et beurre blanc aux œufs de brochet; agneau de Savoie à la fleur d'artichaut; croustillant de fraise « de mon enfance » à l'estragon... Enfin, l'élégant cadre contemporain et le service attentionné sont l'assurance d'une halte romantique réussie.

3132 route du Tunnel-du-Chat, Bourdeau, Le Bourget-du-Lac - ✆ 04 79 25 01 03 - www.lamartine-marin.com/fr - sur place.

CHAMBÉRY

CARRÉ DES SENS

Joliment située sur l'une des places centrales de la ville, cette maison est le fief d'un chef qui revisite les classiques de la tradition française avec passion : œuf mollet, fricassée de girolles et persillade en émulsion; paleron de bœuf cuit à basse température, galette de pomme de terre et jus truffé; soufflé chaud au Grand Marnier – de bons produits et des recettes gourmandes soigneusement exécutées.

32 pl. Monge - ✆ 04 79 65 98 07 - carre-des-sens.eatbu.com - à 300 m.

NANCES

CÔTÉ LAC

Face à la verdure et au lac d'Aiguebelette, on déguste tartes et salades, planches de fromages et de charcuterie, salades de fruits colorées, tartelettes gourmandes... Le tout bio, local, fait maison et d'une grande fraîcheur.

572 rte d'Aiguebelette - Maison du lac - ✆ 06 12 42 32 14 - cote-lac.metro.bar - à 50 m.

LE BOURGET-DU-LAC

ATMOSPHÈRES ✿

De Lamartine à Stendhal en passant par Maupassant, les écrivains sont nombreux à avoir célébré l'atmosphère du lac du Bourget et la vue sur le Revard. Le chef Alain Perrillat-Mercerot en a fait, lui, un splendide écrin pour sa cuisine créative et délicate, qui défend avec ferveur le terroir savoyard. Fort de solides bases classiques, il travaille avec une précision redoutable les poissons d'eau douce, les fromages locaux ou les myrtilles sauvages. À savourer au gré de deux menus uniques à la construction étudiée. Belle carte des vins, célébrant (entre autres) les cépages locaux.

618 rte des Tournelles - ✆ 04 79 25 01 29 - www.atmospheres-hotel.com - sur place.

TALLOIRES-MONTMIN

JEAN SULPICE ✿✿

p. 271. L'Auberge du Père Bise est plus que jamais vivante, sous l'impulsion de Jean Sulpice et de son épouse Magali! En sportif affûté, le chef propose une cuisine fine, saine et légère. Les herbes, fleurs et plantes sauvages apportent contrastes et couleurs à des assiettes créatives et incisives, qui dessinent une promenade pleine de gourmandise autour des poissons du lac. Ainsi l'omble chevalier et son étonnant beurre maître d'hôtel à l'épicéa, ou le travail autour de la féra fumée, tout en fraîcheur. La carte des vins comprend un livret indépendant entièrement consacré aux crus situés dans l'ancien duché de Savoie. Cette mise en scène poétique se déploie dans une élégante salle contemporaine ouverte sur la terrasse et les rives du lac d'Annecy. Un écrin d'exception pour une gastronomie épurée et audacieuse.

303 rte du Port - ✆ 04 50 60 72 01 - www.perebise.com - sur place.

ANTHY-SUR-LÉMAN

L'AUBERGE D'ANTHY

Ce petit hôtel-restaurant-café traditionnel mise tout sur des joies simples! L'adresse est idéale pour apprécier le poisson du lac Léman (féra et omble). Et le chef aime aussi mettre en valeur les charcuteries et fromages du terroir chablaisien.

2 r. des Écoles - ✆ 04 50 70 35 00 - www.auberge-anthy.com - à 80 m.

SE LOGER

LE BOURGET-DU-LAC

ATMOSPHÈRE

Le restaurant gastronomique Atmosphères a aménagé quatre chambres pour prolonger le séjour au bord du lac du Bourget. Bois, pierre et couleurs chaudes composent le décor intérieur, sobre et chaleureux, tandis qu'à l'extérieur la vue s'étend sur le plan d'eau ou la dent du Chat. Le petit-déjeuner fait honneur à la table en mariant créations gourmandes et produits locaux, tels que ces fromages et yaourts de Savoie, ce beurre de la coopérative de Yenne, ou encore le cake et le gâteau de Savoie maison.

618 rte des Tournelles - 04 79 25 01 29 - www.atmospheres-hotel.com - sur place.

ANNECY

LES TRÉSOMS
Au-dessus du lac, dans un environnement boisé, cette demeure des années 1930 se modernise sans rien perdre de son charme Art déco! Spa et piscines sont propices à la détente. Capteurs solaires ou places pour recharger sa voiture électrique : ici, la responsabilité écologique n'est pas un vain mot.
15 bd de la Corniche - 04 50 51 43 84 - www.lestresoms.com - sur place.

NUIT INSOLITE IGLOO
Alpes Bivouac organise des nuits en igloo sur la montagne du Semnoz. Une expérience hivernale qui débute par une balade en raquettes et un repas traditionnel savoyard. Puis, douillettement installé dans votre igloo, vous vous endormez, bercé par les bruits de la nature...
Alpes bivouac - 09 82 22 94 95 - www.alpes-bivouac.com

THONON-LES-BAINS

CHAMBRES D'HÔTES CORNICHE 22
Cette bâtisse des années 1920 mise sur les énergies renouvelables : chauffage aux granulés, eau chaude solaire... Des chambres spacieuses et lumineuses d'où la vue s'étend sur le soleil levant ou sur le lac. Petit-déjeuner copieux avec des produits frais et bio. Cuisine à disposition et jardin.
22 bd de la Corniche - 04 50 26 62 03 - à 170 m.

ICI ET PAS AILLEURS

GRENOBLE

GANT LESDIGUIÈRES
Les gants de Grenoble, en peau de chevreau, étaient réputés dans l'Europe entière et l'essor de la ville doit beaucoup à cette industrie de luxe qui se développa ici au 19e s. La maison Lesdiguières, fondée en 1885, est l'un des derniers gantiers grenoblois.
5 r. Raoul-Blanchard - 04 76 89 11 42 - ganterie-grenoble.fr - à 343 m.

CHAMBÉRY

CONFISERIE MAZET
L'enseigne de cette belle boutique date de 1903, comme sa spécialité, le Mazet, un bonbon acidulé aux extraits naturels de fruits. Les Ducs et la Tomme de Savoie aux myrtilles figurent parmi quelque 70 variétés de chocolats et confiseries fabriqués sur place.
2 pl. Porte-Reine - 04 79 33 07 35 - chocolateriemazet.com - à 264 m.

BOUTIQUES DE CRÉATEURS
Les rues piétonnes de la vieille ville abritent de nombreuses boutiques de créateurs locaux, notamment rue Basse-du-Château et rue Croix-d'Or.

RUFFIEUX

LE VIGNERON SAVOYARD - CAVEAU DE CHAUTAGNE
Cette coopérative viticole regroupe une boutique et un parcours de visite « l'éveil des sens » qui présente les étapes de la vinification ainsi qu'un film sur le travail des vignerons.
47 imp. de la Cave - 04 79 54 27 12 - www.caveau-chautagne.com - à 425 m.

Restaurant Lamartine, à Aix-les-Bains.

ANNECY

MEYER LE CHOCOLATIER D'ANNECY
À la belle saison, goûtez leur biscuit de Savoie qui, comme la tradition l'exige, doit être aérien, moelleux et fondre en bouche. La recette de cette gourmandise date du milieu du 14e s. En hiver, le panettone prend sa place dans la belle vitrine.
4 pl. St-François-de-Sales - 04 50 45 12 08 - www.chocolatier-annecy.com - à 161 m.

SEVRIER

FONDERIE PACCARD
La maison Paccard est spécialisée dans la fonte de cloches depuis plus de deux siècles. Sur place, la fonderie, un musée et une boutique pour rapporter quelques sonneuses dans sa valise.
215 rte de Piron - 04 50 52 44 98 - paccard.com - à 138 m.

TOMMES & BEAUFORT
Tout ce que compte la production laitière de Savoie se vend ici, à prix doux. Beaufort, tommes, raclette, emmental, chèvre de Yenne, reblochon... Vous y trouverez également une palette de produits régionaux.
55 chem. de la Scierie - 04 50 01 88 59 - www.cooperative-de-beaufort.com - à 291 m.

Neufchâteau

23 r. de la 1re Armée-Française ou borne de recharge rapide au parking Lidl, 930 av. de la Division-Leclerc (120 kW).

À Neufchâteau, on ne trouve pas de château. En revanche, autour de la place Jeanne-d'Arc, le cœur historique vous happera par son patrimoine médiéval et religieux et ses élégants hôtels particuliers des 17e et 18e s. qui ont admirablement résisté au temps. Voyez notamment l'hôtel de ville (ancien hôtel d'Houdreville), splendide édifice Renaissance. Au centre de la place principale, la statue en bronze de Jeanne d'Arc (1857) a été réalisée d'après un tableau d'Ingres.

Truffes noires.

AU PAYS DE LA PUCELLE

La tradition place la naissance de Jeanne d'Arc et le début de l'épopée johannique dans ce pays des bords de la Meuse. Un incontournable lorrain.

Domrémy-la-Pucelle ★

Borne la plus proche à Neufchâteau.

6 janvier 1412. C'est ce jour-là que la tradition place la naissance de Jeanne d'Arc, à Domrémy. Sa maison natale, une demeure de paysan aisé, est ouverte à la visite, complétée par un centre d'interprétation qui permet d'« explorer » le personnage dans le contexte culturel et politique de son époque. À quelques kilomètres de là, il faut aussi se rendre à la basilique Ste-Jeanne-d'Arc, édifice imposant qui marque l'un des endroits où Jeanne aurait entendu les voix de saints lui dictant sa mission. Une plongée dans l'imaginaire historique de la France.

Chercheur de truffe d'un jour ♥

Latruffachuchu - chemin du Léry - Burey-en-Vaux - 06 78 55 84 71 - www.latruffachuchu.fr. Borne la plus proche à Vaucouleurs.

Envie d'apprendre le cavage ? Latruffachuchu propose une immersion dans le monde de la truffe, ce symbole d'une gastronomie de haut vol qui a connu de grandes heures ici à partir du 17e s. Pascal Schuzger et ses chiens vous invitent donc à découvrir sur le terrain leurs petits secrets pour la recherche du diamant noir (de septembre à mars), le cavage donc. Truffe du Périgord, truffe de Bourgogne, ou truffe de Meuse mésentérique, les trois sont cultivées ici. Latruffachuchu organise aussi des ateliers culinaires « truffés d'astuces », et même, lorsque la saison s'y prête, des ateliers ail des ours ou ortie, pour varier les goûts.

Vaucouleurs

Parking des bords de Meuse, r. de la République.

La figure de Jeanne d'Arc est encore omniprésente à Vaucouleurs. C'est en effet de ce village fortifié que partit la Pucelle pour combattre les Anglais. Ruines du château, chapelle castrale, musée Jeanne-d'Arc font partie des pèlerinages obligés. À proximité, le château de Gombervaux (14e s.) peut être aussi l'objet d'une intéressante escale.

Commercy

Borne de recharge rapide (200 kW) au supermarché Match, 4 r. Élisabeth-de-Lorraine.

G. Giuglio/hemis.fr

Saint-Mihiel, La bibliothèque bénédictine.

Il faut s'arrêter dans cette charmante petite ville, qui connut son heure de gloire au 18e s. lorsque Stanislas Leszczynski en fit une villégiature en son duché de Lorraine, et y mena sa cour. Faites-y escale pour voir la noble ordonnance du château Stanislas... et pour faire le plein de madeleines, ces délicieuses pâtisseries que l'on doit également au duc de Lorraine.

SAINT-MIHIEL ET LES CÔTES DE MEUSE ★

Saint-Mihiel, centre intellectuel lorrain d'importance, est aussi une porte des Côtes de Meuse, plateau sur lequel s'inscrivent les premiers grands sites des champs de bataille, avant Verdun.

En chemin, se succèdent le saillant de Mihiel, le lac de Madine (plus grand lac de Lorraine) ou encore le site des Éparges que Maurice Genevoix a si éloquemment évoqué.

Bibliothèque bénédictine de Saint-Mihiel ★

8 r. du Palais-de-Justice - 03 29 89 06 47 - abbaye-saint-mihiel.jimdo.com. 1 pl. Jacques-Bailleux.

Le passé de cette ville lovée dans la vallée de la Meuse est intimement lié à celui d'une abbaye célèbre, St-Michel, installée ici en 815. Son trésor, une bibliothèque achevée en 1775, occupe une grande salle carrée et une longue galerie. Au mur, des boiseries en chêne sculpté, au plafond, des décors de stucs. Dans ce décor prestigieux est conservé un rarissime fonds d'ouvrages accumulés par les bénédictins du 9e s. à la Révolution : près de 9 000 livres, dont 74 manuscrits et 86 incunables. Parmi les titres les plus précieux figure le Missel de Toul, incunable de 1501.
Ne quittez pas la ville sans être entré dans l'église St-Étienne, qui renferme le magnifique *Sépulcre* exécuté par Ligier Richier de 1554 à 1564 : 13 personnages sculptés grandeur nature représentant la Mise au tombeau.

permettent de comparer l'évolution de la technique du vitrail du 13e au 17e s. Et puisque vous êtes là, ne manquez pas le riche musée d'Art moderne installé dans l'ancien palais épiscopal.

Troyes, détail de décor en bois d'une maison de la vieille ville. gkordus/Getty Images Plus

TROYES ★★★

Voilà une cité bien vivante, au charme prenant. Le centre historique conserve jalousement ses maisons à pans de bois et ses ruelles médiévales. On ne se lasse pas de cette ville d'art, ses hôtels particuliers, ses musées et ses dix églises classées regorgeant de vitraux du 12e au 21e s.

Pour le centre, cathédrale et cité du Vitrail incluses, garez-vous 15 bd Danton.

Cœur historique ★★

Au Moyen Âge, Troyes comptait deux quartiers distincts : la cité, centre aristocratique et ecclésiastique, et le bourg, quartier bourgeois où se tenaient les foires. Au cours de votre visite, ne manquez pas la ruelle des Chats, dont les maisons à pignons sont tellement rapprochées qu'un chat peut sauter d'un toit à l'autre, la basilique St-Urbain, témoignage de l'art gothique champenois du 13e s., le musée de Vauluisant, et l'église Ste-Madeleine, la plus ancienne de Troyes, qui abrite un remarquable jubé et de grandes verrières d'époque Renaissance.

Cathédrale St-Pierre-et-St-Paul ★★

Pl. St-Pierre - ✆ 03 25 76 98 18 - www.cathedraledetroyes.com.

Construit du 13e au 17e s., cet édifice est remarquable par ses dimensions, la richesse de sa décoration et la beauté de sa nef. Très ouvragée, la façade (début 16e s.) est ornée d'une belle rose flamboyante. À l'intérieur, notez l'admirable perspective de la nef et du chœur. Quant aux verrières, elles

Devenez vitrailliste d'un jour ♥

Cité du Vitrail - hôtel-Dieu-le-Comte - 31 quai des Comtes-de-Champagne - ✆ 03 25 42 52 87 - www.cite-vitrail.fr.

Terre de vitrail par excellence, l'Aube réunit une collection unique en Europe, avec pas moins de 9 000 m² d'œuvres réparties à travers 200 édifices disséminés dans le département. La cité du Vitrail rend hommage à ce savoir-faire toujours vivant, par des expositions et collections permanentes, et vous convie même à vous mesurer aux maîtres anciens et modernes : le temps d'un atelier créatif, réalisez votre vitrail traditionnel (sélection de verres, coupe et montage au plomb), ou pratiquez le *fusing* en choisissant les couleurs à faire fondre. Une idée de reconversion, peut-être...

PARC NATIONAL DE FORÊTS ★

Dernier né des parcs nationaux (2019), il a pour objectif la protection de forêts feuillues de plaine. En son sein, 3100 ha sont dévolus à une réserve intégrale destinée à devenir un centre européen de la recherche forestière.

Outre les randonnées et balades, vous pourrez y découvrir des cités historiques, Arc-en-Barrois et Châteauvillain particulièrement, ainsi que la très belle abbaye d'Auberive.

Abbaye d'Auberive ★★

1 pl. de l'Abbaye - ✆ 03 25 84 20 20 - www.abbaye-auberive.com.
Pl. de la Mairie, à 500 m.

Fondée en 1135 par des moines de Clairvaux, l'abbaye d'Auberive est implantée dans un site isolé répondant

D. Bringard/hemis.fr

Jardin de l'Arc jurassien, à la Saline royale d'Arc-et-Senans.

« Le Cercle immense : la biodiversité selon Gilles Clément

La Saline royale d'Arc-et-Senans, inscrite sur la liste du Patrimoine mondial de l'Unesco depuis 1982, se réinvente aujourd'hui autour d'un aménagement paysager inspiré par Gilles Clément. Un écrin de biodiversité et un terrain d'observation.

Aux origines du projet

Né en 2001, le Festival des jardins de la Saline royale a pris place à l'emplacement des espaces prévus dès l'origine par l'architecte Claude Nicolas Ledoux, en 1774, pour servir de jardins vivriers aux ouvriers de la saline. Le jury du festival retient chaque année les projets de jardins éphémères d'une dizaine d'étudiants des grandes écoles nationales de paysage, tandis que la réalisation de ces espaces est assurée par les élèves des écoles locales.

2022, naissance du Cercle immense

Ce nouvel aménagement paysager (13 ha), imaginé par Gilles Clément et l'agence Mayot & Toussaint, englobe l'ensemble du site historique et s'installe aussi hors les murs : en écho au plan de la cité idéale de Chaux, par Ledoux, le grand cercle se compose désormais de 10 jardins thématiques (jardin des couleurs et des odeurs, jardin des céréales anciennes, potager en permaculture, etc), de 11 jardins éphémères changeant au gré du festival (qui se tient dans la nouvelle partie) et de 10 jardins en mouvement, des jardins du festival recyclés. Gilles Clément nous explique : « Les jardins conçus par des artistes dans le demi-cercle historique de la Saline, prévus comme œuvres éphémères pour le festival 2021, ont été conservés et feront l'objet d'une gestion de jardins en mouvement. » Le jardinier philosophe d'ajouter : « Le Cercle immense semble imposer des limites, mais le vent, les insectes, les oiseaux ne les connaissent pas, ces limites. Pour les jardiniers en charge de ces jardins, il s'agit donc de s'intéresser aux comportements des végétaux et d'intervenir lorsque cela leur semble pertinent en vue de maintenir ou d'augmenter la biodiversité. »

La Saline royale, lieu de référence pour la création de jardins au 21e s

Gilles Clément, qui appelle à se « détourner de l'illusion de la maîtrise, à privilégier l'observation par tous les sens », précise l'ambition des jardins de la Saline royale, classés Espace naturel sensible et refuge LPO. « Il s'agit de la mise en place d'une expérimentation de jardinage en accord avec les exigences de notre temps où la raréfaction de la biodiversité et les changements climatiques nous invitent à procéder différemment. » Et de conclure : « Ce n'est plus la forme qui prend le dessus mais la vie. » »

p. 287.

Papillon sur une Rudbeckia, Saline royale d'Arc-et-Senans. D. Bringard/hemis.fr

Grande Rue
25610 ARC-ET-SENANS
www.salineroyale.com
jardins-salineroyale.com -
à 729 m.

SE RÉGALER

BELFORT

LE LIEN
Le lien, ici, est celui qui unit ce jeune couple de restaurateurs (elle en salle et lui aux fourneaux) aux vignerons et aux producteurs dont le travail finit dans les assiettes et les verres de ce bistrot chaleureux. La cuisine moderne, twistée d'une pointe de créativité, mise tout sur des produits de qualité et de saison, traités avec respect. Deux menus au déjeuner, et une carte plus travaillée le soir.
32 fbg de Montbéliard - ✆ 03 84 58 05 59 - www.restaurant-lelien.com - 🚗 à 270 m.

LE POT D'ÉTAIN ✿
À Danjoutin, à quelques minutes du Lion de Belfort, ce Pot d'Étain brille de gourmandise grâce au chef Philippe Zeiger qui a fait de son restaurant un temple incontournable de la bonne chère. Le chef met à l'honneur une cuisine française aussi généreuse que goûteuse, appuyée sur de superbes produits de saison (St-Jacques, lièvre à la royale, truffes). Une gourmandise qui file droit à l'essentiel! À noter aussi, le service du vin au verre au magnum (aussi rare que bon).
4 av. de la République - ✆ 03 84 28 31 95 - www.restaurant-potdetain.fr - 🚗 à 140 m.

ROYE (RONCHAMP)

LE SAISONNIER ☺
Un chef qui est capable d'associer un saumon gravlax à de la crème de magret de canard fumé mérite toute notre attention! Des recettes bien ficelées, travaillées, aux présentations soignées, avec des associations de saveurs qui peuvent surprendre. Une cuisine qui revisite parfois certains classiques mais propose également des plats bien ancrés dans la région, à base de produits de saison, à l'image de la morille, émulsion au vieux comté et vin jaune. On prend son repas dans une salle moderne, ou sur l'agréable terrasse à l'arrière...
56 r. de la Verrerie - ✆ 03 84 30 46 00 - restaurant-lesaisonnier.com

LUXEUIL-LES-BAINS

L'ANNEXE DU CAFÉ FRANÇAIS
Un excellent rapport qualité-prix le midi pour ce restaurant aux tendances bistronomiques actuelles. Situé dans la rue principale, il offre de belles prestations en soirée dans un décor raffiné.
15 r. Victor-Genoux - ✆ 09 84 10 19 21 - restaurant-lannexe-luxeuil.fr - 🚗 à 460 m.

VITTEL

HÔTEL-RESTAURANT L'ORÉE DU BOIS
Face à l'hippodrome, dans un environnement arboré, un grand établissement conçu pour la détente. Au restaurant-terrasse, vous choisirez entre un menu bistrot réussi et une cuisine régionale inventive.
1 lieu-dit L'Orée du Bois - ✆ 03 29 08 88 88 - www.loreeduboisvittel.fr - 🚗 sur place

BULGNÉVILLE (CONTREXÉVILLE)

LA MARMITE BEAUJOLAISE
Dans cette auberge du 18e s. installée au centre du village, au pied de l'église, le chef Rémi Lebouc propose une cuisine créative, sans pour autant renier ses bases traditionnelles. Prix maîtrisés.
34 r. de l'Hôtel-de-Ville - ✆ 03 29 09 16 58 - www.restaurant-lamarmitebeaujolaise.com - 🚗 à 337 m.

VERDUN

LE BISTROT D'ÉLO
Idéalement situé en bord de Meuse, le Bistrot propose une cuisine de terroir, dont les légumes bio de la région. Au menu, foie gras maison, terrine au saumon, tête de veau, filet mignon...
55 quai de Londres - ✆ 09 85 04 27 23 - bistrodelo.fr - 🚗 à 180 m.

LES MONTHAIRONS (VERDUN)

HOSTELLERIE DU CHÂTEAU DES MONTHAIRONS
À 13 km au sud de Verdun. Cette table châtelaine et familiale permet d'apprécier une cuisine mêlant joliment bases classiques et touches plus actuelles : foie gras de canard poêlé à la farine de maïs grillé; émincé de thon rouge, fondu de poivrons et sauce soja-sésame; gibier en saison... Et, comme on l'imagine, le cadre de ce château du 19e s. situé dans la vallée de la Meuse est superbe : moulures, vieux parquet, tentures épaisses...
26 rte de Verdun - ✆ 03 29 87 78 55 - chateaudesmonthairons.fr - 🚗 sur place.

SE LOGER

BELFORT

GRAND HÔTEL DU TONNEAU D'OR
Derrière une élégante façade de 1907, chambres spacieuses et fonctionnelles, certaines avec vue sur la citadelle, accessibles depuis le majestueux escalier Belle Époque.
1 r. Reiset - ✆ 03 84 58 57 56 - www.tonneaudor.fr - 🚗 à 180 m.

LE RHIEN (RONCHAMP)

LE RHIEN CARREER HÔTEL
Hostellerie familiale proche de la chapelle N.-D.-du-Haut. 19 chambres au grand calme, simples et de bon confort. Table du terroir avec spécialités franc-comtoises. Terrasse dans la verdure.
14 r. d'Orière - Le Rhien - ✆ 03 84 20 62 32 - www.ronchamp.com - 🚗 à 337 m.

VITTEL

HÔTEL L'ORÉE DU BOIS

Face à l'hippodrome, dans un environnement arboré, un grand établissement conçu pour la détente : balnéothérapie, massages, hammam, soins esthétiques... et chambres plaisantes, dont une vingtaine avec terrasse. Agréable restaurant.

1 lieu-dit L'Orée du Bois - ☏ 03 29 08 88 88 - www.loreeduboisvittel.fr

VERDUN

LES JARDINS DU MESS

L'ancien mess des officiers de Verdun, beau bâtiment de brique et de pierre du 19e s., a repris vie après 20 ans de désertion. Un établissement haut de gamme de 40 chambres et suites à la décoration contemporaine, en bordure de la Meuse. Ce qui se fait de mieux à Verdun.

22 quai de la République - ☏ 03 29 80 14 18 - lesjardinsdumess.fr - à 150 m.

ICI ET PAS AILLEURS

DARNEY

FABRIQUE DE CONFISERIE DELISVOSGES

Entre Bains-les-Bains et Vittel. Vous apprendrez l'histoire du sucre, assisterez à la fabrication des bonbons des Vosges. Une dégustation clôt la visite. Boutique à Vittel (2 pl. de la Marne - ☏ 03 29 07 11 91).

20 r. des Fabriques - ☏ 03 29 09 82 40 - www.delisvosges.fr - à 569 m.

COMMERCY

À LA CLOCHE LORRAINE

Depuis plus d'un siècle, ce magasin du centre-ville produit et vend des madeleines, mais aussi une large gamme d'autres savoureuses recettes, de biscuits et de spécialités du terroir lorrain.

8 pl. Charles-de-Gaulle - ☏ 03 29 91 25 16 - www.madeleine-commercy.com - à 308 m.

LA BOÎTE À MADELEINES

Dès l'entrée, de délicieuses odeurs titillent les narines. Devant vous, derrière la vitre, la salle de fabrication où s'élaborent les succulents gâteaux dorés à point que vous dégusterez ensuite accompagnés d'un café.

ZAS La Louvière - ☏ 03 29 91 40 86 - www.madeleines-zins.fr - à 142 m.

COUSANCES-LÈS-TRICONVILLE

FROMAGERIE DONGÉ

On l'ignore souvent, mais 80 % de la production du brie de Meaux AOP provient de Meuse! Les bries de Meaux AOP Dongé, au lait cru, sont très souvent primés.

6 chem. de la Grande-Haie - ☏ 03 29 78 45 08

VINS CÔTES DE MEUSE IGP

DOMAINE DE MUZY

3 r. de Muzy - Combres-sous-les-Côtes - ☏ 03 29 87 37 81 - www.domainedemuzy.fr

DOMAINE DE MONTGRIGNON

6 chem. des Vignes - Billy-sous-les-Côtes - Vigneulles-lès-Hattonchâtel - ☏ 03 29 89 58 02 - www.domaine-montgrignon.com

DOMAINE DE MEUSSAUMONT

10 r. Basse - Creuë - Vigneulles-lès-Hattonchâtel - ☏ 07 66 25 84 21 - www.domaine-meussaumont.com

DOMAINE DE L'AUMONIÈRE

11 r. Arnay Leduc - Viéville-sous-les-Côtes - Vigneulles-lès-Hattonchâtel - ☏ 03 29 89 31 64

DOMAINE LÉO-PAUL LIÉNARD

7 r. des Lavoirs - Creuë - Vigneulles-lès-Hattonchâtel - ☏ 03 29 75 11 72

DOMAINE DE LA GOULOTTE

5 r. Haute-Gaston-Parant - St-Maurice-sous-les-Côtes - ☏ 03 29 89 38 31 - domainedelagoulotte.fr

VERDUN

DRAGÉES BRAQUIER

Dans ce magasin d'usine, vous trouverez les fameuses dragées de Verdun, celles-là mêmes que Gœthe avait achetées après la prise de la ville par les Prussiens en 1792! En prime, visite des ateliers de fabrication et du petit musée. Vous pouvez aussi acheter les dragées dans le magasin Braquier du centre-ville *(3 r. Pasteur).*

50 r. du Fort-de-Vaux - ☏ 03 29 84 30 00 - www.dragees-braquier.fr - à 607 m.

Le Lien, à Belfort.

Julie Costet/Le Lien

L'Orée du Bois

Hôtel L'Orée du Bois à Vittel.

de campagne construite par l'architecte bisontin Alexandre Bertrand, est un chef-d'œuvre du néoclassicisme à l'antique. Une maison restée dans la même famille depuis plus de 240 ans, qui a conservé ses rarissimes papiers peints d'époque Louis XVI à arabesques. C'est dans ce cadre, mais dans le plus grand confort, que vous dormirez (p. 291). Chambres et suites d'hôtes sont aménagées dans les communs, où la noblesse des matériaux, les clins d'œil à la décoration néoclassique, le mobilier et les textiles pastel créent une atmosphère accueillante.

Détail de l'horloge astronomique de la cathédrale de Besançon.
Phil Bird/Zoonar GMBH LBRF/age fotostock

BESANÇON ★★

Lovée dans une harmonieuse boucle du Doubs, la capitale de la région historique de Franche-Comté dévoile ses beaux hôtels particuliers, le palais Granvelle, chef-d'œuvre de la Renaissance abritant aujourd'hui le « musée du Temps », et bien d'autres témoins de son riche passé.

Pour le centre-ville, parking St-Paul, 20 av. Arthur-Gaulard.

La Citadelle ★★ et ses musées

99 r. des Fusillés-de-la-Résistance - 03 81 87 83 33 - www.citadelle.com. Pas de borne sur le parking Citadelle.

Construite peu après la conquête de la Franche-Comté par Louis XIV, la citadelle de Vauban s'étend sur 11 ha, ceinturés de remparts : elle est aujourd'hui une ville dans la ville, consacrée aux musées. Dans l'espace Vauban, une exposition et un film retracent l'histoire de la citadelle, évoquent le contexte civil et militaire du Grand Siècle et présentent son architecte. Le musée de la Résistance et de la Déportation a été conçu par une ancienne déportée, Denise Lorach. Le Musée comtois rassemble de riches collections d'ethnographie sur la Franche-Comté. Le Muséum de Besançon accueille notamment, dans son Insectarium, l'une des plus importantes collections d'invertébrés terrestres de France. Ne manquez pas le chemin de ronde ouest qui offre une vue impressionnante.

Atelier immersif d'horlogerie contemporaine chez Utinam ♥

117 Grande-Rue - 07 66 39 87 37 - www.utinam-boutique.fr.

Quoi de plus fascinant que le mécanisme d'une montre à mouvement automatique ? Dans la « capitale française du temps », Philippe Lebru a réinventé l'horlogerie de luxe sous la marque Utinam. Pendulette fleur, horloge futuriste et colorée inspirée du Bauhaus, montres en séries limitées à 88 exemplaires, rien n'est trop beau. Mais il n'est pas obligatoire ici de débourser une fortune pour se faire plaisir. Vous pouvez opter pour l'expérience immersive « Dans la peau d'un horloger » : sous l'œil précis et clément du maître d'atelier, vous assemblerez vous-même une montre mécanique Utinam Besançon... Et voilà que sous vos doigts, le mécanisme va prendre vie, et le tic-tac se faire entendre. Un moment magique !

Musée des Beaux-Arts ★★

1 pl. de la Révolution - ✆ 03 81 87 80 67 - www.mbaa.besancon.fr.

Inauguré en 1843 et plusieurs fois remanié en profondeur, notamment en 2014-2018, ce musée présente l'agrément de vastes espaces largement éclairés par des puits de lumière ; un écrin à la hauteur des collections d'archéologie et des beaux-arts. Parmi les chefs-d'œuvre à ne pas manquer, le magistral taureau à trois cornes d'Avrigney, un bronze gallo-romain du 1er s., *Adam et Ève* (v. 1510) de Lucas Cranach dit l'Ancien, *L'Ivresse de Noé* (v. 1515) de Bellini, les *Scènes de cannibalisme* de Goya (19e s.), ou encore *La Voile jaune* de Paul Signac (1914). À choisir parmi d'autres, selon vos goûts.

G. Lansard/hemis.fr

Un taureau à trois cornes de bronze d'Avrigney, musée des Beaux-Arts et d'Archéologie à Besançon.

AU PAYS DU SEL, DE L'EAU ET DU FEU ★★

Entre Doubs et Jura, les paysages et les sites racontent des histoires d'eau, de feu et de sel. Patrimoine industriel des salines et des forges, lacs jurassiens et rivières cascadantes composent une étape particulièrement dépaysante.

Saline royale d'Arc-et-Senans ★★

Grande-Rue - ✆ 03 81 54 45 45 - www.salineroyale.com. Parking r. des Sauniers.

Entre la Loue et la forêt de Chaux s'étend la Saline royale, construite au 18e s. par Claude-Nicolas Ledoux afin d'augmenter la production de la ville de Salins. Si le lieu abandonna rapidement sa fonction première, l'ensemble grandiose demeure aujourd'hui l'un des fleurons du patrimoine industriel en France, inscrit au Patrimoine mondial de l'Unesco. À l'architecture spectaculaire, s'ajoutent un parcours de visite passionnant sur l'histoire du lieu, et un ensemble de jardins orchestrés par Gilles Clément, formant désormais un « Cercle immense » (*p. 283*). La saline, conçue pour pouvoir loger jusqu'à 250 ouvriers et leurs familles, offre aussi aux visiteurs la possibilité de dormir sur place (*p. 291*).

Grande Saline et musée du Sel de Salins-les-Bains ★★

3 pl. des Salines - ✆ 03 84 73 10 92 - www.salinesdesalins.com. Borne la plus proche parking Lidl, 3 r. de Champtave à Bracon (1,5 km).

DIJON ★★★

Trop longtemps réduite à quelques clichés culinaires, vinicoles ou provinciaux, Dijon a tout d'une grande cité culturelle. Elle cultive aussi l'art de vivre, une richesse qu'elle met volontiers en valeur, au même titre que son impressionnant patrimoine historique, ses maisons à pans de bois et ses hôtels particuliers en pierre de taille.

Musée des Beaux-Arts ★★★

Palais des Ducs et des États de Bourgogne - ✆ 03 80 74 52 09 - beaux-arts.dijon.fr. 🚗 Parking Grangier, pl. Grangier.

Le musée des Beaux-Arts occupe l'aile orientale du palais des Ducs et des États de Bourgogne, bâti entre le 14e et le 19e s., se faisant le gardien de leurs tombeaux. Sa visite est d'autant plus incontournable qu'un nouveau parcours a (re)mis en valeur les fabuleuses collections médiévales. Vous serez ébloui par le raffinement qui en émane, bien à l'image de la cour de Bourgogne (1360-1477), la plus luxueuse et cultivée de son époque.

Cité internationale de la gastronomie et du vin ★

Parvis de l'Unesco - 10 r. de l'Hôpital - ✆ 03 80 23 88 76 - www.citedelagastronomie-dijon.fr. 🚗 Parking Monge, r. des Corroyeurs.

Ⓘ Route des grands crus, château du Clos de Vougeot.
S. Lator/hemis.fr

Ouverte en 2022, la Cité a pour objectif de valoriser le « repas gastronomique des Français », classé à l'Unesco. Elle propose des expositions et des ateliers de dégustation. Le village gastronomique avec ses boutiques et restaurants fait la part belle aux produits de qualité tandis que la cave de la Cité propose pas moins de 3 000 références du monde entier.

Saveur du pain d'épice ♥

Mulot & Petitjean - 6 bd de l'Ouest - ✆ 03 80 66 30 80 - www.mulotpetitjean.fr. 🚗 4 av. Albert-Ier.

Une vraie halte gourmande ! De salle en salle, puis à travers les baies vitrées donnant sur l'atelier de fabrication, se découvrent l'histoire et la vie de l'entreprise, ainsi que les ingrédients qui entrent dans les recettes du pain d'épice, dont celle du pavé de 6 kg, la plus ancienne de la maison. La dégustation vous permettra aussi de goûter aux délicieuses nonnettes.

LES GRANDS CRUS DE BOURGOGNE ★★★

Pour les amateurs de vin, leurs noms sont mythiques. Les domaines jalonnent la D 974 qui passe au pied de collines couvertes de vignes et traverse les gros bourgs opulents. Une route qui propose d'intéressantes étapes, de belles rencontres et de bons restaurants.

Côte de Nuits ★★ et côte de Beaune ★★

Vous voici sur les Champs-Élysées de la Bourgogne ! Ici, chaque village, chaque coteau, possède un titre de gloire. Mondialement connue, la Côte de Nuits produit presque uniquement de très grands vins rouges et ses crus les plus fameux sont le chambertin,

“ Benoît Charvet, chef-pâtissier chez Bocuse

Sacré champion du monde des desserts glacés en 2018, Benoît Charvet a rejoint le restaurant Paul Bocuse fin 2019 pour moderniser la pâtisserie en conservant la philosophie du lieu.

Quel a été votre parcours avant d’arriver au restaurant Paul Bocuse ?

J’ai débuté chez Potel & Chabot puis chez Alain Senderens au Lucas-Carton à Paris. J’ai ensuite rejoint le Relais Bernard Loiseau à Saulieu, où je suis resté 8 ans avant d’aller chez Georges Blanc à Vonnas pendant 5 ans.

Comment et pourquoi avoir accepté cette nouvelle aventure ?

De mon côté, j’avais envie d’un nouveau challenge. Et chez Paul Bocuse, après le décès de Monsieur Paul et la perte de la troisième étoile au Guide Michelin, il y avait une volonté de faire bouger les choses, de moderniser par petites touches, au fil du temps.

Comment avez-vous modernisé l’offre sucrée de ce restaurant ?

Le restaurant Paul Bocuse a toujours été une maison de cuisiniers et la pâtisserie allait dans ce sens. J’ai voulu que la pâtisserie soit indépendante. J’ai par exemple lancé le dessert à l’assiette, qui n’existait pas. Les clients venaient pour le chariot des desserts. Longtemps, on a pensé qu’ils ne seraient pas ouverts à de tels changements mais en réalité, ils sont en attente de nouveautés.

Pour autant, vous n’avez pas enlevé le chariot...

Il est présenté différemment. L’offre est plus contemporaine, davantage liée aux saisons, de façon à recentrer le goût et l’esthétisme.

Mathieu Cellard/Restaurant Paul Bocuse

Benoît Charvet : le respect de l’héritage, la passion de la nouveauté.

Quel produit faut-il découvrir en saison ?

La camérise. Pour tout vous avouer, je ne savais pas ce que c’était. Un jour, un monsieur, Bruno Montagnon, vient me voir et me présente cette baie qui avait presque disparu du territoire. C’est le fruit du camérisier qui est un chèvrefeuille. La saison s’étale sur quatre semaines à partir de juin et Bruno ne peut fournir qu’une vingtaine de kilos par semaine. Je la travaille sur un fond de tarte feuilletée avec un flan crémeux, une compotée de myrtilles et une chantilly à la fleur de sureau.

Quel est l’endroit secret que vous avez découvert depuis votre arrivée à Collonges-au-Mont-d’or ?

Il n’est pas secret, car beaucoup de Lyonnais s’y rendent. C’est le village voisin de St-Cyr-au-Mont-d’Or. Ça grimpe pour monter au mont Cindre mais une fois sur place, vous avez une des plus belles vues sur Lyon. ”

Aurelio Rodriguez/Restaurant Paul Bocuse

Restaurant Paul Bocuse - 40 quai de la Plage - 69660 COLLONGES-AU-MONT-D’OR - 04 72 42 90 90 - www.bocuse.fr - sur place.

Leonid Andronov/Getty Images Plus

Les Hospices de Beaune.

le musigny, le clos-vougeot et la romanée-conti. Non moins réputée, la Côte de Beaune se différencie par ses grands terroirs à vin blanc mais elle produit aussi d'excellents vins rouges. Les noms des crus exaltent tout autant nos papilles : pernand-vergelesses, aloxe-corton, pommard, volnay, meursault...

Château du Clos de Vougeot ★★

R. de la Montagne - ✆ 03 80 62 86 09 - www.closdevougeot.fr. Borne de charge la plus proche : 6 r. de Cîteaux.

Plantée au milieu des vignes, cette propriété qui a appartenu à l'abbaye de Cîteaux, du 12e s. à la Révolution, est visible de loin. Disposés tout autour de la cour d'honneur, on découvre le grand cellier des moines (12e s.), la magnifique cuverie (15e s.) aux quatre gigantesques pressoirs, la cuisine (16e s.) avec son immense cheminée. Ces vins font partie des crus les plus réputés de Bourgogne.

Beaune ★★

Borne de charge rapide (50 kW) Lidl, r. des Verottes.

Arrêt impératif à Beaune et à l'hôtel-Dieu aux célèbres toits vernissés. Puis jetez un coup d'œil à la collégiale Notre-Dame, bel exemple de l'art roman bourguignon, aux maisons à colombages et aux robustes remparts dont les bastions abritent les caves les plus connues de Bourgogne ! Vous trouverez ici une multitude de bars à vin, de restaurants tendance et de petites boutiques. Visitez également la Maison des « climats » de Bourgogne, classés à l'Unesco.

Balade à vélo dans le vignoble ♥

Bourgogne Évasion- 5 allée du Dr-Bouley - Beaune - ✆ 03 80 26 17 12 - www.bourgogne-evasion.fr.

Le temps d'une demi-journée ou d'une journée, troquez votre voiture contre un vélo et partez pédaler sur les petites routes au milieu de vignes à perte de vue. Vous traverserez des villages aux noms évocateurs, visiterez des caves et rencontrerez des femmes et des hommes amoureux de leur terroir dont vous dégusterez les nectars amoureusement confectionnés.

Château de Savigny-lès-Beaune

R. du Gén.-Leclerc - ✆ 03 80 21 55 03 - www.chateau-savigny.com. Pas de borne.

Cet imposant château du 14e s. cache derrière ses murs et dans son parc une remarquable exposition de voitures Abarth de compétition (c'est d'ailleurs le siège du Club Abarth), plus de 250 motos de marques parmi les plus prestigieuses, de tracteurs et près de 80 avions de chasse ! Une dizaine de véhicules de pompiers viennent compléter cette incroyable collection. Et aussi, bien entendu, un espace de dégustation et vente de vins.

Château de Pommard

15 r. Marey-Monge - ✆ 03 80 22 07 99 - www.chateaudepommard.com.
R. Ste-Marguerite.

Vous entrez ici dans l'un des domaines les plus anciens de Bourgogne, dont le clos Marey-Monge est produit en biodynamie. La visite du château, au cœur de jardins à la française, permet de combiner histoire et patrimoine, art et plaisir de la dégustation : 800 m^2 de splendides caves voûtées du 18e s. et plus de 300 000 bouteilles !

Leçon de tonnellerie ♥

L'Art du tonneau - 220 ZA Les Bruottées - Vignoles - ✆ 03 80 20 50 23 - art-du-tonneau.fr.

Ancien tonnelier, Frédéric Gillet vous initie à ce savoir-faire minutieux. Outre l'histoire du tonneau et les ressorts de sa fabrication, vous comprenez l'importance du partenariat entre le tonnelier et le vigneron pour donner au vin sa typicité. Enfin, outils en main, vous tentez de confectionner une pièce. Rien de tel que les travaux pratiques pour saisir le cœur d'un métier !

CHALON-SUR-SAÔNE ★

Pl. du 19-Mars-1962.

La deuxième agglomération de Bourgogne est une belle découverte : le joli centre ancien dévoile ses maisons à colombages au détour de rues piétonnes animées, qui conduisent aux quais de la Saône récemment réaménagés pour les promeneurs. Un très beau musée est consacré à l'enfant du pays, Nicéphore Niépce, l'inventeur de la photographie. Chalon est aussi une belle étape gastronomique, avec de nombreux commerces de bouche, notamment autour des vins de la Côte châlonnaise, dont les vignobles se déploient à proximité.

L'art de la tonnellerie.

izikMd/Getty Images Plus

LE MÂCONNAIS ★★

Le Mâconnais séduit par son climat doux et son pouilly-fuissé. Ses monts de terre rouge, couverts de vignes et parsemés de jolis villages et d'églises romanes, dégagent un charme indéniable. Sa capitale, Mâcon, mérite une halte pour ses bonnes tables, sa maison de Bois, bel édifice Renaissance, et le musée des Ursulines où souffle l'esprit de Lamartine.

phbcz/Getty Images Plus

La Roche de Solutré.

Tournus ★

Rte de Plottes.

Porte nord du vignoble du Mâconnais, Tournus s'étire en bord de Saône. Ses maisons gothiques et ses hôtels particuliers se révèlent au fil de ses ruelles et jolies places. Dans cette cité riche de vieilles pierres, l'abbatiale St-Philibert constitue, avec l'abbaye de Cluny toute proche, l'un des témoins majeurs du premier art roman en France. On y accède par la « porte de Champs », ancienne entrée principale de l'enceinte de l'abbaye.

Abbaye de Cluny ★★

Pl. du 11-Août-1944 - 03 85 59 15 93 - www.cluny-abbaye.fr. Parking du Prado.

Qualifiée au 11e s. de « lumière du monde », Cluny a gardé intact le charme de sa cité médiévale, avec ses tours, ses églises et ses maisons romanes. L'abbaye qui fut longtemps la plus grande église de la chrétienté nous est parvenue à l'état de vestiges. Les travaux de restauration conjugués à l'imagerie 3D nous donnent une vision précise de ce haut lieu du christianisme qui exerça son influence sur la vie religieuse, intellectuelle, politique et artistique de l'Occident.

Roche de Solutré ★★

C'est le site emblématique du Sud mâconnais. D'une importance archéologique de premier plan, cet escarpement calcaire, dont la forme insolite s'élève au-dessus des vignes, a révélé l'un des plus riches gisements préhistoriques d'Europe. Un sentier aménagé conduit au Crot-du-Charnier, où se trouve le musée de la Préhistoire, puis au sommet de la roche (493 m). Sur les hauteurs, la vue s'étend sur la vallée de la Saône, la Bresse, le Jura et, parfois, les Alpes et le mont Blanc.

À cheval dans les vignes ♥

Écurie Pierre-Yves Bourdon - 607 chem. du Gros-Mont - Chevagny-les-Chevrières - 06 86 51 84 93 - www.ecuries-pierre-yves-bourdon.fr. Borne la plus proche à Prissé (4,5 km).

Pierre-Yves Bourdon organise des balades à cheval autour du centre équestre. Pendant quelques heures, vous chevauchez dans l'espace naturel sensible de la lande de Nancelle, vous traversez la carrière de la Lie, galopez dans les vignes... et grimpez jusqu'à des points de vue remarquables sur le vignoble du Mâconnais. Une belle façon de découvrir ce territoire !

LE BEAUJOLAIS ★★

Le dernier vignoble du circuit est connu pour son beaujolais nouveau et ses dix crus, qui s'épanouissent sur les coteaux. Le lacis de routes traverse, de cru en cru, les villages aux maisons de pierre, longe les domaines, comme le château de Corcelles, jusqu'à Villefranche. Saint-amour, juliénas, moulin-à-vent… Chaque appellation offre l'occasion de rapporter quelques bouteilles à déguster… avec modération!

Le Hameau Dubœuf ★

796 rte de la Gare - Romanèche-Thorins - ✆ 03 85 35 22 22 - www.duboeuf.com. - sur place.

« Stationné » en gare de Romanèche-Thorins, cet « œnoparc » est une belle vitrine sur les vignobles du Beaujolais et du Mâconnais. Le hameau du vin se compose d'espaces muséographiques présentant l'activité viticole et son histoire, dont la visite est suivie d'une dégustation. En face du hameau, la Gare du vin explique le lien qui unissait le vin et le rail aux 19e et 20e s. Rendez-vous ensuite au centre de vinification en petit train afin de découvrir les cuves et les chais. Enfin, profitez des jardins botaniques aux beaux jours, et humez les fragrances que l'on retrouve dans les arômes des vins.

Parcours œno-sensoriel du château de Pizay

St-Jean-d'Ardières - Belleville-en-Beaujolais - ✆ 04 74 66 26 10 - www.vins-chateaupizay.com. Sur le parking.

Installés au sous-sol de l'œnothèque, les huit ateliers sensoriels, abordant les thèmes de la couleur, du tanin, du vieillissement, de la saveur, de l'odeur… et s'appuyant sur des panneaux d'explication, entraînement et tests, vous préparent à la dégustation des 12 vins du domaine en appellation beaujolais, régnié, brouilli et morgon.

Le vignoble vu du ciel ♥

Montgolfière sensation - ✆ 04 26 11 72 39 - aura-montgolfiere.com.

Rien de tel qu'un vol en montgolfière pour réaliser de superbes photos de votre séjour dans le Beaujolais et confectionner des souvenirs inoubliables. Le vol, d'environ 1h, se déroule au lever du soleil et le ballon file au gré des courants aériens. De la nacelle, prévue pour 16 personnes, la vue s'étend des Alpes, avec le mont Blanc, au Massif central.

Le vignoble du Beaujolais en montgolfière.

Voyagerix/Getty Images Plus

Moment intense

La route des Grands Crus ★★★

Elle commence quelques kilomètres à peine au sud de Dijon et ondule à travers le vignoble divisé en milliers de climats, mosaïque de crus hiérarchisés selon les coteaux. Elle est scandée de jolis villages, aux noms mondialement connus : Gevrey-Chambertin, Aloxe-Corton, Pommard, Pouligny-Montrachet... On y aperçoit des maisons vigneronnes, parfois très anciennes, et des églises au portail roman. Les châteaux mythiques s'éparpillent dans les vignes, annoncés par leur grand portail. Ici et là, quelques toitures couvertes de tuiles vernissées rappellent celle absolument magnifique de l'hôtel-Dieu de Beaune, où se déroule chaque année la célèbre vente de vins.

Château de Fléchères, la chambre d'Hercule.
A. Chicurel/hemis.fr

CHÂTEAU DE FLÉCHÈRES ★★

130 allée de Fléchères - Fareins - ✆ 04 74 67 86 59 - chateaudeflecheres.com. Borne la plus proche, à Villefranche-sur-Saône.

L'architecture extérieure ne manque pas d'étonner par son originalité ; il s'agit en effet d'un exemple rare de château construit autour d'un temple protestant. L'intérieur n'est pas en reste grâce aux magnifiques fresques, réapparues lors des restaurations, près de quatre siècles après leur exécution. Le château sert régulièrement de décor pour des films.

Musée de l'Automobile Henri-Malartre ★★

645 r. du Musée - Rochetaillée-sur-Saône - ✆ 04 78 22 18 80 - www.musee-malartre.com. 60 quai Pierre-Dupont.

Henri Malartre gérait en 1929 une entreprise de démolition d'automobiles. Sa remarquable collection, exposée dans le château restauré du 15e s., et dans le parc en terrasses au-dessus de la Saône, réunit 150 automobiles dont 50 modèles datent d'avant 1914 et 18 sont de fabrication lyonnaise, des cycles (de 1818 à 1960), des motocyclettes (1904 à 1964) et des véhicules de transports en commun (1886 à 1935), tous en état de marche.

LYON ★★★

La capitale des Gaules et la cité des canuts se rénove, se construit, se transforme... en une destination à part entière qui surprend ses habitants et séduit, à coup sûr, ses visiteurs. Cette métropole affiche un patrimoine historique classé à l'Unesco, des musées renommés, une vie nocturne intense et de nombreux « bouchons » pour sublimer la cuisine lyonnaise, bien ancrée dans son terroir.

Parking de la Gare Perrache, à proximité du métro.

Vieux Lyon ★★★

Sillonné de ruelles à l'italienne, tout d'ocre et de rose, le Vieux Lyon marie avec grâce et élégance le Moyen Âge à la Renaissance autour de sa cathédrale. Attiré là par une tourelle, ici par une galerie ouverte, ici encore par une façade à blasons ou un escalier à vis, vous vous perdrez avec délice dans ce petit labyrinthe au gré des cours et des traboules.

Colline ★ et basilique ★★★ de Fourvière

Cette éminence dressée plus de 100 m au-dessus de la Saône est un peu la colline source de Lyon. On y remonte le temps en se frottant aux pierres de Lugdunum, la capitale des Trois-Gaules, et à celles de la basilique Notre-Dame, qui fut érigée ici à la fin du 19e s. À Fourvière, on plonge aussi dans les racines de la chrétienté et de ses premiers martyrs, tout en jouissant de la quiétude de la « colline qui prie » et d'un panorama unique sur la ville.

Musée des Beaux-Arts ★★★

20 pl. des Terreaux - ✆ 04 72 10 17 40 - www.mba-lyon.fr.

Le musée de Lyon figure parmi les plus beaux musées des Beaux-Arts de France. Ses collections offrent un panorama exceptionnel de l'art mondial et réservent une place de choix aux artistes de la région. L'édifice, construit aux 17e et 18e s., était l'une des plus anciennes abbayes bénédictines de Lyon. Les bâtiments conservent une partie de leur décoration primitive, d'inspiration italienne, notamment le réfectoire et l'escalier d'honneur.

Musée des Confluences ★★★

86 quai Perrache - ✆ 04 28 38 12 12 - www.museedesconfluences.fr.

Ce musée anthropologique d'un genre nouveau suscite l'enthousiasme tant pour son architecture audacieuse que ses expositions passionnantes. L'édifice, conçu par l'agence autrichienne Coop Himmelb(l)au, a été pensé comme une métaphore de la connaissance. Son exposition permanente raconte la Terre et les hommes, depuis leurs origines, en un parcours ambitieux et foisonnant.

Soirée à l'opéra ♥

1 pl. de la Comédie - www.opera-lyon.com.

Elle sera l'occasion de pénétrer dans cette étonnante scène nationale construite en 1831 dans un style néoclassique et surmontée depuis 1993 par une verrière semi-cylindrique, prouesse de l'architecte Jean Nouvel. À l'intérieur, outre le foyer rococo d'origine, se cache un amphithéâtre sur 18 niveaux pour les concerts, une salle à l'italienne, un studio de ballet ainsi qu'un bar panoramique. Quel sera votre programme ?

Le Vieux Lyon dominé par la basilique Notre-Dame de Fourvière.

P. Jacques/hemis.fr

CARNET DE ROUTE

SE RÉGALER

DIJON

DZ'ENVIES

Faites confiance aux envies du chef! Dans son restaurant aux airs de cantine branchée (murs blancs, mobilier en bois clair et plafond noir), David Zuddas laisse s'exprimer son amour du métier et des beaux produits. Une carte qui égrène les plats traditionnels et bourguignons accompagnée de quelques alléchantes suggestions de saison.

12 r. Odebert - 03 80 50 09 26 - www.dzenvies.com - à 170 m.

BEAUNE

CAVES MADELEINE

Cette cave à manger est un petit bijou. Martial, le chef, s'est acoquiné avec les meilleurs producteurs du coin – y compris les meilleurs vignerons! – et compose une cuisine saine, savoureuse et pleine de peps à l'image de ces pommes de terre tièdes, haddock, sabayon à l'estragon. Service décontracté et sans chichi : la vérité est dans le verre et dans l'assiette. Terrasse.

8 r. du Fbg-Madeleine - 03 80 22 93 30 - www.cavesmadeleine.com - à 80 m.

ST-RÉMY

L'AMARYLLIS

Bienvenue dans ce paisible moulin bordé par son bief et par un joli potager. Né dans les pâturages du Charolais, formé dans les plus grandes tables lyonnaises (Paul Bocuse, Pierre Orsi), le chef Cédric Burtin atteint aujourd'hui une maturité dans son exploration du terroir bourguignon. Empreinte d'une créativité parfaitement maîtrisée, sincère et délicate, sa cuisine sublime produits et recettes de la région avec finesse et malice. Faisons en particulier l'éloge de ses sauces superbes, qui donnent à elles seules envie de revenir. Service impeccable et agréable terrasse.

Chem. de Martorez - 03 85 48 12 98 - www.lamaryllis.com

TOURNUS

LE BOUCHON BOURGUIGNON

L'annexe du restaurant gastronomique de Yohann Chapuis propose une cuisine d'inspiration bourguignonne généreuse et soignée, dans un cadre contemporain. On y retrouve les classiques régionaux : pâté en croûte « Maison Greuze », œufs façon meurette, grenouilles fraîches en persillade, volaille de Bresse aux morilles et vin jaune… mais aussi des créations recherchées comme le carpaccio de charolais à l'huile de verveine, tomates cerises, copeaux de comté. Le service des vins au verre, tous proposés en magnum, est appréciable et rare.

1 r. Albert-Thibaudet - 03 85 51 13 52 - www.restaurant-greuze.fr - à 70 m.

JULIÉNAS

LE COQ À JULIÉNAS

Une institution dans le Beaujolais où l'on sert depuis 1923 le coq au vin, revisité désormais par Marie Dias qui a repris l'établissement en 2017. Mais ce classique ne saurait masquer une belle offre de plats savamment élaborés et parfumés, comme le cabillaud à la mangue, coriandre et zeste de citron vert, qui nous tiennent en haleine jusqu'aux desserts parmi lesquels l'innovante « tarte au citron spécialement coq », qui a déjà fait de nombreux adeptes.

329 ancienne pl. du Marché - 04 74 03 67 51 - lecoqajulienas.com

LYON

LA MÈRE BRAZIER

Eugénie Brazier (1895-1977), cheffe d'exception et inspiratrice de tout un pan de la cuisine française, obtint trois étoiles dans deux établissements différents. C'est dans son adresse lyonnaise, rue Royale, que Mathieu Viannay donne sa propre lecture du « mythe » Brazier. Dans un magnifique décor hybride, où les vitraux et moulures 1930 rencontrent des fauteuils Tulipe Saarinen (il fallait oser!), le chef rend un vibrant hommage aux incontournables des lieux (volaille de Bresse demi-deuil aux truffes, pain de brochet croustillant, renversant soufflé au Grand Marnier) en y insufflant son talent et son inspiration. Au dessert, le pâtissier Rodolphe Tronc, passé chez Pierre Gagnaire, séduit par sa technique remarquable et son sens du détail, notamment sur son omelette norvégienne, délicieusement rétro.

12 r. Royale - 04 78 23 17 20 - www.lamerebrazier.fr - à 220 m.

SE LOGER

BEAUNE

LE CLOS SAINTE-MARGUERITE

Discrète, voire secrète, la maison se cache depuis le 14e s. en lisière du centre historique. Elle abrite une cour autour de laquelle se distribuent quatre chambres, qui sont autant de voyages dans le temps et les styles (colonial, Art déco, bourguignon…). Deux d'entre elles, en duplex, sont plus grandes que bien des appartements… Petit-déjeuner composé de produits locaux de haute qualité.

17 r. Ste-Marguerite - 03 80 22 82 84 - www.leclossaintemarguerite.com - à 110 m.

POMMARD

LE CLOS DU COLOMBIER

Une demeure de maître (1835) raffinée – beaux parquets et moulures, trumeaux, mobilier ancien – et pleine de personnalité. L'espace bien-être donne directement sur les vignes qui entourent la maison...

1 r. du Colombier - 03 80 22 00 27 - www.closducolombier.com - à 360 m.

ST-AMOUR

AUBERGE DU PARADIS

Un petit « paradis », en effet, avec ses chambres originales et contemporaines, décorées avec goût comme l'ensemble de l'établissement. Autres atouts : le couloir de nage, le salon de lecture, l'exceptionnel petit-déjeuner, et le choix entre une restauration créative chez Lucienne ou, plus traditionnelle, au bistrot Joséphine à table.

Le Plâtre Durand - 03 85 37 10 26 - www.aubergeduparadis.fr - sur place.

ICI ET PAS AILLEURS

NUITS-ST-GEORGES

CASSISSIUM

Outre la visite du petit musée dédié au cassis, baie emblématique de la Bourgogne, vous pénétrez, guidés par une délicieuse odeur, dans l'usine de fabrication Védrenne, toujours en activité. En fin de visite, une dégustation vous attend. Boutique.

8 pass. des Frères-Montgolfier - 03 80 62 49 70 - www.cassissium.fr

BEAUNE

L'ATHENAEUM DE LA VIGNE ET DU VIN

Cette librairie a acquis une réputation internationale pour son catalogue quasi exhaustif d'ouvrages sur la Bourgogne, l'œnologie et la gastronomie. Vous y trouverez aussi nombre d'objets de cave : tire-bouchons, couteaux de sommelier, verres..., une cave à vin et de dégustation. Un bel espace où il fait bon musarder.

5 r. de l'Hôtel-Dieu - 03 80 25 08 30 - www.athenaeum.com - à 196 m.

CHALON-SUR-SAÔNE

MAISON DES VINS DE LA CÔTE CHALONNAISE

Cette maison, tenue par 80 viticulteurs de la Côte, propose uniquement des vins régionaux au prix de la propriété : givry, montagny, rully, mercurey... Dégustations et boutique d'accessoires de cave. Excellent accueil.

2 prom. Ste-Marie - 03 85 41 64 00 - www.maisondesvins-chalon.com - sur place.

MÂCON

MAISON MÂCONNAISE DES VINS

Salle d'exposition, librairie, boutique, dégustations menées par des professionnels et un restaurant permettant de savourer spécialités régionales et crus locaux.

484 av. de Lattre-de-Tassigny - 03 85 22 91 11 - www.maison-des-vins.com - à 25 m.

BELLEVILLE-EN-BEAUJOLAIS

LA MAISON DES BEAUJOLAIS

Cette maison fondée en 1952 est dédiée aux vins du Beaujolais. Dégustation, boutique et restaurant avec des formules et des menus du jour préparés à partir de produits frais.

441 av. de l'Europe - St-Jean-d'Ardières - 04 74 66 16 46 - lamaisondesbeaujolais.com - à 275 m.

LYON

VOISIN

Cette maison fabrique chocolats, coussins de Lyon, etc. Elle approvisionne aussi ses 14 boutiques lyonnaises en cafés torréfiés et thés grands crus. Un must.

28 r. de la République - 04 78 42 46 24 - ww.chocolat-voisin.com - à 217 m.

Restaurant La Mère Brazier à Lyon.

BONNARD

Créée en 1850, une belle adresse pour qui veut faire provision de spécialités lyonnaises comme le fameux cervelas truffé (5 %). Le cadre Art déco et la verrière surmontée d'une tête de lion en cuivre valent le coup d'œil.

36 r. Grenette - 04 78 42 19 63 - www.charcuteriebonnard.fr - à 213 m.

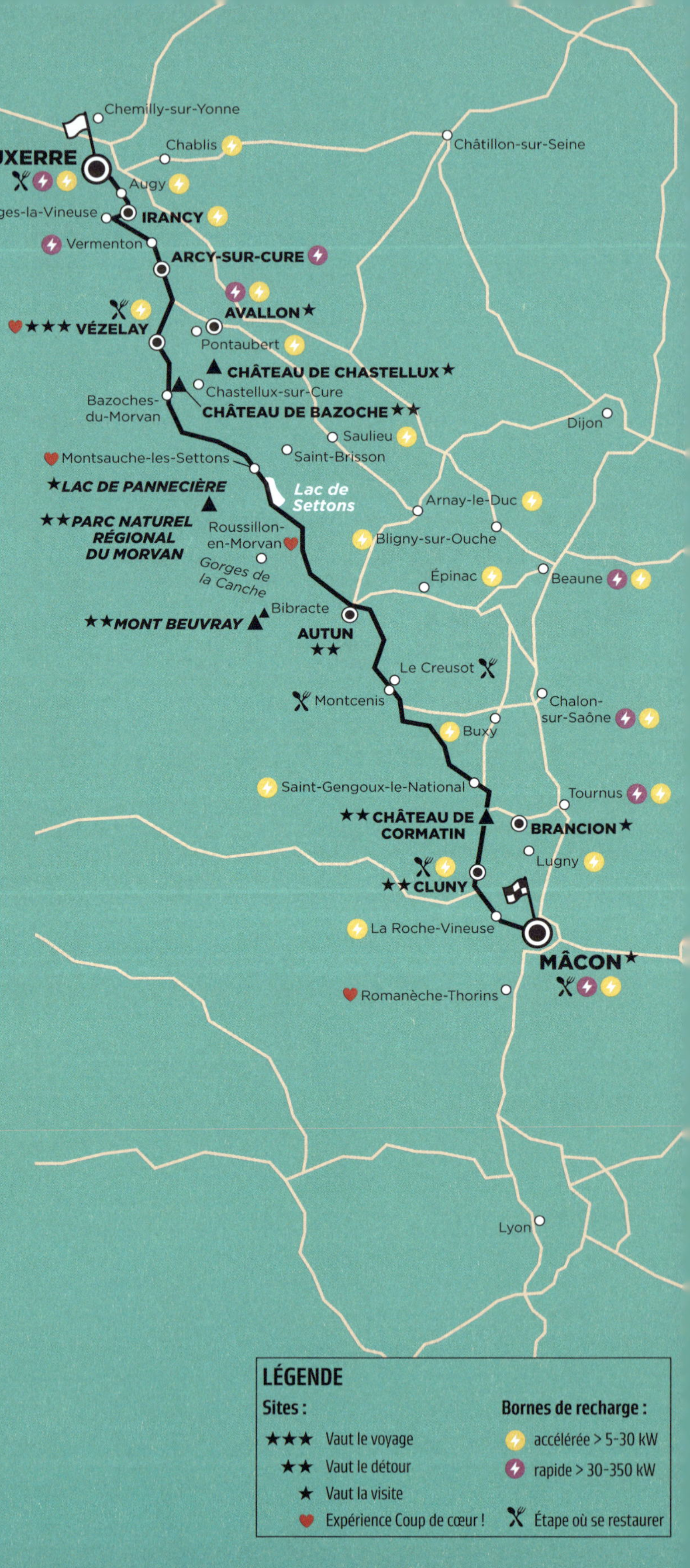

PRINCIPALES BORNES DE RECHARGE :

Auxerre :
5 quai de la République
E. Leclerc - 2 r. des Prés-Coulons
(50 kW)

Vézelay :
Parking du Clos, 1 D 957

Autun :
Lidl, av. de la République (120 kW)

Le Creusot :
Parking place Schneider

Cluny :
Parking Prado, 22 r. Porte-de-Paris

Mâcon :
Quai Lamartine (22 kW)

L'ESSENTIEL ÉLECTRIQUE

Vous trouverez aisément des bornes de recharge dans les grandes villes (Auxerre, Autun, Mâcon) comme dans les sites hautement touristiques, tels Vézelay et Cluny. Soyez prévoyant en revanche dans les zones plus rurales, particulièrement dans le Parc naturel du Morvan, où les points d'intérêt touristiques et les points de charge ne sont pas toujours en adéquation.

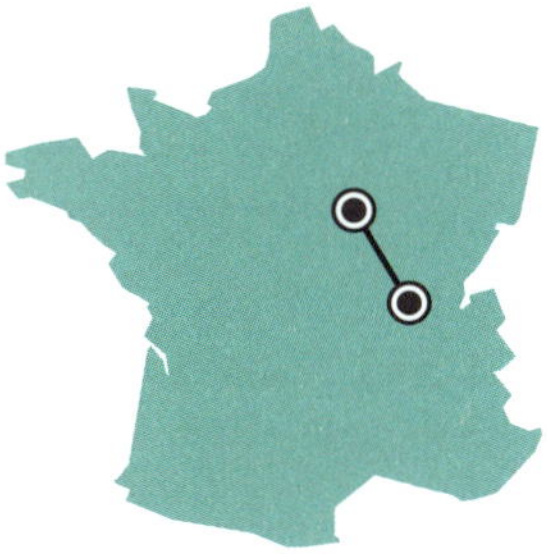

DISTANCE : 285 km
DURÉE : 3 jours
DÉPART : Auxerre
ARRIVÉE : Mâcon

PRINCIPALES ÉTAPES :
Vézelay
Autun
Le Creusot
Cluny

AUXERRE
MÂCON

Diagonale bourguignonne

Paré pour une grande traversée de la Bourgogne par le Morvan ? De la vallée de l'Yonne à celle de la Saône, du nord au sud, du vignoble auxerrois à celui du Mâconnais, voici près de 300 km de routes magnifiques et variées. En chemin, quelques grands châteaux vous racontent l'histoire de la Bourgogne, et un peu celle de la France aussi, tandis que deux sites majeurs de la chrétienté vous ouvrent leurs bras : Vézelay, la ville spirituelle et perchée, et Cluny, qui vit dans le souvenir de sa splendeur passée. Des paysages sauvages du Morvan, le « Petit Canada », aux vignes sagement alignées, attendez-vous à de belles promenades automobiles. Quant aux étapes, elles seront gourmandes forcément, terroirs bourguignons obligent.

Côté saveurs

Le vin tient une place de choix sur cet itinéraire bourguignon, dans le Grand Auxerrois comme dans le secteur de Mâcon. La Bourgogne, c'est aussi l'escargot, dont le ramassage est réglementé et saisonnier, la potée, le jambon persillé, et des spécialités plus locales, comme le crapiau et la terrine en Morvan, ou le poisson en meurette à Mâcon.

Photopixal/Getty Images Plus

↑ Vignoble d'Irancy.

L'AUXERROIS

Point de passage obligé sur la route de Paris à Lyon, l'Auxerrois s'est développé autour de sa capitale historique, et au cœur d'un vignoble réputé.

Auxerre ★★

5 quai de la République (également, borne rapide au centre E. Leclerc, 14 av. Jean-Jaurès, à 1,2 km de la cathédrale).

La capitale de la basse Bourgogne s'est installée sur une butte surplombant l'Yonne. C'est aujourd'hui une petite ville animée et très agréable. Son centre médiéval, entre pouvoir civil et religieux, a traversé les siècles sans subir de transformations majeures. Autour de la cathédrale, et de la non moins belle et imposante abbaye St-Germain (ne manquez pas la crypte), les ruelles bordées de maisons anciennes dégringolent vers l'Yonne. Pour admirer le chevet gothique de St-Étienne, qui domine la ville, embarquez pour une balade commentée sur la rivière.

Irancy

Parking r. Les Promenades.

Typiquement bourguignon, et totalement vigneron, le village se blottit en fond de vallée, dans un écrin de coteaux que couvrent vignes et cerisiers (à admirer depuis le beau point de vue panoramique). Le village natal de Soufflot, l'architecte du Panthéon à Paris, a gardé son charme authentique, ses ruelles et ses petites maisons vigneronnes. Une escale charmante où déguster quelques bons crus de l'appellation, la plus réputée du vignoble auxerrois pour les rouges et les rosés. Et si vous y passez le 15 août, gare sur les routes : c'est le jour de la grande « course annuelle des caisses à savon », de drôles d'engins sans moteur bricolés par les participants !

Auxerre.
bluejayphoto/Getty Images Plus

Arcy-sur-Cure

À 32 km au sud-est d'Auxerre - D 606 - 03 86 81 90 63 - www.grottes-arcy.net. Borne de recharge dans le bourg à 2 km, 4 r. Tardy (50 kW).

La rive gauche de la Cure est dominée par de hautes falaises creusées de cavernes. En 1990, des peintures pariétales du paléolithique y ont été découvertes. La visite de la Grande Grotte, la plus ancienne grotte ornée encore accessible en France, est très émouvante lorsque l'on y découvre mammouths, cervidés et traces de mains peints il y a 28 000 ans ! Le site propose des visites archéologiques approfondies, de 3h, pour profiter des lieux dans des conditions optimales.

Avallon ★

En périphérie, parking Lidl, 11T r. de Pontaubert (60 kW).

Installée sur un promontoire granitique qui domine la vallée du Cousin, cette cité pittoresque ceinturée de remparts se laisse découvrir au long de ses ruelles, escaliers et passages. Le tour des fortifications, la visite de la collégiale St-Lazare et celle du musée de l'Avalonnais vous retiendront quelque temps.

MagMos/Getty Images Plus

Haras de Cluny.

« Le haras national de Cluny, lieu de vie et de découverte

Cluny, ville du cheval ! Le titre n'est pas usurpé, et il suffit pour s'en convaincre d'ouvrir les yeux. Les chevaux sont partout, alentour et dans la ville. Quant au haras national, il trône au beau milieu de la cité historique, fourmillant d'activités.

Une création impériale

Né au pied de l'abbaye, et même façonné de ses restes, puisque construit avec les pierres de démolition du sanctuaire vendu comme bien national, le haras de Cluny est tout d'abord impérial. Ouvert en 1807, à la demande de Napoléon Ier, pour servir de dépôt d'étalons, le haras est alors hébergé dans les écuries abbatiales. Puis de nouveaux bâtiments sont édifiés, inaugurés en 1820. Prévu pour 50 chevaux, le haras est agrandi en 1880, et héberge 20 ans plus tard près de 150 animaux.

Le haras aujourd'hui, un acteur essentiel du monde équestre

Si Cluny n'est plus un dépôt d'étalons depuis 2012, Équivallée – Haras national de Cluny, établissement ayant le statut de groupement d'intérêt public (GIP), a pour mission la promotion et la valorisation de la filière « cheval ». Équivallée Academy est à ce titre un important centre de formation aux métiers de l'enseignement de l'équitation, qui reçoit chaque année une cinquantaine d'élèves en formation diplômante. C'est aussi un centre équestre ouvert à tous les publics.

Un centre de compétition

Chaque année, plus d'une centaine de journées de compétition ont lieu dans les multiples installations et carrières du haras, ainsi que sur l'hippodrome municipal intégré au GIE, couvrant une dizaine de disciplines différentes, de tous niveaux: concours de saut d'obstacles, championnat de France de Pony Games, horse ball, dressage, etc. Sauf exception, lors de ces manifestations, l'entrée est libre et gratuite pour tous !

Un lieu ouvert à tous

En cœur de ville, le haras de Cluny est un site patrimonial s'inscrivant dans un grand parc ouvert gratuitement au public. Il est donc possible d'y déambuler, dans le respect des activités qui s'y déroulent. Mais le haras est aussi un lieu de médiation, qui organise des manifestations à destination des publics : visites guidées thématiques à la découverte du patrimoine (bâtiments, matériel, véhicules hippomobiles), animations pour Pâques, Halloween et les Journées européennes du patrimoine, et surtout spectacles équestres saisonniers (été, automne et Noël), en extérieur ou sous chapiteau. Il se passe donc toujours quelque chose au haras de Cluny. »

2 r. Porte-des-Prés - 71137 CLUNY - ✆ 03 85 32 09 73 - www.equivallee-haras-cluny.fr - à 326 m.

Vézelay, dominée par sa basilique
bluejayphoto/Getty Images Plus

VÉZELAY ★★★

Perchée sur sa colline, Vézelay est tout autant un haut lieu spirituel, étape majeure du pèlerinage vers St-Jacques-de-Compostelle, qu'un sommet de l'art roman. Une escale incontournable, qui figure au Patrimoine mondial de l'humanité.

À la grande époque du pèlerinage, la ville abrita jusqu'à 10 000 personnes dans les maisons blotties le long de ruelles escarpées. Les pèlerins sont encore nombreux, les touristes aussi, dans ce village de charme, dominé par sa basilique. Flânez, observez les vieilles maisons, admirez la collection d'art moderne du musée Zervos, avant de vous rendre dans le saint des saints.

Parking du Clos (D 957/D 951)

Basilique ★★★

Pl. de la Basilique - 03 86 33 39 50 - www.basiliquedevezelay.org.

Reconstruite au 12ᵉ s. après un incendie qui tua plus de 1000 pèlerins, et restaurée au 19ᵉ s. par Viollet-le-Duc, la basilique dut son succès aux miracles attribués aux reliques de sainte Marie-Madeleine. Le tympan du portail central, visible dans le narthex, vaut à lui seul le déplacement, tant il impressionne par le caractère animé des apôtres sculptés, l'effet vivant des draperies qui semblent tourbillonner. Dans l'immense nef, prenez encore le temps de détailler chacun des chapiteaux, une centaine en tout, presque tous d'origine.

Vézelay et son vignoble à vélo (à assistance électrique) ♥

www.cycledivin.fr - 06 14 96 76 44 - sur réserv.

Rendez-vous est pris avec Greg, moniteur de vélo et diplômé de l'univers merveilleux du vin, pour une demi-journée de balade, découverte, échanges et dégustations. Une fois les présentations faites et le matériel pris en main, vous voilà sur les chemins qui sillonnent le vignoble autour de Vézelay ; la ville perchée et sa basilique s'offrent au regard sous tous les angles. C'est l'heure d'un arrêt chez un producteur local, pour une dégustation de l'appellation. La promenade se poursuit dans de charmants villages vignerons du parc naturel régional du Morvan.

PARC NATUREL RÉGIONAL DU MORVAN ★★

Le mystérieux massif du Morvan est un espace privilégié pour les amateurs de nature et d'histoire. La forêt, qui couvre environ 45 % de l'espace morvandiau, est l'élément caractéristique du massif, mais elle laisse place aussi à des villages pittoresques, et à de remarquables châteaux médiévaux.

Château de Bazoches ★★

Bazoches-du-Morvan - ✆ 03 86 22 10 22 - www.chateau-bazoches.com. Aucun point de charge.

Cette fière demeure médiévale, labellisée « Maison des Illustres », a été la propriété du maréchal de Vauban, qui la transforma en « bureau d'études ». C'est dans la belle galerie notamment, récemment reconstituée dans ses dimensions d'origine, qu'il conçut pour Louis XIV plus de 300 ouvrages et places fortes du « pré carré ». Richement meublé, l'intérieur permet de mieux connaître ce brillant ingénieur, qui fut aussi écrivain et penseur politique visionnaire.

Château de Chastellux ★

Chastellux-sur-Cure - ✆ 06 76 75 83 71 - www.chateau-de-chastellux.com. Pas de borne.

Sur un éperon rocheux qui domine la Cure, le château se dresse dans un site remarquable. Ses parties les plus anciennes ayant été construites avant l'an 1116, c'est l'une des forteresses les plus anciennes du Morvan. Depuis plus de 1000 ans, le domaine appartient à la famille de Chastellux, qui l'a ouvert au public en 2008. Vous y visiterez une partie des salles de réception et des chambres, petit à petit restaurées et meublées.

Maison du Parc – maison des Hommes et des Paysages

530 rte de Saulieu - St-Brisson - ✆ 03 86 78 79 57 00 -www.parcdumorvan.org. Pas de borne.

Au cœur d'un domaine de 40 ha, un vaste ensemble de bâtiments abrite le point d'information touristique du Parc naturel régional, mais aussi deux sites de l'Écomusée du Morvan : la maison des Hommes et des Paysages, qui invite à voyager à travers l'histoire et les paysages du territoire sur les traces de celles et ceux qui l'ont façonné, grâce notamment à un dispositif multimédia conjuguant photographies anciennes et contemporaines ; la maison de la Résistance en Morvan, qui aborde l'Occupation, la Résistance et le maquis morvandiau. Et en prime, un bistrot qui propose une petite restauration à base de produits locaux, exclusivement, où vous vous poserez après la découverte du sentier pédagogique de l'étang Taureau.

Rando-soirée gustative sur le lac des Settons ♥

Base sport et nature des Settons - Les Branlasses - Montsauche-les-Settons - ✆ 03 86 84 51 98 - activital.net. Borne de recharge la plus proche : parking r. du Dr -Monot - Montsauche-les-Settons (8 km).

Entouré de bois de conifères, à 573 m d'altitude, cet agréable plan d'eau destiné à l'origine à faciliter le flottage des bois sur la Cure forme un site de toute beauté. Le cadre idéal pour une escale, et pour une randonnée-pique-nique sur les eaux paisibles. L'embarcation (un paddle et sa pagaie), les équipements de sécurité, les conseils et le panier contenant un en-cas de produits locaux sont fournis. Il ne vous reste plus qu'à prendre le large, et à choisir le meilleur spot pour la pause dîner. Un moment rare, lorsque décline l'astre solaire derrière la frondaison des sapins morvandiaux. En journée, le lac vous accueille aussi pour de multiples activités sportives, comme l'e-foil, ou foil électrique… vous allez voler sur les eaux !

↑ Lac des Settons, campement de pêcheurs.
B. Rieger/hemis.fr

Randonnée sportive dans les gorges de la Canche ♥

Départ parking La Verrerie (D 978) à Roussillon-en-Morvan - tracé sur www.visorando.com/randonnee-les-gorges-de-la-canche - 16 km (comptez 6h). Pas de borne de recharge.

Voici incontestablement l'une des plus belles randonnées du Morvan, pour qui a l'habitude de marcher, et peut affronter quelques passages difficiles : une vallée encaissée, dans une forêt domaniale classée Réserve biologique, des cascades qui se succèdent (150 m de dénivelé au total), des rochers moussus, des passages à gué, des marmites de géants, tels sont le décor et le programme. Une randonnée de rêve, bien balisée (vous êtes, en partie, sur une portion du GR® 13), qui mène jusqu'au barrage de la Canche.

Et si vous n'êtes pas d'humeur à marcher 6h sur les rochers glissants, vous pouvez aussi aller directement en voiture jusqu'au barrage de la Canche par la D 179 ; sa retenue, entourée de forêts, offre un cadre des plus agréables.

L'AUTUNOIS - MORVAN

Région naturelle de la Bourgogne du Sud, sur les contreforts du Morvan, l'Autunois impressionne aussi par sa richesse historique, qui vous plonge dans la civilisation gallo-romaine.

Autun ★★

« Sœur et émule de Rome », ces mots gravés à l'entrée de l'hôtel de ville d'Autun peuvent paraître exagérés. Et pourtant, le plus grand théâtre antique de Gaule, l'imposant temple de Janus, des portes monumentales et bien d'autres vestiges attestent la puissance passée d'Augustodunum. La beauté de son cadre, les rues médiévales, les sculptures de la cathédrale et la richesse de ses musées ne manquent pas de séduire.

Cathédrale Saint-Lazare ★★★

R. Notre-Dame.
9 Petite-Rue-Marchaux.

Consacrée en 1130 dans le but de rivaliser avec le pèlerinage à Ste-Marie-Madeleine de Vézelay, elle a été modifiée plusieurs fois. Le tympan du portail (12e s.), signé Gislebertus, est un chef-d'œuvre de la sculpture romane. À l'intérieur, le caractère roman clunisien subsiste malgré de nombreux remaniements.

A. Pistolesi/hemis.fr

Jardin du château de Cormatin.

La « grande journée gauloise » au mont Beuvray ★★

Mont-Beuvray - St-Léger-sous-Beuvray - 03 85 86 52 40 - www.bibracte.fr. Pas de borne de recharge.

Aujourd'hui labellisé Grand Site de France, le mont Beuvray fut choisi au Ier s. av. J.-C. par le peuple gaulois des Éduens pour y fonder sa capitale, Bibracte. Le site, entouré de 12 km de fortifications, fut ensuite abandonné au profit d'Augustodunum, la future Autun. Redécouvert au 19e s., Bibracte est à la fois un site archéologique, un musée et un centre de recherches. C'est donc là que vous êtes convié à une grande journée gauloise, à la découverte des moindres secrets du peuple des Éduens, dans la confidence des archéologues. Au programme, visite guidée du musée et découverte commentée du site archéologique; entre les deux, déjeuner à la gauloise, servi dans une vaisselle fabriquée d'après les trouvailles locales... sans fourchette. Vivez gaulois!

LE CREUSOT

Ville étonnante avec sa plaine des Riaux hérissée de bâtiments industriels et ses cités ouvrières, Le Creusot demeure l'épicentre d'un bassin usinier toujours florissant.

Parking pl. Schneider.

Et c'est encore au château de la Verrerie, ancienne résidence de la puissante famille Schneider transformée en musée de l'Homme et de l'Industrie, que l'on saisit le mieux le riche passé minier de ce pôle industriel majeur, comme en témoigne le pavillon de l'Industrie.

BALADE EN NORD-MÂCONNAIS

Grand écart culturel et paysager, entre la cité minière du Creusot, qui mérite une escale pour son patrimoine industriel, et les monts du Mâconnais hérissés de villages et de châteaux.

Château de Cormatin ★★

1 Grande-Rue - 03 85 50 16 55 - www.chateaudecormatin.com. Pas de borne.

Édifié au lendemain des guerres de Religion, le château arbore une architecture sobre, qui tranche avec la

Moment intense

Route des crêtes autour du lac de Pannecière ★

Environ 35 km au départ de Ouroux-en-Morvan.

Les cyclistes et les motards adorent cette portion de Morvan à l'écart des grands axes, vous devriez l'aimer aussi. Un concentré de paysages préservés, entre étang, lac, forêts et prés à perte de vue. Au départ d'Ouroux-en-Morvan, vous rejoignez les rives du lac de Pannecière, le plus grand des lacs morvandiaux, par la D 232. La route franchit la crête du barrage, d'où la vue s'étend sur les ramifications de la retenue, tandis qu'à l'horizon se profilent les sommets du Morvan. Au passage, faites un détour par l'usine hydroélectrique, pour observer la maquette du barrage (1938), une réduction au 1/36e établie sur un ruisseau et destinée à montrer aux habitants le fonctionnement de l'ouvrage. Le grand tour du lac par le sud vous mène jusqu'au village de Chaumard, installé sur les rives, et possible étape pour se restaurer. Avant de revenir vers Ouroux-en-Morvan, ou de poursuivre l'itinéraire vers d'autres horizons.

somptuosité de ses décors intérieurs, d'époque Louis XIII. Au cours de la visite, vous admirerez le rare escalier monumental à cage unique (1624), le plafond à la française de la chambre de la marquise, le cabinet de curiosités, et le cabinet d'Harmonie, pièce maîtresse des appartements du marquis. Les magnifiques jardins, plantés en 1992, restituent l'esprit des jardins baroques.

Brancion ★ et son château

03 85 32 19 70 - www.chateau-de-brancion.com. Borne la plus proche à Tournus (12 km).

Au cœur du pays de l'art roman, ce charmant bourg médiéval soigneusement restauré est perché sur une arête. Protégé par ses remparts et son château fort, c'est l'un des sites les plus vertigineux du Mâconnais, et le cadre d'une jolie promenade. Après avoir franchi l'enceinte du 14e s. par la porte fortifiée à herses, vous découvrirez tour à tour les restes imposants du château-fort (visite), les ruelles sinueuses, les halles du 14e s. et l'église fièrement perchée.

Détail de l'abbaye de Cluny.

ABBAYE DE CLUNY ★★

Pl. du 11-Août 1944 - 03 85 59 15 93 - www.cluny-abbaye.fr. Parking du Prado, 22 r. Porte-de-Paris.

Symbole de la primauté de l'ordre clunisien à son apogée, Cluny fut la plus vaste église de la chrétienté jusqu'à la reconstruction de St-Pierre de Rome au 16e s. La *Maior Ecclesia* (l'église majeure), élevée en grande partie de 1088 à 1130, fut saccagée puis démantelée à la Révolution. Ses vestiges, impressionnants, donnent une idée de son immensité originelle, restituée grâce à la magie du virtuel et de la 3D, dans un film introductif.

Alentour, avant de rejoindre Mâcon, il faut aussi par de charmantes routes aller voir Berzé-la-Ville, où la chapelle des Moines montre de magnifiques peintures murales, témoin de l'art clunisien du 11e s., et la roche de Solutré, dont l'ascension promet de sublimes panoramas (p. 324).

MÂCON ★ ET SES ALENTOURS

Le charme des places et des ruelles de la plus méridionale des villes de Bourgogne, étendue le long de la

Saône, ainsi que son dynamisme culturel et ses bonnes tables, en font un lieu agréable à découvrir. Un point de départ idéal aussi pour une balade dans le vignoble.

La ville historique

Quai Lamartine.

Au rang des curiosités, la jolie place St-Pierre, l'hôtel Senecé, le pont St-Laurent, le musée des Ursulines qui renferme quelques belles pièces gallo-romaines et un espace consacré à Lamartine. Un quai au bord de la Saône, bordé de belles maisons colorées et de cafés, porte d'ailleurs le nom de cet illustre enfant du pays.

Cité des climats et vins de Bourgogne

520 av. Mar.-de-Lattre-de-Tassigny - 03 79 47 21 00 - www.citeclimatsvins-bourgogne.com. Borne sur le parking.

C'est la version mâconnaise des trois Cités des climats et vins de Bourgogne, avec Beaune et Dijon. Porte d'entrée des vignobles du sud de la Bourgogne, vous y trouverez une muséographie détaillant l'importance et les particularités du vignoble bourguignon, dont les « climats » sont inscrits au Patrimoine mondial, un bar pour déguster, et une tour-belvédère, en forme de vis de pressoir, pour surplomber le paysage de vignes alentour. Un passage obligé, pour qui s'intéresse aux vins de Bourgogne.

Œnoparc du hameau Dubœuf ♥

796 rte de la Gare - Romanèche-Thorins - 03 85 35 22 22 - www.duboeuf.com. - sur place.

La maison Dubœuf, producteur et négociant, travaille avec quelque 400 viticulteurs de la région. Son hameau, créé en 1993 et sans cesse modernisé, vise l'immersion dans le vignoble bourguignon. Découverte des arômes du vin par le prisme du végétal, visite du centre de vinification, cinéma dynamique... C'est une expérience globale qui est proposée, avec évidemment en point d'orgue une dégustation.

Le hameau Dubœuf.

Greg Bellevrat/Collection Hameau Dubœuf

SE RÉGALER

AUXERRE

L'ASPÉRULE

Dans une vieille maison de ville, voici une salle à la déco épurée, avec son sol en béton ciré et ses murs beige. Le chef japonais signe une cuisine qui associe les produits d'ici et la précision technique de là-bas, comme dans ce filet de canette servi parfaitement rosé, duxelle de champignons shiitaké, sauce balsamique. Menu du marché à prix doux le midi, menu dégustation plus ambitieux le soir.

34 r. du Pont - ✆ 03 86 33 24 32 - www.restaurant-asperule.fr - à 230 m.

COULANGES-LA-VINEUSE

J'MCA

À quelques kilomètres au sud d'Auxerre, cette maison de pierre et de verre installée dans le village vous propose une cuisine du marché, actuelle et soignée, goûteuse et bien ficelée, qui laisse s'épanouir de bons produits. Quant au décor, avec tableaux contemporains et plantes vertes, il ne manque pas non plus de charme et de confort.

12 r. André-Vildieu - ✆ 03 86 34 33 41 - www.jmca-restaurant.fr

VÉZELAY

L'ÉTERNEL

Au pied de la colline qui mène à la basilique de Vézelay, haut lieu de pèlerinage spirituel, on sait aussi cultiver des nourritures bien terrestres, à l'hôtel de la Poste et du Lion d'Or. La modernité est de mise dans l'assiette (foie gras de canard à la fève tonka, gelée de fraise), le cadre est lumineux.

Pl. du Champ-de-Foire - ✆ 03 73 53 03 20 - www.hplv-vezelay.com - à 250 m.

LE CREUSOT

LA FLEUR DE SEL

Heureuse initiative que l'ouverture de cette table par deux Creusotins, le chef Willy Lardry et le responsable de salle Edwin Smietanski, qui se sont rencontrés lorsqu'ils travaillaient chez Yohann Chapuis à Tournus. Dans un décor en partie inspiré de la nature (avec notamment ce papier peint représentant une forêt dans la brume), le chef, seul en cuisine, fait preuve d'une maturité incontestable. La délicatesse et la finesse sont au rendez-vous avec la belle fleur de courgette à la farce de cabillaud et le sabayon à l'huile d'olive qui accompagnent le tournedos de cabillaud, ou avec le maquereau et sa raviole de concombre mariné.

2 r. Albert-Ier - ✆ 03 85 78 43 16 - www.lafleurdesel-restaurant.fr - à 550 m.

MONTCENIS

LE MONTCENIS

À deux pas du Creusot. Du cachet dans le décor (cave voûtée, pierres et poutres) comme dans l'assiette. Laurent Dufour propose une cuisine généreuse et sincère réalisée avec de beaux produits, comme cette poitrine de pintade contisée aux feuilles d'épinard, carottes, cannelloni de chou vert au lard fumé. La carte change régulièrement, et, l'hiver venu, met à l'honneur la truffe, passion du chef! Accueil prévenant.

2 pl. du Champ-de-Foire - ✆ 03 85 55 44 36 - restaurant-lemontcenis.fr

CLUNY

HOSTELLERIE D'HÉLOÏSE

Une carte ancrée dans le terroir (escargots de Bourgogne, bœuf charolais et réduction au vin rouge du Mâconnais) et de savoureuses recettes traditionnelles (turbot rôti, purée de chou-fleur et jus de veau) font la réputation de cette table, qui propose aussi quelques plats plus actuels et une jolie sélection de vins au verre. Véranda lumineuse avec vue sur la Grosne et chambres pour l'étape.

7 rte de Mâcon - ✆ 03 85 59 05 65 - www.hostellerie dheloise.com

MÂCON

PIERRE

Une valeur sûre de la gastronomie locale. Depuis 1991, Christian Gaulin célèbre les noces classiques du terroir et de la modernité. Dès qu'il le peut, ce solide technicien rend un hommage subtil à la Bresse et à la Bourgogne. Dans l'assiette, le gourmet retrouve avec bonheur un savoureux pigeon Miéral et son millefeuille de choux aux abats confits, des jambonnettes de grenouilles, crème d'ail et coulis de persil, des quenelles de brochet exemplaires, un tournedos charolais tendre à souhait et un soufflé au Grand Marnier réalisé dans les règles.

7 r. Joseph-Dufour - ✆ 03 85 38 14 23 - www.restaurant-pierre.com - à 100 m.

MA TABLE EN VILLE

Intérieur contemporain et coloré, ampoules et tuyauterie apparentes, voici pour le décor... Le chef, également présent en salle, a le souci du bon produit et réalise une cuisine traditionnelle avec savoir-faire. On aime notamment le velouté au chou-fleur, noix de cajou, œuf poché. Bon choix de vins régionaux, menu déjeuner attractif et accueil tout sourire.

50 r. de Strasbourg - ✆ 03 85 30 99 91 - www.matableenville.fr - à 120 m.

SE LOGER

AUXERRE

HÔTEL LE MAXIME

Sur les bords de l'Yonne, cet ancien grenier à sel reconverti en hôtel (Best

Western) propose des chambres joliment rénovées avec vue sur le fleuve ou au calme côté cour.
2 quai de la Marine - ✆ 03 86 52 14 19 - www.hotel-lemaxime.com - 🚗 à 150 m.

PONTAUBERT (PRÈS DE VÉZELAY)

MOULIN DES TEMPLIERS HÔTEL & SPA

Niché dans la somptueuse vallée du Cousin, proche de Vézelay, cet ancien moulin est un véritable havre de paix. Le petit-déjeuner est excellent : produits bio et locaux, fruits frais, fromage blanc du pays... Espace bien-être avec sauna, hammam, jacuzzi inclus.
10 rte du Cousin - ✆ 03 86 34 10 80 - hotel-moulin-des-templiers.com

AUTUN

CHAMBRES D'HÔTE LE MOULIN RENAUDIOTS

Située au bord de la forêt de Planoise, à l'écart de la ville, cette villégiature dans un ancien moulin du 17e s. a toutes les qualités des chambres d'hôte de caractère : rénovation contemporaine et design, calme, harmonie des couleurs. La table vaut aussi le détour. Accueil chaleureux et personnalisé. Piscine et salle de sport.
1 chem. du Vieux-Moulin - ✆ 03 85 86 97 10/06 02 10 73 42 - www.moulinrenaudiots.com

CLUNY

HOSTELLERIE LE POTIN GOURMAND

Aménagé dans une ancienne fabrique de poterie du 18e s., l'établissement, qui offre des prestations haut de gamme, associe style contemporain et design à la tradition bourguignonne. Sauna.
4 r. du Champ-de-Foire - ✆ 03 85 59 02 06 - www.potingourmand.com - 🚗 à 760 m.

Tom Fournié/Pierre

Restaurant Pierre, à Mâcon.

MÂCON

PANORAMA 360

Installé dans le bâtiment historique de la poste, ce nouveau venu sur la scène hôtelière mâconnaise se la joue chic : chambres confortables et équipées dernier cri, spa avec piscine, bar panoramique. Des prestations haut de gamme.
4 r. Paul-Gateaud - ✆ 03 85 50 20 42 - www.hotelmacon-panorama360.com - 🚗 à 50 m.

ICI ET PAS AILLEURS

AUTOUR D'AUXERRE

LE BORVO

À 15 km au nord d'Auxerre, la référence européenne en matière de fumage du poisson. Parcours historique et gastronomique dans une réplique contemporaine de la saline d'Arc-et-Senans. Boutique très bien fournie.
Rte de Beaumont - Chemilly-sur-Yonne - ✆ 03 86 47 82 44 - www.boutique.leborvo.fr

MÂCON

MAISON MÂCONNAISE DES VINS

Salle d'exposition, librairie, boutique, dégustations menées par des professionnels... Son restaurant permet de savourer des spécialités régionales en accord avec des crus sélectionnés.
484 av. du Mar.-de-Lattre-de-Tassigny - ✆ 03 85 22 91 11 - maison-des-vins.com - 🚗 à 282 m.

PRINCIPALES BORNES DE RECHARGE :

Avon (Fontainebleau) :
McDonald's, 62 av. de Valvins (150 kW)

St-Pierre-lès-Nemours :
107 av. Carnot (200 kW)

Gien :
ZA de La Bosserie (150 kW)

Cosne-Cours-sur-Loire :
Auchan, D 955A (180 kW)

Nevers
Lidl, 7 r. du Petit-Mouësse (120 kW)

Moulins :
Carrefour, 169 rte de Lyon (150 kW)

Lapalisse
94 r. du Pdt-Roosevelt (100 kW)

Mably (Roanne) :
Centre commercial (150 kW)

L'ESSENTIEL ÉLECTRIQUE

Au départ de Paris, le tracé de l'ancienne Nationale 7 est bien équipé en stations de charge, tout comme d'ailleurs la suite de l'itinéraire, nos grandes étapes possédant pour la plupart des bornes de charge rapide dans leur périphérie. Ensuite, vous trouverez aussi des bornes d'une puissance de 50 kW à Sancerre ou St-Pierre-le-Moûtier, ainsi que dans les centres-villes de Moulins et Roanne par exemple.

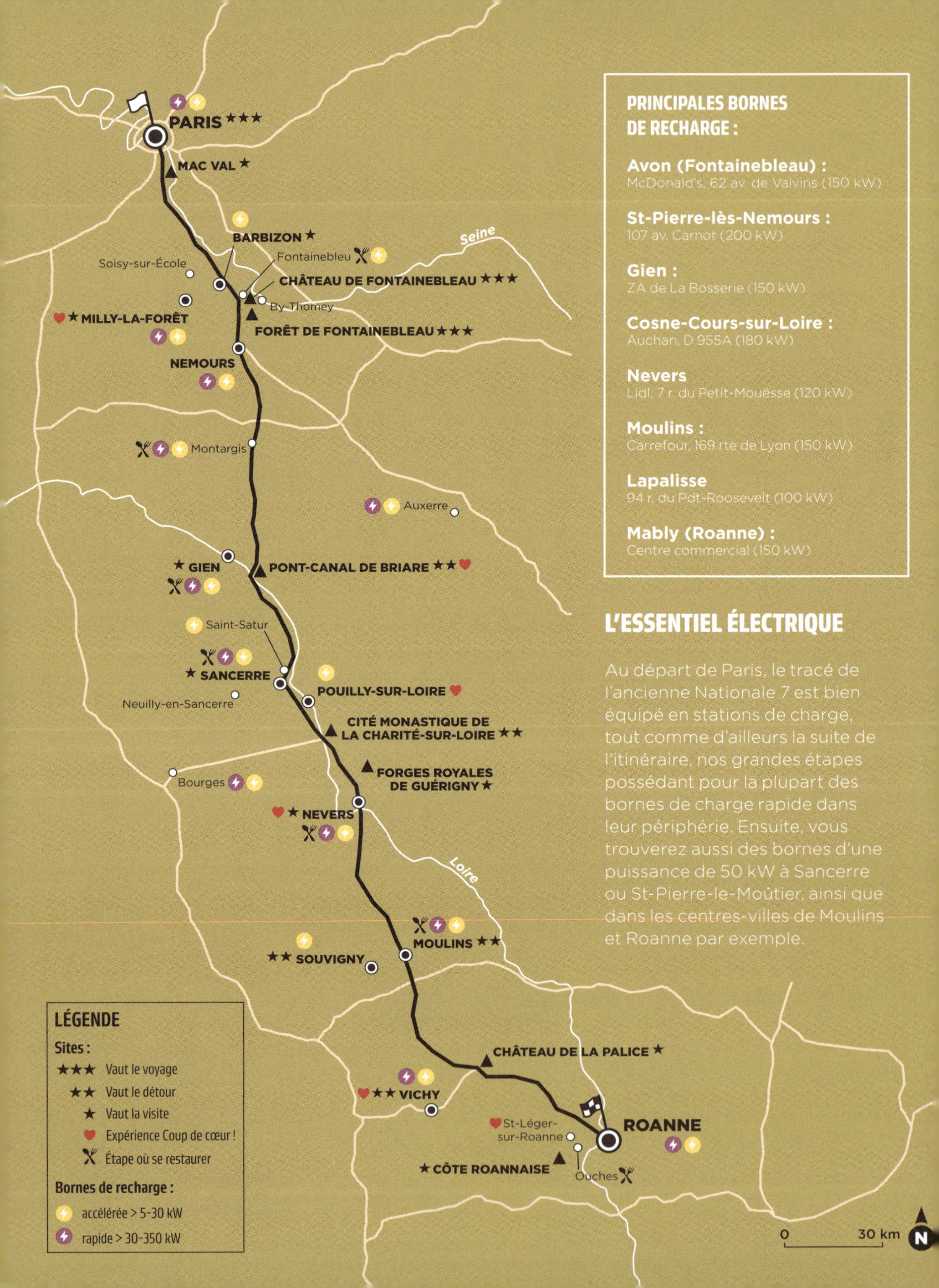

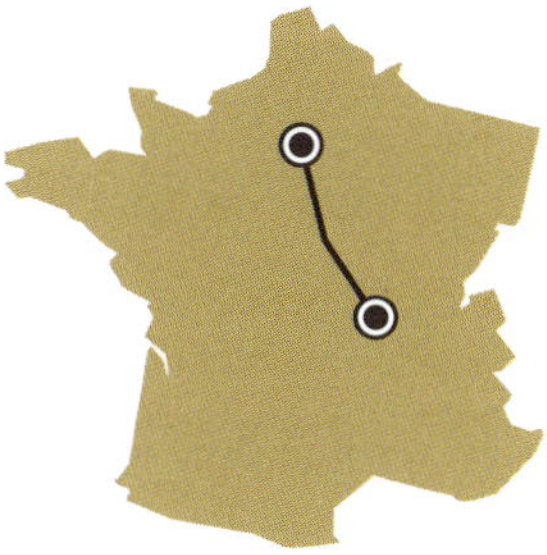

DISTANCE : 600 km
DURÉE : 4 jours
DÉPART : Paris
ARRIVÉE : Roanne

PRINCIPALES ÉTAPES :
Fontainebleau
Gien
Sancerre
Nevers
Moulins

**PARIS
ROANNE**

La Nationale 7

Chantée par Charles Trenet, la mythique Nationale 7 est la route des vacances et de l'insouciance que nos anciens empruntaient pour rejoindre le sud avant le tracé de l'A 6 et de l'A 7. Cette échappée bucolique s'arrêtera, pour cette fois, à Roanne mais vous donnera l'occasion de belles haltes, pour visiter des villes désormais ignorées par les axes autoroutiers, des forêts et des sites naturels préservés, et des territoires marqués par l'hospitalité, comme le relais Les 200 Bornes où nombreux étaient les touristes d'alors à séjourner pour un moment de partage et de convivialité.

Côté saveurs

Quatre vignobles : sancerre, pouilly-fumé et pouilly-sur-Loire, réputés pour leurs vins blancs, et les côtes roannaises, cultivées en bio à 80 %. Ces vins accompagnent parfaitement les crottins de Chavignol, la préparation fromagère de Fontainebleau ou encore le pâté de pommes de terre du Bourbonnais.

Asab974/Getty Images Plus

↑ Crottin de Chavignol.

permanents présentent l'artiste de manière plus intime et confrontent, sous la spectaculaire charpente, ses toiles à celles d'autres artistes.

Le musée de la Chasse et de la Nature dans l'hôtel de Guénégaud.
B. Rieger/hemis.fr

PARIS ★★★

Deux visites avant de quitter la capitale. Le musée de la Chasse et de la Nature est un bon prélude à la visite du château-musée de Gien. La théâtralisation des œuvres du musée Picasso-Paris préfigure quant à lui le riche fonds du Centre national du costume et de la scène de Moulins. **Voir aussi p. 358 et 344.**

5 r. Réaumur.

Musée de la Chasse et de la Nature ★★

60 et 62 r. des Archives - 01 53 01 92 40 - www.chassenature.org.

Nul besoin d'aimer la chasse pour se précipiter dans ce musée dont l'originalité le dispute à la fantaisie. Conçu comme la demeure d'un chasseur collectionneur, il fut fondé en 1967. Très belle collection d'armes à feu et d'arbalètes, animaux naturalisés d'Afrique du Nord, d'Amérique et d'Asie, tableaux de Chardin, Rubens, Monet, sculptures de Pompon... Depuis 2007, l'art contemporain s'invite aussi dans les collections au gré d'installations savantes et malicieuses, mettant en question le rapport de l'homme à la nature.

Musée Picasso-Paris ★★

5 r. de Thorigny - 01 85 56 00 36 - www.museepicassoparis.fr.

L'hôtel Salé, superbe demeure du 17ᵉ s., sert d'écrin depuis 1985 aux 5000 œuvres de Picasso qui sont installées, par roulement, dans les expositions temporaires thématiques, explorant ainsi tous les aspects d'une œuvre protéiforme. Les accrochages

MAC VAL ★

Pl. de la Libération - Vitry-sur-Seine - 01 43 91 64 20 - www.macval.fr.
102 av. Jean-Jaurès.

À l'intérieur des bâtiments dessinés par l'architecte Jacques Ripault, deux vastes plateaux reliés par des plans inclinés accueillent collection permanente et expositions temporaires, donnant à voir une sélection d'œuvres choisies parmi les 2500 acquises par le musée dans le cadre de son soutien aux artistes contemporains. Le cheminement, fluide, est guidé par la lumière diffusée par les baies vitrées horizontales, avec vue sur le jardin et ses sculptures.

FORÊT DE FONTAINEBLEAU ★★★

Cette splendide forêt s'étend sur 25000 ha et affiche une grande diversité de paysages : chênes et pins, sable gris, platières couvertes de bruyère et rochers de grès aux formes extraordinaires. Ancienne forêt royale, elle a inspiré de nombreux artistes et attire aujourd'hui randonneurs, cyclistes, cavaliers et amateurs d'escalade.

Les rochers de la forêt de Fontainebleau.

Pencrief/Getty Images Plus

Arterra Picture Library/Alamy/hemis.fr

Le grand embouteillage de la route nationale 7 à Lapalisse.

« Le grand embouteillage de Lapalisse : âge d'or de la N 7

La reconstitution historique des embouteillages sur la N 7 attire, tous les deux ans, près d'un millier de participants et de nombreux spectateurs. Véhicules, tenues, et accessoires des années 1950 à 1965 font revivre les bouchons des départs en vacances dans une ambiance bon enfant. Nous avons rencontré Magalie Carton, chargée d'organiser l'événement.

Pourquoi organiser cet embouteillage ?

En 2006, la municipalité a eu la volonté de marquer la création d'une déviation routière autour de Lapalisse, qui mettait fin à la traversée de la ville par la Nationale 7. Cette route, qui forme ici un coude au pied du château, a en effet marqué Lapalisse dans sa morphologie et son économie, avec une succession de garages, d'hôtels, de restaurants, de bars, de stations-service, de commerces. L'idée de départ était de créer un grand événement unique, « le dernier embouteillage », en lien avec les années 1950-1960, âge d'or de la Nationale 7. L'engouement a été tel, tant dans l'organisation que dans la venue des participants, qu'il a été décidé de renouveler cette fête tous les deux ans.

Qui participe ?

Aujourd'hui, la manifestation a pris beaucoup d'ampleur et le nombre d'inscrits doit être limité à 800, pour éviter un encombrement trop important (!) et garder un événement de qualité. Elle attire des passionnés de routes mythiques, de véhicules anciens et de cette époque. Certains viennent même de très loin : Belgique, Pays-Bas, Luxembourg, Allemagne, Suisse et Italie.

Comment se déroule l'événement ?

L'embouteillage se déroule le 2e samedi d'octobre et emprunte la Nationale 7 sur 15 km, formant en définitive une boucle de 30 km. Mais la manifestation se tient sur 6 jours. Pendant tout ce temps, sont prévus des conférences, des expositions rétro, des concours d'élégance, des balades à vélo, des villages exposants... toujours au plus près des années 1950-1960. De nombreuses reconstitutions ont lieu, comme la brigade de gendarmerie, les stations-service, les campings, les commerces rétro... Le salon de coiffure coiffe à l'ancienne, des groupes de rock'n'roll et de rockabilly s'installent au bord de la route... Mais l'animation est interactive et vient aussi des participants qui se prêtent au jeu en s'habillant comme dans ces années-là. Ils se mettent en scène et figurent par exemple un mariage, un défilé de religieuses, des autostoppeurs au bord de la route... Ils surprennent toujours par leur imagination et inventent ainsi un tel spectacle que certains conseillent de venir ici « au moins une fois dans sa vie » ! »

www. embouteillage-n7-lapalisse.com

Château de Fontainebleau ★★★

Pl. du Gén.-de-Gaulle - Fontainebleau - 01 60 71 50 70 - www.chateaudefontainebleau.fr. 3 r. de Ferrare.

Ce magnifique château s'est développé au gré des souverains bâtisseurs mais il doit sa physionomie actuelle, teintée de Renaissance, à François Ier. Il s'organise autour de cinq cours et comprend 1500 pièces, un très bel escalier en fer à cheval et un splendide théâtre. Les Grands et Petits Appartements laissent voir un décor de stucs, de peintures et de fresques remarquables. N'hésitez pas à suivre les visites guidées, dont certaines thématiques ou théâtralisées, pour apprécier toute la richesse des lieux.

Barbizon ★

32 r. Théodore-Rousseau.

Et dire que Barbizon n'était, jusqu'au début du 19e s., qu'un petit hameau sans prétention! Devenu le lieu préféré de peintres paysagistes comme Théodore Rousseau et Jean-François Millet, figures importantes de la fameuse école de Barbizon, le village est aujourd'hui une longue rue bordée par d'anciens ateliers –, dont certains transformés en musées comme l'ancienne auberge Ganne, où se retrouvaient les artistes – des galeries d'art, des hôtels et des restaurants. Un charme certain s'en dégage.

Détour par Milly-la-Forêt ★

Supermarché, rte de Maisse.

Autre village d'artistes, originellement connu pour sa culture des plantes médicinales, notamment la menthe poivrée à l'arôme très marqué, Milly-la-Forêt s'étend à la lisière du massif de Fontainebleau, parmi des collines où surgissent des blocs de grès. Jean Cocteau, dont la maison se visite, décora sa chapelle sur le thème des « simples ». Autre curiosité, *Le Cyclop*, de Jean Tinguely et Niki de Saint-Phalle, se dresse non loin. Cette gigantesque tête de 22,5 m de haut est recouverte de milliers de miroirs et de rouages. Elle est coiffée d'un grand bassin reflétant le bleu du ciel, en hommage à Yves Klein.

Un galop sous les frondaisons ♥

Maison blanche - Milly-la-Forêt - 01 64 98 75 59 - www.horsedreamlife.fr.

L'équipe de cette école d'équitation vous accompagne, à la demande, pour des sorties équestres dans le massif de Coquibus et la forêt de la Mer de sable, à proximité de la forêt des Trois Pignons. Sur le dos de votre monture, vous évoluez le long de grandes allées de sable, bordées de pins et de bruyère qui, régulièrement, laissent place à des zones de feuillus et de sentiers caillouteux. Les chevaux, habitués à l'enseignement, sont dociles et conviennent aussi aux débutants.

Musée départemental de Préhistoire d'Île-de-France ★

48 av. Étienne-Dailly - Nemours - 01 64 78 54 80 - www.musee-prehistoire-idf.fr. Station de charge rapide av. Carnot (à 7 km).

Un bâtiment en béton brut accueille ce musée installé à l'orée de la forêt de Nanteau, au cœur d'un territoire riche en sites préhistoriques et en monuments mégalithiques. Il dispose de plus de 2 millions d'objets, provenant principalement de la région Île-de-France, dont seulement 3400 sont présentés. La sélection, intelligente et didactique, montre l'évolution de nos ancêtres depuis l'arrivée des premiers hommes dans le Bassin parisien jusqu'à l'âge du fer.

VALLÉE DE LA LOIRE

La route remonte le cours de la Loire, parfois indomptable, souvent fleuve de sable, en partie endiguée dans son canal latéral. À la belle saison, les embarcations voguent sur ce cours d'eau artificiel, au rythme des écluses et ouvrages

La galerie de Diane, château de Fontainebleau. ➔

B. Rieger/hemis.fr

lucentius/Getty Images Plus

Château de Gien.

d'art remarquables, tel le pont-canal de Briare.

Gien ★

3 r. de la Fabrique.

Dominant les rives de la Loire bordées de maisons anciennes, le château d'Anne de Beaujeu, fille de Louis XI, sévère mais adouci par un subtil jeu de couleurs, s'impose au cœur de la cité. Entièrement rénové, il sert d'écrin à un musée de la Chasse. Mais Gien est surtout réputée pour sa fameuse faïence bleue, de style néo-Renaissance, rehaussée de dessins jaune d'or, que l'on peut admirer au musée de la Faïencerie qui a lui aussi fait peau neuve... Peut-être vous laisserez-vous séduire par un service de table ou une pièce d'art vendus dans le magasin d'usine attenant.

Château-musée de Gien - Chasse, histoire et nature en Val de Loire ★★

Pl. du Château - 02 38 67 69 69 - www.chateaumuseegien.fr - 21 quai de Sully, à 528 m.

Le château, rare exemple d'architecture pré-Renaissance, sans influence italienne, fut édifié de 1494 à 1500 en lieu et place d'une forteresse médiévale. Il abrite un musée consacré au Val de Loire et à sa faune, et présente trois types de traques pratiquées au cours des siècles : la chasse au vol, à courre et à tir. Sa muséographie s'appuie sur les éclairages et les accompagnements sonores. Ne manquez pas la belle collection de chaperons de faucons, mystérieux petits bonnets ornés de plumes multicolores, ni celle des boutons de vénerie qui réunit environ 4 000 pièces.

Pont-canal de Briare★★

Borne la plus proche : 1 r. du Moulin-à-Vent.

Bien qu'aucun vent du large ne souffle à Briare, son agréable port de plaisance lui donne des allures de bord de mer. Cette petite ville est le carrefour d'un extraordinaire réseau de canaux et de voies d'eau, dont le remarquable pont-canal, long de 662 m et large de 11 m, créé en 1896 par Gustave Eiffel. La particularité de cet ouvrage d'art est de permettre à des bateaux de passer au-dessus d'autres bateaux. Non contente d'être le théâtre de cette prouesse,

Briare-le-Canal a aussi acquis une notoriété grâce à ses émaux que vous retrouverez dans un beau musée.

Croisière fluviale au départ de Briare ♥

www.canalous-bourgogne.com.

L'occasion vous est donnée ici d'emprunter le fameux pont-canal de Briare ! Pour une journée ou pour un voyage au long cours, vous naviguerez sur le canal de Briare, en direction du nord, ou alors sur le canal latéral à la Loire, vers le sud. Vous pourrez par exemple rallier Sancerre, et retour, en un week-end : 76 km à parcourir et 10 écluses. Si vous disposez d'un peu plus de temps, poussez jusqu'à Nevers : 200 km et 38 écluses. Comptez alors environ une quarantaine d'heures de navigation. Un voyage tranquille pour admirer le Loiret et ses charmants villages.

Sancerre ★

234 rempart des Abreuvoirs.

Juché sur son piton dominant la Loire et ses coteaux couverts de vignes, Sancerre est réputée pour son vin blanc au goût de « pierre à fusil » et ses petits fromages ronds au lait de chèvre, fabriqués notamment à Chavignol. La balade dans les ruelles de cet ancien bastion du protestantisme est un enchantement. À chaque pas, le regard tombe sur un pignon, une tourelle, un portail ou un motif sculpté. Les petites boutiques d'artisanat (de poterie notamment) s'alignent dans les ruelles de la vieille ville. En chemin, arrêtez-vous un instant sur l'esplanade Porte-César et admirez la superbe vue sur le vignoble.

Pouilly-sur-Loire

Si le vignoble de Pouilly-sur-Loire produit également des vins blancs reconnus, dont les arômes, cette fois-ci, rappellent les fleurs blanches, l'amande fraîche ou la noisette, la ville abrite un établissement mythique, le relais Les 200 Bornes. Cette ancienne station-service, hôtel et restaurant, située 200 km au sud de Paris, d'où son nom, était une halte incontournable sur la N 7.

Pont-canal de Briare construit par Gustave Eiffel.

T. et B. Morandi/hemis.fr

Sur la trace des castors ♥

Loire Nature Découverte - ✆ 02 48 78 00 34 - www.loirenaturedecouverte.com - 42 av. de la Tuilerie.

Les amateurs d'observation de la nature seront comblés par cette descente en canoë à la nuit tombée, au départ de Pouilly-sur-Loire. La rencontre avec les castors est orchestrée par Yvan qui connaît parfaitement le mode de vie de ce rongeur. Outre la descente en canoë et les sublimes couleurs de fin de journée qui l'accompagnent, la visite comprend plusieurs sessions d'observation et un sympathique repas au feu de bois. De quoi revenir fourbu mais heureux de cette rando castor originale.

H. Lenain/hemis.fr

Prieuré bénédictin Notre-Dame de La Charité-sur-Loire.

Cité monastique de La Charité-sur-Loire ★★

R. des Écoles.

Entourée de vignobles et de forêts, La Charité-sur-Loire se concentre autour de son prieuré clunisien, fondé au 11e s., qui attirait voyageurs, pèlerins et pauvres. Grâce à une restauration audacieuse, la ville transforme progressivement le prieuré et le centre historique en levier patrimonial et artistique. La place Ste-Croix illustre parfaitement cette imbrication de la ville et du prieuré ; elle se situe en effet à l'intérieur de l'ancienne église priorale détruite en 1559. L'église actuelle, la deuxième plus grande de France avec ses cinq nefs, après celle de Cluny, reste, malgré ses blessures, l'un des plus dignes représentants de l'architecture romane en Bourgogne.

Nevers ★

1 r. des Quatre-Fils-Aymon.

À quelques kilomètres de la confluence de la Loire et de l'Allier, la capitale du Nivernais s'imposa, au 17e s., comme celle de la faïence française et du verre émaillé dont vous pourrez admirer quelques exemplaires dans le musée situé au sein du quartier des faïenciers. Sur la butte dominant le « dernier fleuve sauvage d'Europe » se dressent les silhouettes de la cathédrale et du palais ducal, monuments emblématiques de la ville qui, bien que sévèrement meurtrie par les bombardements de 1944, a su mettre en valeur ce séduisant patrimoine.

Dans la peau d'un pilote ♥

Technopole - Nevers - ✆ 03 86 21 80 00 - www.circuitmagnycours.com - r. du Fournil.

Inauguré en 1961 (on l'appelait alors le circuit Jean-Behra), le célèbre circuit auto-moto de Nevers Magny-Cours est le théâtre de prestigieuses compétitions. Si le cœur vous en dit, vous pouvez vous aussi prendre place au volant d'un bolide pour un stage de pilotage. Au choix, les anciennes F1 de Barrichello, Alesi ou Burti, des monoplaces Formule 4 et Formule Renault 2.0... Vous pourrez aussi tenter l'aventure en GT, en voiture Fun Boost ou encore en kart, sur l'un des plus grands circuits *outdoor* de France... Attachez votre ceinture, enfilez votre casque... et réalisez enfin votre rêve !

Forges royales de Guérigny ★

Av. Arnault-de-Lange - ✆ 03 86 37 01 08 - www.museeforgesetmarines.fr. Pas de borne.

Le musée Forges et Marines, situé derrière un impressionnant marteau-pilon de 5 t, présente l'histoire des forges et de la métallurgie nivernaise, notamment celles de Guérigny. De l'eau en quantité, des gisements de fer abondants à proximité et une chênaie au bois reconnu pour sa qualité : voilà les trois ingrédients qui décidèrent Pierre Babaud de la Chaussade (1706-1792) à fonder ces forges au milieu du 18e s. Elles furent rachetées par Louis XVI en 1781, puis pendant plus de deux siècles, elles fournirent la Marine nationale en pièces métalliques. Les bâtiments d'aujourd'hui sont tels que l'on pouvait les voir lors de la fermeture du site, en 1971.

LE BOURBONNAIS

Pays de bocage et de forêt, le Bourbonnais entre dans l'histoire au début du 10e s. et donne à la France, grâce à une habile politique matrimoniale, huit rois. Le duché attire alors une cour brillante fréquentée par de grands artistes dont on peut encore voir de nombreux témoignages.

Moulins ★★

Pl. Jean-Moulin.

C'est sur les bords de l'Allier que s'épanouit la capitale du Bourbonnais. On prendra plaisir à marcher le long des rives dans le quartier des anciens mariniers, et dans la cité riche d'un remarquable patrimoine. Cernée de maisons à pans de bois et d'hôtels particuliers, la cathédrale Notre-Dame affiche un style gothique flamboyant et de magnifiques vitraux, où l'on reconnaît les célébrités de la cour des Bourbons. Elle recèle aussi un petit chef-d'œuvre, le triptyque du Maître de Moulins, d'un éclat remarquable et d'une grande finesse. De l'ancien palais ducal subsistent le donjon et le pavillon Renaissance.

Centre national du costume et de la scène à Moulins.

Centre national du costume et de la scène ★★

Quartier Villars - rte de Montilly - Moulins - 04 70 20 76 20 - cncs.fr. - av. du Gén-de-Gaulle, à 939 m.

Créé pour assurer la conservation et la mise en valeur des costumes et toiles de décors provenant de l'Opéra de Paris, du département des arts du spectacle de la Bibliothèque nationale et de la Comédie-Française, le centre abrite environ 10 000 costumes, dont les plus anciens datent de la seconde moitié du 19e s. Du fait de la fragilité des textiles, les costumes sont exposés

Moment intense

Des paysages variés ★★★

La route offre une multitude de paysages très différents. Parmi les plus beaux, nous retiendrons la traversée de la forêt de Fontainebleau, couverte de pins maritimes et de bruyère. De Briare à Cosne-Cours-sur-Loire, la route ménage de beaux points de vue sur la Loire et les vignobles, notamment aux alentours de Sancerre et Pouilly-sur-Loire. L'arrivée à La Charité-sur-Loire, dominée par ses clochers, ne manque pas non plus de charme.

Enfin, pour ceux qui souhaitent retrouver le tracé historique de la N 7, sachez que les routes départementales adjacentes se terminant par 7 sont d'anciens tronçons et que certaines parties n'existent plus (routenationale7.blogspot.com).

Dôme en céramique à Vichy.
S. Grandadam/age fotostock

par roulement lors d'expositions temporaires thématiques. À côté, un espace d'interprétation montre l'envers du décor.

Escapade à Souvigny ★★

Pl. Charles-de-Gaulle.

Au milieu des prairies encloses du bocage bourbonnais, l'un des grands prieurés dépendant de l'abbaye de Cluny vit une véritable renaissance. Nécropole des ducs de Bourbon, cet ensemble abbatial fait l'objet de campagnes de fouilles régulières qui ont permis de mettre au jour des gisants, la sépulture de Jean de Rochefort, « bâtard » de Bourbon, et des fresques du 15e s. Après la visite de l'abbaye et de ses jardins, où se déroule, fin septembre, un festival de musique baroque autour de l'orgue Clicquot, baladez-vous dans le village.

Château de La Palice ★

2 r. du château - Lapalisse - 04 70 99 37 58 - www.lapalisse-tourisme.com.
Station de recharge rapide r. du Pdt-Roosevelt, à 800 m.

Construit à l'emplacement d'un château féodal, l'édifice actuel, entrepris en 1527 et de style première Renaissance, est l'œuvre de Florentins. Sa façade, agrémentée de damiers de briques polychromes et de chaînages de grès, laisse place à un intérieur, meublé et décoré, qui nous entraîne dans l'intimité des Chabannes, seigneurs de La Palice. Remarquable, le salon doré est orné d'un magnifique plafond à caissons dorés et de deux belles tapisseries. La chapelle renferme les tombeaux de la famille.

Échappée à Vichy ★★

Square Gén.-Leclerc.

Cette illustre station thermale, où Madame de Sévigné vint prendre les eaux, a bien des atouts : une agréable promenade fluviale et de grands parcs qui dispensent paix et fraîcheur, et un très large éventail de distractions culturelles et sportives. Mais la ville est aussi remarquable par l'architecture éclectique de son quartier thermal, bâti entre la seconde moitié du 19e s. et le début du 20e s. Il forme, dans une charmante anarchie, un patrimoine insolite, flirtant avec Byzance, l'art roman auvergnat, le Quattrocento florentin, les cottages anglais et les chalets alpestres !

Après-midi bien-être au Vichy Célestins Thermal Spa ♥

111 bd des États-Unis - ✆ 04 70 30 82 35 - www.vichy-spa-hotel.com - sur place.

Balnéothérapie, gymnastique et musculation, diététique, activités de détente, soins esthétiques... tout a été prévu pour un séjour détente, grâce aux eaux thermales de Vichy. D'origine volcanique et naturellement chaudes, elles sont réputées depuis l'Antiquité pour leurs propriétés apaisantes, relaxantes et anti-inflammatoires. Optez pour une trilogie de soins, anti-stress, anti-vieillissement, remise en forme, bien-être, beauté... Il ne vous reste plus qu'à choisir !

LE ROANNAIS

Le Roannais est un pays rural, orienté vers l'élevage et dominé, à l'est, par les monts du Beaujolais et, à l'ouest, par les coteaux couverts de vignes des monts de la Madeleine. On y trouve les vestiges de nombreuses abbayes qui témoignent des luttes ancestrales pour ce territoire fertile.

La Côte roannaise ★

Une ligne de coteaux à vignobles, « la Côte », occupe les premiers escarpements des monts de la Madeleine, baignés par le soleil levant. Ce territoire à l'aspect riant et coloré produit des vins rouges réputés, issus à 80 % de l'agriculture biologique. Ses trésors se révèlent au fil des petites routes qui mènent chez des vignerons accueillants puis se perdent dans les hauteurs granitiques couvertes de forêts d'épicéas et de landes, traversées de sentiers de randonnée.

Roanne

31 r. Diderot.

La réputation de Roanne comme ville industrielle spécialisée dans le textile n'est pas d'un grand attrait touristique. Sa gastronomie, en revanche, en est un, boosté par la célèbre maison Troisgros et confirmé par les tables de qualité installées alentour. Ajoutez-y sa proximité avec la Côte roannaise (vins AOC) et les gorges de la Loire : la ville a finalement bien des atouts !

Le Roannais vu du ciel ♥

Roanne Montgolfière - Aéroport - St-Léger-sur-Roanne - ✆ 06 64 71 25 98 - roanne-montgolfieres.fr. - rte de l'aéroport.

Voici une manière douce de découvrir le Roannais, et si les courants d'air le permettent, les belles gorges de la Loire. Mais rassurez-vous, le bocage roannais et le vignoble méritent aussi d'être admirés du ciel, tout comme les vestiges des monastères et abbayes de Charlieu, La Bénisson-Dieu, Ambierle... ou encore le village médiéval de Villerest. Des panoramas magiques assurés, du mont Blanc à la chaîne des Puys !

agcuesta/Getty Images Plus

Découverte du Roannais en montgolfière.

SE RÉGALER

FONTAINEBLEAU

FUUMI
Ce restaurant japonais n'est autre que l'annexe de l'Axel, le restaurant étoilé du chef patron Kunihisa Goto, et de son épouse Vanessa. En ce lieu convivial se dégustent plats traditionnels japonais, parfumés et généreux, mais aussi *gyozas* et *ramen*. Réservation (très) fortement conseillée.
39 r. de France - 01 60 72 10 32 - www.restaurant-fuumi.com - à 140 m.

GIEN

LE P'TIT BOUCHON
Un vrai repaire bistronomique que cette petite adresse située entre le cœur de ville et la faïencerie de Gien! La tradition est quelque peu revisitée autour d'un court menu rythmé par les saisons, mais le croustillant de canard confit avec sa sauce au coteaux-du-layon et le moelleux au chocolat font partie des incontournables. On ne boude pas son plaisir.
66 r. Bernard-Palissy - 02 38 67 84 40 - à 500 m.

MONTARGIS

LA GLOIRE
Une vénérable institution de Montargis, postée au bord de la N 7. Depuis plusieurs générations, on revisite la tradition gastronomique avec une générosité certaine; ne manquez pas l'imposant chariot de desserts.
74 av. du Gén.-de-Gaulle - 02 38 85 04 69 - www.lagloire-montargis.com - sur place.

SANCERRE

LA TOUR
Au pied d'une tour du 14e s., cette maison de ville arbore une salle contemporaine, où subsistent quelques touches d'époque. Simplicité, authenticité et caractère : autant de traits qui distinguent cette cuisine de bons produits, à l'image des ravioles de cèpes et d'oignons accompagnées de chou kale, ainsi que du paleron de veau avec chou-fleur. Du goût, des saveurs bien dosées et des condiments pertinents.
31 Nouvelle-Place - 02 48 54 00 81 - www.latoursancerre.fr - à 280 m.

NEVERS

JEAN-MICHEL COURON
Ce chef ravit les papilles de ses fidèles clients depuis plus de 30 ans avec une cuisine actuelle aux accents méditerranéens, à l'image de ce jus de bouillabaisse mi-pris et son carpaccio de grosses crevettes sauvages. Il s'autorise aussi quelques notes plus exotiques comme cette sauce yakitori avec un filet de canard. Côté ambiance, on a le choix entre une salle contemporaine et un ancien cloître du 14e s.
21 r. St-Étienne - 03 86 61 19 28 - www.jm-couron.com - à 170 m.

MOULINS

LE BISTROT DE GUILLAUME
En plein cœur de Moulins, la petite salle claire et intimiste donne déjà le *la*, et l'on s'y attable sans se faire prier. Mais le meilleur est encore à venir : dans sa petite cuisine, le chef-patron compose des préparations à la fois fines et bien pensées, qui sont un ravissement pour les papilles, à l'image de cet aïoli provençal concocté dans les règles de l'art.
13 r. de Pont - 04 43 51 23 82 - à 200 m.

OUCHES

TROISGROS - LE BOIS SANS FEUILLES
Dans un décor naturaliste, imaginé par l'architecte Patrick Bouchain, Michel et César perpétuent l'héritage familial de superbe manière, avec une cuisine qui porte plus que jamais la « patte » Troisgros – saint-pierre à la truffe noire; consommé double à la moelle, anguille et écrevisse. Les assiettes, originales, s'autorisent de pertinentes audaces végétales, assorties de subtiles pointes d'acidité et d'amertume. Produits sublimés, préparations fines et aventureuses, potager en permaculture et étang.
728 rte de Villerest - 04 77 71 66 97 - www.troisgros.fr - sur place.

SE LOGER

BY-THOMERY

CHÂTEAU DE ROSA BONHEUR
Trois chambres d'hôtes luxueuses vous donnent l'occasion de vous imprégner de l'intimité de Rosa Bonheur (1822-1899), peintre animalier de grande renommée, qui acheta le château de By en 1859. Deux d'entre elles occupent les chambres de l'artiste et de son amie Nathalie Mica, reconstituées, avec le confort actuel, à partir de photos et d'objets présents dans le château. La troisième a pris place dans son atelier de création.
12 r. Rosa-Bonheur - 01 89 40 50 90 - www.chateau-rosa-bonheur.fr - à 450 m.

NEUILLY-EN-SANCERRE

LE JARDIN DE MARIE
Nichée au cœur d'un jardin paysager de 2 ha (label LPO Parcs et Jardins de France) composé d'une roseraie de 500 variétés de roses, de plusieurs bassins et d'un potager, les hébergements de cette ferme berrichonne du 18e s. invitent à la rêverie. Laissez-vous emporter par le charme et la quiétude du lieu.
336 chem. de l'Avoinerie - 06 09 27 16 76 - www.lejardindemarie.com

Le Bistrot de Guillaume.

MOULINS

LE CLOS DE BOURGOGNE

Installé dans un écrin de verdure, légèrement excentré du centre-ville, cet hôtel particulier du 18e s. a aménagé 11 chambres, sobres, classiques et rétro, en accord avec l'atmosphère de l'édifice. On y accède par un magnifique escalier d'époque. Un charme indéniable!

78 r. des Tanneries - 04 70 44 03 00 - clos-de-bourgogne.com - à 400 m.

VICHY

LODGES-BELVÉDÈRE

Du haut de leurs balcons à 400 m d'altitude, les chambres de ces lodges à la personnalité affirmée n'attendent que votre passage! Décoration soignée, où se mêlent avec bonheur l'ancien et le moderne, accueil adorable. Visitez les jardins des Hurlevents attenants, où poussent des plantes vivaces remarquables (800 variétés), entretenues avec soin par Virginie.

Site des Hurlevents - r. Louis-Neillot - Le Vernet - 06 12 13 20 46 - www.lodgesbelvedere-vichy.fr

ICI ET PAS AILLEURS

PARIS

LA SAMARITAINE

La magnifique façade Art déco dominant la Seine, dessinée par Henri Sauvage dans les années 1930, forme la véritable figure de proue de la « Samar », grand magasin bien connu des Parisiens, resté fermé de 2005 à 2021. Sa réouverture a fait l'événement!

9 r. de la Monnaie - www.dfs.com/fr/samaritaine - à 94 m.

SOISY-SUR-ÉCOLE

VERRERIE D'ART

Cette verrerie d'art ouvre les portes de son atelier de fabrication afin de montrer à tous le travail du verre à la main et à la bouche (visite gratuite). En sortant, ne manquez pas le jardin de verre décoré des créations fleuries des maîtres verriers et la boutique.

12 r. du Moulin-des-Noues - 01 64 98 00 03 - www.verrerie-soisy.fr - à 1,2 km.

GIEN

FAÏENCERIE DE GIEN

Vous trouverez dans le magasin d'usine plus de 80 services de table de fin de série à des prix attractifs ainsi qu'un grand choix de linge de table assorti.

78 pl. de la Victoire - 02 38 05 21 05 - www.gien.com - à 230 m.

SAINT-SATUR

ROMAIN DUBOIS FROMAGER AFFINEUR

Héritier d'une famille de cinq générations d'affineurs, Romain Dubois est un fromager respectueux du savoir-faire traditionnel. Spécialiste du crottin de Chavignol (AOC), il propose six affinages différents.

1262 r. Champs - www.romaindubois-affineur.com

POUILLY-SUR-LOIRE

CAVES DE POUILLY-SUR-LOIRE

La cave, créée en 1948, représente près de 20 % de la production de pouilly-fumé et de pouilly-sur-Loire. Le caveau qui y est aménagé abrite un grand comptoir de dégustation où vous pourrez découvrir ces vins blancs, rouges ou rosés au goût de terroir si caractéristique.

39 av. de la Tuilerie - Les Moulins à Vent - 03 86 39 10 99 - www.cavespouillysurloire.com - à 348 m.

VICHY

VICHY PRUNELLE

Cette grande confiserie à l'ancienne propose les fameuses pastilles et sucres d'orge de Vichy et des spécialités comme les Perles de la Marquise (noisette grillée enrobée de sucre vanillé ou de chocolat). Découvrez aussi la création maison : la pâte de fruits au vin rouge de St-Pourçain et les chocolats Valery Larbaud et Albert Londres.

36 r. Montaret - 04 70 98 20 02 - www.vichy-prunelle.com - à 29 m.

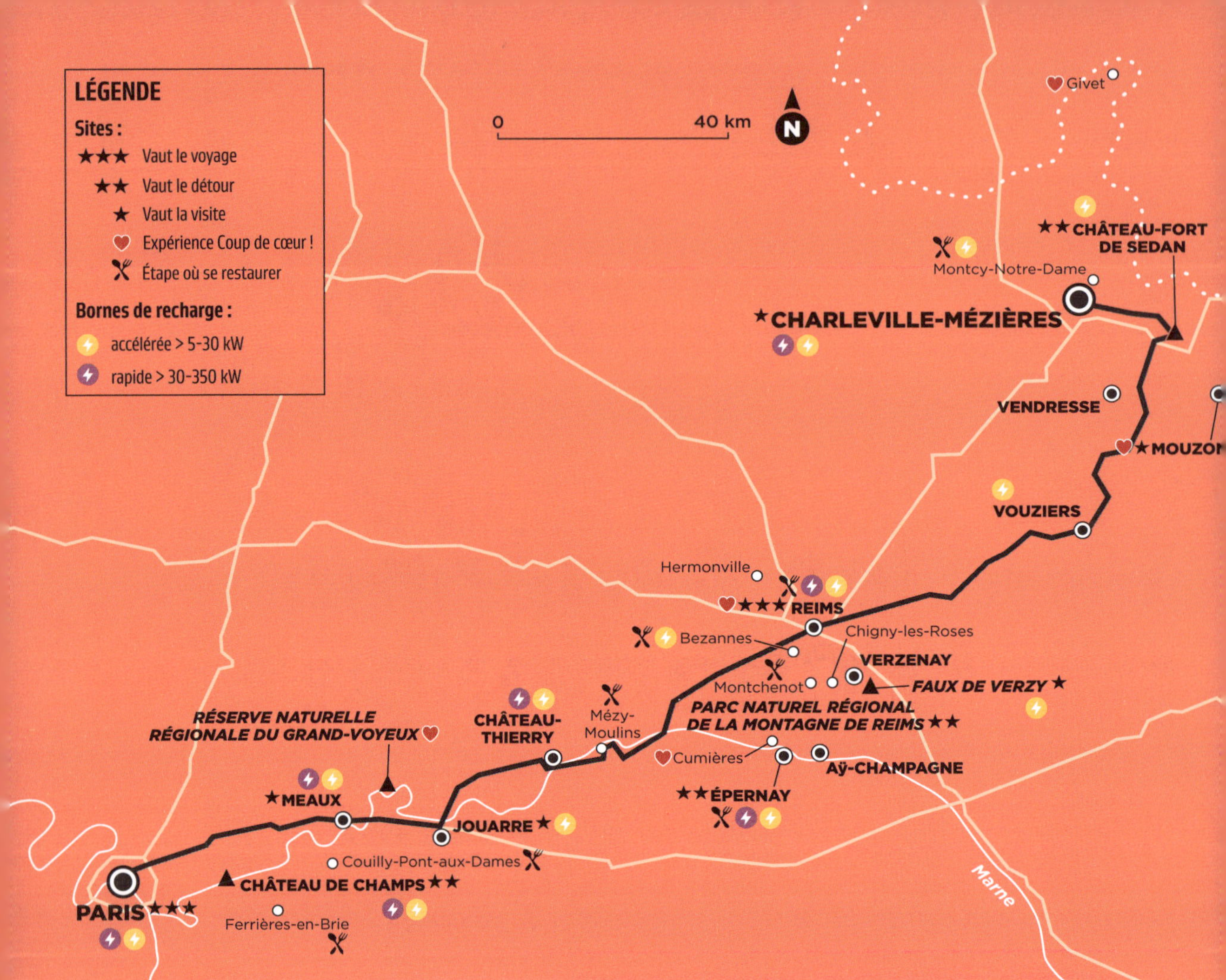

PRINCIPALES BORNES DE RECHARGE :

Champs-sur-Marne :
Carrefour, av. des Pyramides (150 kW)

Meaux :
Leclerc, 101A av. de la Victoire (150 kW)

Château-Thierry :
Lidl, rue de la Prairie (120 kW)

Épernay :
13 quai de Marne (150 kW)

Reims :
2/16 rte de Cernay (300 kW)

Pontfaverger-Moronvilliers :
Le chemin d'Hauvine (320 kW)

Charleville-Mézières :
Centre commercial, 26 r. Paulin-Richier (300 kW)

L'ESSENTIEL ÉLECTRIQUE

En Île-de-France, les stations de charge rapide (entre 150 et 300 kW) sont fréquentes et régulières, tout comme autour d'Épernay et Reims. Elles sont en revanche inexistantes dans les villages de la montagne de Reims et rares sur la route menant à Sedan et Charleville-Mézières. À mi-chemin, Pontfaverger-Moronvilliers est équipée d'une borne puissante qui peut bien dépanner car la prochaine sera située 5 km au sud du centre de Charleville-Mézières.

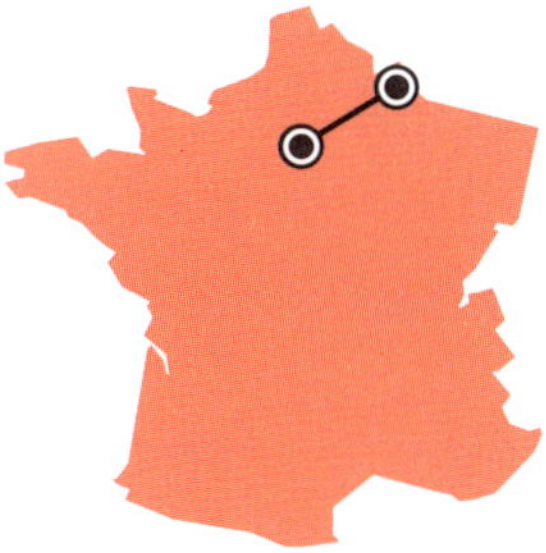

DISTANCE : 350 km
DURÉE : 4 jours
DÉPART : Paris
ARRIVÉE : Charleville-Mézières

PRINCIPALES ÉTAPES :
Meaux
Épernay
Reims
Sedan

PARIS
CHARLEVILLE-MÉZIÈRES

Vers les Ardennes par la Champagne

Trois grandes thématiques et quelques pépites rythmeront ce voyage à destination des Ardennes, département frontalier avec la Belgique et marqué par la Grande Guerre. En témoignent notamment le musée de Meaux, le château fort de Sedan et la ville Art déco de Reims. Cette dernière se tient, avec Épernay, au cœur du vignoble champenois dont la réputation a fait le tour du monde. Enfin, guidé par les méandres de la Marne puis par le vallon de la Bar et la vallée de la Meuse, vous découvrirez une nature souvent sauvage où lacs, étangs et forêts servent de sanctuaire à une faune abondante.

Côté saveurs…

La Champagne est une région gourmande car outre ses caves mondialement connues, vous y dégusterez les biscuits roses de Reims, à savourer avec les bulles de champagne, ainsi que truffes, jambon, moutarde et vinaigre. N'oublions pas au passage le fameux brie de Meaux et la charcuterie des Ardennes.

Slowmotiongli/Shutterstock

↑ Biscuits roses de Reims.

LE CENTQUATRE-PARIS.
L. Orteo/hemis.fr

PARIS ★★★

Paris attire les visiteurs du monde entier avec ses musées de renommée mondiale, ses édifices remarquables et sa gastronomie. Elle abrite aussi des lieux plus confidentiels qui se partagent entre animation culturelle de grande qualité et vie intime de quartier.
Voir aussi p. 344 et 382.

CENTQUATRE-PARIS

5 r. Curial - 01 53 35 50 00 - www.104.fr. 39 r. Riquet.

Le Centrequatre fait la part belle à la création et aux arts urbains. Ancien service municipal des pompes funèbres, le bâtiment de 39 000 m² est caractéristique de l'architecture industrielle du 19ᵉ s. On y vient pour les expositions d'art contemporain, les spectacles ou, simplement, pour observer la jeunesse du quartier qui s'adonne au hip-hop, à la capoeira et au football, dans une ambiance bon enfant. Le complexe comprend deux salles de spectacles, 19 ateliers, une librairie, un café, un restaurant et une boutique Emmaüs.

AU FIL DE LA MARNE

La Marne, affluent de la Seine, dessine de belles boucles aux portes de Paris. Vous les remonterez au cœur d'une nature parfois sauvage, en profitant des villes et de leur riche patrimoine gastronomique et historique.

Château et parc de Champs ★★

31 r. de Paris - Champs-sur-Marne - 01 60 05 24 43 - www.chateau-champs-sur-marne.fr. Station de charge à 2 km: centre commercial Carrefour, av. des Pyramides.

Occupé quelques années par Mme de Pompadour, sa plus illustre hôtesse, le château de Champs constitue un modèle d'architecture, de confort et de décoration du 18ᵉ s. Il a même servi de décor pour le tournage des films *Les Liaisons dangereuses* de Stephen Frears et *Marie-Antoinette* de Sofia Coppola. Son salon chinois est particulièrement remarquable avec ses fauteuils recouverts de tapisseries de Beauvais sur le thème des fables de La Fontaine. Son magnifique parc figure au palmarès des chefs-d'œuvre de l'art des jardins français, avec ses parterres, ses bassins et ses bosquets.

Meaux ★

Pl. de l'Hôtel-de-Ville.

Voici trois bonnes raisons de rendre visite à la capitale de la Brie : la cité épiscopale, dont subsistent de beaux vestiges patrimoniaux, fortement marquée par l'empreinte de Bossuet, l'Aigle de Meaux, et le musée de la Grande Guerre, extraordinaire plongée au cœur du conflit, que vous pourrez prolonger par le circuit des champs de bataille à travers la campagne environnante. À cela s'ajoutent les produits du terroir, brie et moutarde, à acheter au marché et à déguster lors d'un pique-nique en bord de Marne ou du canal de l'Ourcq.

Musée de la Grande Guerre ★★

R. Lazare-Ponticelli - Meaux - 01 60 32 14 18 - museedelagrandeguerre.com - 1 r. Jehan-de-Brie, à 655 m.

En pleine campagne, le musée de la Grande Guerre surgit tel un blockhaus au milieu d'un champ de bataille. Le bâtiment a été spécialement conçu pour abriter les 70 000 objets et documents sur le conflit, collectés, pour la plupart, par l'historien Jean-Pierre Verney. Dans un parcours

« Fabrice Pouillon, le champagne en héritage

À la tête des champagnes Pouillon depuis 1999, Fabrice Pouillon a apporté sa touche à cette maison familiale créée par son grand-père Roger en 1947.

Était-ce votre souhait premier de reprendre le domaine familial ?

Au départ non, car j'étais convaincu que mon frère aîné allait prendre la suite de mon père, mais ce métier ne lui a pas plu. De mon côté, après mon bac, je souhaitais poursuivre des études d'ingénieur. Il y a eu une pression familiale pour que je reprenne sinon la maison disparaissait. Aujourd'hui, je ne regrette rien.

Combien d'hectares possédez-vous et où se situent-ils ?

Avec ma femme Élodie, nous avons huit hectares. Cinq sont plantés en pinot noir, deux en chardonnay et un en pinot meunier. Ces huit hectares sont extrêmement morcelés avec une seule parcelle dans la Montagne de Reims et les 44 autres réparties sur Aÿ, Épernay, Avenay, Mutigny, Festigny et Mareuil-sur-Aÿ, ce qui nous offre une diversité de terroirs qui participe à la personnalité de nos champagnes.

Qu'avez-vous apporté sur le domaine après votre père et votre grand-père ?

Nous sommes certifiés en bio et suivons une partie des pratiques empruntées à la biodynamie en accord avec ce que nous avons voulu, c'est-à-dire de nouvelles pratiques culturales centrées sur l'agriculture de conservation, sur le vivant, pour que les raisins aient le goût de leur terroir, et chez nous, ils sont nombreux.

Vous avez une autre particularité qui est d'élever vos champagnes en fûts…

Nous les vinifions et nous les élevons en fûts car nous considérons que le vin a besoin d'un contact avec l'oxygène, ce que l'inox n'offre évidemment pas. Avec les années et les récoltes qui se succèdent, par l'observation et les dégustations, nous obtenons que nos champagnes expriment mieux leur terroir que le cépage.

©DR

Chez Fabrice Pouillon, on élève le champagne en fûts.

Dans votre gamme, vous proposez une Solera. Pouvez-vous nous dire de quoi il s'agit ?

C'est de plus en plus rare. Très peu de maisons en produisent. Le principe, c'est d'additionner dans un même contenant les millésimes les uns après les autres. Dans un foudre de 7500 litres, nous assemblons nos millésimes depuis 25 ans. Une fois par an, nous soutirons un tiers de cet assemblage pour le mettre en bouteilles et nous versons un tiers de la dernière récolte.

Quel lieu autour de chez vous mérite d'être visité ?

Le mont Gruguet, sur les hauteurs de Mareuil-sur-Aÿ. Au sommet, vous avez la statue de la Vierge à l'enfant qui a été élevée en 1946. Ce lieu offre une vue à 360° sur les coteaux champenois et la vallée de la Marne. »

Solera, un assemblage des plus rares. ©DR

Champagne Pouillon -
17 r. d'Aÿ - Mareuil-sur-Aÿ -
51160 AŸ-CHAMPAGNE
03 26 52 63 62
champagne-pouillon.com

Réserve naturelle régionale du Grand-Voyeux.

documenté et interactif, le visiteur peut appréhender l'expérience combattante, voir, entendre et même manipuler certains objets et se mettre en situation. Des reconstitutions de tranchées et d'abris français ou allemands alternent avec la présentation d'engins, comme des aéronefs, un taxi parisien et un camion colombophile.

Promenade ornithologique dans la réserve du Grand-Voyeux ♥

Congis-sur-Thérouanne - ✆ 01 83 65 39 00 - maisondugrandvoyeux.fr - r. de la Poste.

La réserve naturelle du Grand-Voyeux est un site exceptionnel en Île-de-France. Composé d'étangs, de mares et de roselières, il rassemble en effet plus de 200 espèces d'oiseaux, certaines très rares dans la région, comme le busard des roseaux. Vous y accéderez avec un guide au départ de la Maison de la réserve, où vous sera remis du matériel d'observation. Évoluez ensuite sur le sentier pédagogique, d'observatoire en observatoire, accompagné par le chant des grenouilles et des crapauds et par le vol des libellules...

Crypte mérovingienne de Jouarre ★

Pl. St-Paul - ✆ 01 60 03 88 09 - www.coulommierspaysdebrie-tourisme.fr - pl. Auguste-Tinchant, à 107 m.

La crypte de Jouarre abrite l'une des plus anciennes sculptures d'un Christ tétramorphe, mais aussi deux très anciennes chapelles reliées entre elles au 17e s. Nécropole de la famille des fondateurs, la chapelle St-Paul date du 7e s. Elle est l'un des monuments religieux les plus anciens de France. S'y trouve le tombeau de saint Agilbert, le plus beau, et celui de sainte Telchide. Dans la chapelle St-Ébrégésile, les chapiteaux sont aussi d'époque mérovingienne tout comme le sarcophage du saint éponyme. Une visite archéologique du plus grand intérêt !

Château-Thierry

Pl. des États-Unis.

Nichée au cœur du vignoble champenois de la vallée de la Marne, Château-Thierry est une terre de mémoire : elle conserve le souvenir de l'une des plus grandes places fortes de France au Moyen Âge ; celui d'un homme illustre, Jean de La Fontaine, qui y vit le jour en 1621 et y passa une grande partie de sa vie, proche de la nature si inspirante ; et, enfin, celui des lieux historiques de la Grande Guerre.

PARC NATUREL RÉGIONAL DE LA MONTAGNE DE REIMS ★★

La Montagne de Reims regroupe une diversité de paysages exceptionnels, où alternent forêts, vignobles et terres cultivées, le tout ponctué de 68 villages aussi soigneusement entretenus que les vignes qui les entourent. Le champagne sera le fil effervescent de cette aventure.

Les caves de champagne d'Épernay ★★

18 pl. Léon-Bourgeois.

Les prestigieuses maisons de champagne, dont certaines remontent au 18e s., s'alignent sur l'avenue de Champagne, longue de 1 km. Eh oui, ne cherchez plus, vous y êtes : Moët & Chandon, Mercier... Ces grands noms sont à Épernay. Leurs caves, ouvertes à la visite, occupent 100 km de galeries creusées dans le sous-sol de craie et abritent des millions de bouteilles ! Signalée par ses hautes cheminées torsadées rouges et blanches, l'élégante demeure qui sert d'écrin au musée du Vin borde également cette célèbre avenue.

Verzenay

Pas de borne.

Ce bourg vigneron, au coteau renommé, est dominé par un moulin à vent (1818), actuellement propriété de la maison de champagne Mumm. Autre curiosité, un phare, bâti en 1909 et transformé en musée de la Vigne. Outre un exceptionnel panorama à 360° sur les vignes, les villages, une ville et une cathédrale, il présente le vignoble grâce à une exposition très bien conçue, faisant largement appel aux techniques audiovisuelles.

Art4stock/Shutterstock

Cave de champagne à Épernay.

Faux de Verzy ★

30 r. Chanzy à Verzy.

Cette forêt d'exception est peuplée d'un millier d'arbres incroyables : les faux, variété de hêtres aux rameaux et branches tortueux, que l'on appelle aussi les tortillards. Ces arbres sont sans doute les derniers témoins d'une variété qui a disparu peu à peu dans le reste de l'Europe. Partez à leur découverte au fil d'un parcours fléché d'1h-1h30, ponctué de panneaux. Vous pouvez aussi télécharger l'application de l'ONF « En forêt de Verzy ».

Davidf/Getty Images Plus

Détail de la cathédrale de Reims.

Cours de photo dans le vignoble ♥

Cumières - ✆ 03 26 52 09 42 - clic-et-plume.com. Pas de borne.

Voici une façon originale d'aborder le vignoble de champagne ! Muni de votre appareil reflex ou de votre smartphone, vous suivez Carine à travers les rangs de vignes et le long des sentiers qu'elle connaît parfaitement, car elle est originaire de ce beau pays. Vous apprendrez à le photographier sous son meilleur angle. Pas besoin d'être expert. Au contraire, Carine vous fournira de précieux conseils à mettre en pratique pendant la demi-journée que dure cette sortie. Au final, vous rapporterez des souvenirs de vacances dignes d'un vrai professionnel !

Aÿ Pressoria

11 bd Pierre-Cheval - Aÿ-Champagne - ✆ 03 26 77 98 77 - pressoria.com - 2 pl. du Jard, à 678 m.

Pressoria a pris place dans l'ancien bâtiment de pressurage de la maison Pommery, datant de 1902. Grâce à de nombreuses installations audiovisuelles, olfactives et interactives, il propose une immersion totale dans le monde du champagne avec une approche originale. Vous y suivrez en effet toutes les étapes de l'élaboration de ce nectar pétillant, de la terre au verre, en faisant appel à vos cinq sens. « Observez, touchez, sentez, écoutez et dégustez... » Une expérience complète pour bien comprendre ce qui fait la particularité de ce breuvage célèbre dans le monde entier.

REIMS ★★★

Des pierres et des bulles ! Ville des sacres et du champagne, Reims jouit d'une renommée internationale. Mais la ville est aussi remarquable pour son patrimoine Art déco, dont fait partie la villa Demoiselle, un chef-d'œuvre à découvrir sans faute, tout comme la cathédrale Notre-Dame.

Parking CPA Erlon, 93-71 pl. Drouet-d'Erlon.

Cathédrale Notre-Dame ★★★ et palais du Tau ★★

Pl. du Card.-Luçon - ✆ 03 26 47 55 34 - www.cathedrale-reims.fr - ✆ 03 26 47 81 79 - www.palais-du-tau.fr.

Lieu du sacre des rois de France, classée au Patrimoine mondial de l'Unesco, la cathédrale est remarquable tant par ses dimensions que par sa riche et monumentale statuaire. À l'intérieur, le revers de la façade est unique dans l'histoire de l'architecture gothique. Le mur est en effet creusé de niches dans lesquelles ont été sculptées des statues et une luxuriante décoration florale. À voir aussi, les vitraux dont certains sont dus à Chagall. Juste à côté, le palais du Tau accueillait le roi et sa suite lors du sacre. Il est aujourd'hui en cours de réaménagement en vue d'accueillir un musée consacré justement aux sacres des rois de France (ouverture 2025).

Promenade sur le thème de l'Art déco ♥

Office de tourisme - ✆ 03 26 77 45 00 - www.reims-tourisme.com.

Détruite à 80 % pendant la Grande Guerre, Reims s'est reconstruite en un temps record, entre les années 1920 et 1930. Son architecture est un superbe témoignage des courants artistiques et des matériaux en usage à l'époque. En autonomie ou avec l'office de tourisme, découvrez la ville et son esthétique épurée. Outre la villa Demoiselle, jetez un coup d'œil aux façades de l'hôtel de la Mutualité, de la bibliothèque Carnegie, des halles du Boulingrin, de l'immeuble Kodak... dont les bas-reliefs, les ferronneries, les vitraux et les mosaïques composent un magnifique profil urbain.

Caves de champagne ★★

Depuis 2015, les « Coteaux, Maisons et Caves de Champagne » sont inscrits sur la liste du Patrimoine mondial de l'Unesco. Profondes et étendues (120 km de galeries), les caves de Reims jouissent d'une réputation mondiale. Les grands établissements se groupent sur les pentes crayeuses de la butte St-Nicaise, trouée de galeries dites « crayères », souvent gallo-romaines, et dans le quartier du Champ-de-Mars. Leurs noms vous sont bien familiers – Vranken-Pommery, Ruinart, Taittinger, Mumm... – mais la visite des caves et des domaines réserve toujours bien des surprises.

B. Rieger/hemis.fr

ⓘ La cheminée monumentale Majorelle de la villa Demoiselle à Reims.

LES ARDENNES

Les Ardennes forment une sorte de triangle à la frontière avec la Belgique. Leurs paysages de collines boisées et de nature sauvage cachent des petites cités, à la fois austères et charmantes, souvent dotées d'édifices fortifiés, témoins d'une histoire douloureuse.

Vouziers

25 r. du Champ-de-Foire.

Cette petite ville baignée par l'Aisne est le centre de l'Argonne ardennaise. Au 16e s., elle devait sa prospérité à une importante foire créée par François Ier. Son église est dédiée à saint Maurille, archevêque de Reims né en Italie en 336, que l'on invoquait pour les

Moment intense

Entre campagne et vignobles ★★★

La D 402 relie La Ferté-sous-Jouarre à Dormans et traverse une jolie campagne bucolique et verdoyante parsemée de collines arborées et de beaux panoramas sur la Marne.

Changement de décor sur la Montagne de Reims où alternent forêts, vignobles et terres cultivées. Il faut s'échapper des axes principaux pour découvrir les petits villages bien entretenus.

Enfin, entre Vouziers et Sedan, s'étendent les Crêtes préardennaises où la Bar trace discrètement sa voie dans un paysage de courbes et de prairies. Cette campagne évoque le souvenir de Rimbaud et de Verlaine.

maladies des enfants. Des milliers de guérisons lui furent attribuées et, au 12e s., naquit un pèlerinage qui se prolongea jusqu'en 1967. Le sanctuaire s'ouvre par un triple portail Renaissance richement décoré, l'amorce d'une église nouvelle dont la construction fut interrompue par les guerres de Religion.

Vendresse

Vendresse fut le berceau de la métallurgie ardennaise. Le minerai de fer était extrait à Villers-le-Tilleul, village situé 8 km au nord-ouest. Reconstruit en 1816, son haut-fourneau produisait un millier de tonnes de fonte par an. Après la guerre de 1870, la concurrence lorraine entraîna le déclin du site, qui fonctionna néanmoins jusqu'en 1966. Un parcours son et lumière le remet en fonction virtuellement et une exposition retrace l'histoire de la fonderie dans les Ardennes à partir du 15e s.

Château fort de Sedan ★★

Cour du Château - ✆ 03 24 29 98 80 - www.chateau-fort-sedan.fr.
3 pl. Turenne.

G. Gerault/hemis.fr

Sur les bords de Meuse à Monthermé.

Pour les armées françaises, Sedan et sa région ont souvent été synonymes de drames militaires; pourtant, aucune ville d'Europe ne possède de château fort plus vaste! Couvrant 35 000 m² sur 7 niveaux, cette énorme et puissante forteresse repose sur un éperon rocheux et pouvait contenir 4 000 hommes de troupe. C'est l'un des premiers exemples d'architecture bastionnée en France. Pendant cinq siècles, ce château conserva son rôle de position stratégique, entre France et Saint Empire romain germanique, Prusse et Allemagne : on ne cessa donc de renforcer ses défenses, en épaississant ses murailles sans jamais rien détruire des constructions préexistantes.

Charleville-Mézières ★

Pl. Jacques-Félix.

Charleville et Mézières sont désormais réunies et ont toutes deux conservé leur identité et le souvenir de leur riche passé: Charleville déploie ses rues commerçantes et ses maisons anciennes autour de l'harmonieuse place Ducale, l'une des plus belles places d'Europe dans le style Louis XIII. Mézières, son aînée, concentre, quant à elle, ses façades Art déco et ses remparts du 13e s. au cœur d'un large méandre du fleuve.

Sur les traces d'Arthur Rimbaud

Livret disponible à l'office de tourisme : 24 pl. Ducale - Charleville-Mézières - ✆ 03 24 55 69 90 - www.charleville-sedan-tourisme.fr.

Comme un bateau ivre, le souvenir d'Arthur Rimbaud, né ici en 1854, flotte dans Charleville. Sur les murs de maison ou d'immeubles, d'immenses fresques réalisées par des *street artists* illustrent ses textes et donnent l'occasion d'une agréable promenade. La première, *Voyelles*, fut exécutée en 2015, rue de l'Église. En bordure de la Meuse, l'ancien moulin ducal a été transformé en musée Arthur Rimbaud. Il vous embarque, corps et sens, dans l'univers de ce poète-explorateur maudit. L'expérience se poursuit vers la maison des Ailleurs, demeure du 19e s. située en face du musée, au n° 7, où vécut Rimbaud entre 15 et 21 ans.

Les arts de la marionnette à Charleville-Mézières

Considérée comme la capitale mondiale des arts de la marionnette, Charleville-Mézières accueille un pôle de recherche où sont proposées des rencontres artistiques, une école nationale supérieure et, bientôt, un musée pour valoriser les collections aujourd'hui exposées dans le musée de l'Ardenne. Côté spectacle, deux festivals se déroulent en alternance chaque année et permettent à chacun d'apprécier cet art qui témoigne d'une créativité inouïe, à la croisée du théâtre, des arts plastiques, de la danse, du cirque, du mime et des arts numériques. Réservez vos dates !

Coup de pédale sur la trans-Ardennes ♥

www.voiesvertes.com/htm/departement08.htm. Location.

De Mouzon jusqu'à Givet, en passant par Charleville-Mézières, la Voie verte trans-Ardennes suit la Meuse sur 130 km. Partez à vélo électrique, un après-midi ou plusieurs jours, à la découverte des paysages toujours changeants qui défilent le long de la voie : forêts et prairies, rivières et étangs, charmants villages et châteaux fortifiés... N'oubliez pas de vous arrêter pour déguster quelques spécialités locales, telles que le boudin blanc de Rethel, le jambon ou la dinde rouge des Ardennes.

Ⓥ Place Ducale, Charleville-Mézières.

R. Soberka/hemis.fr

CARNET DE ROUTE

SE RÉGALER

FERRIÈRES-EN-BRIE

LE BARON

Le Baron est le restaurant gastronomique du château de Ferrières, situé au sein même de l'ancienne demeure des Rothschild, devenu une école hôtelière de prestige. On goûte ici à une cuisine appliquée sur des bases classiques affirmées, dans un cadre somptueux et unique.

R. du Château - ✆ 01 81 16 27 78 - www.lebaron-restaurant.fr - à 500 m.

COUILLY-PONT-AUX-DAMES

AUBERGE DE LA BRIE ✿

La coquette maison, qui porte fièrement son étoile depuis plus de 30 ans, a plus d'une corde à son arc : son cadre classique et lumineux (la salle donne sur le jardin), sa cuisine actuelle et l'accueil tout sourire de Céline, l'épouse du chef Alain Pavard. Ce dernier séduit avec de beaux produits et des saveurs précises : tartare de daurade royale, avocat et mangue ; filet de turbot, velouté de crustacés et piment fumé ; canon d'agneau rôti, houmous, patate douce et jus aux épices.

14 av. Alphonse-Boulingre - ✆ 01 64 63 51 80 - www.aubergedelabrie.net - à 440 m.

MÉZY-MOULINS

LE MOULIN BABET

Cet ancien moulin à eau tout en pierre (19e s.) profite du seul voisinage de la verdure et du Surmelin, affluent de la Marne. L'intérieur donne dans le moderne et l'épure, avec plafond en bois clair et fauteuils de designers ; la cuisine de tradition prend des accents bucoliques. Et dans les chambres, pas un bruit...

8 r. du Moulin-Babet - ✆ 03 23 71 44 72 - www.lemoulinbabet.com - à 400 m.

ÉPERNAY

SYMBIOSE

Une cuisine moderne aux équilibres maîtrisés, avec des touches créatives et un goût pour les épices, sans oublier des présentations soignées : voici ce que vous réserve Symbiose ! Le couple aux commandes sait où il va, et le plaisir est là.

5 r. de Reims - ✆ 03 26 54 75 20 - www.symbiose-restaurant.com - à 100 m.

MONTCHENOT

LE GRAND CERF ✿

Cette auberge imposante affiche sans ambages son style cossu... L'élégante salle à manger de bois clair, à l'ambiance romantique, compose un écrin parfait pour une belle cuisine classique. Elle est signée du chef Dominique Giraudeau (qui a longtemps brillé dans les cuisines de Gérard Boyer aux Crayères) et son associé Pascal Champion, et met en valeur des produits nobles, du saint-pierre au veau de lait fermier, en passant par le gibier, le homard et la truffe.

50 rte Nationale - ✆ 03 26 97 60 07 - www.le-grand-cerf.fr

BEZANNES

BOUCHE B

On retrouve ici le chef Thibault Laplaige (ex-étoilé à Reims), situé sur la « Place Gourmande » de cette localité proche de Reims. Il concocte une cuisine moderne bien ficelée à base de jolis produits, à l'image de ce tartare de St-Jacques et fenouil, vinaigrette au soja ou du paleron Black Angus, jus au pommeau et embeurré de chou vert. Bouche B comme Bon !

9 r. Jean-Dausset - ✆ 03 26 35 19 37 - www.restaurant-bouche-b.fr - à 90 m.

REIMS

RACINE ✿✿

Le cadre contemporain épuré est en parfaite harmonie avec la cuisine de Kazuyuki Tanaka, chef japonais, ancien second de Régis Marcon. Il cisèle d'élégantes recettes créatives aux saveurs et influences multiples, et utilise avec malice herbes aromatiques, légumes, plantes, condiments... On se laisse surprendre par chaque assiette, tant par la qualité des ingrédients que par leur maîtrise technique et leur esthétique. Très belle carte des vins, avec notamment 250 références de champagnes.

6 pl. Godinot - ✆ 03 26 35 16 95 - www.racine.re - à 230 m.

MONTCY-NOTRE-DAME

L'AUBERGE DU LAMINAK ☺

Dans cette charmante auberge en lisière de forêt, le Pays basque – origine du chef – rencontre les beaux produits des Ardennes. Résultat, des recettes savoureuses, maîtrisées, tel cet œuf parfait, piperade et jambon basque.

Rte de Nouzonville - ✆ 03 24 33 37 55.

SE LOGER

CHIGNY-LES-ROSES

COTTAGE ANTOINETTE

Antoinette et Marco proposent trois cottages en duplex, avec vue sur le vignoble de champagne. Très confortables et peu énergivores, ils ont été fabriqués sur pilotis et en bois par des artisans locaux. Grande terrasse privative. Accès au jacuzzi inclus. Paniers petit-déjeuner et repas sur réservation.

6 allée Frédéric-Chopin - ✆ 07 50 58 15 17 - cottagesantoinette.com

REIMS

LA CASERNE CHANZY

Une caserne, cet édifice Art déco au teint blond ? Oui, mais occupée désormais par le seul hôtel de luxe de la ville.

La plupart des chambres et suites donnent sur la majestueuse cathédrale. À l'intérieur, en revanche, elles sont purement contemporaines, avec leur nuancier champagne, leurs matières nobles et leurs équipements ultramodernes. Dans les étages, les suites sont remarquables pour leur vue et leur taille généreuse.

18 r. Tronsson-Ducoudray - ✆ 03 26 83 18 18 - www.lacasernechanzy.com - à 250 m.

SEDAN

HÔTEL LE CHÂTEAU FORT DE SEDAN

L'énorme et puissante forteresse des princes de Sedan abrite une cinquantaine de chambres qui donnent sur la cour du château ou sur la ville. La décoration de certaines d'entre elles, qui ont conservé quelques murs en pierres apparentes, évoque la vie à la cour. Les autres ont adopté un style beaucoup plus contemporain. Idéal pour un séjour au cœur de Sedan.

Porte des Princes - ✆ 03 24 26 11 00 - www.hotel-lechateaufort.fr - à 140 m.

ICI ET PAS AILLEURS

PARIS

ROSA BONHEUR SUR SEINE

Petit frère du fameux Rosa Bonheur des Buttes-Chaumont, ce bar-péniche se révèle non moins accueillant. Le pont du navire se transforme en *dancefloor* à la tombée de la nuit. Tapas goûteuses et vue magnifique sur la Seine, face au Grand Palais.

37 quai d'Orsay - ✆ 01 47 53 66 92 - www.rosabonheur.fr - à 234 m.

AŸ-CHAMPAGNE

ÉCOLE DES VINS DE CHAMPAGNE

Dégustation commentée de 3 à 4 champagnes selon l'option choisie pour découvrir la spécificité de ces assemblages. Présentation du terroir.

15 r. Jeanson - Villa Bissinger - ✆ 03 26 55 78 79 - www.villabissinger.com - à 577 m.

ÉPERNAY

CHAMPAGNE LECLERC BRIANT

La boutique, au décor chic et raffiné, permet de découvrir l'ensemble des cuvées de cette maison, qui a choisi la biodynamie depuis longtemps. Peu ou pas dosés, ses champagnes s'expriment avec une verticalité remarquable. Aux beaux jours, la terrasse arborée offre un bel écrin à la dégustation. Dispose également de chambres d'hôte.

25 bis av. de Champagne - ✆ 03 26 56 40 70 - www.le25bis.com - à 54 m.

REIMS

BISCUIT FOSSIER

Fondée en 1756, la biscuiterie Fossier est une véritable institution et la dernière maison à produire les fameux biscuits roses de Reims à la texture mi-dure, mi-friable. Une visite s'impose... à la boutique du cours Langlet, ou à l'usine (sur réserv. lun.-vend.).

25 cours J.-B.-Langlet - ✆ 03 26 47 59 84 - www.fossier.fr - à 111 m.

ATELIER SIMON-MARQ

Fondé en 1640, c'est le plus ancien établissement de création de vitraux français encore en activité. La visite, passionnante, laisse voir les artistes à l'ouvrage et permet de comprendre leur travail, qui nécessite autant de minutie que de patience. Elle se poursuit dans la plus grande bibliothèque des verres en atelier de France.

48 r. E.-Renan - ✆ 03 52 74 00 11 -www.ateliersimonmarq.com. - à 233 m.

Richard Haughton/Racine

Restaurant Racine à Reims.

HERMONVILLE

TONNELLERIE DE CHAMPAGNE

Cette maison crée et entretient des fûts et des foudres de vinification des vins de champagne, dont les douelles sont réalisées en bois de chêne. Elle ouvre ses portes à la visite, qui peut aussi inclure une dégustation de champagne et une mise en pratique.

La Vauvarée - ✆ 03 26 61 57 58 - tonnellerie-artisanale.com.

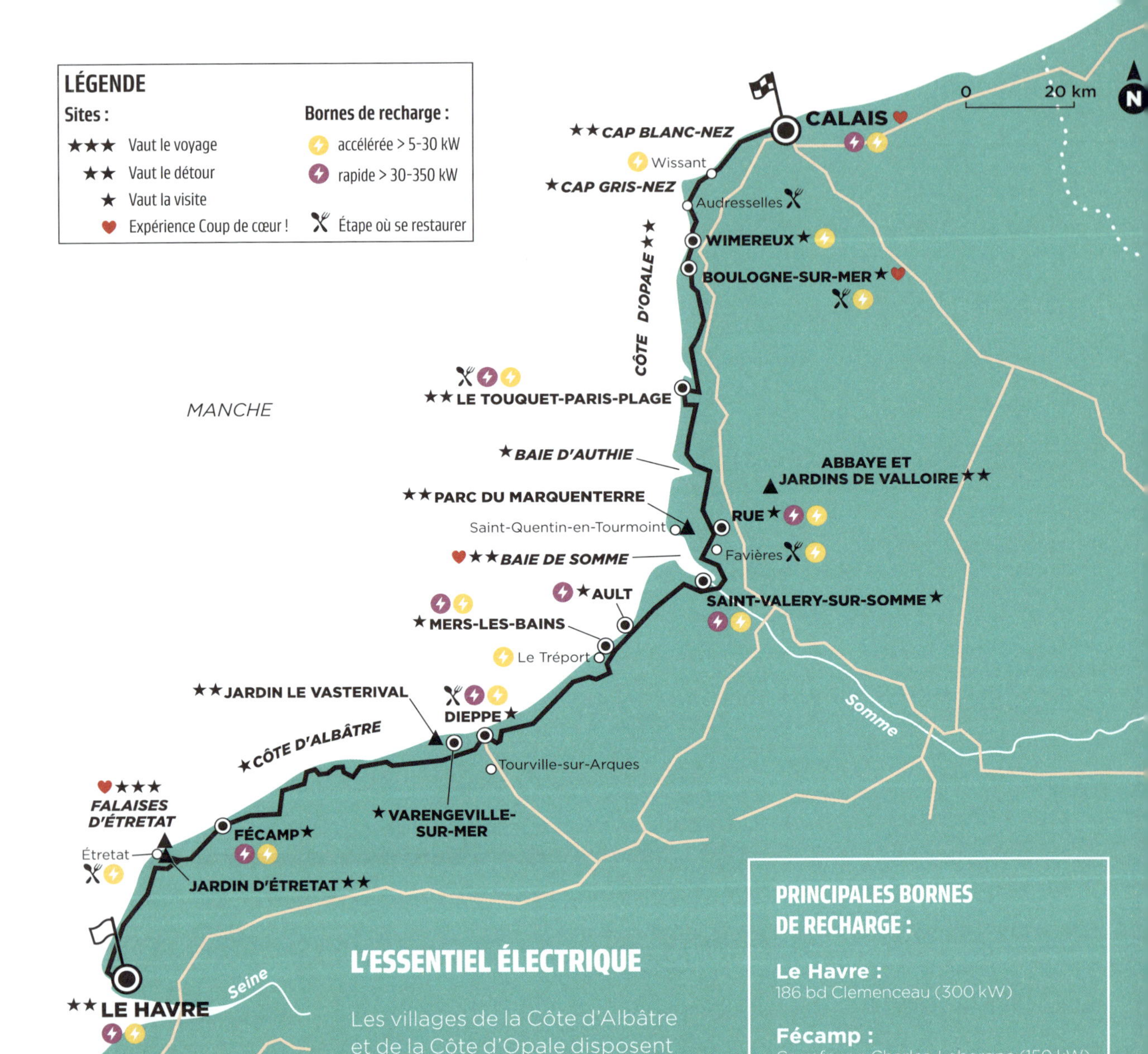

L'ESSENTIEL ÉLECTRIQUE

Les villages de la Côte d'Albâtre et de la Côte d'Opale disposent souvent d'une borne de charge de 22 kW, hormis entre Fécamp et Dieppe où les bornes sont très rares. Le Tréport et Ault sont équipés de bornes 50 kW. Dans les principales étapes de l'itinéraire, vous trouverez au moins une station de charge puissante, voire en nombre important autour de Berck-sur-Mer, Le Touquet et Calais. En revanche, pas de bornes au-delà de 22 kW à Boulogne-sur-Mer ; il faudra vous rendre à St-Martin-Boulogne, r. du Mont-Joie, pour trouver une borne de 160 kW.

PRINCIPALES BORNES DE RECHARGE :

Le Havre :
186 bd Clemenceau (300 kW)

Fécamp :
Carrefour, r. Charles-Leborgne (150 kW)

Dieppe :
Station-service, av. des Canadiens (300 kW)

St-Valery-sur-Somme :
McDonald's, r. Cavée-Lévêque (150 kW)

Berck-sur-Mer :
Supermarché, 940 av. de Verdun (150 kW)

Le Touquet-Paris-Plage :
317 av. de l'Hippodrome (390 kW)

Calais :
Burger king, 124 av. Antoine-de-St-Exupéry (300 kW)

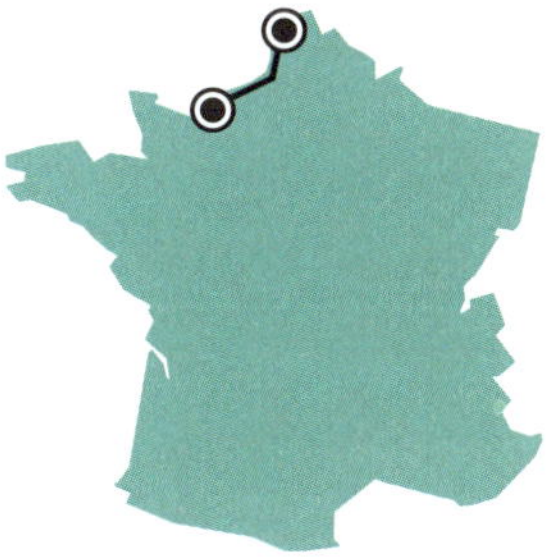

DISTANCE : 320 km
DURÉE : 3 jours
DÉPART : Le Havre
ARRIVÉE : Calais

PRINCIPALES ÉTAPES :
Étretat
Dieppe
Ault
Le Touquet-Paris-Plage
Boulogne-sur-Mer

LE HAVRE
CALAIS

Côtes d'Albâtre et d'Opale

L'itinéraire longe la Côte d'Albâtre puis la Côte d'Opale. La première, renommée pour ses falaises de craie, notamment celles d'Étretat, la seconde pour ses longues plages de sable où se pratique le char à voile, sont interrompues par la belle baie de Somme et parsemées de splendides jardins. Côté urbanisme, les grandes villes, en partie détruites pendant la Seconde Guerre mondiale, affichent désormais une architecture du 20e s., classée parfois à l'Unesco, tandis que les petits villages de bord de mer ont conservé nombre de villas éclectiques de la fin du 19e s. et du début du 20e s.

Côté saveurs

Les produits maritimes viennent en tête, avec les fruits de mer et les poissons que l'on retrouve notamment dans la marmite dieppoise ou honfleuroise, cuits avec aromates, crème, beurre, cidre… Pour le dessert, la tarte normande, aux pommes, et la tarte au sucre sont régulièrement proposées à la carte.

DEBOVE SOPHIE/Getty Images Plus

Côte d'Opale.

(↑) L'église St-Joseph, par Auguste Perret : la tour clocher vue de la nef.
eyewave/Getty Images Plus

LE HAVRE ★★

Installé au bord du spectaculaire estuaire de la Seine, enjambé par le pont de Normandie, Le Havre est une ville en pleine mutation. Les anciens quartiers populaires se cherchent un avenir, tandis que son immense port demeure l'un des tout premiers au niveau national et européen.

Pl. du Chillou (150 kW).

Église St-Joseph ★★★

Bd François-Ier.

Exemple remarquable d'urbanisme d'après-guerre, le centre-ville du Havre, reconstruit par Auguste Perret, est inscrit au Patrimoine de l'Unesco. Il ménage de grandes perspectives, que rythment de vastes ensembles d'habitations aux lignes horizontales, parfois rompues par d'audacieux monuments qui jaillissent à la verticale, comme l'hôtel de ville et l'église St-Joseph. Ce sanctuaire est le fruit de la collaboration d'Auguste Perret et de Marguerite Huré, artiste verrier, qui joua la partition de la lumière naturelle grâce aux 12 700 verres colorés qui animent la façade et le clocher.

Musée d'Art moderne André-Malraux (MuMa) ★★

2 bd Clemenceau - 02 35 19 62 62 - www.muma-lehavre.fr.

Ce musée rassemble la plus riche collection d'œuvres impressionnistes de province grâce à la donation d'Hélène Senn-Foulds, venue enrichir un fonds déjà important de toiles fauves et impressionnistes. Vous verrez donc des peintures de Monet, Dubuffet, Friesz, Dufy, Braque… qui sont nés au Havre ou y ont vécu, mais aussi de Renoir, Pissarro, Sisley, Degas, Courbet, Corot… exposées dans un bâtiment très lumineux, repérable à la monumentale sculpture en béton d'Henri-Georges Adam, *Le Signal*, située juste devant.

CÔTE D'ALBÂTRE ★

Avec ses falaises de craie blanche, cette côte porte bien son nom ! On les admire, perché, le visage battu par le vent, le long des plages de galets des charmantes stations balnéaires ou à marée basse depuis les valleuses qui les entaillent. Les plus célèbres, mais les plus fréquentées, sont celles d'Étretat.

À la rame au pied des falaises d'Étretat ♥

Natterra - pl. Maurice-Guillard - Étretat - 06 82 77 87 55 - www.natterra.fr - sur place.

En canoë, en kayak ou en paddle, accompagné ou en totale liberté, vous profitez d'une mer calme pour vous rendre au pied des falaises d'Étretat. Pas de meilleur point de vue ! Vous récupérez votre embarcation sur la plage d'Étretat puis naviguez le long des falaises et de l'Arche, jusqu'à la plage du Tilleul, située au débouché de la belle valleuse d'Antifer. N'oubliez pas votre appareil photo, ces superbes murailles crayeuses ont aussi inspiré des peintres de talent.

(↓) Étretat, l'Arche et l'Aiguille.

F. Cormon/hemis.fr

V. Prevost/hemis.fr/© Niemeyer Oscar/Adagp, Paris, 2025

Le Petit Volcan, bibliothèque et médiathèque, œuvre de l'architecte Oscar Niemeyer.

Le Havre, laboratoire vivant de l'architecture

À l'aune des siècles, Le Havre s'impose comme une ville toujours nouvelle, qui ne cesse de se réinventer. Une cité vivante, à l'image de son grand port transatlantique, qui invite à une promenade à la découverte de l'avant-garde architecturale.

Une naissance sous de royaux auspices

Le 7 février 1517, François Ier fait rechercher un endroit propice à un havre, en remplacement du port de Harfleur trop envasé ; le 8 octobre, il signe la charte de fondation de la ville à laquelle il accorde l'emblématique salamandre pour son blason. Le Havre-de-Grâce est né. Le roi confiera même le soin de diriger la construction du quartier St-François à l'Italien Bellarmato, selon un moderne plan en damier. De la Renaissance, il ne reste guère à visiter que la cathédrale, relativement épargnée par les bombardements. Et des siècles suivants, quelques curiosités, comme l'exceptionnelle maison de l'Armateur (fin 18e s.) construite sur cinq niveaux de plan circulaire agencés autour d'un puits de lumière.

Auguste Perret, ou l'invention d'une ville

En septembre 1944, Paris est libéré, mais Le Havre toujours occupé. Du 5 au 13, le pilonnage aérien allié est effroyable : la ville reçoit près de 10000 t de bombes qui la détruisent à près de 80 %. Après 2 années de déblaiements, en 1947, Auguste Perret (1874-1954), nommé architecte en chef de la reconstruction de la ville, entame les travaux qui vont durer 20 ans. Sur 133 ha, le chantre du béton et de la fonctionnalité esthétique, et ses collaborateurs, bâtissent une cité moderne ordonnée sur un plan hippodaméen (en damier). Grands ensembles d'habitation horizontaux (on peut visiter un passionnant appartement témoin) y alternent avec quelques ouvrages emblématiques fusant vers le ciel, comme la tour-lanterne de l'église St-Joseph ou le beffroi de l'hôtel de ville. En 2005, le quartier moderne du Havre, parangon de l'urbanisme d'après-guerre, est inscrit au Patrimoine mondial par l'Unesco.

Quelques successeurs de talent

Au début des années 1980, Oscar Niemeyer, le « père » de la ville de Brasilia, dessine le nouveau bâtiment de la maison de la culture, les Grand et Petit Volcans : deux insolites volumes coniques courbes, en béton blanc, insolites dans cette ville orthogonale. En 2008, c'est Jean Nouvel qui apporte sa touche en construisant les Bains des Docks, un complexe aquatique de 5000 m², immaculé. Depuis 1947, la ville qui n'a cessé d'innover se fait accueillante pour l'architecture d'avant-garde et les œuvres d'art contemporain en plein air.

Office de tourisme - 186 bd Clemenceau - 76600 LE HAVRE - 02 32 74 04 04 - wwwlehavre-etretat-tourisme.com - sur place.

L. Moreau/hemis.fr

Gouttes de pluie de Samuel Salcedo dans les Jardins d'Étretat.

Jardins d'Étretat ★★

Av. Damilaville - 02 35 27 05 76 - www.etretatgarden.fr. Pl. Maurice-Guillard.

Créés par l'architecte paysagiste russe Alexandre Grivko, ces jardins épousent une colline autour d'une jolie villa. Ici, peu de fleurs, mais des topiaires empreintes de poésie. Comme un écho végétal aux falaises crayeuses, la forme des buis, des ifs et des houx taillés évoque vagues, coquillages ou l'arche de la falaise d'Aval. Autre forme d'art, des œuvres, permanentes ou temporaires, sont disposées le long des sentiers. L'un d'eux vous mène à l'extrémité ouest du jardin, qui offre un superbe panorama sur Étretat, la falaise d'Aval et la mer.

Les Pêcheries de Fécamp ★

3 quai Capit.-Jean-Recher - 02 35 28 31 99 - www.ville-fecamp.fr. Quai de la Vicomté.

Les locaux réhabilités de l'ancienne sécherie de morue, bâtie dans les années 1950, accueillent un musée dont la visite débute sur la terrasse sommitale vitrée. Dans cet espace surplombant le port de plaisance, la vue s'étend à 360° sur Fécamp et laisse imaginer l'évolution de la ville. Vous plongez ensuite dans la passionnante aventure des pêcheurs fécampois qui partaient de longs mois dans les eaux glaciales de Terre-Neuve pour rapporter de la morue.

Varengeville-sur-Mer ★

Pas de bornes.

Monet, Pissarro, Braque, Miró, Cocteau, Aragon, Breton, Prévert et tant d'autres sont tombés sous le charme de ce paradis qui s'étire en un site boisé aux maisons cossues. Parmi celles-ci, le manoir d'Ango est une belle demeure Renaissance réalisée au 16e s. par des artistes italiens pour le célèbre armateur Jehan Ango. Fleurs et plantes croissent ici avec une apparente facilité, comme en témoigne le parc floral du Bois des Moutiers, un parc à l'anglaise de 12 ha, planté d'espèces rares et de rhododendrons géants (floraison spectaculaire en mai-juin !).

Dieppe ★

Parking 1 r. Jules-Ferry.

La plage la plus proche de Paris, encadrée de hautes falaises, est la doyenne des stations balnéaires françaises. Son port, où se côtoient infrastructures modernes et vieux quartiers de pêcheurs, est l'un des plus insolites de Normandie. Dès la fin du 14e s., Dieppe forge sa réputation à travers les pérégrinations de ses marins qui rapportent ivoire et épices des comptoirs d'Afrique noire. Ce passé maritime vous est raconté au

Chars à voile à Quend-Plage.

château-musée où sont conservées de magnifiques pièces, notamment une très belle collection d'ivoires.

Mers-les-Bains ★

R. du 4-Septembre (50 kW).

Face au Tréport, Mers doit son charme à son quartier balnéaire doté de villas opulentes. Elles sont plus de 400, construites à la Belle Époque, et forment un bel ensemble architectural. Leur implantation suit un ordre chronologique visible : on trouve près de la falaise les édifices les plus sobres, les plus anciens, tandis que les « folies », plus récentes, courent vers Le Tréport. L'éclectisme règne, et une grande fantaisie, avec une prédominance de l'Art nouveau.

AULT ★

Un « balcon sur la mer » porté par d'impressionnantes falaises de craie balayées par le vent et tapissées de prairies qui dominent des plages tentatrices. Ne cherchez pas plus loin : la station balnéaire d'Ault possède tous ces petits riens qui font que l'on s'y sent vraiment « en vacances ». Son ancien quartier Onival doit sa renommée à la naissance du tourisme balnéaire à la fin du 19e s. Il a conservé quelques villas de maître et beaucoup de façades ornées de céramiques.

Imp. du marché.

BAIE DE SOMME ★★

La baie présente une luminosité parfois irréelle, teintée de rose, d'opale, de gris ou d'or, où ciel et eau se confondent à marée basse. On y côtoie les oiseaux par milliers et les phoques alanguis. On y pratique le char à voile. On se promène nez au vent, en admirant la beauté des paysages et les jolies stations balnéaires.

Sortie naturaliste en baie de Somme ♥

Maison de la Baie de Somme - carrefour du Hourdel - D 3 - 03 22 26 93 93 - www.baiedesomme.fr. Borne la plus proche à la pointe du Hourdel, à 3,5 km.

S'il est dangereux de s'aventurer seul en baie de Somme, la Maison de la baie, intéressante introduction à ce milieu naturel, propose de passionnantes sorties sur le terrain : observation de la colonie de phoques ; évocation du mur de l'Atlantique ; découverte de la flore et de la faune locale, riche de 370 espèces d'oiseaux, des marées, de l'ensablement naturel du site et des activités traditionnelles comme l'élevage de moutons de pré-salé, la pêche embarquée, la pêche à pied et la chasse au gibier d'eau. Un beau programme !

Saint-Valery-sur-Somme, l'embouchure de la Somme dans la baie.

Saint-Valery-sur-Somme ★

Pl. du Jeu de Battoir.

De St-Valery, ville phare de la baie de Somme, on retiendra le quartier des pêcheurs, les ruelles pentues de la cité médiévale, le port et la digue d'où l'on admire le paysage changeant de l'estuaire. La ville ravit les amateurs de patrimoine, les assoiffés de grand air et les gourmets en quête de fruits de mer. Enjolivée par un traditionnel damier de grès et de silex en façade, la chapelle des Marins domine la baie et offre une vue sur les mollières, l'estuaire et le Marquenterre.

Parc du Marquenterre ★★

25 bis chem. des Garennes - St-Quentin-en-Tourmont - 03 22 25 68 99 - parcdumarquenterre.fr. Borne la plus proche à Rue (7,5 km - ci-après).

Étendu sur 200 ha de marais, dunes et roselières, ce parc constitue la partie terrestre de la réserve naturelle de la baie de Somme. Un univers uniquement accessible à pied, où nichent 300 espèces d'oiseaux, et où font escale de nombreux migrateurs. D'un poste de guet à l'autre, on assiste à leur ballet aérien et à d'étranges parades nuptiales. Vous y passerez facilement la journée.

CHAPELLE DU SAINT-ESPRIT À RUE ★★

R. du Colonel-Tétart.

À seulement quelques kilomètres de la côte, Rue est entourée de forêts et de marais. Si sa physionomie a bien changé depuis le Moyen Âge – le recul de la mer a laissé son port à sec –, elle conserve un patrimoine gothique remarquable, notamment son beffroi et la chapelle du St-Esprit, chef-d'œuvre flamboyant. Grâce aux dons des fidèles lors du pèlerinage du crucifix miraculeux (celui-ci se serait échoué sur la grève, en août 1101), l'édifice fut orné d'une fascinante sculpture décorative (15e-16e s.), qui forme une dentelle de pierre d'une rare délicatesse.

ESCAPADE À L'ABBAYE ET AUX JARDINS DE VALLOIRES ★★

Argoules - 03 22 23 53 55 - www.abbaye-valloires.com. 37 Grande-Rue, à 550 m des jardins et de l'abbaye.

Fidèle à la tradition cistercienne, l'abbaye se niche dans un site d'une beauté particulière, entre bois et prairies, au creux du val d'Authie. Réputée pour son église et ses décors baroques, Valloires l'est aussi pour ses jardins dessinés par Gilles Clément. Une composition libre où plus de 5000 variétés de plantes s'associent en archipels selon la teinte de leur feuillage, la subtilité de leur parfum, la présence de fruits ou d'épines...

CÔTE D'OPALE ★★

Encore sauvage, la Côte d'Opale dessine un chapelet de dunes, de vallées crantées et de falaises

escarpées. Les amateurs de sports de glisse, de vent et de rames apprécieront l'offre locale : char à voile sur les longues plages de sable, kitesurf et kayak.

Baie d'Authie ★

Bornes de recharge rapide à Berck-sur-Mer, à 5 km.

Cette baie, protégée dans le cadre du Parc naturel marin des Estuaires picards et de la Mer d'Opale, offre le spectacle d'une colonie d'environ 40 phoques gris et de veaux marins, qui viennent se reposer à marée basse sur les bancs de sable face au club nautique. Plus à l'est, en remontant vers le chenal de l'Authie, on découvre le minuscule port d'échouage de La Madelon où demeurent encore une douzaine de bateaux.

Le Touquet-Paris-Plage ★★

Parking, bd du Dr-Jules-Pouget.

Située entre l'estuaire de la Canche, la Manche et la forêt, l'élégante station a gardé un charme désuet. Les villas rétros s'égrènent sous les pinèdes au milieu de pelouses fleuries cernées de haies impeccables, faisant vite oublier les immeubles du front de mer. Le Touquet révèle son dynamisme à travers un programme varié d'expositions, d'activités sportives, de concerts ou de courses hippiques en toute saison. Rançon du succès : en été, la population est multipliée par 50, passant de 4200 à plus de 210000 habitants !

BOULOGNE-SUR-MER ★

Le premier port de pêche français possède un long passé dont témoignent la ville haute et l'impressionnante crypte de la basilique.

9 pl. Frédéric-Sauvage.

GlobalP/Getty Images Plus

Le Touquet, le chemin des dunes.

La ville fortifiée ★★

Dominée par la basilique Notre-Dame, la ville fortifiée occupe le site du *castrum* romain. En été, elle incite à la flânerie, notamment sur les remparts. Édifiés au début du 13e s. sur les bases d'une muraille gallo-romaine par le comte Philippe Hurepel, dit le Hérissé, ils ont été remaniés aux 16e et 17e s. L'enceinte, renforcée à l'est par le château (musée de la ville), est percée de quatre portes flanquées de tours qui donnent accès au chemin de ronde avec la vue sur la ville et le port.

Moment intense

Baie de Somme et corniche de la Côte d'Opale ★★

La baie de Somme, entre St-Valery-sur-Somme et Le Crotoy : ici commence la magie de l'estuaire, quand on ne distingue plus l'eau du ciel, que la mer vient chercher le fleuve dans les terres, dévoilant à marée basse d'infinies étendues de sable et d'herbes. À St-Valery-sur-Somme, la chapelle des Marins, et, au Crotoy, la terrasse de la butte du Moulin, offrent les meilleures vues sur le site.

La corniche de la Côte d'Opale, aussi nommée Terre des Deux Caps car elle réunit le cap Blanc-Nez et le cap Gris-Nez, est la partie la plus spectaculaire de la côte éponyme. Elle marque la transition entre dunes et falaises. Ce littoral exceptionnel, balayé par les vents, se découvre en longeant les villages côtiers de Wissant, Tardinghen et Audinghen.

Nausicaá ★★

Bd Ste-Beuve - 03 21 30 99 99 - www.nausicaa.fr. 118 bd Ste-Beuve.

Le Centre national de la mer propose une superbe rencontre avec 1600 espèces marines et 58 000 animaux de toutes les mers du globe. Vous aimerez certainement le maxi-aquarium représentant un fond marin au large de la Colombie ; les abysses où évoluent quelques petits monstres difformes aux yeux exorbités ; ou la séquence exotique avec le lagon tropical et ses eaux turquoise où l'on observe des poissons-chirurgiens et autres requins-zèbres. Ne partez pas sans rendre visite aux manchots du Cap !

Des méduses, à Nausicaá.

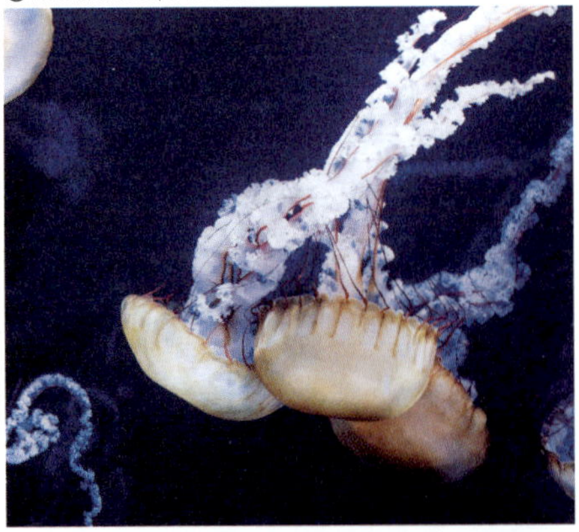

DEBOVE SOPHIE Getty Images Plus

Filer comme le vent ♥

272 bd Ste-Beuve - 03 21 83 25 48 - www.cvb62.fr. - bd Ste-Beuve, à 392 m.

S'il est une plage où pratiquer le char à voile, c'est bien celle de Boulogne-sur-Mer ! Experte en la matière, l'école du CVB (Char à voile boulonnais) pourra vous initier en deux heures aux notions de base, au montage et au roulage. Prévoyez une tenue imperméable, et aussi de quoi vous changer à la fin !

CORNICHE DE LA CÔTE D'OPALE ★★

La corniche de la Côte d'Opale, aussi nommée Terre des Deux Caps car elle réunit le cap Blanc-Nez et le cap Gris-Nez, est classée Grand Site de France. Elle dessine un littoral exceptionnel, balayé par les vents et des nuances de lumière toujours changeantes.

La Terre des Deux Caps ★★

Entre les caps Gris-Nez et Blanc-Nez, le GR 120, qui traverse dunes, plages, landes et falaises, constitue l'une des plus belles promenades de la région. Il réserve des panoramas grandioses sur la campagne vallonnée et le détroit. Par temps clair, vous pourrez même apercevoir les côtes anglaises, car le cap Griz-Nez est le point de France le plus proche de l'Angleterre. Très bien balisé, ce sentier de 12 km surplombe ou emprunte l'immense plage de la baie de Wissant.

Wimereux ★

9 av. de la Mer.

Wimereux a l'art de faire dans le juste milieu : ses rues sont animées sans être bruyantes, sa superficie est étendue

M. Capera/Michelin

Le Dragon de Calais.

sans paraître imposante, et toutes les activités sont à portée de tongs. Balade entre les villas cossues, repos sur la plage bercé par le bruit des vagues et des enfants qui chahutent, flânerie sur la digue.... Le charme de Wimereux réside dans cette douceur de vivre, où un rapport harmonieux s'est établi entre la côte sauvage et la ville, aménagée pour les loisirs.

CALAIS

La proximité des côtes anglaises a présidé à la destinée de Calais. Premier port français pour le trafic de voyageurs, la cité vit au rythme des ferries mais sa renommée repose sur sa dentelle et désormais sur la famille du Dragon...

54 r.des Fontinettes.

Cité de la dentelle et de la mode ★★

135 quai du Commerce - 03 21 00 42 30 - www.cite-dentelle.fr.

Le dernier-né des musées calaisiens est installé dans une ancienne usine de dentelle du 19e s. et dans une extension, conçue par les architectes Moatti et Rivière, dont les vitrages reprennent les motifs des cartons Jacquard. Il se consacre à l'histoire de la mode et de la dentelle, et au savoir-faire d'exception des maîtres dentelliers de Calais et de Caudry qui leur assure un rayonnement international.

Sur le dos du Dragon de Calais ♥

www.compagniedudragon.com.

Grimpez sur le dos du Dragon de Calais, né de l'imagination de François Delaroziere sur le modèle des Machines de Nantes. L'animal fait d'acier et de bois, haut de 12 m et long de 25 m, est d'une mobilité spectaculaire. Il bat des ailes, crache du feu, de la fumée, de la vapeur, se couche, court... Installez-vous sur la plateforme panoramique, accessible par un escalier caché dans la queue, puis laissez-vous emmener dans un voyage unique le long du front de mer.

SE RÉGALER

ÉTRETAT

LE DONJON – DOMAINE SAINT-CLAIR
C'est à la criée de Fécamp que ce chef imagine la carte, entre coques, homard, oursins et St-Jacques. Il en tire des assiettes techniques et pleines de saveurs, avec jus et sauces percutants, et même une pointe de malice qui n'est pas pour nous déplaire : on se souviendra de cette magnifique lotte cuite à basse température accompagnée d'un labneh légèrement fumé et sa vinaigrette de coque. On s'en délecte dans une salle à manger un brin déjantée, avec Étretat et ses falaises en point d'horizon. Chambres personnalisées.
Chem. de St-Clair - 02 35 27 08 23 - www.hoteletretat.com - à 230 m.

DIEPPE

COMPTOIR À HUÎTRES
Loin de l'agitation du front de mer, le long des quais, ce comptoir a des allures de brasserie parisienne bien dans son jus. Après que l'on vous a présenté la pêche du jour, sans chichi, vient l'heure du choix. Quel poisson ? Entier, coupé ? À la plancha ? À moins que vous ne préfériez la carte des huîtres... Que de fraîcheur !
12 cours de Dakar - 02 35 84 19 37 - à 180 m.

FAVIÈRES

LA CLÉ DES CHAMPS
Dans cette maison, on ne ménage pas sa peine pour faire plaisir au client. Vous y dégusterez une cuisine moderne et appliquée mettant les produits du terroir à l'honneur : boudin de haddock aux champignons de Picardie ; pintade fermière farcie à la pomme et à l'oignon, jus à la chicorée ; mont-blanc au cassis et marron...
13 r. des Frères-Caudron - 03 22 27 88 00 - www.restaurant-lacledeschamps.com - à 440 m.

LE TOUQUET-PARIS-PLAGE

LE PARIS
À quelques rues du bord de mer, une table en prise sur le marché et les saisons, très appréciée des gourmets de la station ! Les associations y sont heureuses et goûteuses. Une cuisine qui évolue entre recettes traditionnelles et d'autres plus modernes à l'image de ce carpaccio de St-Jacques au citron vert et radis noir. Accueil charmant.
88 r. de Metz - 03 21 05 79 33 - www.restaurant-leparis.com - à 260 m.

BOULOGNE-SUR-MER

L'ÎLOT VERT
Un véritable coup de cœur que ce restaurant aux airs de bistrot chic, où œuvre Tony Regnier, formé dans de belles maisons. Il signe une cuisine bien d'aujourd'hui – avec une pointe de créativité –, joliment tournée et savoureuse : terrine de pintade à la pistache comme un pâté en croûte et son chutney de pomme ; mosaïque de skrei au curry noir et radis long glacé ; mousse soufflée au chocolat, pop-corn et écume de lait... À déguster dans une salle décorée avec goût, ou sur la jolie terrasse fleurie.
36 r. de Lille - 03 21 92 01 62 - www.lilotvert.fr - à 110 m.

AUDRESSELLES

LA PLAGE
Ce petit hôtel-restaurant est une aubaine. La jeune cheffe Solène Elliott, aidée de son compagnon en salle qui assure un service sympathique, a concocté une carte alléchante tournée vers la mer (daurade, maquereau, lieu jaune) mais pas uniquement. Des plats gourmands et joliment présentés : œuf mayo fermier ciboulette, ravigote, salsifis, chutney cornichon ; effiloché de cuisse de volaille, crémeux de panais, rémoulade à la menthe...
21 r. Gustave-Danquin - 07 57 67 96 18 - www.hoteldelaplage-audresselles.com

SE LOGER

LE HAVRE

VENT D'OUEST
Tout près de l'église St-Joseph, signée Auguste Perret, cet hôtel occupe un immeuble typique du Havre, mais propose des chambres cosy et feutrées à l'esprit british : meubles cirés, tableaux de marine, fauteuils en cuir patiné... Agréable espace bien-être, avec hammam et salles de massages.
4 r. de Caligny - 02 35 42 50 69 - www.ventdouest.fr - à 300 m.

TOURVILLE-SUR-ARQUES

CHÂTEAU DE MIROMESNIL
Guy de Maupassant passa les trois premières années de sa vie au château de Miromesnil... Pourquoi ne pas y passer une nuit ? D'autant que les chambres d'hôtes sont meublées et aménagées avec beaucoup de goût et que Nathalie Romatet, la propriétaire des lieux, est intarissable sur le château de ses ancêtres et son fabuleux potager. Vous goûterez notamment à sa confiture rhubarbe-réglisse, un pur délice issu de son jardin et de son imagination !
02 35 85 02 80 - www.chateaumiromesnil.com

SAINT-QUENTIN-EN-TOURMONT

ÉCOLODGE LE BRUIT DE L'EAU
En arrière du littoral à l'abri du vent, l'écolodge Le Bruit de l'Eau émerge d'une végétation luxuriante,

essentiellement composée de roseaux. Cet ensemble architectural novateur et écologique propose une atmosphère apaisante digne d'un *ryokan* japonais. Vous aurez le choix entre quatre chambres avec une décoration, une vue et une ambiance musicale personnalisée.

1 chem. des Matelots - ✆ 07 69 66 65 94 - www.lebruitdeleau.org

WISSANT

LE COLOMBIER

On est dans cette vaste maison un peu comme dans une maison de vacances : des chambres cosy meublées avec beaucoup de goût où l'on récupère après une journée de grand air, un joli salon pour se détendre et un grand jardin où se prélasser au soleil. Le petit-déjeuner donne l'occasion de goûter aux spécialités et aux produits locaux.

212 Le Colombier - ✆ 03 21 33 75 62 - www.lecolombier-wissant.com

Ⓘ L'écolodge Le Bruit de l'Eau.

ICI ET PAS AILLEURS

LE TRÉPORT

L'ATELIER DU VERRE

Situé sur la falaise, cet atelier permet de découvrir le dur mais beau métier de souffleur de verre. Dans la boutique, on découvre les créations : perles, pendentifs, galets de verre, vases et autres objets de décoration aux couleurs chatoyantes.

R. de la Télécabine (gare haute du funiculaire) - ✆ 07 85 21 24 23 - à 324 m.

FÉCAMP

PALAIS BÉNÉDICTINE

Le palais Bénédictine marie les styles néogothique et néo-Renaissance, et abrite une importante collection d'art ainsi que des objets liés à la marque et à la fabrication de la célèbre liqueur. On visite le palais, la distillerie, puis les caves avant de se rendre dans l'espace-bar dégustation (avec modération, bien sûr...) et dans la boutique.

110 r. Alexandre-le-Grand - ✆ 02 35 10 26 10 - www.palaisbenedictine.com - à 253 m.

LE BOUQUET NORMAND

Dans ce magasin d'usine, vous pourrez faire le plein de produits de la mer : conserves, soupes de poisson et surtout divers poissons fumés sur place, dans l'usine SEPOA, l'une des dernières entreprises de salaisons artisanales fécampoises.

1 r. de la Barricade - ✆ 02 27 30 28 95 - lebouquetnormand.fr - à 447 m.

BOULOGNE-SUR-MER

BIJOUX BOULONNAIS

Les femmes de matelots recevaient autrefois lors du mariage une parure d'or qui traduisait la richesse du mari et son appartenance au cercle des marins. Elle se composait d'une bague, de pendants d'oreilles, d'une longue chaîne et d'une croix de pardon. Deux adresses maintiennent vivante cette tradition.

Bijouterie Pernet - 45 r. Nationale - ✆ 03 21 91 79 88 - www.pernet-joaillier.com ; Bijouterie Paschal - 24 r. de la Lampe - ✆ 03 21 31 64 36 - www.bijouterie-paschal.com - à 26 m.

CALAIS

BOUTIQUE DE LA CITÉ DE LA DENTELLE ET DE LA MODE

La dentelle de Calais est réputée dans le monde entier pour sa finesse et fournit aujourd'hui la robe et la lingerie. La Cité de la dentelle et de la mode se consacre à cette industrie qui a longtemps fait vivre la région. Dans la boutique, vous trouverez des vêtements et des accessoires en dentelle : robes, cravates, tops, mitaines, nœuds papillon, étoles, chapeaux, sacs, pochettes...

135 quai du Commerce - ✆ 03 21 34 70 66 - www.cite-dentelle.fr - à 434 m.

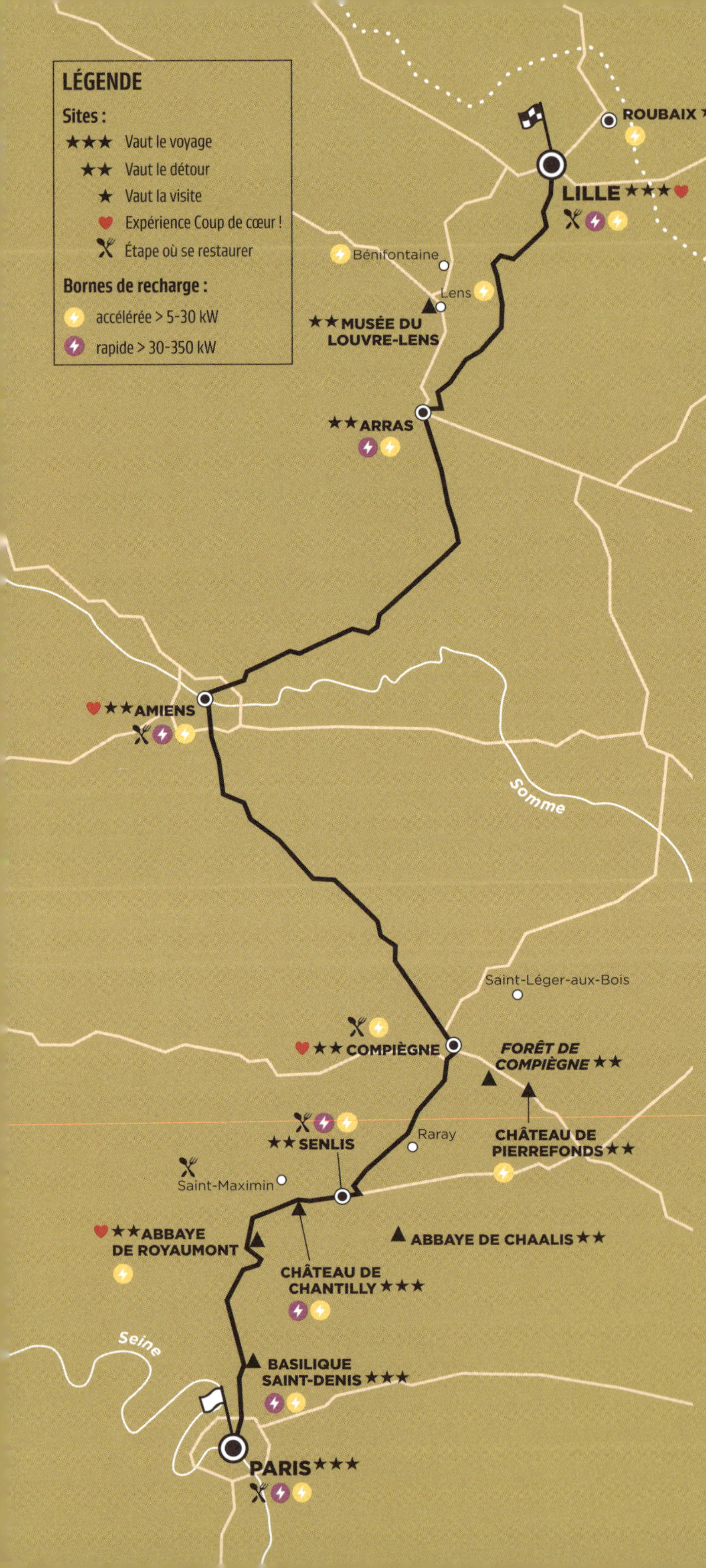

PRINCIPALES BORNES DE RECHARGE :

Chantilly :
Station Carrefour, allée de l'Europe (50 kW)

St-Maximin (nord de Chantilly) :
322 r. Claire-Lacombe (380kW)

Venette (Compiègne) :
57 av. de l'Europe (200kW)

Amiens :
53 r. de la République (523 kW)

Arras :
2 r. du 6-Juin-1944 (160 kW)

La Madeleine (Lille) :
Bd Robert-Schuman (300 kW)

L'ESSENTIEL ÉLECTRIQUE

Pas de problème d'approvisionnement sur cet itinéraire ; des stations de charge rapide sont installées autour de la plupart des villes. Il sera juste nécessaire d'anticiper vos déplacements dans les forêts de Chantilly et de Compiègne. À Lille, vous trouverez les bornes de charge rapide dans les communes limitrophes : La Madeleine, Mons-en-Barœul, Loos, Lambersart. Enfin, pour votre escapade à Roubaix, sachez qu'il n'y a pas de borne supérieure à 7 kW dans la ville.

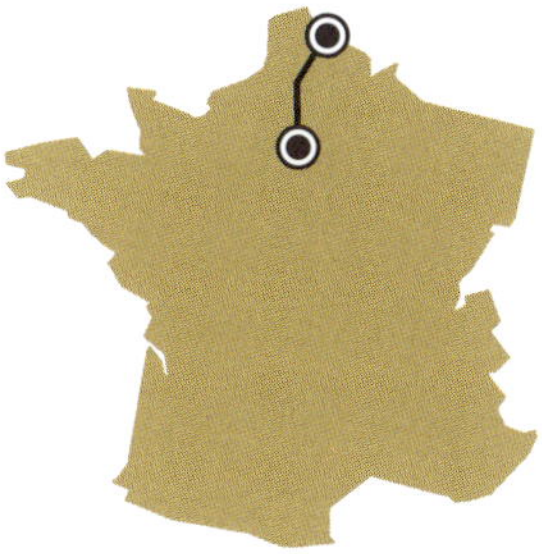

DISTANCE : 400 km
DURÉE : 4 jours
DÉPART : Paris
ARRIVÉE : Lille

PRINCIPALES ÉTAPES :
Chantilly
Senlis
Compiègne
Amiens
Arras

PARIS
LILLE

D'Île en Hauts-de-France

Sur les pas des rois de France... Voilà où vous mène la première partie de ce circuit : de leur dernière demeure, en la basilique de Saint-Denis, à leurs réserves de chasse qu'étaient autrefois les belles forêts giboyeuses de Chantilly et de Compiègne, où l'on visite toujours leurs luxueux châteaux. La seconde partie du voyage n'est pas en reste. Moins attirante au premier abord, elle mène pourtant dans les belles et accueillantes villes du nord de la France qui ont su mettre en valeur leur patrimoine historique et artistique d'hier et d'aujourd'hui, et investir sur l'avenir.

Côté saveurs

On commence avec la légèreté de la crème chantilly et du gâteau battu picard. Puis la bière fait son apparition sur les tables, et dans les plats comme la carbonade. Autres spécialités du Nord : le potjevleesch, une terrine de viandes ; l'andouille d'Arras ; le maroilles, un puissant fromage ; et, bien sûr, les moules-frites.

Lisovskaya/Getty Images Plus

« Une moules-frites »... au moins une fois !

Paris, la Bourse du Commerce.
M. Capera/Michelin

PARIS ★★★

Dans la capitale se télescopent siècles, styles, arts... pour le meilleur. Nous vous proposons un grand écart entre la Sainte-Chapelle, édifiée au milieu du 13e s., et les œuvres d'art contemporain de la collection Pinault.
Voir aussi p. 344 et 358.

Parking 22 r. des Halles ou 2 r. Boucher.

Sainte-Chapelle ★★★

8 bd du Palais - 01 53 40 60 80 - www.sainte-chapelle.fr.

Construite par Saint Louis pour recueillir la couronne d'épines du Christ, un morceau de la Vraie Croix et la lance de la Passion (transférés depuis à Notre-Dame), la Sainte-Chapelle doit beaucoup à la basilique St-Denis et à Notre-Dame, terminées plusieurs décennies avant elle. Mais ici, l'architecte a poussé à l'extrême la logique du style gothique. Pour la première fois, les murs sont presque entièrement à jour : des verrières de 15 m de haut remplissent les vides. La flèche s'élance 75 m au-dessus du sol. Sobriété, élégance et lumière dominent.

Bourse de commerce - Pinault Collection ★★

2 r. de Viarmes - 01 55 04 60 60 - www.pinaultcollection.com.

L'ancienne Bourse de commerce de Paris, siège de la Chambre de commerce et d'industrie jusqu'en 2016, accueille dorénavant la collection d'art contemporain de l'homme d'affaires François Pinault, riche de quelque 10 000 œuvres. Celles-ci jouissent d'un écrin de choix avec ce bâtiment en rotonde, admirablement rénové. L'accrochage, sans cesse renouvelé, explore toutes les pistes de la création actuelle.

BASILIQUE DE ST-DENIS ★★★

Ce sanctuaire, nécropole des rois de France depuis les Capétiens, abrite une collection unique en Europe de gisants et de tombeaux du 12e s. au 16e s.

1 r. de la Légion-d'Honneur - 01 48 09 83 54 - www.saint-denis-basilique.fr.
28 bd Félix-Faure.

St-Denis abrite les sépultures de 46 rois, 32 reines, 63 princes et princesses, et 10 grands serviteurs de la Couronne. Il faut dire que les liens entre la royauté et St-Denis sont anciens. Dagobert, le premier, s'y fait inhumer en 638, et à partir d'Hugues Capet, tous les souverains y seront enterrés - sauf cinq. Vers 1260, Saint Louis fait réaliser les gisants de calcaire de tous ses prédécesseurs. Tous ont le visage idéalisé, les yeux ouverts. Ils sont couronnés et tiennent le sceptre dans une représentation caractéristique de l'époque.

PARC NATUREL RÉGIONAL OISE - PAYS DE FRANCE

Si les rois de France raffolaient de la chasse dans les forêts de l'Oise et y bâtissaient châteaux

“ Candice Peytour et Antoine Maschi, le chocolat en partage

Antoine et Candice ont débuté leur carrière de chocolatiers en France, dans un atelier d'à peine 25 m² à Montreuil, en Seine-Saint-Denis. Aujourd'hui, ils évoluent dans une ancienne filature de 550 m², à deux pas de Lille...

Candice et Antoine à la manufacture de Lille.

Que de chemin parcouru depuis vos débuts en 2017 !

Rien de tout cela ne se serait passé sans notre aventure en République dominicaine. Nos cursus ne nous destinaient pas à devenir chocolatiers. Nous avons appris ce métier là-bas. À notre retour en France, nous avons mis entre parenthèses cet amour du cacao mais au fond de nous, nous savions que nous allions retoucher cette matière.

Votre positionnement était osé à vos débuts puisque vous ne produisiez que des tablettes et seulement en « bean-to-bar » (de la fève à la tablette).

Et nous n'avions pas de magasins puisque notre idée était de produire pour vendre sur Internet et dans les épiceries fines. Quand nous avons débuté, nous n'avions que quatre clients.

Et aujourd'hui ?

Nous sommes distribués dans 250 points de vente en France, au Canada, au Japon, et nous produisons environ 25 tonnes de chocolat grâce à 22 collaborateurs dans la manufacture. Parmi eux, quatre à plein temps dans la boutique à l'intérieur, expliquent les différences entre nos 15 tablettes de dégustation, mais aussi présentent désormais des rochers et des oursons guimauve. Et puis, pour faire le pont entre Paris et Lille, nous avons depuis peu une boutique dans le 15e arrondissement de la capitale.

Pourquoi avoir choisi Lille après Montreuil ?

Parce que Candice et moi, nous y avons fait nos études. Nous connaissions bien la région, nous connaissions l'ambiance et puis parce que nous voulions grandir, développer notre entreprise. Sans une boutique fixe, à l'époque, nous pouvions nous installer n'importe où, mais Lille était notre coup de cœur.

Vous êtes toujours en quête de crus rares ?

Après un cru à La Réunion, nous avons appris l'existence de cacaos en Martinique. Nous n'en avons reçu que 40 kilos qui ont été livrés par bateau à voile. Parallèlement, nous avons également découvert l'existence d'un cacao en Amazonie, produit par des Japonais depuis trois générations, et un cacao criollo blanc du Salvador. Ils seront transformés en tablettes vendues en série limitée.

Quand vous n'êtes pas à la manufacture, quel endroit aimez-vous fréquenter ?

Sans conteste le marché des halles de Wazemmes pour son mélange de cultures. C'est une offre à la fois populaire et bobo mais on trouve de tout, avec un coup de cœur pour les épices de chez Epicentriques. ”

70 % de cacao et 100 % équitable. ©DR

Chocolat Encuentro
La Manufacture : 26 r. Félix-Faure - 59350 ST-ANDRÉ-LEZ-LILLE - 09 83 54 76 80
La Boutique bean to bar : 94 r. de la Croix-Nivert - 75015 Paris
chocolatencuentro.com - à 197 m.

Les Grandes Écuries du château de Chantilly.

et palais, à votre tour vous aimerez parcourir cette région comme un livre d'histoire grandeur nature ! De Compiègne à Chantilly, en passant par la ville royale de Senlis, ce coin de Picardie ravira les amateurs de culture et d'activités sportives.

Concert à l'abbaye de Royaumont ♥

Asnières-sur-Oise - ✆ 01 30 35 59 00 - www.royaumont.com. Parking de l'abbaye.

Assister à un concert dans cette abbaye cistercienne, fondée en 1228 par Saint Louis, relève des expériences dont on se souvient longtemps. Vous prendrez place dans le réfectoire des moines ou dans celui des convers, tous deux à l'acoustique remarquable. La salle des charpentes et le grand comble, aux impressionnantes structures de bois, accueillent aussi parfois ces événements, notamment lors du festival de musique et de danse qui se déroule au mois de septembre. Quoi qu'il en soit, ils vous donneront l'occasion de visiter ce lieu exceptionnel, avec son église et son cloître, qui forment un très bel ensemble gothique.

Château de Chantilly ★★★

1 r. du Connétable - ✆ 03 44 27 31 80 - chateaudechantilly.fr.
5 petite pl. Omer-Vallon.

Le château, serti dans un superbe parc de Le Nôtre, vit dans le souvenir des fastes des princes de Condé. Avec un musée renfermant la deuxième collection de peintures anciennes en France, après celle du musée du Louvre, et des écuries jamais égalées en splendeur, le domaine est une destination de choix, en bordure d'une forêt préservée. Au sein des fameuses Grandes Écuries du 18e s., le musée du Cheval démontre l'importance de la relation entre l'homme et le cheval depuis le début des civilisations. Des démonstrations équestres et présentations de dressage ont lieu au cours de la visite. Le domaine nous retient facilement une journée !

Senlis ★★

10 cours Boutteville.

Ville royale au Moyen Âge, Senlis conserve de nombreuses traces de son passé médiéval, de l'activité des évêques bâtisseurs et de l'intérêt des rois de France qui venaient chasser dans ses forêts giboyeuses. Elle est animée, notamment le week-end, de touristes amoureux de vieilles pierres, venus flâner le long de ses ruelles et sur ses places, bordées de belles demeures et de boutiques tendance. La cathédrale Notre-Dame, gothique, mérite votre intérêt, en particulier son portail ouest. Vous la repérerez à sa magnifique flèche.

Abbaye de Chaalis ★★

Fontaine-Chaalis - ✆ 03 44 54 04 02 - www.domainedechaalis.fr.
57 Grande-Rue, à 3,5 km.

Rattachée à l'ordre de Cîteaux, l'abbaye de Chaalis est fondée en 1136 par Louis VI le Gros à l'emplacement d'un ancien prieuré. On doit sa sauvegarde à son rachat, en 1902, par Nélie Jacquemart-André, peintre et veuve d'un riche banquier. Ensemble, ils avaient réuni au gré de leurs voyages une fabuleuse collection d'art, d'objets et de meubles que l'on découvre aujourd'hui dans leur hôtel particulier situé à Paris et dans l'ancien palais abbatial de Chaalis : meubles italiens au décor gothique, peintures, statues religieuses, objets anciens, etc. Et ne manquez pas les autres attraits des lieux : la chapelle Ste-Marie et la magnifique roseraie.

FORÊT DE COMPIÈGNE ★★

La beauté des futaies et le caractère préservé de cette forêt où Louis XV venait chasser au 18e s., s'apprécient à pied, à vélo ou à cheval ! Elle recèle aussi quelques trésors patrimoniaux, villages, abbayes et chapelles.

La forêt domaniale de Compiègne s'étend sur 14 500 ha. Elle est sillonnée par 1 500 km de routes et chemins, carrossables ou non. Si vous souhaitez aller à l'essentiel, ne manquez pas les Beaux-Monts et leur point de vue sur la grande perspective demandée par Napoléon Ier en souvenir de la vue du château de Schönbrunn. Le mont St-Mard offre un panorama sur les vallées du ru de Berne et de l'Aisne, la forêt de Laigue et Rethondes, où fut signé l'armistice de 1918. Un mémorial a été construit dans la clairière en souvenir de ce conflit et de celui de 1939-1945.

Balade au rythme des Henson ♥

Pôle équestre du Compiégnois - av. de l'Armistice - Compiègne - ✆ 06 73 96 13 43 - www.henson.fr.
5 pl. de la Gare, à 2,5 km.

Le Henson est un animal docile et sûr, idéal pour les balades équestres quel que soit votre niveau. Ça tombe bien, vous partez chevaucher avec l'un de ces compagnons dans les pas de Louis XV, le long de belles allées cavalières abritées par les chênes, hêtres et pins sylvestres. Vous emprunterez la grande perspective des Beaux-Monts et pousserez, peut-être, jusqu'à l'abbaye de St-Jean-aux-Bois ou au château de Pierrefonds.

L'étang de Carendeau, dans la forêt de Compiègne.

Tommy Larey/Shutterstock

Compiègne ★★

6 r. de l'Écu ou 5 pl. de la Gare.

Ville royale dès les Mérovingiens, puis impériale, Compiègne garde le souvenir de Jeanne d'Arc, venue la défendre lors du siège et tombée aux mains des Bourguignons, alliés des Anglais. Aujourd'hui, outre son château, Compiègne a su mettre en valeur son centre ancien, sillonné de rues charmantes et commerçantes, ponctué de monuments, rappelant ses origines carolingiennes, et de musées aux collections variées. Celui de la Figurine historique évoque différents événements liés à la ville avec des dioramas mettant en scène environ 45 000 personnages.

Château de Compiègne ★★★

Pl. du Gén.-de-Gaulle - 03 44 38 47 00 - chateaudecompiegne.fr. - 1 r. Dame Segaude, à 341 m.

Chef-d'œuvre du classicisme à l'époque de Louis XV, puis grand palais impérial sous Napoléon Ier, le château de Compiègne servit de cadre aux fastueuses fêtes du Second Empire. Ne manquez pas les appartements de l'empereur avec sa salle à manger, son salon des cartes et son salon de réception ainsi que le ravissant salon de déjeuner de l'impératrice. Outre les appartements historiques, on y découvre le musée du Second Empire ainsi que le musée national de la Voiture. Prenez aussi le temps de faire un tour dans le Petit Parc.

Cathédrale d'Amiens : détail du tombeau de l'évêque Ferry de Beauvoir.

Christine944/Getty Images Plus

Château de Pierrefonds ★★

R. Viollet-le-Duc - 03 44 42 72 72 - www.chateau-pierrefonds.fr.
3 r. Joseph-Adolphe-Chauret, à 800 m du château.

Reconstruit au 19e s. par Viollet-le-Duc sur ordre de Napoléon III, il domine incontestablement les lieux, tant par sa silhouette puissante, spectaculaire et photogénique, que par son histoire et son style. De forme quadrangulaire, long de 103 m, large de 88 m, le château présente une tour défensive aux angles et au milieu de chaque face. Deux chemins de ronde superposés dominent les murailles. L'aile nord, qui abritait autrefois les cuisines et les appartements des invités, est occupée par deux expositions permanentes. L'une illustre les travaux de Viollet-le-Duc. L'autre, consacrée aux ateliers Monduit, présente des trésors de plomberie d'art, dont le lion-girouette du beffroi d'Arras et des gargouilles de Notre-Dame de Paris.

AMIENS ★★

Connue pour sa vaste cathédrale, Amiens a des allures médiévales avec ses ruelles pavées. Au nord, les canaux de St-Leu évoquent une petite Amsterdam, tandis qu'au sud, le centre-ville hésite entre alignements du 19e s. et urbanisme d'après-guerre, dont la tour Perret reste le symbole.

22 ou 30 bd Alsace-Lorraine.

Cathédrale Notre-Dame ★★★

30 pl. Notre-Dame - 03 22 92 03 32 (librairie-boutique) - www.cathedrale-amiens.fr.

La plus vaste cathédrale gothique de France fut rapidement construite, ce qui explique l'homogénéité de son architecture: le gros œuvre, entrepris en 1220, fut terminé en 1269; les chapelles latérales furent bâties en 1375, mais il fallut attendre le 15e s. pour achever le couronnement des tours. Restaurée en 1849 par Viollet-le-Duc, elle fut miraculeusement épargnée en 1940. Classée au Patrimoine de l'Unesco, elle présente une façade travaillée d'une grande légèreté. Chefs-d'œuvre de l'art gothique flamboyant, 110 stalles en chêne ont été sculptées de 1508 à 1522. Sous la dentelle de bois, plus de 4000 figures évoquent la Genèse, l'Exode, la vie de la Vierge et des sujets de fantaisie: métiers, fabliaux, vices...

Les hortillonnages en barque électrique ♥

Maison des hortillonnages - 54 bd de Beauvillé - ✆ 03 22 92 12 18 - www.hortillonnages-amiens.fr.

Ce joyau écologique se parcourt en barque électrique dite « à cornet », c'est-à-dire constituée d'un fond plat et d'extrémités surélevées pour accoster sans détériorer les berges. Au long du dédale de canaux, vous découvrirez les petits jardins situés en bordure des cours de la Somme et de l'Avre, façonnés par la main de l'homme dès l'époque gallo-romaine. Cette histoire et cette nature vous seront présentées par le guide batelier.

S. Boulland/hemis.fr

Promenade en barque électrique dans les hortillonnages d'Amiens.

ARRAS ★★

Capitale de l'Artois, Arras la discrète cache en son sein un véritable décor de théâtre: la Grand'Place et la place des Héros, précieux héritages du style baroque flamand.

47 bd Faidherbe.

Ici, on fait rimer le goût de la fête avec la gastronomie en dégustant andouillette, bière, et même des pains d'épice en forme de cœur et des rats en chocolat. La ville est animée toute l'année grâce à ses nombreux étudiants et, en juillet, sa citadelle s'enflamme lors des concerts rock du Main Square Festival. Outre la Grand'Place et la place des Héros, l'ancienne abbaye St-Vaast, qui abrite le musée des Beaux-Arts, mérite un coup d'œil, tout comme le beffroi, au sommet duquel la vue sur la ville et ses monuments est imprenable.

MUSÉE DU LOUVRE-LENS ★★

99 r. Paul-Bert - ✆ 03 21 18 62 62 - www.louvrelens.fr. 162 av. Alfred-Maes, à 1,5 km (50 kW).

Bâti sur le carreau d'une ancienne fosse de la Société des mines de Lens (1884-1980), un bâtiment minimaliste

Palais des Beaux-Arts et les lustres de Gaetano Pesce.

Moment intense

Les forêts de Chantilly et de Compiègne ★★

Chênes, charmes, tilleuls et pins sylvestres composent le couvert de la forêt de Chantilly. Roulez doucement et soyez attentif : cervidés et sangliers vivent ici en nombre et traversent souvent la route. La forêt de Compiègne n'est pas moins belle et vous séduira par ses hautes futaies, sa longue perspective aménagée à travers bois depuis le château. Toutes deux méritent qu'on prenne un peu de temps pour s'y promener.

de verre et d'aluminium accueille, depuis 2012, la première antenne du Louvre. Sa visite s'organise en trois parties. La Galerie du temps propose une sélection d'œuvres du Louvre issues de différentes civilisations et ordonnancées chronologiquement. Le Pavillon de verre met en scène les collections des musées des Hauts-de-France. Enfin, deux grandes expositions temporaires d'envergure internationale sont organisées, l'une en été, l'autre en hiver.

LILLE ★★★

Qu'il s'agisse de patrimoine artistique ou urbain, de création contemporaine, de mode ou d'offre gastronomique, Lille réunit tous les ingrédients pour faire de la capitale des Flandres un incontournable.

Parking 33 pl. du Gén.-de-Gaulle (Grand-Place).

Lille centre et vieux Lille ★★★

C'est incontestablement l'atout charme de Lille, son quartier le plus pittoresque et le plus attrayant. Voyez par exemple, la place Louise-de-Bettignies avec ses vastes demeures bourgeoises aux façades décorées, aux pignons travaillés et aux couleurs chatoyantes qui se mêlent à la brique et parfois à la pierre. Mais il faut aussi se perdre dans le dédale de ruelles tortueuses qui entoure la Grand'Place, la Vieille Bourse et l'immeuble imposant de la *Voix du Nord*, un quartier aujourd'hui très recherché et très fréquenté, notamment pour ces restaurants et son animation nocturne. Les amateurs d'urbanisme contemporain feront aussi un saut dans le quartier moderne d'Euralille.

Palais des Beaux-Arts ★★★

Pl. de la République - ✆ 03 20 06 78 00 - www.pba-lille.fr.

Deux édifices : un palais construit à la fin du 19e s. qui se reflète sur la façade en verre sérigraphié d'un bâtiment-lame construit un siècle plus tard. À l'intérieur, 22 000 m² d'espaces d'exposition réservés à des collections exceptionnelles d'art européen, notamment flamand et hollandais. N'hésitez pas aussi à aller voir les plans-reliefs, fraîchement restaurés, de quinze villes situées à la frontière nord du « pré carré » de Louis XIV ; ils sont remarquables.

Une pause à la maison Folie Wazemmes ♥

70 r. des Sarrazins - ✆ 03 20 78 20 23 - maisonsfolie.lille.fr.

La maison Folie Wazemmes est un centre culturel pluridisciplinaire où vous trouverez sûrement une exposition, un spectacle vivant, un concert ou un atelier de pratique artistique à votre goût. Une ancienne filature (1855) du 19ᵉ s., remaniée par l'agence néerlandaise NOX et l'architecte Lars Spuybroek, sert d'écrin à cet ensemble, où se déroulent aussi plusieurs festivals. Demandez le programme !

ESCAPADE À ROUBAIX ★

Sans pour autant perdre son caractère d'ancienne cité industrielle, Roubaix a fait peau neuve. Les maisons de maître, les filatures de coton et la superbe piscine Art déco ont été réhabilitées, ici en cabinet d'architecte façon loft, là en boutique de créateur, plus loin en musée d'Art et d'Industrie.

La Piscine-musée d'Art et d'Industrie André-Diligent ★★

23 rte de l'Espérance - ✆ 03 20 69 23 60 - www.roubaix-lapiscine.com. 🚗 42 r. Neuve, à 600 m.

Hier « temple de l'hygiène », ce splendide complexe Art déco de bains-douches (1927-1932) est aujourd'hui classé parmi les meilleurs musées de France par *Le Journal des arts*. Conçu comme une abbaye autour d'un cloître, ce lieu a conservé deux salles de bains (une pour hommes, une pour femmes), et sa piscine qui charme par son volume et sa décoration. Les baigneurs ont laissé place aux sculptures et peintures des 19ᵉ et 20ᵉ s. Les cabines, qui ouvrent sur le grand bassin, servent d'écrin aux riches collections de textiles. Dans l'axe du bassin, un espace consacré à l'histoire de Roubaix s'ouvre au fond du hall d'entrée. Attenante, une lumineuse galerie est dédiée à la sculpture moderne.

La Piscine-musée d'Art et d'Industrie à Roubaix.

SE RÉGALER

PARIS

HALLE AUX GRAINS

L'ancienne halle aux blés, où trône une partie de la collection Pinault, héberge une table des plus créatives. En hommage à l'histoire du lieu, Michel et Sébastien Bras déclinent une cuisine saine et actuelle autour du thème des graines, céréales et légumineuses, avec notamment de savoureux desserts, comme ce paris-brest revisité, à base de crème légère à la graine de courge, croustillant et praliné. Vue imprenable sur les toits de Paris.

Bourse de Commerce - 2 r. de Viarmes - ✆ 01 82 71 71 60 - www.halleauxgrains.bras.fr - 🚗 à 160 m.

SAINT-MAXIMIN

LE VERBOIS ✿

Dans la famille Guibet, je demande le fils ! Dans la droite ligne de son père, Guillaume a repris les fourneaux de l'ancien relais de chasse (1886). Portée par les saisons, sa cuisine est créative et astucieuse, avec parfois des touches asiatiques, toujours convaincante. Les beaux produits, traités avec malice et finesse, se succèdent comme cette ventrèche de thon et daïkon en feuille à feuille, ou ces morilles, jus de volaille, risotto, ail des ours, sabayon au lard.

6 r. la Grande-Folie - ✆ 03 44 24 06 22 - www.leverbois.fr

SENLIS

LE JULIANON

Dans cette charmante maison du 17ᵉ s. au décor contemporain, le chef propose une cuisine inventive, jouant avec tact sur les textures et les saveurs, comme avec ces couteaux de la Manche, chou-rave, laitue romaine et coppa, ou les framboises, polenta bio du Piémont et café de Colombie. Le menu change quotidiennement.

5 pl. Gérard-de-Nerval - ✆ 03 44 32 12 05 - www.le-julianon.com - 🚗 à 290 m.

COMPIÈGNE

RHIZOME

Le rhizome, c'est la tige souterraine de certaines plantes, une réserve d'énergie apparentée à la racine. Énergie que l'on retrouve dans la cuisine du marché, vivante, instinctive et régulièrement renouvelée de ce jeune couple natif de Soissons, revenu en Picardie après des passages dans de belles maisons. Enracinement comme en témoigne la démarche locavore, assortie de vins bio et naturels. Le bon plan gourmandise de la ville, avec un menu (unique) au déjeuner.

6 r. des Pâtissiers - ✆ 09 83 77 42 22 - www.restaurant-rhizome.fr - 🚗 à 110 m.

AMIENS

HYACINTHE

Un ancien travailleur dans l'humanitaire a trouvé un second souffle dans la cuisine, auprès de mentors comme Cyril Lignac et Hélène Darroze. Fidèle à ses engagements d'antan, il pratique dans son restaurant *vintage* une cuisine respectueuse de la nature et des hommes, en se fournissant en légumes dans les hortillonnages, en agneau pré-salé de la baie de Somme, en poissons de ligne de la Côte d'Opale... Tourte de filet mignon, pickles de légumes ou encore lotte, tomate, aubergine et herbes marines : ses assiettes un brin créatives jonglent avec les préparations, les bons produits et les goûts.

11 r. Dusevel - ✆ 07 69 60 85 61 - www.restaurant-hyacinthe.fr - 🚗 à 170 m.

LILLE

LE RESTAURANT DU CERISIER ✿

Au premier étage d'un bâtiment ultracontemporain au cœur de Lille, l'ancien chef du Meurin, Mathieu Boutroy, s'active dans une cuisine ouverte superbe. Son menu unique fait la part belle aux arrivages triés sur le volet. Qu'on en juge : langoustine, choux, sarrasin, cresson ; morille, vin jaune, estragon, comté ; canard du Quercy, oignon rouge, betterave. Le chef délivre des plats parfaitement exécutés, notamment des sauces et des jus finement travaillés. De la couleur, de la vie et du parfum : les fruits appétissants de ce cerisier méritent une cueillette...

14 av. du Peuple-Belge - ✆ 03 74 49 49 49 - www.lecerisier.com - 🚗 à 50 m.

SE LOGER

PIERREFONDS

CHAMBRE D'HÔTE MOULIN ROYALE

Les communs d'un grand moulin à draps du 18ᵉ s. accueillent ces chambres superbes et luxueuses, décorées avec soin : vastes salles de bains, literie haut de gamme, mobilier laqué noir, pièces contemporaines. Coup de cœur pour la grande suite de Montijo et sa cheminée fermée. Un bar et un restaurant sont à la disposition des hôtes. Piscine, location de vélos et vaste parc complètent le décor.

13 r. de la Pierrette - St-Étienne-Roilaye - 3,5 km à l'est de Pierrefonds - ✆ 03 60 45 55 26 - www.moulinroyale.com

ST-LÉGER-AUX-BOIS

COUCOO LA RÉSERVE

Au nord de la forêt de Laigue, dans un site partagé entre bois et plans d'eau, ce domaine propose de superbes cabanes sur pilotis construites par des amoureux du travail du bois. Robinson ou canadienne, avec ou sans électricité, pour deux ou pour cinq, elles bénéficient toutes du confort et d'une décoration raffinée. Pour une véritable immersion dans la nature.

R. des Étangs - ✆ 03 60 19 49 76 - www. cabanesdelareserve.com

LENS

HÔTEL LOUVRE-LENS
Les 26 maisons ouvrières de la Cité 9 ont été métamorphosées en hôtel de luxe. Les tonalités sombres instaurent une atmosphère de repos et rappellent la terre de charbon. La mise en valeur du patrimoine minier se découvre par des touches subtiles allant du choix des matériaux au design des luminaires. Une histoire rude, brute, qui se traduit aujourd'hui dans un écrin chaleureux. L'établissement accueille un restaurant gastronomique: Le Galibot.
168 r. Paul-Bert - ✆ 03 66 98 10 40 - www.hotel-louvre-lens. com - à 530 m.

LILLE

HERMITAGE GANTOIS
L'un des plus beaux et originaux hôtels de la ville. Cet établissement a gardé l'architecture et de nombreux vestiges de l'hospice du 15e s. où il est installé: un musée, une chapelle, une bibliothèque, une cour d'honneur qui accueille le bar, un réfectoire (transformé en salon) orné de peintures et de boiseries du 18e s., et six cellules de sœurs désormais aménagées en chambres. Une extension contemporaine héberge une quinzaine de chambres et un spa avec piscine.
224 r. Pierre-Mauroy - ✆ 03 20 85 30 30 - www. hotelhermitagegantois.com - à 350 m.

ICI ET PAS AILLEURS

CHANTILLY

MAISON DE LA PORCELAINE
Parmi les grandes manufactures qui, en France, firent les beaux jours de la porcelaine tendre (sans emploi de kaolin), Chantilly figure au premier plan. Ses porcelaines étaient surtout connues pour leur camaïeu bleu, peint à la main, dont les motifs fétiches étaient l'œillet et la tulipe.
2 pl. Omer-Vallon - ✆ 03 44 57 54 19 - maisonporcelaine.com sur place.

AMIENS

JEAN TROGNEUX
Spécialité de la ville depuis le 16e s., le macaron d'Amiens, aux saveurs d'amande et de miel, connaît toujours autant de succès. La famille Trogneux, confiseur et chocolatier depuis cinq générations, en vend chaque année plus de deux millions!
1 r. Delambre - ✆ 03 22 71 17 17 - www.trogneux.fr - à 143 m.

BÉNIFONTAINE

BRASSERIE CASTELAIN
Depuis 1926, Bénifontaine, petit village d'Artois, change l'eau en bière. L'entreprise Castelain reste l'une des dernières brasseries artisanales. Découvrez l'histoire, la fabrication, le musée et une vidéo suivie d'une dégustation de la Ch'ti, bière de garde.
13 r. Pasteur - ✆ 03 21 08 68 61 - brasseriecastelain.com - sur place.

LILLE

LE FURET DU NORD
Cette incontournable librairie lilloise, fondée en 1936, occupe plus de 7 000 m² répartis sur huit niveaux: de quoi fureter quelques heures.
1-5 pl. du Gén.-de-Gaulle - ✆ 03 20 78 43 43 - furet.com - sur place.

MARCHÉ DE WAZEMMES
Le marché incontournable de la ville, l'un des plus grands de France, se déroule en extérieur et dans la grande halle en briques rouges, dans une atmosphère bohème et colorée. On se laisse vite emporter par l'animation joyeuse provenant des étals: alimentaires, brocante et marché aux puces.
Pl. de la Nouvelle-Aventure - mar., jeu. et dim. 7h-14h - à 244 m.

Riss/Le Verbois

Restaurant Le Verbois, à Chantilly.

POINTS DE VENTES
& INTERLOCUTEURS DS AUTOMOBILES

Pour découvrir la France en silence, pourquoi ne pas louer une DS électrique ?
Toutes les informations à jour : https://www.dsautomobiles.fr/outils/trouvez-un-point-de-vente.html

DS STORE AGEN	70 AVENUE DE BIGORRE	47550 BOE	05 53 77 55 55
DS STORE AIX-EN-PROVENCE	160 CHEMIN DE LA PIOLINE	13540 AIX-EN-PROVENCE	04 42 17 22 22
DS SALON AJACCIO	ROUTE DE MEZZAVIA	20502 AJACCIO	04 95 10 51 59
DS SALON ALBI	ROUTE DE RODEZ - LARQUIPEYRE	81380 LESCURE-D'ALBIGEOIS	05 63 60 70 84
DS STORE ALENCON	BOULEVARD DE L'EXPANSION	61000 CERISE	02 33 80 01 00
DS STORE ALES	97 AVENUE ANDRE MALRAUX	30100 ALES	04 66 86 86 48
DS STORE AMIENS	112 ROUTE D'AMIENS	80480 DURY	03 22 53 44 35
DS STORE ANGERS	3 RUE VAUCANSON	49000 ANGERS	02 41 21 22 22
DS STORE ANGOULEME	123 RUE DE LA BISAIGUE	16430 CHAMPNIERS	05 45 20 06 11
DS STORE ANNECY	209 AVENUE D'AIX-LES-BAINS	74600 SEYNOD	04 50 69 54 10
DS STORE ANNEMASSE	118 ROUTE DE TANINGES	74100 VETRAZ-MONTHOUX	04 50 36 68 00
DS STORE ANTIBES	1945 ROUTE DE GRASSE	06600 ANTIBES	04 92 91 23 05
DS STORE ARCACHON	77 BOULEVARD DE CAZAUX	33260 LA TESTE-DE-BUCH	05 56 22 03 73
DS SALON ARLES	51 AVENUE DE LA LIBERATION	13200 ARLES	04 90 18 83 90
DS STORE AUBAGNE	1200 ROUTE DE LA LEGION	13400 AUBAGNE	04 42 18 90 00
DS STORE AUCH	1511 ROUTE DE TOULOUSE	32000 AUCH	05 62 60 61 68
DS STORE AURILLAC	53 AVENUE GEORGES POMPIDOU	15000 AURILLAC	04 71 48 00 00
DS SALON AUTUN	6 ROUTE DE BEAUNE	71400 AUTUN	03 85 86 86 86
DS STORE AUXERRE	20 BOULEVARD VAULABELLE	89000 AUXERRE	03 86 72 25 56
DS STORE AVIGNON	350 AVENUE CHARLES VALENTE	84140 AVIGNON	04 90 13 30 00
DS STORE BIARRITZ	6 ALLEE DES CHAMPS	64200 BASSUSSARRY	05 59 63 02 73
DS SALON BASTIA	RN 193 - LIEU DIT FAVALE	20620 BIGUGLIA	04 95 35 26 80
DS STORE BEAUNE	42 FAUBOURG BRETONNIERE	21200 BEAUNE	03 80 20 96 50
DS STORE ARRAS	5 AVENUE DES COQUELICOTS	62217 BEAURAINS	03 21 15 80 00
DS STORE BEAUVAIS	26 AVENUE DES CENSIVES	60000 TILLE	03 44 06 07 70
DS STORE BELFORT	RUE XAVIER BICHAT	90000 BELFORT	03 84 58 71 71
DS STORE BERGERAC	ROUTE DE BORDEAUX	24100 BERGERAC	05 53 74 44 44
DS STORE BESANCON	228 ROUTE DE DOLE	25000 BESANCON	03 81 61 47 47
DS STORE BEZIERS	ZAC DE MONTIMARAN	34500 BEZIERS	04 67 35 60 60
DS STORE BLOIS	20 BOULEVARD JOSEPH PAUL BONCOUR	41000 BLOIS	02 54 78 42 22
DS STORE BORDEAUX LE BOUSCAT	357 AVENUE DE LA LIBERATION	33110 LE BOUSCAT	05 56 42 46 46
DS STORE BOULOGNE	74 ROUTE DE LA REINE	92100 BOULOGNE-BILLANCOURT	01 41 86 19 19
DS STORE BOULOGNE-SUR-MER	64 BOULEVARD DE LA LIANE	62360 ST-LEONARD	03 21 99 21 13
DS STORE BOURG-EN-BRESSE	192 BOULEVARD DE BROU	01000 BOURG-EN-BRESSE	04 74 23 82 85
DS STORE BOURGES	ROUTE DE LA CHARITE	18390 ST-GERMAIN-DU-PUY	02 48 23 44 40
DS STORE BOURGOIN-JALLIEU	7 RUE CAMILLE CLAUDEL	38300 BOURGOIN-JALLIEU	04 74 28 28 00
DS STORE BREST	2 RUE GUSTAVE ZEDE - ZI DE KERGONAN	29200 BREST	02 98 41 27 27
DS STORE BRIVE-LA-GAILLARDE	AVENUE JEAN CHARLES RIVET	19100 BRIVE-LA-GAILLARDE	05 55 88 91 19

DS STORE CAEN	ROUTE DE LION SUR MER - 6 AVENUE DU GENERAL HARRIS	14000	CAEN	02 31 43 44 00
DS STORE CANNES	235 ROUTE DU CANNET	06250	MOUGINS	04 93 43 88 66
DS SALON CARCASSONNE	445 RUE GUSTAVE EIFFEL	11000	CARCASSONNE	04 68 10 38 00
DS STORE CASTRES	194 ROUTE DE TOULOUSE	81100	CASTRES	05 63 71 81 50
DS STORE CHALLANS	52 RUE DE ST-JEAN-DE-MONTS	85300	CHALLANS	02 51 93 15 99
DS STORE CHALONS-EN-CHAMPAGNE	AVENUE MARC HAMET	51470	ST-MEMMIE	03 26 64 42 42
DS STORE CHALON-SUR-SAONE	5 RUE GEORGES FEYDEAU	71100	CHALON-SUR-SAONE	03 85 46 82 99
DS STORE CHAMBERY	567 RUE DE BELLE EAU	73000	CHAMBERY	04 79 72 14 70
DS STORE CHAMBOURCY	45 ROUTE DE MANTES	78240	CHAMBOURCY	01 30 74 90 00
DS STORE CHARLEVILLE-MEZIERES	RUE PAULIN RICHIER	08000	CHARLEVILLE-MEZIERES	03 24 56 86 40
DS STORE CHARTRES	11 AVENUE DU VAL DE L'EURE - PARC EUROVAL	28630	FONTENAY-SUR-EURE	02 37 91 33 00
DS SALON CHATEAUBRIANT	16 RUE DU GENERAL PATTON	44110	CHATEAUBRIANT	02 40 28 16 39
DS STORE CHELLES	59-61 AVENUE DU MARECHAL FOCH	77500	CHELLES	01 64 26 64 26
DS SALON CHOLET	14 AVENUE EDMOND MICHELET	49300	CHOLET	02 41 65 42 77
DS STORE CLERMONT-FERRAND	27 AVENUE DU BREZET	63000	CLERMONT-FERRAND	04 73 28 61 91
DS STORE COLMAR	4 RUE TIMKEN	68000	COLMAR	03 89 20 85 85
DS SALON COMPIEGNE	16 RUE DU FONDS PERNANT	60200	COMPIEGNE	03 44 30 36 36
DS STORE CRETEIL	89 AVENUE DU GENERAL DE GAULLE	94000	CRETEIL	01 82 01 20 82
DS STORE DAX	510 ROUTE DE STANQUET	40990	MEES	05 58 58 40 58
DS SALON DEAUVILLE	ROUTE DE PARIS	14800	DEAUVILLE	02 31 88 85 44
DS STORE DIEPPE	26 AVENUE NORMANDIE SUSSEX	76200	DIEPPE	02 32 90 59 59
DS STORE DIJON	PLACE SAINT EXUPERY	21000	DIJON	03 80 71 83 00
DS STORE DOLE	10 RUE FRANCOIS XAVIER BICHAT	39100	DOLE	03 84 69 09 09
DS STORE DOUAI	RUE ALBERT EINSTEIN	59187	DECHY	03 27 94 35 70
DS SALON DREUX	1 BIS BOULEVARD DE L'EUROPE	28500	VERNOUILLET	02 37 38 03 60
DS STORE DUNKERQUE	RUE DE L'ABATTOIR	59640	DUNKERQUE	03 28 58 00 20
DS STORE EPINAL	18 ALLEE DES RAPAILLES	88000	EPINAL	03 29 31 15 15
DS STORE EVREUX	1 IMPASSE ANDRE CITROEN	27000	EVREUX	02 32 23 35 02
DS STORE FONTAINEBLEAU	2 AVENUE DES RENARDIERES	77250	MORET-LOING-ET-ORVANNE	01 64 69 53 43
DS SALON FONTENAY-LE-COMTE	10 RUE RENE COUZINET - SUD VENDEOPOLE	85200	FONTENAY-LE-COMTE	02 51 69 09 15
DS STORE FREJUS	1803 AVENUE ANDRE LEOTARD	83600	FREJUS	04 94 40 27 80
DS STORE GEX	116 IMPASSE DE LA LIOUDE	01170	CESSY	04 50 99 99 30
DS SALON GISORS	156 RUE DE LA LIBERATION	27140	GISORS	02 32 27 99 28
DS STORE GRENOBLE	38 AVENUE JEAN JAURES	38320	EYBENS	04 76 49 24 87
DS STORE HAGUENAU	101 ROUTE DE MARIENTHAL	67500	HAGUENAU	03 88 90 60 60
DS STORE JUVISY-SUR-ORGE	23-25 AVENUE DE LA COUR DE FRANCE	91260	JUVISY-SUR-ORGE	01 60 48 88 07
DS STORE LA DEFENSE	49 RUE NOEL PONS	92000	NANTERRE	01 41 19 35 00
DS STORE LA ROCHELLE	163 AVENUE JEAN PAUL SARTRE	17000	LA ROCHELLE	05 46 27 10 40
DS STORE LA ROCHE-SUR-YON	76 RUE DE LA CROISEE	85000	MOUILLERON-LE-CAPTIF	02 51 36 45 00
DS STORE LAVAL	12 RUE HENRI BATARD	53000	LAVAL	02 43 69 19 00
DS STORE LE HAVRE	50 RUE DU DOCTEUR PIASCEKI	76600	LE HAVRE	02 35 25 79 16
DS STORE LE MANS	13 BOULEVARD PIERRE LEFAUCHEUX	72100	LE MANS	02 43 78 50 00
DS SALON LE PUY-EN-VELAY	203 RUE JEAN BAPTISTE LAMARCK	43700	ST-GERMAIN-LAPRADE	04 71 04 77 77
DS STORE LES ULIS	2 AVENUE DES TROPIQUES	91940	LES ULIS	01 69 29 83 83

DS STORE LEVALLOIS-PERRET	25 RUE PAUL VAILLANT COUTURIER	92300 LEVALLOIS-PERRET	01 47 57 50 80
DS STORE LIBOURNE	140 AVENUE DU GENERAL DE GAULLE	33500 LIBOURNE	05 57 55 32 32
DS STORE LILLE LOMME	449-453 AVENUE DE DUNKERQUE	59160 LOMME	03 20 08 54 54
DS STORE LIMOGES	RUE DU FEYTIAT	87000 LIMOGES	05 55 06 42 00
DS SALON LISIEUX	ROUTE DE PARIS	14100 GLOS	02 31 62 81 00
DS STORE LONS-LE-SAUNIER	1001 RUE DU GRAND SUGNY	39570 MONTMOROT	03 84 43 18 17
DS STORE LORIENT	800 RUE JEAN BAPTISTE MARTENOT	56850 CAUDAN	02 97 81 19 81
DS STORE LYON ECULLY	5 CHEMIN JEAN-MARIE VIANNEY	69130 ECULLY	04 30 29 93 84
DS STORE LYON VENISSIEUX	26 BOULEVARD IRENE JOLIOT CURIE	69200 VENISSIEUX	04 37 90 19 60
DS SALON MACON	RUE DU 19 MARS 1962	71000 SANCE	03 85 39 98 00
DS STORE MANTES	2 RUE DES PIQUETTES	78200 BUCHELAY	01 30 93 30 30
DS STORE MARIGNANE	67 AVENUE DU 8 MAI 1945	13700 MARIGNANE	04 42 46 20 00
DS STORE MARSEILLE	204 BOULEVARD MICHELET	13008 MARSEILLE	04 91 32 22 20
DS STORE MELUN	1 RUE ARISTIDE BRIAND	77240 VERT-ST-DENIS	01 64 83 51 80
DS STORE BORDEAUX MERIGNAC	94 AVENUE DE L'ARGONNE	33700 MERIGNAC	05 56 12 10 10
DS STORE METZ	95 BOULEVARD SOLIDARITE	57070 METZ	03 87 38 55 60
DS STORE MILLAU	AVENUE DE CALES	12100 MILLAU	05 65 61 47 00
DS STORE MONTAUBAN	ROUTE DU NORD - LIEU DIT L'USCLADE	82000 MONTAUBAN	05 63 92 67 00
DS STORE MONTBELIARD	16 AVENUE DE L'HELVETIE	25200 MONTBELIARD	03 81 99 14 20
DS SALON MONT-DE-MARSAN	1596 AVENUE DU MARECHAL JUIN	40000 MONT-DE-MARSAN	05 58 75 12 10
DS SALON MONTELIMAR	RN 7 LE GRAND PELICAN	26200 MONTELIMAR	04 75 30 06 55
DS STORE MONTPELLIER	905 RUE DE L'INDUSTRIE	34000 MONTPELLIER	04 67 12 67 67
DS STORE MONTROND-LES-BAINS	832 AVENUE DE LA ROUTE BLEUE	42210 MONTROND-LES-BAINS	04 77 36 23 74
DS STORE MORLAIX	BOULEVARD SAINT-MARTIN	29600 ST-MARTIN-DES-CHAMPS	02 98 62 09 68
DS STORE MOULINS	LE PRE VERT - ROUTE DE PARIS - RN 7 - AVERMES	03000 MOULINS	04 26 94 00 01
DS STORE MULHOUSE	7 RUE DE BERNE	68110 ILLZACH	03 89 31 14 06
DS SALON MURET	IMPASSE JACQUES MONOD	31600 MURET	05 62 11 60 40
DS STORE NANCY	612 RUE DE LESMENILS BOUXIERES	54700 LESMENILS	03 83 51 51 20
DS STORE NANTES ORVAULT	330 ROUTE DE VANNES	44700 ORVAULT	02 40 16 74 49
DS STORE NANTES REZE	20 RUE ANTOINE LAURENT DE LAVOISIER	44400 REZE	02 40 84 70 00
DS SALON NARBONNE	RUE LOUIS DELAGE - ROUTE DE PERPIGNAN	11100 NARBONNE	04 68 42 72 72
DS STORE NEVERS	3 ROUTE DE PARIS	58640 VARENNES-VAUZELLES	03 86 68 53 10
DS STORE NICE ARENAS	74 BOULEVARD RENE CASSIN	06200 NICE	04 93 72 66 05
DS STORE NIMES	2290 ROUTE DE MONTPELLIER	30900 NIMES	04 66 38 78 88
DS STORE NIORT	6 RUE JEAN COUZINET	79000 NIORT	05 49 17 85 01
DS STORE ORANGE	1197 AVENUE DE VERDUN	84100 ORANGE	04 90 11 48 38
DS STORE ORLEANS	1500 RUE DE LA BERGERESSE	45160 OLIVET	02 38 25 21 21
DS STORE PAMIERS	AVENUE DE LA BOURIETTE	09100 PAMIERS	05 34 01 20 40
DS STORE PANTIN	68-70 AVENUE DU GENERAL LECLERC	93500 PANTIN	01 49 33 10 60
DS STORE PAU	5 RUE BENJAMIN FRANKLIN	64230 LESCAR	05 59 02 75 18
DS STORE PERIGUEUX	9 AVENUE DE L'AUTOMOBILE	24750 TRELISSAC	05 53 02 70 10
DS STORE PERPIGNAN	ESPACE AUTOMOBILE - CHEMIN DE LA FAUCEILLE	66100 PERPIGNAN	04 68 68 34 34
DS STORE POITIERS	149 AVENUE DU 8 MAI 1945	86000 POITIERS	05 49 55 80 80
DS STORE PONTARLIER	21 RUE PIERRE DECHANET	25300 PONTARLIER	03 81 39 89 39
DS SALON PONT-AUDEMER	RUE DU MARECHAL DE LATTRE DE TASSIGNY	27500 PONT-AUDEMER	02 32 41 01 56

DS STORE PONTIVY	PARC D'ACTIVITE DE LANN VELIN SUD	56300 ST-THURIAU	02 97 25 30 56
DS STORE PONTOISE	21 CHAUSSEE JULES CESAR	95300 PONTOISE	01 34 20 15 23
DS STORE QUIMPER	450 ROUTE DE BENODET	29000 QUIMPER	02 98 10 29 10
DS STORE RAMBOUILLET	3 RUE MARCEL DASSAULT	78125 GAZERAN	01 30 41 86 88
DS STORE REIMS	6 RUE LENA BERNSTEIN	51100 REIMS	03 26 50 67 67
DS STORE RENNES SUD	2 AVENUE DES PREALES	35510 CESSON-SEVIGNE	02 99 86 10 20
DS STORE RODEZ	36 RUE DU POLE AUTOMOBILE	12850 ONET-LE-CHÂTEAU	05 65 74 59 59
DS STORE ROUEN	144 AVENUE DU MONT RIBOUDET	76000 ROUEN	02 35 52 86 40
DS STORE ROYAN	340 ROUTE DE ROYAN	17600 MEDIS	05 46 05 07 28
DS SALON SAUMUR	132 RUE DE ROUEN	49400 SAUMUR	02 41 40 27 27
DS SALON SAVERNE	RUE DU KOCHERSBERG	67700 SAVERNE	03 88 71 53 80
DS STORE SOISSONS	ROUTE DE REIMS	02200 VILLENEUVE-ST-GERMAIN	03 23 53 53 99
DS STORE ST-BRICE-SOUS-FORET	5 AVENUE ROBERT SCHUMAN	95350 ST-BRICE-SOUS-FORET	01 86 22 38 38
DS STORE SAINT-BRIEUC	37 RUE DE PARIS	22000 ST-BRIEUC	02 96 68 15 15
DS SALON SAINT-DIZIER	4 AVENUE DE PARCHIM	52100 ST-DIZIER	03 51 25 51 22
DS STORE ST-ETIENNE	1 RUE VICTOR GRIGNARD	42000 ST-ETIENNE	04 77 92 28 48
DS STORE SAINT-LO	1248 RUE DE TORIGNI	50009 ST-LO	02 33 72 67 67
DS STORE SAINT-MALO	131 BOULEVARD GAMBETTA	35400 ST-MALO	02 99 21 17 17
DS STORE SAINT-MAXIMIN	RUE OLYMPE DE GOUGES	60740 ST-MAXIMIN	03 44 28 82 88
DS STORE SAINT-NAZAIRE	RUE DE LA COTE D'EMERAUDE	44600 ST-NAZAIRE	02 40 17 10 10
DS STORE SAINT-OMER	AVENUE GUSTAVE COURBET	62219 LONGUENESSE	03 21 88 79 07
DS STORE SAINT-QUENTIN	171 RUE DE LA CHAUSSEE ROMAINE	02100 ST-QUENTIN	03 23 08 68 00
DS STORE STRASBOURG HOENHEIM	8 RUE EMILE MATHIS	67800 HOENHEIM	03 90 22 65 11
DS STORE STRASBOURG LA MEINAU	200 AVENUE DE COLMAR	67100 STRASBOURG	03 88 65 87 44
DS STORE TARBES	28 ROUTE DE LOURDES	65310 ODOS	05 62 93 98 08
DS STORE THIONVILLE	36 ROUTE D'ESCH SUR ALZETTE	57100 THIONVILLE	03 82 88 10 15
DS STORE TOULON LA SEYNE	501 AVENUE SAINT EXUPERY	83500 LA SEYNE-SUR-MER	04 94 11 25 45
DS STORE TOULON LA VALETTE	AVENUE ANDRE CITROEN	83160 LA VALETTE-DU-VAR	04 94 08 12 02
DS STORE TOULOUSE MONTAUDRAN	24 AVENUE DIDIER DAURAT	31400 TOULOUSE	05 62 16 65 85
DS STORE TOULOUSE EU	1 B AVENUE SALVADOR ALLENDE	31200 TOULOUSE	05 62 72 95 55
DS STORE TOURS	20 AVENUE GUSTAVE EIFFEL	37100 TOURS	02 47 49 50 32
DS SALON TRAPPES	551 AVENUE DES BOULEAUX	78190 TRAPPES	01 30 13 02 28
DS STORE TROYES	5 RUE JEAN MONNET	10600 LA CHAPELLE-ST-LUC	03 25 45 72 30
DS STORE MARNE-LA-VALLEE	34 ROUTE DE PROVINS	77144 MONTEVRAIN	01 64 12 41 40
DS STORE VALENCE	505 ROUTE DE CHABEUIL	26000 VALENCE	04 26 94 00 01
DS STORE VALENCIENNES	CHEMIN DES ALLIES - ZI DES TERTIALES	59300 VALENCIENNES	03 27 23 86 86
DS STORE VANNES	ROUTE DE NANTES - LE POULFANC	56860 VANNES	02 97 54 22 74
DS STORE VELIZY	27 TER AVENUE LOUIS BREGUET	78140 VELIZY-VILLACOUBLAY	01 30 70 55 00
DS STORE VICHY	90 AVENUE GILBERT ROUX	03300 CUSSET	04 70 97 25 57
DS SALON VIENNE	163 AVENUE DU GENERAL LECLERC	38200 VIENNE	04 74 31 15 80
DS STORE VILLEFRANCHE-SUR-SAONE	1193 AVENUE DE L'EUROPE	69400 VILLEFRANCHE-SUR-SAONE	04 74 02 29 60
DS STORE VINCENNES	120 AVENUE DE PARIS	94300 VINCENNES	01 49 57 96 96

INDEX

M

N

O

P

Q

R

S

T

U-V

W-Y

Collection sous la direction de Philippe Orain

Responsables d'édition - Rédaction en chef du guide : Marie-Pierre Renier, Amaury de Valroger

Secrétariat d'édition : Alexandra Forterre, Anna Crine

Rédaction : Arnaud Goumand, Florence Picquot, Daniel Renier

Ont contribué à ce guide : Géraldine Deplante (**cartographie**), Véronique Aissani, Carole Diascorn (**couverture**), Marion Capera, Marie Simonet, (**iconographie**), Andra-Florentina Ostafi (**données objectives**), Bogdan Gheorghiu, Cristian Catona, Hervé Dubois, Pascal Grougon (**prépresse**), Dominique Auclair (**pilotage**), Florence Collin (**relecture**)

Agence MOGUL : Nicolas Delacroix, Damien Rety, Priscillia Abereko, Florian Jacquin, Sandy Vigneron, Ken Sainthorant, Julien Averty, Lydia Faraj

DS Automobiles : Bastien Schupp, Benjamin Maigre, Matteo Montibeller, Stéphanie Thienot

Conception graphique : Sandy Vigneron, Marie-Pierre Renier

Remerciements : Emmy Galfione, Lise Outrey

Direction de la Fabrication : Sandrine Combeau
Fabrication : Renaud Leblanc

Régie publicitaire et partenariats : contact.clients@editions.michelin.com
Le contenu des pages de publicité insérées dans ce guide n'engage que la responsabilité des annonceurs.

Contacts :
Vous souhaitez nous contacter?
Rendez-vous dans la rubrique Contact de notre site internet :
editions.michelin.com

Parution 2025

MICHELIN Éditions
Société par actions simplifiée au capital de 487 500 EUR
57 rue Gaston Tessier – 75019 Paris (France)
R.C.S. Paris 882 639 354

Dépôt légal : 02-2025 – ISSN 0293-9436
Compograveur : MICHELIN Éditions, Paris
Imprimeur : GPS
Imprimé en Bosnie-Herzégovine : 02-2025

Sur du papier issu de forêts bien gérées

Crédits-photos :
Page 19 : therry/Getty Images Plus (1) • Image Source/Getty Images Plus (2) • Greg Jongerlynk/DS Automobiles (3) • imaginima/Getty Images Plus (4)

Couverture : Greg JONGERLYNK/DS Automobiles/Mogul

4e de couverture, de gauche à droite : Adam Smigielski/Getty Images plus • Greg Jongerlynk/DS Automobiles • frederic prochasson/Getty Images Plus • Ilker Metin Kursova/kursovaphoto.com • Dariusz Jarzabek Fotografia/Getty Images Plus • Drazen/Getty Images Plus